OS PORTUGUESES

na

Formação da América

MANUEL MIRA

Tradução do Inglês por Ana Mafalda Costa

P.A.H.R. Foundation, Inc.

Fundação Luso-Americana de Pesquisas Históricas (FLAPH)

Siga a História Colorida/Pitoresca e Reveladora
Dos Primeiros Colonos na América do Norte.
Os Melungos e outros Grupos

"Sei que esta versão em português Os Portugueses na Formação da América chegou e é mesmo preciso que tenha, finalmente, chegado-às mãos de muitissimos outros leitores em terras lusófonas das Américas, África, Europa, Ásia, e Oceania.
É preciso sempre disseminar a contribuição significativa dos portugueses em terras do Tio Sam, e não só. Esta obra o faz, e Manuel Mira está de parabéns por mais uma iniciativa louvável que só pode enaltecer a nossa Comunidade não apenas na América do Norte, mas no Brasil, Portugal, Cabo Verde, Guiné-Bissau, São Tomé e Príncipe, Angola, Moçambique, e Timor Leste, acrescentando-se, ainda, outros paises acolhedores de gente de expressão portuguesa por todos os quadrantes desse mundo que só Deus é que soube criar." **Sempre p'ra frente!"**
Adalino Cabral, Ph.D., Professor de línguas e culturas portuguesa, hispanica e americana, área de Boston.

"Este livro reúne uma grande variedade de recursos históricos e relatos orais da exploração e povoamento ibérico desde o século XVI no território que viria a tornar-se nos Estados Unidos da América [e] fornece (timelines) detalhadas e numerosas citações que representarão uma ajuda enorme para os futuros pesquisadores e genealogistas. (The Forgotten Portuguese book review, Portuguese Studies Review, ICGP, University of New Hampshire)
Thaddeus C. Guldbrandsen, Universidade da Carolina do Norte em Chapel Hill.

"Manuel Mira tem um estilo informal e muito pessoal. A inclusão de muitos factos sobre o desenvolvimento do panorama português na América, acompanhada da pesquisa cuidadosa que tem feito e da colocação precisa de notas de pé de página, é uma mais-valia para o livro e representa uma aquisição bem-vinda, especialmente para aqueles pesquisadores já com algum estofo na leitura e no estudo dos Melungos, ou apenas com um interesse pela história europeia."
Jean Patterson Bible, Historiadora, Pesquisadora, Escritora. Dandridge, Tennessee

"Nenhuma biblioteca na América estará completa sem este livro. Reúne todas as descobertas e explorações portuguesas."
Dr. Manuel Luciano da Silva, Médico & Historiador, Bristol, Rhode Island.

* * *

Manuel Mira é tambem o autor dos livros em Inglês:
The Forgotten Portuguese
and **The Portuguese Making of America**

Ilustração da Capa: O Gigante Monstro Adamastor e os naufrágios.
Baseado no Canto V-49/51 dos Lusíadas de Luiz Vaz de Camões
Pintura por Nancy Portugal

Mas ia por diante o monstro horrendo...

Eu sou aquele oculto e grande Cabo
A guem vós chamais Tormentório,
Que nunca a Ptolomeu, Pompónio, Estrabo...

Fui dos filhos aspérrimos da Terra,
Qual Encélado, Egeu e o Centimano;
Chamei-me Adamastor, e fui na guerra
Contra o que vibra os raios de Vulcano
Não que pusess serra sobre serra,
Mas, conquistando as ondas do Oceano,
Fui capitão do mar, por onde andava
A armada de Neptuno, que eu buscava.

A capa dos Lusíadas com a seguinte
legenda: "OV RETRATO DE LUIZ DE
CAMOES OFRESIDO OV REY D.LUIZ
DE ATHAYDE POR FERNÃO TELLES
DE MENEZES.

**A juventude não esquece a nossa História e colabora
na continuidade da sua glória.**

Ana Mafalda Costa

Ana Mafalda Costa nasceu no Porto a 6 de Junho de 1973 e viveu, desde sempre, em Oliveira de Azeméis. É bacharel em Relações Internacionais e licenciada em Ensino de Inglês e Alemão pela Universidade do Minho, em Braga. Desde sempre revelou um interesse especial por línguas, tendo a sua forte curiosidade levado a frequentar diversos cursos relacionados com o ensino de línguas.

Dos trabalhos de tradução e retroversão publicados, destaca-se a versão inglesa do livro de poesia "Perfeição dos Simples", edição bilingue, de Armindo Magalhães, "Nos limites do Terror" de Eoin McNamee, com a colaboração de Ana Maria Chaves e "O Regresso do Soldado" de Charles Frazier. Com este último trabalho, extraordinariamente exigente pela riqueza de vocabulário específico, nomeadamente da flora dos estados da Virgínia, da Carolina do Norte e do Tennessee, Ana Mafalda Costa tomou contacto com a cultura e com a história americanas.

Ana Mafalda foi a tradutora deste livro do original em Inglês, "The Portuguese Making of America."

Nancy Portugal

Nancy Portugal é filha de Márcia e Tony Portugal naturais da ilha da Madeira. Nancy nasceu em Nova York, EUA, mora em Jupiter, Florida e tem 24 anos de idade. Formou-se em Belas Artes pela Universidade Central da Florida, cujo curso terminou em 1999, especializando-se em Pintura e Desenho Artistico.

Nancy é a autora da pintura utilizada na capa deste livro e, com a sua imaginação de artista representou o mítico monstro Adamastor de Camões, os muitos naufrágios de Portugueses nas possíveis margens da América do Norte e uma índia americana recebendo-os de braços abertos.

* * *

A PAHR Foundation (FLAPH)
é também a editora dos livros em Inglês,
**"The Forgotten Portuguese" e
"The Portuguese Making of America."**

Sobre o Autor:

Manuel Mira, nascido em Portugal e residente nos Montes Apalaches, tem-se identificado com estes grupos esquecidos. A sua pesquisa trouxe à luz pela primeira vez algumas das peças em falta no enigma dos Melungos. A sua obra apresenta igualmente vários aspectos das Histórias americana e portuguesa.

O autor viveu em três continentes (Europa, América do Sul e América do Norte) durante grandes períodos de tempo.

Este facto deu-lhe um conhecimento considerável sobre os diferentes grupos de pessoas com quem os Portugueses se integraram.

A sua dedicação à história e o seu interesse profundo nos assuntos sociais e comunitários concedeu-lhe a oportunidade de compilar muitos anos de experiência e pesquisa neste livro – e outro em versão inglesa – que representará um acréscimo em qualquer biblioteca. O autor é casado com Lurdes, tem um filho, uma filha e seis netos.

Manuel Mira é presidente de uma empresa de inter-comunicações electrónicas e escreve para o Luso-Americano, um jornal luso-americano sediado em Newark, Nova Jérsia e para a Lusa – a Agência Noticiosa Portuguesa.

Recentemente, o governo português concedeu-lhe a Medalha de Mérito da Comunidade Portuguesa pelos seus serviços notáveis em nome das comunidades portuguesas de vários países.

Em muitos países, as embaixadas portuguesas receberam o seu primeiro livro através da Secretaria de Estado do Ministério dos Negócios Estrangeiros.

Este mesmo livro foi colocado em muitas das principais Universidades dos Estados Unidos da América devido à colaboração da Fundação Luso-Americana do Desenvolvimento (FLAD) com sede em Lisboa, Portugal.

Também com o auxilio de muitos Membros da Fundação Luso-Americana de Pesquisas Históricas, foi colocado em várias Bibliotecas Públicas dos E.U.A.

Também faz parte da colecção das Bibliotecas *Library of Congress* em Washington, D.C., E.U.A. e da Biblioteca Nacional em Lisboa, Portugal. O autor ofereceu todos os resultados da venda deste livro à Fundação.

Publicado por:
Fundação Luso-Americana de Pesquisa Histórica, Lda.
Franklin, Carolina do Norte 28734
Impresso nos Estados Unidos da América
Dados da Biblioteca do Congresso (Catálogo em Publicação)
Mira, Manuel. 1933 –
    Os Portugueses na Formação da América:
    Melungos e Primeiros Colonos da América /Manuel Mira.
    p. cm. – (Primeiros Colonos da América)
    Inclui referências bibliográficas e índice.
    LCCN preestabelecido: 00-093353

    ISBN: 0-9658927-2-7

    1. Luso-Americanos. 2. Melungos – História
    3. História de Portugal – Genealogia. 4. Primeiros Colonos
    5. Índios Cherokee e Lumbee. I - Título

    E184.P8M57 200   973'.04691   QBI00-792

Primórdios da história norte-americana com 424 páginas, 119 ilustrações, 1028 notas de rodapé e ainda mais de 700 nomes e suas origens. O resultado da venda deste livro reverterá para a Fundação Luso-Americana de Pesquisa Histórica, uma organização sem fins lucrativos da Carolina do Norte, que se dedica à pesquisa dos primórdios da história americana e da contribuição do povo português na formação da América e Canadá.

A história e o tema deste livro são alvo de uma pesquisa contínua. O autor convida o leitor a apresentar quaisquer correcções, omissões ou sugestões para serem incluídas na próxima edição. Todas as contribuições serão bem-vindas e receberão o reconhecimento do autor.

Escreva para: The Portuguese-American Historical
Research Foundation, Inc. (PAHR Foundation, Inc.)
277 Industrial Park Road—Franklin, NC 28734—USA
email: portugal@dnet.net
http://www.PortugueseFoundation.org
O papel usado neste livro cumpre os requisitos mínimos da Norma Nacional Americana para as Ciências da Informação – Duração do Papel para Materiais Impressos para Biblioteca, ANSI Z39.48—1984.

CONTEÚDO

Primeira Parte

Capítulo Primeiro

Primeira Parte – Conteúdo (Cont.)

Segunda Parte

Segunda Parte – Conteúdo e Artigos de Referência (Cont.)

Lista de Ilustrações

Lista de Ilustrações (Cont.)

Lista de Ilustrações (Cont.)

Prefácio
Umas palavras de preâmbulo

Ao tomar a decisão de abordar o problema da origem do grupo melungo, Manuel Mira lançou-se, em plena consciência, a uma espinhosa tarefa. Para além da escassa bibliografia existente sobre o tema, como ponto de arranque dispunha apenas de dois dados concretos: em Tennessee existe uma obscura comunidade de evidente raiz híbrida e no seu seio persiste há séculos uma vigorosa tradição de ascendência portuguesa.

Dentro destas limitações, o autor optou, com toda a justiça, por uma prudente estratégia, a de fornecer um máximo de informação directa ou periférica sobre os Melungos e de argumentação alheia quanto à sua procedência, reservando uma conclusão final que, dentro das circunstâncias, teria indefectivelmente de resultar arbitrária. O título de um subcapítulo do livro, "Coincidências? Hipóteses", constitui uma clara ilustração do carácter expositivo desenvolvido ao longo do texto. Jogar com possibilidades, quanto muito com probabilidades, foi pois um acertado método de investida ante a complexidade da questão.

O conteúdo do presente volume revela por conseguinte uma extraordinária riqueza de comentário, baseado numa exaustiva pesquisa, factível de oferecer todo um vasto leque de potenciais pistas não só a investigadores interessados no tópico central como também no da expansão lusa pelo mundo, com especial ênfase na América do Norte. Dá-se por exemplo especial relevo a facetas apontando a paralelismos culturais entre melungos e portugueses, como sejam os referentes a práticas e rituais funerários, alimentares ou onomásticos. O amplo fundo histórico apresentado constitui por outro lado um muito apreciável reforço à hipótese de um cruzamento entre portugueses e ameríndios. Por detrás de tudo assoma a muito justa imparcialidade do autor, pronto sempre a avançar com uma enorme multiplicidade de teses mas avesso a acrescentar conclusões que poderiam assumir um cunho de subjectivismo ou mesmo franca impropriedade frente a todas as incógnitas que rodeiam a questão.

A falta de documentação primária sobre a origem dos Melungos levou por consequência a uma necessariamente precavida atitude ante a análise dos factos. "Para já, este livro pode não oferecer provas sólidas de que o principal componente do povo Melungo seja português", escreve o autor (p.292), num muito correcto posicionamento ante a nebulosidade da situação histórica. Se de facto não proporciona uma resposta concreta à problemática inicial, essa inevitável lacuna não impede que aqui se apresente um notável contributo à reconstituição de uma circunstancialidade que permita uma interpretação pessoal por parte do leitor. E a riqueza dessa reconstituição, suplementada por extensos apêndices, representa não só um inegável carácter de pioneirismo como também um magnífico esforço de esclarecimento à análise deste difícil mas fascinante tema.

Eduardo Mayone Dias, Ph. D.

Agradecimentos

Estou grato a muitas pessoas que me ajudaram e forneceram material, permitindo-me usá-lo e citá-lo. São demasiadas para serem mencionadas aqui.

Aos seguintes membros do Conselho Consultivo da Fundação Luso-Americana de Pesquisa Histórica pelo seu apoio e conselhos: Professor Doutor Eduardo Mayone Dias; N. Brent Kennedy; Ph. D.; Adalino Cabral, Ph. D.; Evelyn McKinley Orr; Professor Geoffrey Gomes e Dr. Manuel Luciano da Silva.

Também ao jornal Luso-Americano de Newark, Nova Jersey; António Matinho, Publisher, Fernando dos Santos, Editor e Isabel Ribeiro da Costa da Faculdade de Ciências na Universidade de Lisboa.

Não poderia esquecer os muitos participantes que atenciosamente deram entrevistas pessoais. Para cada um, individualmente, e para todos, os meus sinceros agradecimentos.

Dedicatória

Para todos os autores, cujos livros e ensaios foram citados nesta obra. Sem a sua pesquisa anterior, este livro teria sido quase impossível.

Também para a minha esposa, Lurdes, para a minha família e amigos, que passaram sem a minha companhia durante muitas e longas horas de pesquisa.

Como está organizado este livro?

Por forma a que o leitor tire o melhor partido deste livro, deverá seguir alguns passos. As primeiras nove páginas, a começar na página iii, dizem respeito ao índice. Este é muito importante e tem uma descrição detalhada dos muitos temas em discussão. As páginas xiii à xxiv têm um cariz de introdução e descrevem também alguma da pesquisa feita sobre os Melungos, um grupo que afirma descender dos Portugueses. A Primeira Parte começa com o Capítulo Primeiro e termina no Capítulo Quarto, cobrindo os primórdios da história americana e as possíveis ligações entre os Melungos, os nativos americanos e outros grupos iniciais de colonos.

A Segunda Parte abarca desde o Capítulo Quinto até ao Capítulo Décimo e dedica-se, na sua maioria, à história do povo português e à sua presença na América do Norte desde o século XV. Em ambas as partes, fez-se um esforço no sentido de apresentar o estudo e a pesquisa numa sequência cronológica, que permita ao leitor seguir os acontecimentos e compreender as mudanças sociais em diferentes períodos de tempo.

A secção dos Anexos fornece bastante material bibliográfico com milhares de apelidos, que serão muito úteis aos genealogistas. Esta secção apresenta também vários quadros informativos sobre naufrágios no século XVI, casamentos de homens portugueses com mulheres nativas, análise de linguagem e muitas outras informações a que o leitor poderá recorrer em qualquer altura. O índice tem uma natureza principalmente patronímica, mas também toponímica, indicando os nomes e lugares mais importantes. Tambem chamo a atenção do leitor que quando a palavra América é mencionada, quero dizer o Continente Norte-Americano que inclui o Canadá e os Estados Unidos da América do Norte.

Prólogo

Por que estou a fazer esta pesquisa? A questão pode surgir quanto às razões por que se empreendeu esta pesquisa. No seu livro excelente, bem escrito e bem documentado, *The Portuguese Americans* (Os Luso-Americanos),[1] o Professor Emeritus Leo Pap, ele próprio um imigrante suíço e um distinto linguista da Universidade Estadual de Nova Iorque em New Paltz, defende a comunidade portuguesa de um comentário absurdo feito há cerca de 70 anos atrás. No prefácio de Pap, ele cita um comentário humilhante feito por um bibliógrafo depois de um estudo sociológico na década de 1920. Diz o seguinte: *O estudo mostra que os Portugueses são, na medida de todas as normas aceitáveis, um povo de baixa condição...* Em resposta, Pap afirma que os Portugueses não são nem de alta nem de baixa condição, mas:... *que, na sua grande maioria, são pessoas normais e trabalhadoras com tradições muito próprias.*[2] Esta pesquisa concorda com o sentido de justiça do Dr. Leo Pap relativamente aos Portugueses que ajudaram, e continuam a ajudar, a construir uma América forte.

Ouvi dizer tantas vezes, *Não sei o que os meus antepassados fizeram pela América.* Mais uma razão para nos envolvermos. Se eu não sei, haverá mais alguém que queira saber? Gostaria de chamar a este projecto *Nós somos os Portugueses da América.* O povo português é um dos mais antigos grupos de colonos, se não o mais antigo na América e a sua presença tem sido registada desde a época colonial. No entanto, é um dos povos mais ignorados e a pesquisadora M. Estellie Smith está absolutamente correcta quando os classificou como *a minoria invisível.*

Os Portugueses viram o que aconteceu aos Irlandeses e Italianos mais militantes quando foram severamente discriminados e se liam cartazes tais como *Não queremos Irlandeses, Fora os Irlandeses* e *Fora os Mediterrânicos...* Assim, a invisibilidade era a sua melhor protecção.[3] Douglas Wheeler no seu *Historical Dictionary of Portugal* (Dicionário Histórico de Portugal) também escreve: *Para um pequeno país empoleirado no extremo da Europa ocidental, mas com uma história que começou há mais de 2000 anos atrás, existe uma vasta bibliografia em muitas línguas.*[4] A unidade familiar é ainda o melhor meio de sobrevivência da humanidade, e eu creio que os fortes laços familiares explicam a sobrevivência dos Melungos e de outros grupos. Infelizmente, o futuro não é tão próspero para tantas outras famílias por esse mundo fora. Doug Levy escreveu em *USA Today* que, por todo o mundo, as famílias estão em declínio. As nações em vias de desenvolvimento estão a verificar a ruptura das famílias tradicionais praticamente da mesma forma que os Estados Unidos, Canadá e outras nações industriais. Taxas de divórcio crescentes, nascimento de filhos fora do casamento e migração estão entre as razões citadas.[5]

Este livro poderá não ser capaz de provar que os Portugueses são os antepassados dos Melungos e de outros grupos, embora possa ficar muito próximo disso. Por outro lado, também não critica nenhuma das pesquisas ou trabalhos feitos anteriormente, por pessoas altamente qualificadas. Pelo contrário, elas ajudaram-me e ajudarão outros que queiram desenvolver ainda mais este assunto. Tentarei centrar-me no facto de que os *Melungos e outros grupos* poderão ter várias misturas genéticas, com a possibilidade de um componente mais forte e, se parecer que estou a colocar um ênfase mais acentuado nos Portugueses, deve-se principalmente ao facto de poder estabelecer relações entre o que se escreveu sobre eles e, ao mesmo tempo, tentar preencher o eterno vácuo de conhecimento sobre a história de Portugal. Limitei-me a compilar os factos conforme foram registados por outras pessoas. Se parecerem especulativos, outros tê-los-ão tornado assim. O meu trabalho quer levantar questões que outros, com mais conhecimentos, sejam capazes de responder. Em alguns aspectos, eu próprio poderei ter dúvidas quanto à autenticidade dos factos. Se assim for, caberá ao leitor tirar a conclusão final partindo da informação apresentada. O meu objectivo não é convencê-los, mas sim informá-los.

Introdução

Na época actual, marcada pelos transportes e comunicações fáceis, a maior parte de nós crê que há 1000 ou mesmo 500 anos atrás se viajava muito pouco ou quase nada. Esta é uma ideia muito errada. Só porque não havia carros ou aviões não significa que não se viajasse. Ao fazer um estudo histórico superficial, rapidamente descobrimos que pessoas e mercadorias se deslocavam de um lado para o outro, levando consigo a sua cultura em todas as suas vertentes.

Durante o reinado de D. João II de Portugal (1471-1495) a distância total percorrida pela tripulação das naus descobridoras totalizava oitenta milhões de quilómetros.[6]

Sempre que viajo, questiono-me se os Portugueses lá teriam estado ou se teriam tido algum impacto nos locais por onde passo. Os Montes Apalaches exerceram uma grande atracção sobre mim e a minha mulher. Em 1987, quando visitámos a zona ocidental da Carolina do Norte, gostámos tanto que decidimos ali ficar.

À medida que o tempo passava, eu continuava a questionar-me sobre se os Portugueses lá teriam estado. Perto de Franklin, Carolina do Norte, reparei numa placa histórica em honra de Juan Pardo por ter atravessado a região durante uma expedição espanhola em 1567. Barbara McRae, uma escritora e historiadora local, falou-me sobre os Melungos, sobre outros grupos e sobre os Portugueses. E assim começou a minha pesquisa. Desde então, estabeleci contacto com Mrs. Jean Patterson Bible e com o Dr. N. Brent Kennedy. Estas duas excelentes pessoas escreveram e publicaram livros sobre os Melungos. Desde o início, fiquei fascinado com a sua história e igualmente ficou António Matinho, editor do Luso-Americano de Newark, Nova Jersey, que é o maior jornal luso-americano, publicado duas vezes por semana nos Estados Unidos e distribuído nos cinquenta estados. Escrevi uma série de sete artigos para esse jornal e a publicação começou a 14 de Março de 1995. O interesse por parte dos leitores foi avassalador, tendo feito numerosas chamadas telefónicas e mostrado um enorme interesse em saber mais sobre os Melungos que, tal como eles, também haviam emigrado para este continente à procura de uma vida melhor e de liberdade e que, de uma forma ou de outra, foram alvo de discriminação.

Estando a morar na área onde os Melungos viveram – e alguns ainda vivem – surgiu uma oportunidade de fazer uma pesquisa com um sentimento pessoal e um envolvimento com as gentes locais.

Discriminação? Os Melungos foram alvo de discriminação e preconceito. Eu não sou alheio a isso; tal como eles, fui vítima dela desde que nasci e só deixei de o ser muito mais tarde. Aos 18 anos, cansado de viver num país que não concedia o espaço nem as oportunidades de que precisava para construir o meu futuro enquanto um ser humano livre, deixei Portugal e emigrei para o Brasil onde vivi durante cinco anos.

Embora a língua fosse a mesma, fui discriminado e admiti que não era um deles, porque tinha uma pele mais clara. A maioria dos brasileiros tem uma pele mais escura – e o tratamento natural era ofensivo.

A minha pronúncia portuguesa denunciava-me. Isso instigou-me a aprender o dialecto local e a imitar a pronúncia deles, de tal forma que, passados dois anos, era difícil alguém detectar a minha ascendência portuguesa através do meu sotaque.

Cinco anos mais tarde, quando visitei Portugal, a minha própria mãe não reconheceu a minha voz. Por que é que eu aprendera a falar como os brasileiros? A resposta é muito simples. Foi um meio de sobrevivência, pois quando se está só e a muitos quilómetros do lugar que tinha sido o seu lar, faz-se qualquer coisa para se sobreviver e se ser aceite.

Depois de cinco anos no Brasil, vim para os Estados Unidos e depois para Toronto, no Canadá, onde vivi os 16 anos seguintes. Mais uma vez, senti a discriminação devido à diferença da língua e à cor da minha pele. Eu não sou loiro; tinha cabelo castanho escuro e olhos castanhos. No Brasil, eu sobressaía porque era mais claro e no Canadá, sobressaía porque era mais escuro.

A discriminação não escolhe lugar. Novamente, como meio de sobrevivência, tentei aprender a língua e eliminar a minha pronúncia estrangeira. Infelizmente, não fui capaz de o fazer totalmente; já tinha 24 anos de idade.

No processo de aprender a melhor forma de ser aceite, também aprendi rapidamente que se uma pessoa tem valor e é produtiva para o sistema e para a sociedade, a discriminação desaparece lentamente. Mesmo assim, muitas pessoas anglicizavam o meu nome para Manny, e eu até não me importava, e mudavam a pronúncia do meu apelido – Mira – de um som português para um som americano e, nesse processo, mudavam-lhe a ortografia.

Também provei a mim mesmo que se pode ultrapassar a discriminação, e isso fiz, quando consegui que admitissem o meu filho no *Upper Canada College*. Esse era um lugar onde não era admitido alguém cuja bisavó falasse inglês incorrecto. Aquele era um colégio típico de "WASPs" (White Anglo-Saxon Protestant – Branco, Anglo-saxónico e Protestante). Por que estou a contar tudo isto? Os Melungos tiveram de fazer o mesmo e muito mais, como o leitor terá oportunidade de ver depois de ler qualquer um dos livros sobre este admirável povo.

Como o leitor irá ter oportunidade de ler mais tarde, os Melungos mudaram de nome, de cultura, de religião e de língua, para poderem sobreviver num ambiente estranho e perigoso, onde prevalecia a discriminação e o preconceito.

Mas uma coisa eles não mudaram: a origem. Há mais de 200 anos atrás, quando John Sevier – que tentou organizar o Estado de Franklin (1784), precursor do Estado do Tennessee, e que mais tarde se tornou seu governador – lhes perguntou quem eles eram, eles responderam com orgulho, "Nós somos Portugueses", eles *orgulhosamente denominavam-se Portugueses.*[7]

Actualmente, ainda sabem que os seus antepassados eram Portugueses, embora essa palavra não tenha para eles o mesmo significado que tem para mim.

Infelizmente, muitos deles evitavam e queriam esquecer o passado, assim como os nomes Melungo e Portugueses devido às dificuldades que eles lhes acarretavam. O meu objectivo é eliminar essa triste memória das suas mentes e dizer: Orgulhem-se dos vossos antepassados independentemente de quem eles eram. Se este trabalho conseguir isso num único Melungo, o meu esforço não terá sido em vão. Tem sido difícil seguir as pistas das muitas famílias de Melungos. Muitas abandonaram as suas aldeias, partiram à procura de uma vida melhor noutras partes deste país e conseguiram-no. Muitos imigrantes identificam-se com a sua situação, pois também eles passaram por isso.

Chamo a atenção para alguns aspectos dos livros escritos por Bonnie Ball, Jean Patterson Bible e pelo Dr. N. Brent Kennedy, em primeiro lugar para reforçar a sua

Fig. 1— O autor, Manuel Mira, nos Montes Apalaches

teoria sobre os Melungos Portugueses e, em segundo lugar, para questionar outras.

Porque este é um ponto de vista português, tenho de admitir o meu grande ênfase relacionado com tudo o que diz respeito aos Portugueses. No entanto, verei possibilidades relacionadas com outras nacionalidades, raças e grupos étnicos, para comparar, fortalecer ou enfraquecer a teoria dos Portugueses.

Reconheço e enfatizo que não sou um escritor nem um historiador profissional. Portanto, são bem-vindas todas as críticas ou correcções que possam ajudar a fazer entender melhor a mensagem deste livro. Também não é minha intenção criticar, glorificar ou difamar qualquer raça ou nacionalidade.

O leitor deverá ser avisado de antemão que os acontecimentos devem ser compreendidos tendo em conta o contexto temporal ou a época em que ocorreram. O leitor deverá ter em atenção que o mundo dos séculos XV e XVI era totalmente diferente do mundo do século XX. O que era aceite como comportamento normal pela sociedade de então é impensável em termos do último quartel do século XX.

Mencionam-se no livro cores de pele ou raças, tais como *Preto, Branco, Negro, Mulato*, etc. Estas palavras devem ser consideradas no contexto desta pesquisa. Não existe qualquer conotação ofensiva intencional.

No que diz respeito à palavra *Negro*, é um facto que esta palavra não é depreciativa em Portugal. Pelo contrário, é depreciativo usar-se a palavra *Preto* ou *Black* em inglês. Também o que é comum e politicamente correcto na América, tal como o uso do nome Afro-Americano para nos referirmos a uma pessoa *negra* com ascendência africana não é adequado em Portugal, já que o termo Luso-Africano descreve não só uma pessoa negra com ascendência africana, mas também muitas pessoas brancas nascidas em África. Devemos também recordar que só pelo facto de uma pessoa ter uma tez muito escura, ela não provém necessariamente de África; pode ser proveniente da Austrália ou de uma das muitas regiões do Extremo Oriente.

Em muitos casos, este livro é apresentado cronológicamente e poderá ter a aparência de uma História de Portugal em certos capítulos. Não é esta a minha intenção, mas focarei os Portugueses com alguma insistência durante os séculos XV e XVI e seguintes. Sempre que um nome português ou de outra nacionalidade for referido, a ortografia portuguesa ou dessa outra nacionalidade será mantida no original ou como é conhecida. Oponho-me terminantemente ao uso de nomes portugueses, traduzidos para o espanhol e recuso-me a usar estes nomes espanhóis que se referem a nomes com origem portuguesa num livro inglês. Consigo muito mais facilmente verificar os factos sob de um duplo ponto de vista cultural, como Português e como Americano, acrescido de uma boa dose de sentimento um tanto emocional dos Montes Apalaches. Em qualquer circunstância, crê-se que os Melungos ou outros grupos – Portugueses ou não – deveriam ter o seu lugar na formação histórica da América e, se este trabalho puder ajudar a conseguir isso, então todo o tempo gasto terá valido a pena.

Espanhóis e Portugueses

Este não é um livro sobre os governantes de Espanha, Portugal ou qualquer outro país. É sobre as suas gentes, que contribuíram para a formação da América. Enquanto grande parte da navegação e da exploração feita pelos Portugueses na América foi realizada sob a bandeira espanhola e paga pelos Reis de Espanha, foi o seu trabalho individual e o seu espírito pioneiro que contribuíram para a formação deste país. Porém, a influência espanhola no território do sudeste, é visivel na Flórida e na maior parte das regiões do sudoeste dos E.U.A.

Os Espanhóis e os Portugueses são como dois irmãos. Podem assemelhar-se muito; no entanto, são diferentes em muitos aspectos. A primeira descoberta espanhola foi feita quando os netos dos primeiros navegadores portugueses já eram adultos.

Os Melungos, um Assunto de Estudo Interminável e uma Velha História

Assim que comecei a pesquisar sobre o povo Melungo, descobri que este assunto não era de todo novo. Aparecia sempre a sua afirmação em serem Portugueses assim como o nome Melungo. Ao estudar vários livros e artigos já escritos sobre o tema, verifiquei que haviam provado a sua presença no século XVIII em regiões remotas do oeste, incluindo o Arkansas já em 1810.

Durante mais de um século, muito tem sido escrito sobre este povo: teses, dissertações para mestrados e doutoramentos, artigos em jornais diários, revistas, resenhas históricas e livros.

Muitos autores, cientistas e eruditos têm estudado o mistério dos Melungos com resultados variados, mas sem conclusões definitivas.

Livros sobre os Melungos

The Melungeons (Os Melungos) **de Bonnie Ball**. Miss Bonnie era historiadora e professora do ensino primário na Virgínia. Foi professora de muitas crianças dos Melungos. Foi autora de numerosos artigos, poemas e pequenos livros. Os seus pais conheciam pessoalmente os Melungos da sua geração. Foi também autora de *The Melungeons* – o primeiro grande trabalho escrito sobre os Melungos. Fornece informação considerável para quem quiser estudar este tema. Enquanto pesquisava, Jean Patterson Bible ofereceu-me um exemplar. Pode ser comprado através da editora Overmountain Press, Johnson City, Tennessee.

The Melungeons, Yesterday and Today (Os Melungos, Ontem e Hoje) **de Jean Patterson Bible**. Mrs. Bible é uma escritora de textos históricos, livros de viagens e assuntos de interesse, cujos artigos têm sido publicados no *The New York Times, Baltimore Sun, Atlanta Journal, The American Home, Historical Review and Antique Digest.*
Conferencista e professora aposentada de História, Línguas Modernas e Inglês, Mrs. Bible também escreve artigos históricos para jornais regionais. Interessou-se pelos Melungos no início da década de 70.
A sua pesquisa extensa sobre a história deles no sudeste culminou com a publicação do livro acima mencionado.
Este livro escrito em 1975 foi um dos primeiros livros que consultei e é um recurso muito valioso. Além disso, Jean emprestou algumas fotografias e forneceu outras informações importantes. O seu livro pode ser

Fig. 2—Bonnie Ball, autora de The Melungeons.

pedido directamente para Jean Patterson Bible, P.O. Box 886, Dandridge, Tennessee 37725. É um livro de capa dura, com muitas ilustrações e de fácil leitura.

O Dr. Kennedy referiu-se a estes dois livros, assim como a outros, com alguma frequência, e eu farei o mesmo.

Melungeons and other Mestee Groups (Melungos e Outros Grupos Mestiços) de **Mike (McGlothen) Nassau**. Este livro foi originalmente preparado em 1993, depois revisto e aumentado em 1994, como uma sebenta para um curso de Antropologia na Universidade da Flórida em Gainesville.

Contém muita informação sobre os diferentes grupos de raças mistas e as suas possíveis origens. Não trata os Melungos de forma tão particular como o fazem outros livros.

Tem sido distribuído pelas bibliotecas universitárias e pode ser requisitado através de empréstimo inter-bibliotecas.

O texto do livro, condensado e sem os artigos reeditados, está disponível na Internet (www.geocities.com/mikenassau) ou escrever para Mike Nassau, 4130 NW 64 Street, Gainesville, FL 32601.

Com a sua experiência como genetista populacional a trabalhar na criação de gado, ele acredita piamente na heterose (alteração) e nas vantagens de hibridização. Assim, prefere ser

Fig. 3—Jean Patterson Bible

visto como misto e não como membro de uma determinada classificação racial. O livro põe de parte a origem portuguesa e não apresenta uma explicação lógica para muitos dos factos associados aos Melungos. Apresenta outro grupo de Melungos que pode ou não estar relacionado com os Melungos dos Montes Apalaches. O livro de Nassau contém também cópias de artigos relacionados com os Melungos, o que representa um bom pacote de material de pesquisa para quem estiver interessado em pesquisar esse ou outros grupos. O livro assemelha-se a uma espécie de cruzada pessoal que favorece o reconhecimento de todos os grupos de raças mistas não reconhecidas oficialmente numa única classe, a raça mestiça. Fornece igualmente alguma da informação publicada previamente por Pollitzer e Gilbert, assim como uma descrição de todos os grupos vistos individualmente e uma tabela que mostra a frequência do nome Melungo no noroeste da Flórida. O livro de Nassau termina com um pós-escrito datado de Julho de 1994: *Reconheço agora que talvez seja mais fácil ser-se Índio e estar enquadrado numa das categorias já estabelecidas do que conseguir que uma nova categoria como a mestiça seja reconhecida. Este facto está de acordo com a minha preferência em não aumentar mais a taxonomia humana.* [8]

É louvável que Mr. Nassau pense assim. As pessoas já são suficientemente rotuladas. Mais um não nos tornaria em seres humanos melhores.

Quanto à palavra Mestee (mestiço), não faz grande diferença a forma como é escrita. Afinal, terá sempre um som semelhante a mestiço. E esta palavra não é necessariamente bem aceite. Quanto à palavra francesa *mestis* ou *mêtis*, não é necessariamente muito bem aceite em França, desde que um grande número de pessoas do Norte de África, principalmente da Argélia, emigrou para França. No Brasil, a palavra portuguesa *mestiço* não deve ser usada livremente. Lá, a palavra *mulato* é bem aceite e raramente se usa de forma depreciativa. No entanto, os mulatos denominam-se *caboclos*. No Brasil, originalmente *crioulo* significava um escravo nascido numa fazenda; agora também significa um habitante do Rio Grande do Sul e, mais uma vez, não tem sentido depreciativo. A palavra portuguesa *caboclo* também é usada frequentemente para descrever de uma maneira carinhosa uma pessoa residente nas áreas rurais (sertão, sertanejo); esta pessoa é habitualmente um brasileiro com ascendência europeia, índia ou negra. O dicionário descreve-a como alguém nascido de africanos ou índios. Gilberto Freyre, o grande humanista, escritor, professor e político brasileiro, escreveu o seguinte sobre os Portugueses: *Deus criou os homens brancos e os homens negros, mas os Portugueses fizeram os mulatos.*[9]

Mr. Nassau salienta que existem outros grupos que se podem chamar Melungos, mas não estão relacionados com a comunidade de Melungos dos Montes Apalaches, tais como o povo de *Dead Lake* residente na faixa estreita que é a Flórida, os Redbones de Louisiana e outros.[10] Segundo Brewton Berry, as gentes de *Dead Lake* na Flórida ocidental não têm qualquer ligação com os Melungos do Tennessee, enquanto os Redbones de Louisiana já têm. Não nos esqueçamos que existia uma grande comunidade de portugueses na Louisiana, dos quais ainda existem marcos, tal como uma lápide com um nome português do início do século XIX. Ver Portugueses na Louisiana.

A própria explicação dos Melungos quanto à sua origem é que descendiam de marinheiros portugueses... A cordilheira montanhosa de Newman na fronteira do Tennessee com a Virgínia dista bastante das gentes marítimas...[11] Isso não impediu os primeiros exploradores espanhóis e portugueses – Hernando de Soto, Juan Pardo e outros antes destes – de alcançarem a mesma região no início do século XVI e, mais tarde, quando os pioneiros americanos partiram em direcção ao oeste.

Todavia, Mike Nassau, em resposta à objecção de Kennedy face a esta afirmação, admitiu que, depois de se instalarem na zona costeira e se cruzarem com os Índios, os seus descendentes poderiam perfeitamente ter-se mudado para as montanhas. O que ainda não foi adequadamente averiguado foram as outras comunidades mais próximas da costa que também se denominam portugueses e têm lá estado desde pelo menos o início do século XIX. Ver Capítulo VIII.

The Melungeons—The Resurrection of a Proud People (Os Melungos – A Ressurreição de um Povo Admirável) do **Doutor N. Brent Kennedy.** O livro de Kennedy foi publicado em 1994 e é de uma

Fig. 4—O livro do Doutor N. Brent Kennedy, publicado pela Mercer University

leitura fascinante, especialmente para os luso-americanos, assim como para outros que desejem apreciar a odisseia dos primeiros exploradores portugueses e espanhóis que chegaram ao Novo Mundo muito antes dos outros europeus.

O seu livro é muito importante para os interessados em estudar a genealogia familiar dos Melungos. Apresenta muitos nomes e as suas árvores genealógicas. Está recheado de imagens de muitos Melungos do passado. Brent Kennedey termina o seu livro com o seguinte convite: *Convido todos a participar na pesquisa contínua respeitante a todos os aspectos da história dos Melungos.* O autor não só aceitou o convite, reforçando algumas questões do livro, como também acrescentou alguns comentários sobre algumas das teorias apresentadas.

O livro de Kennedy será frequentemente citado, ao ponto de poder parecer um estudo, o que não é o caso. Ele é o primeiro escritor (Melungo) a aprofundar os diferentes aspectos do mistério e assumiu um interesse verdadeiro em resolvê-lo. Certos aspectos apresentados nestes livros podem não ser relevantes para o ponto de vista português, mas são importantes na medida em que

Fig. 5—Brent Kennedy, autor do livro The Melungeons na area do rio onde brincou quando criança.

permitem ao leitor familiarizar-se com os Melungos e a sua odisseia. O leitor é guiado para a sua importância. Ao lê-los, receberá uma ajuda preciosa para compreender o que se segue neste livro.

Quem são eles? De onde vieram na realidade? e ... Porquê?

As seguintes questões foram colocadas por quem viu e observou os Melungos.
O autor tem outras perguntas para acrescentar:

1. Qual é a razão para a sua aparência mediterrânica?
2. Por que escolheram as regiões nos estados da Carolina do Norte, Virgínia, Tennessee e Kentucky?
3. Por que viveram a maior parte do tempo em cordilheiras montanhosas?
4. Por que razão, em 1958, um outro grupo classificado como português viu os seus filhos serem segregados e impedidos de entrar em escolas brancas?
5. Por que tinham nomes de origem portuguesa?
6. Por que é que a maioria respondeu *Somos Portugueses*?
7. Como é que a classificação de portugueses sobreviveu até à data (1997)?
8. Por que foi necessário decretar leis específicas para os Portugueses, os Melungos e outros grupos?
9. Por que existem provas do estilo de comida e do folclore português nas regiões dos Melungos?
10. Por que encontramos pequenas casas (mausoléus) sobre as campas nos cemitérios, tão idênticas às que se vêm em Portugal?
11. Por que razão sobreviveram os traços orientais dos Melungos até a este século e no meio das montanhas, longe dos portos marítimos? Ver Capítulo VIII.
12. Por que razão foi o nome Canará usado pelos Melungos (um nome vindo da Índia)? Ver Capítulos IV e IX.
13. Como foram os Melungos capazes de sobreviver nos primórdios da América e os Ingleses só depois de várias tentativas muito mais tarde?
14. Por que razão é o nome Melungo tão semelhante ao nome de uma província de Angola, uma ex-colónia portuguesa?
15. Por que razão é o nome Melungo tão semelhante a um nome usado pelos negros da costa oriental de África, onde tantos navios portugueses pararam a caminho da Índia ou de regresso a Portugal?
16. Que povo, para além dos Portugueses, teria meios suficientes para vir para as Américas naqueles tempos?
17. Por que encontrou o nome Gois ou Goa tantos derivados usados por números incontáveis de descendentes Melungos?

A Gowen Research Foundation em Lubbock, Texas 79413 foi criada para pesquisar a genealogia familiar dos (Gois), Goins (e Gowens). Email: gowen@llano.net. Ver Apêndice A para apelidos comuns.

Muitas mais questões poderão surgir à medida que o leitor avança. Por favor sinta-se à vontade de as enviar para a Fundação.

O autor abordará estas questões ou, pelo menos, fornecerá informação adicional no sentido de decifrar o mistério dos Melungos ou de outros grupos denominados de Portugueses de origem desconhecida. O autor não tem qualquer intenção de retirar ou desvalorizar outras heranças possíveis atribuíveis aos Melungos, nem é sua intenção criticar ou julgar a acção ou acções tomadas por indivíduos ou governos anteriores. As sociedades mudam e os factos que ocorreram num determinado espaço temporal devem ser julgados no contexto desse mesmo período. Além disso, é claramente contrário à intenção do autor desvalorizar qualquer raça, grupo étnico ou religião. É um facto que o povo português se cruzou com diferentes raças e grupos étnicos em diversas partes do mundo, sem problemas de maior. Para reiterar, este livro descreverá várias coincidências e hipóteses que podem estar ou não relacionadas com os Portugueses. O leitor precisará de chegar às suas próprias conclusões. Este livro é uma tentativa de pesquisar alguns dos primeiros colonos da América desde o século XV ao XVII. Poderá beneficiar aqueles que estão a tentar determinar a sua origem, da mesma maneira que muitos tentam determinar as suas origens familiares na Inglaterra ou na Irlanda. Os descendentes dos Melungos ou outros grupos deverão também ser capazes de descobrir a origem dos seus antepassados com alguma lógica.

Os Melungos e a Herança Étnica e Humana

Sócrates escreveu há 2500 anos que o ser humano perfeito é uma combinação de todos os seres humanos. Os Melungos poderão ser outro vestígio humano da presença portuguesa nas Américas dos séculos XV e XVI.

Cada grupo, nacionalidade ou raça deve orgulhar-se das suas proezas passadas. Independentemente do passado étnico de cada um, devemos ser capazes de reconhecer as muitas contribuições que todos os nossos antepassados fizeram pela América.

Fig. 6—Scott Collins, Escriturário-Chefe do Condado de Hancock

Hancock e Sneedville, a Última Paragem

Fig. 7—Camara Municipal de Hancock na vila de Sneedvillelle, Tennessee, uma das áreas até recentemente com o maior numero de Melungos.

Notas

[1] O livro pode ser obtido através do jornal Luso-Americano em Newark, Nova Jersey.

[2] *The Portuguese-Americans,* de Leo Pap, prefácio.

[3] *Portuguese Enclaves: The Invisible Minority,* de M. Estellie Smith, pp.83, 88.

[4] *Historical Dictionary of Portugal,* de Douglas L. Wheeler, p. 184.

[5] Jornal *USA Today*, 28/05/95.

[6] *O Roteiro da Flandres e D. João II,* de Joaquim Bensaude, p. 20.

[7] Nota sobre os Melungos, de Swan M. Burnett, p. 347 (*American Anthropologist*, Vol.II, 1889). Ver Capítulo I para informações mais detalhadas sobre John Sevier, as suas cartas e a pesquisa extensiva do autor.

[8] *Melungeons and other Mestee Groups,* de Mike Nassau, p. 167.

[9] *Os Pioneiros Portugueses,* de Dr. Manuel Luciano da Silva, p.159.

[10] *Melungeons and other Mestee Groups,* de Mike Nassau, p. 30.

[11] Ibid, p. 38.

* * *

Capítulo I – Primeira Parte
Talvez os primeiros Colonos Europeus nos EUA

Melungeon - Melungo - Melunjão - Malungo (u) - Mulango
Malange - Malanje - Mazungu - Muzungo - Melungen
Mu alungo - Melan - Mélange - Melun-cãn – Melongena

Será a descoberta dos Melungos realmente necessária? O historiador John Parker escreveu sobre a travessia do oceano, com a duração de quatro anos, feita pelo *Challenger* de SAR no final do século XIX, considerada: ...*uma das verdadeiras grandes viagens de descoberta de todos os tempos.*[1] Embora não se tivessem descoberto novas terras, adquiriu-se um conhecimento mais abrangente e profundo. A história deve ser uma viagem constante de descoberta.

Origens possíveis do nome Melungo

O que é um "Melungo"? A primeira vez que a palavra foi definida num dicionário foi em 1892, escrita pelo Dr. Isaac K. Funk.[2] Melungo – "*Indivíduo pertencente ao povo de pele escura que habita as montanhas do Tennessee.*" Acautelamos o leitor a entender a definição como alguém que não era Negro, mas que também não era branco. Naqueles tempos, ou se era branco ou Negro; portanto, uma pessoa de pele escura significava não se ser loiro e de pele clara. Também o Dictionary of Americanisms, (1951) Vol. II, p. 1004afirma: *Um membro de um grupo de pessoas com uma mistura de sangue índio, branco e negro que se encontram nas regiões montanhosas do Tennessee e na parte ocidental da Carolina do Norte.* Descrições semelhantes podem encontrar-se no Dictionary of American English de 1942.

Esta pesquisa irá mostrar que, em 1813, os Melungos foram realmente mencionados e registados pela primeira vez. Ver as transcrições reais dos registos de 1813 e 1840 no final deste capítulo.

Talvez o nome Melungo não seja um mistério afinal, como argumentaremos mais tarde. É possível que os Melungos conhecessem a palavra e a usassem entre si de tal maneira que outros a ouvissem e a associassem com eles. *Outros haviam descoberto a palavra luso-africana Melungo ou Mulango, que supostamente era a tradução de companheiro ou camarada, mas não conseguiam estabelecer uma correlação directa com os Melungos.*[3] Malungo significa camarada, companheiro ou amigo.[4] O Doutor David Henige concorda que uma forma modificada da expressão *mu alungo* tinha um significado semelhante a *companheiro de bordo* ou *alguém que seguia no mesmo barco* [5]; no entanto, Henige afirma que o termo é africano, segundo os dicionários históricos portugueses, o que pode não estar necessariamente correcto, já que a palavra também se refere a pessoas brancas.

Dois dicionários portugueses – edições recentes disponíveis na Biblioteca Nacional em Lisboa – confirmam que o nome Melungo significa *pessoa branca* para os *Negros*. É um título dado aos Europeus pelos nativos da África Oriental. Significa o mesmo que Mazungo ou Mazungu.[6] Melungo era também um termo usado pela tribo Changane, um ramo dos Zulus de Moçambique e da África do Sul, com os significados de *branco* ou *patrão*.[7] Os Portugueses visitaram a costa oriental de África em 1498 e era assim que eram chamados.

Mike Nassau, que passou seis anos na Zâmbia a ensinar pessoas que falavam Bantu, denota uma possível origem Bantu da palavra Melungeon, mais tarde transformada para Melungo pelo português. Daí a palavra para *pessoa branca* ser Muzungu, mas a palavra Swahili é Mzungu.[8]

Recentemente os Professores John Thornton and Linda Heywood disseram que a palavra Malungu talvez tenha derivado das linguas Kimbundu, Kikongo ou até Umbundun. Eles não concordam que o nome da provincia Malanje em Angola tenha sido a origem da palavra Melungo, dizendo ainda que essa palavra não existia no principio do século 17. Numa entrevista dada ao autor, um oficial da Embaixada de Angola em Washington mencionou que a palavra Malang(j)e ou parecida foi dita aos primeiros exploradores Portugueses quando estes visitaram Angola em 1483 numa expedição de Diogo Cão, porem ele disse que não estava relacionada com o nome actual da provincia que teria sido dada mais tarde pelos Portugueses. O jornalista Tim Hashaw, está investigando a origem dos Melungos em Angola e possivel ligação dos Portugueses, devido ao facto desta ter sido uma colonia de Portugal por mais de quatro séculos. Hashaw escreveu uma serie de artigos acerca da origem dos Melungos e que foram publicados pela Fundação de Pesquisas Gowen.

Os primeiros dez nomes mencionados em cima estão relacionados com o povo Português. Existem várias explicações para o nome Melungo. Alguns escritores afirmam que o nome Melungo tem origem na palavra francesa:...*mélange. A palavra Melungeon deriva provavelmente de mélange e foi o nome dado a estes povos pelos mercadores franceses...*[9] Esta afirmação tem sido perpetuada por outros autores. No entanto, a cronologia parece estar errada, uma vez que já foi dito que os Melungos chegaram no final do século XVIII às montanhas já habitadas por outros povos para além dos Franceses. Estes eram comerciantes de peles que estavam de passagem e não ficavam tempo suficiente para inventar um nome. Não existiam colónias francesas nos Apalaches e as poucas que existiam dificilmente lhes dariam um nome que se aplicasse durante um longo período de tempo. Por que razão dariam os Franceses um nome aos Melungos a partir da palavra francesa *mélange*? Porque são mais escuros? Na sua maioria, os Franceses não são loiros e de pele clara. Além disso, o nome é pronunciado com um "a", e não "u", como em *Melungeon*. Embora tenha sido mal escrita muitas vezes, a letra "u" permaneceu sempre. Vem-me à mente uma outra questão: Por que razão aplicaram os Franceses o nome *mélange* a um certo grupo de pessoas só nos EUA? O nome poderia também ter sido usado no Brasil, porque os Franceses chegaram ao Rio de Janeiro em 1555.

A mistura de raças no Rio era semelhante à das colónias inglesas na América do Norte. Havia Índios, Negros e Brancos no Brasil, todos na mesma época. Não há registos de tal nome ter sido encontrado ou atribuído aos Franceses.

A actividade francesa começou com o projecto de estabelecer colónias de franceses protestantes (Huguenotes) em 1555.[10] No entanto, eles chegaram à Flórida em 1562, tendo por líder Jean Ribaut, mas só ficaram até 1565.

Depois das guerras civis francesas em 1598, os esforços de colonização foram renovados, principalmente em Acadia (Nova Escócia), no Canadá. Os comerciantes de peles tinham anteriormente chegado ao Lago Superior, viajado nos rios Fox e Wisconsin até ao Mississippi em 1673 e descido até ao Arkansas.

Na Louisiana, o explorador Francês Robert Cavelier de La Salle desceu o rio Mississippi em 1682 e reclamou o domínio da bacia do rio na sua totalidade para França. Uma consequência posterior foi a fundação de Nova Orleães (Nouvelle-Orléans) em 1718 por Jean-Baptiste Lemoyne. Embora os Franceses tenham deixado uma influência considerável na Louisiana – e a maioria dos habitantes tinha pele escura – o nome Melungo nunca foi usado. Outro termo, os *Mulatos de Cane River*, foi também aplicado às pessoas de pele escura na Louisiana. Naquela parte do país, onde os Franceses permaneceram durante algum tempo, não chamavam às pessoas *mistas* ou *mélange* Melungos. Por que razão o fariam então no Tennessee, onde só se encontravam de passagem enquanto comerciantes de peles? O Dr. Celestin Pierre Cambiaire, um *Officier d'Academie* em França apresenta bons argumentos em favor da palavra francesa *mélange* no seu livro de 1933 sobre a parte oriental do Tennessee e a Virgínia Ocidental. Ele até transforma a palavra Melungeons para *Melangeons*. Bonnie Ball repetiu-o ao citar o mesmo nome do livro dele. Cambiaire justifica também a ligação aos Franceses ao afirmar:... *que em 1714, Charleville já possuía um estabelecimento comercial, exactamente onde hoje se localiza Nashville*. Também que alguns comerciantes ou caçadores franceses devem ter atribuído o nome Melangeons.[11]

Nashville dista quase 650 quilómetros dos Montes Apalaches e ainda mais de Charleston, na Virgínia Ocidental. Cambiaire escreveu que os Melungos chegaram ao Tennessee entre 1810 e 1815, o que não está correcto. As datas que ligam os Melungos a John Sevier reportam ao final do século XVIII. O *estabelecimento comercial* aberto em 1714 e os Franceses de Nashville não poderiam ter nada a ver com o nome Melungos. Quando os primeiros colonos chegaram, encontraram os Melungos, mas não existem quaisquer registos de encontrarem uma colónia francesa, excepto em 1699 quando uma colónia de Huguenotes franceses se estabeleceu na Virgínia, na aldeia índia de Monacan.[12]

Por essa altura, já havia comunicação entre os Ingleses e os Franceses e continuava a não se observar o nome Melungo atribuído a alguém de pele escura ou ascendência mista. No final do século XVI e inícios do século XVII, muito se tinha viajado através do sudeste. Finalmente, nunca se encontrou nenhum documento francês onde constasse a palavra Melungeon.

Outra origem possível para o nome Melungo é a palavra grega *Melan*. No entanto, o Dr. Edward T. Price escreveu em 1951, que a possibilidade de a palavra derivar do francês *mélange* ou mesmo do grego *Melan* parece remota.[13] Mas, estes grupos de colonos provavelmente não sabiam grego e, por isso, não se vê razão aparente para o facto de usarem um termo derivado do grego para formar tal nome.

O termo seguinte é *Melun-cãn*, uma palavra turca oriunda da antiga linguagem otomana que, ao ser pronunciada, tem um som semelhante ao de Melungeon. Significa:... *alma amaldiçoada* ou *alguém que não tem sorte*.[14] É possível considerar aquela origem, mas mais difícil de justificar, a menos que houvesse um pequeno grupo de escravos Turcos – não necessariamente da Turquia, mas de uma das regiões dominadas pelo Império Otomano – deixados ficar por Sir Francis Drake na costa da Carolina do Norte ou da Virgínia. Também é possível que a palavra Melungeon

Fig. 8 – Mapa dos estados que os Portugueses e os Espanhóis exploraram durante o século XVI e onde os Melungos e outros grupos se fixaram.

e a palavra Melun-cãn possam ter sido aceites tanto pelos Turcos como pelos Portugueses devido à similitude de sons. Mais tarde argumentaremos sobre esse aspecto dos Melungos. A expressão moderna Melungos pode ter tido origem na época das descobertas pelos Portugueses, já que significava *camarada de bordo* ou *companheiro* e, em português arcaico, se pronunciava:... *Melunjão. Uma sugestão interessante é que a palavra derivou do luso-africano Melungo (melõongo), que significa companheiro de bordo, o termo que os marinheiros Portugueses utilizavam para se chamarem uns aos outros.*[15]

Poderá também ter derivado da palavra portuguesa Melungo, que tem dois significados, dependendo da área onde é usado. Para já, podemos aceitar a definição de homem branco. E, segundo os oficiais na Embaixada de Portugal, no português do século XVI, *mulango* pronunciava-se provavelmente de forma muito semelhante, se não idêntica, à actual palavra americana Melungeon.

Mais tarde, estas pessoas vieram a ressentir-se do nome Melungo, quando começou a seu usado de forma discriminatória. Eventualmente, o mesmo aconteceu quando eles se denominavam Portugueses, que significava o mesmo que Melungo. O que eles queriam realmente era apagar das suas memórias tudo o que não parecesse inglês ou de origem britânica; queriam apenas assegurar a sua sobrevivência. Situações similares ocorreram com outros grupos que não eram necessariamente identificados como Melungos, mas como Portugueses. Isto também não ajudou de forma alguma. A discriminação existia devido à cor da pele. Quanto a Melongena, esta é uma hipótese interessante. Ver página 69.

Melungo ou Melungeon, possivelmente trazido pelos exploradores ingleses em África

Numa entrevista com um Português de Moçambique (África Oriental), o autor ficou a saber que ainda se usa hoje em dia o nome Melungo.

A letra "G" tem o som J, como em JET, mas também o som como em GET (lê-se guét). Em Portugal, nos primeiro anos da década de 1940, ensinavam-se os alunos da escola primária a pronunciar a letra G, como em JET; todavia, ensinou-se às gerações posteriores a pronunciá-la como em GET. A pronúncia também varia. Pode dizer-se *melon Jon* ou *melon go*.

Tanto os mercadores ingleses como os holandeses seguiram no encalço dos exploradores Portugueses do século XV. O navegador inglês Frobisher partiu em viagem para a Guiné, na costa de África, em 1553 ou 1554. É possível que quando os Ingleses chegaram a África também fossem chamados de Melungos pelos nativos, da mesma maneira que eram tratados os Portugueses lá residentes. Os Ingleses levaram naturalmente o nome para Inglaterra e mais tarde, quando encontraram gentes com o mesmo aspecto (os Portugueses) na América, de forma muito natural chamaram-lhes Melungos ou Melungeons.

É um facto que os Ingleses exerceram uma grande influência em Moçambique, uma antiga colónia portuguesa. Algumas tribos ainda pronunciam palavras inglesas aplicando-lhes um som ou uma vogal portuguesa; por exemplo, colher como "spoona" (de spoon), garfo como "forka" (de fork), etc. Também conduzem pelo lado esquerdo como em Inglaterra, ao contrário da outra antiga colónia portuguesa na África Ocidental, Angola, onde se conduz pela direita. Recentemente (1995), Moçambique aderiu à Comunidade britânica e fala-se sobre a possibilidade de mudarem a língua oficial do Português para o Inglês, ao que um oficial do governo respondeu, "não é bem assim", mas o certo é que o inglês é considerado uma segunda língua. Há outro facto que é frequentemente ignorado. Uma quantidade considerável de pessoas vindas da Índia e da Ásia instalou-se na costa oriental de África, devido à paragem feita pelos navegadores naquela região quando se dirigiam para a Índia ou quando de lá regressavam. É usual vermos uma pessoa nascida em Moçambique ter uma aparência asiática.

A expedição de Diogo Cão, ordenada pelo rei D. João II, descobriu a maior parte de Angola em 1482-83, incluindo a área de Malange ou Malanje.[16] Este nome pode estar ligado ou associado aos Melungos, devido ao contacto possível com a gente portuguesa que vivia na província angolana de Malange (no centro norte de Angola), e/ou na cidade de Malanje no principal planalto do país. Os navegadores Portugueses chegaram ao reino do Congo no noroeste e a parte das terras altas de Malanje por volta de 1480 e converteram o rei do Congo, assim como muitos Bakongos, ao Cristianismo. Esta pode ser uma das razões por que os Melungos aceitaram este nome inicialmente, já que possuía um som querido e familiar, embora não viessem a gostar dele mais tarde quando passou a ser usado de forma depreciativa.

Regiões Geográficas

O povo Melungo e os seus descendentes têm vivido desde há muitos anos na região dos Montes Apalaches, em particular nas *Blue Ridge Mountains* e nas *Smoky Mountains*. Os Melungos foram ocasionalmente considerados um grupo índio. Consta que o sangue índio e o branco, especialmente o Português, são os mais proeminentes, segundo Gilbert.[17]

A maior parte deles trocou a segurança das cordilheiras montanhosas pelos vales e cidades, para poder aproveitar o progresso que os iludiu. Os Melungos e outros grupos viveram nas seguintes comunidades de tamanho considerável: Condados na Carolina do Norte: Jackson, Swain, Robeson, Allegheny, Surry, Macon, Cherokee, Northampton e Buford. Na Carolina do Sul: Lancaster. No Tennessee: Hancock, Ashe, Yancey, Hawkins, Tazewell, Claiborne, Hamblen, Rhea, Roane, Loudon,

Cocke, Davidson, Franklin, Grundy, Hamilton, Knox, Marion, Meigs, Morgan, Overton, Rhea, Roane, Sullivan, White, Wilson, Bledsoe e Van Buren. Na Virgínia: Lee, Blackwater, Scott, Wise, Dickenson. No Kentucky: Letcher, Dickerson, Magoffin. No sudoeste da Virgínia: Giles, Russell e Washington.[18]

Estes eram os lugares seguros e conhecidos, mas não eram os únicos. Milhares de Melungos emigraram para o oeste, principalmente para Arkansas, Oklahoma, Indiana, Texas e Califórnia. Outros ainda foram para Rockville, Maryland, Ohio e para Blounstown, na Flórida, na zona oeste de Tallahassee. De uma forma geral, os que ficavam eram os de pele clara, que tinham possibilidade de prosperar e não sentiam de forma tão intensa as leis discriminatórias feitas pelos colonos ingleses das montanhas para os chamados PLC ou seja Pessoas Livres de Cor.

Os Melungos antes de Roanoke e Jamestown

Existem razões suficientes para crer que os Melungos chegaram à América antes dos colonos ingleses de Roanoke e Jamestown, na Virgínia. Ninguém consegue negar o facto de terem sido capazes de fundar uma colónia e sobreviver por si só até à data, provavelmente desde o século XV. Portanto, na altura em que os colonos ingleses chegaram a Jamestown, já existia pelo menos uma ou mais gerações de Melungos instalados. Até agora, toda a pesquisa aponta para isso.

Santa Elena e a costa da Carolina – 1526

Há muitas teorias acerca da origem dos Melungos, e uma delas é a teoria de Santa Elena. Esta colónia era habitada por milhares de homens, mulheres e crianças vindas da Península Ibérica. A colónia permitiu aos Espanhóis ter uma base de operações para as suas explorações pelas Carolinas, Geórgia, Alabama e Tennessee.

Em Julho de 1526, uma frota com 500 homens, mulheres e crianças, soldados e padres, juntamente com os primeiros escravos *Negros*, viajaram de Espanha até à costa americana. Mais tarde nesse mesmo ano, depois de doenças, ataques índios e muitos outros problemas, abandonaram a colónia e só 150 conseguiram regressar a casa. Essa foi a primeira tentativa de fundar uma vila colonial no território dos Estados Unidos, com os primeiros desembarques na área sul do rio Santee e o segundo na zona do braço de mar de Sapelo, na Geórgia.[19] Joseph Judge escreveu o seguinte na Revista *National Geographic: Partindo de Santo Domingo – República Dominicana – um abastado advogado, Lucas Vásquez de Ayllón, liderou a primeira tentativa de colonização na costa da Carolina em 1526. E a costa ocidental da Flórida, perto da Baía de Tampa foi também o local do desembarque de Hernando de Soto com 600 homens em dez navios.* [Entre eles estavam muitos nobres Portugueses juntamente com o escritor do primeiro livro sobre o sudeste, Álvaro Fernandes, originário de Elvas] *Durante três anos* [Soto]*vagueou pelo sudeste e descobriu o rio Mississipi, onde foi enterrado.* [De novo na costa leste da Flórida] Pedro Menéndez de Aviles fundou St. Augustine assim como uma vila na moderna ilha Parris – Santa Elena – de onde partiram expedições que vieram a alcançar o vale do Tennessee e a Baía de Chesapeake... Escavações em Santa Elena, St. Augustine e Santa Catarina – no sul da Carolina – juntamente com o recente trabalho erudito sobre documentos do século XVI em Espanha trouxeram luz sobre esta época há muito esquecida.[20]

Os Soldados Perdidos de Hernando de Soto - 1540

Louise Davis escreve sobre uma carta datada de 1907 que havia sido enviada para Miss Collins em Sneedville, no Tennessee por J. H. Rhea, um dos seus tios. A carta menciona: *...uma lenda que persiste em explicar a presença de gente de pele escura na região; são descendentes dos homens Espanhóis e Portugueses do grupo de Hernando de Soto que se aventuraram da Flórida para certas zonas da Carolina do Norte e do Tennessee à procura de ouro em 1540... foram capturados ou auxiliados pelos Cherokee.*[Depois de a ler, Davis faz os seguintes comentários] *Não existe qualquer indício da tradicional ignorância do montanhês na carta e é óbvio que o condado de Hancock tem – e teve durante gerações – os seus aristocratas, alguns dos quais se orgulham da sua ascendência espanhola e portuguesa...*[21] Essa lenda refere-se apenas a homens. Ainda que fosse possível o aspecto dos Europeus mediterrânicos sobreviver 400 anos, seriam necessárias famílias inteiras. A viagem exploratória de Hernando de Soto foi narrada num livro por um membro Português da expedição, o Fidalgo de Elvas. Não há menção de soldados perdidos, excepto as muitas mortes – incluindo a do próprio Hernando de Soto – que ocorreram durante a expedição devido às condições de vida extremamente duras. (Ver Capítulo VII para mais informações sobre Hernando de Soto e o livro do Fidalgo de Elvas.)

Pardo e as Caravelas com Emigrantes – 1566

Em Julho (1566), uma tropa de 250 homens sob o comando do Capitão Juan Pardo chegaram de Espanha e construíram um forte mais resistente e algumas casas.[22] Mais tarde nesse ano, Pardo chegou ao Vale do Tennessee, depois de ter passado perto de Ashley e Franklin, onde existe uma placa histórica comemorando a sua passagem na região. *No caminho de regresso – para Santa Elena – deixou uma série de fortes comandados por todo o sudeste, desde o Tennessee até à Carolina do Sul e, a 2 de Março de 1568, chegou a Santa Elena trazendo sacas cheias de milho e histórias sobre o oeste selvagem. Pardo descreve o interior como bom para o pão e vinho e todos os tipos de gado.*[23]

Estas mesmas boas notícias teriam muito provavelmente chegado a Portugal, ainda que Pardo não fosse Português.

Fig. 9–Sinal perto de Franklin, Carolina do Norte em honra de Juan Pardo.

Em qualquer dos casos, não teria sido difícil recrutar alguns ou a maior parte dos emigrantes em Portugal que, na altura, atravessava uma séria crise económica e social, devido à fome e a pragas, bem como a perseguições religiosas da recém-criada Inquisição e, se isso não fosse suficiente, devido à perspectiva de a coroa portuguesa vir a ser unida com a de Espanha. Tudo isto facilitou a muitas famílias a decisão de partir e procurar uma vida melhor ou apenas uma forma de sobreviver numa terra prometida.

Essa esperança em breve trouxe colonos a Santa Elena. Duas caravelas fizeram desembarcar 193 imigrantes, agricultores e suas famílias, que criaram um conselho local... Por volta de Outubro de 1569, já se contavam 327 almas na pequena capital. À volta do forte aglomeravam-se 40 casas...[24] Se algumas destas famílias sobreviveram juntamente com outros colonos anteriores, uma população de apenas 200 habitantes poderiam constituir perfeitamente os antepassados dos Melungos, segundo Kennedy: *...considerando uma dada população de Melungos no final do século XVIII com um mínimo de 1000 pessoas e, possivelmente com um máximo de 2000, associada a uma possível data de chegada durante o período isabelino, com quatro filhos a sobreviver por casal e contando com a morte dos elementos mais idosos, retrocedi até a uma população original de cerca de 200 pessoas no mínimo, incluindo homens e mulheres.*[25] Isto é muito interessante, mas os estudos feitos revelaram que os Melungos possuíam outros traços físicos para além do aspecto mediterrânico. Possivelmente, estas poderão ser informações novas sobre o século perdido da América: *Em 1566, o Capitão Juan Pardo, um oficial espanhol com uma provável origem espanhola, recrutou cerca de duzentos soldados, provavelmente das montanhas do norte de Portugal e Espanha, ou seja, dos montes da Galiza e trouxe-os para a colónia de Santa Elena... O que tem aqui um interesse*

Fig. 10 – Juan Pardo, explorador, chega ao Vale do Tennessee e encontra-se com os antepassados dos Índios Creek e Cherokee.[33]

extraordinário é que, se estes soldados foram na verdade recrutados da Galiza ou do sul da Espanha, então existe toda a probabilidade de eles e as suas famílias possuírem heranças mistas de Berberes, Judeus e Bascos.[26]
A mistura destas três heranças é provável, mas com o elemento berbere numa proporção muito menor, uma vez que eles se instalaram no norte da Península Ibérica durante o século VIII. Não nos esqueçamos que a Galiza e a região basca foram posteriormente dominadas pelos Visigodos, um povo germânico. Se assim é, não deveriam ter pele muito escura. As gentes da região nordeste da Península Ibérica têm normalmente uma pele mais clara e os que se encontraram na América são de tez escura. É mais fácil encontrar gente com pele clara e cabelo loiro no norte de Portugal do que no sul, onde a influência moura foi mais marcada.

Os Soldados Esquecidos de Pardo – 1567

Outra teoria é que Juan Pardo, enquanto erguia mais fortes como forma de apoio aos exploradores durante as suas expedições, teria esquecido os outros soldados e fortes. A teoria acerca da origem dos Melungos pode estar relacionada com Juan Pardo: *O historiador e escritor Eloy Gallegos, enquanto pesquisava nos Arquivos de Sevilha para o seu recente livro sobre o sudeste americano, descobriu que o nome de Juan Pardo estava assinado Joao Pardo, como se escrevia em português de acordo com registos originais do século XVI.*[27] Este explorador, que pode ser a chave para o mistério dos Melungos, tinha homens Portugueses a trabalhar para si.
David J. Weber, no seu livro *The Spanish Frontier* (A Fronteira Espanhola), coloca uma questão: *Ao contrário de [Hernando] de Soto, Pardo fundava colónias por onde passava. Construiu uma cadeia de cinco pequenas fortificações e cada uma tinha um destacamento de homens. Pardo regressou em segurança a Santa Elena, mas o trilho de guarnições militares desaparecera, e os seus poucos defensores foram mortos pelos Índios ou integrados nas tribos índias.*[28] Se se integraram com os índios, o grupo seria demasiado pequeno para fazer uma diferença notável, e os Melungos mantiveram as suas características físicas até hoje.
O historiador J. G. Hollingsworth escreve uma narração de Pardo que, em 1566, deixou: *Espanhóis em Joara, mas pouco depois da sua partida, os Índios tornaram-se hostis e forçaram o grupo espanhol... a fugir para as terras dos índios Creek.*[29] Outra história relata: *...os soldados dos fortes na região do interior tornaram-se estouvados e insubordinados... os homens de pele vermelha revoltaram-se e expulsaram-nos.* Também se dá ao nome Joara o nome Xula ou Cofitachequi e localiza-se perto de Marion, na Carolina do Norte, perto da actual localidade de McDowell Bottom. Planeiam-se escavações arqueológicas para esse sítio, segundo o arqueólogo David More.
Pardo continuou até aos sopés dos Apalaches... construiu um forte e deixou atrás de si uma companhia de homens sob o comando do Sargento Hernando Moyano de Morales. ...Durante a Primavera de 1567 uma carta do Sargento Moyano nos distantes sopés chegou a Santa Elena. Tinham imensas escaramuças com os Índios.[30] Joseph Judge wrote:*... carta do Sargento Moyano... chegou a Santa Elena*, e Pardo recebeu:*... notícias dos Franceses.* Sabemos que comunicavam entre si; portanto, não podiam estar perdidos ou esquecidos.
É também um facto que a política de Filipe II de Espanha, com o intuito de colonizar os vastos territórios americanos do sudeste – conhecidos na época como

La Florida – era recrutar apenas homens casados que quisessem ir para o Novo Mundo. Mas na frota de que Pardo fazia parte, foram enviados no total *1200 soldados, 500 marinheiros e 14 mulheres.*[31] A proporção de homens/mulheres é algo inexplicável.

A Chegada dos Melungos – Antes de 1558 ou 1584?

A primeira expedição de Sir Walter Raleigh partiu de Inglaterra a 27 de Abril de 1584 e chegou à costa da Carolina a 4 de Julho. Incluídos nesta expedição estavam o Capitão-mestre Philip Amadas, o Mestre Arthur Barlowe e, como Piloto-Mestre, o Português Simão Fernandes da ilha Terceira nos Açores que descobriu a enseada que se haveria de chamar Port Ferdinand. O Mestre Arthur Barlowe, que descobriu parte do território agora denominado de Virgínia, deu a Sir Walter Raleigh uma narrativa da viagem. Depois de ter contactado com os nativos, ele escreve a sua descrição: *São de uma cor amarelada e a maior parte tem cabelo preto; no entanto, vimos crianças que tinham cabelo arruivado ou castanho muito fino. ...e algumas descrições anteriores mencionam cabelos de outras cores, excepto pela suposição de que representa uma mistura com os Europeus... encontra-se frequentemente cabelo arruivado em crianças, cujo cabelo acaba por se tornar preto.*[32]

Se em 1584 os Ingleses encontraram crianças com ar europeu, temos de partir do princípio que os seus antepassados devem ter chegado muito antes dessa data. Facilmente se encontra cabelo castanho ou ruivo entre os Portugueses, desde o centro ao norte de Portugal. Não podiam ser Ingleses, pois aquela era a sua primeira viagem para aqueles destinos.

É também de considerar a história contada pelos Índios de um naufrágio vinte anos antes:*... parece que se passaram vinte anos, segundo declararam aqueles dois homens, desde que se deu na costa deles o naufrágio de um barco cristão, batido por uma tempestade ou mau tempo e de onde ninguém se salvou.*[34] Essa data rondaria 1564, sendo possível que o barco fosse francês, espanhol ou mesmo português. Conta-se uma história semelhante depois de Mestre Barlowe ter viajado para o interior, para uma terra chamada Sequotan, na qual Wingina parece ser o chefe de todas as aldeias desde o rio Pamlico até à ilha de Roanoke: *...perto da qual, há vinte e seis anos atrás (1558), havia um navio naufragado, de onde se salvaram algumas pessoas e essas eram pessoas brancas, que as gentes da região pouparam. Passados dez dias, permanecendo ora numa ilha desabitada chamada Wococan, (uma ilha ao largo da costa da Carolina) ora noutros locais, conseguiram com a ajuda dos habitantes locais amarrar dois barcos juntos, colocaram-lhes mastros, fizeram velas a partir das suas camisas e carregaram-nos com tantas provisões quantas o povo lhes cedeu, partiram depois de terem estado três semanas nesta ilha mas pouco depois, naufragaram, pois os barcos foram encontrados junto à costa, atirados para terra noutra ilha adjacente.* [Estes relatos provam que os naufrágios eram comuns nestas partes da costa leste. Eles podem não ter sobrevivido, mas por que não outros?] *...outros para além destes, pois nunca se viu ou ouviu gente vestida, nem de cor branca, por entre este povo.*[35] Estes nativos em particular podem nunca ter voltado a ver gente branca, mas é sabido que outros exploradores e navegadores viajavam ao longo da costa leste, desde o início do século XVI, começando pelos Portugueses e Espanhóis com a sua primeira colónia na Carolina do Sul, assim como os Franceses em Port Royal (todos anteriores aos Ingleses). No entanto, era importante para a Inglaterra justificar ao mundo que tomar posse de terras em nome de Sua Majestade, a Rainha Isabel I, estava correcto, já que nenhum outro país havia reclamado para si estes territórios.

Os Colonos deixados em Santa Elena e o Fim da Colónia – 1587

Durante vinte anos, os colonos Portugueses e Espanhóis e as suas famílias viveram intermitentemente em Santa Elena. Durante esse período, houve ataques índios e apareceram soldados famintos. Depois, em 1587, um ano após o ataque de Drake, foram emitidas ordens pelo rei Filipe II de Espanha para que *as 33 famílias residentes em Santa Elena destruíssem o forte e se mudassem para St. Augustine, onde as defesas estavam mais concentradas.* [O flibusteiro inglês, Sir Francis Drake, saqueara-o e queimara-o um ano antes]. *Apesar dos protestos insistentes dos colonos, assim aconteceu e Santa Elena deixou de existir.*[36] *No entanto, nem todos os colonos de Santa Elena fizeram esta viagem. Existem fortes provas de que grande número de colonos abandonaram a colónia e fugiram para o interior.*[37] Isto é possível, mas uma vez mais eles não podem ser o elemento principal dos Melungos, já que a maior parte das 33 famílias deve ter chegado à Flórida. Terão ido todos para St. Augustine? A História Americana – escrita pelos Ingleses – afirma que não houve sobreviventes, o que não é possível. Os mesmos historiadores não tiveram qualquer problema em aceitar a sobrevivência de colonos ingleses quando foram atacados pelos Índios, então por que não os colonos de Santa Elena?

Kennedy afirma:...*Eu contesto que os membros restantes dos fortes de João "Juan" Pardo, na companhia dos refugiados de Santa Elena e, possivelmente, de alguns Jesuítas e Dominicanos desgarrados, de Huguenotes franceses exilados e de ascendência moura e de Acádios fugitivos, juntamente com os prisioneiros de Drake e talvez outros libertados pelos Mouros e Ibéricos, tenham sobrevivido nestas costas, reunido esforços nos anos seguintes, tenham-se mudado para as regiões do interior, casado com nativas americanas de diversos grupos da Carolina e da Virgínia e, eventualmente, se tivessem tornado os isolados Melungos.*[38]

Estas conclusões podem ser válidas; todavia, é necessária uma forte componente para completar a equação. Embora isto seja possível, não explica as características asiáticas e a pele mais escura do que a maioria dos Portugueses.

Os grandes conflitos na pesquisa sobre os Melungos resultaram daqueles indivíduos bem-intencionados que se agarraram à ideia de uma única componente das nossas origens multifacetadas e incorrectamente incutiu essa "explicação" como a única existente. Interpretações limitadas desse género não só incorrem em erro, mas também são prejudiciais para a credibilidade de todos aqueles que procuram estabelecer as nossas verdadeiras raízes.[39]

Embora às vezes possa parecer que este livro se fecha sobre a teoria de origem portuguesa, porém não é assim. No entanto, é difícil acreditar que tantas raças, nacionalidades e culturas diferentes teriam sido capazes de coabitar juntas durante um longo período de tempo e sob condições árduas. O que pode ser possível é que se todos estes grupos diferentes de pessoas desembarcaram neste continente, cada um tenha seguido o seu próprio caminho e formado os seus próprios grupos; mas ficarem juntos e denominarem-se Portugueses, não teria sido lógico. Entretanto, mais a norte, os Ingleses tentavam fundar uma colónia em Roanoke. Será coincidência que tanto Santa Elena como Roanoke foram colónias perdidas, ou terão alguns dos colonos sobrevivido? Aparentemente, John White estava confiante de que os colonos estavam vivos e tinham ido viver com a tribo Hatteras de Manteo.[40]

Drake e a Colónia Perdida de Roanoke
Sir Francis Drake, Cavaleiro, Corsário e Pirata

Esta secção é dedicada em larga medida à reunião de detalhes importantes das viagens de Sir Francis Drake, que podem estar relacionados com a colónia perdida de Roanoke, e/ou a possibilidade de Drake ter deixado Mouros, Turcos ou Índios sul-americanos na Carolina do Sul.

Drake nasceu entre 1540 e 1543 em Devonshire, na Inglaterra. Tornou-se almirante da Marinha Inglesa e circum-navegou o globo (1577-80), desempenhando um papel importante na derrota da Armada Espanhola (1588). Foi um dos mais famosos homens do mar da era isabelina. Em 1572 – tendo obtido da rainha uma missão de guerra de corso, que equivalia a uma licença para pilhar as terras do rei de Espanha – Drake partiu em direcção à América tendo dois pequenos navios sob o seu comando, o *Pasha* de 70 toneladas e o *Swan* de 25 toneladas. Em 1577, foi escolhido como líder de uma expedição, cujo objectivo era dar a volta à América do Sul, passando pelo Estreito de Magalhães e explorar a costa leste da América do Sul. Fez-se ao mar em Dezembro com cinco pequenos navios, tripulados por menos de 200 homens e chegou à costa brasileira na Primavera de 1578. Dois anos mais tarde, Drake e o seu navio *The Golden Hind* regressaram ao Atlântico com apenas 56 homens de uma tripulação original de 100. A 26 de Setembro de 1580, Drake trouxe o seu barco até Plymouth Harbor. Vinha carregado de tesouros e especiarias e a fortuna de Drake foi definitivamente conquistada. Apesar dos protestos Espanhóis quanto à sua conduta pirática nas águas imperiais espanholas, a própria rainha Isabel I veio a bordo do *The Golden Hind*, que estava em Deptford no estuário do Tamisa, e pessoalmente concedeu a Drake o título de cavaleiro.

A confiança da rainha em Drake verificou-se em 1585, quando Elizabeth I lhe deu comando de uma frota de 25 navios. Tinham rebentado novas hostilidades com a Espanha e foi-lhe ordenado que causasse tantos estragos quanto possível no império ultramarino dos Espanhóis. Drake cumpriu a sua missão, capturando Santiago nas ilhas portuguesas de Cabo Verde, tomando e pilhando as cidades de Cartagena na Colômbia, St. Augustine na Flórida e Santo Domingo (Hispaniola). O efeito do seu triunfo nas Índias Ocidentais foi semelhante a um cataclismo. A reputação espanhola, tanto moral como material, quase se desmoronou devido às perdas. O Banco de Espanha faliu, o Banco de Veneza (do qual Filipe II era o principal devedor) ficou quase arruinado e o grande Banco Alemão de Augsburgo recusou dar mais crédito ao monarca espanhol. Até Lorde Burghley, o ministro principal de Elizabeth I, que nunca gostara de Drake nem aprovara os seus métodos, fora forçado a admitir:... *que Sir Francis Drake é um homem terrível para o rei de Espanha*. Todavia, os últimos anos de Drake não foram muito felizes. Liderou uma expedição contra Portugal que se revelou inútil e, a sua última viagem, em 1596, contra possessões espanholas nas Índias Ocidentais foi um fracasso, principalmente porque a tripulação foi dizimada pela febre, tendo inclusive morto Drake, que foi enterrado no mar ao largo da vila de Puerto Bello (actual Portobelo, Panamá).[41]

A Navegação Inglesa e os Portugueses

A pirataria oficial não era, de modo nenhum, um monopólio inglês. Já no século XV tinha alcançado proporções enormes. Durante o reinado de Luís XI da França, os piratas franceses e corsários atacavam as caravelas portuguesas de tal maneira que, em 1458, o rei D. Afonso V preparou uma armada para exterminar os piratas perto da costa.[42] *Havia uma forte sensação, da qual Drake partilhava, de que a navegação inglesa estava muito atrás relativamente à de Espanha ou Portugal, no sentido em que não existiam instituições de preparação para pilotos e mestres.*[43]

Drake usou o cronista Português Lopes Vaz, originário de Elvas, para escrever sobre a viagem para Nombre de Dios, no Golfo de Darien em 1572. Ele também escreveu a narrativa de John Oxnam de Plymouth para as Índias Ocidentais e para os Mares do Sul em 1575.[44] Nuno da Silva, outro Português do Porto, foi capturado por Drake nas ilhas de Cabo Verde durante a sua famosa viagem de circum-navegação em 1577, quando apreendeu um navio de carga português. Como piloto, guiou Drake até ao Brasil e[45] mais tarde foi libertado em Acapulco, no México.

Antes de Drake partir para a volta ao mundo, adquiriu um mapa em Lisboa, o melhor que conseguiu arranjar. Thomas Cavendish, seguindo a conduta de Drake, capturou um Português de nome Diogo (e apelido desconhecido) na costa do México e outro, Nicolas Rodrigo, ao largo da costa da Califórnia. Nicolas tinha estado em Cantão e no Japão.

Nessa mesma viagem, Drake conseguiu informações muito úteis: ...*de um piloto Português, desleal aos Espanhóis como eram outros tantos da sua classe.*[46] Certamente o autor reflecte aqui as desavenças entre Portugueses e Espanhóis.

Drake no Brasil e os Mulangos

Kennedy dedica um número considerável de páginas a outros Melungos e alude á possibilidade de serem convertidos Muçulmanos ou Cristãos levados para a América do Sul no século XVI: *Chamavam-se a si mesmos "mulango" ou como é pronunciado em português "Mulunzão". No entanto, relacionar estes "Mulangos" sul-americanos ou Melungos com outros possíveis grupos norte-americanos parecia uma tarefa assustadora, se não mesmo impossível.*[47]

Como foi discutido anteriormente, a palavra *mulango* parece não estar relacionada com a América do Sul ou com os Portugueses do Brasil, porem os Professores John Thornton e Linda Heywood ligaram a palavra parecida *malungu* — com significados anteriormente já mencionados, tais com barco e companheiro de bordo — no Brasil, de acordo com uma carta publicada pela Gowen Research Foundation.. Neste capítulo, foi apresentado o significado de *mulango,* é o nome de uma planta, de onde se extrai um óleo avermelhado e é usada na África Oriental e na Índia. O Dr. Bob Gilmer, membro da comissão que faz pesquisa sobre os Melungos, chamou a atenção de Kennedy que Sir Francis Drake poderá ter largado:... *Muçulmanos sul-americanos na ilha de Roanoke, mesmo ao largo da costa da actual Carolina do Norte.*[48] Essa história é repetida através dos livros de David Quinn e baseia-se na tradução de Irene Wright de documentos originais, escritos como resultado de depoimentos prestados por um oficial espanhol: ...*e ele tinha salvo um número de Negros e Índios sul-americanos das mãos dos Espanhóis com a ajuda de Lane. Lane andara envolvido nas escaramuças com os índios.*[49] (Ver outras páginas neste capítulo para mais extractos destes depoimentos.)

Kennedy cita Thomson: ...*as numerosas excursões de Drake no Brasil português assim como noutras regiões da América do Sul e do seu conluio (conspiração) com os Portugueses e os "Cimarrons" (um povo sul-americano de raças mistas) contra os Espanhóis.*[50] Cimarrón é um nome espanhol que significa escravo fugitivo ou animal doméstico e ainda um marinheiro preguiçoso.[51] Não se encontram referências no dicionário Português - Brasileiro ou na *Grande Enciclopédia Luso-Brasileira.* Em inglês, significa selvagem e insubordinado. É também o nome de um rio que surge no nordeste do Novo México e que corre até ao rio Arkansas perto de Tulsa, no Oklahoma. A relação entre Cimarrón e os Portugueses parece não existir. John, irmão de Drake, estabeleceu contacto com os Cimarrons, mas parece que este povo vivia em ilhas das Caraíbas ocupadas pelos Espanhóis.[52] Não fazia sentido que eles tentassem colonizar o Brasil com Muçulmanos – convertidos ou não ao Catolicismo. Além disso, registos históricos mostram que Portugal não precisou de mão-de-obra, forçada ou voluntária, no Brasil durante o início do século XVI. O comércio de escravos para o Brasil só começou no século XVII.

Também é importante considerar o facto de que em Abril de 1569, os Ingleses capturaram 11 navios de uma armada portuguesa que se dirigia para Antuérpia. Quantos marinheiros terão levado como prisioneiros para Inglaterra ou para outro lado qualquer? Antes disso, a cidade do Funchal, na ilha da Madeira, foi atacada por uma frota francesa liderada pelo corsário Pierre de Monluc.

Para uma história detalhada deste ataque que matou centenas de madeirenses, saqueou todas as igrejas e capturou 300 escravos *Negros,* leia-se *Saudades da Terra* de Gaspar Frutuoso.

Drake deixou Escravos Mouros e Índios em Roanoke

Boxer afirmou no seu livro *Portuguese Seaborne Empire* (O Império Marítimo Português) que *as pessoas envolvidas no ofício oceânico não viajavam com as suas famílias, muito menos os homens Muçulmanos com ideias muito fortes sobre a reclusão das mulheres.*[53] Isto vai ao encontro da suposição de Kennedy dos homens

Mouros, só com a excepção possível das mulheres índias também libertadas por Drake: *Certamente se os Mouros de Drake fossem maioritariamente homens, como sabemos que eram, a tendência para os filhos destes adoptarem a herança do pai seria (1) forte, dada a tradição patrilinear dos Mouros e (2) como resultado desta tendência, seria mais fácil explicar a vasta disseminação da chamada herança dos "Melungos". Várias centenas de homens Mouros poderiam deixar uma herança genética e cultural considerável depois de uma geração, para já não falar das estimadas catorze gerações desde a sua chegada. Adicionalmente, a afirmação adjacente de serem "Portyghee" adequa-se tanto aos Mouros sul-americanos como aos elementos de Pardo e Santa Elena.*[54]

É difícil, se não impossível, só terem sobrevivido os homens e terem sido aceites pela comunidade índia. Certamente, os Índios devem ter-se mostrado protectores e, ao verem só homens a chegar às suas aldeias para lhes levarem as mulheres, no mínimo não os deve ter deixado muito bem-dispostos. No entanto, a possibilidade de que um pequeno número pudesse ter sido aceite – se eles não representassem qualquer perigo – não deve ser excluída.

Kennedy apresenta uma explicação: *Ele* [Drake] *chegou à ilha de Roanoke, mesmo ao largo da costa da Carolina do Norte, onde muitos soldados ingleses lhe imploraram que os levasse de volta a Inglaterra. No sentido de arranjar espaço nos barcos para a guarnição inglesa na ilha de Roanoke, crê-se que Drake poderá (e eu enfatizo a palavra poderá) ter deixado a maior parte destes prisioneiros na ilha ou na costa mais próxima.*[55] Esta é uma possibilidade muito importante e deve ser-lhe dada particular atenção, já que poderá responder a algumas das questões relacionadas com os Melungos. No entanto, os registos não confirmam o desembarque dos passageiros de Drake.

Preliminares da Viagem de 1584

O seguinte é um resumo das viagens feitas pelos Ingleses para estabelecer uma base de operações na costa leste mais próxima das Índias Ocidentais. Existe alguma controvérsia sobre o que Drake fez ou não fez, dependendo dos documentos em que nos baseamos. Portanto, apresentam-se ambas as narrativas, uma feita pelos Ingleses e a outra feita pelos Espanhóis. Se tivermos o que se segue em consideração, a possível suposição de Kennedy é bastante fraca. Mas ele usa a palavra poderá.

Uns anos antes, Drake esteve envolvido no negócio de escravos com John Hawkings e fazia ataques ao largo da costa de África, capturando ou comprando escravos. Por que abandonaria ele uma carga tão preciosa?

Em 1584, Sir Walter Raleigh obteve da rainha Isabel I uma carta régia que lhe dava o direito de tomar terras no Novo Mundo que ainda não estivessem sob o domínio cristão. Planeou-se uma viagem com Arthur Barlowe e Philip Amadas no comando e o Português Simão Fernandes era o piloto. Partiram a 27 de Abril e chegaram a 13 de Julho a Roanoke, na Virgínia.[56] O livro de Irene Wright descreve Simão Fernandes como tendo estado na Flórida em 1576. Também é descrito por Quinn como tendo *incertezas num texto obscuro* [relativamente à narrativa espanhola]. [57] Também: ...*o deponente diz que quando o Português descobriu este porto, desejou desembarcar num promontório, mas os Índios selvagens comeram 38 Ingleses*... *O Português (Fernandes) levou consigo para Inglaterra dois Índios selvagens, deixando como reféns dois Ingleses para que os Índios tivessem a certeza de que ele regressaria.*[58]

A viagem de 1584 serviu apenas para descobrir ou para procurar uma base onde os Ingleses pudessem atacar os Espanhóis quando estes regressavam das Caraíbas.

Primeira Viagem – 1585

Esta viagem teve o comando de Grenville e partiu de Inglaterra a 9 de Abril tendo chegado a Port Ferdinand – numa das ilhas ao largo da costa da Carolina do Norte – a 21 de Julho. Mais tarde iniciou-se a construção de um forte e de casas. A 25 de Agosto, Grenville regressou a Inglaterra depois de capturar um barco espanhol ao largo da Bermuda. A bordo encontrava-se Henrique Lopes, um mercador Português que disse que, segundo o manifesto de carga do navio, havia a bordo pelo menos 40.000 ducados em ouro, prata e pérolas. Tudo isso passou para as mãos de Grenville e obtiveram-se ainda mais tesouros dos passageiros. Grenville negou que:... *houvesse algum tesouro registado.*[59] Continuou em direcção aos Açores, onde chegou no início de Outubro, desembarcou os Espanhóis prisioneiros, recolheu provisões e partiu para casa, chegando a Plymouth a 18 de Outubro e encontrou-se com Sir Walter Raleigh mais tarde. Lane ficou com 108 homens em Agosto de 1585. Ficaram até à Primavera de 1586 e foram depois recolhidos por Drake.[60] Com Grenville no comando, a segunda viagem teve início a 9 de Abril, partindo de Inglaterra; chegaram às Canárias a 14 de Abril e a Dominica a 7 de Maio. Chegaram finalmente a Port Ferdinand a 21 de Julho.

A Viagem de Drake de 1585-86 (Narração dos Ingleses)

Drake partiu de Inglaterra a 14 de Setembro e dirigiu-se para a América espanhola com uma armada de 25 embarcações e 2300 homens. Começou por saquear alguns navios no rio Vigo e depois partiu em direcção às Índias Ocidentais passando pelas Canárias e pelas ilhas portuguesas de Cabo Verde, pilhou e incendiou a cidade de São Tiago, atravessou o Atlântico em 18 dias e desembarcou em Española ou Hispaniola – o que é actualmente o Haiti e a República Dominicana – no dia de Ano Novo de 1586. Não existem relatos de se terem capturado escravos. Antes de chegarem às Índias Ocidentais, duas ou três centenas de homens adoeceram e morreram. O parágrafo seguinte faz parte da narrativa do Capitão Walter Biggs enquanto viajava com Drake. Biggs morreu antes de a terminar, mas alguém a acabou no seu lugar:

Pouco depois da meia-noite, os que faziam guarda ao castelo, abandonaram-na; uns foram feitos **prisioneiros** [ênfase do autor], *...e outros fugiram.*[62] *Depois de queimarmos algumas das casas, resgatámos a cidade por 25.000 ducados... um resgate de 110.000 ducados e incendiámos Cartagena, ... consideramos portanto* *que, já que todas estas cidades, com todos os bens e prisioneiros incluídos, e os resgates das ditas cidades, tudo isso junto, é muito pouco para satisfazer a expectativa que foi concebida partindo da generalidade das iniciativas;*[61] *...a debilidade da nossa força ...número pequeno de corpos capazes... 28 de Maio, saqueámos e incendiámos St.Augustine... atravessámos St. Helena, a multidão pareceu perigosa e não tendo piloto para comandar a entrada, achou-se conveniente passarmos ao longe... Passámos assim ao longo, mas muito perto da costa... O dia nove de Junho com a perspectiva de uma grande fogueira especial... permitiu a alguns dos nossos conterrâneos (Ingleses) que para aqui tinham sido enviados no ano antes por Sir Walter Raleigh... escolher entre duas ofertas... deixar um navio com... os víveres do mês... sendo 103 pessoas... ou regressar a Inglaterra... desejosos de ficar... aí surgiu uma grande tempestade... partiu muitos cabos e perderam-se muitas âncoras... O mestre Lane e os seus homens foram instigados a ir para o mar apesar do grande perigo, evitando a costa e não nos voltaram a ver até que nos encontrámos em Inglaterra. Também perdemos muitos dos nossos pequenos escaleres e barcos nesta tempestade. ...depois de tudo isto, o General ofereceu-lhes... passagem para Inglaterra, embora soubesse que teria muito mais dificuldades em consegui-lo do que teria tido antes... a alguns foi-lhes concedido e ao resto foram mandados chamar e recebidos a bordo, partimos daquela costa a 18 de Junho, abandonámos alguns.* O próximo relato deu-se quando os Espanhóis mataram um rapaz mensageiro *Negro* enviado pelo general. Por vingança, dois frades prisioneiros foram enforcados. Drake incendiou uma grande parte da cidade e aceitou 25.000 ducados de resgate para poupar a parte restante. Depois de passar um mês em Santo Domingo, Drake foi para Cartagena, onde passou seis semanas. Aí, alguns dos homens de Drake foram atacados e mortos pelos Índios – que lutavam juntamente com Espanhóis – armados com flechas envenenadas. Ainda flagelado pela doença, Drake desistiu da ideia de ir para o Panamá. Decidiu ir ter com os seus capitães e deixar Cartagena com os bens, o resgate e os prisioneiros. Nesta narrativa pormenorizada e bastante longa do Capitão Biggs nunca se mencionaram quantidades ou tipos de prisioneiros.

Depois de deixar Cartagena, Drake foi para a Flórida, queimou e saqueou St. Augustine e planeou um ataque a Santa Elena, que acabou por não realizar em virtude de a multidão lhe parecer perigosa.

A 9 de Junho, perto de Roanoke, os homens de Drake avistaram uma grande fogueira, foram a terra e encontraram Ingleses, que lhes mostraram onde estavam Ralph Lane os seus homens. Depois de uma tempestade e da perda de algumas embarcações, Drake partiu de Roanoke com Ralph Lane e os seus homens a 18 de Junho, chegando a Portsmouth a 28 de Julho com uma perda de 750 homens. Para trás ficaram três homens, ou porque desertaram, ou porque não conseguiram encontrar o caminho de volta para o barco a tempo. Walter Spearman, na *American History Illustrated* (História Americana Ilustrada),[63] atesta que Drake partiu de Roanoke em 1586 com o governador Lane, o seu grupo e a armada completa de barcos carregados com o produto dos saques feitos às Índias Ocidentais Espanholas. Não se fazem referências a escravos ou prisioneiros, Índios ou Negros, mas se de facto Drake levou os escravos de Santo Domingo e Cartagena, o que lhes terá feito? Tê-los-á feito desembarcar na ilha de Roanoke? Tê-los-á levado para Inglaterra? Quantos seriam? Biggs menciona que eles arranjaram alguns em Santo Domingo. Ele já tinha problemas de espaço e falta de provisões para os seus próprios homens e essas ele já tinha de partilhar com Lane e os seus homens.[64,65]

Irene Wright descreve as respostas de Pedro Diaz numa sessão de inquérito realizada em Cuba. Quem era ele? Encontramo-lo quando estava preso em Bidford após o seu regresso com Grenville em 1586. *O seu nome parece ser Pedro (Pero) Díaz mas também Franco ou Pimenta e era o piloto da nau Santa Maria quando esta foi capturada por Grenville em 1586 ao largo da Bermuda.*[66]

É necessário avançar com cautela no que diz respeito à narrativa de Pedro Díaz. A certa altura, ele diz que foi levado – enquanto estava com os Ingleses – para uma colónia inglesa em duas ocasiões e, que nessa altura havia lá cerca de 320 homens e quase tantas mulheres.[67] Isso perfaz um total de 640 pessoas. O número estava muito longe desse. Noutra altura, ele afirma que 210 pessoas foram recrutadas em Londres para a colónia na Virgínia.[68] Segundo White, o número era 150. O número de pessoas que permaneceram na Virgínia era de 110.[69]

Drake nas Índias Ocidentais (Narração de David B. Quinn)

Entre outros, Quinn utiliza a tradução de Irene Wright dos documentos Espanhóis encontrados nos Arquivos de Sevilha.

Chegaram a Santo Domingo a 1 de Janeiro de 1586: *...Sir Francis Drake, ...uma armada enorme sob o comando de Drake... aterrorizaram ... Vigo, Santiago nas ilhas de Cabo Verde...*[70] Também está escrito: *...levou consigo 150 Negros e negras de Santo Domingo e Cabo Verde – mais de Santo Domingo.*[71] Este facto não pôde ser confirmado por fontes portuguesas, embora nas ilhas de Cabo Verde estivessem muitos oficiais Portugueses na época. Em: *Santo Domingo... Cartagena libertara muitos forçados das galés Europeus e Turcos neste dois últimos portos e a certa altura constava-se que levava consigo cerca de trezentos Índios sul-americanos que o ajudaram em Cartagena assim como uma quantidade razoável de escravos rurais Negros.*[72] Se eles eram Índios de Cartagena, não podiam ser Índios sul-americanos. Quinn cita Mary Frear Keeler que escreveu: *...índios de Cartagena*[73] *... ele também capturou vários "homens do açúcar" Portugueses vulneráveis vindos do Brasil. Os Portugueses foram obrigados a pagar quantias severas por terem sido invadidos por Espanha em 1580.*[74] *...Sir Francis Drake, as coisas estavam muito diferentes em 1586. Sir Francis Drake na sua passagem pelas Índias Ocidentais libertara das galés centenas de escravos de muitas nacionalidades – Negros franceses, um largo número de súbditos do sultão turco e membros de outras nações europeias... Se algum deles alcançou terra nas ilhas ao largo da Carolina do Norte e tinha desertado quando Drake partiu, não sabemos dizer, mas não é improvável que alguns tenham salvo as suas vidas dessa forma, embora nunca se soubesse nada de quem o tenha feito. Sabe-se apenas que Drake trouxe Europeus e Mouros de volta para Inglaterra e, talvez alguns Negros, mas nenhum* *número considerável.*[75] *Em Santo Domingo e Cartagena ele andara a recolher homens – forçados de galés (principalmente Mouros, mas também alguns Europeus), alguns soldados (de novo maioritariamente Mouros), escravos domésticos Negros a quem ele prometia liberdade e um número substancial de Índios sul-americanos (incluindo cerca de 300 mulheres).*[76]

David Quinn também escreveu: *Não temos confirmação deste relatório da deslocação de Índios de Cartagena.*[77] E junta uma nota de rodapé: *Um relatório que chega a Inglaterra com data anterior dizia que ele salvara nada menos que 1200 Ingleses, Franceses, Flamengos e Holandeses das galés em Santo Domingo e levou consigo ainda 800*[78] *pessoas da região – outras fontes inglesas afirmam apenas 80 – ...os números sendo **exagerados**.*[79] [ênfase do autor] A Inglaterra tentava conseguir aliados Europeus contra a Espanha e isso seria boa propaganda. Os números estavam certamente exagerados. Eles poderiam perfazer mais de 2000. Com a sua tripulação inicial de 2300 pessoas, como conseguiria Drake alojá-los e alimentá-los? O único Francês mencionado foi o que eles encontraram em St. Augustine. Como contrapropaganda, o embaixador Inglês em Paris escreveu que havia um Negro naquela cidade que fugira de Drake depois de desembarcar em Inglaterra. Ele confessara que Drake trouxera muito pouco ou quase nada no regresso e que a tomada de Cartagena, assim como tudo o resto, era falso.[80]

Durante o mesmo período de tempo, houve muita especulação sobre a actividade inglesa na Virgínia. Um documento de depoimento de um marinheiro espanhol foi traduzido por Irene Wright e diz o seguinte:

Nada menos do que quarenta navios ingleses haviam partido para a colónia da Virgínia pelo caminho das Índias. Quatro deles levavam mulheres para as colónias... E em 1591 far-se-ia um grande ataque de 150 navios às Índias. [Quinn junta os seus comentários] *Esta imagem da colónia da Virgínia, pintada para ilustrar as esperanças inglesas e para colorir os medos espanhóis, tinha muito pouco a ver com a realidade e levanta suspeitas de que a informação fosse "plantada" para consumo espanhol.*[81]

Quinn continua: *Não podemos dizer se estes passageiros heterogéneos foram os responsáveis pelos surtos de doenças e enfermidades entre os seus próprios homens, nem sabemos dizer quantos homens sucumbiram, mas ele não tinha deixado nenhum em terra quando regressou de Cartagena... eles* [Drake e Lane] *encontraram-se a 11 desse mês. Drake tinha muito para oferecer – os passageiros heterogéneos, os pequenos barcos de que se apoderara em San Augustín... **Não tinha muita comida para dispensar**.*[82] [ênfase do autor] Uma vez mais, o que fez ele aos 300 Índios sul-americanos e aos 100 escravos Negros? Se ele não tinha muita comida para dispensar, arriscaria ele as vidas dos seus homens, muitos deles doentes, para levar os escravos e dar-lhes de comer? *...a doença esgotara os soldados.. não era muito fácil encontrar água potável ...estimativas da força de Drake variavam entre 1200 homens e menos de 500...*[83] E a mistura de Índios e Negros? Poderá ser considerada uma tarefa fácil?: *...em Cartagena houvera altercações entre oficiais Ingleses.*[84] Quinn apresenta mais perguntas: *...Perderam-se alguns na tempestade? Terão sido deixados em terra...? Se não, terão morrido ou terão sido mortos a caminho de*

Inglaterra ou terão desembarcado em Portsmouth?[85] As palavras de Quinn são muito interessantes: *É irónico, no entanto, que toda a sequência da colonização tenha sido inadvertidamente destruída por Drake.*[86]

Further English Voyages (Outras Viagens Inglesas) de Irene Wright contém uma riqueza de informações sobre Drake. O extracto seguinte contém algumas passagens interessantes:*... forçados de galé que os Espanhóis mantinham sem correntes.*[87] Isto é diferente do que tem sido escrito, dando crédito a Drake por ter libertado prisioneiros.

Diário de Bordo do CF Primrose P.16 e A. de I., 147-6-5 Santo Domingo 49 – D. Diego de Osorio para a Coroa, Santo Domingo, 30 de Junho de 1586. Também Actas de Conselho Privado, Nova Série, XIV, p.205 menciona Turcos, forçados de galé que Drake levou para Inglaterra no seu regresso. Outros permaneceram duma maneira geral na ilha ou escaparam com corsários franceses. O autor continua: *...levaram consigo tudo aquilo que quiseram levar... forçados de galé, Negros... de Santo Domingo até Cartagena.*[88] Terá Drake deixado os escravos em Cartagena? De novo, Irene Wright relata que: *...ele obteve quantias maiores dos donos pelo regresso dos escravos...*[89] Uma palavra de cautela do autor: *...devem ser comparados com o discurso de Biggs e o diário de bordo do Primrose.*[90] Que narrativa iremos aceitar, a pormenorizada escrita pelo capitão Walter Biggs ou os resultados de uma interrogação feita em Cuba por um oficial espanhol como foi traduzida por Irene Wright? É difícil de acreditar que a narração inglesa, tão preenchida de detalhes, pudesse deixar completamente de lado uma ocorrência tão importante como a vinda para bordo de centenas de escravos como passageiros livres. Acerca do depoimento, Miss Wright acrescenta:*... que o depoimento feito em Havana a 26 de Junho de 1586 por um marinheiro aragonês... esta pessoa deve provavelmente ter feito outro depoimento em data anterior... Embora seja difícil dar muito crédito a um homem que afirmava que Drake era Português... Drake dirigiu-se aos prisioneiros, presumivelmente aos prisioneiros Mouros... (a sua garantia de que os faria regressar às suas terras...)*[91] Seriam mesmo Turcos ou Mouros do sul de Espanha ou para que país os levaria ele? Os navios não estavam necessariamente equipados para socorrer e alojar grandes quantidades de pessoas durante períodos longos. Nessa altura, Portugal já era governado por um rei espanhol.

Kennedy escreve: *...Dadas as circunstâncias desesperadas destas gentes, parece fazer realmente muito sentido que eles abandonassem a ilha assim que possível. Por que esperariam eles pelos Ingleses ou, pior ainda, procurariam navios Espanhóis ou Portugueses para os recapturar?*[92]

Uma resposta possível pode ser dada pelo historiador George Malcolm Thompson, que escreve: *...Libertara muitos forçados de galé, uma centena dos quais, Turcos, a rainha enviou ao Grand Seignior...*[93] Isto poderá indicar que Drake trouxe 100 escravos de galé Turcos para Inglaterra. A expedição era comercial e não humanitária, e a única razão por que ele trouxe os Turcos foi simplesmente porque eles tinham um certo valor. Se era assim, por que os deixaria ele em Roanoke?

Existe ainda a questão dos escravos Turcos que regressaram à Turquia via Inglaterra, um acontecimento que alguns escritores podem estar a relacionar com os escravos libertados por Drake em Santo Domingo ou Cartagena. Charles Boxer convida o leitor para o que pode ser uma explicação parcial: *Por volta do último quartel do século XVI, o comércio de açúcar do Brasil era muito lucrativo, e entre 1589 e 1591, os corsários isabelinos capturaram 69 navios.*[94] Seria possível que as pessoas capturadas fossem enviadas para Londres e vendidas como escravos?

Quando abordamos a possibilidade de os escravos Muçulmanos trazidos para a América pelos Espanhóis, surge uma questão. Nos termos do contrato datado de 20 de Março de 1565, o rei de Espanha instruiu Pedro Menéndez para levar consigo: *...quatro membros da Sociedade de Jesus e dez ou doze religiosos de outra ordem que ele desejasse para preservar os colonos da contaminação da heresia e ele devia verificar que não houvesse Judeus, Mouros ou marranos entre eles.*[95] O rei permitiu a Menéndez importar 500 escravos Negros.[96] Os Mouros e Turcos teriam chegado antes de 1585, na altura de Pardo e 20 anos antes de Drake. Será que os Espanhóis os trariam para Santo Domingo? Com a Inquisição firmemente implantada, será que permitiriam que viessem Muçulmanos para a América? Se eles eram conversos, por que seriam enviados como escravos depois de serem convertidos? Agora dediquemo-nos à actividade naval. Da tabela de viagens inglesas [Fig.11], pode ver-se que a área estava bastante ocupada por navios. Se Drake tivesse desembarcado os seus passageiros heterogéneos, o que lhes teria acontecido? Mesmo que estivessem com pressa para partir, não teriam ido muito longe. Pouco mais tarde, Grenville fez algumas explorações. Recebeu informações dos Índios de que Drake e Lane haviam partido, mas não soube de mais ninguém na região. Segundo David Quinn, Drake teria de se ver livre de talvez cerca de 300 Índios sul-americanos e 100 escravos Negros como mão-de-obra livre para os colonos de Roanoke.[97] Ou estes números eram exagerados ou Drake nunca apanhou tal número de escravos ou Índios. Se Drake os levou, ter-se-ão perdido na tempestade? Terão morrido ou terão sido mortos a caminho de Inglaterra? Tudo isto é duvidoso. Drake

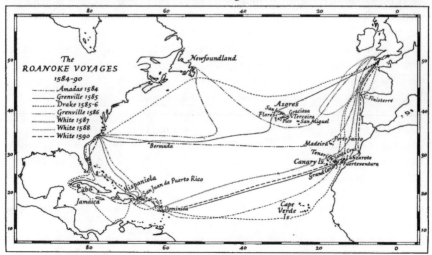

Fig. 11 – Mapa das Viagens para Roanoke 1584-1590. Ver pag. 49

já estava com falta de provisões. Muito provavelmente, a tripulação não os aceitaria de bom grado a bordo, já que os culpavam pela morte de muitos companheiros devido às doenças trazidas anteriormente para bordo. Eles estavam tão ansiosos por partir que nem sequer esperaram pelos seus três conterrâneos perdidos. A única pista encontrada era relativa ao carregamento de aproximadamente 100 ex-forçados de galé de Inglaterra para os domínios Turcos. Isto pode não ter nada a ver com Drake. Eles podem ter sido capturados pelos Ingleses noutro sítio qualquer, ou capturados aos Espanhóis na viagem de regresso.

Grenville e as Viagens de Raleigh – 1586

Grenville partiu de Bideford a 27 de Abril e a 2 de Maio encontrou um navio de Espanha pertencente a comerciantes bretões. Apoderou-se de vinho e azeite e, no Cabo Finisterra, abordou outros dois navios, um deles normando, tomou-lhes os bens e enviou-os para Inglaterra.[98] A 8 de Maio, Grenville capturou uma embarcação rápida holandesa com carga destinada a Espanha. Ficou com a carga e com o barco. Em seguida, parou em Porto Santo para se reabastecer de água. No entanto, os habitantes lutaram tão corajosamente que os Ingleses regressaram aos seus navios, segundo Diaz, o narrador espanhol: *...e deixaram as ilhas sem arranjarem nenhuma água fresca.*[99] Grenville partiu em direcção à Virgínia, chegando a Port Ferdinand no final da segunda semana ou no início da terceira semana de Julho. Por essa altura, outro barco com mantimentos enviado por Raleigh havia já partido de Roanoke. Embora esta data seja muito importante, aparentemente não é possível sabê-la com exactidão. No entanto, Hakluyt diz-nos: *...que este navio de abastecimento chegou imediatamente depois de os homens de Lane terem partido com Drake.*[100] Poderá ter chegado entre os dias 20 e 25 de Junho e voltou a partir no fim do mês ou na primeira semana de Julho. [Ver tabela no final do capítulo] Grenville teria chegado algures em meados de Julho e partido no final de Agosto, depois de ter feito algumas explorações e deixado 15 ou 18 homens que, juntamente com os três anteriores, foram os primeiros colonos perdidos. Obviamente, a sua primeira prioridade era a pirataria e a colecção de prémios e não a colonização e a fundação de aldeias.

Outro facto interessante na viagem de Grenville é que, no regresso para Inglaterra, ele parou nos Açores, partiu para a Terra Nova em busca de mantimentos frescos e regressou às ilhas açoreanas, onde surpreendeu uma barcaça com passageiros e uma carga de peles em Vila Franca do Campo, ilha de S. Miguel e outro navio ao largo da ilha Terceira.[101] Este facto demonstra como era fácil para os Portugueses irem dos Açores à costa leste da América do Norte.

1587 – As Viagens de John White e as Viagens de Salvamento de 1588-1590

A 8 de Maio de 1587, John White partiu com o Capitão William, o piloto Português Simão Fernandes, assim como mulheres e crianças. Chegaram à Virgínia a 22 de Julho e a 18 de Agosto, nasceu a sua neta (Virginia Dare). A 27 de Agosto, partiu em busca de provisões e nunca mais regressou.

Na colónia de Roanoke ficaram 83 homens, 17 mulheres, 1 criança, mais duas que nasceram lá e menos uma, George Howe, que morreu à chegada, perfazendo um total de 112 seres humanos.[102] John White e Simão Fernandes – o piloto Português – regressaram a Inglaterra acompanhados dos Índios Manteo e Towaye. [103]

John White foi contratado por Raleigh como artista nestas viagens à América do Norte.[104] A sua história é um exemplo de autobiografia. Como tal, não é necessariamente um texto histórico. Narra o que ele viveu. Não relata de forma rigorosa o que de facto aconteceu.[105]

A 22 de Abril de 1588, John White partiu com a Capitão Facy. Este era um homem do mar, cujo mente tinha por único objectivo a captura de presas, sem se mostrar muito preocupado se calcava a linha delicada entre andar a corso e fazer pirataria.[106]

Devido à prioridade posta na captura de presas, eles abordaram primeiro um navio escocês e depois um bretão. Pilharam o que puderam e depois perseguiram um barco de convés corrido. Em seguida, foram eles perseguidos pelos Franceses, que os atacaram e os fizeram participar numa batalha sangrenta, da qual resultaram muitas baixas. Regressaram a Inglaterra, tendo chegado a 22 de Maio. Era o fim da colónia de Roanoke e da viagem de salvamento de 1588.

John White foi de novo enviado em 1590 para procurar os colonos Ingleses deixados lá em 1587 e encontrou a ilha completamente deserta. A história desta viagem começa com John Watts, o maior dos empresários da vida a corso, e os seus parceiros no rio Tamisa em Janeiro de 1590. Depois de vários problemas, John White partiu a 20 de Março.[107] Perseguiu e capturou várias embarcações espanholas e chegou finalmente à Virgínia a 15 de Agosto para descobrir que todos os colonos tinham desaparecido, deixando apenas as letras CRO gravadas numa árvore e, num poste, a palavra CROATOAN.[108] Esta foi a última mensagem dos colonos. Nunca se encontrou ninguém. Outro aspecto é o facto de devido a dificuldades vividas por todo o resto da Europa e ao aumento do poderio inglês sob o comando de Isabel I, muitos Europeus continentais emigraram para Inglaterra. A Inglaterra empregava marinheiros Venezianos, Portugueses e Genoveses nas suas primeiras viagens de exploração marítima. É possível, portanto, que os primeiros colonos da colónia de Roanoke tenham sido estrangeiros. Alguns dos nomes dos colonos de Roanoke não são certamente nomes típicos ingleses, como se poderá verificar na lista de colonos apresentada no final deste capítulo.

Ruth Wetmore, uma arqueóloga experiente que tem desenvolvido o seu trabalho no sudeste desde há muitos anos, é de opinião que, pelo menos, alguns dos colonos de Roanoke fossem Portugueses.[109] Pelo menos um deles era, Simão Fernandes. Poderão considerar-se muito facilmente alguns dos outros nomes como tendo origens portuguesas. Além disso, Simão Fernandes, sendo Português, teria provavelmente criados ou amigos Portugueses a que ele se referia como sendo parte do grupo enquanto estavam em Inglaterra. É também interessante reparar que, na ilha de Santo Domingo, um lugar praticamente destruído por Drake, mais de metade da população fosse portuguesa, segundo a corte suprema ou *Audiencia*.[110]

Lista dos Colonos que chegaram a Roanoke

John White *
Christopher Cooper
Dyonis Harvie *
Cutbert White
William Sole
George Howe
Thomas Warner
John Tydway *
Thomas Topan
John Spendlove *
Edward Powell
Thomas Gramme
John Stilman *
Brian Wyles
John Farre *
Richard Shaberdge
Thomas Ellis
Thomas Smith
Richard Taverner *
John Starte *
Arnold Archard
John Cheven *
William Dutton
Richard Arthur
Robert Little
Lewes Wotton
Henry Rufoote
Charles Florrie
Thomas Harris

Ananias Dare
Thomas Steuens
William Willes
John Bright *
John Cotsmur *
Simão Fernandes
Anthony Cage
Ambrose Viccars
Henry Berrye
John Hemmington *
Humfrey Newton
Marke Bennet
Peter Little
Geroge Martyn
John Bridger *
John Burden *
William Browne
Richard Kemme
John Earnest *
Richard Darige
John Wright *
Thomas Hewet
Morris Allen
John Chapman *
Hugh Tayler
Michael Bishop
Richard Tomkins
Henry Milton
William Nicholes

Roger Baille
John Sampson *
John Brooke *
Clement Taylor
Roger Pratt
Nicholas Johnnson *
John Jones *
Edmond English
Richard Berrye
Thomas Butler
Thomas Colman
John Gibles *
John Wyles *
Hugh Pattenson
Griffen Jones *
James Hynde *
Michael Myllet
Thomas Harris
Henry Johnson *
William Lucas
James Lassie *
William Berde (Verde)
William Waters
William Clement
Richard Wildeye
Henry Browne
Henry Dorrell
Henry Payne
Thomas Pheuens

Mulheres:

Elyoner Dare
Wenefrid Powell
Elizabeth Glane
Alis Chapman
Margaret Lawrence
Rose Payne

Margery Harvie
Joyce Archard
Jane Pierce
Emme Merrimoth
Joan Warren *
Elizabeth Viccars

Agnes Wood
Jane Jones *
Audry Tappan
Colman
Jane Mannering *

Crianças:

John Sampson *
Thomas Archard
George Howe

Robert Ellis
Thomas Humfrey
John Pratt *

Ambrose Viccars
Thomas Smart
William Wythers

- Usavam-se as letras *I* e *U* no século XVI. Para benefício do leitor, elas foram substituídas pelas letras *J* e *V* para salientar a ortografia moderna.

Tabela Cronológica das Viagens Virgínia-Roanoke no século XVI

27 de Abril de 1584	Barlowe, Amadas e Fernandes partem de Inglaterra
13 de Julho de 1584	Chegada a Roanoke para explorar a área
15 de Setembro de 1584	Regressam a Inglaterra com dois Índios
19 de Abril de 1585	Partem de Inglaterra com 100 colonos
27 de Julho de 1585	Chegam à ilha de Roanoke
25 de Agosto de 1585	Grenville parte para Inglaterra, onde chega em Outubro
14 de Setembro de 1585	Drake parte de Inglaterra
1 de Janeiro de 1586	Drake chega a Española
2 de Maio de 1586	Grenville parte de Inglaterra
26 de Maio de 1586	Drake em Santo Domingo
27 de Maio de 1586	Drake em St. Augustine
9 de Junho de 1586	* Drake chega a Roanoke
18 de Junho de 1586	* Drake e Lane partem com colonos
20/25 de Junho de 1586	* Chega o navio de mantimentos de Raleigh
30.Junho/7.Julho de 1586	* Parte o navio de mantimentos de Raleigh
15 de Julho de 1586	* O navio de Grenville chega a Roanoke, deixa 15 homens
28 de Julho de 1586	* Drake chega a Inglaterra, depois de Lane
8/18 de Agosto de 1586	* Avistam-se oito navios ao largo de Santa Elena
25 de Agosto de 1586	* Grenville parte de Ronoke
26 de Abril de 1587	* John White parte de Inglaterra com 126 colonos
22 de Julho de 1587	* John White chega a Port Ferdinand
18 de Agosto de 1587	* A primeira criança inglesa nasce na Virgínia
27 de Agosto de 1587	* John White regressa a Inglaterra
17 de Setembro de 1587	John White nos Açores
18 de Outubro de 1587	O piloto Simão Fernandes chega a Inglaterra
8 de Novembro de 1587	John White chega a Southampton
22 de Abril de 1588	White parte de Inglaterra com 7 homens e 4 mulheres
22 de Maio de 1588	White regressa sem ter chegado à Virgínia
20 de Março de 1590	White parte de Inglaterra a bordo do *Hopewell*
26 de Maio de 1590	O *Hopewell* ataca navios Espanhóis
15 de Agosto de 1590	White chega à Virgínia; não há ninguém em Roanoke
30 de Outubro de 1590	White regressa a Inglaterra sem encontrar colonos

* Viagens relacionadas com a colónia perdida de Roanoke
Ver Fig.11: Mapa das Viagens para RoanokeAs Viagens para Roanoke por David B. Quinn, Vol.I, frontispício interior, Hakluyt Society of London.

Nova Inglaterra em 1602 e a Colónia de Jamestown – 1607

Depois da colónia de Roanoke ter falhado, 32 homens Ingleses fizeram um esforço para fundar outra colónia em 1602. Chegaram a Cape Cod cerca de 15 de Maio. Uma carta para Sir Walter Raleigh descreve os encontros com os nativos:... *Estas*

gentes, que são extraordinariamente corteses, bem-humoradas... de tez ou cor
semelhante a uma azeitona preta... cabelo preto... Alguns deles são Negros, barba
rala... Pronunciam a nossa língua com facilidade...[111]

Será possível que fossem descendentes dos primeiros colonos chegados à costa
leste dos EUA no início do século XVI? Não se estabeleceu nenhuma colónia na
Nova Inglaterra, mas assim que se fundou Jamestown, fizeram-se várias tentativas
para descobrir os colonos desaparecidos da ilha de Roanoke. *O Capitão John Smith*
regista... informação obtida através dos Índios que, na vizinhança de Jamestown
falavam de homens... que se vestiam como ingleses.[112] É pouco provável que os
Índios fossem capazes de distinguir a forma de vestir dos Ingleses da dos outros
Europeus, já que havia Alemães e Polacos junto dos Ingleses, segundo John Smith.
Em 1700, John Lawson escreveu: *...alguns Índios, que são mais civilizados do que*
os restantes, que usavam chapéus, sapatos, meias e vestiam calças... comprarão
muitas vezes os casacos feitos pelos Ingleses, que eles vestem durante os festivais
e noutros dias de visita.[113]

Não demorou muito até que diferentes nações índias adquirissem os hábitos de
vestuário dos Ingleses, o que já acontecia há algum tempo em 1700.

A 30 de Outubro de 1966, no *Baltimore Sun*, Mary Connelly escreveu um artigo
sobre os Lumbees e citou um dos primeiros colonos, George Percy: *...um rapaz*
selvagem com cerca de dez anos, com cabelo perfeitamente louro e uma pele
razoavelmente branca, o que é um milagre por entre os selvagens.[114] Só há pouco
tempo é que os Lumbees foram reconhecidos como uma tribo índia e os mesmos
encontros com gente branca têm-lhes sido atribuídos e aos Melungos como um
sinal da sua presença nos primeiros dias de estabelecimento inglês. Os Lumbees
afirmam ser descendentes directos dos colonos perdidos de Roanoke; no entanto,
as suas cores variam de muito escuros a muito loiros, o que nos leva a crer que eles
se misturaram com outros para além dos Ingleses e dos Índios. De qualquer forma,
a afirmação de George Percy indica a presença de gente branca, para além dos
Ingleses, no início do século XVI.

Primeiros Africanos de Angola para a Virgínia – 1619

Os primórdios da história americana, como os conhecemos, não estão completos.
Graças a historiadores como Engel Sluiter, John Thornton, William Thorndale e
outros, novas informações têm sido reveladas. A revista William and Mary Quarterly
publicou artigos relacionados com o tema nos seus números de Abril de 97 e Julho
de 98. Os pesquisadores que acabámos de mencionar consultaram numerosas fontes
usadas na sua pesquisa e que são citadas na revista. Mark St. John do Newport
News Daily Press também publicou um artigo excelente sobre estes achados
revolucionários.[115] Os seguintes são apenas alguns factos escritos por escritores
contemporâneos no início do século XVII.

O Capitão John Smith escreveu na sua *General History of Virginia* (História
Geral da Virgínia) *Perto do último dia de Agosto chegou um homem de guerra*
holandês que nos vendeu vinte Negros.

John Rolfe escreveu: *Quase no fim de Agosto, um homem de guerra holandês...*
chegou a Point-Comfort... Não trazia nada excepto vinte Negros estranhos.

Esta é a única afirmação relacionada com a importação de Negros para a Virgínia
depois da fundação da colónia de Jamestown em 1607. Nunca se determinou a

origem destes Africanos, mas sabemos agora com plena certeza de onde estes *vinte Negros estranhos* vieram. Não nos esqueçamos que Portugal era na época governado por um rei espanhol; portanto, a maioria dos escravos de África era enviada para as Índias Ocidentais e para o Brasil. A escravatura, como instituição, não existia na Virgínia naquela época e só em Dezembro de 1641 (1661?) é que o reconhecimento estatutário da escravatura teve lugar. Também naquela época, o rei James tinha estabelecido a paz com a Espanha e assim chegara ao fim a pirataria nos mares reconhecida pela lei.   A questão é, de que parte de África veio este grupo de Negros, e o que têm os Portugueses ou os Melungos a ver com eles? Encontrou-se a resposta quando o historiador Engel Sluiter da Califórnia analisava cuidadosamente os registos portugueses de navegação colonial e descobriu um mercador de escravos Português que perdeu a sua carga humana para corsários ingleses e holandeses nas Índias Ocidentais. O espaço de tempo e a descrição do ataque quase de certeza ligam esse navio, conhecido como San Juan Bautista, a aventureiros holandeses que trouxeram os primeiros Negros para a Virgínia. Os registos também ligam essa carga humana à cidade portuária angolana de Luanda e aos Africanos originários das terras altas do maciço central de Angola, hoje conhecido como província de Malanje. Isto veio revolucionar o campo de estudo na medida em que tornou preciso o nome, nacionalidade e porto de origem do navio que transportou os Negros de África para o Novo Mundo. No entanto, ninguém sabe se eles eram escravos. Mais tarde, em 1998, o historiador John Thornton da Pensilvânia examinou a colónia portuguesa de Angola durante o início do século XVII e descobriu não só a região de Angola de onde os Negros procediam, como também a campanha militar durante a qual teriam provavelmente sido capturados.

Uma vez que a lei portuguesa exigia que todos os escravos Africanos fossem baptizados e convertidos ao Cristianismo antes da sua chegada à América, é adequado supor que estes imigrantes relutantes fossem muito possivelmente Cristãos. Thornton também constatou que as forças militares de Mendes de Vasconcellos chegaram de imediato e capturaram 4000 Cristãos, o que levou o Bispo Manuel Bautista Soares e os colonos Portugueses a protestar vigorosamente, mas em vão. Thornton também descobriu que os holandeses eram os únicos envolvidos na captura do navio português. Os holandeses trocaram os prisioneiros capturados por provisões de que necessitavam muito. Era provável que estes Africanos fossem Cristãos, visto que eram experientes a comerciar e a lidar com os Europeus, falavam uma língua comum e provavelmente sabiam como cultivar e criar animais domésticos.

Tais peculiaridades torná-los-ia mais capazes de se adaptarem à sua sorte na Virgínia do que outros grupos de Negros com diferenças étnicas e linguísticas que começaram a chegar da África Ocidental mais tarde no século XVII. O comércio contínuo com a Angola portuguesa pode ajudar a explicar por que as primeiras gerações de Africanos tiveram muito mais sucesso para se conseguirem livrar da servidão do que as outras que se seguiram. Também pode ajudar os estudiosos a compreender por que algumas atitudes relacionadas com a raça se tornaram sistemáticas no final do século XVII, quando o conceito de contrato a curto prazo começou a mudar para a instituição da escravatura vitalícia.

Segundo a informação fornecida por escritores contemporâneos, pensava-se que aqueles Negros fossem os primeiros a chegar à Virgínia até que, em 1995, o historiador William Thorndale deu a conhecer o censo feito na Virgínia em 1619, que incluía 32 Negros (15 homens e 17 mulheres) ao serviço dos fazendeiros.

Aqui, cautela pois os exploradores ingleses exploraram a Africa desde 1550, será que eles trouxeram estes Negros para a América antes?

Agora devemos perguntar: Por que razão ficaram os historiadores contemporâneos calados sobre estes factos? Por duas razões – uma é óbvia, o ataque ao barco português deu-se contra as ordens do rei; portanto, os corsários ingleses e holandeses estavam envolvidos em pirataria ilegal ao atacar navios de uma nação, com a qual a Inglaterra fizera um tratado de paz.

A outra é que os colonos rapidamente descobriram que estes Africanos conheciam a fé cristã. Os donos de escravos da Virgínia, com medo que o Cristianismo os libertasse, teriam estado relutantes em admiti-lo.

Existem ainda muitas questões quanto à composição destes Africanos vindos da colónia portuguesa. Seriam todos pretos? Os Portugueses já estavam em Angola há mais de uma centena de anos; portanto, é muito provável que tivesse havido casamentos mistos. Só eram 20 – o que aconteceu aos outros? O navio partiu de Angola com 350 e o mesmo capitão ficou registado mais tarde com 147, mas sem navio? O que aconteceu à tripulação? A tripulação era toda negra? Recordemos que muitos séculos depois disso, pessoas de pele escura eram consideradas *negras* ou *mulatas* nos censos.

O que aconteceu a estes Luso-Africanos? Alcançaram a liberdade a trabalhar e tiveram êxito. John Thornton termina o seu artigo com uma afirmação profunda: *Estes novos cativos deram talvez um certo toque angolano à Chesapeake original. Significativamente, o neto de um dos seus contemporâneos, que chegou em 1621, em 1677 deu o nome "Angola" à sua propriedade no litoral.*[116] Este não foi o unico sucesso obtido pelos Portugueses de Angola. Foram encontrados nomes portugueses na Virginia dessa época, tais como Big Manuel, Rodriggus, Anthony Portuguese, John Pedro, Paul d'Angola, etc. Tim Hashaw escreveu uma serie de artigos para a Gowen Research Foundation sobre as suas pesquisas da origem Malange dos Melungos e a ligação Portuguesa. Um outro facto a mencionar: Existem pelo menos 12 locais nos Estados Unidos chamados Angola.

O autor escreveu no seu livro *The Forgotten Portuguese* (1998), antes da pesquisa acima mencionada ter sido feita, acerca da possivel ligação com Malang(j)e, uma provincia de Angola, que será possível porem a historia é muito mais complicada. Uma pergunta: Será que o nome melungo esteja só ligado a Angola? De acordo com pesquisas feitas, 50,000 ou mais Negros vieram de Malange durante o século XVII, todavia a maior parte foi para a America Latina controlada pelos Espanhóis. Se assim é, porque é que só no Sudeste Norte-Americano, o nome melungo conseguiu sobreviver até hoje?

Negros e Brancos Vivem Juntos na Virgínia

Quando nos referimos aos primeiros grupos que habitaram a América depois da sua descoberta pelos Europeus no século XV, devemos notar a presença de gente negra num período inicial. Na carta de Abraham Wood, existe uma história contada por um índio, que conseguiu escapar ao homem branco, depois de ter morto uma dezena deles. Estas pessoas tinham um sino e falavam uma língua desconhecida:....

Têm muitos Negros com eles... muitos porcos e gado... têm duas mulheres mulatas. [A carta acrescenta que os Índios, uma vez que os seus homens foram mortos] ... *matam todos os brancos e os Negros que encontram.* [A carta de Wood ainda diz:] *...tudo isto eu expus à Grande Assembleia da Virgínia.*[117]

A carta continua com a descrição das viagens de Gabriel Arthur: *...viajaram oito dias para oeste e para sul, como ele calculou e chegaram a uma terra de Negros, espaçosa e grande, mas todos os edifícios eram de madeira... marcharam... e cerca de cinco ou seis milhas...avistaram uma cidade espanhola... edifícios de tijolo... O sino, de que Mr. Needham fala, estava pendurado e todas as noites o ouviam tocar.*[118] Houve relatos de um sino a tocar e uma espécie de oração numa língua que os Ingleses não entendiam. Agora contam-nos do mesmo sino, tocado ao entardecer, que é quando os Católicos fazem uma pausa para rezar. O que é intrigante é a cidade espanhola. Seria realmente espanhola ou seriam os habitantes possivelmente Portugueses que se vestiam e eram semelhantes aos Espanhóis? A carta continua dizendo que: *...no sétimo dia, um espanhol de trajes gentios, equipado de arma, espada e pistola... um dos Tomahittans... alvejou-o a tiro... Nos seus bolsos havia duas moedas de ouro e uma pequena corrente de ouro...* [Repare-se que o escritor não diz que o homem era soldado] *...eles apressaram-se para a cidade dos Negros.*[119] Depois disso, foram para Port Royal, hoje na Carolina do Sul, e que em anos anteriores era a Santa Elena dos Espanhóis. Podemos seguramente concluir que a cidade não era espanhola ou, pelo menos, não era controlada pelo governo espanhol. Os Espanhóis tinham abandonado a região quase cem anos antes.

O facto de perto existir uma cidade de Negros dificilmente demonstra que os Espanhóis deixassem Negros viver livremente, já que na Flórida e nas Caraíbas os importavam e os mantinham em seu poder.

Se eles fossem Negros e vivessem aparentemente livres, o que poderiam ter em comum com os: *...homens brancos com barba?* Será possível que nem todas as pessoas negras que vieram para este país fossem escravos, mas viessem por livre vontade? É uma afirmação duvidosa, a menos que desconhecessem a existência da escravatura na América ou viessem antes da escravatura se tornar legal. David Beers Quinn escreveu sobre os escravos capturados por Drake: *...quando mão-de-obra de cor e livre era o presente intencional de Drake... é um comentário curioso e irónico na história recente desta e de outras colónias com plantações.* [120]

Em 1564, John Sparke, que acompanhou John Hawkins, fez uma descrição escrita dos nativos da Flórida: *É uma coisa com que nos podemos maravilhar, pois a forma como eles (os Índios) fazem o fogo e não só eles, mas também os Negros fazem o mesmo...*[121] Serão estes Negros escravos? Se sim, a quem pertencem? Ou serão Negros livres que vivem juntamente com Índios, de quem aprenderam os hábitos, tendo chegado antes dos Espanhóis? Não nos esqueçamos de que os Portugueses conheciam a localização e a existência da Flórida antes de 1502.

Põe-se ainda outra pergunta. Quando se mencionava *Preto* ou *Negro* no século XVII, fazia-se a distinção entre os pretos da Arábia, os Mouros do Norte de África (Berberes) ou os Pretos da África Ocidental?

Victor Marques, presidente da Câmara de Comércio Luso-Americana do Sudeste, trouxe a público informações adicionais sobre a presença de Negros na Virgínia, dentro do espaço de tempo do primeiro estabelecimento de colonos em Jamestown.

Bill Hendrick do Atlanta Journal conta a história: *Pensa-se que os quatro conjuntos de ossos, desenterrados há 50 anos atrás, pertencem ao período entre 1620 e 1680... Um dos esqueletos era de um homem Negro com uma idade provável de 26 anos... Os quatro de entre um conjunto de 21 esqueletos foram descobertos perto da costa na zona sudeste da Virgínia, na localização da histórica Jamestown, a primeira colónia inglesa permanente no Novo Mundo.*[122]

A História está em constante evolução; portanto, é uma boa ideia manter uma mente aberta. A informação acima referida baseou-se nas declarações do antropólogo forense Smithsoniano Douglas W. Owsley. Anteriormente a essa descoberta, os cientistas tinham conhecimento apenas de um outro nativo de África, que se sabia ter vivido e morrido no início do período colonial.

Isto também prova que os Africanos vieram para a América muito cedo e também que eram livres. Os Negros que os Espanhóis trouxeram eram escravos. Que outra nação comerciava com ambas as costas de África e tinha capacidade para transportar pessoas para o Novo Mundo, tanto escravas como livres? Naquela época, nem todos os Negros eram escravos e nem todos os brancos – principalmente os do Extremo Oriente – eram livres.

Procura em 1624 – Primeiros Encontros em 1654

O primeiro encontro dos Europeus com gente que não era nativa está registado nos arquivos Espanhóis, o que prova que várias expedições sem sucesso haviam sido enviadas ao interior da Geórgia-Carolina para encontrar *"Gente Blanca"* em 1624. Aparentemente, existia a crença em Espanha de que já havia gente branca no sudeste antes de as forças espanholas terem chegado. Estes rumores continuaram até cerca de 1661. Este tem sido um dos argumentos usados pelos advogados das pessoas galesas. A falta de sucesso das expedições espanholas pode significar uma de duas coisas: *...ou o grupo de busca não foi suficientemente para norte e para oeste, ou estavam somente à procura de gente de pele muito clara.* [123]

Se eles [Gente Blanca] fossem os antepassados dos Melungos ou de outros grupos de colonos iniciais, seria mais provável que tivessem pele mais escura, tendo-se misturado com a população índia em colónias semelhantes. Mais tarde em 1654, Cole adiciona uma nota à carta de Abraham Wood: *...Os Espanhóis tinham relações com os Cherokee desde muito cedo. Estavam nas regiões douradas do sul das montanhas Allegheny em 1654.*[124] Não é muito lógico que uma colónia de Espanhóis vivesse no meio dos Ingleses, a menos que não fossem Espanhóis, mas sim Portugueses, um erro comum feito por muitos historiadores, devido ao facto de Portugal ter sido governado por reis Espanhóis de 1580 a 1640. Também é possível que alguns dos colonos trazidos pelos Espanhóis tivessem sobrevivido. Todavia, o elemento principal devia ser outros que não os Espanhóis. De forma a não parecer dominado pela versão portuguesa, eis o que Yeardley escreveu: *...eles disse-lhes que havia um espanhol ali a residir, que já lá estava com eles há sete anos, um homem muito rico, com uma família de cerca de trinta, dos quais sete eram Negros...*[125] Isto aconteceu na região índia dos Tuskarorawes e pode não servir de grande prova, mas diz-nos algo sobre Espanhóis que viviam com Índios e que possuíam escravos. ...[A]*ntes do ano 1700, exploradores franceses relataram terem-*

nos encontrado... Uma teoria da sua origem é que um bando de marinheiros portugueses naufragados vaguearam pela costa da Carolina do Norte.[126] Porquê Portugueses? Por que não Franceses, Ingleses ou Espanhóis? Todos eles navegavam ao longo da costa leste. Não há registo de qualquer outra nação que navegasse em pleno Oceano Atlântico. A única outra potência dos séculos XV e XVI era o Império Otomano e este estava confinado à parte leste do Mar Mediterrâneo e ao Oceano Índico. Por conseguinte, temos de partir do princípio que teriam de ser pessoas de uma destas quatro nacionalidades, e que deverá ter acontecido no início do século XVI ou pouco depois de 1550. No final do século XVI, havia muita actividade por parte dos Espanhóis, dos Ingleses e dos Franceses, pois todos tentavam colonizar a costa sudeste.

Com a excepção da perdida colónia inglesa de Roanoke, nem a Espanha nem a França afirmaram ter perdido qualquer colónia. Também é sabido que havia actividade comercial, de acordo com o seguinte relato de Francis Yeardley, no sul da Virgínia e na Carolina: *No último Setembro (1653), um homem novo, um negociante de castores... com três outros... foram à ilha de Roanoke... encontraram o grande comandante daquelas partes com os seus Índios... que os receberam civilizadamente e lhes mostraram as ruínas do forte de Sir Walter Raleigh...*[127] 66 anos mais tarde, não se fizeram menções aos colonizadores ingleses nem aos sobreviventes.

Os Índios locais mostraram a Yeardley, um ministro, as ruínas do forte da ilha de Roanoke e ele conheceu ainda um negociante índio que, ao ver as crianças a ler e a escrever, entregou o filho para que o ensinassem a ler e a escrever:

[A]*o ver e ouvir as crianças a ler e a escrever... ele perguntou-me... se eu tomaria o seu único filho e o ensinava a fazer como as nossas crianças, segundo as suas palavras, a falar pelo livro e a fazer um escrito.*[128] Isto não aconteceu de forma tão simples, uma vez que a maior parte dos colonos não estavam prontos a aceitar Índios nas suas comunidades. Yeardley descreve mais tarde na sua narrativa a atitude deles quando o Índio trouxe o filho: *...e portaram-se (os colonos) de forma pouca civilizada para com eles, proibindo-os (ao Índio e ao filho) de lá voltarem.*[129]

Um Forte Espanhol e Uma Mina depois de Santa Elena - 1670

O historiador Hollingsworth escreveu que:... *1670 é a data mais antiga e provável de um negociante das colónias inglesas atravessar este sector do estado (Condado de Surry, Virgínia), embora os Espanhóis procurassem ouro... numa expedição do seu forte e mina perto de Lincolton, Carolina do Norte.*[130] Seriam realmente Espanhóis? Isto acontece na zona ocidental da Carolina do Norte e, nessa altura, os Espanhóis estavam na Flórida. Kennedy menciona a possibilidade destes serem:... *recém-chegados ou descendentes de Pardo.*[131]

É muito difícil acreditar que os Espanhóis esquecessem ou abandonassem os seus homens – afinal, eles estavam em St. Augustine, que não é assim tão longe, e ficaram lá por muito tempo. Segundo Juan de Ribas, um soldado: *...por volta de 1600, os únicos Espanhóis que ficaram nos campos Índios eram um tocador de pífaro, a mulher e os filhos.*[132]

Devemos só lembrar que os homens de Hernando de Soto haviam descoberto o caminho para o México mais de vinte anos antes. Se assim era, por que não a Flórida, que era muito mais perto? A outra possibilidade é que os Espanhóis não se importavam, porque estes colonos não eram Espanhóis, mas sim descendentes dos colonos iniciais de Pardo, quer fossem Portugueses ou de outra nacionalidade.

John Lederer em 1670

A 20 de Maio de 1670, um aventureiro alemão, chamado John Lederer, escreveu o seguinte baseado em informações que lhe foram dadas pelos Índios locais (Santee e Cheraw): *...que a dois dias e meio de jornada para sudoeste estava instalada uma nação poderosa de homens com barba, que eu suponho que fossem Espanhóis, porque os Índios nunca tiveram nenhuma...*[133] Este é definitivamente um sinal de que ou os Portugueses ou os Espanhóis estiveram ali naqueles primeiros tempos, qualquer que fosse a sua forma. Novamente se põe a questão, por que razão ficariam os Espanhóis tão longe da sua fortificação segura na Flórida? Isto pode também constituir um caso para as pessoas que se intitulam descendentes da colónia perdida de Roanoke. Já haviam passado mais de 50 anos desde a colónia de Jamestown e a sua existência seria conhecida, particularmente para quem falasse inglês. Como John Lederer viajara para esta área, também outros o fizeram. John Watson menciona também os Índios Keyauwee:... *que usavam barba e bigode, um costume sem precedentes entre os Índios.*[134] Esta narrativa é de 1700, e é possível que estes Índios se misturassem com os Europeus chegados no princípio do século XVI.

A Carta de Abraham Wood, a Missa Católica e o Sino – 1673

Samuel Cole Williams, um historiador do Tennessee, transcreveu da carta de Abraham Wood para John Richards em Londres o que pode ser considerado uma cerimónia religiosa de natureza católica: *...que as pessoas brancas têm um sino com quase dois metros de altura, que fazem tocar de manhã e ao fim da tarde, e a essa hora muitas pessoas juntam-se e falam ele não sabe de quê...*[135] O toque dos sinos das igrejas, chamado Trindade ou Hora da Trindade ao pôr do sol era, e é provavelmente, uma ocorrência comum nas aldeias de Portugal, assim como o uso das contas do rosário para rezar. O uso de contas para fins religiosos ainda é habitual actualmente. As descobertas arqueológicas de quaisquer contas pode estar relacionado com este facto. Este é também um ritual católico em Portugal e um, que o autor se lembra ser hábito na pequena aldeia onde nasceu. A igreja local faria tocar o sino ao entardecer, a que se dá o nome de *Toque da Avé Maria*, lembrando a todos para fazerem uma pausa e orarem segundo as contas do *rosário* ou *terço* – que as mulheres mais idosas usavam e ainda usam pousado no regaço. Por volta do século XV, os Mouros tinham na sua maioria sido convertidos ao Cristianismo. O toque do sino – e a reverência – fazem parte do ritual da missa católica, durante a Oração Eucarística e o Partir do Pão. O autor lembra-se de ser miúdo e lhe dizerem que quando o sino tocava, era muito importante estar em silêncio e fazer a reverência; não o fazer seria considerado um pecado.

A carta de Wood também menciona aquilo que podemos seguramente supor: que eles não eram Ingleses e falavam uma língua estrangeira *e falam ele não sabe de quê*. Se eles não conseguiam entender, que língua seria? A Igreja Católica celebrava sempre a missa em latim e só muito recentemente autorizou o uso das línguas vernáculas. Será possível que a língua que eles não entendiam era o latim? Recentemente, o autor falou com uma senhora idosa residente nas montanhas e ela mencionou que uma amiga dela era dos Melungos e que a avó dessa sua amiga rezava numa língua estranha ou desconhecida.

Kennedy escreve queÇ *...a mera existência de um sino naquela época parecia indicar uma origem católica. E o facto de estes Índios que falavam inglês não compreenderem a língua destas pessoas aparentemente europeias e misteriosas é também uma prova intrigante. Estas "pessoas cabeludas" que veneravam o local marcado por um sino não eram obviamente Ingleses.* [136]

Também não podiam ser Espanhóis, já que os Índios, falantes de inglês, eram capazes de reconhecer os Espanhóis e tinham-nos mencionado noutros escritos do mesmo período. Quanto às *pessoas cabeludas*, os Portugueses têm essa honra dúbia. Sobre essa mesma nota, não devemos deixar de lado a possibilidade de que elementos da colónia perdida de Roanoke se tenham juntado a uma colónia de Europeus já estabelecida, Europeus esses que podem ter lá chegado muito antes e só mais tarde lhes ensinaram a língua inglesa. John Lawson, considerado o primeiro historiador da Carolina do Norte, escreve no seu diário em 1700 à medida que se aproxima da costa da Carolina do Norte: *...Índios amigáveis deram-lhe dois frangos, uma indicação clara de contacto com os Europeus, porque os Indios não tinham criação de aves domésticas anteriormente à chegada dos brancos.* [137]

Há ainda outra alegação: *...eles comunicam frequentemente com o mundo dos espíritos.* [138] Isto é verdade, não só em Portugal, mas também, e numa escala maior, no Brasil, onde se praticam as sessões espíritas ou a chamada "macumba".

A Viagem em Abril de 1673 – Brancos com barbas longas e suíças

Alguns cronistas deixaram relatos do que viram durante o século XVII. Seguem-se alguns dos registos feitos: *A oito dias de viagem por este rio abaixo, encontrámos um povo de gente branca que têm barbas longas e suíças e usam roupas e perto de alguns dos outros rios vive um povo cabeludo.* [139] Chapman J. Milling escreveu sobre crónicas antigas que descreviam os Índios: *Quanto à aparência, os homens (Índios da Carolina) não têm barba nem cabelo na cabeça, excepto um tufo espetado no topo.* [140]

Gilbert confirma na sua tese em 1934 que a barba e os bigodes eram raros entre os Cherokee. [141]

Este relato antigo indica que eles não eram Índios que vestiam roupas. Eram brancos para os Índios e tinham pêlos nos corpos, para além da cabeça e do rosto. Um facto interessante, se eles fossem Turcos ou Mouros – Muçulmanos – os trajes seriam diferentes dos Europeus tradicionais, e se eles fossem diferentes, os Índios tê-lo-iam mencionado. Um outro relato ainda mais antigo vem da expedição de Hernando de Soto em 1540: *Os nativos eram um povo simpático, apareceram bem vestidos e mais civilizados do que qualquer outro povo visto em todos os territórios da Flórida, usando roupas e sapatos.*[142] Baseando-nos no que acabámos de ler, é possível que eles se estivessem a referir a pessoas que estivessem de alguma froma relacionados com os Portugueses.

Marinheiros Naufragados, Piratas – 1685

No seu livro, Bonnie Ball apresenta outra história: *James Aswell, um perito em História do Tennessee... uma possível explicação para os Melungos é uma velha história de que os navios portugueses navegavam pelas águas das Caraíbas como piratas na época da revolta portuguesa contra Espanha em 1685.*[Ainda no mesmo livro] *...um bando de marinheiros portugueses naufragados... depois do exito da revolta contra a Espanha... enviaram um barco para capturar Cuba em 1685.* [143]

Tal parágrafo tem de ser imaginário, já que a revolta contra a Espanha foi em 1640 e não em 1685. Por volta de 1685, se houvesse marinheiros ou navios portugueses disponíveis, teriam sido melhor recompensados se perseguissem os Espanhóis perto da costa portuguesa, quando passavam de regresso das Caraíbas carregados de ouro e prata. O rei D. João IV de Portugal era o duque de Bragança antes de liderar a restauração da independência do seu país em 1640. Quando assumiu o governo, o tesouro português estava esgotado e, quando ele morreu em 1656, a guerra continuava. Em 1665, o seu filho Afonso VI tornou-se rei de Portugal.[144]

Enquanto a coroa de Portugal esteve unida com a de Espanha, Portugal perdeu muitas colónias ultramarinas e entrepostos comerciais. Não faz sentido que Portugal embarcasse numa aventura tão dispendiosa numa altura em que o interesse na defesa nacional requeria todos os recursos e atenção.[145]

Só em 1668 é que a Espanha assinou o tratado de paz com Portugal. A maior parte do tempo e recursos ultramarinos depois da separação da Espanha foram gastos na remoção dos holandeses do Brasil[146] e Cuba tinha pouco interesse para Portugal. Não existem referências a uma tal expedição para retirar Cuba à Espanha em nenhuma das fontes portuguesas consultadas. Além disso, existe a tradição de um navio português e um motim: *Uma carta... do Mr. L. Gibson, residente no Condado de Scotland... refere-se a um povo de pele escura... O homem idoso que me falou sobre os seus antepassados há mais de cinquenta anos... chamou-lhes algo que me pareceu Mongóis (Mongolians)... Não tenho dúvidas que o nome fosse melungos... [noutro parágrafo] ...a lenda local de que as pessoas eram descendentes de piratas ou marinheiros portugueses... e anglicizaram os seus nomes portugueses... embora não fizesse grande diferença se eles eram piratas ou marinheiros naufragados – a sua segurança dependia da mudança dos nomes. Com a aprovação em 1699 de rigorosas leis anti-pirataria, cidadãos felizes e entroncados estavam aptos a agir primeiro e pensar depois.*[147]

A pirataria era comum no século XVI. Mesmo entre países em paz, a pirataria era permitida para benefício próprio.

É pouco provável a existência lá de piratas portugueses ou mesmo de qualquer outra nacionalidade. A presença de famílias ou mulheres a bordo dos navios piratas era dificilmente considerada.

Mais uma vez, isto aponta para uma presença dos Portugueses anterior ao século XVII. Quanto ao nome "Mongolian", mantenhamos o espírito em aberto, lembrando de que foi escrito que os Melungos apresentavam ocasionalmente uma aparência asiática.

Piratas, marinheiros naufragados... é possível, mas muito provavelmente seriam todos homens, sem provisões e planos para uma estadia longa. Isso não explica a sobrevivência dos Melungos como grupo até este século. Talvez fossem parte de um barco cheio de possíveis colonos, destinados a outra parte do mundo, com famílias completas, mantimentos e planos para uma estadia longa.

Os Huguenotes encontraram Brancos em 1708

Bonnie Ball escreve: *Existe também uma lenda de um povo branco encontrado na margem do rio Lumber, no Condado de Robeson, na Carolina do Norte pelos Huguenotes franceses e que aparentemente possuíam quintas e viviam como Europeus. Supostamente falavam uma forma arcaica de inglês.*[148] O autor não conseguiu descobrir a fonte de tal informação. Será possível que os Huguenotes franceses viajassem tão perto dos Ingleses numa época de guerra? Será possível que os Franceses reconhecessem uma forma arcaica do inglês? Afinal, só tinham passado cem anos desde que o inglês isabelino se falava em Inglaterra.

A língua não mudou assim tanto para ser considerada uma forma arcaica. Se estas pessoas brancas eram os sobreviventes da colónia perdida de Roanoke, seriam assim tantos a ponto de manter a língua durante 120 anos, enquanto viviam com os nativos? Se eram só alguns, isso não seria possível.

Se fossem muitos, e conhecessem a língua e a cultura inglesas, por que não procurá-los? Lawson escreve em 1700 que se fundou uma segunda colónia em 1650. *Fundou-se uma segunda colónia nesta região há cinquenta anos atrás... vários fazendeiros abastados, da Virgínia e de outras plantações.* Isto acontece cerca de 60 anos depois dos colonos serem deixados em Roanoke. As duas primeiras crianças europeias – Virginia Dare e Harvie – nascidas nos Estados Unidos (1587) pouco depois da chegada deles, teriam grandes hipóteses de ainda estar vivos e teriam recebido dos pais ou de outros sobreviventes ingleses alguma cultura que conseguissem recordar.

Da mesma forma que hoje somos capazes de saber o que acontecia naquela época, estou certo que eles ou qualquer outro grupo de pessoas saberia que os Ingleses estavam em Jamestown com uma colónia em desenvolvimento e navios em viagens constantes de e para Inglaterra: [A] *fama desta recém-descoberta região estival espalhou-se pelas colónias vizinhas e, no espaço de alguns anos, atraiu um número considerável de famílias, tendo todas encontrado terra suficiente onde se instalar...*[149] Mesmo naquela época, era difícil guardar um segredo.

Não nos esqueçamos dos negociantes índios que percorriam grandes distâncias durante um ano ou mais. Os negociantes e os Índios mudavam-se frequentemente e levavam consigo a informação encontrada pelo caminho: *...e até hoje, são um povo inconstante e nómada; pois conheço algumas nações índias, que mudaram as suas aldeias em muitas centenas de milhas; às vezes, mais de um milhar...*[150] [Além disso] *...são viajantes experientes e não precisam de usar... a nossa bússola.*[151]

Os trajes e a linguagem podem ser característicos de mais de um grupo, mas não para alguém em particular. Será possível que os Huguenotes não reconheceram a língua e supuseram que era uma forma antiga de inglês?

Rota Possível Para as Montanhas – 1740-50

O princípio da história dos pioneiros está longe de estar completa. Swanton apresentou-nos um vislumbre do que era a Carolina do Norte nos primeiros dias coloniais. Ainda falta conhecer muitos documentos.

Samuel Cole Williams, no seu livro *Early Travels in the Tennessee Country* (Primeiras Viagens no Território do Tennessee), pode dar-nos algumas pistas sobre a direcção em que viajava o desconhecido grupo inicial de colonos. Os pioneiros, que comerciavam com os Índios, passaram pela região já em 1740 e, em 1747, o Dr. Thomas Walker liderou uma expedição. A 31 de Março de 1750, Walker escreveu um apontamento intrigante no seu diário: *Na bifurcação entre os rios Holston e North, existem cinco casas índias, construídas com troncos e cobertas com cascas de árvores.*[152]

Supostamente, os Índios não tinham cabanas de troncos em 1750. Se estas cabanas de troncos não foram feitas pelos Índios, quem as fez? Outro apontamento a 9 de Abril: *Viajámos até a um rio... os caçadores chamam-lhe rio Clinch...* [perto do que é hoje Sneedville no Condado de Hancock] *...cavalgámos quatro milhas até ao rio Beargrass.* Este rio passou mais tarde a chamar-se rio Powell devido a Ambrose Powell do grupo de Walker.[153]

No topo da cordilheira há loureiros marcados com cruzes e outras figuras gravadas nas árvores... em 1779... dirigindo-se ao local eles encontraram-no como lhes fora descrito.[154] Uma vez que a passagem natural de norte para sul se fazia através desta abertura e foi mais tarde uma das rotas seguidas por Melungos posteriores para as montanhas na zona leste do Tennessee, é possível que as cruzes e as figuras tenham sido feitas por um grupo deles na sua passagem para a Montanha Clinch, já que tradicionalmente utilizavam a cruz como símbolo religioso. No entanto, é mais provável que as cruzes tenham sido feitas por caçadores com armadilhas ou exploradores na vizinhança. A pesquisa feita em 1969 por Pollitzer e Brown sugere fortemente que eles migraram para oeste (vindos da Virgínia e da Carolina do Norte) para formar o núcleo dos Melungos actuais.[155] Para aceder ao texto completo da expedição de Thomas Walker, veja *Annals of SW Virginia* (Anais do Sudoeste da Virgínia).

As Listas de Impostos
da Carolina do Norte de 1755

Jean Patterson Bible chama-nos a atenção para o facto de a maioria dos Melungos ter a sua origem na Carolina do Norte: *As listas de impostos do Condado de Orange e censos de 1755 mostram vários nomes de famílias melungas, incluindo John Collins, Samuel Colens... todas com a indicação de "mulato". Uma vez que os Negros são registados como tal, é provável que os oficiais dos impostos usassem simplesmente a palavra "mulato" para salientar a cor escura... e depois os enumeradores não encontrassem outra maneira de os classificar.*[156]

Henry Price também menciona: *As características de pele escura entre as famílias melungas... regista uma colónia de mulatos incluindo Thomas Gibson... Thomas Collins...*[157] Ver

Fig. 12 – Retrato de John Sevier por Charles Wilson Peale. Cedido por cortesia da Tennessee Historical Society.

Capítulo Oitavo deste livro relativamente à descoberta de outros grupos que afirmam ascendência portuguesa, mas podem não estar relacionados com os Melungos.

John Sevier em 1782-84

Antes de 1769 e segundo John Stuart, numa carta dirigida ao Governador Botecourt:... *nenhum dos súbditos de Sua Majestade se instalou a oeste do ponto onde a linha Virgínia-Carolina do Norte intersecta o rio Holston.*[158] John Sevier afirmou numa carta, presumivelmente para o Major Stoddard,[159] sobre uma conversa que tivera com o grande guerreiro Oconostota e relacionada com os Galeses durante a sua campanha contra os Índios em 1782: *Sevier observou vestígios de fortificações simétricas embora antigas... fez perguntas a Oconostota... a resposta foi que passara pelas várias gerações dadas pelos antepassados... um período enquanto os Cherokee residiam na zona da Carolina do Sul, uma raça de gente branca habitara a região ... chamavam-se Galeses.*[160] Se Madoc tivesse chegado no século XII, teriam passado mais de 600 anos.

Teriam os Índios sido capazes de guardar essa informação durante tanto tempo? Se assim foi, deveriam existir muitas mais informações sobre este continente que aparentemente ainda não são do conhecimento público. Não nos esqueçamos que isto aconteceu quase 300 anos depois de uma possível chegada dos primeiros Europeus à costa da Carolina do Norte. Ninguém sabe na realidade quando é que os Melungos foram descobertos, embora na altura em que o Governador do Tennessee John Sevier teve um possível encontro com eles em Agosto de 1784, o seu número já era bastante substancial.

O nome original da família de Sevier era Xavier, um nome muito comum em Espanha e Portugal – S.Francisco Xavier é um exemplo. No entanto, o escritor Francês Cambiaire afirma que o nome é francês.

Acerca dos Melungos e do estado de Franklin, Louise Davies escreveu: *Quando (em 1784) John Sevier tentou organizar o estado de Franklin (precursor do Tennessee), havia nas montanhas na zona leste do Tennessee uma colónia de gente de tez morena ou castanho-arruivada, supostamente de ascendência moura, que se intitulavam Malungos e afirmavam ter ascendência portuguesa. Viviam exclusivamente para si próprios e não eram considerados Negros nem Índios.*[161] Porquê ascendência moura? Nessa altura, os Mouros já estariam em Portugal há mais de 800 anos, 400 dos quais como cidadãos Portugueses. Naturalmente, os Portugueses herdaram algo da sua aparência. Existe, todavia, o enigma da tez castanho-arruivada. Os Portugueses de Portugal não possuem uma tez castanho-arruivada, [deve haver uma ligação porque]: ...[O]*s Melungos de idade mais avançada sempre afirmaram positivamente que eram Portugueses.*[162]

Louise Davis acrescenta que John Sevier:... *encontrou, nas cordilheiras mais altas dos condados de Hancock e Rhea... uma colónia de... gente... que... tinha feições europeias finas e afirmavam ser Portugueses.*[163] Isto foi também citado por Swan M. Burnett no *American Anthropologist*, V.II, 1889, assim como por Dromgoole em 1891 *no Boston Arena* e por muitos outros escritores depois disso. Pode ser possível que a relação de Will Allen Dromgoole com o Major Droomgoole que trabalhava com Sevier seja o melhor ângulo para a citação descritiva "original" citada por Louise Davis. Presume-se, portanto, que pelo menos algumas gerações já lá viviam: *Um documento amarelado, dirigido ao Governador da Carolina do Norte fechado numa caixa nos Arquivos Estaduais, contém o primeiro relato oficial feito sobre os Melungos. O relato escrito com uma pena sobre o já-frágil papel almaço por John Sevier, mais tarde o primeiro Governador do Tennessee, descrevia a grande e misteriosa colónia de gente com pele cor de bronze que ele encontrou na região nordeste do Tennessee. Sevier atravessou os Montes Apalaches em 1774, e cinco anos antes, os colonos descobriram os Melungos, que já lá habitavam há 200 anos, segundo a estimativa de Mary Sue Going da Associação de Genealogistas de Watauga.*[164] Os relatos de Sevier escritos por volta de 1782-84 descrevem algumas das misteriosas pessoas morenas como tendo cabelo preto liso e olhos azul-escuro.

O autor fez uma pesquisa extensiva para tentar localizar a carta original ou o documento citado durante 100 anos, mas em vão. As únicas cartas originais de Sevier foram encontradas na biblioteca Newberry em Chicago. É estranho que apenas duas das cartas escritas por Sevier tenham sido encontradas e estas estavam relacionadas com os Galeses supostamente trazidos por Madoc. Um dos funcionários da Biblioteca Newberry referiu que ainda existe a possibilidade de encontrar outros documentos, uma vez que os documentos não estão todos catalogados no computador. Uma outra fonte investigada foi a Sociedade de História do Wisconsin, onde se encontram guardados os chamados Papéis Draper. Lyman Copeland Draper escreveu extensivamente sobre Sevier e entrevistou um dos filhos dele. Mais uma vez, não há referências às primeiras viagens de Sevier no território do que é hoje conhecido como o Estado do Tennessee. Encontraram-se outros manuscritos de Draper, mas sem qualquer relação com um grupo particular, à excepção dos Índios.

Pioneiros de Raça Inglesa Pura – 1769

Cambiaire escreve sobre os primeiros colonos na zona leste do Tennessee e na Virgínia Ocidental: *...encontramos, quase exclusivamente, descendentes de pioneiros de raça inglesa pura que, em 1769, se começaram a instalar nesta região do país, então povoada por Índios e quase inacessível. Estes montanheses possuem um tipo distinto de características físicas, falam o inglês do século XVIII sem usarem formas de calão ou modernismos.*[165]

Esta situação também se pode aplicar aos Melungos residentes na mesma zona inacessível; a sua linguagem pode ter-se mantido inalterada durante períodos longos. Portanto, o inglês isabelino, que já não se falava no século XVIII, poderia não se aplicar. Dromgoole descreve a linguagem ou dialecto deles como: *...um cruzamento entre o montanhês e o Negro... O dialecto deles tinha uma escrita difícil.*[166] *...Falavam um inglês mal falado, um dialecto distinto de qualquer outro alguma vez ouvido... na região.*[167] Poderemos considerá-lo como aproximando-se do inglês isabelino? Os Índios do Condado de Robeson têm sido relacionados com a colónia perdida de Roanoke e, em 1769, James Lowrie fixou-se em Robeson. Entre os nomes das famílias encontrou-se um Allen Lowrie, filho de William, casado com Polly Cumba, ou Cumbo, que supostamente era de origem portuguesa.[168]

Mouros na Carolina do Sul e PLC – 1790-95

No seu livro *The Arabs in America* (Os Árabes na América), Beverlee Mehdi escreveu que, em 1790, a Câmara dos Representantes da Carolina do Sul estipulou que:*... diversos Mouros, súbditos do Império de Marrocos fossem julgados em tribunal de acordo com as leis da Carolina do Sul e não segundo os códigos Negros.*[169] Além disso, o Estatuto Estadual da Carolina do Sul V1431 de 1792 proibiu os Mouros de entraram no território durante um período de dois anos.[170] Este período de tempo é muito mais tarde do que se esperava ser a época em que os Melungos chegaram à América do Norte. No final do século XVIII, seria possível ter preservado registos escritos até aos dias de hoje. Os Mouros podiam ser considerados chegadas recentes. Não esqueçamos que, nessa altura, havia mais comunicação entre colonos e nativos. É lógico presumir que os Melungos originais não tinham qualquer contacto com outros povos, excepto com os nativos de pelo menos uma geração e, quando estabeleceram contacto, estavam desactualizados em relação ao resto do mundo.

Como veremos mais adiante neste livro, o termo mouro é genérico e aplica-se à maioria dos Muçulmanos e a outros desde o Norte de África ao Oceano Índico, excepto aos Turcos. Também, o termo mouro não era usado apenas pelos Mouros. Deveremos considerar todos os súbditos do Imperador de Marrocos como Mouros? O autor pensa que não. Muitos judeus e indivíduos de outras nacionalidades, fugindo a perseguições políticas e religiosas, foram para Marrocos e para outras regiões do Norte de África.

Os Mouros, que habitavam a América no final do século XVIII, podem ser originários do sul da Europa, dos países norte-africanos virados para o Mediterrâneo, ou outros, nas margens do Oceano Índico do outro lado do mundo.

Estes diversos Mouros devem muito provavelmente ter-se juntado a outra gente com algo em comum, tal como a cor da pele ou a aparência, ou mesmo a discriminação sofrida. Estas ligações possíveis com os Melungos ou outro grupo podem não ser muito difíceis de pesquisar, uma vez que já se realizavam registos dos censos.

Qualquer um interessado em seguir as raízes genealógicas dos *"diversos Mouros, súbditos do Imperador de Marrocos"* deve ser encorajado a fazê-lo e pode estabelecer uma relação possível. No entanto, se a pesquisa continuar antes do século XVIII, então tornar-se-á uma tarefa pesadíssima.

No mesmo ano (1790), um guia para os indivíduos encarregues dos censos ordenava-lhes que identificassem todos os brancos livres com mais de 16 anos de idade e todos os Negros. Isto poderá ter sido o início do termo PLC – Pessoas Livres de Cor – já que ele tentavam identificar pessoas como os Melungos e outros grupos que não eram considerados Anglo-Saxónicos brancos.[171]

Parece que sempre que não se conseguia classificar uma pessoa como sendo negra, índia, ou branca, se usava o termo PLC. Naturalmente, o termo não foi criado para descrever um grupo particular de pessoas, tal como os Melungos, embora Kennedy afirme que: ...*a Carolina do Norte declarou que os Melungos eram pessoas livres de cor.*[172] Todavia, não diz se o termo se aplicava exclusivamente aos Melungos. A Dr.ª Virginia DeMarce, numa dissertação para a National Genealogical Society (Sociedade Genealógica Nacional) não tem a mesma opinião: *A Carolina do Norte nunca "declarou que os Melungos fossem pessoas livres de cor; nem um estatuto do Tennessee seleccionou os Melungos para alvo de perseguições.*[173] No entanto, a Carolina do Norte, aprovou neste século leis aplicáveis a um grupo específico, os Portugueses. Podem ter sido criadas leis discriminatórias no passado, mas foram sempre disfarçadas ou justificadas pelos criadores dessas leis.

É notável que a história do Tennessee tenha ficado silenciosa sobre o tema, já que, segundo os censos feitos em 1795, os Melungos devem ter sido identificados como 973 "pessoas livres" sem serem brancas. Dificilmente haveria tantos Negros livres no interior das fronteiras do estado actual apenas 25 anos depois da primeira colónia.[174] Este facto pode dever-se à chegada da população melunga, o que só aconteceu mais tarde, e/ou pode não ter sido tão óbvia.

Segundo Kennedy, o livro do Dr. Horace R. Rice, *The Buffalo Ridge Cherokee* (Os Cherokee da Cordilheira Buffalo), diz-nos que, como algumas pessoas tinham uma componente negra no seu esquema genético, não podiam ser índias.[175] Se conversarmos com as pessoas mais idosas que ainda habitam a zona ocidental montanhosa da Carolina do Norte, perto de Cherokee, elas dirão que, no início deste século, muitas reivindicações foram negadas a pessoas – que teriam gostado de ser consideradas Cherokee – tendo por base a mínima possibilidade de serem Negros, *mulatos* ou de pele escura.

O Inglês Isabelino e o Inglês Incorrecto – Apelidos Ingleses

Será que a forma de falar é uma pista?: *... Segundo os boatos, eles falavam um inglês isabelino... mas já que o inglês falado era incorrecto e não fluente como seria de esperar numa "língua materna", presumi que não eram Ingleses, mas ao invés tinham adquirido a língua e os apelidos por uma questão de sobrevivência.*[176]

Os Melungos devem ter chegado no início do século VXI. O inglês que falavam correspondia a essa época e foi ensinado por alguém que falava uma língua semelhante e da mesma altura. Na época em que foram encontrados, poderiam ter passado algumas gerações. Os Ingleses já se começavam a fixar na Virgínia e noutras partes da costa leste. Não nos esqueçamos que alguns Índios tinham estado em Inglaterra, aprendido a língua e regressado à América, espalhando o seu conhecimento pelas diferentes tribos.

Finalmente, estes encontros com um povo que falava inglês arcaico foram relatados por um Francês, não necessariamente uma autoridade na língua. Estas gentes, vivendo no isolamento, não se mantêm a par quer da evolução da língua, quer dos padrões de discurso coloquial das gentes montanhosas e rurais.

Não é um facto surpreendente e, certamente, muitos apelidos americanos não são escritos da mesma maneira como o eram quando os seus antepassados chegaram à América. Existe um sem-número de histórias – às vezes, mais parecidas com anedotas – de imigrantes chegados à secretária do oficial de imigração em Ellis Island (Nova Iorque). Antes de deixaram o oficial, permitiam inconscientemente que os seus nomes fossem alterados para sempre, devido ao seu analfabetismo ou à incapacidade em falar inglês.

Não foi este o caso com os Melungos. Não houve oficiais de imigração para os saudar, mas assim que eles se aperceberam que os Ingleses mandavam, fizeram o que foi necessário para serem sucedidos. (Ver Apêndice A para a mudança de nomes mais famosa do mundo, que permanece um mistério).

Ainda hoje, muitos imigrantes mudam os nomes para tornar as suas vidas mais fáceis. Outros passam o resto da vida a tentar corrigir a ortografia. Por outro lado, havia a possibilidade de alguns deles terem já nomes ingleses.

Quanto ao falar inglês incorrectamente, é bastante natural. Na altura em que os primeiros colonos os conheceram e registaram a dita linguagem, é possível que eles pudessem ter tido contacto com outras pessoas falantes do inglês e, conseguido dessa forma adquirir a linguagem, mas sem necessariamente a escreverem por forma a chegar aos nossos dias. De novo, as análises de Kennedy estão correctas quanto à conclusão sobre a sobrevivência:

[P]*or volta da década de 1750 – quando as primeiras grandes ondas de colonos ingleses, escoceses e irlandeses desceram ao Vale da Virgínia – os Melungos falavam uma forma incorrecta do inglês isabelino (ou seja, do século XVI) e possuíam nomes ingleses também... e dado o forte comércio da Inglaterra com os Portugueses durante o período isabelino, seria de esperar que muitos Portugueses falassem pelo menos algum inglês.*[177] Uma língua pode desaparecer em apenas uma geração e, sem livros, isso aconteceria ainda mais rapidamente. O analfabetismo era muito habitual nessa época. No entanto, em 1850, 40% dos Melungos com nome Goins foram inscritos nos censos como sendo alfabetizados. Isso era notável para a época.[178] Uma explicação do ponto de vista português é fácil: devido ao facto de Portugal ter, na altura, e ainda hoje, laços fortes com a Inglaterra. Edmundo de Langley, o primeiro duque de York e filho do rei Eduardo III de Inglaterra, liderou uma expedição em 1381-82 para Lisboa para ajudar o rei D. Fernando contra Castela, o que infelizmente se veio a verificar um fracasso. No entanto, isto salienta os laços antigos que Portugal tinha com Inglaterra e com a língua inglesa: *...tanto quanto há registos, os Melungos têm falado um dialecto inglês e têm sido Cristãos... o seu dialecto é semelhante ao dos montanheses...*[179] Os termos inglês isabelino e/ou inglês incorrecto criaram algumas questões e, para as esclarecer, fez-se nova pesquisa para determinar quando se mencionaram estes termos pela primeira vez em relação aos Melungos – assim como entrevistas a residentes locais e de há muito nos Montes Apalaches.

Na zona ocidental da Carolina do Norte, descobriu-se uma explicação mais lógica. Durante uma entrevista com algumas das pessoas mais velhas, soube-se que era normal as pessoas da montanha falarem um inglês mais antigo. Isto foi confirmado pela Doutora Benita Howell, uma professora de Antropologia na Universidade do Tennessee em Knoxville, que afirmou: *"Nunca ouvi dizer isto relativamente aos Melungos em particular, mas sim de todos os habitantes "isolados" dos Apalaches. Aparece nos livros de viagens sobre o colorido local do final do século XIX e estava relacionado com a obsessão dos WASPs (sigla que significa Branco, Anglo-Saxónico e Protestante) pela pureza racial britânica numa altura em que a imigração de outras nacionalidades começava a aumentar dramaticamente. Às vezes chamam-lhe inglês isabelino, outras vezes até se menciona anglo-saxónico. O modo de falar contém algumas formas arcaicas, mas certamente não é e nunca foi congelado no inglês isabelino ou qualquer outra forma anterior; isso seria uma impossibilidade do ponto de vista de tudo o que é conhecido sobre línguas e sobre a linguagem em geral."* É do conhecimento geral que os estados do sudeste constituem a Região da Bíblia, onde a religião é uma faceta muito importante da vida diária. É também comum ouvir pastores na igreja a citar passagens da Bíblia da versão original do rei James de Inglaterra, que se aproxima mais do inglês isabelino. Soube-se através de um ministro local que os Puritanos, quando chegaram pela primeira vez à Nova Inglaterra, preferiram a versão alemã de Martinho Lutero. Bonnie Ball escreve sobre o seu modo de falar: *O velho Jack Bowling foi o progenitor dos Bollings do Condado de Scott, e as suas gentes eram fortes e falavam inglês incorrecto* (1820).[180] Dromgoole também menciona que eles falavam:*... um inglês incorrecto, um dialecto diferente de tudo o que já tinha ouvido* (1890).[181] Se Miss Dromgoole tivesse visitado alguma aldeia índia ou reserva da mesma área, teria sido interessante saber o que ela teria dito sobre o modo de falar dos Índios.

Os Anglo-Normandos – Falantes do Inglês do Século XVIII

O Dr. Cambiaire escreveu em 1933 sobre os montanheses da zona leste do Tennessee e da Virgínia Ocidental como:... *uma raça de pessoas que representam o que resta da pura... raça anglo-normanda na América.* [Os normandos são originários da Normandia no norte de França] ...*descendentes dos pioneiros de raça inglesa pura que, em 1769, começaram a fixar-se nesta área do país... Estes montanheses possuem uma figura física distinta, falam o inglês do século XVIII sem fazerem uso de qualquer gíria ou modernismos...*[182] Não se sabe exactamente o que o Dr. Cambiaire queria dizer com uma *figura física distinta*. Os Anglo-Saxónicos ou Anglo-Normandos têm a aparência da maioria dos Ingleses. Ele poderia na realidade estar a referir-se aos Melungos. A descrição do seu estilo de vida (dos anglo-normandos) é idêntica à de outros escritores relativamente aos Melungos e, quando descreve os Melungos, ele afirma que a sua linguagem é o inglês de há dois séculos; ou seja, esta linguagem pertence também ao século XVIII, como a do resto dos montanheses.

Os Registos Mais Antigos Sobre os Melungos – 1813/1840

Com a ajuda de Kevin Mull, conseguimos encontrar alguns registos dos Melungos. Acautelamos o leitor quanto ao facto de as transcrições seguintes poderem ser consideradas de mau gosto. Embora alguns possam considerá-las ofensivas, devem ser avaliadas no contexto do período temporal. Pedimos desculpa àqueles que se sintam ofendidos. Hollywood retrata muitas vezes situações semelhantes de muitas outras pessoas; portanto, o comportamento não pode ser considerado derrogatório em relação aos Melungos. Falamos do início do século XIX, antes da Guerra Civil. A primeira referência foi feita na Igreja Baptista de Stoney Creek (Condado de Scott, Virgínia). São actas de 1813 que podem ser a primeira referência de prova sobre os Melungos. Na página 20, datada de 26 de Setembro de 1813, está escrito: *"O ambiente era de harmonia. O moderador era o Irmão Kilgore. Depois a Irmã Kitchen aproximou-se e fez queixas à igreja contra Susanna Stallard por esta dizer que aquela dava asilo aos Melungos. A Irmã Sook disse que ela estava magoada com a outra, por ela acreditar na sua filha e não nela, e não vai falar com ela para tirar satisfações e ambas estão zangadas, uma com a outra. A Irmã Sook apresenta os factos e a igreja perdoa-a. Depois avançou Cox e relata à igreja que foi à Associação e levou a carta e que eles receberam a carta com fraternidade. A reunião acabou."*

A segunda referência foi publicada no Whig (Jonesborough, Tennessee) a 7 de Outubro de 1840. O editor Parson Brwonlow (que era contra a escravatura, mas era conhecido por odiar Negros) referiu-se a uma pessoa como sendo: *"... um Melungo descarado da cidade de Washington, um patife que é meio Negro e meio Índio..."*

Os Melungos em 1848

O relato seguinte sobre os Melungos apareceu no jornal Knoxville Register do Tennessee a 6 de Setembro de 1848 como um artigo intitulado "OS MELUNGOS" e foi impresso novamente em "Living Age" de Litell em Março de 1849. É apresentado na sua totalidade para os muitos leitores que mostraram interesse nele.

Deve-se saber que no espaço de dez milhas deste ninho de coruja, existe um bebedouro para animais, conhecido por estas bandas por "Blackwater Springs".

Situa-se num desfiladeiro estreito, com pouco mais de oitocentos metros de largura, entre a Montanha de Powell e a Cordilheira de Copper e é, como deve supor, quase inacessível. Uma centena de homens era capaz de defender a passagem mesmo contra um exército de Xerxes. Actualmente, este desfiladeiro, os cumes e as encostas das montanhas adjacentes são habitadas por uma espécie singular de animais humanos chamados Melungos. Reza a lenda da sua história, que eles preservam cuidadosamente: há muitos anos atrás, estas montanhas foram colonizadas por uma sociedade de aventureiros portugueses, homens e mulheres – que vieram das zonas costeiras da Virgínia, que deviam ter sido libertados das proibições e inconvenientes que lhes haviam sido impostos por uma qualquer forma de governo. Estas pessoas travaram amizade com os Índios e como eram livres de qualquer tipo de governo social, extirparam todas as formas convencionais de sociedade e viviam numa deliciosa utopia da sua própria criação, tratando com desprezo a relação matrimonial, desprezando todas as formas de religião e subsistindo apenas do milho (o único produto que podiam cultivar naquele solo) e da caça que encontravam nos bosques. Estas gentes misturaram-se com os Índios e, subsequentemente, os seus descendentes (depois dos primeiros avanços dos brancos nesta parte do estado) com os Negros e com os brancos, assim formando a actual raça dos Melungos. São altos, de confiança, com boas formas, de uma cor semelhante a cobre escuro, com feições circassianas, mas de cabelo crespo e apêndices semelhantes aos dos nossos Negros. São votantes privilegiados no estado em que vivem e, assim podemos ver que são cidadãos acreditados na sociedade. São corajosos mas conflituosos; são hospitaleiros e generosos para com forasteiros. Não têm pregadores entre eles e praticamente desconhecem a existência de um Ente Supremo. São casados pelas formas estabelecidas, mas marido e esposa separam-se a seu bel-prazer, sem que os amigos sintam repulsa ou vergonha em relação a eles. São notavelmente pouco castos e a falta de castidade por parte das mulheres não é impedimento para a realização de casamentos. Têm poucas ligações com os vizinhos, preservando cuidadosamente a sua identidade enquanto raça, ou classe, ou o que quer que se lhe chame; e são em todos os aspectos, salvo o facto de estarem sob a alçada do governo estadual, um povo distinto e à parte. Agora, esta não é nenhuma história de viajantes. Eles são realmente como vos conto, sem suprimir ou registar qualquer coisa por malícia. Estão atrasados nos ofícios em relação aos vizinhos. Usam bois em vez de cavalos nas suas tentativas agrícolas e as suas ferramentas para uso na lavoura são quase todas de madeira e feitas por eles próprios. São, sem excepção, pobres e ignorantes, mas aparentemente são felizes. Tendo-vos apresentado uma história geográfica e científica correcta do povo, vou prosseguir com as minhas próprias aventuras. Como habitualmente, o médico era o meu companheiro de viagem e parámos no "Velho Vardy", a estalagem das redondezas. O Velho Vardy é o "cozinheiro-chefe e factótum" dos Melungos e é, na realidade, um fulano muito esperto; mas o seu hotel cheira intensamente àquele perfume peculiar que se encontra nos dormitórios dos nossos criados Negros, especialmente em noites quentes e abafadas de Verão. Chegámos ao Vardy a tempo do jantar e, já jantados, fomos ao bebedouro, onde estavam construídas várias cabanas toscas de troncos e uma pequena quantidade dos "nativos", munidos de uma rabeca e outros preparativos para um baile. Sapatos, meias e casacos eram luxos desconhecidos entre eles – pelo menos, nós não os vimos. O baile começou com a adequada e abundante boa vontade e teria deixado envergonhado o modo de andar reprimido dos nossos belos.

Entre os participantes havia uma rapariga muito alta e magra; as duas peças de roupa, que trazia vestidas, esvoaçavam sem custo ao sabor da delicada brisa nocturna e os seus olhos negros tinham um brilho pouco habitual, devido provavelmente às idas repetidas à cabana mais próxima, atrás de cuja porta se encontrava um jarro de pedra de boca larga cheio de uísque de milho acabado de fazer, e dentro da qual havia uma abóbora sem nenhum açúcar; o sítio mais próximo para arranjar água era o bebedouro. Muito perto da rapariga, à sua direita, estava um fulano magro, de rosto chupado e maçãs do rosto salientes, com pernas compridas, que parecia igualmente "tocado". Pois estes dois, Jord Bilson (ele) e Syl Varmin (ela) estavam destinados a produzir o divertimento da noite; Jord, num elaborado passo de dança com os dois braços abertos, acabou por cair do seu voo aéreo mesmo sobre os pesados pés de Syl, um cumprimento que esta dama amável parecia não querer aceitar de bom grado de forma nenhuma.

- "Jord Bilson" – disse a terna Syl – "agradeço-te se mantiveres os teus malditos cascos afastados dos meus pés". – "Ó, mas os pés do Jord são tão grandes que ele sozinho não sabe o que lhes fazer" – sugeriu um pacificador ali perto. –" Vai ter de mantê-los longe dos meus" – sugeriu Syl - "senão corto-lhos". – " Olha lá, Syl Varmin," – respondeu Jord, algo irritado com os dois comentários – "eu não queria pisar-te os pés, mas também não quero que andes por aí a cortar nada. Saíste-me cá uma criatura mais rabugenta e grosseira." – "E tu és um maldito Melungo." – "Pois bem, se sou, não sou Melungo-negro, sou Melungo-índio, e isso é mais do que tu és." – "Olha aqui, Jord" – disse Syl, agora muito irritada, - "dou-te um dólar, se fores lá fora e escreveres isso na terra." Jord esboçou um sorriso tímido e hesitante e acrescentou: - "Vai para casa, Syl, olha por ti abaixo e vê se não consegues encher um colchão com o pêlo dos porcos que roubaste ao Vardy." "E tu vai para a Gruta da Porca, Jord Bilson e, se der, vê quantos folhelhos arrancaste ao milho que tiraste ao Pete Jomen. Aceitas o dólar?" Jord parecia estar quase a aceitar quando Syl reduziu o prémio para metade e finalmente desceu para um quarto e, depois, Jord começou por oferecer um quarto, meio e finalmente um dólar, mas a prudência de Syl era idêntica à sua e vendo que provavelmente nenhum aceitaria, regressámos ao nosso hotel e fomos informados pelo velho Vardy que o que acabáramos de testemunhar não era nada de extraordinário. Os rapazes e as raparigas só se estavam a divertir." E assim aconteceu, pois cerca da meia-noite fomos acordados por um grande alarido de grupos rivais num combate feroz e, levantados e espreitando pelas friestas da nossa cabana, vimos todo o grupo envolvido numa grande confusão; elevando-se sobre todo o grupo, ouvia-se a voz de Syl Varmin, a gritar: - "Fica aqui atrás, Sal Frazer, e deixa-me acabar com o derrotado Jord Bilson; ainda não me esqueci dos cascos dele." A confusão acabou e retirámo-nos novamente e, na manhã seguinte, ao pequeno-almoço, todos estavam reconciliados e o jarro de pedra fora reabastecido com a contribuição de todos; a paz e o sossego reinavam onde pouco antes só houvera recriminações e pancadas.

Depois do pequeno-almoço, tal como fora o jantar em casa do velho Jack, com a diferença de que aqui temos uma mesa, partimos para um dia de pescaria no rio Clinch, onde outros e mais incidentes divertidos nos aguardavam.

Mas como me dediquei a esta parte inicial da viagem mais do que tencionava, terão de aguardar pela próxima carta para conhecerem os últimos incidentes.

Melongena

Melongena/Solanaceae é o nome científico da beringela, da família das Solanáceas, também conhecida por melongena. É um grande substituto da carne, rico em fibras e com baixo teor de potássio. É originária da Ásia, onde tem um papel muito importante na alimentação e é cultivada extensivamente nas regiões do leste e do sul, incluindo na Índia. Não se esqueça desta informação, pois poderá fornecer uma pista muito boa para a origem dos Melungos.

Notas

[1] Original Sources... Historiography..., de John Parker, p. 31 (Terrae Incognitae 13, 1981).
[2] Funk & Wagnalls, New Standard Dictionary of the English Language, 1913, p. 1548.
[3] The Melungeons, de N. Brent Kennedy, p. 94.
[4] Dicionário da Língua Portuguesa, de Cândido de Figueiredo, p. 1611, Bertrand, 1996.
[5] The Melungeons Become a Race, de David Henige, Appalachian Journal, Vol. 25, S. 3, p.280.
[6] Dicionário da Língua Portuguesa, de Cândido de Figueiredo, p. 1611, Bertrand, 1996.
[7] Dicionário da Língua Portuguesa, de António Morais Silva (1954), Vol. VI, p. 666, e José Pedro Machado (1981), Vol. VII, p. 1; Ibid, p. 57.
[8] Carta de Mike Nassau de Março de 1997 para o autor.
[9] Melungeons and other Mestee Groups, de Mike Nassau, p. 36.
[10] History of Huguenot Emigration to America, de Charles W. Baird DD, p. 21.
[11] East Tennessee and Western Virginia, de Celestin Pierre Cambiaire, p. ix.
[12] Virginia Frontier, de F. B. Kegley, p. 15.
[13] The Melungeons..., de Edward T. Price, p. 269.
[14] The Melungeons, de Brent Kennedy, p. xviii; [15] Ibid.
[16] História de Portugal, de Oliveira Marques, p. 5, Vol. II.
[17] Surviving Indian Groups, de William Harlen Gilbert, Jr., p. 426.
[18] The Melungeons, de Bonnie Ball, p. 61.
[19] The Forgotten Centuries, de Charles Hudson, p. 4.
[20] Revista National Geographic, Março 1988, p. 335.
[21] The Mystery of the Melungeons, de Louise Davis, p. 11 (Nashville Tennesseean 9/29/1963).
[22] Revista National Geographic, Março 1988, p. 351.
[23] Ibid, Março 1988, p. 354. [24] Ibid, p. 354.
[25] The Melungeons, de N. Brent Kennedy, p. 94.
[26] Ibid, pp. 104, 105 ; [27] Ibid p. 133.
[28] Spanish Frontier, de David J. Weber, p. 71.
[29] History of Surry Country, de J.G. Hollingsworth, p. 5.
[30] Revista National Geographic, Março 1988, p. 353.
[31] Catholic Historical Review, Vol. LI, No. 3de Michael V. Gannon, p. 340.
[32] The Roanoke Voyages, de David Beers Quinn, Vol. I, pp. 102, 103.
[33] National Geographic Society, número de Março 1988, p. 330 (Painting by John Berkey).
[34] Ibid, p. 104. [35] Ibid, p. 111.
[36] Revista National Geographic, de Joseph Judge, p. 362.
[37] The Melungeons, de Brent Kennedy, p. 108; [38] Ibid, p. 119; [39] Ibid, p. 125.
[40] The only land I know, de Adolph Dial, p. 4.
[41] Enciclopédia Britannica, 1993.
[42] As Berlengas e os Piratas, de José de Almeida Santos, p. 1994.
[43] Set Fair for Roanoke deDavid Quinn, p. 20.
[44] The Portuguese in America, de Manoel da Silveira Cardozo, p. 10.
[45] Sir Francis Drake de George Malcom Thompson, pp. 105-106; [46] Ibid, p. 191.
[47] The Melungeons, de N. Brent Kennedy, p. 110; [48] Ibid, p. 110.
[49] North America Discovery, de David Beers Quinn, p. 202.
[50] The Melungeons de N. Brent Kennedy, p. 111.
[51] Dicionário Espanhol - Português, p. 269, Porto Editora.
[52] Sir Francis Drake, de George Malcom Thompson, p. 75.

Notas (Cont.)

[53] The Portuguese Seaborne Empire, de Charles R. Boxer, p. 45.
[54] The Melungeons, de N. Brent Kennedy, p. 120; [55] Ibid , p. 111.
[56] The Roanoke Voyages, de David B. Quinn, Vol. I, p. 79; [57] Ibid, p. 80; [58] Ibid, p. 81.
[59] The Roanoke Voyages, de David B. Quinn, pp. 169-170; [60] Ibid, p. 158, Vol. 1.
[61] Set Fair for Roanoke, de David Quinn, p. 258.
[62] Harvard Classics, Vol. 33, narrativa pelo Capitão Walter Biggs, p. 250.
[63] American History Illustrated, Maio 1969, pp. 22-27, de Walter Spearman.
[64] Ibid, p. 237, 268.
[65] As narrativas de Biggs também foram usadas por David Beers Quinn.
[66] The Roanoke Voyages, de David B. Quinn, Vol. II, p. 786.
[77] Ibid, p. 812. [68] Ibid, p. 793. [69] Ibid, p. 498.
[70] Set Fair for Roanoke, de David Quinn, p. 132.
[71] Turks, Moors, Blacks…, de David B. Quinn (Terrae Incognitae 14, 1982, p. 98).
[72] Set Fair for Roanoke, de David Quinn, p. 132.
[73] Turks, Moors, Blacks…, de David B. Quinn (Terrae Incognitae 14, 1982, p. 97).
[74] Set Fair for Roanoke, de David Quinn, p. 132, p. 131. [75] Ibid, pp. 343-4.
[76] The Roanoke Voyages, de David B. Quinn, Vol. I, p. 251.
[77] Turks, Moors, Blacks…, de David B. Quinn (Terrae Incognitae 14, 1982, p. 99).
[78] Ibid, p. 98.
[79] The Roanoke Voyages, de David B. Quinn, Vol. I, p. 251.
[80] Turks, Moors, Blacks…, de David B. Quinn (Terrae Incognitae 14, 1982, p. 104).
[81] The Roanoke Voyages, de David B. Quinn, Vol. II, p. 588; [82] Ibid, Vol. I, pp. 252-253.
[83] Further English Voyages, de Irene Wright, p. lvii; [84] Ibid, p. lvii.
[85] The Roanoke Voyages, de David B. Quinn, Vol. I, p. 254; [86] Ibid, Vol. I, p. 466.
[87] Further English Voyages, de Irene Wright, p. xl.
[88] Ibid, p. xli; [89] Ibid, p. lvii; [90] Ibid, p. xliii; [91] Ibid, p. lvii.
[92] The Melungeons de N. Brent Kennedy, p. 112.
[93] Sir Francis Drake, de George Malcom Thompson, p. 193.
[94] The Portuguese Seaborne Empire, de Charles Boxer, p. 105.
[95] The Catholic Historical Review, Vol. LI, No. 3, Out. 1965, de Mathew J. Connolly, p. 308.
[96] Ibid, p. 307. [97] The Roanoke Voyages, de David B. Quinn, Vol. I, pp. 254-255.
[98] Ibid, Vol. I, p. 465. [99] Ibid, Vol. II, p. 789. [100] Ibid, Vol. I, p. 479, nota 4.
[101] The Roanoke Voyages, de David B. Quinn, Vol. I, p. 470.
[102] Ibid, Vol. II, p. 499-506. [103] Ibid, Vol. II, pp. 539-541.
[104] Set Fair for Roanoke de David Quinn, p. 24. [105] Ibid, p. 273.
[106] The Roanoke Voyages, de David B. Quinn, Vol. II, pp. 555-556.
[107] Ibid, pp. 579, 580. [108] Ibid, Vol. II, pp. 579, 593.
[109] Ruth Wetmore enquanto se encontrava no local de uma escavação Cherokee no Condado de Macon, Outubro 1995.
[110] The Portuguese in America, de Manoel da Silveira Cardozo, p. 13.
[111] The Elizabethan's America, de Louis B. Wright, p. 143.
[112] The Only Land I Know, de Adolph Dial, p. 4.
[113] A New Voyage to Carolina, de John Lawson (Hugh Lefler), p. 200.
[114] The Melungeons, de Bonnie Ball, p. 38.
[115] William and Mary Quarterly, Abril 1997 e Julho 1998 de Engel Sluiter e John Thornton.
[116] First African in Virginia, de Mark St. John Erickson. The Roanoke Times, Virginia, 24 de Janeiro de 1999.
[117] Early Travels in the Tennessee Country, de Samuel Cole Williams, pp. 29-30.
[118] Ibid, p. 34. [119] Ibid.
[120] The Roanoke Voyages, de David Beers Quinn, Vol. 1, p. 255.
[121] Makers of America, de Wayne Moquin, p. 67.
[122] Native Africans' bones, de Bill Hendrick, Atlanta Journal, p. C7, 11/05/1997.
[123] Who Discovered…, de Zella Armstrong, pp. 94-95 (Herbert E. Bolton, Spain's Title to Georgia).
[124] Early Travels in Tennessee Country, de Samuel C. Williams, pp. 28-29.
[125] Narratives of Early Carolina, de Alexander S. Salley, Jr. , p. 27.
[126] The Melungeons de Bonnie Ball, p. vi (Knoxville News Sentinel 10/10/1958).

Notas (Cont.)

[127] Narratives of Early Carolina, de Alexander S. Salley, Jr. , pp. 25-26.

[128] Ibid, p. 26. [129] Ibid. [130] History of Surry County, de J.G. Hollingsworth, p. 12.

[131] The Melungeons, de Brent Kennedy, p. 105.

[132] Catholic Historical Review, Vol. LI, No. 3, de Michael V. Gannon, p. 352.

[133] The Discoveries of John Lederer, de William P. Cumming, pp. 31-32.

[134] Red Carolinians, de Chapman J. Milling, p. 218.

[135] Early Travels in the Tennessee Country, de Samuel Cole Williams, pp. 28-29.

[136] The Melungeons, de N. Brent Kennedy p. 11.

[137] The Only Land I Know, de Adolph L. Dial, p. 6.

[138] The Mystery of the Melungeons, de Louise Davis, p. 11 (Nashville
      Tennesseean, 29/9/1963).

[139] Early Travels in the Tennessee Country, de Samuel Cole Williams, pp. 28-29.

[140] Red Carolinians, de Chapman J. Milling, p. 5.

[141] The Eastern Cherokees, de William Harlen Gilbert Jr., p. 196; [142] Ibid, p. 66.

[143] The Melungeons, de Bonnie Ball, pp. 37, 73.

[144] História de Portugal de José Mattoso, Vol. 8, p. 320; [145] Ibid; [146] Ibid, pp. 320-321.

[147] Arkansas Gazette, 14/01/1914, de Eliza N. Heiskell.

[148] The Melungeons, de Bonnie Ball, p. 37.

[149] A New Voyage to Carolina, de John Lawson (Hugh Lefler), p. 70.

[150] Ibid, p. 173. [151] Ibid, p. 200.

[152] Early Travels in the Tennessee Country, de Samuel Cole Williams, p. 171.

[153] Ibid, pp. 172-173. [154] Ibid, p. 174.

[155] Survey of Demography... de Pollitzer e Brown, pp. 389-399   (Human Biology, Set. 1969).

[156] The Melungeons, de Jean Patterson Bible, p. 20, The North Carolinian,
      Vol. 1, 1955-56, pp. 107-108.

[157] Melungeons: The Vanishing Colony of Newman's Ridge, de Henry R. Price, p. 10.

[158] Ibid, p. 6.

[159] The Melungeons, de Jean P. Bible, p. 83 (Who Discovered America de   Zella Armstrong, p. 8).

[160] Tennessee Valley and Tennessee History, de Samuel Cole Williams, pp. 1-2.

[161] The Malungeons de Will Allen Dromgoole, p. 469 (Boston Arena, 1891).

[162] Early Travels in the Tennessee Country, de Samuel Cole Williams, p. viii.

[163] The Mystery of the Melungeons, de Louise Davis, p. 11.
      (Nashville Tennesseean 9/29/1963).

[164] The Gowen Research Foundation Newsletter, Vol. I, p. 4, Dezembro 1989.

[165] East Tennessee and Western Virginia Ballads, de Celestin Cambiaire, p. v.

[166] The Malungeons, de Will Allen Dromgoole, p. 475 (Boston Arena, 1891).

[167] Ibid, p. 745.

[168] The American Indian in North Carolina, de Douglas L. Rights, p. 146.

[169] Arabs in America, de Beverlee Mehdi, p. 1.

[170] Gowens Research Foundation, carta de Evelyn McKinley Orr.

[171] Carta de Evelyn Orr, do *Melungeon Research Committee*.

[172] The Melungeons, de N. Brent Kennedy, p. 46.

[173] The Melungeons, Review Essay de Dr. Virginia DeMarce, p. 138
      (N. Gen. Soc. Junho 1996).

[174] History of Tennessee and the Tennesseeans, de Hale e Merritt, p. 180.

[175] The Melungeons de N. Brent Kennedy, p. 14. [176] Ibid, p. 94. [177] Ibid, p. 121.

[178] The Melungeons de Jean Patterson Bible, p. 57.

[179] The Treatment of the Melungeon de Jacqueline Daniel Burks, p. 15   (Zuber p. 2, 4).

[180] The Melungeons de Bonnie Ball, p. 76.

[181] The Malungeons de Will Allen Dromgoole, p. 745 (Boston Arena, 1891).

[182] East Tennessee and Western Virginia, de Celestin Pierre Cambiaire, p. v.

Capítulo II

Os Índios Nativos Americanos e a Ligação aos Melungos

Muito antes de os Europeus descobrirem a Florida, o sudeste dos Estados Unidos estava ocupado por nativos Americanos. De facto, esse território já estava ocupado dez mil anos antes da chegada dos Europeus.

O censo de 1950 identificou mais de 20 grupos de Índios nativos Americanos no sul, em número situado entre algumas centenas e alguns milhares. Os Redbones, os Turcos, os Brass Ankles da Carolina do Sul, os Issues da Virgínia, os Lumbees, os Haliwa e os chamados Cubanos da Carolina do Norte, ou os Cajans de Alabama são só alguns deles. [1]

As origens destes grupos são algo incertas; de qualquer forma, o grupo dos Melungos é o único que pode apresentar uma ligação com o passado.

Os Índios Cherokee

Quando os colonos brancos encontraram os Índios Cherokee na Virgínia, no século XVII, estes ocupavam as montanhas Apalaches, a maior parte do território do sudeste. No entanto, fizeram-se estudos arqueológicos que revelaram a sua existência por volta do ano 1000. Outros estudos ainda revelaram que as cerâmicas LeePisgah datam da mesma altura, o que leva a concluir que o povo Pisgah era antepassado dos Índios Cherokee.[2]

A determinada altura, os Cherokee controlavam cerca de 64,000 Km², desde o norte da Geórgia à região dos montes Allegheny. Esta área incluía o que é hoje conhecido como os estados da Virgínia, Tennessee, Carolina do Norte e do Sul. O cronista Português que acompanhava Hernando de Soto nas suas viagens escreveu em 1540, CHALAQUE dando, pela primeira vez, o nome aos Cherokee como consta do livro publicado em Portugal em 1557.[3]

Um documento francês escrito em 1699 foi também encontrado com o termo CHARAQUI (Cherokee). O nome Cherokee foi escrito pela primeira vez em 1708 como o termo inglês para aquela nação índia. O nome pelo qual os Cherokee se identificam a si próprios é Yûñwiy² o que significa gente de verdade. [4] É sabido que quando o Trilho das Lágrimas ocorreu em 1838, os Melungos viviam na mesma área ocupada pelos Cherokees.

É também sabido que os Melungos contraíram matrimónio com eles. Muitos Melungos ficaram conhecidos por sofrerem o mesmo destino dos Cherokees quando foram obrigados a mudar para as reservas a oeste, tendo muitos morrido pelo caminho. Apesar da relação Melungos-Cherokee não ser reconhecida oficialmente, a investigação aponta para uma clara associação.

Existe uma semelhança entre os primeiros Cristãos e os Cherokees na interpretação que fazem da Criação e do Paraíso: *Apesar dos primeiros Cherokees não venerarem imagens... Viam a Terra como uma grande ilha flutuando num oceano de água...*

*Fig. 13—Lawanda Myers,
membro da tribo Cherokee*

*Fig. 14—Jim Myers, possível
descendente dos Melungos*

[Nesta ilha, os Cherokees eram o povo maioritário. As semelhanças entre as crenças dos primeiros Cristãos e as dos Cherokees aborígenes são interessantes. Foi só no princípio do século XVI que o conceito Cristão de Céu e Terra encontrou séria oposição] *Antes do "Iluminismo" e do período de exploração, a Igreja Católica afirmou que a Terra era plana e rodeada por água.*[5]

Os Cherokee tinham-se fixado nas montanhas a sul pelo menos dois ou três séculos antes do seu primeiro contacto com a civilização ocidental durante as incursões de Hernando de Soto em 1540 e de Juan Pardo em 1566.[6] É também possível que possam ter lá estado muito antes. John Lawson estava intrigado com os Índios que encontrou: *...que esta gente pode vir de um país do oriente; pois quando se lhes pergunta de onde vieram os seus pais, que inicialmente habitaram o país, eles apontarão para oeste e dizem, onde o Sol dorme...*[7] Mooney está inclinado a pensar que os primeiros contactos espanhóis impressionaram os Cherokees de forma considerável e permanente.[8]

Os seus alojamentos são descritos por Timberlake em 1760 quando ele reparou que os Cherokee das montanhas construíam casas rectangulares:*... com cerca de 5 metros de largura, por vezes de 2 andares, que mediam muitas vezes 18 ou 21 metros de comprimento.*[9]

Hoje em dia, é notório pelo menos um vestígio linguístico da incursão espanhola. A palavra Cherokee para "vaca", waca, é sem sombra de dúvida, derivada da palavra latina vacca.[10] A palavra vaca é igual em espanhol e em Português, com uma excepção, em espanhol pronuncia-se com o som "b" e em Português com o som "v". Os Creeks, outra tribo próxima também usa uma palavra similar, waga.

Outra coincidência é o facto de os Índios terem apresentado aos espanhóis – na expedição de Soto de 1540 – objectos Europeus supostamente adquiridos a homens brancos que entraram na boca do rio muitos anos antes.[11] As expedições de Pardo e Soto encontraram evidentemente outras tribos.[12]

É também possível que Portugueses e Espanhóis possam ter estado na área antes de 1540 e terem negociado com os Índios. Em praticamente todas as expedições espanholas, havia Portugueses entre as tropas, e o exemplo acima indica uma possível ligação aos Portugueses.

Durante esta pesquisa, entrevistou-se Jim Myers, dono da Log Cabin Gift Shop na vila de Saunokee, dentro da reserva Cherokee. Actualmente, anda a pesquisar a sua árvore genealógica. Baseado no que descobriu até agora, ele acredita poder ser um descendente dos Melungos. A mulher Lawanda é uma Índia Cherokee, mas o seu nome de solteira é francês. O pai de Jim chamava-se Harmon Myers. Ele disse ao autor que há cerca de 20 anos, quando tentou procurar as suas raízes, teve uma forte oposição por parte dos seus primos. Eles não queriam que se conhecesse o passado, possivelmente devido a ilegitimidades cometidas e por terem sido registados no Censo Americano como Mulatos. O Jim é de estatura média-forte, tem olhos azuis e tez clara. A avó era uma senhora inglesa, possivelmente descendente de Sam Houston. Era professora e, quando ele começou a fazer-lhe perguntas sobre o passado, ela começou a chorar e pediu-lhe que não o fizesse. Aparentemente, o Jim conseguiu descobrir que alguns dos seus antepassados foram registados como Mulatos e, de acordo com a área onde viviam, não podiam ser Negros, porque os Negros registados viviam numa zona completamente diferente. Os seus bisavós trabalhavam nas fundições de ferro, onde muitos outros Melungos trabalharam. O Jim e a mulher têm, com toda a certeza, feições europeias perfeitas, como se pode ver nas fotografias. O nome do Jimmy foi dado ao autor pelo gabinete de Charles Taylor, congressista federal para a área de Franklin, que também está interessado nesta pesquisa.

Charles Frazier, que foi criado na Carolina do Norte e é autor do romance *best seller Cold Mountain* (O Regresso do Soldado) descreve um rapaz como tendo: *...cabelo preto, pele castanha... Algum sangue Cherokee ou talvez Creek... e, em comparação, uma criança: ...já vi crianças brancas de pele mais escura do que esta... Cabrita ou outra coisa qualquer, tanto faz. Só vejo que ela é negra.*[13]

A história tem lugar nas montanhas do oeste da Carolina do Norte. De que povo estará o autor a falar? Ele disse crianças brancas. Não pretas.

O Trilho das Lágrimas e o Presidente Andrew Jackson, um Cidadão Espanhol

Como os Melungos, também os Cherokees sofreram tremendamente. Um exemplo é o Trilho das Lágrimas engenhado pelo Presidente Andrew Jackson.[14] Fazia parte da Grande Retirada, em 1838, quando a maioria das tribos índias do leste foram levadas para o que agora o nordeste do estado de Oklahoma; aí formaram os Cherokees Ocidentais do Oklahoma. Antes do século XX, esta foi uma das migrações forçadas de população mais maciças e históricas.[15] O Presidente Jackson retaliava assim contra os Índios pelas suas acções a favor da Grã-Bretanha durante a guerra de 1812. Como parte dessa mudança, um grande número de Melungos pode ter ido para oeste.

Por alturas da retirada, em 1838, algumas centenas de Cherokees fugiram para as montanhas, servindo assim como o núcleo dos 3000 Cherokees da zona leste que, no século XX, viveram no território ocidental da Carolina do Norte. A maior parte ainda vive lá. Crê-se que alguns Melungos ou outros possam ter-se juntado a eles e ido para oeste, para o Tennessee.

No seu livro, Kennedy discute uma possível relação entre os Melungos e o Presidente Jackson,[16] um tema que pode merecer mais estudo por parte dos leitores interessados. Descobriu-se que a vida do presidente Jackson foi muito interessante, especialmente através da pesquisa feita nos Arquivos das Índias em Sevilha. Aí, um dos arquivistas revelou que se tinham feito pesquisas recentes respeitantes à biografia do Presidente Andrew Jackson. Foram descobertos alguns documentos que provavam que ele fez o juramento de fidelidade a Espanha. Isto era bastante estranho, e posteriores investigações na Biblioteca do Congresso à obra do autor Robert Remini, biógrafo de Jackson, provaram que o arquivista estava certo. Remini já tinha publicado um longo artigo no número editado na Primavera de 1995 da revista Tennessee Historical Quartely.[17]

Aparentemente, e no sentido de abrir um escritório de advocacia, ele necessitava de dinheiro. A forma mais rápida de o obter era tornar-se cidadão espanhol, possibilitando-lhe assim negociar, usar o rio Mississippi e outros rios, possuir terras e fazer negócio em Natchez. A 15 de Julho de 1789, Andrew Jackson e outros dezassete Americanos proeminentes assinaram o juramento de três páginas de fidelidade a Espanha.

Mais tarde, acabou por esquecer o documento e tornar-se herói nacional em várias batalhas. A história de Remini é fascinante e dá-nos uma perspectiva de como era a vida no virar do século XVIII, quando os Melungos começaram a ser notados. Jackson, como muitas centenas de outros que antes dele fizeram o juramento, fez o que a necessidade ditou.[18]

Quando se fala dos primeiros colonos, como os Melungos, é preciso estar atento a que, por volta da mesma altura, a Carolina do Norte estava relutante em ceder as terras a oeste. Durante uma discussão no Senado, foram mencionadas de uma maneira muito descritiva as características destes colonos ocidentais: ...E estes ocidentais eram uma raça independente, dura e má. Alguns deles foram mais tarde descritos como os "barba azul da Carolina do Norte, que são rudes, sujos, quezilentos, monstros intimidantes, com 1,80m de altura, cuja vocação é roubar, beber, lutar e aterrorizar os homens pacíficos da comunidade.[19] Algumas daquelas características pareciam familiares aos Melungos mas também aos montanheses das fronteiras.

Os Índios Machapunga

Em 1700, Lawson escreveu informações algo estranhas sobre os costumes Índios em algumas famílias: ...*duas famílias de Índios Machapunga praticam o costume judeu da circuncisão, e as restantes não.*[20]

Existe também uma referência baseada nos registos da Sociedade para Propagação do Evangelho, com sede em Londres, encontrados no início do século XVIII, os quais contêm referências (escritas por vigários da Carolina do Sul) aos nativos Americanos que praticavam a: ...*circuncisão (masculina) em muitos Índios, Mulatos e Portugueses de entre a colónia de escravos, e a "não crentes" do interior que incluía tanto "pagãos como infiéis".*[21]

Porquê a existência de tal costume entre os Índios? Terão alguns Judeus chegado num período inicial e decidido viver com os Índios? É um facto conhecido que os Judeus Sefardim vieram para a América do Norte muito cedo, começando pela primeira viagem de Colombo, a qual indirectamente também financiaram .

Descendentes de Portugueses e de Índios Americanos

John Shelton Reed escreveu um artigo intitulado *"Misturando-se nas Montanhas"*, para a revista Southern Cultures. Visitou o Condado de Hancock e, enquanto procurava histórias de estereótipos rústicos, a sua atenção foi atraída quando lhe disseram: Muitas famílias daqui pertencem a cerca de cem clãs melungas de descendentes de Portugueses e Americanos.[22]

Os Melungos e os Índios Saponi-Tutelo

Nassau (McGlothlen) escreve que os Melungos tiveram origem em Mulatos e mestiços livres (mistura de Índios e Negros entre si ou com brancos) da Carolina do Norte. Além disso, já ocupavam o Condado de Hancock antes dos brancos lá chegarem. Pela localização e época da sua origem, o elemento índio é provavelmente Saponi e Tutelo, mas normalmente é incorrectamente considerado Cherokee pelos Melungos. Por outro lado, aproximadamente 2000 Índios Saponi e Haliwa ainda vivem nos Condados de Warren e Halifax no nordeste da Carolina do Norte,[23] a mesma área onde até recentemente vivia também um grupo que reclamava ser descendente de Portugueses. Outro registo revelando os Índios Saponi e Tutelo é do Governador Spotswood em 1715, no qual ele declara que os Índios de Fort Christanna, incluíndo os Tutelo, Saponi: ...ascendiam a 300.[24] Além disso, Mooney menciona, no seu livro Siouan Tribes of the East: *É evidente que a tribo... estava em declínio, já que estava prestes a juntar-se aos Saponi e Tutelo.*[25]

Naquela época, estes Índios eram ainda um grupo identificável e, de forma a sobreviverem até ao século XX, os Melungos seriam também um grupo em si. Não é provável que os Melungos sejam uma criação do século XIX! Todos os grupos imigrantes que chegaram no século XIX são determináveis.

A componente índia dos Melungos foi identificada por Jack Forbes como sendo Saponi, o que pode ser possível; mas no último livro de J. Anthony Paredes, Indians of the Southeastern United States in the Late 20th century, não parece constar qualquer ligação. O território do sul inclui os Redbones, os Brass Ankles e os Turcos. Há quem considere que os Turcos têm ascendência índia, tal como os Turcos Sumter. De qualquer forma, estes disseram não concordar com o facto de os Turcos serem Índios. Consideram-se Americanos Turcos brancos.[26] Têm, também, sobrenomes Melungos comuns. De acordo com uma história, o nome Turco foi-lhes atribuído pelo General Sumter, tendo este feito um depoimento juramentado às autoridades declarando que eram de facto Turcos importados pessoalmente, do Império Otomano, como trabalhadores contratados.[27] Os grupos Turcos podem ter um papel interessante no mistério dos Melungos.

Kennedy parece acreditar que as tribos índias dizimadas na Virgínia constituiriam: *...uma origem legítima de Mouros-Índio-Europeus...*[para formar os Melungos].[28] Isso é duvidoso. Se eles eram Turcos do Império Otomano, como teriam chegado até aqui? Além disso, não se podem ignorar os Negros como um quarto elemento constituinte dos Melungos.

Tanto os Melungos como os Redbones só tinham falado inglês desde que foram notados, apesar de os Redbones estarem rodeados de franceses.[29] Porque será que os franceses os chamariam mélange se eles falavam inglês?

Henry Price questiona a privação de direitos dos Melungos em 1834 e declara que os Melungos chegaram [ao Tennessee] vindos da Carolina do Norte junto com os brancos, não muito antes deles: *...alguns dos seus líderes obtiveram boas terras e em quantidade razoável.*[30] Será possível que tenham partido, ou terão sido empurrados para fora da Carolina do Norte e alguns adquiriram grandes extensões de terra que não era boa para a agricultura? Quanto a chegarem lá em 1834, é provável que tenha sido muito antes. Não nos devemos esquecer dos problemas constantes que o governo tinha com os Índios e da eventual retirada em 1838. Nassau (McGlothlen) apresenta uma tabela que mostra que a frequência de nomes Melungos no noroeste da Florida é de 362, o que é interessante.[31] Alguns grupos Índios absorveram tantos Negros que alguns deles se tornaram uma entidade separada, como os Black Seminoles na Florida.[32] Além disso, no cabo da Florida (Wewahitchka-Blounstown), o povo de Dead Lake tem sido chamado Melungo e identificado com eles.[33]

As tribos índias dos Croatoan, dos Hatteras e dos Lumbees

Há quem acredite piamente que alguns dos colonos Roanoke possam ter-se juntado a estas tribos e passado a língua inglesa como era falada em 1587. Em 1971, no seu livro, European Discovery of America (Descoberta Europeia da América), Morison escreve o seguinte: *...e a existência de indivíduos loiros e de olhos azuis entre eles, assim como a incorporação de palavras isabelinas na sua linguagem e o uso de sobrenomes dos colonos de John White, confirma esta hipótese.*[34]

Isto pode ser possível, mas a incorporação de algumas palavras isabelinas pode também indicar que o número de colonos era extremamente reduzido. Não esqueçamos os Índios que estiveram em Inglaterra.

Lawson também escreve acerca do tipo de inglês falado em 1700: *...no entanto, aqueles que falam inglês, aprendem a praguejar sobre tudo quanto dizem.*[35] Quanto aos sobrenomes, alguns deles eram também comuns nas colónias inglesas posteriores. Tal como os escravos e muitos outros neste país, usavam os nomes mais comuns naquele tempo. É importante lembrar que a informação acerca destas tribos só foi descoberta muito mais tarde. Só em 1891 – com a publicação de Genesis of the United States (Génese dos Estados Unidos), de Alexandre Brown – se denotou um interesse geral.

Os olhos azuis e o cabelo loiro podem ter vindo de alguns dos outros primeiros colonos. Os Índios Croatan eram os representantes legais, na Carolina do Norte, de um povo com sangue Índio e branco, encontrados em várias secções a leste do estado, principalmente no Condado de Robeson e contabilizando aproximadamente 5000. Do outro lado da fronteira, na Carolina do Sul, existe um povo, obviamente de origem similar, designado "Redbones": *Em partes do território ocidental da Carolina do Norte e no leste do Tennessee encontram-se os chamados*

"Melungos"... ou Portugueses.[36] Isto foi escrito em 1912 e o Condado de Robeson era também, tradicionalmente, um lugar Melungo.

Quando, em 1730, os imigrantes escoceses começaram a ocupar os pontos mais altos do vale do Cabo do Medo na Carolina do Norte, ficaram admirados ao encontrar um grupo de gente que falava inglês e que vivia perto do rio Lumbee.[37] Esta zona fica a menos de 100 milhas da costa, onde era comum o naufrágio de navios. Os padrões climatéricos não eram conhecidos e não existiam avisos de qualquer tipo. Como resultado, quando muitas embarcações íam para ou vinham da Europa ou da América do Sul, encontravam a tragédia no mar perto da costa da Carolina do Norte.

O facto de falarem inglês durante mais de 100 anos com a contínua fixação de Ingleses dificilmente será surpreendente: *...metade do século vinte... falavam um inglês puro e arcaico.*[38] Esta situação é semelhante à dos povos das montanhas na região ocidental da Carolina do Norte e no leste do Tennessee. Haverá uma relação? Dial wrote:*...a tradição oral de sangue Cherokee é tão forte entre os Lumbees... que é impossível rejeitar a pretensão.*[39]

John Lawson em 1700/45 e os Índios Hatteras

A 28 de Dezembro de 1700, John Lawson iniciou uma viagem de Charles Town para a Carolina do Norte e escreveu sobre os Hatteras quando descreveu a primeira colónia da Carolina: Uma confirmação adicional disto que temos sobre os Índios Hatteras, que na altura ou viviam na ilha de Roanoke ou a frequentavam muito. Estes dizem-nos que vários dos seus antepassados eram gente branca, e podiam ler um livro, como nós: *...esta verdade é confirmada pelos olhos cinzentos frequentemente encontrados entre estes Índios, e outros.*[40]

Pouco antes de Lawson ter chegado à Virgínia, uma lei foi aprovada prevenindo os actos de roubar ou pôr um barco ou canoa à deriva. *Enquanto que as pessoas brancas que violavam esta lei eram apenas interrogadas, os Índios recebiam 39 chicotadas nas costas nuas pela primeira ofensa e sofriam a amputação de uma orelha pela segunda. Muitos anos antes de estas leis serem ratificadas pelo colonizador branco, os Índios Cusabo haviam sido forçados a vender as suas melhores terras à raça invasora.*[41]

Com este tipo de discriminação e de justiça– apenas um dos muitos

Fig. 15—A "Colónia Perdida" repete a história da colónia da Ilha de Roanoke.

casos – os Índios, os Melungos ou outro grupo qualquer não imediatamente relacionado com os brancos procurariam um lugar mais seguro longe das colónias inglesas, perto da costa. Chapman diz-nos também que: *Aqui e ali ... há pequenos grupos de indivíduos que são descendentes impuros de ancestrais brancos... O prejuízo hereditário destes indivíduos é demonstrado pelo facto de... não ser permitido aos seus filhos frequentar as escolas brancas; habitualmente recusam-se a colocar os filhos em escolas para pessoas de cor.*[42]

Lumbees, O Mistério da Colónia Perdida de Roanoke

De acordo com uma história inglesa, Roanoke é um nome tradicional interessante. Aparentemente, quando um inglês viu um Índio, sentado numa canoa, a remar com remos de carvalho no rio Moratuck (nome original do rio Roanoke e nome Índio Algonquin), perguntou-lhe: O que faz aí? O Índio respondeu num inglês imperfeito, Rowing' Oak (a remar o carvalho).[43]

A tribo índia dos Lumbees foi descoberta pelos Huguenotes [luteranos] em 1708, e dizia-se que em tempos possuíram fazendas e viveram de uma *maneira civilizada* [como Europeus]. Também têm a reputação de falar uma forma antiga de inglês: *As suas características variam de morenos a muito loiros; é usual ver indivíduos de olhos azuis e cabelo loiro entre eles.*[45]

Se eram Ingleses, porque não procuravam os seus compatriotas, em vez de viverem isolados? Uma colónia inglesa permanente estava já estabelecida no princípio do século XVII. A *aparência mediterrânica* de tantos Melungos, assim como a negação original de uma herança inglesa ou índia, concorrem contra uma colónia perdida simplesmente e/ou a hipótese inglesa.[46]

Depois de tantos anos e de casamentos entre indivíduos de diferentes etnias, a aparência mediterrânica está ainda presente: *O Capitão John Smith, está a relatar uma conversa que teve com Índios Powatan. Aparentemente a Colónia Perdida foi massacrada, mas alguns fugiram.*[47] Esse depoimento pode contribuir para esclarecer algumas descobertas posteriores. É possível que alguns Melungos, misturados com diferentes tribos índias, possam ter trazido com eles alguns nomes.

Allen Lowrie, filho de William, casou com Polly Cumba, ou Cumbo, dita como sendo de origem portuguesa.[48] De qualquer forma, o historiador Lumbee, Adolph L. Dial, professor na Universidade Estadual de Pembroke, Carolina do Norte, não menciona qualquer possível ligação com os Portugueses nos livros que escreveu sobre os Lumbees. Ele não explica porque é que os Lumbees têm uma: *...população de herança mista, de pele escura que, em meados do século XIX, eram também chamados Melungos.*[49] Se eles tivessem uma forte componente dos colonos Ingleses brancos, teriam pele mais clara, a não ser que parte desses colonos Ingleses fossem do sul da Europa. O Senado e a Câmara dos Representantes aprovaram uma lei, em 1956, que designava este grupo de Índios como sendo Lumbees, declarando também que podem estar ligados à colónia perdida de Roanoke e que foram encontrados pelos primeiros colonos brancos no rio Lumber e no Condado de Robeson.[50] Também lhes chamaram os Índios Cherokee do Condado de Robeson.

Este mesmo escritor afirma que:... *partes deste livro são baseadas em suposições lógicas e na história oral.*[51] Apesar de geralmente os historiadores não aceitarem história oral, muitos livros de história são parcialmente baseados em memórias escritas e documentos editados. Os sobrenomes encontrados entre as famílias de Melungos também se encontram na *Lumbee Development Regional Association* (Associação Regional para o Desenvolvimento dos Lumbee), como Moore, Bell, etc.[52] Foram escritos muitos livros sobre este mistério e não foi encontrada nenhuma explicação verificável. Uma vez que existe uma forte possibilidade de Drake ter deixado Mouros, Índios sul-Americanos e escravos Negros em Roanoke – quando salvou colonos Ingleses – têm sido levadas a cabo pesquisas em diversos livros e documentos disponíveis, num esforço para analisar as viagens feitas pelos Ingleses que vieram para a América. Ver o Capítulo I onde se encontram estas descobertas por ordem cronológica.

O Povo Índio Powatan

O povo Powatan que outrora havia ocupado a maior parte do que é hoje conhecido como a margem leste da Baía de Chesapeake, na Virgínia, tornou-se mais conhecido devido ao Chefe Powatan, que era pai de Pocahontas.

Estiveram envolvidos em guerras com os primeiros colonos Ingleses de Jamestown. O conflito durou até 1644 quando a maior parte do poderio Índio foi destruído. Os Melungos podem ter tido algumas ligações com estes Índios antes da chegada dos Ingleses. Antes dos conflitos, eles podem ter tomado o caminho para Oeste em direcção às montanhas.

O Rev. Morgan Jones – Índios que falavam Galês e Lendas – 1669

O Almirante e historiador Samuel Elliot Morison descreve os seguintes encontros como lendas: Quando o Rev. Morgan Jones, viajando pelas Carolinas em 1669, encontrou a tribo Tuscaroran, chamada Doeg, que compreendiam o seu galês materno; viveu entre eles durante meses pregando o Evangelho em galês. Existem várias histórias do século XVIII com o mesmo desfecho, só que são sempre tribos diferentes que falam galês, exibem uma pele relativamente clara e guardam com carinho relíquias Galesas como a Bíblia impressa em galês. Morison também descreve a viagem de John Evans na procura de Índios de língua galesa. Durante um ano passado a viver com os Índios entre as latitudes 35° N e 49° N (da Carolina do Norte até à Terra Nova), respondeu à London Literary Society dizendo que: Penso que podeis informar os meus amigos, com segurança, que eles [Índios galeses] não existem. [Morison conclui a história do Madoc Galês com:] Podemos eliminar o mito dos Índios galeses com as palavras autorizadas do Bureau of American Ethnology: "*Não há qualquer vestígio de galês, gaélico ou outra língua europeia em nenhuma língua nativa americana.*"[53]

Morison também escreveu que, quando Colombo partiu, já sabia que a única maneira de atravessar o Atlântico era passando pelas Ilhas Canárias, para encontrar os ventos e as correntes em direcção a oeste. Saberia Madoc disto? Que escola de navegação teria frequentado? Que informação científica estaria disponível naquele tempo? O Almirante Morison também escreveu o seguinte: ...é fábula que... apesar de tudo prova que não é possível e não poderia ser verdade.[54] Nessa altura e depois de 400-500 anos, surge a questão do porquê eles se chamarem Galeses. Alguns indivíduos falando uma língua entre estrangeiros não sobreviveriam. E se fossem muitos, porque teriam praticamente desaparecido?

Na Europa, durante este mesmo período, nações inteiras nasciam de regiões muito pequenas e, em 400 anos, mesmo com as pragas e as guerras, as respectivas populações cresciam. A carta de John Sevier, datada de 9 de Outubro de 1810, declara que, de acordo com as suas fontes: ...eles já não são brancos; tornaram-se Índios e assemelham-se a outros peles-vermelhas do país.[55] Esta carta está guardada na Biblioteca Newberry em Chicago, que também detém a colecção Greenlee com mais de 10.000 trabalhos de história de Portugal e mapas raros.[56]

Que crescimento populacional poderiam Madoc e os galeses contabilizar, mesmo com o auxílio dos Índios? Certamente que, no mesmo período, no País de Gales, o crescimento populacional era fenomenal comparado com o tamanho de um pequeno reino. Muito mais é necessário apenas para considerar essa possibilidade. Enquanto fazia investigação sobre os galeses, o autor deparou com uma história que alimenta a confusão. O Capitão Wynne escreveu uma carta em 1608 a Sir John Egerton de Jamestown que dizia: O povo Monacan fala uma língua muito diferente da dos súbditos de Powatan, sendo a pronúncia muito parecida com o galês, ao ponto de o cavalheiro que nos acompanhava me desejar como seu intérprete.[57]

Seria mesmo Galês ou apenas soava semelhante? Teria ele sido seu intérprete? Cambiaire, um escritor Francês, revela outro exemplo de confusão – sobre os bretões que pareciam falar o Galês: ...em 1622, quando alguns colonos Ingleses, atacados pelos Índios, fugiram da Virgínia para a Carolina, encontraram alguns bretães, descendentes de indivíduos franceses que ficaram na vizinhança de Fort Caroline em 1565. Como esses bretães ainda falavam a sua língua nativa, que se assemelha ao galês, os que estavam entre os colonos Ingleses e que tinham vindo do País de Gales pensaram que os mesmos bretães eram descendentes de uma antiga colónia galesa.[58] Com toda a actividade espanhola, é difícil acreditar que muitos Franceses ainda estivessem por perto e, a ser verdade, seria outra colónia perdida: desta vez, a colónia perdida de Fort Caroline.

Existe uma carta escrita em 1810 por John Sevier respondendo a um pedido de informação sobre os galeses. Baseia-se muito na informação oral do chefe Índio Oconostota, mas é algo confusa. Estabelece a ligação entre os supostos galeses e os franceses e a cronologia não parece enquadrar-se.[59]

Há também a lenda irlandesa dos monges que andavam no mar. O navegador St. Brendan, nascido no último quartel do século V, lança-se, com dezassete homens, à procura de uma ilha de monges, chamada Promised Island of Saints (Ilha Prometida dos Santos). A concepção medieval das ilhas de St. Brendan também mostra uma Ilha Antilha ocidental.

Os Portugueses também têm uma história de sete bispos e outros Cristãos – homens e mulheres do Porto – que navegaram com gado, provisões e outros bens aquando da conquista da Península Ibérica pelos Mouros, sendo Rodrigo o último rei visigodo. Esta gente do Porto ocupou a mesma Ilha Antilla, também chamada Seven Cities (Sete Cidades).[60] Estas terras ou grupo de ilhas situava-se a oeste de Portugal, supostamente na Terra Nova. No tempo de D. Henrique, o Navegador, uma embarcação levada pela tempestade aportou neste lugar; foi bem recebida em Português e solicitada a ficar, mas declinou o convite. Quando os homens dessa embarcação voltaram a Portugal, contaram a história ao Infante D. Henrique que lhes disse para lá regressarem, ao que eles se recusaram.

Segundo o Dr. Luciano da Silva, autor de *The True Antilles* (As Verdadeiras Antilhas), onde descreve as suas descobertas sobre a localização correcta destas ilhas, a palavra portuguesa é Antilhas, mas o nome foi perpetuado como Antilles, que é o nome para as Índias Ocidentais.[61] Terão Madoc, os monges de Brendan ou Cristãos portugueses chegado à América centenas de anos antes de Colombo? Nada foi descoberto. O que resta são lendas. Morison também escreve sobre os primeiros barcos: Este tipo de barcos não podia navegar em direcção ao vento como as caravelas portuguesas.[62]

Índios ou Melungos vieram de Portugal – 1834

Pelo que a seguir se lê, é evidente que os Melungos não desistiriam facilmente da sua herança. Eles conservaram o seu orgulho, mesmo que a muito custo: ...os Lumbees abraçaram a designação oficial de "Índios": *A maioria dos Melungos afastou-se, nunca obtendo vantagem dessa classificação. Por seu lado, continuaram a luta pela preservação do seu velho mundo de usos e costumes, insistindo no europeísmo sulista.*[63]

Há um factor do qual muitas pessoas estão cientes: os imigrantes portugueses são conhecidos por fazerem trabalhos duros e não procurarem necessariamente subsidios do governo. Mas, pistas para a verdade vêm de "factos" incertos que rodeiam certos antepassados, que se reflectem, por vezes, e de acordo com Kenedy: *...num único indivíduo que era "Português" à nascença, "Luso-Índio" enquanto adulto e simplesmente "Índio" aquando da sua morte.*[64]

A teoria da ancestralidade portuguesa persiste. A mulher deste indivíduo, Betty Reeves, era possivelmente uma melunga pura, filha dos habitantes do Condado de Ashe George Reeves e Jane Burton. Mary Killen Hollyfield, descendente de Betty Reeves relembrou, em 1929: Dizia-se que os Reeves vieram de Portugal. Tinham olhos castanhos e cabelo preto. Também ouvi dizer que eram, em parte, Índios. A própria Betty Reeves afirmou ser Luso-índia, um termo utilizado por muitos Melungos para explicar a sua herança.

A parte portuguesa do termo terá eventualmente caído, muito provavelmente porque (1) ninguém acreditava, (2) os Melungos não tinham provas que a apoiassem e (3), de qualquer forma, tornou-se num sinónimo de "Melungo". Ser "Índio" era cada vez mais considerado preferível a ser "Melungo" ou "Português".[65]

Apesar de esta situação poder tornar difícil a investigação do passado, há ainda numerosos documentos à espera de olhos de especialistas.

A Tribo Índia dos Portugee – 1926

Um livro de Arthur H. Estabrook e Ivan E. McDougle, publicado em 1926, discute várias tribos como os Wins e também a chamada tribo Luso-índia: *Geraldine Hall, irmã de Andrew, de cor escura... considerava-se uma índia Portugee.*[66] Este livro vai ao detalhe de descrever os possíveis problemas do casamento entre indivíduos do mesmo grupo, como o aparecimento de atrasos mentais em alguns filhos. Por outro lado, também explica a lei do estado da Virgínia, no tempo em que era proibido o casamento entre indivíduos de diferentes raças; e vai mais longe ao explicar a necessidade de registar a cor das pessoas. Os Wins eram também classificados como pessoas livres de cor pelo censo federal.[67] É também interessante que o Estado da Virgínia tenha aprovado uma lei, em 1924, descrevendo que o termo: *...pessoas brancas devem consagrar-se apenas aquelas de sangue caucasiano.*[68]

Redbones, Redsticks, Sabines e Natchitoches

Tem sido dito que os franceses deram o nome aos Redbones da Louisiana, aparentemente derivado do francês "Os Rouge" que foi utilizado para descrever indivíduos de sangue índio misto. Isto é questionável, uma vez que, aparentemente, o nome Redbones variava consoante os grupos. É provável que o nome Os Rouge tenha sido aplicado a descendentes dos Redbones.[69] Os Redsticks, os Sabines e os Natchitoches são também importantes. A obra de McDonald Furman do final do século XIX sobre os Redbones, e o livro The Cherry Winche Country escrito na década de 1930 por Webster Talmadge Crawford concluem: *Eles parecem exibir a marca da raça mediterrânica.*[70] *Os Franceses registaram pela primeira vez os nomes Red Stick e Baton Rouge, cujas pistas se podem encontrar até 1686.*[71]

Brass Ankles (Tornozelos de Bronze)

Louise Pound, da Universidade do Nebraska, escreveu uma nota sobre os Brass Ankles na revista "American Speech" em Abril de 1943, pp.152-153: *...da lista do Professor Farr de Expressões do Tennessee, algumas são muito comuns na Carolina do Sul: Brass Ankle como Mulato – é usado frequentemente pela geração mais velha. É, no entanto, menos usado pelos mais jovens. O meu pai pensa que o termo teve origem nas redondezas de Monck´s Corner, na Carolina do Sul, onde os descendentes de uma colónia portuguesa, que estabeleceu relações de matrimónio com Negros, e posteriormente casaram dentro do próprio grupo, eram conhecidos por usarem pulseiras de bronze nos pulsos e nos tornozelos.* Para identificar este grupo, os brancos e Negros das redondezas utilizavam o nome brass ankle, que mais tarde se veio a estender a qualquer Mulato. Brass Ankle é também um termo usado para identificar um Mulato, cuja parte inferior do tornozelo brilha como o sol, evidenciando algo de branco no Negro. Muitos descendentes destes Brass Ankles são hoje considerados brancos.

A Antropologia, a Arqueologia e os Arqueólogos

A revista *National Geographic* publicou, em 1988, uma história escrita por Joseph Judge, onde se descreve a vida quotidiana dos colonos do século XVI. Esta reportagem, assim como as fotografias de Bill Ballenberg e as ilustrações de John Berkey, realça o trabalho de arqueólogos como David Hurst Thomas. De acordo com Kennedy, o Dr. Chester DePratter Kennedy, do Instituto de Arqueologia e Antropologia da Universidade da Carolina do Sul e o Dr. Stanley South, são membros chave da equipa de investigação que escavou Santa Elena.

Durante as escavações numa aldeia pré-histórica Cherokee e num terreno com corpos enterrados, situado num parque industrial do Condado de Macon, na Carolina do Norte, a arqueóloga Ruth Y. Wetmore falou sobre os Melungos e a possível ligação aos Turcos.

Ela referiu que, naquele tempo, o termo "Turco" se referia àquele que não falava correctamente o inglês. Além disto, uma possível razão para terem ido para as montanhas teria sido o facto de, ao tomarem conhecimento da possível existência de ouro e de pedras preciosas nas montanhas, terem desembarcado. Pode agora questionar-se de que serviria o ouro e as pedras preciosas, se não pudessem voltar aos seus países.

A América tem uma história curta se comparada com a da Europa. No entanto, se inspeccionarmos minuciosamente as várias histórias das nações índias, antes da chegada dos Europeus, teremos então uma história muito mais vasta. Quando os achados dos arqueólogos se tornaram evidentes, causaram os seguintes e recentes títulos de jornal: *...restos mortais e relíquias Cherokees encontradas no Parque Industrial de Macon.*[70]

Devido a razões económicas, não foram feitos estudos aprofundados nem a preservação do local; a história da América perdeu-se para sempre. Dave Moore, o arqueólogo responsável pela escavação no Condado de Macon, declarou numa entrevista que uma outra escavação está planeada para um local onde Pardo pode ter construído um forte, também na Carolina do Norte, perto de Morgantown, junto dos sopés das montanhas.

Pardo penetrou pelo interior acompanhado de 125 soldados a 1 de Dezembro de 1566: *...estabeleceu um forte em Joara...a mesma cidade que a Xuala de Hernando de Soto ...foram construídos fortes com guarnições de quinze ou trinta homens em Chiaha, Cauchi e Joara.*[73] Esta cidade estava sob a supremacia de Cofitachequi. Xuala ou Joara situa-se perto dos sopés dos Montes Apalaches, junto a Marion ou McDowell Bottom, na Carolina do Norte. David Moore é o mesmo arqueólogo que apresentou um documento intitulado New Evidence of the 16th Century Spanish Artifacts in the Catawba River Valley (Novas Provas sobre os Artefactos Espanhóis do século XVI no Vale do Rio Catawba), também na Carolina do Norte.

Ver no Apêndice "B", Parte II, as mais recentes descobertas da pré-história da América, dois arqueólogos de renome que afirmam que colonos de Portugal podem ter chegado à América do Norte há 18,000 anos.

**Tribos índias que podem estar relacionadas
com os primeiros colonos Portugueses.**

Tribo	Localização
Black-Waters	Leste do Tennessee
Black-Dutch	
Black-Irish, Brown People	
Blue-Skin	Kentucky, Melungos
Brass Ankles, Red Legs	Índios com sobrenomes portugueses, identificados pelo uso de pulseiras de bronze nos braços e tornozelos
Bushwhackers	Nova Inglaterra
Carmels	Ohio e Kentucky
Cajans e Creoles	Alabama e Louisiana
Cherokees	Carolina do Norte
Croatans	Virgínia, Carolina do Norte
Cubans	Carolina do Norte
Dead Lake	Povo de Dead Lake, Florida
Dominickers, Free Jack	Oeste da Virgínia
Guineas	
Haliwa	Warren e Halifax Counties, Nordeste da Carolina do Norte
Jackson Whites	Nova Iorque e Nova Jersey
Monte Keating	Nova Iorque
Lumbees ou Rivers	Vales da Virgínia, Índios com sobrenomes portugueses.
Issues	Virgínia
Jackson Whites	Condados de Morris e Passaic em Nova Jersey e Condados de Orange e Rockland em Nova Iorque
Mashpee	Cape Cod, Índios com sobrenomes portugueses: Nunes, Gomes, Pereira, Macedo
Moors	Maryland e Nova Jersey
Nanticokes	Condado de Sussex em Delaware e Bridgeton no Condado de Cumberland, Nova Jersey
Pool Tribe	Pensilvânia
Portugee	Virgínia
Powatans	Virgínia, Carolina do Norte
Ramps	Virgínia
Redbones	Florida, Wewahtchka-Blountstown, Louisiana.

Ridgemanites	Leste do Tennessee
Slaughters	Nova Inglaterra
Turcos	Condado de Sumter
Wesorts	Maryland
Yuchi (Chisca)	Children of the Sun,
	Terras Altas dos Apalaches

A informação anterior é o resultado da pesquisa de muitos livros, revistas, documentos e jornais mencionados na secção bibliográfica.

Notas

[1] Southern Cultures, Vol. 3, No. 4, "Mixing in the Mountains", de John Shelton Reed, p. 27.

[3] The Buffalo Ridge Cherokee, de Horace R. Rice, p. 14.

[3] Annals of Northwest North Carolina, de J.G. Hollingsworth, p. 4.

[4] History, Myths... of the Cherokees, de James Mooney, p. 15.

[5] The Cherokee Perspective, de Lawrence French e Jim Hornbuckle, p. 4.

[6] Acculturation of the Eastern Cherokees, de Leonard Bloom, N.H.R., Vol. 19, 1942, p. 331.

[7] A New Voyage to Carolina de John Lawson, (Hugh Lefler), p. 173.

[8] Ibid, p. 332.

[9] Red Carolinians, de Chapman J. Milling, p. 12.

[10] A New Voyage to Carolina, de John Lawson (Hugh Lefler), p. 332.

[11] Myths of the Cherokee, de James Mooney, p. 193.

[12] Catawba Nation and its neighbors, de Frank G. Speck, N.H.R. Vol. 16, 1939, pp. 405-406.

[13] Cold Mountain de Charles Frazier, pp. 167, 284. (O Regresso do Soldado – Edições Asa, pp 190, 315)

[14] The Red Carolinians, de Chapman J. Milling, p. 332.

[15] Indians of the Southeastern U.S., de J. Anthony Paredes, pp. 2, 30.

[16] The Melungeons, de N. Brent Kennedy, p. 27.

[17] Andrew Jackson takes an Oath of Allegiance to Spain, de Robert V. Remini.

[18] Tennessee Historical Quarterly, de Robert V. Remini, p. 10 (número da Primavera de 1995).

[19] Ibid, p. 4.

[20] A New Voyage to Carolina, de John Lawson (Hugh T. Lefler), p. 219.

[21] Appalachian Journal, Vol. 25, No. 3, Primavera de 1998, "Response to Henige" de Darlene Wilson, pp. 292-3.

[22] Southern Cultures, Vol. 3, No. 4, "Mixing in the Mountains" de John Shelton Reed, p. 27.

[23] The Indians of the Southeastern U.S., de J. Anthony Paredes, pp. 46, 73.

[24] Indians in 17th century Virginia, de Ben McCary, p. 78.

[25] Red Carolinians, de Chapman J. Milling, p. 218.

Notas(Cont.)

[26] The Indians of Southeastern U.S., de J. Anthony Paredes, p. 73.

[27] Melungeons and Other Mestee Groups, de Mike McGlothlen, p. 62.

[28] The Melungeons, de N. Brent Kennedy, p. 137.

[29] The Melungeons and Mestee Groups, de Mike McGlothlen, p. 40.

[30] Ibid, p. 41.[31] Ibid, p. 64.[32] Ibid, p. 9.[33] Ibid, p. 30.

[34] The European Discovery of America, de Samuel Eliot Morison, p. 677.

[35] A New Voyage to Carolina, de John Lawson (Hugh Lefler), p. 240.[36] Ibid.

[37] The Only Land I Know, de Adolph Dial, p. 1.[38] Ibid, p. 11.[39] Ibid, p. 16.

[40] A New Voyage to Carolina, de John Lawson (Hugh Lefler), p. 69.

[41] Red Carolinians, de Chapman J. Milling, pp. 56-58.[42] Ibid, p. 64.

[43] The Roanoke Canal, de Peggy Jo Cobb Braswell, p. 9.

[44] Fotografia de Outer Banks Photographer, Ray Mathews, capa de Sprint Carolina Phone Co.

[45] The Melungeons, deBonnie Ball, p. 37.

[46] The Melungeons, de N. Brent Kennedy, p. 81.

[47] The Melungeons, de Bonnie Ball, p. 12.

[48] The American Indian in N.C., de Douglas L. Rights, p. 146.

[49] The Melungeons, de N. Brent Kennedy, p. 26.

[50] The Only Land I Know, de Adolph L. Dial e David K. Eliades, p. 187.

[51] Ibid, p. ix.

[52] The Indians of Southeastern U.S., de J. Anthony Paredes, p. 49.

[53] The European Discovery of America, de Samuel Eliot Morison, pp. 85-86.

[54] Ibid, p. 85.

[55] Who Discovered America, de Zella Armstrong, p. 169-170.

[56] Luso-Americano de Henrique Mano, 2 Abril 1997.

[57] The Elizabethan's America, de Louis B. Wright, p. 186.

[58] East Tennessee and West Virginia, de Celestin Pierre Cambiaire, p. xiv.

[59] The Melungeons, de Jean Patterson Bible, p. 83, 85.

[60] La Busqueda del Paraiso y las Legendarias islas del Atlantico, de Louis-Andre Vigneras, p. 45.

[61] The True Antilles, de Dr. Manuel Luciano da Silva, 1987.

[62] European Discovery of America, de Samuel Eliot Morison, p. 16.

[63] The Melungeons, de N. Brent Kennedy, p.15.

[64] Ibid, p. 20.[65] Ibid, pp.56-57.

[66] The Mongrel Virginias, de Arthur Estabrook, p. 132.

[67] Ibid, pp.174, 175.[68] Ibid, p. 180.

[69] Gowens Research Foundation, Dez.1996, Comunicado de Evelyn McKinley Orr.

[70] Ibid.

[71] Ibid, Fevereiro de 1997.

[72] Asheville Citizen-Times, p. 3B, Dez. 29, 1995.

[73] The Forgotten Centuries, de Charles Hudson, p. 202, 203.

Capítulo IIII

Além da Portuguesa, Outras Origens Possíveis

Para além de os Melungos terem um ar mediterrânico, discute-se a possibilidade de outras origens. Contudo, se o aspecto mediterrânico sobreviveu durante 400 anos apesar da miscigenação, outras origens deveriam ter sido capazes de resistir mais prontamente, porque os casamentos inter-raciais teriam sido em número reduzido. Kennedy salienta que: *...dadas as características mediterrânicas subsistentes, cada vez aumenta mais a hipótese de que ambos os sexos do grupo original de colonos devia possuir genes melungos, independentemente da sua natureza étnica. De outra forma, num período de quatrocentos anos, as características físicas mediterrânicas dominantes dos Melungos ter-se-iam, muito provavelmente, extinguido devido aos sucessivos casamentos com americanos nativos.*[1]

Armando Cortesão, um historiador português a trabalhar na UNESCO no início da década de 1950, disse estar: *...convencido que povos antigos, como os Fenícios e os Gregos, navegavam em pleno Oceano Atlântico.*[2]

Uma vez que se estão a considerar outros grupos, valerá a pena notar que existia um grupo de gente de pele vermelha a viver nas Montanhas Blue Ridge, que se considerava gente branca: *A vulgar cor clara de pele indica a presença de algum sangue branco.*[3] Por que razão encontramos grupos isolados que mostram claramente uma ascendência branca e que eram fabricantes ilícitos de bebidas alcoólicas?

No Condado de Robeson, na Carolina do Norte, fala-se de um outro grupo de Lumbees, chamados Rivers. Estes indivíduos também afirmam ser descendentes da colónia perdida de Roanoke.

De maneira interessante, Estabrook, no seu livro: *The Mongrel Virginians* menciona que: *...já em 1690, havia imigrantes franceses instalados no Condado de Licking, onde contactaram com uma raça mista a quem deram o nome "Mero".*[4] Por que não Melungo, já que os primeiros escritores referem que o nome teve origem na palavra francesa mélange? Mais uma razão para se questionar a denominação francesa dos Melungos.

Outro facto interessante, porquê Mero? Bem, acontece que Mero é o nome de uma montanha na Índia.

Ibéricos Puros

Kennedy afirma: ...simplesmente porque alguém se considerava Espanhol ou Português, isto não significava que fosse um verdadeiro ibérico (o que quer que isso signifique, já que estes eram uma mistura de Fenícios, povos marítimos, Romanos, Celtas, etc.)[5] A Espanha era constituída por muitos reinos pequenos. Teve a sua origem com o reino de Leão e, mais tarde, Castela – o reino mais poderoso – que forneceu ao povo espanhol a língua espanhola ou castelhana. Algumas províncias espanholas ainda possuem a sua própria língua e usam-na, como, por exemplo, os Bascos, os Catalães e os Galegos. Devido à importância da Espanha enquanto um país muito maior e com mais população, a tendência é amalgamar Espanha e Portugal numa só nação. No entanto, Portugal é um país distinto e totalmente diferente, tanto na linguagem como na cultura. Muitas pessoas julgam que as línguas portuguesa e espanhola são, na realidade, uma só, mas isso não é verdade. William J. Entwhistle, professor da Universidade de Oxford, escreveu que: ... *a diferença entre as línguas portuguesa e espanhola pode ser apreciada ao ler o Pai-nosso nestas duas línguas.* [6]

O nome ibérico não é muito usado em Portugal. Ou se é Espanhol ou Português. Além disso, o nome ibérico é quase usado exclusivamente em Espanha. Até a companhia aérea nacional se chama Iberia. Existe a possibilidade de parte da ancestralidade dos Melungos ter tido origem em Espanha, mas num número muito pequeno. Mesmo esse é questionável.

No seu livro, Eloy Gallegos faz um comentário, habitualmente feito por pessoas que conhecem muito pouco sobre Portugal, o seu povo, a sua língua e cultura, quando afirma: *Tentar distinguir os Espanhóis dos Portugueses, excepto no que diz respeito ao dialecto, é como tentar distinguir um habitante do Tennessee e um da Virgínia. A diferença é uma subdivisão política e não genética.* [7]

Em primeiro lugar, os Portugueses não falam um dialecto; na realidade, falam o português, uma língua falada por mais de 200 milhões de pessoas em todo o mundo. A língua portuguesa é a única língua falada em Portugal, o que é bastante diferente do que acontece em Espanha, onde se falam várias, tais como o catalão, o basco e o galego, além dos dialectos de Aragão, Navarra, Leão, Astúrias e Santander.

Em segundo lugar, da mesma forma que não se consegue distinguir um habitante do Tennessee de um da Virgínia, existem semelhanças entre os Portugueses, Espanhóis, Italianos e muitos outros povos mediterrânicos. A Espanha, o país que conhecemos hoje, só se tornou assim depois de Colombo ter feito a sua primeira viagem, enquanto Portugal é o país mais antigo do mundo com fronteiras geográficas inalteradas.

Eloy Gallegos está certo quando diz que Portugal é uma divisão política da Espanha, mas está também dividido geográfica, cultural e geneticamente – excepto pela mesma razão que nos torna todos geneticamente ligados uns aos outros.

O autor discorda veementemente da afirmação de Eloy Gallegos, assim como todos os Portugueses que têm feito valer essas diferenças durante mais de oito séculos.

Por que razão ficariam os Espanhóis na Virgínia e nas Carolinas, quando tinham toda a protecção de que precisavam na sua província, a Flórida, que esteve na sua posse até ao século XIX? A maioria dos Espanhóis foi para as Caraíbas e para a América Central e do Sul, porque ouviram dizer que todos estavam a enriquecer devido ao ouro e à prata. Além disso, a emigração de Espanha para os Estados Unidos fora sempre extremamente baixa, excepto nos séculos XVI e XVII. Por volta de 1650, um total de 440.000 Espanhóis tinha emigrado para o Novo Mundo, maioritariamente para o México e América do Sul, ao contrário dos Ingleses e dos Franceses. A América do Norte era a sua única opção no Novo Mundo.

Os Espanhóis tiveram a oportunidade de fazer a sua fortuna nas fabulosas regiões mineiras do México, da América Central e nas regiões dos Andes, na América do Sul. Tendo em consideração que a Espanha tinha quatro vezes mais população,[8] os Espanhóis emigravam muito menos do que os Portugueses. (Os emigrantes eram ou Portugueses ou Espanhóis, mas não Ibéricos enquanto raça ou nacionalidade.)

Nassau (McGlothen) tece comentários sobre uma comunidade com ancestralidade portuguesa ou espanhola existente nos Montes Apalaches antes do século XVIII, referindo-se provavelmente a uma parte mínima de ancestralidade melunga na melhor das hipóteses. Não eram necessários muitos para se tornarem uma grande comunidade, se tivessem começado no século XVI. No entanto, sabe-se que foram para as montanhas só depois de terem sido expulsos pelos outros imigrantes anglófonos. O escritor também aceita a possibilidade de Mouros e Ibéricos terem sido incorporados nas tribos índias ou noutros grupos.

Isto é só um começo. Embora isso possa não ter acontecido, é um aspecto positivo ver outras possibilidades para além de uma raça mista de Índios, Negros e Europeus anglófonos. Na Flórida, existe muito material disponível para ser pesquisado se mantivermos a nossa mente aberta. O que tem sido encontrado até agora é que muitos estudiosos estão prontos a aceitar qualquer explicação exótica para a origem da ancestralidade melunga e não levarão em conta a possibilidade de eles terem antepassados Portugueses. Isto pode estar correcto. No entanto e, mais uma vez, será necessário uma mente de horizontes largos.

Eloy Gallegos escreveu um livro sobre os Melungos, no qual defende que os Espanhóis seriam os antepassados dos Melungos. Ele refere uma inscrição gravada na encosta de uma montanha perto de Highlands na Carolina do Norte e onde se lê *T.T. UN LUEGO SANTA A LA MEMORIA* e uma possível ligação entre os Espanhóis e os Melungos.[9]

Robert Zahner escreveu um livro sobre Whiteside Mountain, onde essas palavras foram gravadas e conhece este lugar desde 1930.

No seu livro, ele descreve o que viu: *...a gramática não é do espanhol clássico e nem traduzível de imediato; as letras, todas maiúsculas com cerca de cinco centímetros de altura, são bem formadas e esculpidas com cuidado... No entanto, os adornos da própria inscrição estabelecem que o trabalho tem uma origem moderna.*[10] Este facto deve-se ao estilo de letra, moderno e recto, usado apenas depois do século XVIII. Zahner continua dizendo que os jornais Asheville Citizen-Times e Cashiers Chronicle publicaram em 1966 e 1987, respectivamente, uma carta revelando o mistério da inscrição e apontando para diversos autores que poderiam ter feito a inscrição no início deste século.

A Tribo Perdida de Israel, Fenícios, Vikings, Galeses

As teorias que indicam povos antigos como sendo os antepassados directos dos Melungos são difíceis de considerar, devido principalmente ao intervalo de tempo no qual podem ter ocorrido. Num período de apenas 500 anos, criam-se e destroem-se civilizações e, se algumas destas pessoas chegaram efectivamente à América, então ter-se-ia criado uma civilização da mesma forma que na Europa. Quanto à tribo perdida de Israel, Kennedy escreve: *...e embora possa existir um componente étnico Judeu na população melunga, há poucas provas que indiquem que este componente chegou a estas costas há milhares de anos atrás.*[11] Cyrus Gordon, professor de Estudos Mediterrânicos, disse que Judeus fugitivos descobriram a América mil anos antes de Colombo, baseado em provas encontradas num túmulo em Bat Creek, Tennessee em 1885.[12] É possível, mas relacioná-los com os Melungos ou outro grupo é uma tarefa bastante difícil. É praticamente impossível que um grupo sobrevivesse milhares de anos e desaparecesse enquanto grupo num mero intervalo de 400 anos. Uma comunidade judia não viveria em isolamento e os símbolos da fé não desapareceriam: *Descendentes dos primeiros marinheiros cartagineses, ou talvez fenícios, que podem ter descoberto o Novo Mundo cerca* *de 2000 anos antes do nascimento de Cristo.*[13] *...Os Melungos têm ar mediterrânico... John Fetterman... pinta uma imagem... gráfica... de um grande navio...como os Fenícios usavam, naufragado na costa da Carolina...*[14]

Embora possa ser algo difícil, não é impossível atravessar o oceano, desde que se tenham certos ventos e correntes. Mas, e mantimentos para, pelo menos, um mês de travessia, e para a viagem de regresso? Como sobreviveriam eles como grupo durante mais de 2000 anos? Mesmo com uma taxa de crescimento populacional muito lenta, um único casal transformar-se-ia numa população enorme durante um tal período. É difícil imaginar forçados da galé a remar através do Atlântico (envergadura de velas redondas). De um modo concebível, questionamo-nos sobre o que aconteceu aos Fenícios e Cartagineses que ficaram no Mediterrâneo. Será provável que metade da população mediterrânica descendesse deles?

...Os Fenícios estiveram no hemisfério ocidental centenas de anos antes de Cristo... uma pedra encontrada no Brasil em 1872... O Instituto Histórico do Rio de Janeiro... carta assinada por Joaquim Alves da Costa... Ladislau Netto ... Bernardo da Silva Ramos... Armando Cortesão... todos eles são parciais quanto à descoberta fenícia da América.[15] Todavia, Samuel Eliot Morison afirma que... ainda há quem a defenda [descoberta fenícia da América] *antes de 146 a.C. ...A investigação não conseguiu localizar nem a pedra nem o Senhor da Costa.*[16]

Barry Fell, no seu livro *America B.C.* (A América antes de Cristo), apresenta a possibilidade de Fenícios ibéricos terem vindo à América, mas os seus difamadores afirmam que o rato comum só chegou à América no tempo de Colombo. Isto provaria que: *...não existiu nenhuma colónia de mediterrânicos antigos, uma vez que qualquer barco com convés deve ter transportado ratos.*[17] E os Portugueses? O que é hoje Portugal foi um dia dos Fenícios. Existem muitos vestígios nas várias ruínas fenícias que fornecem provas sólidas de que viveram lá durante muito tempo. É também possível que os Portugueses possam ter trazido a pedra com a inscrição fenícia para o Brasil, já que existem tantas disponíveis em Portugal.

Quanto à teoria galesa, ela tem sido submetida a estudos e aqueles que apoiam uma ligação entre os Melungos e os Galeses, beneficiariam da carta escrita por John Sevier. Esta relata um encontro com o chefe Oconostota em 1782 e uma conversa sobre um possível povo galês. No entanto, Sevier escreveu outro relato dois anos mais tarde sobre a descoberta: *...de um povo com uma tez vermelho-acastanhada... que não eram nem Negros nem Índios, mas afirmavam ser Portugueses.*[18] Se houvesse alguma ligação entre os Galeses e a sua descoberta, muito provavelmente ele tê-la-ia mencionado.

Tri-Racial, uma Perspectiva Ortodoxa sobre os Melungos

Kennedy refere no seu livro: *...a teoria de que os Melungos são um simples grupo "tri-racial isolado", neste caso particular, a prole de alguns brancos, escravos fugidos e Americanos nativos do século XVIII. Enquanto que existe, indubitavelmente, alguma influência americana nativa e africana em, pelo menos, algumas populações melungas, se não em todas, é bastante mais complexa...*[19]

Uma aparência que permanece mediterrânica e uma reivindicação de origem, associadas ao número reduzido de escravos Negros residentes nos Montes Apalaches naquela época, é muito difícil aceitar que eles fossem um grupo tri-racial. Muito complexo, na verdade: *Burnett (1889) aparentemente criou esta perspectiva que descreve os Melungos como um híbrido tri-racial de Europeus, Negros e Índios. Em 1891, Dromgoole afirmou reconhecer apelidos cherokee, africanos, ingleses e portugueses no grupo.*[20] De novo, os antropólogos Pollitzer e Brown (1969) afirmaram: *...as suas descobertas iam ao encontro daquelas esperadas de uma população caucasóide, com pouca evidência de influência negróide ou ameríndia.*[21] Existe um número pequeno de Melungos com aparência de Negros ou Índios, mas a maioria tem aspecto mediterrânico. Brown concorda com estas descobertas. Além disso, a ocasional aparência asiática ou oriental não é suficiente para tornar os Melungos num grupo tri-racial.

Os Ciganos Portugueses

Outra origem possível são os Ciganos indianos. Devido a revoltas políticas e sociais na região de Caxemira por volta do ano 1000, um grupo numeroso partiu da Índia. Viajaram para a Europa e depois para a América. Pensa-se que a sua população em todo o mundo ascende aos 15 milhões, com um grupo estimado em dois milhões nos Estados Unidos, oito milhões na Índia e cinco milhões na Europa. Não existem números exactos em Portugal, mas pensa-se que serão cerca de 80.000.

Chegaram a Portugal no século XVI depois de terem estado na Roménia, Hungria, Bulgária e Grécia. Antes da sua chegada a Portugal, os ciganos vieram para a Península Ibérica, mas instalaram-se na Andaluzia, em Espanha. Foram também sujeitos à perseguição da Inquisição, tal como os Mouros e os Judeus. Em 1526, foram expulsos de Portugal e a sua reentrada foi proibida. Durante o século XVI, Portugal deportou Ciganos para as suas colónias em África e, mais tarde, para o Brasil e para a Índia.[22] No século XIX, o governo português prendia os Ciganos ou outros que tivessem um estilo de vida nómada. No final do século XX, ainda são marginalizados pela sociedade em que vivem e acusados de muitos crimes.[23]

Terão vindo para a América num período tão remoto? Se sim, quando? Não existem sinais de qualquer ligação aos Melungos, excepto pela sua aparência mediterrânica e indiana. É pouco provável que exista uma relação, principalmente devido ao tipo de vida que os ciganos levam. Na sua maioria, são comerciantes que trabalham em mercados ao ar livre. São um povo nómada e raramente criam raízes na região onde vivem temporariamente. Os Melungos e outros grupos de pessoas que se fixaram muito cedo no continente norte-americano não possuem necessariamente estas características; no entanto, é possível que possam ter vindo como indivíduos isolados e, numa data remota, se tenham juntado aos Melungos.

Os Judeus Sefardim Portugueses e a Diversidade Étnica – 1643

Existe uma teoria interessante, dada a conhecer já em Janeiro de 1971. Devido ao seu potencial, poderia esclarecer muitas mais coisas, se fosse mais desenvolvida.[24] Teria sido possível que Judeus empreendedores organizassem alguma forma de transporte para a América. O papel dos Judeus no tráfico de escravos confirma-se em Cabo Verde, mas é essencial perceber que eles eram apenas intermediários.[25] Sabe-se que durante o século XVII, eles foram para a Holanda e para o Brasil e daí para os Estados Unidos. Podem não ser os antepassados dos Melungos, mas os Judeus Portugueses já estavam neste país no século XVII e podem ter desempenhado um papel importante na chegada de algumas pessoas, a quem os Ingleses vieram mais tarde a chamar Melungos. Dixon Merritt compara os Judeus e os Melungos: *...como um corpo; são tão reais como os Judeus, e ainda estão para ser encontrados os seus descendentes.*[26]

Outra forma possível de os Judeus Portugueses terem deixado Portugal era num ou mais dos muitos barcos que partiram para a Índia. Era uma solução de fuga à Inquisição. Fariam parte de um grupo que desembarcou nas praias da América, sendo mais tarde separados e tendo-se espalhado por áreas mais populosas? Legalmente, não podiam ter saído de Portugal em direcção à Índia, mas: *...os oficiais da Casa da Índia em Lisboa e em Goa aceitavam subornos em troca da atribuição de um lugar nos navios.*[27]

Richard Lobban apresentou uma dissertação na Universidade do Massachusetts em Darmouth, a 11 de Fevereiro de 1996 sobre os Judeus em Cabo Verde e na costa da Guiné. Refere a mesma que: *...o rei D. Manuel I fez alusões a um grupo de lançados – largados – na costa do Senegal e da Gâmbia; a maioria deles eram Judeus Portugueses que haviam sido deportados... Eram normalmente colonos portugueses fugitivos... cumprindo uma sentença de um qualquer crime político, como era o caso dos Judeus seguindo as medidas extremas da Inquisição Portuguesa em 1536.*[28] Isto vem confirmar que os Judeus Portugueses e outros partiram efectivamente de Portugal em direcção a diferentes regiões do mundo em navios que podem ter chegado ou não aos destinos planeados.

Com a expulsão de todos os não-católicos da Península Ibérica, de novo os Judeus partiram para outras partes do mundo como o Norte de África, o Médio Oriente e a Holanda. Muitos dos Judeus que partiram podem ter emigrado para o Norte de África, levando consigo a língua hebraica e outras que iam aprendendo. *Bernard Weisberger escreveu A Nation of Immigrants* (Uma Nação de Imigrantes) e observou a variedade de povos que vieram para a América e ajudaram a provocar a revolução.[29]

John Smith escreveu sobre a presença de outras nacionalidades nas colónias britânicas seguintes, tal como a colónia de 1608 com pessoas que vieram da Polónia e da Alemanha: *...quanto a contratar os Polacos e os Alemães.*[30] Por volta de 1643, havia muitos barcos a navegar ao longo da costa leste e é possível que as pessoas encontradas na Nova Amsterdão – Novum Belgium, Nieuw Netherland, mais tarde a cidade de Nova Iorque – possam ter vindo das Carolinas e da Virgínia. Isaac Jogues, um missionário jesuíta francês, de visita a Nova Amsterdão, escreveu em 1643: *...Na ilha de Manhattan e nas suas redondezas, devem existir certamente cerca de 400 ou 500 homens de nações e seitas diversas: o director-geral disse-me que havia homens de dezoito línguas diferentes.*[31] Bernard Weisberger acrescenta: *...que provavelmente incluíam dialectos mediterrânicos ou do Norte de África e o hebraico de uma pequena colónia de Judeus Sefardim.*[32] Os Ingleses fundaram a primeira colónia em 1607 – Jamestown, não muito longe – e 36 anos depois, havia esse número e variedade de gente. Será possível que, num período tão curto, tantas pessoas e tão diferentes se fixassem em Nova Iorque? Ou seriam o resultado de grupos de pessoas que se mudaram para lá vindos de outras partes do país, grupos que chegaram à América do Norte muito antes?

A Teoria Francesa – 1690

Já existia uma comunidade inglesa bastante grande no sul da Virgínia e na Carolina do Norte e a única colónia francesa conhecida em 1700 ficava perto do rio Santee.

Lawson escreve que: *...o primeiro lugar para onde tínhamos intenção de ir era o rio Santee, onde existe uma colónia de Franceses protestantes.* [33] Bonnie Ball também escreve: *Alguns dos Índios do Condado de Robin [Robeson] afirmaram que os imigrantes franceses se instalaram na região em 1690 e eles [os Franceses] contactaram com uma raça mista a que chamaram "Mero"* [Melungos]. [34]

Certamente, o nome Mero não se assemelha muito a Melungos e isto acontece bastante longe da região leste do Tennessee. No entanto, o nome Mero aparece de vez em quando.

O Dr. Celestin Cambiaire escreveu em 1933 sobre os Melungos: *Possuem uma tez escura, cabelo preto, olhos castanhos... o inglês que usam é o inglês de há dois séculos.* [O autor não forneceu a fonte desta informação] *Os seus nomes são tipicamente ingleses e eles afirmam ascendência portuguesa... não há nada que justifique essa pretensão... Os Franceses chegaram ao Tennessee muito antes dos Ingleses. Alguns comerciantes ou caçadores franceses devem ter dado o nome Melungo.* [35]

Na década de 1930, os Melungos falavam como a maioria dos montanheses e, para uma pessoa francesa, soaria naturalmente ao inglês do século XVIII que, na altura, já não correspondia ao inglês isabelino. Os Melungos podem não conseguir provar a sua ancestralidade portuguesa, mas terá o Dr. Cambiaire feito pesquisa suficiente para provar o oposto? Não existia nenhuma colónia francesa grande no Tennessee e os comerciantes e caçadores não permanecem tempo suficiente num lugar para conseguir colocar um rótulo tão duradouro a um grupo de pessoas. Também é estranho descobrir que o Dr. Cambiaire é o único escritor que escreveu a palavra Melungeon (Melungo em inglês) de forma francesa – Melangeon – para justificar a origem francesa a partir de mélange. Não há grandes indicações quanto à teoria francesa de os Melungos serem Huguenotes franceses. Se houvesse, eles seguiriam as várias colónias francesas até ao Canadá ou à Louisiana, que eram territórios reclamados pelo explorador francês Robert Cavalier para a França em 1682. Contudo, não devemos descartar o facto de muitas pessoas que fugiam à Inquisição terem sido recebidas pelos Huguenotes em França.

Os Mouros estavam incluídos, tendo mais tarde emigrado para a Carolina do Sul com os Huguenotes franceses.

Escravos Mouros/Muçulmanos chamados Mulangos enviados para a Madeira e para o Brasil

Kennedy apresenta-nos ainda outra possibilidade: *De muito maior importância do que a questão "pardo" é o facto pouco conhecido de que os Portugueses sul-americanos do século XVI empregavam números consideráveis de trabalhadores muçulmanos/Mouros, que se intitulavam "mulangos".* [36]

No que diz respeito ao uso do termo mulangos, regra geral esse nome não é conhecido no Brasil, a menos que esteja relacionada com o nome africano dado aos brancos – Melungo. Além disso, não existem registos de Portugueses lá empregarem grandes números de Mouros norte-africanos.

No entanto, é possível que os Espanhóis possam ter tido Mouros ao seu serviço noutros países da América do Sul. O nome mulango é o nome de uma planta, da qual se extrai um óleo avermelhado. Usa-se este nome tanto na África Oriental como na Índia. Contudo, existe uma outra palavra semelhante, mulambo, que significa um pedaço de tecido ou trapo, o qual os nativos vestem à cintura. Pode ser usado de forma depreciativa, como alguém que deixou de ser um homem e passou a ser uma coisa humana.[37] O autor pensa que não existe ligação com o nome Mulango. Mucamba significa uma rapariga negra jovem e mucambo significa uma colónia de escravos fugitivos. [38] *Mulamba* é um fruto na África Oriental e Mulambe é uma árvore na África Ocidental. Mazombo é uma criança, filha de pais europeus, nascida no Brasil. [39] O artigo citado por Kennedy refere-se principalmente a Negros muçulmanos que procuravam fugir à escravatura no Brasil. Por outro lado existe a possibilidade de o nome malungo ter sido usado no Brasil em séculos passados com o mesmo significado descrito no capítulo I.

T. B. Irving da Mother Mosque Foundation em Cedar Rapids, no Iowa, faz um trabalho excelente ao pintar as vidas dos escravos Negros muçulmanos. No entanto, a palavra mulango devia ter um uso limitado nos quilombos ou colónias de escravos fugitivos, porque não apareceu em nenhum dos dicionários e enciclopédias brasileiras consultados. O livro *The Master and Slaves* (Casa Grande & Senzala) de Freyre faz um estudo aprofundado dos escravos no Brasil e é também uma boa fonte de informação sobre este assunto.

É importante notar que o artigo em questão diz respeito a um espaço de tempo posterior: *Esta comunidade de estilo africano durou de aproximadamente 1630 até 1697... O movimento Mali apresenta a data focal de 1835.*[40] Isto quase de certeza exclui qualquer ligação com os Melungos ou outros grupos que possam ter surgido no sudeste. Depois do século XVII, teria sido difícil.

Irving confirma que algumas palavras portuguesas têm raízes árabes. Tais palavras podem começar por *al* e terminar em *la*. Quanto a serem trabalhadores Muçulmanos /Mouros, o escritor refere-se a Bartolomeu Las Casas, um bispo espanhol no México, quando ele sugeriu a importação de africanos escravizados para as novas colónias (América do Sul espanhola): *...especialmente os Muçulmanos, a que ele chamava "Mouros".*[41] Os Portugueses nunca chamavam "Negros" aos Mouros da África Ocidental ou Oriental, excepto aos da zona da Arábia ou do Extremo Oriente. Uma vez mais, é importante diferenciar entre a Espanha e Portugal na América do Sul.

Estes eram frequentemente africanos ocidentais, mas também berberes e Mouros capturados durante batalhas no Mediterrâneo.[42] Como já foi mencionado neste livro, os Portugueses não lutavam contra os Berberes/Mouros no Mediterrâneo. No século XV, a maior parte das batalhas dava-se no interior. Embora pareça não haver registos da origem específica dos escravos Negros e muçulmanos, a maior parte dos escravos vinha da África Ocidental.

Houve poucas guerras envolvendo os Turcos e os Portugueses no Mediterrâneo. Se alguns foram capturados, o número deve ter sido reduzido, tal como na batalha de 1501 contra os Turcos em Mers-el-Quibir, a qual foi um fracasso.[43] Houve outra em 1535, e os Portugueses participaram como parte da frota de Carlos V na operação de Tunis. E quanto a escravos berberes na Madeira? *Desde 1432, os Portugueses usavam regularmente Berberes capturados como mão-de-obra escrava nas plantações de açúcar na ilha da Madeira.*[44]

Estes foram substituídos antes de 1500 por escravos negros de África e outros escravos das ilhas Canárias. Eventualmente, os Madeirenses pediram ao rei português que os enviasse para outras colónias. Após o primeiro contacto com as Américas, houve uma emigração voluntária de Mouros de Espanha, Portugal e do Norte de África para as Canárias. [45]

Estes Portugueses e Espanhóis instalaram-se lá e, provavelmente mais tarde, emigraram de novo para as ilhas das Caraíbas, onde os seus descendentes permanecem ainda actualmente. Muitos brancos nas antigas ilhas das Caraíbas espanholas conseguem reconstituir a linha da sua ascendência até às ilhas Canárias. Também se tem dito que as Canárias eram uma fonte de criados a contrato na América colonial. Os escravos berberes capturados apenas foram usados no início do século XV nas plantações de açúcar na Madeira e, por volta do século XVI, já havia muito poucos. Os primeiros escravos eram originários das ilhas Canárias, como em 1439, quando um padre tinha uma escrava. [46]

Todavia, no século XV, João Esmeraldo tinha 80 escravos e, entre eles, homens e mulheres mouros, mulatos, negros e outros vindos das Canárias. A plantação de açúcar de Esmeraldo produzia 20.000 arrobas [47] por ano, sendo uma das maiores quintas da altura.[48]

No século XV havia escravos brancos e negros. Até um Judeu de nome Mordofay foi oferecido à rainha como escravo, mas a comunidade judia em Évora angariou fundos suficientes para comprar a sua liberdade. [49]

Será demasiado supor que à medida que os Portugueses desenvolviam [plantações de açúcar na Madeira] *plantações semelhantes no Brasil, também importavam trabalhadores berberes capturados para realizarem lá as mesmas tarefas?* [50] Durante o início do século XVI, os registos mostram que a maior parte dos imigrantes era demasiado pobre para se dar ao luxo de ter escravos. Só no final do século XVI e no século XVII é que se começaram a trazer escravos em grandes quantidades.[51]

Uma outra possibilidade é a libertação de Mouros pelos Portugueses e Espanhóis no Norte de África. Segundo Kennedy: *Estas pessoas, habitualmente capturadas em escaramuças com os Espanhóis e os Portugueses no Mediterrâneo, eram transportadas para a América do Sul por motivos de trabalho forçado... Pode facilmente entender-se a fundamentação lógica portuguesa e espanhola em libertar tais "colonos" indesejáveis nas costas da América do Norte, e não nos seus próprios territórios: ...era mais uma dor de cabeça para os seus adversários ingleses.* [52]

Como escravos, eles eram uma mercadoria valiosa. Então, porquê deixá-los partir? Se a intenção era causar problemas aos Ingleses, será que isso se verificou?

Na verdade, a história registou que estes "Melungos" sul-americanos, quase invariavelmente Portugueses e, em mais do que uma ocasião, foram libertados em costas distantes e pouco acolhedoras pelos seus captores Portugueses. Nestes casos, chamava-se-lhes emancipados (ou seja, cativos libertados). [53]

Seria praticamente impossível para os Portugueses libertar quaisquer escravos mouros ou turcos capturados nas guerras do Mediterrâneo; primeiro, porque os Portugueses não os possuíam e, segundo, mesmo que os tivessem, eles seriam demasiado valiosos para serem libertados sem compensação. No entanto, os Espanhóis podem ter tido alguns, mas, uma vez mais, aplica-se a mesma regra no que concerne o seu valor.

Pardos no Exército Espanhol? Para o Brasil?

A ligação estabelecida por Kennedy com a América do Sul garante a continuidade das pesquisas: *Embora possa ser só coincidência, os recrutas portugueses e espanhóis de pele mais escura enviados para o Brasil e para as Caraíbas durante este mesmo período eram conhecidos como "pardos", uma classificação diferente de "negros" ou "mulatos".* Estas últimas categorias eram utilizadas pelo exército espanhol. [54] O nome Pardo foi usado desde o século XVII até muito recentemente para descrever os soldados brasileiros. Actualmente esse já não é o caso. Pardo, em português, significa alguém com uma pele mais escura, ou uma cor que se confunde com a escuridão ou indistinta.

Há um provérbio português *"à noite todos os gatos são pardos"*, significando que não se lhes consegue distinguir a cor. Os Espanhóis estavam limitados principalmente às Caraíbas e à América central e do sudoeste. Não se conhecem registos de números significativos de Espanhóis terem ido para o Brasil. O exército espanhol não foi para o Brasil, nem sequer durante o início do século XVII, quando as coroas de Portugal e Espanha estavam unidas. Estavam ocupados com o sudeste americano, o México e o Peru.

Travessia do Atlântico antes de Colombo

No seu livro, Kennedy sugere que, antes de Colombo, outros podem ter estado nas Índias Ocidentais: *Deveremos, então, presumir que os navegadores mouros e berberes não poderiam ter feito tais "erros" de navegação, vindo parar de forma acidental ou intencional ao Novo Mundo? Os historiadores não têm geralmente levado essa ideia em atenção, mas eu suspeito que os mesmos e velhos preconceitos do norte da Europa influenciaram esse pensamento rígido e dogmático.* [55]

Ele também cita o seguinte: *...e segundo o historiador John Dyson, em 1504, durante a sua quarta viagem, o próprio Colombo... fez uma descoberta extraordinária na ilha de Guadalupe. Numa cabana dos nativos havia um pote de ferro e o cadaste de um navio europeu, demasiado pesado e distante para ser o da nau Santa Maria, já naufragada. Todos os que viram, pensaram que só poderia ter vindo das Canárias, prova de que pelo menos um navio tinha feito uma travessia do Atlântico antes de Colombo.* [56]

Isto pode ser contestado, já que Colombo e o seu filho Fernando afirmaram várias vezes que os nativos das Antilhas: *...não possuíam nenhum tipo de objectos de ferro...* [Fernando escreveu que os homens de seu pai , não o próprio Colombo ficaram maravilhados ao encontrar um] *...cassuelo de hierro...* [uma espécie de frigideira com cabo]. [Ele apresenta uma explicação mais detalhada] *...a imagem deve ter sido causada pelos seixos e sílex que possuíam um brilho cor de ferro... e só alguém com muito pouco senso comum poderia pensar que era ferro... e desde então, ninguém encontrou nada feito de ferro entre essa gente.* [57]

O extracto anterior foi o que Mascarenhas Barreto encontrou nos documentos originais de Fernando Cólon, filho de Colombo.

O mesmo autor não menciona o cadaste. Não existem provas de que os Mouros ou Berberes tivessem o conhecimento ou a capacidade náutica para grandes viagens no século XV ou XVI.

No entanto, é realmente possível que um navio seja empurrado pelos ventos e correntes até à costa leste dos Estados Unidos. Teriam as pessoas sobrevivido? Teriam eles provisões suficientes para tal travessia? Se sim, traziam as suas mulheres a bordo? Muçulmanas?

Os Mouros da Carolina do Sul – Genes Escuros – Huguenotes Franceses

O livro de Henry Coppee, *Conquest of Spain by the Arab-Moors* (Conquista da Espanha pelos Árabes), faz referência a outra origem possível para os Melungos: *Tem-se afirmado que, quando os Mouros foram expulsos, milhares refugiaram-se no sul de França, os quais, após as perseguições da Igreja Católica, se tornaram Huguenotes (Luteranos); muitos destes emigraram mais tarde para a Carolina do Sul... e a grande vaga entrou de roldão vinda da Europa protestante...*[58]
Isto é possível, sem dúvida. Muitos outros grupos que emigraram para o Novo Mundo podem ter-se cruzado com grupos que já cá estavam no século XVII ou XVIII. No entanto, os Mouros do sul de Espanha não teriam nada a ver com os Portugueses.

Colombo Tinha Marinheiros Mouros, Árabes, Judeus e Portugueses

Henry Coppee chama a nossa atenção para um facto pouco conhecido: *A frota de Cristóvão Colombo foi armada no pequeno porto de Palos, o qual tinha sido antes um porto mouro; muitos dos seus marinheiros tinham sangue mourisco nas veias.*[59] Soube-se em 1989, através de Boris Feinman, do *Palm Beach County Community College* na Flórida, que, Colombo também tinha seis Judeus – conversos – a bordo na sua primeira viagem. Feinman foi responsável pela organização de uma exposição que documenta as contribuições dos Judeus para a história americana de 1492 até 1865 – desde a viagem de Colombo até ao fim da Guerra Civil – e que tem sido exibida por todo o país.[60] Jane Gerber, no seu livro *The Jews of Spain* (Os Judeus de Espanha) apresenta seis nome de Judeus identificáveis como parte da expedição de Colombo.[61]
O livro de Rabbi Levinger, *History of the Jews in the U.S.* (História dos Judeus nos EUA), mostra que, na primeira viagem de Colombo, cinco ou seis dos 120 homens eram Judeus.[62] Ele afirma também que Colombo tinha sangue judeu e afirmava ser cristão. Embora o nome Colombo fosse comum no norte da Itália, em Espanha ele foi sempre e continua a ser conhecido como Colón. Na realidade, havia uma família com esse nome e essa tinha sangue judeu.
Para apoiar esta teoria, devemos notar que Colombo escreveu sempre em espanhol ou latim, mas nunca em italiano ou genovês. Mascarenhas Barreto escreveu um livro sobre Colombo que o descreve como sendo descendente de Judeus e isso pode explicar o mistério que envolveu o princípio da sua vida.[63] Por outro lado, e segundo a história espanhola, na primeira viagem de Colombo, os marinheiros eram na sua maioria provenientes da Andaluzia.[64] Da lista de tripulantes original, há pelo menos um membro de Portugal, João Areias, natural de Tavira, no Algarve. A lista também mostra muitos nomes com características portuguesas, mas traduzidos para o espanhol, e sem mostrar o local de nascimento.[65]
Segundo descobertas recentes, Evelyn Orr – uma pesquisadora melunga – informou que também havia membros árabes na tripulação, de acordo com Beverlee Mehdi. Neste mesmo livro, a autora escreve que: *...o geógrafo árabe al-Sherif e oito aventureiros partiram de Lisboa, em Portugal, com o objectivo de tentar descobrir o que estava para além do "Mar da Escuridão", o nome dado pelos Árabes ao Atlântico. Consta que desembarcaram na América do Sul.*[66] Em Portugal, estes Árabes eram provavelmente os antepassados dos navegadores portugueses.

Fig. 16—Evelyn Orr

O Império Turco-Otomano e a Relação Melungos-Turcos

O Império Otomano desempenhou um papel importante no mundo, principalmente no oriente, mas como controlava porções vastas do Mediterrâneo e estava em guerras constantes com a Espanha e outros países da região leste do Mediterrâneo, é possível que o seu povo tenha tido um peso fundamental na caracterização dos Melungos. Existem muitos descendentes dos Melungos que acreditam que os seus antepassados eram Turcos. Portanto, é fulcral para o leitor ter algum conhecimento sobre o Império Otomano.

É também importante sublinhar o facto de que este livro não está preocupado em saber quem foi o vencedor, mas apenas se alguns Turcos, incluindo mulheres e crianças, foram feitos prisioneiros e também se foram transportados para os Estados Unidos – de livre vontade ou não.

O Império Otomano foi criado pelas tribos turcas na Anatólia e durou desde o declínio do Império Bizantino no século XIV até à instituição da Turquia como república em 1922.

O primeiro período da história otomana, de 1300 a 1481, foi de expansão praticamente contínua através de guerras, alianças e compra de territórios. Em 1453, Constantinopla foi tomada e, nos anos subsequentes, Moreia, Trebizonda, a Bósnia, a Albânia, a Crimeia e outras áreas foram conquistadas ou anexadas. No reinado de Selim I (1512-20), retomou-se a expansão otomana. A vitória sobre os Mamelucos em 1516-17 duplicou o tamanho do império de uma só vez ao acrescentar-lhe a Síria, a Palestina, o Egipto e a Argélia. O reinado do seu filho, Süleyman I (1520-66), conhecido na Europa como *o Magnífico*, foi uma era de ouro da grandeza e poderio otomanos. Ele conquistou a Hungria aos Habsburgos, anexou Trípoli, estendeu o império para sudoeste através da Mesopotâmia até ao Golfo Pérsico e tornou a marinha otomana dominante na região leste do Mediterrâneo.

Embora estivessem em guerra com frequência com o ocidente, era habitual ver os navios mercadores do Império Otomano hastear bandeiras cristãs, islâmicas ou judaicas quando transportavam nacionalidades mistas. Muitos dos mercadores também eram Judeus.[67]

O próprio Süleyman aniquilou o Irão e até desafiou o domínio português do Oceano Índico a partir das suas bases no Suez e em Basra. Os Otomanos começaram a estender o seu império a partir de um canto da Anatólia e, durante o século XVII, quando a expansão turca estava no seu auge, o Inpério Otomano chegou à Europa central para tomar posse do que é actualmente a Hungria, a Roménia e grande parte dos estados dos Balcãs. Incluía também o que é hoje a Síria, o Iraque, Israel, o Egipto e o norte de África, cujo ponto mais a ocidente era a Argélia.

Marrocos foi o único país do norte de África, onde os Portugueses conquistaram algumas cidades. Devido à falta de portos naturais, ao seu interior montanhoso e escarpado e á sua distância através da história dos centros imperiais no leste, Marrocos permaneceu relativamente isolado até ao início do século XX. O Império Otomano não veio tanto para oeste – sendo a Argélia o país mais a oeste – e não travou batalhas de maior importância contra os Portugueses. Houve um encontro de uma frota

Fig. 17 – Mapa da Europa e Norte de África, século XVI. (Hammond Historical Atlas.)

portuguesa de 30 caravelas e outros navios, possivelmente num total de 70 embarcações, a 15 de Junho de 1501, que lutou contra os Turcos prestando auxílio a Veneza. Era suposto que os Portugueses conquistassem Mazalquibir, o castelo de defesa de Orão, mas não o conseguiram. Regressaram finalmente a Lisboa a 25 de Dezembro.[68] Mais tarde, outra frota de 1500 homens, liderada pelo Príncipe Luís de Portugal e como parte de uma aliança com a Espanha contra os Turcos, dirigiu-se a Tunis em 1535. Oficialmente, os Portugueses mantinham a neutralidade para não enfurecerem os Turcos na Índia. Ao fazer isto, esperavam que, ao ajudar a Espanha contra o pirata Barbarossa, conseguissem aliviar a pressão militar dos Mouros no norte de África.

No entanto, o Mar Vermelho e o Oceano Índico viram alguma acção entre os Turcos e os Portugueses. A maioria das acções no Mar Vermelho tinha como primeiro objectivo investigar ou destruir as preparações navais dos Turcos. Na época em que os Turcos chegaram à Índia, os Portugueses já lá estavam firmemente instalados.[69]

Vejamos o mapa com o noroeste de África e o sul de Portugal. Dava-se o nome de Estados Barbarescos à área controlada pelo Império Otomano. Podemos ver que os Turcos não vieram tanto para ocidente. Além disso, devemos fazer uma distinção entre Turcos e Mouros ou Berberes, embora qualquer não-Cristão no Mediterrâneo recebesse o nome genérico de Mouro. O cronista Hadrami escreveu sobre as actividades portuguesas que revelam várias batalhas, uma no ano islâmico 908 (Era Comum) ou ano cristão de 1502-03: *Quando se deu a batalha, os Portugueses capturaram sete navios e fizeram alguns prisioneiros.*[70]

Sempre que se faziam prisioneiros, eles eram frequentemente trocados ou pedia-se um resgate. Em 1517: *...alguns dos Francos foram para o porto de Aden... o Emir Mardjān deu-lhes água... e resgatou-lhes alguns prisioneiros.*[71]

O autor R. B. Sergeant refere Batticalá (a actual Bhatkal): *...como um dos mais importantes portos de Kanara* [em português, Canará] *devia ser conhecido pelo menos por todos os Árabes do Golfo, já que era um grande centro de comércio de cavalos...* [Em 1529-30, chegou a este porto uma embarcação portuguesa com prisioneiros muçulmanos [72] e, no ano seguinte, fala-se de um navio com famílias]

Fig.18 – Ruth Johnson durante uma visita à cidade turca de Cesme, onde numa placa se lê o seguinte: "Esta área florestal foi criada em memória do povo de Cesme, mais tarde chamados Melungos, que foram levados para a América pelos Portugueses no século XVI." Brent Kennedy e outros fizeram parte de um grupo de melungos que visitaram a Turquia a convite do governo e de universidades.

...com os filhos e mulheres e os filhos e criados de Salm²n's² a bordo.[73]

A Torre de Londres preserva até hoje um canhão turco com inscrições árabes. Numa delas lê-se: *Entrando na terra da Índia, Portugal (Burtukãl), os malditos; no Cairo, os protegidos, ano 937 H* [A.D. 1530-31]. [74]

A Influência Turca no Ocidente

Pela primeira vez: *...a influência turca e o Império Otomano iriam estender-se, em 1578, a Marrocos. Aqui, o xerife de Fez* [cidade, onde D. Fernando, irmão de D. Henrique, o Navegador, morrera aprisionado nas mais horríveis condições muitos anos antes] *pediu ajuda aos Turcos contra os Portugueses, que fizeram desembarcar uma grande força naval para apoio ao pretensor. Foi-lhe concedido com grande entusiasmo, por medo da colaboração espanhola com Portugal e ganhou-se uma grande batalha em Alcácer Quibir contra os Portugueses. Nessa batalha, o seu rei D. Sebastião foi morto, juntamente com o pretensor e um quarto do seu exército. Assim começou o declínio de Portugal, do qual Filipe II de Espanha se aproveitou rapidamente através de uma ocupação armada.*[75] Não nos esqueçamos disso enquanto estudamos a possibilidade de os Turcos constituírem o componente principal do povo Melungo.

Kennedy afirma: *Depressa, os heróis navais mouros e turcos expandiram-se, especialmente dois irmãos mouriscos de pele escura e cabelo ruivo... [um deles]... era conhecido pelos Europeus como Barbarossa, literalmente "Barba Vermelha" ou "Barba Roxa". Desde o início do século XVI até 1546... Barbarossa lutou contra os Espanhóis em todas as oportunidades surgidas ao longo da costa do norte de África. Os Espanhóis e os Portugueses continuaram a empreender hostilidades navais contra os impiedosos Mouros e Império Otomano (Turco) mesmo durante o século XVII, tendo ambos os lados as galés cheias de remadores capturados uns aos outros.*[76] As actividades de Barbarossa tinham lugar essencialmente no Mediterrâneo, embora houvesse pouca pirataria moura ou turca e acções de corso por parte dos Franceses ao longo da costa portuguesa. Os Mouros evitavam a região, porque o rei português implementara uma frota de guarda costeira entre os Açores e o continente para proteger a frota indiana que regressava da Índia carregada de especiarias. Os Franceses faziam-no especialmente para desafiar a política de mares fechados dos Portugueses e Espanhóis.

Os piratas berberes usavam Argel e Tunis como o seu refúgio e, a partir destes pontos, atacavam o sul da Europa, tendo feito o mesmo também a partir de Trípoli em 1530. Dragut, um pirata Turco, havia anteriormente conquistado a cidade.

Dragut capturou homens e mulheres e, mais tarde, exigiu altos resgates.

Todavia, a maior parte das mulheres jovens acabou em haréns.

Navios de piratas franceses, ingleses, turcos e outros da Argélia conseguiram assaltar 220 embarcações portuguesas que regressavam da Índia e do Brasil entre 1549 e 1550. [77]

Fig. 19 – Rapariga turca com o livro "The Forgotten Portuguese"

Mouros e Turcos Libertados pelos Portugueses

Kennedy revela ainda outra possibilidade: *...E, claro, se Drake tivesse feito desembarcar nas nossas costas Mouros e Turcos, não teria havido mais incidentes obscuros desta natureza? Emancipados libertados pelos próprios Portugueses, por exemplo? Teria, sem dúvida.* [78] Em primeiro lugar, temos de aceitar a possibilidade de Drake os ter deixado no litoral dos E.U.A. Em segundo, temos de questionar a forma como os *emancipados* – se existiram – chegaram até aqui. Por outro lado, se os Turcos eram forçados das galés, seriam uma mercadoria cara para ser libertada tão facilmente. Além disso, a maior parte dos *emancipados*, ou cristãos novos, eram judeus. Em Portugal, os Mouros já tinham sido absorvidos pela grande maioria da comunidade portuguesa nos séculos XV e XVI. Finalmente, Portugal não tinha nenhuma quantidade extraordinária de prisioneiros turcos no século XVI. Não nos esqueçamos de que o principal problema de Portugal era o tamanho reduzido da sua população.

A única forma de os Portugueses poderem ter escravos turcos seria como resultado de batalhas travadas no Oceano Índico. Se os Portugueses tivessem escravos turcos, não os teriam enviado desde o Oceano Índico para o Brasil. Em vez disso, tê-los-iam trocado por prisioneiros portugueses na posse dos Turcos que eram muitos.

O que aconteceu aos Turcos supostamente capturados? David Beers Quinn oferece uma possível resposta: *A única pista que encontramos dos passageiros é através das negociações para enviar cerca de 100 ex-forçados das galés para os domínios Turcos.* [79]

Não devemos excluir a possibilidade de estes Mouros, Muçulmanos ou Turcos, terem sido capturados como forçados das galés na batalha de LePanto, onde o Império Otomano sofreu uma perda terrível. Portugal também esteve envolvido nesta batalha como aliado. De novo, deve fazer-se uma separação entre os Espanhóis e os Portugueses. Os Portugueses não empreendiam combates navais no Mediterrâneo. É viável uma ligação possível aos Turcos, mas só se tomarmos em consideração que o Império Otomano dominava a maior parte dos países do Mediterrâneo, excepto a costa noroeste de África, onde Portugal se encontrava mais activo. É questionável o facto de se considerarem Turcos todos aqueles que estão sob o jugo do Império Otomano.

Os escravos turcos incluíam apenas homens e, se eles se casassem com mulheres índias, os Melungos teriam um aspecto diferente. Contudo, esta poderá ser a origem dos Lumbees e de outras tribos da Carolina do Norte como os Powatans, os Croatans, etc. Portugal só estava envolvido com os Mouros e Berberes do noroeste da África e os registos mostram que, quando atacados pelos Portugueses, nunca foram ajudados pelos Turcos, nem sequer lhes pediram ajuda, excepto em 1578. Nos livros de história portugueses, não há registo de números avultados de Turcos terem sido feitos prisioneiros por Portugal no século XVI. Os escravos usados na Madeira vinham de Marrocos ou das Ilhas Canárias no século XV.

Muito provavelmente, Kennedy está a referir-se a batalhas espanholas e não portuguesas. Quanto a remadores capturados pelos Portugueses, a maior parte das batalhas com os Mouros deram-se no interior. No entanto, é verdade que os Portugueses combateram os Turcos no Oceano Índico, bastante longe do Mediterrâneo. Essa deve ser a ligação mais provável entre os Portugueses e os Turcos.

O Nome Turco e os Argelinos Capturados pelos Portugueses

Kennedy estabelece uma possível relação com os berberes: *Mesmo sem Drake é um facto estabelecido que os Espanhóis e os Portugueses do século XVI usavam regularmente Argelinos capturados (provavelmente Berberes do norte de África) como forçados das galés nas suas diligências marítimas tanto no Mediterrâneo como no Novo Mundo.*[80]

Novamente, devemos presumir que Kennedy se refere aos Espanhóis e não aos Portugueses, uma vez que, normalmente, estes não iam tanto para leste, com as excepções acima mencionadas. Todavia, é verdade que os Portugueses trouxeram para Portugal escravos berberes capturados ao longo da costa ocidental de África, principalmente no século XV.

Quanto ao nome *Turco*, descobriu-se através de consultas a vários professores de História e pessoas idosas que os Ingleses costumavam chamar turcos àqueles que falavam uma língua estrangeira ou cuja cultura não era reconhecida ou entendida com facilidade. Similarmente, os Brasileiros e os Mexicanos chamam *gringo* aos Americanos ou a outros que não falem a língua local sem sotaque.

Francisco Coronado, na sua famosa expedição ao México em 1542, teve um encontro com um escravo Índio chamado Turco: *...Tinha sido levado para lá por um Índio Turco... e viu que tinham sido enganados pelo Turco... e com Ysopete. O Turco era levado acorrentado.*[81]

Isto não é uma ligação aos Turcos. Aparentemente, aconteceu que quando os Espanhóis viram aquele Índio em particular, devido à sua aparência pouco habitual ou porque se assemelhava a um Turco, chamaram-lhe *Turco*.[82] Crê-se que ele seja um Índio da tribo Pawnee.[83] No entanto, algumas famílias melungas afirmaram que os seus antepassados diziam ser Turcos.

Nos séculos XV e XVI, o Império Otomano controlava grande parte do Mediterrâneo, assim como a Pérsia e partes da Índia, antes de os Portugueses terem chegado. Podem ter tido um papel importante também, mas duvido que os Turcos pudessem ser o elemento principal, segundo os estudos feitos até agora.

Ver a tabela no fim deste capítulo sobre as actividades turcas durante esse período e a sua possível interacção com os Portugueses. Dentro destes parâmetros, estabeleceu-se que os antepassados dos Melungos poderiam ser das seguintes nacionalidades: Espanhóis, Portugueses, Turcos ou qualquer um dos países do Extremo Oriente, como a Índia. Turco pode significar qualquer um dos habitantes dos países controlados pelo Império Otomano, incluindo todos os do Mediterrâneo leste e norte de África, excepto a região mais ocidental.

Os Forçados das Galés e a Batalha de LePanto – 1571

Uma galé era uma embarcação grande de alto mar impulsionada principalmente por remos. Os Egípcios, os Cretenses e outros povos antigos usavam galés equipadas com velas tanto para a guerra como para o comércio. Embora o advento da vela latina (da proa à popa) e do leme da popa tenham tornado a galé obsoleta para fins comerciais, ela manteve a sua importância militar durante o século XVI. As galés desempenharam um papel fundamental na Batalha de LePanto no Mediterrâneo leste. [84]

Remar nas galés, em particular naquelas pertencentes ao Império Otomano, que navegavam no Mediterrâneo, era outra forma de trabalho escravo brutal. Dezenas de milhares de Eslavos, vítimas dos ataques do Tártaro da Crimeia para arranjar escravos, sofreram primeiro uma existência infernal na Crimeia e, depois, terminaram os seus dias a remar nos trirremes otomanos. [85]

Portugal não tinha muitas embarcações do tipo galé no século XVI, excepto no Oceano Índico. Além disso, as galés foram usadas na batalha de LePanto, que foi travada entre as forças cristãs aliadas e os Turcos otomanos. Os Venezianos formaram uma aliança com o Papa Pio V e Filipe II de Espanha (25 de Maio de 1571). Filipe enviou o meio-irmão, Don Juan de Áustria, para comandar as forças aliadas. A 7 de Outubro de 1571, a batalha no Golfo de LePanto, perto de Corinto, ao largo da costa da Grécia, terminou com a derrota de uma frota otomana de 240 galés. A liga marítima de 212 barcos espanhóis, venezianos, genoveses e malteses perderam cerca de 5000 remadores e soldados, mas capturou 130 embarcações com as suas riquezas e provisões. Também capturou 4000 prisioneiros, libertou 12.000 forçados das galés cristãos e matou 25.000 Turcos. Esta história pode corroborar a captura de Drake em 1586, mas não por parte dos Portugueses – talvez dos Espanhóis. Eram eles que possuíam os prisioneiros turcos, não os Portugueses.

É possível que a Espanha possa ter levado alguns destes forçados das galés turcos para as Caraíbas. Portanto, os mesmos escravos que Drake capturou 15 anos depois aos Espanhóis foram levados para Inglaterra e deixados juntamente com outros no litoral da Virgínia e das Carolinas. Consequentemente, eles podiam ter-se encontrado com os Portugueses, que já lá estavam, assim como com outros colonos e com os

Índios, tornando-se desta forma parte dos Melungos. Será que os Espanhóis os manteriam prisioneiros durante 15 anos? Se sim, estariam mais velhos. Será que eles levariam Muçulmanos não convertidos para o Novo Mundo? Por outro lado, Manuel da Costa Fontes, enquanto pesquisava na Universidade da Califórnia para a sua dissertação de doutoramento sobre baladas populares portuguesas e outras tradições populares portuguesas, descobriu uma balada extremamente rara, em que se recordava aos Portugueses na América do Norte a Batalha de LePanto.

Ele descobriu uma versão praticamente completa na Califórnia (1970) e, a 22 de Janeiro de 1978, Maria Soares de Sousa, originária da ilha de Santa Maria, nos Açores, recitou o fragmento seguinte em português em Stoughton, no Massachusetts: [86]

A peça de D. João era de bronze e rendia;
foi deitada à meia noite p'ra defender sua Turquia
Era tanta a sangueira que pelos embornais corria;
eram tantos os corpos n'agua qu'as anauas entorpeciam.

Devemos perguntar-nos, por que razão sobreviveu uma balada assim até esta data? Será que os Turcos a trouxeram para cá e a passaram aos Portugueses? Talvez alguns dos soldados portugueses envolvidos na batalha a trouxessem para a América do Norte. Certamente, devia ser muito popular para sobreviver quatro séculos. Também aponta para uma ligação possível com os Açores.

A Derrota Portuguesa em Marrocos e o Declínio – 1578

A 24 de Junho de 1578, uma frota com 940 navios e 24.000 homens partiu de Lisboa, chegando a Marrocos a 7 de Julho. [87] A maior derrota na história portuguesa aconteceu a 4 de Agosto, quando o jovem, teimoso e inexperiente rei de Portugal, D. Sebastião, foi morto e o seu exército aniquilado em Ksar el Kebir (Alcácer Quibir) na região noroeste de África. Aí, ele e muitos jovens nobres portugueses – tão insensatos quanto o seu rei – morreram ou foram feitos prisioneiros. Com eles, morreram também um rei e dois príncipes mouros. D. Sebastião foi para a batalha sem prestar atenção aos conselhos do rei Filipe II de Espanha e do Papa. Pouco antes da batalha começar, ele recusou-se teimosamente a escutar a razão quanto à melhor forma de empreender a guerra, usando posições militares adequadas. Essa foi chamada a *Batalha dos Reis*. Os nobres portugueses, que não morreram, foram feitos prisioneiros. Esta derrota marcou o início da queda do jovem Império Português e da sua supremacia em todo o mundo.

A partir dessa data, os Portugueses foram muito pressionados para trocarem quaisquer prisioneiros árabes, mouros e turcos que podiam ter tido pelos muitos jovens nobres portugueses que morriam nas prisões mouras. É difícil de compreender como os Turcos ou Mouros chegaram ao Brasil e o facto de serem capturados ou libertados por Drake.

O Nome Turco Rëis e o Mapa

Em 1929, num palácio em Istambul, na Turquia, apareceu um mapa datado de 1513 que mostrava a América do Norte e do Sul, assim como as Caraíbas. [88]

Este mapa foi desenhado no couro de uma gazela por Piri Rëis, um almirante Turco nascido em Gallipoli.[89]

O Almirante Rëis foi nomeado pelos Otomanos; ele ajudou-os a suprimir as revoltas turcas na Anatólia central e do sul (1526) e gozava dos favores do sultão Süleyman I, o Magnífico.

Em 1551, uma frota de 30 embarcações sob o comando de Rëis deixou o Estreito de Meca para se apoderar de Mascate.

A investida verificou-se um fracasso e Rëis refugiou-se depois em Bassorah. [90] Mais tarde, foi decapitado no Cairo, porque fugiu dos Portugueses e: ...*abandonou a frota à mercê do inimigo.*[91]

A área representada no mapa era bem conhecida pelos Portugueses naquela época. Ver Capítulo VII, Figura 58, 1502, Mapa de Cantino. [92, 93]

As Mulheres Portuguesas e os Turcos na Índia

Os Portugueses travaram muitas batalhas no Oceano Índico contra os Turcos, tal como a Batalha de Ormuz em 1507, de Goa em 1510 e de Malaca em 1516.

As cidades de Ormuz e Malaca estiveram na posse portuguesa até 1650 quando os Turcos, Persas e Malaios se apoderaram dela com a ajuda dos Britânicos, Holandeses e Franceses.

O oceano Índico e o Mar Vermelho foram palco de muitas batalhas entre os Mouros – não católicos na Índia – assim como os Turcos e os Portugueses: ....*fez desembarcar tropas na ilha de Diu e, armado com vários canhões enormes que foram arrastados através do istmo do Suez, cercou a fortaleza portuguesa. Os soldados da guarnição, com a ajuda das mulheres, resistiram com coragem... derrotando os Turcos.* [94]

Negros de Cabo Verde – Turcos

Se a libertação de Drake é uma das chaves para ajudar a descobrir a ascendência dos Melungos e de outros grupos, então a pesquisa deveria ser direccionada para os Arquivos Nacionais da Torre do Tombo em Portugal, no que diz respeito a Cabo Verde, e para os *Archivo General de Indias* em Sevilha e *Archivo General de Simancas*, ambos em Espanha, no que concerne os escravos turcos.

Existem registos de quase todas as pessoas levadas pela Espanha para as Índias Ocidentais nos séculos XVI e XVII, incluindo escravos, turcos e de outras nacionalidades.

Segundo os registos do século XVI, os escravos turcos eram muito valiosos e as famílias traziam-nos em quantidades pequenas (um ou dois por família), como criados, para o Novo Mundo. Um ponto final é a distinção entre Turcos e Mouros. Em 1548, Jeronimo Butaca tinha um escravo turco. [95] Portugal e Espanha classificava a maior parte dos Muçulmanos como Mouros. *Não é suficientemente claro se as nossas fontes distinguem sistematicamente entre Turcos e Mouros.*[96]

A Ligação Portugueses-Turcos-Melungos

A ligação dos Turcos com os Melungos e os Portugueses seria mais aceitável, se eles tivessem tido origem em Portugal ou nos Açores depois de terem vivido muitos anos lá como muçulmanos. Os reis portugueses, antes de 1531, permitiam a prática da religião muçulmana da mesma forma que os Mouros permitiram a prática da religião cristã quando invadiram a Península Ibérica. O comércio mediterrânico com os portos portugueses também justificaria a presença dos Turcos, quer fugissem do Império Otomano, quer apenas estivessem a comerciar com Portugal.

Muitas pessoas supõem erradamente que os Portugueses travaram muitas batalhas no Mediterrâneo e no Norte de África, o que não é verdade. Tem-se referido a captura de Mouros e Turcos pelos Portugueses no Mediterrâneo; no entanto, é mais provável que isto tivesse acontecido no Mar Vermelho ou no Oceano Índico. Nesta região do mundo, era frequente os Portugueses e os Turcos terem encontros bélicos e terem nomes específicos para se referirem uns aos outros.

Chamavam aos Portugueses na Índia, *Franks* (Europeus) e aos Turcos *Rümi* ou *Rumes*. A todos os outros chamavam *Mouros*. A palavra *Frank* em português é *Firango* ou *Franguês*, que deriva de *Fring*, que significa *Europa* na língua persa. [97]

A presença dos Turcos na América do Norte no século XVI, vindos directamente do Médio Oriente para a América, é altamente improvável. No entanto, se levarmos em consideração os encontros entre os Portugueses e o Império Otomano (Turco) no Extremo Oriente, no Mar Arábico e no Oceano Índico, então é muito possível que os Turcos ou os seus descendentes directos fossem nas caravelas portuguesas para a Índia ou regressassem de lá. Devido a naufrágios ou outras causas, estes barcos podiam perfeitamente terminar as suas viagens nas margens da costa leste dos Estados Unidos.

O governo da Turquia, funcionários públicos e estudiosos, juntamente com a Televisão Nacional Turca e jornais, têm vindo a dar muita atenção aos Melungos. Brent Kennedy, com muitos outros, visitaram a Turquia diversas vezes. A Gowen Research Foundation publicou um relatório da viagem escrito pelo Coronel Carroll Heard Goyne, Jr. no número de Abril de 1997 desta publicação. [98]

Em seguida, apresentamos uma tabela com as batalhas travadas desde que Portugal alcançou a nacionalidade em 1143. A tabela mostra que a maioria das batalhas foram travadas no Extremo Oriente. Os Turcos também estavam envolvidos aí e muitas vezes eram feitos prisioneiros juntamente com as mulheres e filhos. Além disso, os Turcos também tomaram Portugueses e as respectivas famílias como prisioneiros. Ver as notas seguintes:

Tabela das Batalhas Entre a Marinha Portuguesa e os Turcos (Mouros)

D	M	A	Capitão	Localização	Nações envolvidas
15	7	1180	Fuas Roupinho	Cabo Espichel	Mouros, N. África
17	10	1182	Fuas Roupinho	Ceuta	Mouros, N. África
	7	1341	Pessanha	Ceuta	Mouros, N. África
	9	1469	D. Afonso V	Costa portuguesa[99]	Corsário Francês Colombo
31	8	1476	Pêro de Ataíde	Sta. Maria - Lagos	Génova[100]
	10/12	1502	Vasco da Gama	Mt. Deli	Meca, Calcutá, Cairo
31	12	1502	João da Nova	Cannanore	Meca, Calcutá (2-1-1503)
	10/12	1504	Lopo Soares Albergaria	Pandarane	Turcos, Meca
24	7	1504	Garcia de Melo	Larache	Mouros, Piratas, N. África
18	10	1505	Francisco de Almeida	Onor	Meca, Onor
	11	1505	João Homem Coulão	Meca	Coulão
27	9	1507	Afonso de Albuquerque	Ormuz	Turcos Ormuz Omã
24	3	1508	Pêro Barreto	Chaul	Turcos, Meca
	5	1508	Rui Soares	Mar da Arábia	Turcos, Meca
3	2	1509	Francisco de Almeida	Diu	Turcos
	3	1510	Antão de Nogueira	Mar da Arábia	Meca, Cambaia
	6	1510	António de Noronha	Mandovi - Goa	Turcos - Narsinga
	1	1511	Jorge Botelho	Calcutá	Meca
24	6	1511	Afonso de Albuquerque	Ilha da Polvoreira	Meca
	4	1517	Lopo Soares de Albergaria	Jeddah, Mar Vermelho	Turcos - Meca
		1520	Vasco Fernandes César	Alcácer Ceguer, África	Mouros, Piratas
8	3	1520	Miguel da Silva	Ceuta, NW África	Mouros, Piratas
	7/9	1520	João & Aires Coelho	Tânger, NW África	Mouros, Piratas
	10	1521	Vasco Fernandes César	Estreito de Gibraltar	Mouros and Ingleses
	3	1521	Diogo Fernandes de Beja	Diu - Mar Arábico	Turcos
	3	1521	Simão Martins	Dabul -NW Índia	Turcos
27	7	1521	António Correia	Barem- Golfo Pérsico	Turcos - Pérsia
	9	1521	Nuno Fernandes Macedo	Diu -NW Índia	Turcos
	11	1522	Manuel de Sousa Tavares	Ormuz	Turcos - Pérsia
14	7	1535	António de Saldanha	Tunis	Turcos[101]
		1550	Gonçalo Vaz	Golfo de Aden – Mar Vermelho	Turcos
		1551	Luís Figueira	Baía Assab/MarVermelho Pirata	TurcoCafar[102]
		1552	Inácio Nunes Gato	Alcalá - N. África	Turcos - Argel[102]
		1552	Antão de Noronha	Ormuz- Mar Vermelho	Turcos-Meca[102]
		1553	Pêro de Ataíde	Ormuz- Mar Vermelho	Turcos-Piri Reis[103]
		1554	Fernando de Meneses	Golfo de Oman	Turcos - Meca[104]
		1555	Pedro da Cunha	Carvoeira, Algarve	Turcos - Argel

A tabela apresentada acima faz parte de uma tabela muito maior, compilada pelo autor a partir de informações disponíveis em documentos e livros, tal como a colecção de cinco volumes de *Batalhas e Combates da Marinha Portuguesa* de Saturnino Monteiro, publicada pela Biblioteca da Marinha Portuguesa em Lisboa.

Esta tabela mostra apenas as batalhas que envolveram os Mouros e, mais especificamente, os Turcos ou o Império Otomano, até à primeira metade do século XVI. Não devemos esquecer que se fizeram prisioneiros de ambos os lados e que os Portugueses ganharam e perderam muitas batalhas. Além disso, às vezes, as mulheres e crianças muçulmanas que viajavam de e para Meca eram feitas prisioneiras. O mesmo acontecia quando barcos portugueses eram capturados com famílias a bordo. O nome *Mouro* estava originalmente relacionado com as pessoas da região noroeste de África, na zona de Marrocos.

O mesmo nome estendeu-se mais tarde a todos os Muçulmanos em qualquer lugar do mundo, tanto no Inpério Otomano, como na Índia, na Indochina, na Indonésia e na maioria das terras a leste do oceano Índico.

Notas

[1] The Melungeons, de N. Brent Kennedy, pp. 94-95.

[2] Atlantis, Dwelling Place of the Gods, de Henriette Mertz, p. 54.

[3] The Mongrel Virginias, de Arthur Estabrook, p. 182.

[4] Ibid, p. 189.

[5] The Melungeons, de N. Brent Kennedy, p. 124.

[6] The Spanish, Portuguese Languages, de William J. Entwistle, pp. 61-62.

[7] The Melungeons, de Eloy J. Gallegos, p. 137, Villagra Press, Knoxville, TN, 1997.

[8] Fomento Rural e Emigração, de Oliveira Martins, p. 34.

[9] The Melungeons, de Eloy J. Gallegos, p. 137, Villagra Press, Knoxville, TN, 1997.

[10] Whiteside Mountain, de Robert Zahner, p. 116.

[11] The Melungeons, de N. Brent Kennedy, p. 82.

[12] Fleeing Jews…, de Cyrus H. Gordon, Arkansas Gazette, 19/10/1970.

[13] The Melungeons, de N. Brent Kennedy, p. 82.

[14] The Melungeons, de Bonnie Ball, p. 67.

[15] Ibid, p. 69.

[16] European Discovery of America, de Samuel Elliot Morison, p. 11.

[17] The Melungeons and Other Mestee Groups, de Mike Nassau (McGlothlen), p. 171.

[18] The Melungeons, de Jean Patterson Bible, p. 86, "Até à data, esta carta ainda não foi encontrada."

[19] The Melungeons, de N. Brent Kennedy, pp. 81-84.

[20] Ibid, p. 127.

[21] Ibid.

[22] Bury Me Standing, de Isabel Fonseca, pp. 215, 216.

[23] RTP, Programa Repórter, 1996.

[24] Theory…Melungeons…from Jewish origin, de Cyrus H. Gordon, Revista Argosy, 1/1971.

[25] Jews in Cape Verde and on the Guinea Coast, de Richard Lobban.

[26] History of Tennessee and Tennesseans, de Hale & Merrit, p. 180, Vol. 1.

[27] Men under Stress: The Social Environment…Carreira da Índia, de A.J.R. Russell-Wood, p.25.

[28] Jews in Cape Verde and on the Guinea Coast, de Richard Lobban.

[29] A Nation of Immigrants, de Bernard A. Weisberger (American Heritage).

[30] Makers of America, de Wayne Moquin, p. 73. (The True Travels by John Smith).

[31] Ibid, p. 85.

[32] A Nation of Immigrants, de Bernard A. Weisberger. (American Heritage).

[33] A New Voyage to Carolina, de John Lawson (Hugh Lefler), p. 14.

[34] The Melungeons, de Bonnie Ball, p. 55.

[35] East Tennessee…Ballads, de Celestin Pierre Cambiaire, p. ix.

[36] The Melungeons, de N. Brent Kennedy, p.106.

[37] Dicionário da Língua Portuguesa, de António Morais e Silva, Vol. 7, p. 84.

[38] The Masters and the Slaves, de Gilberto Freyre, p. 491.

[39] Dicionário Brasileiro da Língua Portuguesa, Vol. 2, p. 30.

[40] King Zumbi… de T.B. Irving, p. 404 (Amer. J. Islamic S. Sciences, 9:3 Outono 1992).

[41] Ibid, p. 399 (Amer. J. Islamic S. Sciences, 9:3 Outono 1992).

[42] The Melungeons, de N. Brent Kennedy, p. 106.

[43] Portugal nos Mares, de Oliveira Martins, p. 72.

Notas (Cont.)

44 The Melungeons, de N. Brent Kennedy, p. 113.

45 The Worlds of Columbus, de William D. Phillips, p. 60.

46 Economia Mundial, de Vitorino Magalhães Godinho, p. 521.

47 Arroba é uma medida métrica de peso equivalente a 15 kg (+/-33 libras) 20.000 arrobas equivale a 300.000kg.

48 Saudades da Terra, de Gaspar Frutuoso, p. 124.

49 Economia Mundial, de Vitorino Magalhães Godinho, p. 521.

50 The Melungeons, de N. Brent Kennedy, p. 113; King Zumbi... Irving 9/3 Outono 1992, p.399.

51 Portuguese settlement..., de William Freitas, Portuguese Heritage, Dezembro 1993, p. 22.

52 The Melungeons, de N. Brent Kennedy , p. 111.

53 Ibid.

54 Ibid, p. 106.

55 Ibid, p. 114.

56 Columbus: For Gold, God, and Glory, de John Dyson, p. 188.

57 Cristóvão Colombo, de Mascarenhas Barreto, p. 576.

58 History of the Conquest of Spain by the Arab-Moors, de Henry Coppee, vol. 2, 1881, pp. 445-46.

59 Ibid.

60 Carta de John Townsend, Center for Multi-Cultural Affairs.

61 The Jews of Spain, de Jane Gerber, p. xix.

62 History of the Jews in the U.S., de Rabbi Lee J. Levinger, p. 28-34.

63 The Portuguese Columbus, de Mascarenhas Barreto.

64 Historia de España, Historia 16, p. 492.

65 The Log of Christopher Columbus, de Robert H. Fuson, p. 225.

66 Arabs in America, de Beverly Mehdi, p. 1.

67 Séculos XVI e XVII.

68 Portugal nos Mares, de Oliveira Martins, p. 72.

69 The Portuguese off the South Arabian Coast, de R. B. Serjeant, p. 18.

70 Ibid, p. 43; 71 Ibid, p. 51; 72 Ibid, p. 55.

73 Ibid, p. 56.

74 Ibid, Apêndice I.

75 The Ottoman Centuries, de Lord Kinross, 1977, Nova Iorque: Morrow Quill, p. 273.

76 The Melungeons, de Brent Kennedy, pp. 102-103.

77 As Berlengas e os Piratas, de José de Almeida Santos, p. 14.

78 The Melungeons, de Brent Kennedy, p. 112.

79 The Roanoke Voyages, de David Beers Quinn, vol. 1, p. 254.

80 The Melungeons, de Brent Kennedy, p. 112.

81 Makers of America, de Wayne Moquin, p. 5 (Enciclopédia Britânica).

82 Spanish Explorers of the Southern United States, de Theodore H. Lewis, p. 313.

83 Os Portugueses no Descobrimentos dos Estados Unidos, de Jaime Cortesão, p. 28.

84 Historia de España, Historia 16, p. 507.

85 1994 de Enciclopédia Britânica.

86 Study of the Portuguese Ballad, de Manuel da Costa Fontes, pp. 126, 136.

87 História de Portugal, de Joaquim Veríssimo Serrão, Vol. III, p. 76.

88 The Ottoman Centuries, de Lord Kinross, 1977, Nova Iorque: Morrow Quill, p. 245.

89 Revista National Geographic, página Geographica, Março 1994.

90 Dicionário de História de Portugal, Vol. III, de Joel Serrão, p. 499.

91 The Ottoman Centuries, de Lord Kinross, 1977, Nova Iorque: Morrow Quill, p. 245.

92 Reis é um apelido muito comum em Portugal; Só Lisboa, a capital, tem mais de 150 Reis na lista telefónica. Em português, o nome não tem nenhum símbolo sobre a letra e.

Notas (Cont.)

[93] Brent Kennedy, relatório para a Gowen Foundation, 1995.
[94] The Ottoman Centuries, de Lord Kinross, 1977, Nova Iorque: Morrow Quill, p. 244.
[95] Economia Mundial, de Vitorino Magalhães Godinho, p. 547.
[96] Turks, Moors, Blacks…, de David B. Quinn (Terrae Incognitae 14, 1982, p. 104).
[97] Os Portugueses na Índia, de Agostinho de Carvalho, p. 99.
[98] Gowen Research Foundation Newsletter de Col. Carrol Heard Goyne, Jr., Abril 1997.
[99] Culam ou Colombo foi feito prisioneiro, veio a trabalhar mais tarde para Portugal.
[100] Nesta batalha, todos os navios foram destruídos pelo fogo; morreram 800 Genoveses, 500 Franceses e 500 Portugueses. Segundo reza a história, foi aqui que Colombo salvou a vida ao agarrar-se aos destroços. Colombo o Velho era o capitão de uma das embarcações portuguesas e supostamente parente de Colombo.
[101] Uma frota de navios Espanhóis, Portugueses e outros atacou Tunes para libertar a cidade de Barbarossa, também conhecido como Barba Roxa ou Barba Vermelha, que tinha um exército constituído apenas por soldados berberes. A marinha aliada libertou a cidade e 20,000 prisioneiros cristãos. Não há registos de se terem feito prisioneiros turcos ou muçulmanos. Mais tarde, Barbarrossa recuperou da derrota e atacou Maiorca, capturou um navio português carregado e fez mais de 6.000 prisioneiros. Foram capturadas mulheres e crianças portuguesas.
[102] Prisioneiros, mais tarde trocados
[103] Como resultado desta campanha, Süleyman mandou executar Piri Rëis.
[104] Fim da expansão do Império Otomano no Extremo Oriente.

Fig. 20 – Mapa do Oceano Índico.

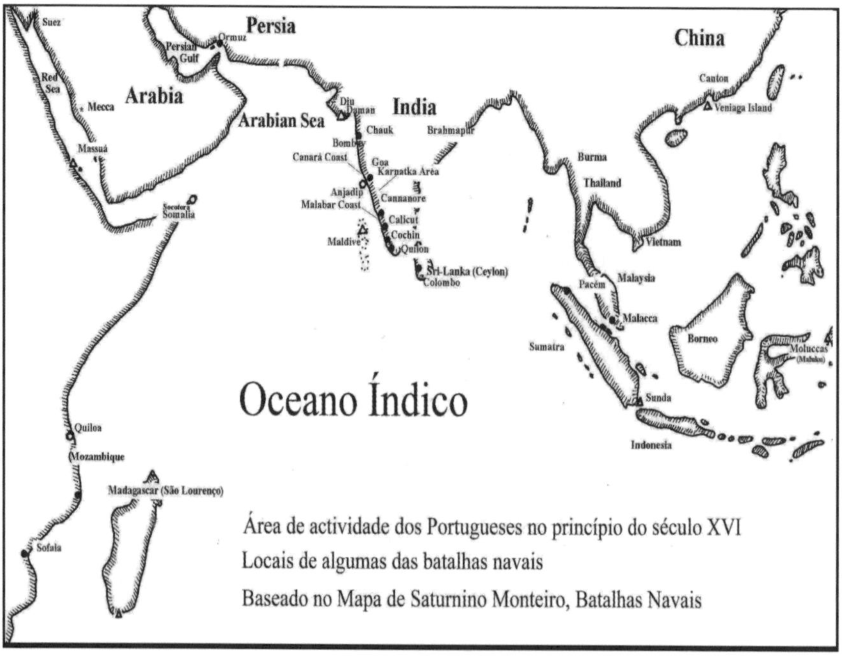

Área de actividade dos Portugueses no princípio do século XVI

Locais de algumas das batalhas navais

Baseado no Mapa de Saturnino Monteiro, Batalhas Navais

Capítulo IV

A Ascendência Portuguesa Continua—até aos séculos XIX e XX
Português – "Portyghee" ou "Portoogais" ou "Pokiki"

Tal como Kennedy, o autor defronta-se com a tarefa de provar se os Melungos eram ou não descendentes de Portugueses. Há várias pretensões, mas:... *acreditar na pretensão e prová-la, eram duas coisas completamente diferentes... resolver um mistério com trezentos anos, de forma a conhecer as raízes étnicas da minha família... Teríamos mesmo raízes portuguesas? Se não, porque razão teriam as nossas gentes arranjado tão estranha herança? Porque não Ingleses? Ou Irlandeses? Ou até Espanhóis? Porquê Portugueses, certamente a herança menos crível de todas? Não, deve haver um fundamento para esta pretensão.*[1]

Mais uma vez, foi documentado que:... *os Melungos reclamam a ascendência portuguesa.*[2] O nome Portyghee foi popularizado de diversas formas pelo povo anglófono e pode estar relacionado com os Melungos: ...*os primeiros Melungos encontrados, independentemente da distribuição geográfica, reclamavam invariavelmente ser "Portyghee". Não "Portugueses", mas "Portyghee", a forma como os nativos ibéricos ou Mouros capturados teriam pronunciado a palavra.*[3] Kennedy também escreve: ...*alguns dos quais nasceram no século XVIII – reclamando ascendência portuguesa. Qual a razão desse firme clamor, ao longo de anos, em ser Português, se não houvesse mesmo uma ascendência portuguesa?*[4] Muitos Melungos mencionam os Portugueses insistentemente: *Entre outros antepassados envolvidos na ancestralidade melunga encontram-se os Portugueses. Os primeiros Melungos diziam, àqueles que se lhes dirigiam, que eram "Portygee".*[5] O nome é conhecido mundialmente depois de ter sido escrito em Novembro de 1927, num artigo da revista National Geographic. *Por todo o mundo se encontra marinheiros e pescadores portygee .*[6]

Em todos os países anglófonos, os imigrantes Portugueses são chamados *Portyghee*, uma forma abreviada de "Portuguese" que é, muitas vezes, pronunciada incorrectamente como sendo *Portugee* ou *Portugese*. No Hawai chamam-lhes *Pokiki*. Qualquer nome que distorça o original pode muitas vezes ser considerado depreciativo por um qualquer grupo de indivíduos. O mesmo se aplica aos Portugueses quando lhes chamam *Portygee* ou outros nomes foneticamente similares.[7] O grupo étnico Português não é o único – toda a raça ou nacionalidade tem uma versão derrogatória do seu nome, independentemente do grau de inteligência, riqueza ou pobreza que possua.

A maneira como Mouros ibéricos ou cativos pronunciam *Português* é *Portoogais,* mas não *Portyghee* que é a forma como um anglófono actualmente pronuncia em qualquer comunidade de luso-descendentes da América do Norte. Por outro lado, Kennedy está correcto ao dizer que quando um Português fala com um anglófono, refere-se a si mesmo dizendo: *Portyghee.*

Lenda ou realidade – escreveu Bonnie Ball: *Um filho, Andy Brown, também vivia no Condado de Ab (Virgínia); casou em 1794 e morreu em 1801, deixando cinco filhos. Três destes casaram no Condado de Ab depois de 1822. Mais tarde, toda a família foi para oeste, e a única pista alguma vez descoberta sobre eles foi num condado no Illinois, em 1848, onde um filho era reconhecido como "um cidadão proeminente e merceeiro". ...Acreditava-se que os Brown eram*

Portugueses, mas os investigadores não encontraram qualquer informação que suportasse essa suposição.[8] Eles poderiam ser ou não Portugueses, mas isto prova que nem todos os Melungos ficaram nas montanhas, e muitos deles partiram à procura de melhores oportunidades, assim que fosse seguro fazê-lo: *...aqueles que ficaram presos a ela* [à escola] *... tornaram-se, muitas vezes, pessoas de negócios ou profissionais de sucesso. Ele citou um em particular, que dirige o departamento de águas de uma grande cidade da Flórida, com mais de cem trabalhadores sob a sua supervisão – de seu nome Dungannon, residente na Virgínia.*[9] No que diz respeito aos Portugueses, muitos estão no ramo dos produtos alimentares; alguns deles têm cadeias de supermercados, não só na América, como também no Brasil, na Venezuela e noutros países.

A colecção Furman contém uma série de artigos, escritos por McDonald Furman e por outros autores, e publicados no final do século XIX e no início do século XX. O New York Evening Post de 11 de Setembro de 1897 refere: *Gente estranha do Tennessee... Alguns deles afirmam ter sangue Português...* O Chicago Record de 1900 também publica um artigo intitulado *Eles são gente de pele bronzeada do Tennessee que reclama ser descendente de uma colónia portuguesa e tiveram dificuldade em provar que não eram Africanos.* O New York Post de 1902 declara que: *...A teoria mais aceite, no que respeita aos Melungos é, de qualquer forma, aquela que diz serem descendentes de Portugueses. Algum suporte para esta ideia está na partida de numerosos colonos Portugueses para o mundo ocidental, no século XVII; várias dessas aventuras são datadas do ano de 1664.* Página 145, Capítulo IV da Colecção Furman.

Um homem chamado Portugal – 1671

A seguinte história pode indicar a ancestralidade portuguesa ou outra. Em Setembro de 1671, *Thomas Batts, Thomas Wood e Robert Fallows... acompanhados por Penecute*[10], *um grande homem dos Índios Apomatack, e por Jack Weson, outrora criado do Major General Wood, e cinco cavalos... que lhes serviram de guias... Consequentemente, devolvemos um cavalo pertencente a Thomas Wood, e que estava cansado, e que foi levado pelo Portugal.* Porquê Portugal? O autor conhece alguns Portugueses com o sobrenome Portugal, mas não conhece ninguém de outra nacionalidade com esse sobrenome. Terá sido usado por exploradores?

Ricos, Morenos e Portugueses – 1745

Por vezes, fica-se com a noção errada de que os Melungos, só porque ficaram nas montanhas, nunca se importaram com nada. Não é verdade, porque muitos deixaram as montanhas. Assim como muitos emigrantes deixaram os seus países e tiveram sucesso, o mesmo aconteceu com os Melungos. O que se segue pode ser apenas um exemplo de uma possível ligação entre um Robinson do Condado de Robeson – terra dos Lumbees e dos Melungos – e outro Robinson da Virgínia.

Uma repartição de arquivo público em Londres declara que, a:*... 26 de Abril de 1745, John Robinson e outros recebiam 100,000 acres em Green Briar, a noroeste e a oeste do [rio] Cow Pasture e terrenos enjeitados (área parcialmente vistoriada).*[12] Em 1942, um vizinho da família Robinson, com 93 anos idade declarou também que *Os Robinsons eram pessoas ricas que viveram em Castlewood. Eram de pele escura e diziam ser Portugueses.*[13]

Afirmam Ascendência Portuguesa por Razões de Segurança

Kennedy menciona o uso do nome Portyghee como uma possível ascendência, mas: *...aqui ainda está outra razão mais política para os Melungos reclamarem ascendência portuguesa: os Portugueses, ao contrário dos Espanhóis, foram, pelo menos, aliados ocasionais dos Ingleses. O próprio Drake utilizou um navegador Português. Não seria necessário ser génio para reconhecer a sabedoria de se afirmar ser "Portyghee", mais do que Espanhol, quando se encontrava um Inglês nos Montes Apalaches.*[14] *Portugueses ou não, seria a ascendência sábia e politicamente mais correcta para supostamente se ter, dadas as circunstâncias da época.*[15]

Pode até ser possível, mas poderá uma mentira sobreviver 400 anos? Possivelmente, ou mesmo mais. Por outro lado, Drake não poupava os Portugueses, e vice-versa, quando ele atacou o Algarve. Já não havia uma réstia de amor entre Drake e os Portugueses e, por essa razão, foi derrotado quando atacou Portugal em 1589. Para os Ingleses, era indiferente ser Português ou Espanhol, sendo ambos considerados inimigos. Eles não tinham esquecido que a Armada Invencível tinha sido constituída por muitos navios e homens Portugueses que partiram de Lisboa para atacar a Inglaterra.

Os Fundidores de Prata Lungeons e o Brandy – 1810

De acordo com os nomes Melungos da lista de contribuintes do Condado de Hawkins: *...no ano de 1810 era certo que uma colónia de indivíduos de pele escura habitava a área montanhosa perto do Rio Clinch.*[16] No mesmo ano... simples coincidências podem apontar para pistas que podiam resultar na resolução de um mistério. Por exemplo, a genealogista Delores Sanders de Houston, no Texas, informou Kennedy do envolvimentos dos Melungos com a prata do Condado de Baxter, no Arkansas: *...O Major Jacob Wolf... pai do Condado de Baxter... estabeleceu o famoso posto de comércio... em 1810... À procura de fortuna e aventura... Jacob Mooney... de McMinnville, no Tennessee,... quatro escravos e outros quatro homens... Os outros quatro homens, que tinham vindo com Mooney, eram misteriosos – os mais velhos chamavam-lhes "Lungeons". Não eram Negros nem Índios e, anos mais tarde, Jacob Mooney foi ostracizado por viver com esses "forasteiros".* [Note-se que havia uma diferença – quatro homens eram escravos]. *Poderiam esses homens ser Melungos – o povo misterioso das montanhas do Tennessee que foram recentemente identificados como sendo possivelmente mediterrânicos ou de linhagem judia, e que viveram na América antes da descoberta do "Novo Mundo" por Colombo?... improvisaram uma fundição para converter prata em barras... Mooney... veio rio abaixo... Eles transportavam prata.*[17] Trabalhar com metais preciosos é uma tradição herdada dos Mouros e é importante notar que, em 1554, Lisboa tinha 430 ourivesarias que vendiam ouro e artefactos de prata e que deviam ter bastantes ourives para satisfazer a procura.[18] Eles não tinham apenas prata, mas também: ...chumbo, *peles, mel bravio e brandy.* Brandy? O brandy é uma bebida alcoólica do sul da Europa: *...Parece que Ned, o supervisor de cor, tinha descoberto que um brandy refrescante podia ser destilado da fruta-do-conde.*[19]

Hale e Merrit escreveu também que *com o tempo, eles* [Melungos] tornaram-se, *quase todos, destiladores de brandy.*[20] É conhecido o facto de os imigrantes Portugueses da América do Norte também terem destilarias artesanais de brandy para consumo pessoal. (Ver páginas com o título Saturday Evening Post – 1947 para mais informações sobre brandy).

Os *Guineas* e outros Grupos – 1815

Nos condados a norte da Virgínia Ocidental, havia (1946) um povo de raça mista, cuja ascendência está envolta em mistério. São localmente conhecidos como *Guineas,* apesar de não gostarem de ser tratados por esse nome por forasteiros. Habitavam a área norte do Condado de Barbour e a zona sul do Condado de Taylor, assim como o Condado de Garret. Nesses condados, os sobrenomes dos Guineas começaram a aparecer em 1815. Havia a noção errada que eram Negros da Guiné.

Eles reclamaram, durante muitos anos, que eram descendentes de uma das Guinés, britânica, francesa ou portuguesa. O termo *Guineas* pode vir do inglês *pennies,* também chamado *guinéus,* que circularam nos primórdios da história americana. Além disso, durante o século XIX, o termo era aplicado a coisas ou pessoas de origem estrangeira ou incerta. (No que concerne a termos e nomes, é feita uma referência noutro capítulo, onde o nome *Turk* foi aplicado de maneira semelhante). Os Guineas trabalhavam tanto na agricultura como nas minas.

Os nomes de família dos *Guineas* são curiosamente muito parecidos com os dos Melungos, como, por exemplo, Collins, Kennedy, Male, Miner, Newman, etc: *Os Guineas variavam, na cor, do Branco ao Negro e possuíam, em muitos casos, olhos azuis e cabelo grisalho. Por vezes, irmãos e irmãs podem ir do Negro "mais escuro" ao louro, olhos azuis e pele branca, com todas as gradações entre eles.*[21] *Durante a recruta para a Segunda Guerra Mundial os Guineas do Condado de Taylor, na sua grande maioria, ingressaram no exército como Brancos. Aparentemente existia um acordo entre eles para se registarem como Brancos.* Era sabido então, que, em certos condados, o ingresso na recruta militar era efectuado atendendo à cor da pele. O mesmo aconteceu a um outro grupo descrito como Português (mais à frente neste livro) que teve problemas semelhantes durante a Segunda Guerra Mundial.

Além dos Guineas, havia também os Wesorts, do sul de Maryland, e os Croatans, da Carolina do Norte, que mais tarde se tornariam nos *Lumbees*. Também havia os West Hills que eram muito conhecidos pelo contrabando de bebidas alcoólicas. Nos dados dos primeiros censos, os nomes de família dos Guineas constavam na categoria das pessoas de cor livres (Negros livres) ou Mulatos. Curiosamente, houve *um ou dois casos de casamentos de portuguesas com homens Guineas;* [existe a teoria de que] *a origem dos Guineas remonta aos seguidores perdidos de Hernando de Soto.*[22]

Portugueses Puros e Melongos – 1820

Quando não há registos escritos disponíveis, os investigadores confiam, muitas vezes, na informação oral. Bonnie Ball dá-nos alguns detalhes interessantes acerca de uma entrevista: *Há alguns anos, o Sr. G. M. French Jr., um nativo do sudoeste da Virgínia, morador em Cheverly, no Maryland, enviou-me as suas notas sobre uma entrevista a um dos mais velhos residentes em Copper Ridge, na área de Dunganon, no Condado de Scott, na Virgínia. O ancião era também conhecido como "Tio Washington Osborn". Na entrevista, ele disse que os Melungos começaram a sua migração para aquela parte do Condado de Scott, e para as vizinhanças do Condado de Wise, por volta do ano de 1820... O "Tio Washington Osborn" disse também que os primeiros Collins que vieram para comunidade dele eram Brancos. Mencionou um Melungo, "Tio Poke Gibson", que veio do Condado de Letcher, por volta de 1820, e afirmou ser "Índio-Português"... o Sr. Osborne referia-se aos Melungos como "Melongo" que ele definia como Portugueses puros... "Os Bollings", existentes em grande número nos condados de Scott e de Wise... Outro nome associado com a tribo dos Melungos era Lucas... Ele pensava que eram descendentes dos "Índio-Portugueses"... Outro nome que o Sr. Osborne ligava aos Melungos era Moore. ...eles vieram... cedo em 1807... Ele dizia que Ethan era um terço Índio-Português.*[23] É possível que alguns se tenham relacionado com os Índios. Outros simplesmente tiraram vantagens do tratamento especial e das vantagens que eram dadas aos Índios, reclamando, deste modo, essa ancestralidade. A palavra Melongo é definitivamente portuguesa. O correcto é dizer "Melungo".

A Educação e o Condado de Wilson – 1827-30

Acreditava-se que, de facto, muitos dos Melungos eram analfabetos e que os seus filhos não gostavam de ir à escola. No século XIX, isto era comum em todo o mundo, não porque as crianças não gostassem, mas porque existiam poucas escolas e poucos professores: *Não foram só os Melungos que cresceram analfabetos, mas também os seus vizinhos Escoceses e Irlandeses.*[24] De facto, se considerarmos o período do início do século XIX, tal facto não será surpreendente. Andrew Johnson, o 17º presidente, não sabia ler nem escrever. A sua mulher ensinou-o depois de terem casado em 1827. Andrew Johnson foi o único presidente que não passou um único dia numa sala de aula.[25] Ao avançarmos no tema da escolaridade: *...outro problema que tornou espinhoso o caminho dos Melungos foi que, até a desagregação ser legalmente decretada, quase sempre eles recusaram terminantemente ir à escola, excepto as frequentadas pelas crianças Brancas... as autoridades tentaram, muitas vezes, forçá-los a frequentar escolas de Negros, dada a sua tez morena. Na maioria dos casos, sempre que tal acontecia, ou os pais não deixavam os filhos frequentar a escola ou comunidades inteiras mudavam-se para cidades ou condados onde os filhos fossem aceites em escolas de Brancos.*[26] O analfabetismo pode ter desempenhado um papel importante no princípio, deixando que as pessoas falassem um inglês incorrecto ou um inglês isabelino, quando foram encontradas pelos primeiros exploradores. O isolamento pode ser a explicação, mas é possível ser um caso de expressão coloquial.

Mais tarde e de acordo com Dixon Merritt, um dos autores de *A History of Tennessee and Tennesseans* [História do Tennessee e seus habitantee]: *...um grupo de Melungos migrou para o Condado de Wilson, por volta de 1830, para trabalhar numa serraria...*[27]

De acordo com entrevistas pessoais e registos locais, pode ter ocorrido uma situação semelhante em Gaston, na Carolina do Norte, quando um grupo de Portugueses foi contratado para trabalhar no canal de Roanoke, durante os primeiros anos do século XIX. O ano de 1830:... *foi, também, de acordo com a lista onde constavam alguns dos nomes, muito activo para famílias melungas que adquiriram terras na área de Newman´s Ridge*[28].

Leis Discriminativas e Pessoas de Cor Livres

Da história do Tennesse faz parte a questão colocada por Miss Dromgoole a John A. Mckinney, antigo presidente do comité da Convenção Constitucional de 1834. Saberia ele o significado da expressão "Pessoas Livres de Cor"? - à qual ele respondeu: ... *se significasse alguma coisa, então seria Melungo.*[30] No mesmo ano, foi aprovada uma lei discriminativa, que dificultou ainda mais a vida dos Melungos e de outros grupos em circunstâncias idênticas. No ano seguinte, a Carolina do Norte fez uma rectificação à Constituição de 1776: *Nenhum Negro, Mulato livre ou pessoa livre de sangue misto com antepassados Negros até à 4ª geração votará para o Senado ou para a Câmara dos Comuns.* Com um texto deste teor, negou-se o voto a todas as pessoas consideradas PLC. Naquele tempo, muito se escreveu e, segundo Jean Patterson Bible, James Aswell foi o autor da seguinte passagem: *O facto de os Melungos terem ocupado as ricas fazendas que Deus sabiamente tencionava dar como recompensa aos Escoceses e Irlandeses pela sua rectidão e espírito de iniciativa atraiu os recém-chegados. Eles decidiram expulsar os ocupantes ilegais da Terra Prometida. É claro que os Melungos podiam ter sido retirados, um a um, por emboscada, mas esse método seria muito lento. Um inconveniente adicional consistia no facto dos Melungos poderem estar em vantagem numérica relativamente aos emboscados. Assim, armados da boa astúcia escocesa e irlandesa, os colonos aprovaram a lei. A lei estabelecia que, no estado do Tennessee, nenhuma pessoa de cor livre - quer dizer, nenhum Melungo - podia votar ou ocupar um cargo público. Mais, nenhuma pessoa de cor livre poderia testemunhar em tribunal contra um homem Branco. Numa palavra, os Melungos tornavam-se legalmente impotentes em qualquer disputa legal que envolvesse um homem Branco. Se um homem Branco reclamasse como sua a propriedade de um Melungo, a vítima não teria recurso... Depressa descobriram que os estranhos, a quem tinham permitido instalar-se em grande número no seu seio, estavam a enxotá-los como se fossem molotros.*[especie de passaro que segue o gado]*De qualquer forma, lutaram com unhas e dentes para manterem o que tinham. Era inútil. Foram encaminhados para as montanhas, onde ficariam demasiado altos e pobres para poderem despertar a avareza dos vencedores...*[31]Depois, veio a Guerra Civil, uma verdadeira oportunidade para a vingança dos Melungos, que causaram terror aos Brancos. Serviram honrosamente na Revolução, alguns com distinção, e em todas as guerras em que os E.U.A. estiveram envolvidos.

Kennedy descreve a classificação imposta aos Melungos da seguinte forma: *Eles e nós éramos "pessoas livres de cor" ou simplesmente "PLC"... Nem Brancos, nem Negros, nem Mulatos, nem Índios, ... como muitos escritores muitas vezes disseram, "absolutamente ninguém".*[32] Pode ser entendido como era aplicável à sua própria família: ...*Melungos em qualquer das quatro categorias legais então disponíveis (Branco, Índio, Negro, Mulato), os Escoceses e Irlandeses criaram, perspicazmente, um novo termo, "pessoas de cor livres", e usaram-no para despojar os Melungos das suas terras, do direito de serem representados em tribunal, do direito de voto e do direito à educação. Com um golpe da caneta judicial, juntavam-se de forma simples e arbitrária as letras "PLC" (ou "PC" como era, por vezes, abreviado) a um nome no censo federal...*[33]

Naquele tempo, os colonos Brancos enganavam as minorias; talvez isso ainda esteja vivo na América actual: *Quando os Melungos negavam ser Portyghee, e, desta maneira, camaradas Europeus que estariam imunes a tal lei..."PLC" depressa deu lugar a "Mulato", à medida que que os recenseadores perdiam a paciência com os Melungos que pretendiam manter as terras na sua posse. Em muitos dos velhos registos de censos pode ver-se o termo "Port." riscado e Mulato escrito no seu lugar. De qualquer forma, os recenseadores limitavam-se aos termos "PLC", "PC" ou "Mulato" para descrever qualquer pessoa de pele mais escura, independentemente da origem étnica.*[34]

Não podemos menosprezar o facto de, nos séculos XVIII e XIX, ter ocorrido uma miscigenação entre Negros livres ou escravos e Índios ou outras raças, produzindo assim o "Mulato" e o "mestiço". É possível que alguns grupos sejam mais escuros que outros, com a natural aproximação aos Negros, Índios ou outras minorias. No entanto, os Melungos reclamavam: *nunca ter sido escravos e, até 1834, desfrutavam de todos os direitos de cidadania...*[35] Como outros grupos, devido às práticas discriminativas e de acordo com o Professor Paredes, no caso dos Creeks de Alabama, os Melungos tentavam manter fronteiras sociais entre eles e os Negros.[36] Dromgoole acrescenta, de maneira poética: *"Pouco invejável é a condição do escravo, desagradável é a escravidão em todos os seus aspectos, amargo é o gole que o escravo está condenado a beber; não obstante, a sua condição é melhor que a do "homem de cor livre" no meio de uma comunidade de homens Brancos, com os quais ele não tem interesses comuns, laços de solidariedade nem igualdade."*[37] Ainda assim, os Melungos foram capazes de suportar tudo isso e sobreviver.

A Classe de Mulatos, Duas Raças e o Censo Nacional - 1850

Kennedy descreve o recenseador: *...para ele, "Branco" apenas significava norte-Europeu "puro" e na palavra "Negro" incluíam-se Negros, Mulatos, Índios, judeus, árabes, asiáticos e quaisquer outros com, pelo menos, uma décima sexta parte de sangue não considerado Branco. O objectivo era tornar mais simples a tarefa do recenseador dos Montes Apalaches.*[38] Daí em diante, os Melungos tornaram-se oficialmente uma mistura de Brancos, Índios e Negros, ou, nas palavras de um senador do Tennesse do século XIX, um *"preto Português".*[39] Durante a investigação sobre os Melungos, entrevistou-se um repórter de uma pequena cidade do sudeste e, discutindo a discriminação, este mencionou que os Melungos ainda estão bem vivos, mas de uma maneira subtil. Noutra ocasião, na Flórida, questionado sobre o que era um Melungo, um indivíduo tipicamente Escocês respondeu: *Negro de olhos azuis*. Isto foi em 1995. Uma das razões que pode ter provocado uma eventual desintegração do grupo dos Melungos como Portugueses – se é que, de facto, eram Portugueses – foi, e ainda é, a fácil aceitação dos

Portugueses em relação a outros povos e etnias. Mrs. Bible acrescenta: *...A partir de 1850, o censo nacional inclui o estado de origem... Nenhum Melungo da lista nasceu no Tennessee antes de 1800...* Isso significa que, no século XVIII, antes de serem expulsos por leis discriminativas, já havia famílias de Melungos na Carolina do Norte e na Virgínia: *...Ninguém das listas de recenseamento nascera antes de 1799... Uma senhora de 70 anos, de nome Gipson, nascera na Carolina do Sul –* 1729.[40] Isto pode provar que os Melungos só muito mais tarde foram para as montanhas e tiveram a sua origem na costa leste.

John Netherland do Tennessee – 1859

Os Melungos também tinham amigos bem colocados na sociedade: *...O Coronel John Netherland do Condado de County, no Tennessee... em 1859... restaurou o direito de cidadania dos Melungos... e a gratidão destes teve manifestações variadas enquanto ele viveu.*[41] A sua filha, Eliza N. Heiskell, escreveu, mais tarde, em 1914, um artigo carinhoso sobre os Melungos. O conteúdo foi totalmente diferente da descrição injusta e generalizada de Will Allen Dromgoole, em 1891.

Melungos de Portugal e o Juiz Shepherd em 1872

Esta história é tão fascinante que merece a reprodução completa do livro de Jean Patterson Bible. Seria, certamente, uma óptima história para um filme de Hollywood. Conta a história de um jovem advogado, Lewis Shepherd, que ganhou um caso, baseando-se na teoria de que os Melungos eram de origem cartaginesa ou fenícia, tendo emigrado de Portugal (Ver a história completa no apêndice "F"). Portugueses, Fenícios e Cartagineses são, sem dúvida, povos com antepassados comuns.

Coincidência de Nomes Tipicamente Portugueses e Origens – 1888

Através dos nomes, é difícil provar a ascendência, mas Bonnie Ball diz-nos, no seu livro: *...em 1888... dois dos seus filhos, Antonio e Dean, foram, mais tarde, registados como "Brancos"... em 1902, Ulysses e Helena Jones – ele Índio e Negro, ela Índia e Branca – receberam uma licença de casamento como Brancos...*[42] Ela [Dromgoole] *acrescentou que um Português chamado Denham chegou "de algures" e casou com outra filha de Collins...* [Dromgoole também regista] *sobrenomes comuns como, Gorven, Gibbens, Bragans ou Brogan...* [entre os Melungos].[43] O nome Bragans é derivado de Bragança, o nome da família real portuguesa; António e Helena são nomes próprios Portugueses muito comuns, como acontece noutras nações latinas, só que os Portugueses escrevem Helena e os Espanhóis escrevem *Elena*.

Swan Burnett–Nota sobre os Melungos, em 1889–Portugueses e Admiráveis

Swan Burnett, nascido em 1847, médico em Washington, D.C., escreveu que, em criança, ouviu o nome *Melungo*. A palavra tinha: *...um som ponderoso e inumano que se associava... a gigantes e ogros... Eles ofendiam-se com o nome Melungo,* *atribuído comummente pelos Brancos, e, orgulhosamente, intitulavam-se Portugueses.*[44]

A expressão *admiráveis e Portugueses* foi também mencionada num artigo publicado no *Boston Traveler*, a 13 de Junho de 1889 [28] Also: *Eles não se casaram, recentemente, com Negros ou Índios... as pessoas "mais atentas" e, com "disposição" de dar crédito aos Melungos, diziam que estes eram de uma raça distinta. Alguns inclinavam-se para a teoria portuguesa.*[45] Uma das razões de eles não terem casado com Negros ou Índios pode advir do facto de terem bastantes mulheres no próprio grupo.

Os Portugueses, espalhados por todo o mundo, casaram, a partir de 1500, com pessoas de outras raças. Não tinham mulheres portuguesas com eles e eram encorajados a casar com nativos locais de forma a estabelecer uma melhor influência portuguesa.

Este elemento pode ser uma indicação de que os homens Melungos chegaram aqui com as suas mulheres e filhos, provavelmente de raças mistas. Argumentar-se-á mais acerca deste tema adiante neste livro.

É provável que, desde o século XIX ou mesmo antes, tenha havido casamentos entre Melungos e Negros. Não é invulgar ver pessoas com aparência de Negro a reclamar ancestralidade melunga. É sensato aceitar o porquê de os Melungos não terem querido ser classificados como Negros: provavelmente não o eram e, se já tinham antepassados Negros, não tinham nada a ganhar. Tal como os Creeks de Alabama, fizeram o que puderam para se distanciarem dos Negros, para não serem identificados com uma minoria que estava ser discriminada.

Condado do Texas, Missouri – Tribunal e Ascendência Portuguesa em 1889

Laura Spencer cedeu-nos, gentilmente, por correio electrónico, a seguinte história: *James Henderson Hall, nascido por volta de 1825, no Condado de Bedford, Tennessee, casou com Sarah D. Collier (crê-se que o nome do meio é Dora) em Pottersville, Condado de Howell, no Missouri, a 15 de Agosto de 1855.*

Desta união nasceu William Perry Hall a 22 de Junho de 1855, Nancy A. Hall em Julho de 1859, John Thomas Hall a 1 de Dezembro de 1867, Grant Hall [não é conhecida a data] e James Henderson "Jim" Hall a 21 de Agosto de 1869.

A família diz que o Henderson era Cherokee Chickamaugua, mas quando a família foi registada num censo como sendo "de cor", Henderson levou o estado a tribunal, em 1889, e reclamou que era descendente de Portugueses.

O caso foi muito falado por todo o Condado de Howell e foi concedida uma mudança de jurisdição.

Ele recolheu depoimentos juramentados de alguns membros mais velhos da tribo Hall, todos declarando ser Portugueses. Ganhou o caso e as crianças Hall foram autorizadas a voltar a frequentar a escola.

Os artigos de Will Allen Dromgoole no *Boston Arena* em 1891

A julgar pelos seus artigos, parece que Dromgoole – novelista e poetisa – conhecia pouco da vida fora das grandes cidades. A sua descrição sobre o povo que vivia nas montanhas, em 1890, não toma em linha de conta todas as amenidades que ela própria considerava como certas.

Dromgoole era de Nashville e tinha trabalhado em Nova Iorque quando veio para Sneedville para trabalhar nos seus artigos. Sessenta anos mais tarde (1950), Edward T. Price escreveu: *O Condado (Hancock) não tinha telefones, mas, recentemente, instalaram uma ou duas linhas de longa distância... Daí a inacessibilidade desta área.*[46] O que teria Miss Dromgoole dito se os tivesse visitado em 1950? Teria culpado os Melungos pela falta de progresso no condado? Afinal de contas, eram uma minoria. Pelo lado positivo, a sua pesquisa pode ter trazido à atenção do público um dos muito poucos documentos que descrevem a vida dos Melungos na década de 1890, assim como nos seus primórdios.

Os comentários dela eram derrogatórios e eram pensados como títulos do *Boston Arena*. Não levava em consideração que a vida dos Melungos não era fácil. No seu artigo, Dromgoole escreveu: *A Árvore Melunga...* [a juntar à reivindicação de ancestralidade portuguesa] *Finalmente, a árvore deu origem a* [três] *ramos, ou seja... Inglês (Branco), Português e Africano...* [Os Melungos fogem à lei que considera ilegais os casamentos entre Brancos e Negros] *e ao afirmar terem casado com Portugueses, havia mesmo um ramo Português entre as tribos. ...O ramo Português foi um enigma durante muito tempo... Por fim, foi... localizado um Denham, um Português que casou com uma mulher Collins.*[47]

O nome Denham, com esta ortografia, não é português; de qualquer forma, pode derivar de *Dinho*, diminutivo de *Godinho*. A combinação das letras "nh" é muito comum em português, mas não em inglês. Produz o mesmo som que a palavra inglesa *onions*.

O que é estranho nos seus artigos é que Dromgoole menciona muitas vezes os Portugueses, mas não estabelece um paralelo com a comunidade portuguesa da Nova Inglaterra que, por volta de 1890, era notável, especialmente na indústria pesqueira. Por essa altura, chegaram os primeiros Cabo-Verdianos empregados na indústria baleeira, situação que pode ter provocado o fim da designação "Portugueses" por parte dos Melungos.

Mãos e Pés Pequenos e Bem Formados

Dromgoole dizia que: *...as mãos dos Melungos eram "bem formadas" como as das mulheres e acrescenta que o mesmo acontecia com os pés, apesar de eles viajarem muitas vezes descalços pelos caminhos acidentados das montanhas.*[48] Dromgoole também diz: *Eles seguiam o corpo até à sepultura, por vezes quilómetros, a pé, em fila indiana.*[49] Quanto a caminharem em fila indiana para o cemitério, isso era uma realidade, há muitos anos, em Portugal. Na maioria dos casos, era porque os caminhos eram tão estreitos que, para não se arranharem nos arbustos espinhosos, só podia passar uma pessoa de cada vez.

Vão Descalços e em Fila Indiana para o Cemitério

Jean Patterson Bible citou uma carta do Sr. Grohse: *Vi algumas mulheres a irem descalças com um bom par de sapatos ao ombro... caminhavam em fila indiana até ao cemitério.*[50] Durante os primeiros anos da década de quarenta, em Portugal, era comum ver mulheres, no interior do país, a fazer exactamente isso, principalmente aos domingos, o que era muito natural na cultura portuguesa.[51] Durante a semana, iam descalças, mas com as pernas envolvidas em mangas de lã, dos tornozelos aos joelhos. Isso protegia-as tanto dos espinhos como do frio. A razão pela qual iam descalças era, na maior parte das vezes, para desviar a irrigação da água dos campos através de pequenos canais feitos com a enxada e com os pés, por forma a melhor distribuir a água. Por andarem descalças toda a semana, tinham dificuldades em calçar sapatos ao domingo, pois sentiam-se desconfortáveis. Era costume os Melungos:... *seguirem o caixão até ao cemitério e ficar de luto durante um ano.*[52] Nalgumas aldeias portuguesas, ainda é costume fazer o mesmo. Outro aspecto associado com a morte era o facto de os Melungos nunca cremarem o corpo. Enterravam-no sempre. A cremação não é facilmente aceite em Portugal.

Fig. 21—Antigo cemitério de Nova Orleães

Cemitérios, Pequenas Casas sobre as Sepulturas

Mrs. Dromgoole também mencionou um costume estranho quando visitou o cemitério: *...eles constróem uma espécie de casa sem chão por cima de cada sepultura... O cemitério apresenta uma aparência de uma cidade ou um povoado em miniatura e é mantido com grande delicadeza e cuidado.*[53]

Fig. 22—Cemitério melungo em Sneedville (fotografia do autor,1996)

Os cemitérios Portugueses actuais ainda mostram algumas campas com uma cúpula por cima, quase sempre de mármore; é uma tradição portuguesa, com mausoléus muito trabalhados. Os comentários de Kennedy merecem ser citados:

Podemos simplesmente imaginar os Escoceses e Irlandeses a encontrarem estes

Fig. 23—Cemitério em Portugal evidenciando cúpulas ou pequenas casas idênticas

Fig. 24—Um funeral de província em Portugal no início da década de 60.

improváveis montanheses de pele escura, que falavam um inglês imperfeito, diziam ter ascendência mediterrânea, colocavam cúpulas, ao estilo do sul da Europa, por cima das sepulturas dos seus mortos, ostentavam sobrenomes ingleses e praticavam o cristianismo... [Os costumes dos funerais dos Melungos]... provocam, também, um fascínio notável... Hoje, restam poucos... pintavam as suas casas ou os abrigos das campas, o segundo tinha sempre preferência.[55] [Ver as figuras nesta página] *...e os seus cemitérios pareciam aldeias em miniatura.*[56] Isto é, certamente, uma tradição para os Portugueses, e, por vezes, as pequenas casas tornam-se mausoléus de mármore.

Fig. 25—Espigueiros na Vida e na Morte

Esta é, também, uma prática comum na região mediterrânica do sul da Europa. Também é interessante o facto de, em Nova Orleães, onde o nível da água é alto, ser usado um tipo semelhante de sepultura. Logo, a razão lógica para se sepultarem cadáveres acima do chão é para os proteger da água ou prevenir que os corpos saiam da terra devido à pressão da água: *Por vezes, vêem-se pequenas casas de madeira construídas por cima das sepulturas melungas, o que fez alguns observadores identificarem um traço semelhante entre os esquimós membros da Igreja Ortodoxa Russa.*[57]

Isto foi referido por Louise Daves, em 1963, e por Saundra Keyes Ivey, na sua dissertação de 1976. Porquê olhar para a Igreja Ortodoxa Russa ou para os esquimós? Porquê uma comparação tão exótica quando existem comparações muito mais próximas? Só é preciso visitar um cemitério em Nova Orleães.

A Cruz de Cristo como Símbolo Religioso e a Religião dos Índios

Bonnie Ball escreve sobre a experiência de Dromgoole com os Melungos: *Ela descreveu muitas facetas da vida dos Melungos, algumas das quais poderiam, na sua opinião, indicar a origem latina... ficou intrigada com uma invulgar veneração pela cruz de Cristo, se considerarmos que a maioria das pessoas que viviam naquela área, se eram religiosas, estavam mais inclinadas para a "gritaria" de tipo emocional do Protestantismo, onde raramente se usava a cruz como símbolo.*[58] A veneração da cruz também é uma realidade entre os Portugueses. Em pequenas aldeias portuguesas, durante o princípio dos anos quarenta, era comum ver a cruz em cada caminho ou cruzamento – nalgumas ainda se vê – num nicho ou, por vezes, com um ícone religioso. Os pais compravam pequenas cruzes de madeira – ou de ouro, se pudessem – e punham-nas ao pescoço dos filhos para os proteger do mal: *Os Melungos nunca aderiram à religião e aos ritos índios, mas aderiram à religião cristã. A cruz era por eles considerada como um símbolo sagrado.*[59] Este facto punha de lado a possibilidade de uma ascendência muçulmana ou judia. No entanto, eles podem ter sido cristianizados antes de virem para a América. Se assim foi, seriam livres de praticar a fé que tivessem. Também podemos especular que só foram encontrados grupos Melungos Cristãos, o que não obsta a presença de grupos judeus, Muçulmanos ou hindus.

A História do Tennessee e dos seus habitantes – 1912

Mrs. Eliza N. Eiskell, de Memphis, escreveu, num artigo publicado na *Arkansas Gazette*: *Eles não tiveram poetas nem profetas para preservar a sua história...*[60] Isto era muito triste, mas quando se luta para sobreviver, descobrir o rasto dos antepassados não é, necessariamente, a primeira prioridade.

A seguinte descrição foi feita em 1912 pelo Coronel W. A. Henderson, presidente da Tennessee Historical Society, para ser incluída na história do Tennessee e dos seus habitantes, como uma descrição dos Melungos do século XIX: *Os Melungos são um povo peculiar que vive nas montanhas do leste do Tennessee, oeste da Carolina do Norte, sudoeste da Virgínia e leste do Kentucky... Têm pele morena, cabelo preto liso, olhos pretos ou castanhos... e, embora não sejam altos, são bem constituídos...*[61] A descrição abrange, certamente, uma grande parte da população portuguesa. Quando os Melungos se deparavam com tempos difíceis e com discriminação e, quando o nome era depreciativo, a única chave para a sobrevivência era a família, e a união com outros que tivessem problemas semelhantes: *...escreveram a um cidadão proeminente da região superior do Tennessee oriental, pedindo informação sobre os Melungos. A resposta chegou prontamente com a declaração "Não temos tal raça. Os nossos cidadãos são civilizados, acreditam em ganhar a vida com o suor do rosto e são muito superiores àqueles que os tentam desgraçar dando-lhes o nome fictício de 'Melungo'".*[62] Apesar de ter sido no século XIX, o mesmo ainda acontece neste século. O *Handbook of American Indians* [Manual dos Índios Americanos] refere os Índios Croatan: *Por toda a Carolina do Sul se encontra um povo de origem semelhante designado "Redbones". Em zonas da Carolina do Norte e do leste do Tennessee, encontram-se os chamados*

Melungos ou "Portugueses", aparentemente, um ramo dos Croatan; e em Delaware encontram-se os "Moors".[63] Isto só reforça o facto de os Melungos se terem separado; podemos possivelmente concluir que alguns foram para oeste, para as montanhas e outros ficaram mais perto da costa leste. Quanto aos Moors, eles formam uma parte dos antepassados Portugueses. Mais adiante, neste livro, o autor revelará as suas experiências como estrangeiro que investiga os Melungos. Ainda há muita gente, nomeadamente responsáveis governamentais, que não querem falar sobre o tema nem cooperar com a investigação. Acrescente-se que os descendentes de Melungos evitam as entrevistas ou ficam muito nervosos.

Escola, só com Negros, e Migração para uma Vida Melhor

Diz Bonnie Ball sobre as escolas: *Depois da Guerra Civil, os Wins* [grupo relacionado com os Melungos] *tiveram a oportunidade de frequentar a escola dos Negros, mas não a dos Brancos.*[64] Os Portugueses não são habitualmente conhecidos como um povo racista. Como minoria, certamente não teriam sobrevivido em todo o mundo se o fossem. Numa sociedade racista e segregada, se eles fossem Portugueses, por que razão seriam os seus filhos forçados a frequentar as escolas de Negros? Tinham uma pele um pouco mais escura e negaram-lhes a instrução em escolas brancas naquela época e, também neste século, como veremos adiante neste livro. *Os Melungos... migraram... para a zona sudeste do Kentucky e para Blountstown, na Flórida, mesmo a oeste de Tallahassee. Também é possível que alguns tenham seguido para oeste, para as Montanhas Ozark. Estima-se que são entre cinco e dez mil e possuem uma alta taxa de natalidade.*[65]

Esta é a razão por que vieram para este continente em primeira instância. Eles migraram efectivamente e muitos deles foram bem sucedidos. O seu sucesso ajudou a construir este grande país. Se o espírito de aventura, ambição e o desejo de uma vida melhor desaparecessem, estaríamos a sentir as vésperas da destruição.

Capacidade de Sobreviver e Ganhar a Vida na Água

Meios de subsistência: *Nos primeiros anos, em barcos fluviais de transporte... Compleição: A sua resistência estóica à vida exterior é notável... História: Alguns pensam que eles descendem dos Croatans; outros dizem que é dos Portugueses... Apareceram no Tennessee depois da Revolução Americana.*[66] *...Existem também indicações de que algumas destas qualidades – a resistência pouco habitual a uma existência intrépida ao ar livre – poderia ter origem nos Portugueses ou nos antepassados Mouros...*[67]

Portugal não tem muitos recursos naturais; a paisagem é montanhosa e pouco fértil e as planícies do sul dependem da chuva, que é muito irregular. A água teve sempre um papel provisor e, desde os tempos mais remotos, eles olhavam para o mar. Os barcos de transporte fluvial eram apenas uma outra forma de subsistência. Quanto à resistência, os imigrantes Portugueses tiveram de suportar situações no início da década de 1950 que nem os mais pobres suportam actualmente.

Contava-se uma história verdadeira sobre lenhadores Portugueses que trabalhavam na fria região norte do Canadá. Passavam a noite em claro ao lado de uma fogueira que os mantinha quentes. Os que adormeciam, acabavam por ganhar gangrena nos dedos das mãos e dos pés e no nariz devido ao frio intenso e, eventualmente, perdiam-nos. Certa vez, um deles pensou que algo lhe estava a morder a orelha e deu uma sapatada com a mão. Parte do lóbulo da orelha caiu ao chão. Quanto às mulheres, tomavam conta da casa e dos filhos, cozinhavam e trabalhavam nos campos. Algumas ainda o fazem. Este tipo de vida começa a desaparecer lentamente, mas se visitarmos as pequenas aldeias do interior de Portugal, ainda encontraremos um estilo de vida existente semi-primitivo, mas saudável, e as mulheres desempenham um papel fundamental nele.

O Almirante David Farragut, um possível Melungo

Eliza Heiskell, filha de John Letherland, também escreveu sobre os Melungos: *Uma família de Melungos fez funcionar durante algum tempo o Ferry de Rankin em Chattanooga, no Tennessee e aquele almirante Farragut, que alcançou fama naval durante a Guerra Civil, era um Melungo... A tradição portuguesa parece persistir em ligação com os Melungos de forma muito mais consistente do que até a da Colónia Perdida.*[68]

Como os Portugueses, os Melungos parecem encontrar uma forma de sobrevivência na água ou perto dela. Digno de nota é o facto de o Almirante David Glasgow Farragut ter nascido perto do rio Holston, 24 quilómetros a sudoeste de Knoxville, no Tennessee.[69] Esta era uma área tradicionalmente dos Melungos. Jean Patterson Bible repete estes factos e afirma ainda que o Almirante Farragut descendia possivelmente da raça portuguesa: *Conta-se, em boa verdade, que o corajoso Almirante Farragut era descendente de um Português com esse nome que casou com uma rapariga pobre da Carolina do Norte.*[70] Se ele não é descendente de Portugueses, não está muito longe disso. Aragão era um aliado de

Fig. 26—George Farragut, pai de David Farragut

Portugal contra Castela e o exército português lutou lado a lado com Aragão contra os Mouros. A biografia de Farragut refere que o seu pai era um homem moreno, e de raça lutadora, chamado George Anthony Magen Farragut, nascido na ilha de Minorca. Farragut descendia directamente de Don Pedro Farragut, que ajudou Jaime I de Aragão a expulsar os Mouros das ilhas Baleares no século XIII.[71]

Racialmente Distintos – 1934

Quanto a serem distintos, Bonnie Ball afirma num artigo de jornal: *Roanoke News, 25 de Fevereiro de 1934, o Dr. Goodridge Wilson escreveu o seguinte: "Eles são social e racialmente distintos dos Negros e dos Brancos que os rodeiam*

Fig. 27—O Tenente David Glasgow Farragut, Marinha dos EUA, retrato por William Swain, do Instituto Smithsonian, Washington, DC.

e não são classificados como Índios. ...os Melungos e os seus antepassados vivem desde "tempos imemoráveis" [em aglomerados de cabanas rústicas]. *...Eles próprios não gostam do termo "Melungo". O contingente de Newman's Ridge prefere ser chamado de "Portugueses", e afirma descendência de um grupo de imigrantes Portugueses que, segundo eles dizem, se fixaram em Newman's Ridge, por volta da época da Revolução..."*[72]

Uma diferença significativa que torna os Portugueses racialmente distintos dos outros é que a nossa fronteira marítima atlântica era muito mais fácil de invadir para quem vinha do norte da Europa. Os povos do noroeste de África, quando se afastavam do Mediterrâneo, também encontravam as costas sul e ocidental fáceis de alcançar. A outra diferença é o facto de, enquanto os Portugueses escolheram Lisboa para capital, situada perto do mar, num porto magnífico no rio Tejo, e com capacidade para receber embarcações muito grandes, os Espanhóis escolheram Madrid como capital, muito contra os Castelhanos que ainda hoje consideram Burgos como a capital legítima de Espanha. Actualmente, estes factos podem não ser importantes, mas nos séculos XV e XVI, o oceano era o portal para o mundo e os Portugueses tinham um portal assim em Lisboa. Quanto a estarem na América do Norte antes da Revolução Americana, está correcto, mas poderiam ter estado muito antes e os Melungos serviram no exército, tendo assim um papel activo na revolução. No Capítulo V, o leitor irá descobrir mais sobre os Portugueses e a sua ascendência.

Gente Tímida e Misteriosa – 1937

James Aswell distingue a persistência da ancestralidade portuguesa em 1937 no Nashville Banner, quando escreve sobre os montanheses do leste do Tennessee: ... *"Quando os primeiros colonos Irlandeses e Escoceses da Virgínia e da Carolina do Norte chegaram através das montanhas... encontraram... colónias de gente tímida e misteriosa. Não eram Índios... Quando lhes perguntaram quem eram e de onde vinham, responderam que eram Portugueses."*[73]

O povo Português de hoje pode não ser misterioso, mas em geral é tímido, especialmente quando colocado num ambiente hostil ou desconhecido. Os Melungos podem ter-se misturado com os Índios, mas segundo mostram os vários estudos, isso não aconteceu de forma regular.

Nascimento de uma criança – Um Evento de Pouca Importância – 1940

A resistência das mulheres melungas é descrita da seguinte forma: *Por regra, o nascimento de uma criança era um evento de pouca importância entre as mulheres melungas. No dia em que Marindy descobriu que estava com dores de parto, correu apressada lá para fora e chamou um vizinho que, por sua vez, chamou a minha mãe... sem o auxílio de um médico ou de uma parteira, a criança nasceu antes de a minha mãe ter chegado à barraca... Quando o marido de Marindy chegou do trabalho naquele dia, Marindy e o bebé dormiam aconchegados... A jovem mãe, muito possivelmente, retomou as tarefas caseiras na manhã seguinte.*[74]

Isto acontecia provavelmente na década de 1940. Contava-se uma história de uma mulher numa pequena aldeia portuguesa. Ela deu à luz completamente sozinha enquanto trabalhava no campo e voltou para casa, segurando o bebé com um braço e levava a foicinha pendurada no outro ombro. Outra história é de uma mulher empregada no antigo Alentejo, que deu à luz no campo onde trabalhava como mondadeira e na colheita. Pouco depois, voltou ao trabalho, deixando o bebé à sombra de uma árvore, com medo de ser despedida. Outra história ainda aconteceu no Rio de Janeiro, no Brasil, no início dos anos 50, e era muito habitual entre as mulheres portuguesas. Logo após o parto, apenas alguns dias depois, a mãe voltava para casa. Não só fazia as tarefas de casa normais, cozinhava, fazia as compras – sem qualquer meio de transporte – e tomava conta do bebé, como também trabalhava como costureira para ter um suplemento ao rendimento do marido. A água era um problema no Rio de Janeiro e, muitas vezes, a mulher tinha de a transportar em baldes, não só para o consumo da casa, mas também para lavar as fraldas do bebé. Tudo isto era preciso para sobreviver, quer fossem Portugueses ou Melungos, e eles sabem fazê-lo.

Hábitos Alimentares

Identifica-se frequentemente a cultura de um povo através da sua comida, como escreve Bonnie Ball: *...enquanto os homens cortavam madeira ou desbravavam terreno, via-se muitas vezes as mulheres e crianças recolherem uma planta verde e indistinta que crescia nas margens de riachos límpidos. Chamavam-lhe "alface de urso" e comiam-na crua com sal. Também apanhavam baldes cheios de vegetais bravios: caruru-de-cacho, trigo sarraceno, rainúnculos, agriões, fedegosas e muitas outras plantas que se sabiam ser comestíveis. Cozinhavam-nas com um pedaço de presunto salgado e comiam-nas com uma broa de milho dura cozida num pequeno forno sobre uma fogueira ou num forno com vários níveis. Uma das suas comidas preferidas no tempo frio eram umas papas de farinha de milho. ...observavam Jessie preparar o jantar. Este consistia numas papas que se mexiam numa grande panela preta de metal com uma colher de pau.*[75]

Nas aldeias portuguesas, as mulheres habitualmente apanham diversos legumes e verdes das hortas. Também podem ir ao riacho próximo e apanhar vegetais que crescem perto da água para a refeição familiar. Também é interessante reparar no uso de uma panela negra e de uma colher de pau pela própria avó do autor.

A colher de pau tinha ainda outra finalidade, e essa era disciplinar as crianças mal comportadas com uma colherada bem dada no rabiote. Finalmente, as papas de milho eram certamente uma das comidas preferidas das crianças, com uma colher cheia de açúcar no centro do prato e que derretia como caramelo.

O Alho e o Picante

Outro exemplo de uma relação com a comida: É forte e picante: *Este tipo de pratos liga-os aos povos latinos que gostam de cebolas, alhos e malaguetas.*[76]
Os Portugueses gostam de especiarias. Eles descobriram o caminho marítimo para a Índia só para as conseguir. Os Açoreanos gostam particularmente de comidas picantes e esta pode ser uma ligação possível entre os Melungos e os Portugueses. Estas ilhas atlânticas tiveram um papel importante na época das descobertas, e que veio a incluir mais tarde a navegação de e para as Américas. Claro que os Açoreanos não são os únicos a apreciar comidas picantes.

A Ascendência Portuguesa e a Manutenção de Registos

Jean Patterson Bible menciona no seu livro uma entrevista com uma cidadã importante, que vive desde há muitos anos no Condado de Hancock e desde sempre conheceu Melungos. Ela diz o seguinte: *Cheguei à conclusão de que, se eles alguma vez souberam de onde vinham, depois de terem começado as acções discriminativas, eles simplesmente não falavam disso, não usavam a palavra Melungo; ...assim não passaram a informação aos filhos. ...só quando as barrigas estavam cheias e todos estavam aconchegados contra o frio é que se podia pensar noutras coisas... Daí que, na minha opinião, ninguém descobria antepassados nem mantinha registos.*[77] Esta situação não se alterou muito em muitos países do mundo, onde a fome e as doenças são uma ocorrência diária.

Em primeiro lugar, as pessoas têm de sobreviver numa sociedade onde têm de competir para arranjar empregos. A seguir, preocupam-se com a educação dos filhos e, mais tarde, com a sua própria educação, assim como outros assuntos menos importantes como a manutenção de registos genealógicos.

Quem quer saber dos antepassados, quando se tem fome, frio e se está doente? A manutenção de registos na maior parte da Europa só começou nos séculos XV e XVI, quando as igrejas receberam a tarefa de registar todos os nascimentos e óbitos num livro. A realeza, a nobreza e as famílias ricas podiam fazê-lo, pois tinham as suas próprias capelas e padres que faziam a manutenção de todos os registos e documentos.

O povo nem sequer tinha autorização para aprender a ler e a escrever, a menos que se fosse monge, padre ou seminarista.

Bonnie Ball termina o livro com a seguinte conclusão sobre a ascendência dos Melungos: *É razoável pensar, sem margens para dúvidas, que os Melungos tinham ascendência inglesa. ...Segundo os historiadores, os Croatans cruzaram-se anteriormente com os Brancos, provavelmente Espanhóis ou Portugueses... tribos de Blue Ridge e de Piedmont... Podiam ser extensões dos grupos de Maryland ou Delaware que, em algumas instâncias, também afirmam ter ascendência portuguesa. Existirá uma ascendência portuguesa? Na minha opinião, a ancestralidade portuguesa é possível; todos os Melungos mais idosos a reclamavam. Apesar disso, a teoria portuguesa existe há demasiado tempo e suficientemente consistente para ser ignorada.*[78] Mildred Haun conta-nos a história de um Melungo, morador num fumeiro perto da quinta da sua avó no Condado de Hamblen em 1942. *Ele afirmava que eles* [os Melungos] *já estavam neste país antes de qualquer outra raça.*[79]

A Discriminação Existente no Século XX – 1912-46
A Maioria dos Portugueses de agora tem Características de Negro?

Entre 1912 e 1946, o Dr. Walker Ashley Plecker foi o escrivão de estatísticas vitais da Virgínia e foi muito instrumental na criação de um povo com duas classes – Brancos e Negros. O seguinte não aconteceu há muito tempo atrás: *Numa carta datada de 20 de Agosto de 1942, remetida pelo escrivão médico da Estado da Virgínia para a bibliotecária e arquivista estadual do Tennessee, Mrs. John Trotwood Moore, o Dr. Walker Ashley ("W.A.") Plecker apoiava as leis anti-miscigenação da Virgínia, que proibiam casamentos entre Melungos e "Brancos" ....Os Melungos começam agora a causar problemas na Virgínia devido às suas reivindicações de ascendência índia, com o privilégio de casarem com a raça branca... Nessa classe, incluem-se os Melungos do Tennessee.*[80] Muito recentemente, Kennedy disponibilizou uma cópia de uma carta datada de 5 de Agosto de 1930, endereçada a um Mr. J. P. Kelly na Virgínia. O seu conteúdo revela claramente o problema de Plecker em aceitar os Melungos.[81]

Shirley McleRoy descreveu o Dr. Plecker como o proponente mais franco sobre a lei de anti-miscigenação de 1942. Ele tornou-se o líder de uma campanha, em que ele era apenas o unico componente.

Plecker encarregou-se de apagar a herança índia contemporânea do estado, que ele sentia estar tão completamente diluída em sangue Negro, ao ponto de haver muito poucos Índios... os que possuíam sangue índio eram oficialmente descritos como Negros livres ou pessoas livres de cor.[82]

Mrs. John Trotwood Moore, bibliotecária e arquivista do Estado da Virgínia, escreveu uma carta ao Dr. W. A. Plecker, onde se referem os primeiros colonos da Carolina do Sul, oriundos de Portugal, que mais tarde se mudaram para o Tennessee por volta da época da Guerra da Revolução.[83] O médico da Virgínia chegou ao ponto de comparar a aparência física dos Portugueses à dos Negros Africanos. Ele escreveu: *...é um facto histórico, bem conhecido daqueles que investigaram o assunto que, a certa altura, havia muitos escravos Africanos em Portugal.* [Eis o que o Dr. Plecker escreveu sobre Portugal] *Actualmente já lá não existem Negros puros, mas o seu sangue está presente na cor e nas características raciais de uma grande parte da população portuguesa do presente. Essa mistura, mesmo que pudesse ser mostrada, estaria longe de apresentar estas pessoas como sendo Brancos.*[84] Segundo Plecker, portanto, possuir uma herança portuguesa não tinha qualquer significado, porque a população portuguesa tinha a cor e as características raciais dos Negros.[85]

Muito provavelmente, o Dr. Plecker nunca esteve em Portugal e o seu conhecimento sobre o povo Português é, obviamente, bastante limitado. É possível que os Portugueses tenham sangue negróide. Afinal, eles interagiram muito com os Africanos. Muitos Portugueses, que foram para as então colónias ultramarinas, casaram com mulheres Negras e alguns dos seus filhos vieram para Portugal. Mesmo assim, isso não alterou a aparência da maioria da população portuguesa.

Saturday Evening Post – 1947

No artigo de William L. Worden, intitulado *"Sons of the Legend"* [Filhos da Lenda] e publicado no dia 18 de Outubro de 1947 no Saturday Evening Post, existem muitas fotografias do povo Melungo daquela época. O escritor escreve Melungeon com um **a**, *Malungeon*, da mesma forma que foi escrito no final do século XIX por Dromgoole. Ele também repara nos comentários de Dromgoole. Descreve-os como tendo:... *lábios finos, muito do género dos Índios, mas não exactamente como eles... têm algumas características latinas... as filhas deste povo são muitas vezes bonitas, doces e femininas, num contraste tremendo com a aparência ossuda da maioria das mulheres montanhesas.*[86] Os Melungos já estavam instalados quando os *primeiros montanheses yankee, Irlandeses e Escoceses vagueavam pelo rio Clinch abaixo... encontraram já instalado nas terras férteis do vale do Clinch um povo estranho. Eram morenos, altos, não exactamente como os Índios, mas certamente nada parecidos com os Negros fugitivos... Em Rogersville há algumas pessoas altas e com pele cor de azeitona... as mulheres mais novas são particularmente bonitas.*[87]

Worden também cita Dromgoole quando esta descreve um factor comum com os Portugueses: ...*os Malungeons* [Melungos] *habitualmente faziam e bebiam brandy em vez de uísque.*[88] Worden desafia diversas teorias e declarações de Dromgoole.

Em geral, os Portugueses apreciam brandy ou aquilo a que chamam aguardente. Normalmente fazem-na a partir de uvas, assim como de quaisquer outros frutos, tais como ameixa, figo, cereja, etc. Alguns imigrantes Portugueses na América faziam brandy nas caves e tinham as suas próprias destilarias. O brandy era um produto secundário da rotina anual de fabricação de vinho, que era e ainda é ilegal. Actualmente, ainda o fazem todos os anos durante o Outono.

Fig. 28—Moderna destilaria artesanal de brandy.

Depois de fazerem o vinho nas caves em casa, eles continuam a fazer brandy a partir do *bagaço de uva*, a polpa que sobra do processo de fazer o vinho. Bonnie Ball também escreve: ...*Com o tempo, tornaram-se fabricantes de brandy para consumo próprio.*[89] Será coincidência?

Edward T. Price – 1950

O Dr. Price apresentou uma tese sobre grupos raciais de sangue misto. Um desses grupos é o dos Índios Carmel, talvez os únicos existentes no Ohio. Os apelidos e as características de vida são semelhantes às dos Melungos: *Poucos, ou nenhum, parece realmente Índio... As pessoas do campo são rápidas a apontar as diferenças de linguagem.*[90] Ele considera a presença tanto de Índios como de Negros e estabelece uma ligação entre este grupo e os Melungos do leste do Tennessee.[91]

O escritor não considera o *rumor persistente* de descendência portuguesa e derivação de nomes, mas não apresenta uma explicação plausível para o que ele chama de rumor, nem para a semelhança de muitos nomes Portugueses. O Dr. Price também diz que a palavra *Melunge*, derivada do francês:... *mélange, parece igualmente improvável.*[92]

Artífices do Metal Precioso e a Afirmação de serem Portugueses – 1963

Louise Davis escreveu um artigo no *Nashville Tennessean*, citando a falecida Mildred Haun quando *dizia que tinha sempre ouvido falar da habilidade dos Melungos em trabalhar o ouro e a prata ...aceitava como um facto que eles eram particularmente bons a criar jóias em ouro e que fabricavam as melhores balas de prata quando havia bruxas na região.*[93] É ainda um facto aceite que os Portugueses são muito hábeis na criação de jóias. Qualquer pessoa que visite a baixa de Lisboa verá as montras de muitas joalharias com jóias elaboradas. Na verdade, as duas ruas mais famosas de Lisboa chamam-se *Rua do Ouro* e *Rua da Prata*.

Esta perícia também é visível numa lembrança popular feita de filigrana de ouro e com a forma de uma caravela portuguesa do século XV. É das recordações mais vendidas em Portugal. Ninguém conhece com certeza o início desta tradição. Estão disponíveis em ouro puro, mas a maior parte é simplesmente banhada a ouro. Este tipo de trabalhos assim como outras artes de joalharia são comuns em Portugal actualmente, mas antigamente eram apenas usados pela aristocracia. Kennedy acrescenta uma descoberta mais recente relacionada com metais preciosos: *...os colonos de Santa Elena incluíam metalúrgicos e outros, cuja tarefa principal era reconhecer metais preciosos, refiná-los e trabalhá-los. Os Mouros de Espanha, de Portugal e do norte de África eram conhecidos pela forma como trabalhavam os metais, tendo na*

Fig. 29—Caravela portuguesa do século XVI estilizada em filigrana de ouro sólido.

verdade ensinado a arte aos Ibéricos. Os Melungos são desde há muito conhecidos pelas suas capacidades em fundir a prata, assim como por uma grande diversidade de outros trabalhos em metal [94] Os Judeus eram especializados nesta arte e Gil Vicente (c. 1465-1536), um notável poeta lírico Português, foi também um ourives famoso.

Pollitzer e Brown – 1969

O número de Setembro de 1969 de *Human Biology* [Biologia Humana] publicou um estudo feito pelo Departamento de Anatomia e Antropologia da Universidade da Carolina do Norte em Chapel Hill. Embora o estudo não chegue a conclusões concretas quanto à ascendência do povo Melungo, também não exclui quaisquer possibilidades. Esta pesquisa de demografia e genética foi realizada pelos Drs. William S. Pollitzer e William H. Brown.

O artigo começa por descrever o que se conhecia sobre os Melungos naquela época. Cita a pesquisa do Dr. Price de 1950 e afirma que as pessoas mais velhas residentes no Condado de Hancock em 1850 tinham nascido principalmente na Carolina do Norte e na Virgínia.

A descrição da população melunga é:*... moderadamente altos,... dentro da média caucasóide... A semelhança comum mais próxima dos Melungos e da população Branca é evidente.* [uma tabela comparativa de frequência de genes mostra-o] *...Quando se usam frequências inglesas e portuguesas, juntamente com Negras e Índias, os métodos concordam que os Portugueses são o mais provável dos dois antepassados europeus e contribuíram com a maioria dos genes. Os dados estão bem ajustados por um componente português de 90%, com uma pequena mistura negra e índia; estão também ajustados por uma percentagem de 94% português e 6% índio.* [95] No entanto, a pesquisa também acautela que, devido à similitude das

Fig. 30—À esquerda, Maria Antónia Sousa, nascida na Nazaré, Portugal. Cortesia de António Sousa, e à direita Fig. 31—Nancy Kennedy, descendente de melungos. Cortesia da mãe do Dr. N. Brent Kennedy. Note-se, nestas fotos, a similitude das faces, da testa, dos olhos e do nariz.

frequências de genes Portugueses e Ingleses, nenhuma resolução é clara quanto à contribuição precisa de um ou de outro: *Mas todos os métodos concordam que predomina um elemento Europeu.*[96] Os Ingleses nunca os reconheceram como sendo seus e, se este estudo apontar para um ou para outro, qual será o outro?

Portugueses da Nazaré, uma vila de Portugal - 1970

Durante o processo de recolha de informações para o seu livro, Jean Patterson Bible entrevistou a gerente de um banco local. Numa comparação de fotografias entre pessoas de Tânger, em Marrocos e da Nazaré, em Portugal, as pessoas desta vila portuguesa foram escolhidos como os que se assemelhavam mais com os Melungos. Em Sneedville, sentada à secretária no Citizen's Bank: *...Miss Martha Collins, cabelo Branco e olhos azuis, a gerente de 74 anos de idade disse pensativamente: "Sim, alguns dos meus antepassados eram Melungos. Não temos a certeza, mas pensamos que eles descendem possivelmente de Portugueses ou Espanhóis de Navarra." Alguns meses mais tarde, em minha casa, víamos alguns slides feitos na Nazaré, uma pequena vila piscatória e outros de cenas e gente de Tânger (Marrocos). Miss Martha observou as imagens cuidadosamente. Depois, na sua típica cautela de banqueira, disse devagar: "Podiam ser, mas não sei mesmo. Os Portugueses parecem-se muito mais com os Melungos que eu conheci toda a minha vida do que com as pessoas de Tânger."*[97]

As pessoas da Nazaré estão casadas com o mar; por essa razão, afirmam ser descendentes de marinheiros Fenícios.[98] Um oficial do governo português aceita a possibilidade da ascendência portuguesa:*... nas palavras de Luís de Sousa, porta-voz da Embaixada portuguesa em Washington, é "bastante credível" e "bastante convincente."*[99] *...as velhas fotos dos Melungos pareceriam uma imagem familiar, se estivessem penduradas na parede da sala de uma família da classe trabalhadora na Beira, a região central de Portugal.*[100]

Fig. 32—Zulmira Pina Luso-Americana

Fig. 33—A mãe de Libby, uma Melunga.

Fig. 34— Martha Collins, uma descendente de Melungos.Ex-presidente do Sneedville Citizen's Bank.-Fotografia de Jean P. Bible.

A Tradição Continua

Esta história pode não ter nada a ver com os Portugueses, mas é muito trágica e, ao mesmo tempo, interessante. Mildred Haun narrou-a no seu livro *The Hawk's Done Gone*. A história é contada por uma avó que servia de parteira à filha que, por sua vez, morreu ao dar à luz. No seu último suspiro, pediu à mãe que lhe criasse a filha, como se não tivesse pai. A avó criou a neta ilegítima. Chamava-se Cordia Owens e nasceu a 1 de Junho de 1902. Nunca lhe disseram que o pai era Melungo. A avó mantinha Cordia em redor da casa e nunca a deixava ir a lugar nenhum. Um dia, ela fugiu e casou com um homem Branco. O jovem casal instalou-se numa quinta. Um homem Melungo passou certo Inverno na quinta como ajudante. Cordia engravidou e, quando a criança nasceu, os piores receios da avó realizaram-se – a criança tinha a cor dos Melungos. O marido ciumento deu uma espreitadela e gritou: *"Por isso é que o diabo quis ficar aqui!", pensando que a mulher o traíra com o ajudante Melungo. Num ataque de fúria, espancou a jovem esposa enfraquecida até à morte com um pau. Mais tarde, quando ela jazia no caixão, ele agarrou no bebé que chorava, meteu-o dentro do caixão junto com a mãe morta e pregou a tampa.*[101]

A Minha Herança Melunga

Ruth Johnson escreveu recentemente um livro onde se menciona: ...*a realização de uma reunião* [religiosa] *para resolver de vez o problema das cobras.*[102] As serpentes abundavam por todos os lugares arborizados e montanhosos. Normalmente alimentavam-se de ratos que destróem as colheitas. Há uma tradição na Índia, a que se dá o nome de encantamento de serpentes. Os encantadores de serpentes actuam em áreas públicas com um instrumento musical semelhante a uma flauta. Ninguém conhece o efeito desse

Fig. 35—Ruth Johnson, descendente de Melungos, de Sneedville

instrumento sobre a cobra, se é um tom em particular ou alguma vibração infra-sónica que faz a serpente sair do cesto.[103] Isto pode representar uma ligação entre os Portugueses e os Melungos. Os Portugueses estiveram na Índia desde 1498 e trouxeram consigo mulheres, homens e os seus filhos de casamentos mistos com os naturais. Ruth também menciona: *...beber café do pires...* O autor lembra-se de ver o avô fazer o mesmo.

Jesse Stuart, o romancista do Kentucky, também menciona o manejo de cobras no seu romance *Daughter of the Legend*. Um e-mail recente enviado para a Fundação refere um "cirurgião" Alemão de nome Schoepf que, ao viajar pelos Montes Apalaches em 1781-82, fez uma referência aos "Índios da montanha" algures entre Pittsburgh e o sudoeste da Virgínia, que "veneravam" a cobra cascavel e lidavam com ela com facilidade. Schoepf interessava-se por farmacêutica natural e ficou intrigado com estes Índios. Seriam realmente Índios americanos nativos?

O Itinerário Melungo para as Montanhas

Já foi provado que os Melungos não tiveram origem no Tennessee. Contudo, ninguém tem certeza de onde vieram. Edward T. Price estudou os Melungos em 1950. Partindo dos mapas e da descrição que ele encontrou, parece que atravessaram da Virgínia e da Carolina do Norte para o Tennessee no final do século XVIII. Também nos diz que Newman's Ridge no Tennessee não tinha terra muito boa e, possivelmente, era o único lugar onde se podiam fixar, já que mais ninguém a queria: *...Embora muita da terra da cordilheira esteja por usar, as pastagens pobres e os bosques de segunda geração nascidos praticamente sobre a pedra calcária comprovam a futilidade de cultivar mais da mesma forma.*[104] Isto indica certamente que eles surgiram na costa leste das Carolinas muito antes do século XVIII, onde os navegadores Portugueses, Espanhóis, Ingleses e Franceses eram muito activos no século XVI. Jack Goins, enquanto escrevia o seu livro, descobriu o rasto dos Melungos até à Virgínia. Ele afirma na página 51 que: *em 1839, Charles Gibson tinha mais de 100 anos. Deu como local de nascimento o Condado de Luisa, na Virgínia.*

Habilidosos nos Ofícios

Jean Patterson Bible, que conhece os Melungos há muitos anos, escreve: *...Eles vão principalmente para o Michigan e para o Ohio, e alguns deles são muito habilidosos nos ofícios da carpintaria e da alvenaria. Dos Melungos do Condado de Magoffin, um amigo de Gifford, no Kentucky escreve: ...são apegados à família e ao povo durante as dificuldades, mas animam-se com qualquer um que os trate com justiça e sem preconceito... a maior parte deles é muito habilidosa nos ofícios da carpintaria e da alvenaria.*[105]

Em Portugal, durante os anos 40, a educação para além da quarta classe só estava disponível para as pessoas mais abastadas. Havia a opção de se ser aceite num seminário católico e desistir antes de se fazerem os votos finais. Mas mesmo essa era uma escolha limitada a alguns. A única outra hipótese era aprender um ofício, o que se fazia em tenra idade. Era a única maneira que os pais tinham de dar aos filhos um meio de ganhar a vida. Daí resultou que os Portugueses fossem habilidosos nos seus ofícios e fossem procurados em todo o mundo como imigrantes de boas perspectivas. Nem todos os trabalhadores eram especializados, mas a grande maioria era gente trabalhadora da terra e do mar.

Navarrah, Varr, Vardy e Velório Irlandês

Baseada numa carta escrita por J. G. Rhea, Louise Davis escreveu: *Navarrah* [um nome comum entre os *Melungos*] *abriu uma estância de águas minerais há muito tempo... uma estância de saúde...*[106] Uma das férias preferidas dos Portugueses mais idosos é ir passar algumas semanas ou meses a uma estância de saúde, normalmente perto de uma fonte, a que se dá o nome de *Termas de Verão*. Mais tarde, Jean Patterson Bible escreveu uma história que ouvira de alguém que fazia um estudo sobre os hábitos populares dos Apalaches: *...os velórios, em particular a reunião da família em casa para velar o morto durante várias noites antes do enterro, são definitivamente irlandesas e não melungas.*[107]

Isto poderá ter uma origem irlandesa, mas também é uma tradição portuguesa que está lentamente a acabar. Nas áreas rurais, ainda é costume passar a noite acordado com parentes e amigos do falecido, a fazer o chamado *velório*. Não devemos igualmente esquecer que os Portugueses também descendem dos celtas e, alguma da sua cultura pode ter sido adquirida pelo povo que habitava o actual território português. *Navarrah* ou *Navarro* é um nome importante em português, para além de ser comum entre os Melungos. Devemos também lembrar que Moses Navarro, um Judeu Português, chegou a Pernambuco, no Brasil, numa frota deJudeus vindos de Portugal.[108]

Uma Aparência Europeia e Um Grupo Demasiado Grande para ser Ignorado

Para gente com aparência europeia e que, além disso, era cristã, era preciso inventar uma nova herança: *Não importa que, logo desde os primeiros encontros, os Melungos parecessem saber quem eram e que a afirmação quanto à sua origem não era nada exótica e facilmente verificável.*[109] Por que razão estariam os Ingleses interessados em comprovar a origem dos Melungos? Se eles fossem Portugueses ou de outra nacionalidade qualquer, seria embaraçoso, pois presume-se que quem lá chegasse primeiro, reclamaria o território para o seu rei ou nação. Infelizmente, isso é verdade e, enquanto se pesquisava para este livro, a história de uma pequena cidade do sudeste, da qual os Portugueses – ou pessoas oficialmente registadas como portuguesas – faziam parte, descobriu-se que foram simplesmente classificados como *"e outros"*. O Doutor Adalino Cabral partilhou um facto conhecido numa entrevista: *Existe o caso dos Cabo-Verdianos no Massachusetts (na década de 1970) serem classificados como "Outros", quando o estatuto racial era oficialmente* [pedido pelas escolas públicas] *para efeitos de Estado. Hoje em dia, a classificação relativa a minorias inclui Negros, Hispânicos, Asiáticos... Cabo-Verdianos...* É muito interessante o que apenas algumas pessoas podem conseguir em termos de reprodução humana. Kennedy escreveu: *...no geral, os historiadores profissionais têm-nos ignorado, embora eles ascendessem aos milhares. Actualmente, os seus descendentes excedem, sem dúvida, 200.000 indivíduos, talvez*

até bastante mais, mas a maior parte desconhece que tem sangue Melungo.[110]
O geneticista Nassau (McGlothen) afirmou: *Um Europeu, Africano ou Mulato...*
podia deixar um número desproporcionado de descendentes... Assim, se cinco
marinheiros naufragados fossem adoptados por uma aldeia de cem Índios, em
duas gerações a aldeia seria provavelmente 25 ou 30% europeia em vez de 5%.[111]

Doenças Genéticas – Joseph-Machado, Sarcoidose e Outras

Existem várias doenças genéticas que se encontram sobretudo nos povos mediterrânicos: *Talassemia*, uma doença sanguínea rara; *Sarcoidose*, uma doença respiratória, o *Síndroma Joseph-Machado*, que ataca o sistema nervoso central; a *Febre Mediterrânica Familial* (FMF), uma doença degenerativa dos rins; e a *Paramiloidose*, ou Doença dos Pezinhos, como é vulgarmente conhecida, que se apresenta através de um discurso oral mal articulado e fraqueza nas mãos e nos pés. Existe outra ainda chamada Síndroma de Guillan-Barre, que é a causa mais comum de paralisia aguda generalizada.

Esta doença não é genética e não é característica de nenhum segmento da população, mas sabe-se que afecta o povo Português.[119] Kennedy, antes de escrever o seu livro, contraiu sarcoidose. As causas são desconhecidas, mas pode debilitar, estropiar, sufocar ou até cegar as vítimas. Uma percentagem considerável dos casos resulta em morte.

Devido a este acontecimento na vida, Kennedy sentiu-se obrigado a pesquisar as origens e a essência concreta que constituía e constitui o seu povo. Mais tarde, diagnosticaram-lhe também Febre Mediterrânica Familial (FMF). Muitos imigrantes Portugueses da Nova Inglaterra e da Califórnia contraem também a doença de Joseph-Machado. O Dr. Jorge Sequeiros, director do Instituto para o Estudo das Doenças Genéticas no Porto (Portugal), afirmou numa entrevista que a sarcoidose não era uma doença genética. Há, no entanto, muitos que não partilham da sua opinião.

Os descendentes Melungos apresentam uma propensão enorme para estas
doenças mediterrânicas tal como a Talassemia, a Febre Mediterrânica Familial e
a Sarcoidose.[113] A sarcoidose e a talassemia, também conhecida por anemia mediterrânica, são comuns em Portugal, na Itália e na Grécia.

Desconhece-se a causa... os factores genéticos são importantes... ocorre
predominantemente entre a idade de 20 e 40 anos... com antepassados judeus
Sefardim e é rara em pessoas com outros passados genéticos.[114]

Quando o autor esteve em Lisboa, a pesquisar para este livro no Instituto Nacional de Saúde, conseguiu obter informação sobre as doenças genéticas da população portuguesa. A Dr.ª Odete Rodrigues foi amável ao ponto de lhe oferecer uma cópia de um artigo publicado no *Medical Journal of Genetics* (Jornal Médico de Genética) em 1993.

O artigo está relacionado com anemias hereditárias em Portugal, foi o resultado de um estudo feito por cinco médicos e três instituições portuguesas e apresenta os acontecimentos históricos relevantes relacionados com a talassemia.

Os portadores da talassemia predominam na província do Alto Alentejo, informação essa que vai ao encontro das mencionadas acima. Na verdade, encontram-se as quatro mutações da talassemia mediterrânica mais comuns entre os Portugueses.[115] Também se relaciona esta doença com escravos Africanos trazidos no século XV e mais tarde, assim como com os Fenícios, Romanos e Muçulmanos (Mouros). Os factos acima referidos são suficientes para, pelo menos, não se eliminar de imediato a reivindicação melunga de ascendência portuguesa e apresenta um caso muito forte quanto a uma ligação mediterrânica.

Pele Mais Escura do que a dos Portugueses

Tradicionalmente, os Melungos não eram aceites como Portugueses, devido à cor da sua pele: *Mas uma pele mais escura do que os Ingleses achavam que os Portugueses deviam ter, assim como o uso de apelidos ingleses e do inglês isabelino têm sido citados historicamente como provas contra esta teoria.*[116]

Isso pode ser possível, mas os Ingleses sabiam que os Portugueses tinham pele mais escura. A 31 de Maio de 1662, Charles II de Inglaterra casou com a princesa portuguesa Catarina de Bragança. Depois do casamento real, John Evelyn, um autor do século XVII, referiu-se, no diário que tinha desde os seis anos de idade, às damas de companhia portuguesas da rainha Catarina: *...são trigueiras e têm pele cor de azeitona.*[117] Estas mesmas palavras foram utilizadas mais tarde para descrever os Melungos. Chama-se carinhosamente às mulheres do Alentejo – uma província no sul de Portugal – *trigueiras* ou *trigueirinhas*, o que significa morena ou castanha e de cabelos escuros. A palavra deriva de *trigo*.

A Presença Portuguesa na Costa Leste e a Mesma Origem Portuguesa

Kennedy também apresenta a possibilidade de marinheiros Portugueses naufragados e menciona aquilo que é mais aceite na América do Norte como uma presença portuguesa limitada: *Além disso, pensa-se que a presença portuguesa ao longo da costa sul foi mínima, ou seja, mais um factor a opor-se à herança portuguesa.*[118] A presença dos Portugueses pode não ter sido tão numerosa quanto a dos Espanhóis, mas foi certamente maior do que a dos Ingleses ou de qualquer outra nação europeia na primeira metade do século XVI: *...as bolsas individuais destas pessoas aumentavam, falavam repetidamente na mesma origem portuguesa para explicar a sua existência.*[119] *No entanto, até os cépticos admitiram a dificuldade em eliminar de imediato uma possível ligação aos Portugueses, primeiramente devido à natureza inicial e alargada destas afirmações, mesmo entre colónias melungas muito afastadas, e evidências linguísticas e culturais parecidas.*[120] Sem meios para uma comunicação fácil, este é um feito e tanto. Como Portugal tinha os oceanos cheios de caravelas, era possível que grupos diferentes de várias partes do mundo fossem descobertos e explorados pelos Portugueses. Algumas dessas pessoas podiam ser ou não de Portugal Continental e podiam ser o resultado de miscigenação com os nativos das mais diversas regiões. Isso poderá igualmente explicar por que muitos grupos podem ser diferentes de outros, embora afirmem ser Portugueses. (Ver Capítulo VII e VIII para uma descrição detalhada da presença portuguesa na América do Norte.)

Falavam Árabe ou Berbere em Casa e a Imigração em Massa dos Mouros

Uma língua sobrevive durante algum tempo, se for falada em casa. A experiência demonstrou que, após duas ou três gerações, ela desaparece, quando as pessoas estão expostas a uma outra língua na vida quotidiana. Kennedy explica uma possível ligação entre os Árabes e os Melungos: *Após a Reconquista cerca de 1200 d.C., teve lugar uma trégua difícil, durante a qual os Mouros Portugueses e Espanhóis fizeram o possível por misturar-se com os seus vizinhos hispânicos. Em números cada vez maiores, casaram-se, converteram-se ao Cristianismo, adoptaram nomes Portugueses e Espanhóis, não deram muito nas vistas e geralmente só falavam árabe ou berbere em casa.*[121] Isto podia ser verdade no sul de Espanha, mas não em Portugal. Em Portugal, o final da Reconquista deu-se no século XIII e, por volta do século XVI, os Mouros já tinham sido absorvidos pela população portuguesa.

Uma geração é o bastante para se perder a língua dos nossos antepassados. Isto é verificável hoje em dia através das mais recentes chegadas de imigrantes à América. *Portugal não tinha Mouros no seu território no século XV ...e naquela altura, a Espanha ainda tinha de subjugar os Mouros que restavam em Granada.*[122] [A imigração em massa teve lugar depois dos] *...primeiros cinco anos após a queda de Granada... Grande parte dos seus habitantes... emigrou e instalou-se em ...Tunis, Alexandria e noutros locais do norte de África...*[123] [Kennedy menciona as ilhas Canárias] *...Permitiu-se que grandes quantidades de mouriscos cristianizados emigrassem para as ilhas Canárias.*[124] Isto aconteceu muito mais tarde, no século XVI. De novo, esta imigração em massa pode ter acontecido no sul de Espanha, mas não em Portugal, já que tal não existiu nos séculos XV ou XVI. Isso poderá apontar para Mouros Espanhóis, mas como chegaram eles à América? Qual o motivo dos nomes Portugueses? Na época em que os Ingleses os encontraram, já não havia guerra com a Espanha e, portanto, não havia razão para temerem contar a verdade aos Ingleses. Tal aconteceu, pelo menos, uma ou duas gerações mais tarde. Por outro lado, houve uma grande movimentação da população portuguesa no século XVI, devido ao estabelecimento de colónias na África, no Brasil e na Índia.

Nome Português Usado por Judeus

Jane S. Gerber, no seu excelente livro *The Jews of Spain* (Os Judeus de Espanha), descreve em pormenor a experiência sefardínica da maior parte dos Judeus Espanhóis. Descreve igualmente os judeus Portugueses. A amálgama de Judeus Portugueses e Espanhóis num só grupo pode não reflectir a realidade de então: *Mesmo entre si, os conversos em Lisboa, Madrid ou Sevilha referiam-se uns aos outros como "Portugueses" ou "Gente da Nação" e o termo "Português" tornou-se sinónimo de "Judeu" ou "Judaico" não só em Espanha, mas por toda a Europa ocidental, onde quer que estes novos cristãos Portugueses fossem.*[125]

Mesmo depois de terem mudado para outros países como a Holanda e, mais tarde, a América, levaram a nacionalidade e o nome português consigo. Segundo o mesmo autor: [Os Judeus] *...tão obedientemente como antes, mantiveram os livros de actas das suas congregações em português até ao século XVIII.*[126] *Na Europa ocidental, o ramo mais pequeno da família sefardínica era principalmente cripto-*

judaico e lusófono.[127] O autor pode estar-se a referir a um outro facto. Este diz respeito a um período depois de 1580, quando o rei Filipe II de Espanha era também Filipe I de Portugal. Muitos dos judeus forçados a converter-se ao Cristianismo em Portugal começaram a fixar-se em Espanha, nas suas colónias e noutra regiões: *Eram em número suficiente para que a palavra "Português" se tornasse quase sinónima de "Judeu" em Espanha assim como na América Espanhola.*[128] Se fosse esse o caso, eles eram, na realidade, judeus Portugueses que emigravam para Espanha.

O período hipotético para a chegada dos Melungos aponta para o início do século XVI. Durante e no final do século XVII, é pouco provável que um grupo de pessoas chegasse e passasse despercebido durante mais de cem anos.

Quanto ao termo "Gente da Nação", crê-se que se aplicava aos Judeus de todas as nações, não só de Portugal. "Gente da Nação" significava provavelmente *A Nação Judaica* dentro do país ou da nação em que se instalavam. Parece ter sido usado assim em todo o mundo. A petição feita à Companha Holandesa das Índias Ocidentais para serem aceites pelo Governador de Nova Amsterdão refere: *Excelências... Devereis também por obséquio considerar que muitos da nação judia são accionistas importantes... e muitos daquela Nação perderam também muito e capital de valor nas suas acções e obrigações.*[129]

Leo Pap menciona também: *O termo "Gente da Nação" era igualmente usado pelos imigrantes Açoreanos, quando se referiam a Portugueses de Portugal Continental ou a outros que tinham regressado da América.*[130] É óbvio que o termo não se aplica apenas e necessariamente aos Judeus.

Quando as coroas de Portugal e Espanha se uniram em 1580, muitos judeus Portugueses fugiram para Espanha para fugir à Inquisição portuguesa e, durante algum tempo, foram ignorados pela Inquisição espanhola. Além disso, era muito mais fácil viajar para Espanha na altura.

Nesse grupo estavam também os descendentes dos judeus Espanhóis expulsos de Espanha em 1492. Nessa época, já se consideravam Portugueses, sempre que viajavam para a Europa ou para as Américas. Alguns historiadores não aceitam o termo português com o significado que tem actualmente. Se as pessoas da fé judaica na América se consideravam americanas, então por que não considerar os de Portugal como sendo Portugueses?

Fig. 36—Latada em Patton Valley, Carolina do Norte. Helen Patton, descendente dos primeiros pioneiros na zona, é uma octogenária activa e muito viva que respondeu a muitas perguntas sobre as montanhas, as suas gentes e culturas, montanhas, as suas gentes e culturas.

Isaac Amoreiras Bitton, judeu e natural de Portugal, emigrou para a América em 1959.

Foi recentemente entrevistado para um documentário de Spielberg sobre o holocausto nazi. Actualmente é um homem de negócios bem sucedido em

Fig. 37—Uma latada típica numa área montanhosa de Portugal.

Chicago e é Americano. Orgulha-se das suas raízes portuguesas. O seu sucesso e reconhecimento levantarão o nível de auto-estima de todos os Portugueses espalhados pelos Estados Unidos.Quanto à possível relação com os Melungos ou qualquer outro grupo inicial de colonos, sabe-se que os judeus Portugueses chegaram muito cedo e, portanto, também participaram na formação da América.[131]

Latadas

Kennedy recorda a juventude: *Ela criava galinhas e colhia uvas e amoras, que ainda me lembro de ver suspensas das latadas há muito postas abaixo. No Verão, a extensão de terreno carregada de videiras fazia a vinha da avó parecer a selva da terra da fantasia.* [132]

As ramadas ou latadas são muito comuns na zona norte de Portugal. Aí se produz a maior parte das uvas que dão origem ao famoso *vinho verde.*

As latadas formam vinhas enormes, que se vêem igualmente nas ilhas da Madeira e dos Açores ao longo de encostas escarpadas e parecem estar presentes na maioria das regiões montanhosas.

Os Portugueses dos Açores, que vivem na zona sul da Nova Inglaterra, usam o método das ramadas para adornar as suas casas.

Nomes que podem indicar Origem Portuguesa

Kenedy afirma: *Os nomes dados aos Melungos desde os primeiros encontros notavelmente mediterrânicos quando comparados com os vizinhos Irlandeses e Escoceses: Louisa, Helena, Navarrh, Salena, Salvadore, Mahala, Alonso, Sylvester, Eulália, Elvas e Canara eram nomes presentes entre os primeiros Melungos conhecidos. "Canara", desconhecido entre outras famílias inglesas dos Apalaches, é especialmente intrigante.*[133]

O nome Canara será estudado mais adiante, já que poderá fornecer uma pista muito importante na resolução do mistério dos Melungos.

Como resultado de uma pesquisa contínua, encontrar-se-á eventualmente uma explicação lógica e aceitável: *O nome "Canaira" tem surgido na minha família pelo menos desde o século XVIII. É o nome de uma aldeia no norte de Portugal,*

*Fig. 38—Canara Nash, cerca de 1910,
tio-avô do Dr. N. Brent Kennedy*

...*e Canara era uma tradição
familiar bem antes de a nossa
família poder ter lido algo sobre a
colónia de Santa Elena ou mesmo
escolhido ao acaso "Canaira" de
um mapa de Portugal.*[134]

Seria muito mais difícil se o nome
tivesse tido origem noutra parte do
mundo. Por volta do século XVII,
os Portugueses tinham criado um
império, sobre o qual o sol não se
punha.

Elvas é o nome de uma vila
situada na província do Alentejo, no
sudeste de Portugal. (*Sim, Elvis
Presley tinha raízes na Carolina do
Norte; a família dele deixou a
Carolina do Norte rumo a ocidente
no início do século XIX.*)[135] No
Apêndice A, podem ver-se mais
detalhes sobre nomes Portugueses
e Melungos que podem ter alguma
relação entre si.

*Fig. 39—Retrato de família tirado em Portugal cerca de 1900.
Os bisavós do autor.*

Fig. 40, 41, 42—À esquerda e à direita estão soldados portugueses por volta de 1900. O do centro é Canara Nash, tio-avô melungo de Kennedy. Repare-se na similitude dos narizes, olhos e queixos destes jovens.[132]

Análise Sanguínea e Comparação com os Melungos – 1990

A pesquisa feita em 1969 por Pollitzer e Brown foi largamente difundida. Mais recentemente, em 1990, James L. Guthrie comparou a distribuição genética dos Melungos com a de populações do mundo. Os resultados foram publicados no *Tennessee Anthropologist*, na Primavera de 1990, e seguem-se algumas das conclusões: *Pesquisaram-se, em todo o mundo, as distribuições da frequência genética nos cinco principais sistemas de grupos sanguíneos para tentar encontrar semelhanças com as dos Melungos. Os cálculos da Medida Média de Divergência (MMD) identificaram populações da região mediterrânica e da Europa costeira que não diferem significativamente das dos Melungos. Todos os outros, incluindo os ameríndios, diferem largamente...* [Guthrie acrescenta] *Estes resultados são consistentes com a tradição portuguesa de que são Portugueses e concordam substancialmente com as descobertas de Pollitzer e Brown, cujos dados de 1969 forneceram a base para os cálculos actuais...*[136] [e conclui:] *...o total das suas descobertas permitiu-lhes favorecer uma ascendência predominantemente portuguesa em detrimento de uma inglesa para os Melungos... Os Portugueses combinam estreitamente por si só, devido provavelmente a uma incorporação antiga de um componente Negro nas populações mediterrânicas.*[137] Sabemos que isso aconteceu no século XV. Além disso, a comparação refere alguns outros países, com os quais Portugal tinha contacto, tais como a Arábia, a Índia e a Turquia.[138]

Os Portugueses e os Cherokee

Contaram também ao autor que, no início deste século, quando deram terras e outros benefícios aos Cherokee, muitas das pessoas que viviam perto deles também se candidataram como sendo Índios Cherokee; no entanto, viram as suas candidaturas serem rejeitadas, porque alguns dos candidatos escreveram nos formulários que eram parte Cherokee e parte Portugueses.

Fizeram-se tentativas para encontrar alguém da tribo Cherokee, no sentido de se conseguirem mais informações. Não havia mais nada disponível além do que está escrito nos livros vendidos pelo *Heritage Museum*, o que não foi de grande ajuda para esta pesquisa. Contudo, a ligação entre os Cherokee e os Portugueses surge de vez em quando.[139] Dromgoole também refere que:... *os Melungos acreditam ser de origem Cherokee ou portuguesa.*[140] *...o dono da casa, que afirma ser Índio e que, sem dúvida, possui sangue índio, vangloria-se do avô Cherokee...*[141]

Embarcações Portuguesas na Baía de Jamestown

Evelyn Orr, membro do nosso Conselho Consultivo, conseguiu informações nos documentos de McDonald Furman, que ela vem vindo a pesquisar desde há anos. Segue-se a sua contribuição para a pesquisa sobre a ascendência dos Melungos:

Fase da Etnologia – Washington Post, 1901. Este é um relato jornalístico de 1901 que definia as colónias portuguesas ao longo da costa atlântica. Inclui a "perspectiva" do antropólogo James Mooney na origem daquelas. Mooney era antropólogo no Departamento de Etnologia do Smithsonian Institut em Washington, DC. O que se segue foi retirado de um recorte de jornal encontrado nos documentos de Charles McDonald Furman, na Biblioteca da Carolina do Sul, da Universidade da Carolina do Sul em Colúmbia.

"Mr. James Mooney, que acaba de regressar do território índio, onde tem estado a estudar a tribo Kiowa para o Departamento de Etnologia, tem feito ao longo da sua carreira como antropólogo uma pesquisa considerável sobre as colónias portuguesas ao longo da costa atlântica dos Estados Unidos, um assunto sobre o qual se sabe bastante menos do que sobre qualquer outra fase da etnologia da América.

Por toda a costa sul existem grupos espalhados de uma gente curiosa, cuja aparência, cor e cabelo parece indicar uma mistura cruzada de Índios, Brancos e Negros. Tais grupos são, por exemplo, os Pamunkeys da Virgínia, os Índios Croatans da Carolina, os Melungos do Tennessee e outros povos numerosos que, nos tempos da escravatura, eram considerados Negros livres e, por conseguinte, eram frequentemente perseguidos e escravizados. Desde a guerra, têm tentado por meio de legislação e por outras formas ver reconhecida a sua ascendência índia. O viajante ou pesquisador de passagem pela região encontrará a tradição de sangue ou descendência portuguesa, onde quer que estas pessoas se encontrem e muitos têm-se questionado sobre a forma como estas pessoas têm tal tradição ou, na presença de uma ignorância visível, como tiveram conhecimento do nome de Portugal ou dos Portugueses.

Todavia, a explicação é bastante mais simples do que se poderia imaginar. Em primeiro lugar, os Portugueses foram sempre um povo marítimo e, na opinião de Mr. Mooney, que pesquisou o assunto, os primeiros registos da Virgínia e das Carolinas contêm menções a navios Portugueses que naufragaram nas costas dos Estados Unidos e de populações que se fixaram e casaram com Índias e mulatas.

Além disso, existem registos de embarcações portuguesas terem navegado na Baía de Jamestown já em 1655 e, desde então, tem havido uma fixação mais ou menos constante de marinheiros e pescadores Portugueses desde o Maine até à Flórida. Assim tem sido a história da raça portuguesa que, onde quer que se fixe, se mistura com os povos mais escuros, formando a população aborígene dos países ocupados pelos colonos Portugueses e esta é a razão e a causa da mistura portuguesa entre as tribos ao longo da costa dos Estados Unidos.

Como prova mais evidente disto, ele chama a atenção para o caso de uma colónia de pescadores Portugueses que se instalaram na costa do Massachusetts há alguns anos. Os colonos não têm outra coisa para fazer com eles, a não ser casar e cruzar-se com os Índios Narragansett que sobreviveram até à actualidade. Em resumo, era destino dos Portugueses que, onde quer que se instalassem ao longo da costa atlântica, se misturassem e casassem com os sobreviventes das tribos índias que foram um dia os únicos proprietários daquela região."

Algumas notas sobre a pesquisa científica de James Mooney: Na correspondência que manteve com McDonald Furman em 1897, ele afirmou: *"Ele sentia que Croatans, Redbones, Melungos, Mouros e Portugueses eram todos nomes locais para raças de "sangue misto" ao longo do litoral atlântico". Ainda segundo Mooney: "Valeria a pena que os investigadores locais pesquisassem o assunto de forma mais sistemática."* Na verdade, isso nunca chegou a acontecer, havendo por isso um interesse científico contínuo hoje em dia. Outros comentários feitos por Mooney no livro *Handbook of American Indians North of Mexico* (Manual de Índios Americanos a Norte do México) revelam a sua sinceridade baseada nas perspectivas raciais do seu tempo. No entanto, deve notar-se a sua incerteza em julgar estas pessoas como um facto. Ele revela o seu desconhecimento de que outras "raças" se encontrassem ao longo das nossas costas, ao mencionar:... *"os marinheiros desgarrados de raças latinas de barcos de cabotagem vindos das Índias Ocidentais ou do comércio brasileiro, e os Portugueses."* Em décadas recentes, muitos pesquisadores têm negligenciado as primeiras perspectivas "científicas" de Mooney respeitante às raças para além dos norte-Europeus, tal como a herança do escravo Negro ou do Índio. A pesquisa desta década revelará várias "misturas" complicadas entre alguns dos visitantes muito diversos do litoral atlântico. Isto poderá dar-nos uma visão mais ampla do multiculturalismo nas colónias americanas.

Os Melungos e a Internet

As comunicações modernas permitiram a muitos Melungos investigar a sua ascendência com a ajuda do computador e da Internet, para além das reuniões organizadas pela Melungeon Heritage Association e das oficinas de trabalho. Seguem-se alguns e-mails recebidos atestando a ancestralidade portuguesa. Os apelidos e os endereços electrónicos não são divulgados para proteger a sua privacidade.

Erica, procurando uma possível ligação ao Ohio Valley, diz: *Algumas famílias (ex. Fontz) reivindicam igualmente uma herança **portuguesa** – e dão consigo a transgredir a sua maneira de ser pela prática da religião católica.* Fontz é uma variação do nome português Fontes.

Do Mike, no Iowa: *Estado do Tennessee, Condado de Maury... testemunhou que ele disse que Thomas Hall tem direito a todos os privilégios de um cidadão livre. O avô de Thomas Hall do lado paterno era um **portagee**.* Isto foi escrito em 1835.

De J. A.W. T. para Mr. McDonald Furman: *Caro Senhor: ...A questão de que se ocupa... É claro que as pessoas de "raça mista" que temos entre nós em Malborough não são conhecidos por "Redbones" e só muito recentemente foram chamados de "Croatans", um nome que alguns deles começam agora a adoptar. Durante gerações, eles afirmaram sempre ser de raça "**portuguesa**". Durante algum tempo, as pessoas brancas consideraram-nos Mulatos.*

De Sherla A.: *Eles viviam numa pequena vila perto de Cadillac, no Michigan... A minha avó disse sempre que tínhamos uma parte Índia, mas não sabia se era uma parte muito grande ou não nem de que tipo de Índios éramos. No entanto, nos* *seus últimos anos, o irmão dela disse-nos que eram **Portugueses**.*

De Rick G.: *William Goings, Sr. era filho ilegítimo de John Harmon (nascido cerca de 1730), natural de Portugal e Elizabeth Goings, considerada uma mulher branca.* De David Hunt, Supervisor, Programas Educacionais em Buena Park, Califórnia: *O meu nome é David Hunt e sou descendente de um grupo de pessoas conhecidas como Índios Melungos. Os meus antepassados eram Portugueses que naufragaram em Cape Hatteras, na Carolina do Norte no início do século XVIII, aproximadamente em 1734.*

Linda Baggott acrescentou: *Pappy, como toda a gente lhe chama, é um guia turístico educativo no parque temático que reflecte a herança de muitas famílias étnicas que ajudaram a construir o velho Oeste e o que ele é hoje. Mr. Hunt, descendente dos Portugueses/Índios Melungos fala dos seus antepassados de Newman Ridge, no Tennessee, e como ele continua a seguir o pôr do sol como o pai e a mãe lhe ensinaram. Hoje em dia, conta a história do povo Americano nativo que habitava nas montanhas aos nossos filhos, que nós trazemos ao parque para uma aventura educativa.*

De Jack Goins: *Tenho um livro quase terminado sobre os Melungos e espero que seja o primeiro livro escrito por um descendente que pode prová-lo. Não creio que os Melungos fossem Redbones. O meu palpite diz respeito aos verdadeiros Melungos, que vieram para Newman Ridge por volta da década de 1790 de um local perto de New River. Mudaram-se para New River em 1767 vindos de Flatt River na Carolina do Norte. Eu descubro as raízes de famílias individuais até à sua pátria original na Virgínia, usando a nacionalidade que eles afirmavam ter, que, no caso, era **Portuguee** e Índia.* [O livro já está terminado e na página 48, pode ler-se:] *A maior parte dos descendentes de Zachariah Minor afirmam que ele descendia de Índios ou de Portugueses. Esta afirmação pode ser substanciada através de alguns registos do Censo Federal no Condado de Hancock, no Tennessee, onde o enumerador escreveu a palavra **Português**.* [Página 90:] *Zachariah disse ao neto Thurman Hurd para se orgulhar sempre dos antepassados Portugueses; portanto, obviamente isto foi apresentado no julgamento ilegal de votos em 1748.*

De Arlee Gowen: REDBONES NO TEXAS. Colocou-se uma questão quanto à possível ligação dos Redbones e Melungos em relação a George Orr e à família Ashworth: *Não deveriam estas pistas ser exploradas no sentido de encontrar possíveis relações entre os Redbones e os Melungos? Os Ashworths emigraram da Carolina do Sul para a Louisiana em 1799. Os Ashworths eram classificados como "Negros livres" e possuíam escravos e terras. Contudo, existem dúvidas consideráveis de que eles tinham origem negra, embora as suas feições fossem aparentemente caucasianas. Thomas Jefferson Russell, em 1910, sugeriu que eles descenderiam de **Luso**-Árabes.*

De Kathy em Atlanta: *...Esta família – Ashe, Wilkes, Beaty, Baty, Batey,... – que tem sido incluída nas listas dos Brancos nos últimos anos, era antigamente considerada "M"[de mulata]. Ao discutir isto com um colega pesquisador, ele disse que eles se pareciam mais com Melungos do que com Mulatos... Os Arquivos da Geórgia têm o material... Concordei com Kennedy e não podia compreender por que razão se intitulariam eles **Portugueses**, se não o eram.*

De Gowen Research Foundation's Electronic Newsletter, Março de 2000, Volume 3, Nº 3 e enviado por Mike Landwehr, Des Moines ocidental: *Há muitos anos atrás, quando procurava informações sobre o meu tetravô, Thomas Hall, que viveu* *algum tempo no Tennessee, descobri o seguinte documento, que penso que poderá ter algum interesse para todos os que têm ascendência melunga. Aparentemente, o documento foi registado originalmente no Condado de Maury, no Tennessee, a 19 de Setembro de 1835. A cópia que encontrei foi registada com indicação das acções realizadas no Condado de Oregon, no Missouri em Fevereiro de 1850. Creio que tenha sido registado no Condado de Oregon por Thomas Hall pouco depois de se ter mudado para o Condado de Oregon. O documento clarifica o objectivo deste registo. Quanto sei, não tenho qualquer relação com este Thomas Hall. No documento lê-se o seguinte: "Estado do Tennessee, Condado de Maury, neste dia apareceu pessoalmente perante mim James L. Crawford, um dos Juízes da Paz, e quanto à questão de Thomas Hall, fez prova através de um testemunho, dizendo que Thomas Hall tem direito a todos os privilégios de um cidadão livre. O bisavô de Thomas Hall do lado paterno era um **Português** e o bisavô do lado materno era Inglês, e o avô de Thomas Hall do lado paterno descendia de **Portugueses** e o avô do lado materno era Irlandês. O seu próprio pai descendia dos **Portugueses** e a mãe era uma americana branca, que jurou e assinou à minha frente neste dia 19 de Setembro de 1835."* [Ainda da mesma publicação] *George D. Blakey também nos dá uma visão quanto ao carácter de William Morris nos seus escritos para "Russellville, Kentucky Newspaper Series," artigo número 54: "Lembro-me de diversas pessoas de cor idosas e muito respeitáveis, que foram dos primeiros colonos em Russelville e nas regiões em redor. Havia a família Morris, que creio afirmavam ser da raça portuguesa e livres por nascimento. O velhote e a sua pequena família eram gente muito esperta; a certa altura, possuíram uma boa quinta e alguns escravos e moravam a cerca de cinco quilómetros a leste da cidade." Já referimos a chegada dos Morris, Goins, Portee, Bird e outras famílias que afirmavam ser Egípcios ou **Portugueses**.*

Outro e-mail apresenta uma história curiosa: *É compreensível a tentativa destas gentes em escapar ao estigma racial e às suas consequências na cultura dos Estados Unidos de há dois séculos. Um artigo encontrado na Biblioteca de Marion, no Kentucky, revela: "Foram-se embora, mas, alguns dias mais tarde, regressaram para se casarem. A mulher jurou que tinha sangue Negro nela, o que era verdade. Pouco antes de começarem, o homem cortou uma veia e ela bebeu um pouco do sangue. Passou a ter o sangue dele nela." Finley conseguiu certamente fornecer uma visão clara sobre as vidas dos protestadores contra os impostos da Carolina do Sul. Algures existe mais documentação, talvez nas caves dos tribunais, em arquivos mal-iluminados, em diários de bordo amarelecidos ou em diários particulares bolorentos que validariam as reivindicações de descendência "egípcia e portuguesa".*

Da Gowen Research Foundation's Newsletter, Fevereiro de 2000: *Evelyn Portee Allen forneceu-nos a sua história familiar, contando que John e Harriet Portee mudaram-se da Carolina do Norte para o Illinois num vagão de comboio na altura do "Trilho das Lágrimas" e que eles eram Índios Cherokee. Incluída estava uma fotografia de John e Harriet Portee e da sua família. Eram pessoas de pele clara, alguns com feições europeias/**portuguesas** muito finas e outros assemelhavam-se a Índios.*

Publicação de Fevereiro de 1999 de Anna Goings Freedman, Jaymie Friedman Frederick e Helen Bonnie Moore: *Devemos colocar-nos a seguinte questão: Terão aprendido uma lição dos Turcos do Condado de Sumter, na Carolina do Sul? Os*

*Turcos apresentavam-se como sendo cidadãos da Turquia e, portanto, não sendo "Negros nem PLC". No Condado de Logan, no Kentucky, o nosso grupo intitulava-se como sendo **Português** e egípcio. Alguns Melungos afirmavam com legitimidade a sua ancestralidade portuguesa, já que os seus antepassados tinham chegado a Jamestown, na Virgínia em 1619, vindos da Angola portuguesa. Contrariamente aos esforços de colonização dos Ingleses, dos Franceses e dos Holandeses, os Portugueses não fundaram colónias. Organizaram cada território como um estado na nação portuguesa e os habitantes de cada um tornaram-se cidadãos de Portugal. De Kay B.: Os registos da minha família Bolton referem que eram **Portugueses**, Espanhóis e Alemães... Os meus Boltons são Melungos.*

Notas

[1] The Melungeons, de N. Brent Kennedy, p. 93.

[2] The Melungeons, de Byron Stinson, American History Illustrated, Nov. 1973, p. 41.

[3] The Melungeons, de N. Brent Kennedy, p. 121. [4] Ibid, pp. 106, 107.

[5] E-mail de Nancy Sparks, de 5 de Agosto de 1999.

[6] Pathfinder to the East, de J.R. Hildebrand, National Geographic Society, Nov. 1927, p. 510.

[7] Portuguese Enclaves, The Invisible Minority de M. Estellie Smith, p. 83.

[8] The Melungeons, de Bonnie Ball, p. 45.

[9] The Melungeons, de Jean Patterson Bible, pp. 59, 60.

[10] Annals of Virginia 1746-1786, de Lewis Preston Summers, pp. 1-2.

[11] Early Travels in the Tennessee Country, de Samuel Cole Williams, pp. 28-29.

[12] Greenbrier Pioneers…, de Ruth Woods Dayton, p. 16.

[13] Pioneer Recollections of Virginia, de Elihu Jasper Sutherland, p. 167-169.

[14] The Melungeons…, de Edward T. Price, p. 269.

[15] The Melungeons, de Brent Kennedy, p. xviii.

[16] Melungeons: The Vanishing Colony of Newman's Ridge, de Henry R. Price, p. 11.

[17] The History of Baxter County, Arkansas, (Mountain Home AR, 1972), pp. 5-6.

[18] Dicionário da História de Portugal, de Joel Serrão, V. 6, p. 687.

[19] The History of Baxter County, Arkansas, (Mountain Home AR, 1972), p. 6.

[20] History of Tennessee and Tennesseans, de W. T. Hale e Dixon L. Merritt, p. 182.

[21] Mixed Bloods of the Upper Monongahela, WV de William H. Gilbert Jr., p. 5. [23] Ibid, p. 11.

[22] The Melungeons, de Bonnie Ball, p. 76-77.

[24] The Melungeons, de Jean Patterson Bible, p. 57.

[25] The Presidents of the United States, de John & Alice Durant, p. 137.

[26] The Melungeons, de Jean Patterson Bible, p. 59.

[27] The Mystery the Melungeons, de Louise Davies, p. 11 (Nashville Tennessean, 9/23, 1963).

[28] Melungeons: The Vanishing Colony of Newman's Ridge, de Henry R. Price, p. 16.

[29] Ibid, p. 17.

[30] History of Tennessee and Tennesseans, de W. T. Hale e Dixon L. Merritt, p. 182.

[31] The Melungeons, de Jean Patterson Bible, p. 38, (James Aswell, Lost Tribes of Tennessee).

[32] The Melungeons, de N. Brent Kennedy, p. 5. [33] Ibid, p.12. [34] Ibid, p.13.

[35] The Malungeons, de Will Allen Dromgoole, p. 469 (Boston Arena 1891).

[36] Eastern Creek Indian Identity de J. Anthony Paredes, p. 65.

[37] The Malungeons, de Will Allen Dromgoole, p. 471 (Boston Arena 1891).

[38] The Melungeons, de N. Brent Kennedy, p. 13; [39] Ibid, p.15.

[40] The Melungeons, de Jean Patterson Bible, p. 26-28.

[41] History of Tennessee and Tennesseans, de Hale & Merrit, p. 180, Vol. 1.

[42] The Melungeons, de Bonnie Ball, p. 52; [43] Ibid, p. 72.

[44] Note on the Melungeons, de Swan M. Burnett, p. 347 (American Anthropologist, V. II, 1889).

Notas (Cont.)

[45] The Melungeons de Bonnie Ball, pp. 67-68.

[46] The Melungeons: a mixed blood-strain…, de Edward T. Price, p. 259.

[47] The Malungeon Tree…, de Will Allen Dromgoole, pp. 748-749 (Arena, Junho 1891).

[48] Ibid, (Arena, Março 1891) p. 473. – O autor recorda os pés da avó, tão pequenos e bem desenhados, excepto as gretas abertas nos calcanhares – às vezes a sangrar – de caminhar descalça todo o dia pelos caminhos e veredas nada macios. A mãe costumava mandá-lo todos os verões para casa dos avós e uma das primeiras coisas que ele fazia era ver-se livre dos sapatos e caminhar descalço. A principal razão era o facto de a mãe não se poder dar ao luxo de lhe comprar todos os sapatos de que precisava à medida que ele crescia e ele ter de usar os mesmos durante dois anos. Ao fim de um ano, eles estavam apertados, tão apertados que os dedos grandes dos dois pés cresceram encavalitados um em cima dos outros. Era certamente mais confortável andar descalço. O único problema era que os seus pés não estavam habituados e, no final do verão, os dedos dos pés e as unhas estavam em muito mau estado. Os primos andavam sempre descalços e riam-se dele, quando ele descuidadamente batia numa raiz protuberante de um pinheiro no caminho estreito, por onde caminhavam. De alguma forma, eles eram capazes de detectar com os dedos dos pés qualquer coisa que lhes aparecesse no chão antes de a calcar.

[49] The Malungeons, de Will Allen Dromgoole, p. 478 (Arena, 1891); [50] Ibid, p. 106.

[51] Entre as recordações de criança do autor, quando passava o verão com os avós na aldeia onde nasceu, ele lembra-se particularmente de ver as mulheres descalças, com um bom par de sapatos suspensos dos ombros, principalmente ao domingo, o que era muito natural.

[52] The Mystery of the Melungeons, de Louise Davis, p. 11 (Revista Tennessean, 9/22, 1963).

[53] The Malungeons, de Will Allen Dromgoole, p. 478 (Boston Arena 1891).

[54] The Melungeons, de Brent Kennedy, p. 12.

[55] The Melungeons, de Jean Patterson Bible, p. 107.

[56] The Mystery of the Melungeons, de Louise Davis, p. 11 (Nashville Tennesseean, 29/9/1963).

[57] The Melungeons and Mestee Groups, de Mike McGlothlen, p. 44.

[58] The Melungeons, de Bonnie Ball, p. 69.

[59] History of Tennessee and the Tennesseeans, de Hale & Merritt, p. 180.

[60] Strange People of East Tennessee, de Eliza N. Eiskel, Arkansas Gazette, 14-1-1914.

[61] History of Tennessee and Tennesseans, de Hale & Merritt, Vol. 1, p. 184; [62] Ibid, p. 6.

[63] Handbook of the American Indians, de Frederick Webb Hodge, Part 1, p. 365.

[64] The Melungeons, de Bonnie Ball, p. 51. [65] Ibid, p. 61. [66] Ibid, pp. 62-63.

[67] Ibid, p. 96. [68] Arkansas Gazette, 14Janeiro de 1914 de Eliza N. Heiskel.

[69] David Farragut, de Charles Lee Lewis, Vol. 1, p. 1.

[70] The Melungeons, de Bonnie Ball , p. 111; Hale & Merritt, p. 185.

[71] David Farragut, de Charles Lee Lewis, Vol. 1, p. 1.

[72] The Melungeons, de Bonnie Ball, pp. 74-75.

[73] Ibid, pp.8-9 (James Aswell, "Lost Tribes of Tennessee…").

[74] The Melungeons, de Bonnie Ball, p. 89.

[75] Ibid, pp. 84-85. [76] Ibid, p. 93.

[77] The Melungeons, de Jean Patterson Bible, p. 5.

[78] The Melungeons, de Bonnie Ball, pp. 95, 96.

[79] The Mystery of the Melungeons, de Louise Davis, p. 11 (Nashville Tennesseean, 9/29/1963).

[80] The Melungeons, de N. Brent Kennedy, p.87.

[81] Carta datada de 5 de Agosto de 1930 do Dr. W.A. Plecker para J. P. Kelly.

[82] Strangers in Their Midst, de Shirley McLeRoy, p. 14.

[83] Carta de Evelyn Orr do Melungeon Research Committee. Ver também nota 79.

[84] The Melungeons, de N. Brent Kennedy, pp. 86-87.

Notas (Cont.)

[85] Ibid.

[86] Sons of the Legend de William L. Worden, p. 29 (Saturday Evening Post, 18-10-1947

[87] Ibid. [88] Ibid, p. 130.

[89] The Melungeons, de Bonnie Ball, p. 70.

[90] Mixed-Blood Strain…, de Edward T. Price, p. 281 (Ohio Journal of Science, No. 6).

[91] Ibid, p. 288. [92] Ibid, p. 269.

[93] The Mystery of the Melungeons, de Louise Davis, p.11 (Nashville Tennesseean 9/29/1963).

[94] The Melungeons, de N. Brent Kennedy, p. 128.

[95] Survey of Demography…, de Pollitzer e Brown, pp. 389-399 (Human Biology, 9/1969). [96] Ibid.

[97] The Melungeons, de Jean Patterson Bible, p. 2.

[98] Revista National Geographic, de Howard La Fay, Outubro de 1965, p. 477.

[99] The Melungeons, de N. Brent Kennedy, p. 119.

[100] Charlotte Observer de Bruce Henderson, 15 de Agosto de 1993, p. 8A.

[101] The Hawk's Done Gone, de Mildred Haun, p. 97, 111.

[102] My Melungeon Heritage, de Ruth Johnson, p. 42.

[103] E-mail do goense Dr. José Colaço, datado de 31 de Julho de 1999.

[104] The Melungeons: a mixed-blood strain…, de Edward T. Price, p. 259.

[105] The Melungeons, de Jean Patterson Bible, p. 31; [106] Ibid. [107] Ibid, p. 106.

[108] Farewell España de Haward M. Sachar, p. 352.

[109] The Melungeons de Brent Kennedy, p. xiv. [110] Ibid, p. xv.

[111] Mike McGlothlen, documento datado de Março de 1997.

[112] New England Journal of Medicine, 23 de Abril de 1992, Vol. 326, No. 17, pp. 1130-1136.

[113] The Melungeons de Brent Kennedy, p. 128.

[114] Merck Manual of Diagnosis and Therapy de Robert Berkow, MD, p. 260.

[115] Medical Journal of Genetics de 1993; 30,235-239.

[116] The Melungeons de Brent Kennedy, p. 83.

[117] Catherine of Braganza de Manuel Andrade e Sousa, p. 50.

[118] The Melungeons de Brent Kennedy, p. 83. [119] Ibid, p. 10. [120] Ibid, p. 83.

[121] The Melungeons de Brent Kennedy, p. 101.

[122] The Spanish, Portuguese language de William J. Entwistle, p. 2.

[123] Moors in Spain and Portugal de Jan Read, p. 220.

[124] The Melungeons de Brent Kennedy, p. 103.

[125] The Jews of Spain de Jane S. Gerber, p. 188.

[126] Ibid, p. 209. [127] Ibid, p. 146.

[128] O Sacrifício de Isaac de Manuel da Costa Fontes, p. 58.

[129] The Jews in America de Max I. Dimont, pp. 38-39.

[130] The Portuguese-Americans de Leo Pap, p. 157.

[131] Mundo Português pp. 28-29, Setembro de 1996. Mr. Bitton e o autor foram criados na mesma área de Lisboa – Amoreiras – mas nunca se conheceram. Apesar do facto de que ele é judeu e o autor católico, ainda possuem as suas raízes comuns em Portugal.

[132] The Portuguese-Americans de Leo Pap, p. 51.

[133] The Melungeons de Brent Kennedy, p. 121. [134] Ibid. [135] Ibid, p. 122.

[136] Melungeons…Gene Distributions de James L. Guthrie, p. 13 (Tennessee Anthropologist).

[137] Ibid, p. 17.

[138] Ibid, p. 18.

[139] Cherokee localiza-se nas montanhas da região oeste da Carolina do Norte.

[140] The Malungeons de Will Allen Dromgoole, p. 479.

[141] Ibid, p. 477.

Capítulo V – Segunda Parte

Origens de Portugal e da Lusitânia – A Formação do seu Povo
Breve História até ao século XV
Deus deu aos Portugueses uma terra pequena para nascer,
mas um mundo inteiro onde morrer.[1]

Os Melungos e outros grupos têm sido tradicionalmente relacionados com o povo português, devido à informação oral transmitida de geração em geração e, em segundo lugar, por causa de uma aparência mediterrânica, africana ou oriental.

Este e os capítulos seguintes descreverão as origens do povo português, a sua história e a sua presença na América do Norte e em todo o mundo. Esse conhecimento ajudará o leitor a melhor relacionar o que tem sido escrito sobre os Melungos e fornecer-lhe-á uma base para uma conclusão, no que diz respeito a uma ligação aos Portugueses. O poema seguinte é de Camões, o poeta de Portugal:

Eis aqui, quasi cume da cabeça
De Europa toda, o Reino Lusitano,
Onde a terra se acaba e o mar começa
E onde o Febo repousa no oceano.

Os Lusíadas de Luís Vaz de Camões iii 20 [2]

Há um ditado tradicional que descreve verdadeiramente o destino de muitos Portugueses espalhados pelo mundo inteiro: Deus deu aos Portugueses um país pequeno como berço, mas o mundo inteiro como sepultura.[3]

Pode parecer que este livro está excessivamente inclinado para a ascendência portuguesa, mas no sentido de compreender a odisseia dos Melungos e a sua possível ancestralidade portuguesa, alguma história de Portugal básica ajudará. Os Melungos devem ter o seu lugar na história, assim como os Portugueses, que tantas vezes são completamente esquecidos.

Infelizmente, há muito poucos livros sobre a história de Portugal publicados em Inglês e os que existem representam muitas vezes uma visão distorcida dos factos e ignoram muitos outros muito mais importantes. Mas como Kennedy disse no seu livro, "os vencedores escrevem a História." Isto não ajuda muito quando se tenta pesquisar sobre os Melungos.

A. J. R. Russell-Wood escreveu no seu livro *A World on the Move* (Um Mundo Em Mudança): *Portugal é uma província de Espanha, não é? A capital do Brasil é Buenos Aires. Fala-se espanhol no Brasil; muito poucas pessoas falam português, porque é um dialecto espanhol. Afirmações deste género testemunham a ignorância respeitante ao mundo lusófono... Aqueles que se dedicam ao campo da História Latino-americana resignam-se a livros que simulam ser as histórias de Portugal e Espanha no Novo Mundo. Acabam por descobrir que a proporção da parte portuguesa para a parte espanhola é idêntica à proporção da ponta visível de um icebergue para o que está submerso, nomeadamente um nono... Como é possível que cada aluno do mundo anglófono seja capaz de matraquear os nomes de Cortez,*

Fig. 43 – O historiador Professor José Hermano Saraiva fala sobre uma árvore que se julga ter mais de 800 anos. São necessárias 9 pessoas de mãos dadas para abraçar o seu perímetro. Localiza-se na província do Alentejo. Fonte: RTP.

Pizarro, [Hernando] de Soto, Cabeza de Vaca, Balboa, Ponce de Leon e outros que tal? E, no entanto, quando os questionamos sobre o panteão de exploradores Portugueses, o mesmo aluno sentir-se-ia muito pressionado e seria apenas capaz de indicar o nome anglicizado e pouco adequado de Henrique, o Navegador.

[No sentido de entender melhor a resistência do povo português, devemos colocá-los:] *...no interior de um espaço mais alargado, não só de uma era portuguesa de descobertas, mas também da natureza global da série de iniciativas portuguesas; e em segundo lugar, enfatizar a dinâmica pura dos empreendimentos Portugueses, que transcendeu as limitações dos indivíduos e as restrições de tempo e espaço.*[4]

Tem-se dito: Portugal é o país que mais contribuiu para o conhecimento geográfico do globo, já que no decurso de um século, descobriu e explorou cerca de dois terços da terra habitada.

O Início da População Humana em Portugal

De acordo com um mapa da National Geographic publicado em Maio de 1998, há 237 milhões de anos atrás, os continentes europeu e norte-americano estavam ainda ligados através de uma faixa de terra que correspondia ao que é hoje Portugal. (Ver ilustração abaixo). É interessante notar que o ponto mais ocidental da Europa localiza-se em Portugal, mais ou menos no mesmo lugar que está assinalado no mapa.

Há cerca de 40.000 anos, o Homo Sapiens surgiu do homem de Neandertal e, mais tarde, apareceu o homem de Chancelade, que não tinha um aspecto muito diferente do homem mediterrânico actual comum, ainda residente na Europa.[5] Um

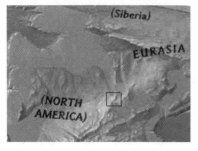

esqueleto Chancelade e restos de fósseis humanos foram descobertos num abrigo rochoso em Chancelade no sudoeste da França em 1888. O esqueleto foi encontrado numa postura enrolada – uma indicação de um enterro propositado, abaixo dos últimos andares de ocupação magdalena do abrigo; presume-se que pertença à era magdalena (há cerca de 17.000 anos). Podia prever-se que os últimos sobreviventes de Neandertal teriam sido os que habitavam o extremo ocidental da Europa, ou seja, Portugal na Península Ibérica.

Descobriram-se recentemente (1995) gravuras de tipo rupestre num local chamado Foz Côa durante o processo de construção de uma barragem. Há cerca de 18.000 anos fizeram-se pinturas e gravuras do estilo rupestre nas rochas. João Crisóstomo liderou

Fig. 44 – Dólmen encontrado no Barrocal perto de Évora, no Alentejo.

um movimento nos EUA para salvar as gravuras. Em 1996, o recém-eleito governo aceitou parar a construção da barragem. Os peritos determinaram que as gravuras teriam entre 10.000 e 27.000 anos de existência. (Ver ilustração na figura 45).

Dólmen ou *Anta* é um monumento usado em funerais ou tradições fúnebres na Era Neolítica e na Idade do Bronze. Consiste em duas ou três pedras grandes, colocadas de pé com uma outra em cima para formar uma espécie de ponte, que se acreditava proteger os mortos sepultados na terra. Eram considerados túmulos colectivos, onde as comunidades costumavam enterrar os mortos juntamente com os seus pertences. Ainda se encontram alguns na província do Alentejo (no Sul de Portugal), provavelmente porque a cultura megalítica parece ter tido o seu centro no Alentejo por volta da era neolítica. Também foram descobertos vários megalitos ou "pedras ao alto". *Por volta de 3500 a.C., os monumentos funerários eram proeminentes nas paisagens do Alentejo (Portugal).*[6]

Tem-se dito que os megalitos Portugueses são dos mais bonitos da Europa. Na Europa ocidental, os dólmens são os exemplos iniciais do poderoso génio construtivo dos primeiros homens. Esta cultura surgiu na Península Ibérica há cerca de 6000 anos atrás. Foi por volta da mesma época em que a agricultura e a domesticação de animais começou no Médio Oriente e no Norte de África. *Fábricas de machados e minas de pederneira eram asseguradas pela actividade mineira em Portugal.*[7]

Filatelia

Selo ilustrando as gravuras do Vale do Côa

No fim do mês passado, os Correios de Portugal puseram em circulação um selo repro-

Geraram-se duas correntes de opinião — uma que pretendia que se fosse por di-

se disse, emitir um selo comemorando as gravuras. É da taxa de 350 escudos, teve uma

O carimbo (em cima) e o selo

duzindo duas gravuras sobrepostas existente no Parque Arqueológico do Vale do Côa. Como se sabe, quando se estava em plena construção de uma barragem no Rio Douro, veio a lume a existência de gravuras rupestres esculpidas em penhascos da região a que ninguém até essa altura tinha prestado atenção e que se veio a verificar serem do paleolítico superior, isto é, de uma época de há 10.000 a 27.000 anos.

ante com a construção da barragem, que iria produzir electricidade e proporcionar o abastecimento domiciliário de água, outra que desejava que se preservassem as gravuras, tanto mais que os especialistas as reputavam de grande raridade, já que tinham sido criadas nos primórdios das iniciativas artísticas do homem.

Vingou a segunda hipótese.

Agora os CTT vêm, como

tiragem de 80.000 exemplares, foi desenhado por Victor Santos e a impressão foi feita na Lito Maia.

Além disso foi impressa uma folha/recordação e um sobrescrito comemorativo do primeiro dia de circulação; este último custa 120 escudos.

Do mesmo modo foi desenhado um carimbo que obliterou o selo no dia em que foi posto a circular.

Fig. 45 – Selo com as gravuras de Foz Côa. Correios Portugueses.

Também há cerca de 4000 anos, durante a "Idade do Ferro", ocorreram no sudoeste da Península Ibérica florações extremamente interessantes. Do outro lado do oceano Atlântico, em North Salem, estado de Nova Iorque, existe um dólmen com 90 toneladas que, segundo Barry Fell, é o maior dólmen celtibero já descoberto, conforme se afirma na página 133 do seu livro *America B.C* (A América a.C.)

Se levarmos em consideração que a última idade do gelo ocorreu há 10.000 anos, podemos presumir que Portugal, a porção mais ocidental da Península Ibérica, podia apresentar as melhores condições climatéricas para a sobrevivência vegetal, animal e humana mais cedo do que no Norte da Europa.

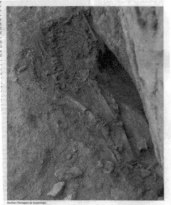

Antropologia Física

Existem justificações adicionais para uma habitação humana inicial em Portugal. *Em 1999, publicações paleantropológicas apresentaram novos dados sobre fósseis que poderiam forçar a rescrita das interpretações sobre a evolução hominídea presente nos livros tradicionais. De Portugal vieram esqueletos como provas.*[8]

Fig. 46 – Esqueleto de uma criança.

Lagar Velho, em Leiria, é o local onde os cientistas descobriram o esqueleto de uma criança enterrada há cerca de 24.000 ou 25.000 anos. Tendo supostamente vivido no período do Paleolítico Superior, o esqueleto revela marcas tanto do homem de Neandertal como do homem moderno.[9] Os cientistas consideram esse espécime português, uma criança de quatro anos, espectacular e fica provado que a área geográfica onde Portugal se localiza hoje se prestou a um desenvolvimento inicial do ser humano devido a razões climáticas. Estar perto do oceano também forneceu motivos lógicos para explorar o mar como um meio de sobrevivência.

Celtas, Cartagineses, Fenícios, Gregos, Judeus, Romanos, Suevos, Alanos, Vândalos, Visigodos, Berberes e Mouros Antepassados da População Portuguesa

O povo de Portugal é constituído por muitas raças, tais como os Celtas, Cartagineses, Fenícios, Gregos, Judeus, Romanos, Suevos, Alanos, Vândalos, Visigodos, Berberes e Mouros. Antes dos celtas, crê-se que os Lusitanos eram uma mistura de povos indo-europeus de diferentes origens, tais como os Indo-arianos, Trácios, Ilírios e outros. Há cinco mil anos atrás, os gregos deram o nome à área que comporta Portugal e Espanha – Iberos, que significa *mais ocidental* ou *onde o sol se põe*. Ver Apêndice B para explicações sobre o tema antes e depois de Cristo.

Depois da última invasão dos Mouros (711 d.C.) e até hoje, nenhum outro povo influenciou a aparência física dos Portugueses, excepto a pequena diferença que os cruzados podem ter criado nos séculos XII e XIII.

Nem mesmo os escravos Negros trazidos durante os séculos XV e XVI fizeram muita diferença; naturalmente, isso significa que alguns dos Portugueses têm sangue negróide, assim como de outras raças.

Os Mouros e os berberes já estavam em Portugal há pelo menos quatro séculos e, por volta do século XVI, eram Portugueses, tal como os descendentes dos Ingleses, que chegaram à América no século XVII, são actualmente americanos.

O que tudo isto quer realmente dizer é que a aparência do povo português não se modificou significativamente durante muitos séculos.

No entanto, há uma diferença entre o Norte e o Sul de Portugal. É fácil encontrar pele clara e cabelo loiro ou ruivo e olhos azuis no Norte, e pele escura, cabelo preto e olhos castanhos no Sul, onde os Mouros permaneceram mais tempo. Os Árabes nunca chegaram a conquistar as províncias do Norte. Francisco António Doria, um genealogista do Brasil descreve a situação num e-mail: *Então e os povos germânicos que se instalaram na península antes e depois dos romanos? Celtas, Francos, Vândalos, Visigodos, Suevos, etc.? Podemos ainda ver os vestígios desta mistura racial quando vamos ao Norte de Portugal. Aquelas raparigas loiras e de olhos verdes (tantas e tão bonitas) ainda me surpreendem. Mas uma coisa é certa: não somos capazes de prever a cor dos olhos e do cabelo dos nossos filhos. A minha irmã tem olhos pretos (castanho muito escuro). Eu tenho olhos azuis. A minha mulher tem olhos verdes. O nosso filho tem os olhos de uma cor castanho-esverdeada. E temos todos cabelo de cor diferente!*

Os berberes e os Mouros marcaram o fim das invasões no território que actualmente constitui Portugal até ao século XIX, quando o exército de Napoleão invadiu Portugal e Espanha. Mas as tropas não ficaram durante muito tempo nem tiveram nenhum impacto, excepto pela destruição e morte que infligiram à população.

Revejamos agora as origens de Portugal e do seu povo. Por forma a compreender melhor a variedade e composição da população portuguesa, o leitor deverá conhecer os povos que habitaram o território que é hoje Portugal, levando em consideração que este é o país antigo da Europa que conseguiu manter as suas fronteiras geográficas durante mais de 800 anos.

O que se segue é um resumo da origem de Portugal na Península Ibérica e de onde veio o povo português. Começando pelos Iberos, que se crêem ser o povo original ou os nativos da Península Ibérica, Portugal foi invadido, conquistado e colonizado por uma variedade de raças na ordem seguinte.

Celtas e Celtiberos

Os Celtas, também chamados Gauleses, Galegos ou Gaélicos, eram portadores da língua irlandesa antiga. Eram tribos bárbaras espalhadas pela Europa transalpina e pela Península Ibérica (Espanha e Portugal).

O céltico teve origem na palavra grega *Keltoi* e refere-se a tribos de pessoas que partilhavam uma língua e cultura comuns.

Significa gente secreta. Existem nove áreas célticas na Europa, mas só duas são consideradas celtas, a Irlanda e Portugal. As outras áreas são: a Bretanha, a Cornwall, a Galiza, a Ilha de Man, a região Norte da Itália, a Escócia e o País de Gales.

Para mais informações, visitar o Web site: www.celtic.net.

Esta raça formou os Celtiberos, tribos de estirpe ibérica e celta mista, a partir do século III a.C.. *Isto poderia constituir uma explicação parcial para o facto de os Galeses serem uma origem possível dos Melungos*.[10] A presença e a influência dos Celtas estendeu-se desde o mar do Norte até ao Mediterrâneo e desde o mar Negro até ao ponto mais ocidental da Europa, localizado em Sintra (Portugal).[11] A paisagem de Trás-os-Montes, as suas danças típicas, os *kilts* - saias de fazenda escocesa, etc., assemelham-se muito às terras altas da Escócia e o Minho é idêntico a muitas regiões de França. Por outras palavras, este é um país principalmente celta.

Os Fenícios

Os Fenícios são originários de uma região antiga que corresponde actualmente ao Líbano, com partes adjacentes da Síria moderna e Israel. Os Fenícios eram mercadores notáveis, negociantes e colonizadores do Mediterrâneo no primeiro milénio a.c.. Uma das principais cidades da Fenícia era Berot (a actual Beirute).

Não é um facto certo o nome que os fenícios davam a si próprios na sua língua; parece ter sido KenaZani (em acádio: Kinahna), Cananeus. Em Hebreu, a palavra *KenaZani* tem um segundo significado de mercador, um termo que tão bem caracteriza os Fenícios.[12]

Muito recentemente, em 1995, durante as escavações feitas para um arranha-céus de apartamentos, descobriu-se uma aldeia fenícia na margem Sul do rio Tejo, (Almada) ou seja na margem oposta a Lisboa, a capital portuguesa. Foi a maior jamais descoberta na Península Ibérica.[13]

Os Cartagineses

O interesse dos Cartagineses na costa atlântica de Marrocos foi estimulado por uma atracção mais prosaica devido ao peixe abundante. Os Gregos e os Romanos tiveram conhecimento da viagem de Himilco. Ele navegou para Norte ao longo da costa atlântica de Portugal e Espanha e chegou ao território dos Oestrimnídeos, uma tribo que vivia na Bretanha. Cartago, uma grande cidade da Antiguidade, tradicionalmente fundada na costa Norte de África pelos Fenícios de Tiro em 814 a.C., é actualmente um subúrbio residencial da cidade de Tunis. O seu nome fenício significa "cidade nova".[14]

A invasão cartaginesa assumiu uma importância histórica para a Península Ibérica, pois forneceu-lhe um exército, a infantaria celtibera e a soberba cavalaria andaluza, que ajudou o General Aníbal de Cartago a devastar a Itália.[15]

Os Gregos – 600 a.C.

Sabe-se que a presença grega teve o seu início no século VII a.C., quando um navio mercador grego chamado Kolaios regressou à Grécia com uma carga valiosa de metais preciosos. A estas viagens seguiram-se outras e, no sentido de proteger os navios, os Gregos fundaram colónias numerosas ao longo da costa atlântica de Portugal. Também fundaram a cidade francesa de Marselha (Massalia) no ano 600 a.C.. Os Cartagineses retaliaram e, depois de batalhas no ano 530 a.C., os Gregos viram o Estreito de Gibraltar ser-lhes fechado e, assim, terminou a sua presença na península.

A presença grega deu um estímulo poderoso para iniciar a formação da cultura ibérica durante o século V a.C.. As colónias foram absorvidas pelos nativos, mas os gregos deixaram templos e estátuas magníficos.[16] Foram encontradas recentemente marcas da sua estadia passada perto de Tavira, no Algarve (Portugal). Também foram encontradas moedas e utensílios gregos deste mesmo período.[17]

Existe uma tradição que diz que o nome da capital portuguesa, Lisboa, tem origem no nome Ulisses (Odysseus) ou Olisipo. Trata-se de uma tragédia grega sobre um herói durante a Guerra de Tróia e o famoso Cavalo de Tróia. O poeta grego Homero narra as aventuras de Ulisses nos seus poemas épicos *A Odisseia* e *A Ilíada*.[18]

Os Judeus em Portugal

Existem Judeus em Portugal desde cerca do ano 2000 a.C.. Muito provavelmente, não lhes chamavam Judeus. Vieram com os gregos e os fenícios. Segundo reza a história, os primeiros Judeus vieram para a Península Ibérica no tempo de Nabucodonosor, Rei dos Caldeus, no século VI a.C. ou mesmo antes, no tempo de Salomão, que reinou em Israel de 974 a.C. a 937 a.C.. Enquanto estas hipóteses podem manter-se no domínio lendário, determinou-se que a presença dos Judeus na Ibéria precedeu e acompanhou a presença dos romanos. A partir do século V, os Judeus reforçaram a sua posição e continuaram activos na sociedade peninsular durante as ocupações dos Visigodos e dos Árabes.

O mais antigo documento escrito que prova a existência de Judeus em Portugal data do século III a.C.. Descobriu-se em Espiche, Lagos, no Algarve o túmulo de um Judeus do século V a.C. (Etnografia Portuguesa, de Leite de Vasconcelos, Lisboa, 1958, vol. IV).

Quando o Reino de Portugal se formou no século XII, já existia um número considerável de comunidades judaicas importantes em várias cidades reconquistadas pelos Cristãos. Incluía-se nestas a comuna florescente de Santarém, descoberta pelo primeiro Rei de Portugal, D. Afonso Henriques (1139-1185). Em termos gerais, os Judeus Portugueses gozaram da protecção da coroa durante a primeira dinastia.[19]

Sabemos, portanto, que os Judeus já se haviam instalado no território actual de Portugal e Espanha no século I d.C., durante a ocupação dos Romanos. Foram posteriormente perseguidos por Recaredo, Rei dos Visigodos, que tentava forçá-los a abraçar a Cristandade. Estes Judeus tornar-se-iam, mais tarde, nos Judeus Portugueses e parte dos chamados Judeus Sefardim, de Espanha e Portugal.

O Rei Salomão escolheu Sefarade – Portugal e Espanha – a terra interminável ou terra ocidental como a fonte de ouro e prata para ser usado na construção do templo de Jerusalém 900 anos antes de Cristo. Ele enviou o seu 12º filho, Azer e crê-se que eles podem ter trazido o culto do Espírito Santo, que se espalhou mais nas áreas do Ribatejo e das Beiras.

Este pode ter sido o resultado da formação de uma sociedade pelo Rei Salomão, para ajudar os Judeus onde quer que eles vivessem. Há também um aspecto interessante acerca da Rainha Santa Isabel. Ela nunca foi canonizada, nem pelo povo português nem pelos Cristãos. Foi considerada santa pelos Judeus Portugueses secretos, os Marranos, em analogia à Rainha judia Ester da Babilónia, a qual foi escolhida para o harém do Rei pela sua beleza e, uma vez que era filha de Judeus, naturalmente protegeu os Judeus das perseguições.[20]

No século XV, havia aproximadamente 30.000 Judeus em Portugal, um número que duplicou quando os Reis Católicos de Espanha os expulsaram de Espanha. Por sua vez, os Judeus procuraram refúgio em Portugal, assim como noutras regiões da Europa e do Norte de África. Os muitos Judeus que não puderam pagar a sua passagem foram feitos escravos.[21]

É importante que se faça uma separação entre os Judeus de Portugal e os Judeus de Espanha. Embora fossem ambos Sefardim, cada grupo tinha a sua própria língua e cultura. O mesmo acontecia com os Judeus de todo o mundo. O que os liga é a religião, e não necessariamente a língua ou a cultura.

Isaac Abrabanel, um conhecido líder judaico, trabalhou com o seu pai para o Rei D. Afonso V e, em 1471, quando os Portugueses conquistaram Arzila, 250 Judeus marroquinos foram capturados e trazidos como escravos. Abrabanel viajou para o interior para redimir estes Judeus norte-africanos.[22] O seu pai era o tesoureiro do Príncipe Fernando[23], que morreu em Fez (Marrocos), como prisioneiro dos Mouros. O Príncipe Fernando era irmão de D. Henrique, o Navegador.

D. Manuel I foi um dos reis mais complacentes para com os seus súbditos Judeus e, quando ele sucedeu a D. João II em 1495, um dos seus primeiros actos foi libertar esses escravos. Todavia, quando este mesmo Rei decidiu casar com Isabel, filha do Rei Espanhol, teve de concordar em expulsar os Judeus, o que fez, dando-lhes dez meses para abandonarem Portugal.

D. Manuel I valorizava a contribuição dos Judeus e não queria perder tantos súbditos tão produtivos. Tomou diversas medidas para impedir a partida deles. Quando 20.000 indivíduos estavam preparados para embarcar, o Rei ordenou a todos que não professassem a fé católica que se reunissem na praça principal de Lisboa e, da varanda, mandou o Bispo baptizar todos os presentes com uma única benção. Depois disso, o Rei disse às pessoas que eram todos católicos e que podiam ir para casa. Só sete ou oito encontraram forças para resistir ao baptismo.[24] Quando a Princesa Espanhola chegou para casar com o Rei, todos em Portugal eram oficialmente Cristãos. D. Manuel I, a quem muitos exilados chamam o Rei Santo ou o Rei Judeu nas suas crónicas,[25] fez o que pôde para proteger os Judeus, esperando que eles fossem eventualmente assimilados e se tornassem Cristãos. Em 1497, o Rei também proibiu todos os inquéritos respeitantes a crenças religiosas daqueles que aceitaram a cristandade nos 20 anos seguintes e, em Abril de 1512, alargou o período de graça até 1534. Desta forma, começou a assimilação dos Judeus em Portugal.[26]

Cerca de 1590, os Judeus Portugueses emigraram para Hamburgo, na Alemanha. Eram considerados pessoas educadas e ricas e contribuíram fortemente para a riqueza daquela cidade que alcançou a sua época de ouro entre 1660 e 1780. Em 1999, teve lugar uma exposição na Câmara Municipal de Hamburgo, intitulada "A Jerusalém dos Judeus Sefardim do Norte".

Actualmente, ainda existem bastantes marcas da sua estadia inicial. Em 1985, construções na cidade portuguesa de Tomar, perto da sinagoga de Tomar, revelaram o local onde a purificação tinha lugar. Dá-se-lhe o nome de *mikev*. Esta sinagoga é uma das mais antigas em Portugal e crê-se que data do século XV.

Os Judeus podem ter desempenhado um papel fundamental no período das descobertas. A história portuguesa mostra que frequentemente eram nomeados para cargos importantes no governo. Uma nota interessante: em 1995, o povo português elegeu Jorge Sampaio, um Judeu, para o mais alto cargo da nação portuguesa, o de Presidente da República. O que diria a Inquisição acerca disto?

Os Romanos, os Lusitanos e a Lusitânia – 100 a.C. – 200 D.C.

Os Romanos tiveram um grande impacto em Portugal, que ainda se faz sentir hoje. A língua portuguesa, como muitas outras, deriva do latim. Permanecem ainda vestígios do sistema administrativo e judicial, assim como muitas ruínas romanas por todo o país. Algumas mais recentes, de que o autor só agora teve conhecimento, só estão abertas ao público uma ou duas vezes por ano.

Estas são as piscinas subterrâneas e banhos romanos localizados no centro da baixa lisboeta e acessíveis através de um bueiro situado na intersecção de duas ruas principais: a *Rua da Conceição* e a *Rua Augusta*.

Outras ruínas famosas situam-se em Conímbriga e noutros pontos. As duas maiores cidades portuguesas datam dos tempos romanos: o Porto – Portus Cale – origem do nome de Portugal – e Lisboa (Olisipo). Originalmente, o Porto era uma colónia romana.

Lusus é um nome mítico relacionado com o primeiro colono da parte mais ocidental da Península Ibérica e, *Luso* ou *Lusitano* significa nascido na província romana da Lusitânia, do império romano, que coincide mais ou menos com o território actual de Portugal. Hoje em dia, é sinónimo de português.

Aos Americanos de origem portuguesa dá-se o nome de Luso-Americano. Os Lusitanos lutaram intensamente contra os Romanos, sob a liderança de Viriato, antes de entregarem a sua independência. O império romano precisou de muitas décadas, apesar do seu exército todo poderoso, para subjugar os Lusitanos (Portugueses).

A palavra Lusitano deriva de Lusitânia (lux + tania), sendo lux=luz e tania=terra, ou seja, terra da luz do sol.

Suevos, Suábios, Vândalos, Alanos – 409 d.C., Visigodos – 456 d.C.

Os Suevos eram povos germânicos. Provinham de um Reino Suevo na Baviera e na Suíça e eram antepassados dos Suábios. Os reis Suevos da Galiza e da Lusitânia eram Chavarrico, Teodomiro em 558, Ariamiro morreu em 583 e Eburico durou até ao final do século VI. Endeca perseguiu Eburico – que era criança – e enviou-o para o convento de Dume – Dume fica perto de Braga. Então, o Rei godo Leovigildo – o tutor de Eburico – assumiu o poder depois de perseguir Endeca. Obrigavam os opositores derrotados a cortar o cabelo – O cabelo! Não a cabeça! – para que não pudessem voltar a ser líderes. Endeca ordenou o corte de cabelo do príncipe Eburico e o Rei Leovigildo mandou cortar o de Endeca. Parece que os Godos, Suevos, Vândalos e Alanos nunca cortavam o cabelo. Esse era o castigo supremo. Um príncipe com o cabelo cortado nunca poderia ser Rei. Leovigildo uniu a Lusitânia e a Galiza ao seu Reino "gótico" e acabou assim com a dinastia sueva.

Os Vândalos, outro grupo germânico, chegou na mesma época. Mantiveram um Reino no Norte de África de 429 d.C. até 533 d.C. e capturaram Roma em 455. Devido à forma como destruíram Roma, o nome *vândalo* foi adoptado para significar destruição. Outra tribo germânica, os Alanos, que eram um povo nómada e pastoril da região Nordeste do mar Negro, invadiram a Península Ibérica e, mais tarde, atravessaram para África com os Vândalos.

Os Visigodos eram um povo germânico religioso, que expulsou os Vândalos e estabeleceu um Reino independente na Península Ibérica, até que foram destruídos pelos Muçulmanos em 711 d.C.. Os Visigodos e os Suevos não tiveram o mesmo efeito, durante o seu período colonizador, que os Romanos e, posteriormente, os Árabes.

Árabes e Berberes – 711 d.C. - 1143 d.C.

A última maior invasão da Península Ibérica foi conseguida pelos Árabes, Berberes e Mouros. Estes ficaram em Portugal durante pouco mais de 400 anos e deixaram para atrás muita da sua avançada civilização. Os Árabes conquistadores não se importavam com a religião que os seus súbditos professavam, desde que os descrentes pagassem um imposto especial.

Em 710, um exército constituído por Árabes e berberes partiu em direcção à Península Ibérica, derrotou o Rei Rodrigo em 711, invadiu e atacou a Península Ibérica e governou em nome do califa Umayyad.

Os Berberes são um povo caucasóide e indígena do Norte de África, amplamente espalhados por tribos em Marrocos, um território que abrange a parte ocidental da Argélia, a Tunísia, a Líbia e o Egipto, que nos tempos clássicos constituía a província romana da Mauritânia. Apesar da colonização romana da região e de uma invasão Árabe no século VII, as tribos rurais berberes permaneceram relativamente autónomas até ao século XII, quando os invasores Árabes beduínos destruíram a economia rural dos berberes e converteram muitas tribos sedentárias em tribos nómadas. Os Almorávidas, uma confederação de tribos berberes do Saara construiu um império na Península Ibérica muçulmana durante os séculos XI e XII.

Os próprios Mouros nunca usaram esse termo. Eram Árabes de Damasco e Medina, líderes de exércitos de berberes convertidos do Norte de África.

A maior parte casou com membros de famílias Espanholas e visigodas ou tomaram galegas de pele branca como suas mulheres; não trouxeram mulheres consigo.

Desta intensa mistura de raças e culturas nasceu a civilização mourisca que perduraria 900 anos em Espanha e 500 anos em Portugal.[27]

Ao longo dos 700 anos de presença na Andaluzia, os Mouros nunca se tornaram numa maioria. Os indivíduos não Muçulmanos entraram nos domínios Muçulmanos como moçárabes – Cristãos que haviam adoptado a língua e os modos, mais do que a fé, dos Árabes. Dado haver uma organização administrativa semelhante, os Cristãos ibéricos restauraram de novo o seu domínio.

Reconquista da Península Ibérica

Embora o início da reconquista remonte ao ano 718, quando os asturianos Cristãos se opuseram aos Mouros na Batalha de Covadonga, o impulso em direcção à reconquista não era tão forte durante os primeiros três séculos de hegemonia muçulmana. Foi no século XI, quando se quebrou a unidade entre os Mouros e os reinos Cristãos do Norte da Espanha começaram a ser afectados por um espírito agressivo de cruzada contra os Mouros, que o movimento começou seriamente.

Seguiram-se uma série de guerras e, no início da segunda metade do século XIII, a maior parte da península estava sob o domínio Cristão, embora a existência contínua de um enclave Mouro à volta de Granada, no Sul de Espanha, servisse para manter o espírito da reconquista vivo até ao fim do século XV.

Muitos historiadores acreditam que o subsequente ênfase espanhol posto na uniformidade religiosa, evidenciado pela forte influência da Inquisição e pela expulsão das pessoas de descendência moura e judaica, pode remontar a esta luta feita de cruzadas na Idade Média , com a ajuda de aventureiros de origem germânica.

Condado Portucalense – 1096, Origem de Portugal – 1143

Da aristocracia franca vieram os cavaleiros Raimundo e Henrique para ajudar Afonso VI de Leão e Castela. Casaram os dois com as filhas do Rei e o Condado Portucalense foi dado a Henrique de Bolonha. Este condado tornar-se-ia eventualmente no Reino de Portugal. Henrique casou com Teresa, nascida por volta de 1091. A palavra *Portucale* apareceu pela primeira vez em 954 d.C.. Imediatamente após o movimento da reconquista, iniciado simultaneamente a Norte e a leste, uniram-se os reinos de Leão e Navarra. Este último foi dividido em três outros reinos: Navarra, Castela e Leão. Mais tarde, o Condado Portucalense separou-se de Leão. A palavra Leão deriva do latim *legione*, de uma legião romana estacionada na região.

Com o tempo, Castela e Leão, através de uniões e conquistas, conseguiram obter os restantes reinos peninsulares, incluindo Granada no final do século XV. Afonso Henriques, filho de D. Henrique, fez eventualmente de Portugal um Reino independente e a monarquia portuguesa constituiu-se em 1143, sendo D. Afonso Henriques o primeiro Rei. O Reino aumentou rapidamente à custa dos Mouros, através da conquista do Alentejo e do Algarve, expulsando-os assim da Lusitânia, a província romana que acabou por tornar-se Portugal.

É interessante reparar que uma das maneiras usadas pelos Mouros para conseguirem ser aceites na Península Ibérica foi a mesma utilizada pelo primeiro Rei Português, D. Afonso Henriques, que consistia em garantir o consentimento para a prática da religião de cada um e o casamento entre ambas as raças, uma estratégia que aparentemente funcionou bem nos últimos oito séculos.[28]

A reconquista de Portugal terminou no século XIII e a maioria dos Mouros aceitou o novo estilo de vida que, na verdade, não sofreu grandes alterações. No entanto, eventual e gradualmente, a maior parte deles aceitou o Catolicismo e os Portugueses também tiraram partido da sua civilização mais avançada. O Rei Português estava mais interessado em manter as cidades e as aldeias habitadas, mas não havia Portugueses suficientes e esse seria o maior problema dos séculos vindouros. Por volta dos séculos XV e XVI, praticamente não existiam Mouros de Portugal. Depois de viverem em Portugal, tornaram-se e sentiam-se Portugueses. Diz-se que os Portugueses não possuíam um sentimento de nacionalidade. Isso não é verdade e, como afirmou o historiador Português, o Professor José Hermano Saraiva: *Na época em que os Portugueses tiveram de afirmar a sua nacionalidade, mudaram o seu patrono militar de S. Tiago, que era Espanhol, para S. Jorge. Os Portugueses não queriam ter o mesmo santo patrono que os espanhóis.*[29]

A Primeira Batalha Naval Portuguesa e o Fim da Reconquista – 1180

Teve lugar em 1180, quando Fuas Roupinho derrotou os Mouros numa batalha naval ao largo do cabo Espichel e os perseguiu todo o caminho até ao Algarve e depois até Ceuta. A frota consistia em cerca de 20 galés e alguns barcos de transporte mais pequenos. Tinham 150 remadores e 40 soldados, 6 marinheiros, todos sob o comando de quatro ou cinco oficiais.[30]

O Algarve era a última região a ser reconquistada, mas a população Árabe que lá residia, permaneceu em Faro, Loulé e Silves, como outros haviam ficado em Lisboa, seguindo-se a regra desde a reconquista de Toledo que pôs um fim ao extermínio do povo Muçulmano.[31]

A Marinha Mercante Portuguesa e o Mar dos Sargaços – 1254

A marinha mercante portuguesa já existia em 1254. Existem documentos indicadores de um tráfego costeiro importante no reinado de D. Fernando (1345-1383), que mostram que o mar era uma parte fundamental da vida e da economia portuguesas.[32]

Mesmo no início do século XIII, os mercadores Portugueses já haviam descoberto o caminho para Inglaterra e julgavam-no um feito considerável pelo facto de comerciarem com aquele país. É evidente a existência dos primeiros laços comerciais com a Inglaterra, assim como a presença de Portugueses lá. Bartolomeu de Portugal é um dos quatro cidadãos Portugueses que se encontravam estabelecidos em Londres no ano de 1220, segundo uma ordem real de Rei de Inglaterra e segundo uma outra em 1208, onde se *considerava a difícil luta pela independência, da qual o Reino Português só há muito pouco tempo saíra.*[33] A pesca de atum no Algarve, uma indústria que remontava aos tempos romanos, era uma das muitas indústrias que o Rei D. Fernando protegia. Ele também dava madeira grátis a quem conseguisse construir um barco com mais de 100 toneladas e isentava de impostos os outros materiais de construção.[34] As pessoas de Lisboa e do Porto chegaram a assinar um Tratado com o Rei Eduardo III de Inglaterra em 1353.

Entre os séculos XIII e XIV, fizeram-se algumas possíveis viagens esporádicas de descoberta, mas sem continuidade nem persistência.[35]

Devido a documentação insuficiente, alguns historiadores admitem que, por volta de 1450, os Portugueses tinham alcançado ou, pelo menos, avistado algumas das Antilhas, o Nordeste da América e do Brasil, a Terra Nova e a Gronelândia. Durante estas viagens, descobriram o grupo ocidental das Ilhas dos Açores:... *tendo chegado, sem dúvida, ao Mar dos Sargaços e recolhido informação suficiente para desenhar um mapa completo com indicações precisas de ventos e correntes do Atlântico.*[36]

O Mar dos Sargaços faz parte do Atlântico Norte e situa-se a oeste dos Açores e a leste das Índias Ocidentais, aproximadamente entre 20° e 30° N de latitude. As Ilhas Bermudas incluem-se na região noroeste deste mar. É o centro calmo da massa de ar subtropical, que gira no sentido dos ponteiros do relógio e domina o Atlântico Norte. É limitado a oeste e a Norte pela corrente do golfo e a Sul pela corrente equatorial Norte.[37]

As Primeiras Descobertas e a Construção Naval – 1336-1456

Pode ter ocorrido um esforço conjunto entre Portugueses e Genoveses por volta de 1336, quando o Almirante Genovês Emanuel Pezagno, provavelmente contratado pelo Rei D. Dinis para cruzar o Atlântico com navios Portugueses, descobriu as *Ilhas Afortunadas* ou Ilhas Canárias.

Lanzarotto Malocello estaria também provavelmente com o almirante. A partir dessa data, estas ilhas começaram a ser representadas pela primeira vez nos mapas genoveses e mediterrânicos, como o de Angelino Dalorto (Dulcert).

Existe um texto, atribuído ao escritor italiano Giovanni Bocaccio que refere uma viagem para estas ilhas em 1341 pelos *outros Hispânicos*; aparentemente referiam-se aos Portugueses. Além disso, o Rei D. Afonso IV escreveu uma carta ao Papa com reivindicações territoriais sobre as ilhas.[38]

Entre 1385 e 1456, de um total de 46 embarcações envolvidas no comércio marítimo entre Portugal, a Inglaterra e a Flandres, 83% eram de Portugueses.[39]

Podemos ver facilmente que os Portugueses, por volta da época em que as descobertas começaram no século XV, estavam bem preparados para a navegação em alto mar e poderiam perfeitamente ter estado na costa leste da América do Norte, como alguns historiadores afirmam.

A partir do século XII, houve muito comércio entre Portugal e Bristol, na Inglaterra: ...*os barcos partiam do canal de Bristol em direcção a Portugal, onde se abasteciam de sal e, daí partiam para as águas islandesas para pescar, regressando mais tarde a Portugal para vender o pescado e para comprar vinho, azeite e sal e, finalmente, regressavam a Bristol com esta carga.*[40]

A Aliança Portugal-Inglaterra e o Inglês Isabelino – 1386

Portugal tem a aliança mais antiga do mundo com a Inglaterra, que data de 9 de Maio de 1386 e é conhecida por Tratado de Windsor. Existem factos suficientes para concluir que a marinha portuguesa era instrumental na defesa das Ilhas Britânicas no século XIV.

Peter Russel, no seu livro *The English intervention in Spain and Portugal* (A Intervenção Inglesa em Espanha e Portugal), fala sobre a presença de "guerreiros" Portugueses para ajudar a defender o Sul da Inglaterra: *Uma prova tangível do valor da aliança para a Inglaterra fora a presença, desde 1387, de uma esquadra de galés portuguesas em águas inglesas... Esta parece ter sido constituída por seis embarcações sob o comando do Capitão de mar Afonso Furtado. A esquadra tinha evidentemente a sua base em Southampton. ...em 1394, Portugal era a única potência com importância militar na Europa ocidental com a posição de aliado da Inglaterra.*[41]

D. João I de Portugal casou com uma Princesa inglesa, Filipa de Lencastre (1387), irmã de Henrique IV de Inglaterra, que introduziu variados hábitos Ingleses em Portugal. Deste casamento nasceram quatro filhos e uma filha, sendo um dos filhos

mais famosos o Infante D. Henrique, o Navegador.
Todos falavam Inglês e esta língua era muito usada na corte portuguesa. O intenso tráfego comercial com a Inglaterra continuou nos séculos XVI e XVII.
Catarina de Gaunt, irmã de Filipa, casou com o Rei Juan II de Castela, o que ajudou a manter a paz entre Castela e Portugal durante algum tempo. Mantendo uma tradição de fortes laços entre Portugal e Inglaterra, Charles II de Inglaterra casou com a Princesa portuguesa, D. Catarina de Bragança, que também introduziu hábitos Portugueses na Inglaterra, como a famosa hora do chá e mobiliário indiano. A Vila de *Queens* – parte da Cidade de Nova Iorque com uma população superior a dois milhões de pessoas – recebeu o nome de *Queens* em sua homenagem.
Portanto, é seguro presumir que durante o reinado de Elizabeth I de Inglaterra (1558-1603), as pessoas envolvidas no ramo da navegação teriam adquirido os hábitos anglófonos da época.[42]
Tomando em consideração tudo o que acima foi mencionado, ainda é difícil acreditar que os Portugueses trouxessem consigo hábitos anglófonos da época isabelina suficientes, passíveis de sobreviver durante cem anos sem qualquer contacto com os Ingleses. O autor está propenso a excluir que eles (os Melungos) fossem os únicos a falar o inglês isabelino, quando os primeiros exploradores os encontraram.
Existe também a possibilidade remota de que mesmo um sobrevivente da colónia perdida de Roanoke pudesse ensinar inglês suficiente a um Melungo ou a um português e que esse viesse a ser usado pelo grupo. John Lawson, numa passagem relacionada com a aprendizagem de uma língua, escreveu no século XVIII: *...possuindo a opinião de um francês, como é possível que uma mulher inglesa ensine mais inglês ao marido numa noite que um mestre de escola numa semana?*

A Inquisição Portuguesa e Espanhola – 1391-1492

Jane Gerber, no seu livro *The Jews of Spain* (Os Judeus de Espanha) escreveu que depois da peste negra em 1348, que exterminou quase um quinto da população europeia, muitas cidades alemãs tinham expulsado Judeus ou destruído as suas comunidades – a expulsão da Alemanha começara pouco depois do início do século XII[43] – e muitos países recusaram a entrada aos Judeus espanhóis:... *Em 1391 a perseguição espanhola espantou os Sefardins*[44] e, antes disso, os reis Portugueses – 1325/1383 – protegeram os Judeus. Aparentemente, eles possuíam uma posição relevante nas finanças públicas.[45] D. João I (1385-1433) seguiu a mesma política depois de ganhar a guerra contra Castela.
O Professor Viera afirmou que o massacre organizado em 1391 em Espanha não foi orquestrado pelos reis, que frequentemente protegiam os Judeus. O seu mentor foi um pregador Espanhol chamado Ferran Martinez. Para mais pesquisa neste período e relacionado com a Inquisição, o Professor Viera também sugere os estudos feitos por Henry Kamen e Philippe Wolff. *A Inquisição acabara de ser criada em Castela quando Colombo chegou a Espanha (1484)* – Cecil Roth apresenta a data de 1482 –[46] e a Inquisição foi instituída em Portugal em 1536 sem razão aparente, excepto pela pressão exercida sobre D. João III pelos monarcas espanhóis que desejavam ver uma das suas filhas casada com o filho do Rei português.
Uma vez que praticamente não existiam Judeus e Mouros não convertidos e os

Muçulmanos já haviam sido absorvidos pela comunidade cristã, estes não constituíam um problema de maior. D. João III usou-a como uma desculpa para exercer mais poder e mais terror. Os Judeus eram um grupo relativamente pequeno – pouco antes do início do século XVI eram cerca de 30.000 – e os Mouros eram uma minoria ainda mais pequena.[47]

Quanto às actividades contra os Mouros em Portugal, mais uma vez devemos fazer uma separação entre o que acontecia em Espanha e em Portugal. Tanto em Portugal como no Norte de Espanha os acontecimentos seriam semelhantes, pois os berberes e os Mouros já se encontravam assimilados com a população depois de lá estarem há mais de oito séculos. A expulsão dos Mouros livres foi mais uma medida hipotética do que outra coisa, já que a maioria tinha sido absorvida pela comunidade cristã.[48]

Também em Portugal, os Mouros e berberes dos séculos XV e XVI estavam integrados na língua e na cultura portuguesa desde o século XIII. Já não havia Mouros nem berberes puros em Portugal naquela época, com excepção daqueles capturados na conquista de algumas cidades mouriscas do noroeste de África e que eram usados sobretudo para troca de prisioneiros.

Os monarcas de Espanha expulsaram os Mouros e Judeus de Espanha depois de conquistarem Granada, a última fortaleza dos Árabes na Península Ibérica. Isso obrigou muita gente a sair de Espanha e, mais tarde, de Portugal. Há quem tenha sugerido que os Melungos poderiam ter feito parte desse grupo.

Kennedy cita o Major Arthur Griffiths (inspector prisional na Grã-Bretanha): *...Os reis Portugueses D. João III, D. Sebastião e D. Filipe II envolveram-se nas mesmas actividades contra os Mouros em Portugal. Na verdade, a Inquisição portuguesa era de longe bem mais viciosa do que a espanhola.*[49] O Major Griffiths afirma que: *eram frequentes autos de fé e numa escala praticamente desconhecida em Espanha, embora os registos estejam incompletos.*[50] De bastante mais de 200 páginas, o autor dedica apenas 12 páginas à Inquisição em Portugal e algumas à execução de um Inglês, que atacou o arcebispo principal, quando este erguia a Hóstia durante a celebração da missa.

Um estudo sério feito depois do primeiro quartel do século XVI em Portugal mostra que a situação económica, a fome e as doenças, mais do que a Inquisição, instigavam muita gente a procurar a sobrevivência noutros lugares, independentemente dos riscos.

Essa parte da história portuguesa – a Inquisição – foi má e, por muito grandes ou pequenas que as suas acções fossem, não devem ser consideradas insignificantes. Por outro lado, os registos mostram que não foi, sem dúvida, tão terrível como em Espanha.

Agora, quanto à Inquisição portuguesa ser: *...bastante mais viciosa do que a espanhola*, vejamos as estatísticas. Nos tribunais de Inquisição em Lisboa, Évora e Coimbra, 50 pessoas foram condenadas à morte e executadas na praça pública entre os anos de 1540 e 1609, segundo António Joaquim Moreira. As histórias são descritas no seu livro *História dos Principais Actos e Procedimentos da Inquisição em Portugal.*[51] Durante o mesmo período, 5000 pessoas foram executadas em Espanha, tendo 70% delas sido Judeus e Mouros.

Entre 1530 e 1609, a Inquisição em Valência tinha lidado com mais de cinco mil casos, uma média de sessenta por ano.[52] No final do século XVI, Portugal tinha um milhão e meio de habitantes comparado com os oito milhões da Espanha, ou seja, menos de 20%. Isto significa que, enquanto Portugal executava um por cada 30.000 habitantes, a Espanha executava quase vinte pela mesma razão de população. Para termos uma ideia da população europeia na época, a Inglaterra tinha entre três e quatro milhões.[53]

Embora os números espanhóis fossem mais elevados do que os Portugueses, aqueles foram anos terríveis na Península Ibérica. O Professor Manuel Fontes da Universidade de Kent State, no Ohio, escreveu: *Sem querer minimizar o horror, estas actividades sórdidas devem ser avaliadas no contexto da época.*

Até certo ponto, Portugal e Espanha evitavam as caças às bruxas e as guerras religiosas que matavam milhares na Europa... Alguns exemplos sobre o que acontecia noutros lugares serão suficientes para colocar as duas inquisições ibéricas em perspectiva. Em Inglaterra, cerca de 1000 indivíduos foram executados por bruxaria entre o reinado de Elizabeth I (1558) e o Decreto de 1736.

No sudoeste da Alemanha, pelo menos 3229 pessoas foram executadas como sendo bruxas entre 1561 e 1670. No que diz respeito aos conflitos religiosos no mesmo período, só precisamos recordar as vítimas numerosas da Reforma.

Um bom exemplo é o Massacre de S. Bartolomeu, ocorrido a 24 de Agosto de 1572, quando os Católicos mataram pelo menos 2000 Huguenotes só em Paris. Muitos milhares mais foram cruelmente mortos, à medida que o massacre se espalhava pelo país.

Outros exemplos poderiam ser apresentados, mas estes são mais do que suficientes para mostrar que os tempos eram igualmente cruéis em qualquer ponto da Europa.[54]

Neste século, devido ao holocausto, tem-se escrito muito sobre os Judeus e dificuldades vividas. Um historiador e genealogista afirmou que: *A Inquisição em Portugal não matou assim tantos Judeus. Estou certo que o Titanic matou muito mais gente em poucas horas do que a Inquisição matou Judeus (em Portugal) em 300 anos.*

A Inquisição perseguiu não só os Mouros e Judeus, como também os Luteranos. A 14 de Setembro de 1559, foram executados 23 e outros 13 morrerem a 24 de Abril de 1562.[55]

Notas

[1] Padre António Vieira, 1640, Missionário português.
[2] O poeta Camões nasceu em Portugal antes de Shakespeare nascer na Inglaterra.
[3] Revista National Geographic, Novembro de 1992, de Merle Severy.
[4] A World on the Move, de A.J.R. Russell-Wood, pp. 4-6.
[5] Paisagens Arqueológicas, de Évora, de Jorge de Oliveira, p. 54.
[6] Enciclopédia Britannica, Vol. 28, p. 19, 1993.
[7] Enciclopédia Britannica, Vol. 26, p. 51, 1993.
[8] Enciclopédia Britannica, p. 133, Livro do Ano 2000.
[9] Menino de Leiria, Luso-Americano, 28 de Julho de 1999, p. 30.
[10] The Melungeons, de Bonnie Ball, p. 31.
[11] Revista National Geographic, de Merle Severy, p. 558 (Maio de 1977).
[12] Enciclopédia Britannica (1994).
[13] Jornal Luso-Americano, Newark, Nova Jersey.

Notas (Cont.)

[14] Enciclopédia Britannica, 1993.
[15] Historia da Civilização Ibérica, de Oliveira Martins, pp. 57-58.
[16] Dicionário de Historia de Portugal, de Joel Serrão, Vol. III, p. 154.
[17] The Portuguese Post, 14 de Maio de 1996.
[18] Microsoft Encarta 96, Enciclopédia em CD-Rom.
[19] The Jews in Portugal, de ICEP, p. 2.
[20] Ver página 15 do jornal Cidade de Tomar
"A Coroa dos Tabuleiros de Tomar", 14 de Maio de 1999.
[21] História da Origem e...Inquisição de Alexandre Herculano, pp. 67-69.
[22] The Jews of Spain, de Jane Gerber, p. xxi.
[23] História de Portugal, de Damião Peres, p. 656.
[24] História da Origem e...Inquisição, de Alexandre Herculano, pp. 76-77.
[25] História dos Judeus em Portugal de Meyer Kayserling, p. 132.
[26] O Sacrifício de Isaac, de Manuel da Costa Fontes, pp. 58-59.
[27] Revista National Geographic, Julho de 1988, p. 88.
[28] História da Civilização Ibérica, de Oliveira Martins, p. 163.
[29] Entrevista com o Professor José Hermano Saraiva, Julho de 1995.
[30] Correio da Manhã, 26 de Junho de 1995, de António Pires, p. 2.
[31] Fomento Rural e Emigração, de Oliveira Martins, p. 24.
[32] Portugal nos Mares, de Oliveira Martins, p. 23.
[33] The Commercial Relations of England and Portugal, de
Shillington & Chapman, p. 25.
[34] Fomento Rural e Emigração, de Oliveira Martins, p. 83.
[35] História de Portugal, de Oliveira Marques, Vol. I, p. 244.
[36] Ibid, Vol. I, p. 264-7.
[37] Enciclopédia Grolier, 1995.
[38] Portugal and the Discovery of the Atlantic, de Alfredo Pinheiro Marques, pp. 22-23.
[39] The Portuguese Seaborne Empire, de Charles R. Boxer, p. 7.
[40] A Future to Inherit, de David Biggs, p. 7.
[41] The English Intervention in Spain and Portugal de Peter Russel, pp. 527, 547.
[42] O autor recorda-se de ser um jovem adolescente, depois da Segunda Guerra
Mundial, e de Lisboa ser constantemente visitada pela Marinha Norte-americana. Todos os jovens tentavam imitar a língua inglesa para se entenderem melhor com os muitos marinheiros que se encontravam em Lisboa. Como todos os rapazes adolescentes da época, tinham muita inveja deles, já que as raparigas se apaixonavam perdidamente de cada vez que punham os olhos nos marinheiros americanos.
[43] Documento, de David Viera 26/2/97.
[44] The Jews of Spain, de Jane Gerber, pp. xii, 138, 139.
[45] História de Portugal, de Oliveira Marques, Vol. I, p. 222.
[46] The Jews of Spain, de Jane Gerber, p. xvi.
[47] História de Portugal, de Oliveira Marques, pp. 289-290.
[48] Ibid, p. 367.
[49] The Melungeons, de Brent Kennedy, p. 102.
[50] In Spanish Prisons, de Arthur Griffiths, p. 113.

Notas (Cont.)

[51] História de Portugal, de Joaquim Veríssimo Serrão, p. 267.
[52] Ecclesia Militans, de Miroslav Hroch / Anna Skýbová, p. 126.
[53] Historia de España, Historia 16, p. 507.
[54] O Sacrifício de Isaac, de Manuel da Costa Fontes, pp. 59, 60.
[55] Ecclesia Militans, de Miroslav Hroch / Anna Skýbová, p. 110.

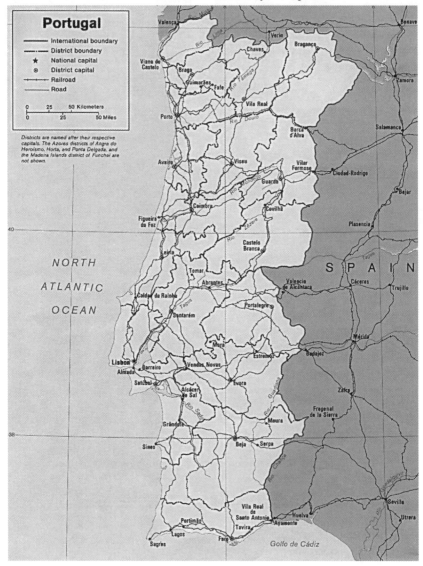

*Fig. 47 – Mapa de Portugal, a nação europeia mais
ocidental e a mais próxima dos Estados Unidos.*

Capítulo VI
O Início da Era das Descobertas

*Ainda bem que a metade escondida do globo se torna conhecida,
e que os Portugueses vão mais longe, para lá do equador.
Assim, terras recônditas estarão em breve acessíveis; quem concorre
com outros, avança nas aventuras e nos enormes perigos.*[1]

O período das descobertas é o mais provável responsável pelo transporte dos antepassados dos Melungos para a América. Já que os Portugueses foram os pioneiros da navegação e da descoberta de novas terras, torna-se apropriado dedicar este capítulo àquela época e à forma como os Portugueses encontraram meio de trazer o seu povo e gente de outras etnias para este Continente.

*Fig. 48 - Navio das Descobertas, Caravela Portuguesa do século XV.
Pintura do modelo original usado por Vasco da Gama.*

A Acção no Mar e a Reacção na Terra

No século XIII, Génova era a potência marítima mais activa. Sabe-se que, em 1291, duas galés genovesas, comandadas pelos irmãos Vivaldi, com dois frades franciscanos a bordo, navegaram em direcção ao Atlântico e desapareceram sem deixar rasto, embora várias expedições tivessem sido enviadas de Génova em sua busca entre 1292 e 1304.

A grande expedição seguinte ao Atlântico seria portuguesa; saiu de Lisboa em 1336, provavelmente sob comando do genovês Lanzarotto Malocello, na altura, ao serviço de Portugal. Foi bem sucedido, e estas expedições foram seguidas por outros, de Castela.[3]

Depois disso, no princípio do século XV, Portugal tornou-se a potência marítima do Atlântico [4]. No seu auge, as explorações e a influência portuguesas alcançaram virtualmente toda a Terra, durante os quatro séculos do primeiro grande império marítimo da Europa. [5]

A caravela – como o nome indica, diminutivo de *caravos* – teve origem nos *caravos*, navios usados pelos Árabes desde os tempos antigos. Os construtores de navios de D. Henrique produziram a famosa caravela, a qual combinava a capacidade de carga dos caravos Árabes com a maneabilidade das caravelas do rio Douro. É interessante reparar que D. Henrique nasceu no Porto, junto ao rio Douro.

Quando se reconheceu que, para grandes viagens e para tirar o melhor partido dos ventos em diferentes direcções, as caravelas latinas teriam de ter velas redondas, criou-se, no princípio do século XVI, em Portugal, a caravela redonda. Esta foi usada frequentemente nas viagens para a Índia como parte da frota armada.

O príncipe D. Henrique, além das caravelas, tinha marinheiros que Richard Hawkings, Inglês e juiz competente descreveu em 1622: ... *os hispânicos e os Portingals excedem na realidade tudo o que já vi. Refiro-me ao seu cuidado, que é o melhor na navegação. Com isto gostaria que, em todas as suas obras de Disciplina e reforma, seguíssemos todos os seus exemplos... E em cada navio do momento... enquanto navegavam, o piloto... nunca perdia de vista a bússola, nem de noite nem de dia.*[6]

Se os Melungos e outros grupos eram Portugueses como diziam, haveria que provar primeiro a presença portuguesa na costa leste, o que, aparentemente, não é difícil de fazer – como veremos.

Nem toda a gente conhece a extensão da presença portuguesa na costa leste. De facto, é substancial e a sua contribuição para o desenvolvimento deste continente tem sido reconhecida ao longo dos tempos. Todavia, alguns escritores dizem que há poucas provas concretas de actividades portuguesas no nordeste da América do Norte, entre as décadas de 1520 e 1560. Baseando-se nisto, Kennedy refere, na página 83 do seu livro: ...*pensa-se que, de uma forma geral, a presença de Portugueses, ao longo da costa sudeste, era mínima.* Ele está correcto, se considerarmos apenas aqueles que chegaram sob a bandeira portuguesa.

Os historiadores não podem ignorar que os Portugueses eram os Europeus mais próximos da América do Norte. Numa caravela do século XVI e com bom tempo, a viagem dos Açores até à América do Norte, dura na verdade menos de duas semanas, como nos diz Quinn: *Durante muito tempo, eles tiveram todos os meios assim como o conhecimento de uma navegação segura em mar aberto. ...Pois, dos Açores ao Canadá não são mais do que 400 léguas.*[7]

Nem todos os historiadores concordam que os Portugueses foram grandes e corajosos navegadores. Fernand Braudel, escritor de *The Mediterranean and the Mediterranean World in the Age of Philip II* (Os Mediterrânicos e o Mundo Mediterrânico na Era de Filipe II), dedicou apenas alguns parágrafos aos Portugueses: ...*os Portugueses, no princípio do século XV, resolveram o enorme problema que era a navegação no alto mar, no Atlântico, um assunto completamente novo para eles.*[8]

Sim, o Atlântico era novo para eles, como era para toda a gente. Por outro lado, é conhecido o facto de a Marinha Mercante portuguesa ter estado na Flandres e nas Ilhas Britânicas muito antes, no século XIII. Como terão lá chegado? Seria o Atlântico realmente novo para os Portugueses, quando mais de metade dos limites de Portugal continental é banhado pelo oceano Atlântico? *Uma posição que privava a nação do melhor do comércio mediterrânico.*[9]

Onde iriam os pescadores buscar o seu sustento? Pescavam apenas perto da costa? Por que se teriam os Portugueses aventurado por esses mares?

Muito simples. A sobrevivência é um factor importante e, quando se trata de sobreviver, faz-se seja o que for. Portugal só tinha o mar como destino. E os outros reinos Europeus? Antes de mais, os outros tinham terras férteis para a agricultura, que eram escassas em Portugal; e, quando os pequenos reinos queriam aumentar os seus impérios, tudo o que podiam fazer era invadir territórios vizinhos.

O Dr. Braudel continua, repetindo as palavras de Georg Friederici, um escritor alemão: *...os descobridores Portugueses, durante a vida de D. Henrique, o Navegador, seguiam a imensa linha costeira de África; eram, inicialmente, tímidos e mantinham-se sempre muito perto da costa, temerosos e sem espírito de aventura.*[10] O mundo está cheio de injustiças, e este é um exemplo típico. As grandes potências do mundo e os seus homens eruditos não só ignoraram os Portugueses como lhes associaram epítetos depreciativos.

Como se teriam os Portugueses aventurado pelos mares, sendo *tão tímidos e temerosos*? Se gentes tão tímidas e temerosas foram capazes de o fazer, o que aconteceu aos outros que pressupomos terem sido corajosos? A minha resposta é olhar para os resultados: Os corajosos seguiram os tímidos e temerosos aos locais descobertos pelos Portugueses.

Felizmente, existem outros historiadores que fazem justiça aos Portugueses, como os cinco professores de quatro grandes universidades que escreveram o livro *A History of the Western World – Ancient Times to 1715* (História do Mundo Ocidental – Dos Tempos Antigos a 1715). Esses fizeram referências à *...superioridade técnica dos Portugueses. Os Portugueses íam à frente. Eram um povo marítimo, pouco interessados nos assuntos Europeus; os seus olhos estavam, naturalmente, virados para o mar. Eram também um povo de cruzadas, lutadores difíceis de bater, que tinham reavido as suas terras dos Mouros.*[11]

A maior parte dos Portugueses concorda com o facto de terem sido os piores comerciantes do mundo.Tiveram a maior parte dos mercados mais importantes e perderam-nos. Aliás, deviam constar no *Guinness Book* por isso.

O Infante D. Henrique, o Navegador e a sua Vida

No tempo de D. Henrique e nos 1300 anos seguintes ao geógrafo romano Cláudio Ptolomeu de Alexandria (cerca de 73-151 a.C.), o conhecimento sobre o mundo não avançou muito. Povos do norte da Europa chegaram à Islândia, à Gronelândia, a Labrador e, possivelmente, a Nova Iorque. Todas estas viagens não tinham método ou não tinham seguimento e, se tinham algum valor científico, o mesmo perdeu-se.[12] *O amor pela aventura, manifestado na procura de novas terras para lá dos grandes mares, transformou-se, durante duas ou três gerações, numa paixão intensa para a turba. Este espírito prevaleceu e frutificou mais em Portugal do que em qualquer outro local. Deve-se dar aos filhos da nação o crédito de terem tomado a liderança das descobertas marítimas desse período, tendo o mais notável sido, de entre eles, o Infante D. Henrique, o Navegador.*[13]

Fig. 49—D. Henrique, o "Navegador" e o Príncipe João, mais tarde D. João II, que disse "Não!" a Cristóvão Colombo. Retrato Contemporâneo.Por cortesia da Biblioteca Nacional, Lisboa.

A figura do Infante D. Henrique foi cunhada em moedas do século XVIII. O Infante nasceu no Porto, a 4 de Março de 1394 e morreu a 13 de Novembro de 1460. Durante este período, tiveram lugar eventos de muito importância.

Referem-se, a seguir, só alguns dos mais importantes, que podem ter aberto os oceanos e permitido a presença dos Melungos, ou de outros grupos, na América do Norte.

A preparação da primeira viagem dos Portugueses ao norte de África estava envolta em grande sigilo; e essa viagem quase falhou, devido ao facto de a rainha D. Filipa – mãe de D. Henrique – ter um criado Judeu negro que viu uma carta onde se revelava a expedição a Ceuta, um segredo supostamente bem guardado. A conquista de Ceuta, a 21 de Abril de 1415, foi o início da marcha do ocidente sobre o oriente. Nessa expedição usaram-se 240 navios – 27 galés trirremes, 63 barcos de transporte arredondados e 120 outras embarcações – 50 000 homens, 30 000 dos quais eram remadores e soldados. Havia também uma embarcação carregada de soldados armados, que se movimentava rapidamente, graças ao vigoroso impulso dos remadores. A intenção de D. Henrique era angariar mais informação sobre o extremo oriente e sobre as caravanas que lá chegavam com mercadorias preciosas vindas da Índia, China, etc. Aparentemente, nessa batalha, não se mencionou a captura de Mouros como escravos.

Uma das melhores fontes de informação de D. Henrique era o seu irmão D. Pedro, Duque de Coimbra, um viajante incansável pela Europa. De 1425 a 1428, passou a maior parte do tempo a viajar pela Europa. A primeira visita foi ao seu primo, o rei D. João II de Castela. Depois disso, partiu para Inglaterra, onde interveio com sucesso no conflito entre John de Gaunt e o seu tio, o Duque de Gloucester. Seguiu para Bruges, Colónia, Viena, Hungria, Roménia, Veneza, Florença, Roma, Catalunha e Aragão. D. Pedro permaneceu durante muito tempo na Península Itálica, uma vez que nesta zona havia muitas ligações com o mundo Árabe. Aí, D. Pedro visitou estaleiros navais, recolhendo, ocasionalmente, informações sobre a construção de navios, que passava a D. Henrique. Na altura, existiam muitos mitos sobre ilhas descobertas pelos Fenícios ou outros, mitos que podem ter sido levados a sério a julgar pelas provas apresentadas, como as Antilhas, Sete Cidades, etc.[14]

A primeira tentativa para estabelecer uma colónia portuguesa foi na ilha da Madeira; a tentativa quase falhou no início mas, mais tarde, teve sucesso com a introdução de videiras de Chipre e de cana de açúcar da Sicília.

Os navegadores Portugueses só em 1435 encontraram povos negros, a sul do Cabo Bojador, ao largo do nordeste da África.

Com a morte de D. João I, pai de D. Henrique, foi coroado rei o seu filho D. Duarte. Durante esse período, os Judeus encontraram uma segurança relativa em Portugal, apesar das fricções e discordâncias. Aquando da coroação de D. Duarte, a comunidade judaica estava distribuída por todo o território português, tendo atingido grandes proporções, uma nação dentro de uma nação.

Antão Gonçalves capturou dez Berberes, com várias tons de pele, do mais escuro ao mais claro, no Saara Oriental em 1441. Um deles parecia ser nobre. Chamava-se Adahu. Falava árabe e aparentava ser um homem viajado e com muitos conhecimentos. Foram levados para Portugal e D. Henrique obteve deles informações valiosas. Aquele berbere providenciou a viagem de volta ao Saara, para ele e para outros dois, com a promessa de dar em troca dez escravos negros.

Em 1443 chegou a Portugal a primeira remessa de escravos negros vindos da África, a sul do deserto do Saara. Depois disso, cidades lutavam contra cidades, reinos contra reinos, numa caça feroz a escravos, feita pelos chefes negros, que durou vários séculos.

Em 1445, navegadores abastados queriam equipar navios e, pelos seus próprios meios, navegar pelos oceanos à procura de fortuna. A arte da navegação era bem conhecida, até pelos pescadores que se aventuravam em maiores distâncias, para sul – Rio de Ouro – para encherem as redes. *Nem só os aventureiros queriam participar em viagens marítimas; muitos outros também o queriam, só pela honra de servir D. Henrique, o Navegador.*[15]

Os Berberes da região do Saara aguardavam ansiosamente a chegada das caravelas portuguesas. Numa das viagens, treparam a bordo dos navios, em grupos, e ficaram aí todo o dia a divertirem-se. Isso não durou muito, graças a Gomes Pires, que, sendo enganado por um deles, atirou todos borda fora, excepto 80 que capturou e levou para Portugal.[16] Essa foi a única captura de Berberes conhecida. Teriam os seus descendentes emigrado para a América mais tarde, no século XVI?

Durante esse período, Diogo Gomes (1440-84), explorador português, foi enviado por D. Henrique por volta de 1456 para investigar e conhecer a costa ocidental de África.

O chamado *Atlas Catalão* de 1375 foi feito para o Rei de Aragão por Abraham Cresques, Judeu de Palma de Maiorca que trabalhava para o rei. À medida que recomeçava a perseguição aos Judeus em Aragão, Jehuda, filho de Abraham Cresques, perpetuador do trabalho do pai, foi forçado a emigrar. *Aceitando o convite de D. Henrique, refugiou-se em Portugal onde ajudou os Portugueses a preparar os mapas para as suas descobertas além-mar.*[17]

Este Judeu deve ser o mesmo mencionado por Oliveira Martins, historiador português do século XIX. No seu livro *Portugal nos Mares,* o nome mencionado é *Jafuda.* Tinha tal reputação e crédito como cosmógrafo que era conhecido como o *Judeu das Bússolas.*

Mais tarde mudaria o seu nome para Jaime Ribes, devido à perseguição, em Aragão, contra os Judeus, e ele pode ter sido aquele que, mais tarde, ensinou no primitivo Navio Escola Sagres com D. Henrique, O Navegador.[18]

As técnicas de cálculo das latitudes foram desenvolvidas por marinheiros do século XV quando percorriam a costa de África.

Entre 1419 e 1433, os Portugueses fizeram cerca de 20 viagens exploratórias e não há registos de descobertas em muitas delas.

Devido à escassez de recursos humanos e materiais, D. João II entregou as explorações, a ocidente, a empresas privadas; Ribeiro, da Marinha Portuguesa, diz: *Só as explorações na costa de África foram feitas às custas da Coroa.*[19] Isso também pode explicar a falta de registo de descobertas nas viagens financiadas por privados.

Os Segredos da Navegação Portuguesa – Navegadores Portugueses

Bonnie Ball escreve: *Não está para além do campo das possibilidades o facto de alguns navegadores Portugueses serem de facto antepassados dos Melungos, pois podem ter chegado facilmente à América do Norte nas suas explorações não registadas.*[20]

A quebra do sigilo, passando segredos para Espanha ou para qualquer outra nação, era punida com a morte e esta era uma forma de intimidação.[21] Infelizmente, a falta de manutenção de registo das viagens e descobertas não ajudava os historiadores, mas ajudou muito os Portugueses, já que demorou muitos anos até que outras nações europeias fizessem o mesmo que os Portugueses à volta do mundo. Oliveira Martins refere que, em 1531 e durante o reinado do D. João III, o silêncio dos melhores pilotos tinha um preço alto e a indiscrição dos cartógrafos podia resultar em severas punições ou mesmo execuções.[22]

Fernand Braudel refere que D. João II ordenou ao piloto que lhe dissera que era possível regressar da costa da Mina com um qualquer navio em boas condições para ficar calado ou seria preso.[23] De qualquer forma, Morison não dá muito crédito ao segredo imposto pelos Portugueses e, desta forma, desvaloriza qualquer descoberta dos primeiros navegadores Portugueses baseada em histórias contadas oralmente. Mas, por outro lado, dá crédito absoluto à descoberta da Terra Nova por Cabot, sob bandeira inglesa, baseada unicamente nas versões orais da sua viagem. Anderson & Higgs, dois historiadores canadianos afirmaram na página sete do seu livro *A Future to Inherit* que *ele* [Morison] *distinguiu-se particularmente por negar aos Portugueses o direito de reclamar um lugar cimeiro nas descobertas do noroeste do Atlântico.*

Este sigilo permitiu a D. João II assinar o Tratado de Tordesilhas, o que se provou ser vantajoso para Portugal. Durante o reinado de D. Manuel I, ficou estabelecida a pena de morte para todo aquele que divulgasse segredos de navegação.[24]

Apesar de não existirem provas sólidas, as fontes mais antigas disponíveis demonstram que a navegação pelos astros foi inventada e desenvolvida pelos Portugueses no final do século XV. *Até certo ponto, isto aconteceu graças à existência de uma política de segredo.*[25]

Skelton salienta que os mapas Portugueses foram para o:... *humanista Konrad Peutinger (1465-1547) que tinha oportunidades especiais para coleccionar em Portugal.*[26]

Aliado ao segredo e ao roubo, houve também a destruição de muitos documentos, ao ponto de não se saber com exactidão a data da morte de Camões, o grande poeta épico português (algures entre 1579 e 1580), nem o local onde foi sepultado.[27] Moura escreveu: *Não existe um único manuscrito com a sua caligrafia...*[28] Camões era bem conhecido pelos seus contemporâneos. Famoso por toda a Europa, os seus poemas épicos foram traduzidos e publicados. Não é, portanto, surpreendente que não haja igualmente documentação que prove as descobertas portuguesas. O historiador Morison não aceita que a política de sigilo dos Portugueses como desculpa pela falta de manutenção de registos e declara que o sigilo, cuja intenção era proteger Portugal, acabou por beneficiar a Espanha, a Inglaterra e a França, já que seria muito difícil guardar segredos no século XV. No entanto, o secretismo existia na altura e ainda existe hoje em praticamente todos os países. Há espiões, contra-espiões e agentes duplos. Naquele tempo, também os havia.

Holland declarou, de forma clara, em *History of the Western World—Ancient Times to 1715* (Historia do Mundo Ocidental – dos Tempos Antigos até 1715): ... *Os Portugueses mantinham-se próximos dos seus segredos de navegação sobre o caminho marítimo para a Índia, segredos que acumularam pacientemente durante mais de dois séculos de exploração. Felizmente para os Holandeses, um Holandês,*

Jan Huyghen van Linschoten, que passara seis anos com os Portugueses na Índia, publicou um livro de instruções de navegação assaz informativo. Em 1595, munida deste guia, uma expedição holandesa financiada por um grupo de mercadores de Amsterdão e comandada por um verdadeiro rufião, de seu nome Cornelius Houtman (que vivera muitos anos em Portugal), partiu em direcção às Índias. [29]

Russel Miller, no seu livro *The East Indiamen* (Os Homens das Índias Orientais), acrescenta: *Até à sua publicação em 1596, a informação acerca do Oriente era escassa e as transações aí realizadas pelos Portugueses eram um segredo bem guardado.*[30]

Há um factor que os historiadores por vezes esquecem: No século XV, o analfabetismo era comum por entre os pescadores, marinheiros e, possivelmente, alguns dos primeiros navegadores. Só alguns sabiam ler ou escrever. Como poderiam manter registos, se não sabiam escrever? Esse era o maior segredo. Só através da coscuvilhice dos marinheiros se foram transmitindo as histórias e é por isso que as histórias da tradição oral contadas ao longo dos séculos, não devem ser desprezadas.

De forma a resolver o problema, de acordo com um cronista, um Capitão decidiu atar um molho de alhos a um dos lados do navio e uma mão cheia de cebolas ao outro. Então o Capitão gritaria ao homem do leme: *...Leme à cebola ou Leme ao Alho.*[31] Louis André Vigneras, professor da Universidade George Washington, é claro neste ponto: *...A armada de Sancho de Archiniea, que trazia mantimentos de Espanha, chegou a St. Augustine a 20 de Junho de 1566. Com a armada veio um homem que teria um papel preponderante... Era Domingo Fernández, um piloto que tinha a confiança implícita do general Espanhol. Apesar de ser analfabeto e não saber assinar, Fernández devia ser um piloto de primeira classe... E como Fernández era um dos poucos pilotos que conheciam a costa da Florida... era mais ou menos o (piloto chefe).*[32]

João Rocha Pinto conclui, no seu livro sobre diários de bordo, que nunca existiram diários de bordo durante a maior parte do século XVI e só depois de 1530 se começam a esboçar tentativas de registo da navegação diária. Foram escritas alguma narrativas, mas estava-se muito longe ainda de um registo diário das viagens. Só para os finais do séculos XVI se nota o desenvolvimento do registo do desvio magnético das latitudes e longitudes.[33]

A passagem sobre Drake no livro de Neville Williams, *Great Lives*, mostra que o segredo existiu e que os Portugueses não eram os únicos a manter os seus planos secretos.[34] Francis Drake não revelava antecipadamente à sua tripulação o propósito das suas viagens nem a sua intenção de navegar em direcção ao Pacífico. Drake dava aos oficiais a bordo as informações estritamente necessárias para a condução do navio até ao próximo porto.[35] Alguns historiadores, como Morison, não acreditam ainda que os Portugueses tinham uma forte política de sigilo durante o primeiro período das descobertas.[36]

Navegadores Portugueses que trabalham para outros países

Durante o período de descobertas portuguesas, pelo menos 68 navegadores Portugueses trabalhavam para Espanha – 25 para França, seis para Inglaterra e um para a Holanda.[37] Patterson disse: *Prestando o devido reconhecimento às outras nações que se dedicam ao mesmo ramo, tem-se alegado o suficiente, no entanto, para mostrar que os Portugueses ocupavam um lugar proeminente; penso que poderei dizer o primeiro lugar na exploração da costa nordeste da América no século XVI.*[38] Outro historiador também escreveu que os Portugueses desempenharam um papel principal mas pouco proclamado nas expedições espanholas.

O número de navegadores Portugueses que trabalhavam para Portugal é definitivamente muito superior. Estes estavam registados, mas crê-se que fossem muitos mais. No entanto, Portugal também tinha homens estrangeiros a trabalhar na marinha, sobretudo cartógrafos ou astrónomos.

Em 1457, o veneziano Alvise Ca' da Mosto (Cadamosto), enviado do príncipe português, D. Henrique, o Navegador, explorou o porto de Ziguinchor, uma cidade fluvial na zona sudoeste do Senegal, na margem do rio Casamance. Também descobriu o rio Gâmbia em 1455 e o rio Senegal em 1457.[39] Quando viu a primeira caravela, disse que era a melhor embarcação marítima e que não existia um local onde ela não pudesse navegar. Outro navegador estrangeiro, Américo Vespúcio – mais tarde, deu o seu nome aos continentes norte e sul-americano – trabalhou para Portugal em 1501-02 e ajudou a explorar a costa sul-americana do Brasil antes de ir trabalhar para a coroa espanhola em 1503.[40] Além disso, vários marinheiros Espanhóis juntaram-se às expedições portuguesas de Pedro Álvares Cabral para o Brasil e para a Índia.[41]

Durante uma entrevista com o historiador português, o Professor Dr. José Hermano Saraiva afirmou que a rainha Isabel de Castela teria dito que a melhor ama que conhecia era o rei de Portugal, porque criava os fidalgos desde crianças e depois dava-lhos quando já eram crescidos.[42] Isto era verdade, já que os homens Portugueses gostavam e ainda gostam de mulheres espanholas; muitos nobres Portugueses iam para Espanha e, eventualmente, casavam-se por lá.

A Descoberta da Ilha da Madeira – 1424

Estas ilhas ao largo da costa atlântica do norte de África podem ter sido visitadas pelos Árabes e outros antes dos Portugueses, mas nunca se fizeram tentativas no sentido de as reclamar ou de as colonizar. Existe uma lenda sobre a ilha principal, a ilha da Madeira, que poderá ter sido originada e perpetuada pelos Ingleses. A lenda tem a sua origem na Inglaterra, quando um casal apaixonado não tinha a benção dos pais. Decidiram fugir num barco com pouca tripulação e, devido a uma tempestade, desembarcaram na Madeira. Mais tarde, a jovem donzela morreu e foi enterrada, sendo uma inscrição gravada no seu túmulo. O seu amado morreu logo em seguida e a tripulação deixou a ilha para contar a história. Como em todas as lendas, não existem datas. O nome do homem era Machin e a dama chamava-se Anna de Harfet.[43] Actualmente, existe um local na Madeira chamado Machico. Todavia, existem outras histórias, tal como a de um mercador também de nome Machico que negociava nos portos Portugueses durante a década de 1370.[44]

Quem quer que tenha lá estado forneceu a informação para a descoberta posterior do Infante D. Henrique. Por volta de 1417 ou 1419, os navegadores Portugueses João Gonçalves Zarco, Tristão Vaz Teixeira e Bartolomeu Perestrelo terão lá desembarcado. Os nomes das ilhas derivaram do latim, tal como "legname" (madeira, que deu origem à palavra lenha) para a ilha principal.

As outras, Porto Santo e as Desertas não necessitaram de tradução. Depois de chegarem a Porto Santo, os Portugueses plantaram colheitas. Contudo, no início, verificou-se um fracasso, devido a um coelho. Aparentemente, alguém deu a Bartolomeu Perestrelo uma coelha prenhe na partida de Portugal.Os coelhos nasceram durante a viagem e, após a chegada, ele soltou-os na ilha. Naturalmente, os coelhos proliferaram e comeram todas as colheitas. Como manda a tradição, as primeiras crianças nascidas na ilha chamaram-se Adão e Eva.[45] Mais tarde, os escravos vindos das Ilhas Canárias forneceram uma grande parte da população.[46]

O Mapa de Pizzigano – 1424

Existem provas cartográficas de que os Portugueses estiveram na Terra Nova antes do dia 22 de Agosto de 1424, segundo a carta náutica do veneziano Zuanne Pizzigano. Ele poderia ter sido veneziano, mas usava nomes Portugueses. O Dr. Manuel Luciano da Silva descreve-o em detalhe no seu livro *The True Antilles* (As Verdadeiras Antilhas). Esta carta náutica representa uma adaptação veneziana de um modelo cartográfico português que chegou a Itália, documentando descobertas reais no ocidente feitas pelos Portugueses nesta fase inicial.[47] Da mesma opinião partilham o historiador Armando Cortesão e o Tenente-Comandante Avelino Teixeira da Mota, que escreveu: *...estamos convencidos que... Portugueses desconhecidos visitaram numa data inicial, provavelmente mesmo antes de 1424... o que neste mapa fica a oeste dos Açores...*[48] Nem todos os historiadores defendem esta perspectiva. No mesmo mapa, aparece uma nota a meio do Atlântico, chamando à área Mar dos Sargaços – conhecimento obtido pelos Portugueses, indicando assim que tinham estado muito mais para oeste e, possivelmente, muito perto do continente norte-americano.

O Dr. Manuel L. Silva descobriu que a verdadeira posição latitudinal das Antilhas no mapa de Pizzigano coloca-as aproximadamente na mesma posição que a Terra Nova e a Nova Escócia no Canadá. Também existem nomes Portugueses no mesmo mapa.[49] O historiador Armando Cortesão estudou, em 1950, o mapa de Pizzigano, agora na biblioteca da Universidade do Minnesota. O historiador soviético Tspernick descobriu supostamente, em 1959, uma carta do rei Fernando e da rainha Isabel de Espanha onde se afirma que Colombo sabia da existência do território das Antilhas antes de partir nessa viagem, porque um marinheiro, Alonzo Sanches, que tinha feito um mapa do terreno, lho tinha contado. Isto vem confirmar a presença portuguesa nas Antilhas. Pode ler-se um estudo desse mapa no Vol. II da *História da Cartografia Portuguesa* de Armando Cortesão.

Se acreditarmos no historiador britânico A. Davies, um português de seu nome Dualmo partiu dos Açores em 1487 e descobriu a América cinco anos antes de Colombo.[50] Além disso, com o encorajamento do príncipe D. Henrique, pelo menos um navegador empreendedor parece ter chegado às províncias marítimas do Canadá por volta de 1424. Infelizmente, desconhecemos o seu nome, mas o mapa de Pizzigano fornece-nos a prova cartográfica da sua visita.[51]

O historiador Samuel Eliot Morison chama às ilhas desenhadas no mapa O Fabuloso Grupo das Antilhas e põe de parte [as]: *...descobertas porque os nomes apareciam só nos mapas italianos, Espanhóis e noutros, mas nunca num mapa português.*[52] De novo, o sigilo poderia ter sido uma razão para não registar terras descobertas em mapas, tal como as Antilhas. Devemos então perguntar o que Morison entende por um mapa italiano do século XV, já que não existia nenhum país denominado Itália? Provavelmente, ele refere-se a uma das repúblicas da Península Itálica. Se assim era, as palavras estariam muito provavelmente em latim. No século XV, não eram abundantes os mapas que mostrassem a posição exacta de continentes, muito menos países ou ilhas. No entanto, com todo o sigilo possível, o primeiro mapa a mostrar a costa leste da América do Norte foi feito em Portugal, como veremos nas páginas seguintes.

O Professor Morison não só rejeitou as conclusões do Dr. Cortesão, como também dirigiu algumas palavras duras à Universidade de Coimbra.[53]

A Descoberta dos Açores – 1427-32

Estas ilhas eram o ponto mais ocidental conhecido no Atlântico e os historiadores apontam o ano de 1427 como sendo a possível data inicial da sua descoberta por Diogo de Silves. A data de descoberta mais citada é 14 de Agosto de 1432, por Gonçalo Velho Cabral; no entanto, não existe prova documental. A distância real entre os Açores, como primeira paragem ocidental durante a viagem, e o continente norte-americano era desconhecida naquela altura. Os Açores eram a paragem mais importante, primeiro para os Portugueses quando exploravam a costa ocidental de África, depois para os Espanhóis quando iam para ou regressavam das Índias Ocidentais e, mais tarde, para os corsários Ingleses que aguardavam o regresso dos galeões Espanhóis carregados de tesouros. Travaram-se muitas batalhas ao largo dos Açores e, numa que teve lugar ao largo da ilha das Flores em 1591, foi morto Grenville, um vice-almirante Inglês da época, e o seu navio *Revenge*, já apresado pelos Espanhóis, afundou numa tempestade a caminho de Cádis.[54] Além disso: *Pedro de Valdez (ou Pedro Menéndes de Aviles, fundador de St. Augustine) foi derrotado na Batalha de Salga a 25 de Julho de 1581, quando tentava invadir a ilha Terceira.*[55]

Os Portugueses em Labrador e na Terra Nova – 1452-74

No sentido de ser fiável, a história necessita de ter provas sólidas de registos escritos além de outras descobertas arqueológicas ou antropológicas que, às vezes, são obtidas com base na tradição oral. Os exploradores viram os seus nomes gravados para a posteridade. Todavia, os verdadeiros pioneiros de descobertas na zona leste da América do Norte eram frequentemente os pescadores, de quem os navegadores recebiam informações no regresso das suas viagens de pescaria. O seu conhecimento era considerado valioso para os navegadores. John Bartlet Brebner escreveu sobre os pescadores europeus da Terra Nova: *Estes homens anónimos, Portugueses, Bascos, Bretães e Ingleses, eram, na realidade, quem mantinha um contacto europeu consistente com o nordeste da América do Norte; ao contrário dos exploradores que, de tempos a tempos, viam os seus nomes serem registados nos documentos de estado.*[56]

Imediatamente após a colonização dos Açores, a febre das descobertas encheu as cabeças de muitos marinheiros, que pediram ao rei a concessão de vantagens especiais sobre terras ou ilhas que pudessem eventualmente descobrir. Baseados em informações obscuras e imprecisas em vários documentos, alguns historiadores acreditaram que navegadores Portugueses chegaram à Terra Nova ou, pelo menos, a águas próximas, pouco depois de 1450 e, com toda a certeza, antes de 1480. Esta afirmação é extremamente ousada depois de ler a documentação.[57] O comentário apresentado acima foi escrito por Luís de Albuquerque num livro de Maria da Graça Pericão. Ele pode estar certo, mas depois de alguma investigação, verificou-se que não havia provas que apontassem quer para um sentido quer para o outro. Este historiador também disse que não existia uma Escola de Navegação em Sagres.[58] Bem, tudo depende do que se considerava uma escola no século XV. Tinha um edifício grande e uma faculdade, pessoal, professores, etc., como tinha a Universidade de Coimbra na mesma época? Muito provavelmente, não. Mas o que se deve chamar a um local, onde homens cultos se encontravam para discutir grandes temas e aprender uns com os outros, assim como para ensinar os que estavam à sua volta? O filósofo grego Platão ensinava num jardim chamado Academus e o seu pupilo Aristóteles começou uma escola de lógica, metafísica, etc., num jardim chamado Lyceum. Deveremos dizer que tais escolas nunca existiram?

De acordo com o Capítulo IX da *Historia de Colon* (versão italiana), escrita por Fernando Colon, filho de Colombo, e com o Capítulo XIII da *Historia de las Indias* por Las Casas, o português Diogo de Teive e o Espanhol Pero Vasquez de la Frontera fizeram uma viagem até às margens da Terra Nova.[59]

Fernando, filho de Colombo, escreveu que o pai recolheu informações em Portugal sobre uma ilha a 200 léguas dos Açores e das Canárias e que alguns marinheiros Portugueses foram empurrados para lá por uma tempestade, mas depois não foram capazes de regressar, pois não sabiam o caminho.[60]

É possível que Álvaro Martins Homem e João Vaz Corte Real tenham realizado viagens para o Canadá, mas nunca se fizeram registos, excepto uma referência numa carta da princesa Dona Brites a uma viagem feita em 1472 ou 1474.[61]

Outro habitante da ilha Terceira, João Fernandes, conhecido pelo *Lavrador*, devido à sua ocupação e a ser um pequeno proprietário de terras, partiu numa viagem de exploração para norte em 1492 (ou 1499) juntamente com um Pedro de Barcelos. Supõe-se, principalmente a partir de mapas que mostram a terra de Labrador, que Fernandes descobriu o que é actualmente conhecido por Labrador; mas uma investigação mais detalhada sugere que a terra que ele visitou é a actual Gronelândia.[62] O sigilo é uma das razões apresentadas; todavia, os historiadores desdenham dela. A distância dos Açores é bastante pequena e é sabido que os marinheiros se aventuravam no mar durante longos períodos de tempo à procura de boas pescarias, que os baixios da Terra Nova permitiam.

Bartolomeu Dias e o Cabo da Boa Esperança – 1488

Quatro anos antes da primeira viagem de Colombo, Bartolomeu Dias, um navegador português, dobrou o Cabo da Boa Esperança na África do Sul. Esse facto pode não ter nada a ver com a presença de Portugueses na costa leste dos Estados Unidos, mas, como descobriremos mais tarde, apresenta-nos uma possibilidade interessante. O tráfego de caravelas nos 50 anos seguintes era tão intenso que as embarcações quase batiam umas nas outras, e muitas desapareceram sem deixar rasto, nunca tendo chegado aos destinos previstos. Mais tarde, em 1500, a caravela de Bartolomeu Dias desapareceu na mesma área, numa viagem para a Índia como parte da frota de Cabral.[63]

Fig. 50—Este é considerado o único autêntico retrato de Colombo, 1507-15. Cortesia da Biblioteca Nacional de Madrid.

Colombo na América – 1467-92

Quando os netos dos famosos navegadores Portugueses já partiam em viagens, Cristóvão Colombo, de questionável berço genovês, atravessou o Atlântico e desembarcou nas Índias Ocidentais. Skelton salienta que: *...antes de 1500, Portugal tinha um departamento hidrográfico encarregue da custódia e da correcção dos mapas marítimos.*[64]

Certamente terá sido fácil para Colombo conseguir o conhecimento sobre navegação nos mares de que necessitava. Ele colhia muito do seu conhecimento náutico e dos seus interesses através dos Portugueses.

O historiador Samuel Eliot Morrison, um autor muito citado, afirma com convicção: *...sem o trabalho preliminar dos Portugueses, a ...viagem de Colombo não teria conseguido o seu objectivo.*[65]

O Reverendo George Patterson, numa apresentação à Real Sociedade do Canadá em 1890 disse: *Não existem razões para crer que, durante essas expedições, Colombo tenha chegado a tais conclusões, que surgiram com a descoberta da América. Ele esteve em Portugal entre 1470 e 1484 e, durante esse período, fez diversas viagens à costa da Guiné ao serviço do rei português.*[66]

O famoso historiador e marinheiro norueguês, Thor Heyerdahl, afirmou que Colombo chegou à América em 1476 e não em 1492.[67] Ele continua dizendo que estudos feitos e em arquivo revelam que Colombo esteve na América muito antes de a descobrir, numa expedição luso-dinamarquesa ao Estreito de Davis em 1467.

Fig. 51—Assinatura de Colombo.

Este pesquisador norueguês, que alcançou a fama devido à sua ousada travessia do Pacífico a bordo de uma jangada frágil, afirmou que Colombo não tropeçou acidentalmente no continente americano enquanto procurava a Índia, como a maioria dos historiadores acredita. Ao invés, ele sabia exactamente em que direcção viajar, pois participara anteriormente numa expedição luso-dinamarquesa à Gronelândia como membro da tripulação, quando ainda era adolescente.

Para sua honra, pode dizer-se que naquela época (1448-1481) o rei português D. Afonso V intentava chegar às Índias Orientais usando a rota do norte e negociou com o rei dinamarquês Cristiano um empreendimento comum.

A associação portuguesa com exploradores dinamarqueses e Ingleses é bem conhecida. As relações estreitas entre Portugal e a Dinamarca no século XV resultaram de casamentos reais e da visita de D. Pedro – irmão de D. Henrique, o Navegador – à Dinamarca em 1426, evidentemente depois de ouvir relatos sobre as expedições à Gronelândia.

O rei português forneceu barcos e tripulação e o rei dinamarquês emprestou dois navegadores noruegueses, Didrick Pining e Hans Pothorst. João Vaz Corte Real foi nomeado vice-rei do que viessem a descobrir. A narração desta viagem é breve, devido à relutância de Portugal em publicitar as suas descobertas e, assim, esta aventura esteve tão envolta em mistério que as suas descobertas não foram dadas a conhecer.[68]

Armando Cortesão afirmou: ...*para além de Pinzón em Castela, havia muitos em Portugal convencidos da existência de tais terras (América) e que já lá haviam estado.*[69] Isto só prova que os Portugueses sabiam há muito onde ficava a América, só que ninguém estava interessado neste continente. O objectivo deles era atingir a Índia ou o Extremo Oriente. Devemos estabelecer um paralelo semelhante; os Chineses sabiam onde ficava a Europa e como lá chegar, também tinham os recursos para fazer a viagem; não o fizeram, porque não estavam interessados e: ...*deliberadamente voltaram as costas à expansão marítima antes do século XV.*[70]

A narrativa original da terceira viagem de Colombo conta-nos que na quinta-feira, 7 de Junho de 1498, ele chegou a Porto Santo, onde parou para se abastecer de madeira, água e mantimentos e para ir à missa. Em seguida, Colombo chegou à Madeira no Domingo, 10 de Junho e foi muito bem recebido no Funchal, com muita alegria, porque era muito conhecido lá, tendo: ...*habitado lá durante algum tempo.*[71]

Fig. 52—Retrato a óleo de Vasco da Gama. Cortesia do Museu Nacional de Arte Antiga, Portugal.

Vasco da Gama e o Caminho Marítimo para a Índia – 1498

Seis anos depois de Colombo descobrir a América, ao tentar chegar à Índia ou ao Extremo Oriente – sem nunca lá chegar – os Portugueses descobriram o caminho marítimo para a Índia e depressa estabeleceram um comércio lucrativo. A frota de Vasco da Gama era composta por quatro caravelas e 160 homens. Estes foram escolhidos na qualidade dos melhores marinheiros que Portugal tinha e muitos deles eram nobres.

Vasco da Gama partiu a 9 de Julho de 1497 e chegou a Calcutá em Maio de 1498. As suas embarcações cruzaram mares desconhecidos durante cerca de 4500 milhas, tendo a viagem durado 96 dias sem um vislumbre de terra. Colombo tinha percorrido 3500 milhas após partir das Canárias, quando avistou as Baamas.[72] *A viagem de Vasco da Gama, de ida e volta para a Índia, num total de 23.800 milhas, permanece um marco na história da navegação.*[73]

Uma narração contemporânea menciona os efeitos do escorbuto, pois desconhecia-se na época que a doença se curava ao comer fruta fresca. Só no século XVIII é que o capitão James Cook relacionou os dois factos. O Dr. Luciano da Silva também escreveu um artigo médico sobre Camões e o escorbuto.

Fig. 53—Pintura de José Velloso Salgado, Sociedade de Geografia de Lisboa. Retrata Vasco da Gama na Corte do Zamorin de Calcutá, na Índia.

A descoberta de Vasco da Gama pode não estar relacionada com a costa leste dos Estados Unidos, mas como iremos ver num dos próximos capítulos, pode ter algo a ver com o tema sob pesquisa.

Também no mesmo ano, Duarte Pacheco Pereira pode ter chegado à Flórida.[74] No ano seguinte, o Espanhol Alonso de Ojeda, acompanhado pelo Florentino Américo Vespúcio, navegou até à boca do Orinoco e explorou a costa da Venezuela. É interessante notar que a rota escolhida para Vasco da Gama para a Índia levou a sua frota muito perto do Brasil; por essa razão, ele poderia já ter conhecimento da existência de terras para oeste.

* * *

Um poema dos Lusíadas. *Esta obra-prima de Camões, um dos maiores poemas épicos do mundo, é o mais admirável monumento ao génio de Vasco da Gama.*[75]

Não menos guarnecido, o Lusitano,
Nos seus batéis, da frota se partia,
A receber no mar o Melindano,
Com lustrosa e honrada companhia.
Vestido o Gama vem ao modo Hispano,
Mas Francesa era a roupa que vestia,
De cetim da Adriática Veneza,
Carmesi, cor que a gente tanto preza; [76]

Os Lusíadas, II, 97

Pedro Álvares Cabral no Brasil por Acidente – 1500?

A descoberta do Brasil por um simples acaso tem sido uma mentira perpetuada pelos escritores menos informados. Eis o que Charles Ralph Boxer diz no seu livro *The Portuguese Seaborne Empire: ...durante três anos, os Portugueses fizeram*

viagens secretas no Atlântico sul para se familiarizarem com as condições de navegação da área.[77]

Pedro Álvares Cabral explorou mais de mil milhas da costa brasileira, o que demonstra que ele tinha um conhecimento prévio da região. Tal facto foi relatado por diplomatas venezianos, em conflito com a carta velada enviada por D. Manuel I ao Papa.[78]

Devido provavelmente a um descuido, Kennedy escreveu no seu livro: *o famoso explorador Pedro Álvares Cabral descobriu o Brasil em 1500 por acidente. Ao dobrar a ponta sul de África e dirigindo-se para norte, de regresso a Portugal, Cabral fez um cálculo errado que o levou mais para ocidente do que pretendia. No ponto onde os continentes sul-americano e africano se aproximam mais, Cabral "deu de caras" inesperadamente com o Brasil.*[79] Na verdade, ele desembarcou no Brasil quando se dirigia para sul a caminho de África.

O mapa pouco conhecido de Andrea Bianco de 1448 mostra claramente que os Portugueses já sabiam da existência

Fig. 54—Pedro Álvares Cabral retratado numa gravura do século XVIII [70]

de terra a oeste de África e a distância da Guiné à costa norte da América do Sul. O mapa da Fig. 55 mostra uma distância aparente de 1500 milhas para oeste. Repare-se também na foz do rio Amazonas. Existem razões para se acreditar que Diogo de Teive esteve lá e passou a informação a Bianco e a António Leme em 1471.

Fig. 55—Mapa de 1448, de Andrea Bianco.

Outro aspecto de interesse: devemos notar que António Galvão escreveu um livro em 1550, traduzido para Inglês em 1601 e reimpresso em 1862 com notas do Almirante Bethune. Galvão afirma que em 1428, em Veneza, D. Pedro – irmão do Infante D. Henrique – recebeu um mapa mundial que supostamente mostrava os continentes africano e sul-americano. Em 1447, Andrea Bianco, um cartógrafo veneziano que trabalhava para Fra Mauro, estava em Lisboa a caminho de Londres. Durante a sua estada em Londres, fez um atlas com nove páginas baseado na informação obtida em Portugal. Essa mesma informação pode ter estado relacionada com uma viagem em 1447, registada no livro de Galvão. O atlas de Bianco mostra uma ilha grande, situada a 1500 milhas a oeste de Cabo Verde, o que por si só é fantástico, tendo em consideração que só há um erro de 20 milhas.[80]

Este mapa, ou uma cópia, esteve mais tarde (cerca de 1480) nas mãos de Pêro Vaz da Cunha, o Bisagudo. Mestre João, médico do rei D. Manuel I, referiu-se ao mapa numa carta enviada em 1500 da costa do Brasil.[81] Seguem-se algumas das crónicas contemporâneas sobre as viagens portuguesas: *Porém, tendo-se perdido também o piloto, este acontecimento náutico revela-nos que as viagens de retirada da Costa da Guiné, seguindo em arco largo a rota indirecta, já em 1446 não eram mistério...confirmação de aquele mar de baga da Carta de Bianco datada de 1436, já fora descoberta dos mareantes Portugueses por essa época.*[82]

Quanto à descoberta acidental de Cabral, quanto ao facto de ele "dar de caras" inesperadamente com o Brasil, é sabido que ele não foi o primeiro navegador português a chegar ao Brasil. Outros o precederam. Kennedy cita Zvi Dor-Ner de forma bastante diferente, devido à crença geralmente aceite sobre a descoberta de Cabral.

Eis como Zvi Dor-Ner descreve a chegada de Cabral à costa do Brasil: *Em 1500 o explorador português Pedro Álvares Cabral, que havia seguido a rota marítima de Vasco da Gama para a Índia através do Cabo da Boa Esperança, fez uma rotação excessiva para oeste depois de rodear o bojo de África e tornou-se a primeira pessoa na história a desembarcar na costa do Brasil.*[83] O livro *Civilization in the West* (A Civilização no Ocidente), escrito por Christopher Brinton da Universidade de Harvard e Robert Lee Wolf da Universidade de Rochester, salienta: *Pode acontecer que não tenha sido tão acidental quanto parece.*[84] Por volta de 1500, os Espanhóis estavam bem lançados na exploração e as viagens de Colombo eram do conhecimento de todos. Em 1493, depois da primeira viagem de Colombo, o Papa Alexandre VI tinha concedido a Espanha todas as terras a sul e a oeste de uma linha norte-sul desenhada no Atlântico entre os Açores e as Ilhas de Cabo

Verde. Em 1494, os Portugueses, através do Tratado de Tordesilhas, com a Espanha, conseguiram mudar esta linha 270 léguas mais para oeste. Assim, o Brasil ficou sob a esfera de influência dos Portugueses, que poderiam saber da sua existência desde sempre e só anunciaram o seu desembarque lá depois da viagem de Cabral: *De qualquer modo, determinou-se agora que só o Brasil na América Latina seria português; tudo o mais situava-se no lado espanhol da linha.*[85] Existe no entanto, um facto pouco conhecido: No século XVIII, o Uruguai localizava-se no lado português, mas foi mais tarde trocado pelos Portugueses pela Amazónia, que ficava do lado espanhol. Devido a isso, a língua do Uruguai é o espanhol e a da Amazónia é o português.

Duarte Pacheco Pereira, capitão de mar e explorador português, poderá ter descoberto o Brasil em 1498, dois anos antes de Pedro Álvares Cabral ter explorado a costa brasileira. Devido às suas façanhas militares na Índia, Camões chamou-lhe Aquiles Lusitano. A única indicação existente de que poderá ter estado no Brasil em 1498 é o facto de ter escrito *Esmeraldo situ orbis*, onde afirma que o rei lhe ordenara que descobrisse a zona ocidental para lá do grande oceano.[86]

Pacheco Pereira, criado na corte portuguesa, era um homem culto e servia como escudeiro do rei D. João II. Tornou-se um cartógrafo excelente assim como piloto e capitão de mar. Explorou a costa de África em 1488, tendo regressado com Bartolomeu Dias, que havia descoberto o Cabo da Boa Esperança. Pacheco Pereira partiu com Bartolomeu Dias em 1500 na viagem, durante a qual Pedro Álvares Cabral reclamou o Brasil para o rei de Portugal. Em 1504, Pacheco Pereira ajudou a defender o entreposto comercial em Cochim, na Índia, dos ataques do governador de Calcutá. Com cerca de 200 Portugueses, Pacheco Pereira conseguiu com sucesso manter à distância exércitos com muito mais de 20.000 homens.

No seu regresso a Portugal em 1505, Pacheco Pereira recebeu muitas honras. Reuniu os seus diários de bordo e mapas e escreveu um relato valioso sobre a exploração portuguesa – publicado em edições modernas em 1892 e 1903. Foi nomeado governador de São Jorge da Mina, mas caiu em desgraça, quando os seus inimigos relataram que havia desviado fundos oficiais. Foi exonerado do cargo, mas morreu pouco tempo depois na pobreza.

Segundo a narrativa da terceira viagem de Colombo em 1498, ele terá dito que: *...desejava seguir para sul... e desejava ver qual era a ideia de D. João II, que dizia haver continentes para sul.*[87] Este e outros factos não deveriam ser ignorados ao determinar-se o que os Portugueses descobriram.

Muito se tem escrito sobre a descoberta do Brasil; no entanto, ainda não se avista o fim, com a revelação de novas informações à medida que o tempo passa. Outro exemplo é o Capítulo V do livro de Jaime Cortesão *Os Descobrimentos Portugueses*.

Jaime Cortesão e o irmão, Armando Cortesão, são professores de História e têm muitos livros para seu crédito. O historiador americano Samuel Eliot Morison também se referiu aos livros deles, sem necessariamente concordar sempre com eles. Um dos capítulos, *Viagens pré-cabralinas ao Brasil*, chamou a atenção do autor ao apresentar uma história diferente. Quando Martim Afonso de Sousa, a trabalhar para Espanha em 1531, se encontrava a caminho da Argentina, ancorou em Cananeia (estado de São Paulo) e conheceu um homem no exílio (*degredado*), a que a história chamaria o Bacharel de Cananeia. Pêro Lopes menciona este homem no diário da exploração, como estando no Brasil há uns bons 30 anos.

Se este fosse o caso, viveria lá desde 1501. Não parece fazer muito sentido; e, para tornar as coisas piores, Diogo Garcia, um piloto português a trabalhar também para Espanha, escreveu (em espanhol) sobre os acontecimentos em 1527: *...E aqui fuímos a tomar refresco en San Vicente, que está en 20 grados e alli vive un Bachieller y unos yernos suyos mucho tiempo ha que ha bien treinta años.*[88] Em português: ...aí fomos tomar um refresco a San Vicente, que fica a 20 graus e, nesse sítio, vive um Bacharel e os seus genros desde há muito tempo, uns bons trinta anos. Em 1530, quando Diogo Garcia, regressou à Andaluzia, na Espanha, referiu-se à chegada do Bacharel de Cananeia em 1497 ou 1500. A expressão *bien treinta años*, uns bons trinta anos, deve significar mais de trinta anos.

Rui Diaz de Gusmãn qualifica o Bacharel como um cavalheiro português ou um fidalgo e chama-lhe Duarte Pires no seu livro *La Argentina*, escrito em 1612. Depois, por acaso, encontrou-se um documento datado de 24 de Abril de 1499, que menciona um certo Bacharel exilado, mas nenhum outro nome. A designação comum é *Bacharel* e *exilado*, o que levou o Dr. Cortesão a crer que se tratava da mesma pessoa. A referência faz parte de um longo testamento feito por Álvaro de Caminha, capitão da ilha de São Tomé, ao largo da África ocidental, que descreve igualmente a colonização daquela ilha, na qual tomaram parte bebés Judeus, enviados para lá pelo rei D. João II.[89] Através deste documento, pode concluir-se que existia na ilha um depósito de pessoas exiladas. Mencionam-se pelo menos 65 nomes.

O mesmo documento refere o Bacharel e o que devia fazer com os seus pertences, sem mencionar que havia morrido, mas sim que estava ausente da ilha. Supõe-se com alguma certeza de que o Bacharel era a mesma pessoa mencionada tanto na África como na América do Sul. Mas se esse era o caso, como terá ele chegado a Cananeia? O Almirante Gago Coutinho, outro português famoso – historiador e piloto – admitiu que Bartolomeu Dias teria sido um dos descobridores do Brasil. Este navegador foi o primeiro Europeu a circundar o extremo sul de África em 1488, abrindo o caminho marítimo para a Índia.

Bartolomeu Dias estava na ilha de São Tomé e partiu no final de 1497. Será o mesmo Bartolomeu Dias ou existiria outro navegador com o mesmo nome, que levou o Bacharel para Cananeia? Outro português já mencionado teve a mesma tarefa, ou seja, partir de São Tomé para explorar a costa brasileira em 1498.[90]

Este facto reforça a suposição anterior – e Cortesão crê – que o Bacharel de São Tomé deixou a ilha no final do século XV numa caravela comandada por Bartolomeu Dias. Não devemos ignorar o facto de que, para chegar ao extremo sul de África, qualquer embarcação deve navegar para oeste, a caminho da América do Sul para apanhar os ventos e correntes adequados, em direcção a sudeste. Os ventos alísios e as correntes – corrente brasileira – foram a causa de muitos naufrágios. Bartolomeu Dias sabia disso em 1488 e Duarte Pacheco sabia-o em 1498.

1498-1998 – 500 Anos Depois

Em 1998, Portugal celebrou o 500º aniversário da descoberta do Caminho Marítimo para a Índia. Lisboa foi escolhida como o local de realização da exposição Mundial em 1998. O tema era "Os Oceanos", lembrando assim a contribuição dos Portugueses para a humanidade, ao tornar possível a convergência de culturas de todo o mundo. As descobertas de Vasco da Gama levaram o seu país – Portugal – ao vértice de riqueza e poder entre as nações da Europa.

Notas

[1] The Discoverers de Daniel J. Borstin, p. 145 (de Peter Martyr d'Anghiera em 1493).

[2] Modelo da Nau São Rafael do "Museu da Marinha de Lisboa."

[3] Portvgaliae Monvmenta Cartografica de Armando Cortesão, pp. xxv-xxix.

[4] The European Discovery of America de Samuel Eliot Morison, p. 94.

[5] The Portuguese Seaborne Empire de Charles R. Boxer, capa.

[6] Portuguese Roteiros de C.R. Boxer, p. 185.

[7] Newfoundland from Fisheries to Colony de David Beers Quinn, p. 183.

[8] The Mediterranean World de Fernand Braudel, p. 108.

[9] The Colonial Experience de David Hawke, p. 8.

[10] The Mediterranean World de Fernand Braudel, p. 108.

[11] A History of the Western World de Clough, Garsoian, Hicks, Brandenburg & Gay, p. 367.

[12] Infante D. Henrique e sua época de Mário Domingues, p. 19.

[13] The Portuguese in the NE Coast of America de Rev. George Patterson, p. 127.

[14] Infante D. Henrique e sua época de Mário Domingues, p. 154.

[15] Ibid, p. 276, primeira edição.

[16] Ibid, pp. 67, 70, 82, 88, 120, 133, 206-331.

[17] The Discoverers de Daniel J. Boorstin, p. 150.

[18] História de Portugal de Oliveira Marques, Vol. I, p. 264-267.

[19] Colombo em Portugal, Marinha Portuguesa, p. 15.

[20] The Melungeons de Bonnie Ball, p. 29; 22 de Agosto de 1937, Nashville Banner, James Aswell.

[21] Entrevista com o Professor José Hermano Saraiva, Julho de 1995.

[22] Portugal nos Mares de Oliveira Martins, p. 280-281.

[23] The Structures of Everyday Life de Fernand Braudel, p. 412.

[24] História da Expansão Portuguesa no Mundo de António Baião, p. 19.

[25] Portugal and the Discovery of the Atlantic de Alfredo Pinheiro Marques, p. 80.

[26] Maps de R. A. Skelton, p. 41.

[27] Determinou-se o dia 10 de Junho como o Dia Nacional de Portugal, devido ao 10 de Junho de 1580. O Visconde de Juromenha descobriu num documento encontrado na Torre do Tombo que Luís Vaz de Camões morreu nesse dia. Alguns historiadores continuam a discordar quanto a essa data.

[28] Luís de Camões de Vasco Graça Moura, p. 17.

[29] A History of the Western World de Clough, Garsoian, Hicks, Brandenburg & Gay, pp. 452-453.

[30] The East Indiamen de Russell Miller, p. 26.

[31] Revista National Geographic, Novembro de 1927, p. 511.

[32] A Spanish Discovery of North Carolina de L. A. Vigneras, p. 403.

[33] Houve diários de bordo durante os séculos XV e XVI? de João Rocha Pinto, pp. 404-416.

[34] Great Lives, Sir Francis Drake de Neville Williams, p. 88.

[35] Sir Francis Drake revived de Philip Nichols, Harvard Classics, Vol. 33

[36] The European Discovery of America de Samuel Eliot Morison, p. 102.

[37] Legends and Notes in Maps de Felisberto Roliz.

[38] Portuguese in North America de Rev. George Patterson, p. 162.

Notas (Cont.)

[39] Enciclopédia Britannica, 1993, Vol. 2, p. 271.

[40] Historia de España, Historia 16, p. 537.

[41] Knight of the Americas de Miguel Albornoz, p. 14.

[42] Entrevista com o Professor José Hermano Saraiva, Julho de 1995.

[43] As Saudades da Terra de Gaspar Frutuoso, p. 4.

[44] Portugal and the Discovery of the Atlantic de Alfredo Pinheiro Marques, pp. 33-34.

[45] Ibid, p. 38.

[46] Os Escravos no Arquipélago da Madeira de Alberto Vieira, p. 48.

[47] Portugal and the Discovery of the Atlantic de Alfredo Pinheiro Marques, p. 50.

[48] Portvgaliae Monvmenta Cartografica de Armando Cortesão, p. xxxiii.

[49] The True Antilles de Manuel Luciano da Silva, p. 6.

[50] The Portuguese Americans de Leo Pap, p. 3.

[51] Anomalies in Archaeology de W. David Crocket, p. 129.

[52] The European Discovery of America de Samuel Eliot Morison, p. 102.

[53] História da Cartografia Portuguesa de Armando Cortesão, pp. 129-130.

[54] The Sea Dogs de Neville Williams, p. 203.

[55] Azores Island a History de James H. Guill, Vol. 5, p. 329.

[56] The Explorers of North America de John Bartlet Brebner, p. 114.

[57] The Discovery of Florida de Maria da Graça Pericão.

[58] Revista National Geographic, Novembro de 1992, p. 92, de Merle Severy.

[59] A Viagem de Diogo de Teive...de la Frontera ao Banco da Terra Nova de Jaime Cortesão, p. 5.

[60] História da Cartografia Portuguesa de Armando Cortesão, pp. 129-130.

[61] Portuguese Pilgrims de Dr. Manuel Luciano da Silva, p. 28.

[62] The Portuguese-Americans de Leo Pap, p. 4.

[63] Historia de Portugal by Oliveira Marques, p. 104, Vol. II.

[64] Maps by R. A. Skelton, p. 40.

[65] Portuguese voyages to America in the 15th century de Samuel Eliot Morison, p. 5.

[66] Portuguese in North America de Rev. George Patterson, p. 127.

[67] Associated Press News Release, Verão de 1995.

[68] Anomalies in Archaeology de W. David Crocket, p. 132.

[69] Cartografia e Cartógrafos Portugueses dos séculos 15 e 16 de Armando Cortesão, p. 230.

[70] The British Empire de Gerald S. Graham, p. 12.

[71] The Northmen, Columbus and Cabot de Edward Bourne, p. 320.

[72] Revista National Geographic, Nov. 1927, p. 516.

[73] Ibid, p. 507.

[74] História de Portugal de Joaquim Veríssimo Serrão, V. III, p. 110.

[75] Revista National Geographic, Nov. 1927, p. 550.

[76] Ibid, p. 531.

[77] The Portuguese Seaborne Empire de Charles R. Boxer, p. 36.

[78] História de Portugal de Damião Peres, p. 598.

[79] The Melungeons de Brent Kennedy, p. 114.

[80] História de Portugal de Damião Peres, pp. 591-592.

Notas (Cont.)

[81] Geographic Journal, Londres, Fevereiro de 1887, de Jaime Batalha Reis, enviado por e-mail de Francisco António Doria do Rio de Janeiro, Brasil.
[82] Monumenta Henricina Vol. XI, pp. 235-236; Vol. IX, p. 145, Coimbra, 1970.
[83] Columbus and the Age of Discovery, de Zvi Dor-Ner, p. 300, 1991.
[84] Civilization in the West de Christopher & Brinton, Wolff, p. 293.
[85] Ibid.
[86] História de Portugal de Damião Peres, p. 596.
[87] The Northmen, Columbus and Cabot de Olson and Bourne, p. 326.
[88] Os Descobrimentos Portugueses de Jaime Cortesão, p. 64.
[89] Crónica d'el Rey D. João I de Rui de Pina, p. 1019.
[90] Os Descobrimentos Portugueses de Jaime Cortesão, p. 67.

✳ ✳ ✳

Fig. 56—Astrolábio do século XVI. Museu da Marinha de Lisboa. Os marinheiros portugueses foram os primeiros a usar o astrolábio, um instrumento de navegação para medir a altitude de corpos celestiais.

Fig. 57—Tratado da Esfera, usado mais tarde pelos reis portugueses como um símbolo das descobertas à volta do mundo. Guia Náutico de Évora, c. 1516.

Fig. 58 – Esfera Armilar, usada, desde o século XVI até à actualidade, no centro da bandeira portuguesa.

Capítulo VIII

A Presença Portuguesa na América do Norte – séculos XV e XVI

Este capítulo mostra a presença de gente portuguesa na América do Norte e, portanto, a possibilidade muito provável de os Melungos e outros grupos possuírem ascendência portuguesa – quer directa, quer indirectamente através de casamentos com outras raças, culturas ou passados étnicos. Ver Apêndice B, Segunda Parte sobre a presença inicial de colonos da Península Ibérica na América do Norte, na opinião de vários arqueólogos.

Ao escrever sobre o passado, tanto quanto a luz da história o permite, o Reverendo George Patterson disse há mais de 100 anos à Real Sociedade do Canadá: *O nosso trabalho tem sido idêntico ao do cientista, que procura descrever a vida de uma era passada através de alguns fósseis imperfeitos, ou semelhante ao de um caçador que segue a pista da presa através da leve pressão feita sobre as folhas caídas, dos galhos partidos ou de qualquer outro sinal igualmente insignificante.*[1]

O Processo de Colonização e os Métodos Portugueses

As primeiras tentativas de colonização feitas pelos Portugueses resumiram-se a deixar animais domésticos – como porcos, vacas e aves – nas ilhas para serem usados mais tarde como meio de sobrevivência. Contrariamente à crença popular, os Portugueses estavam mais preocupados com o comércio do que com a conquista,[2] e facilmente se percebe porquê.

D. Henrique adoptou o método de libertar gado nos locais recém-descobertos, por forma a estabelecer uma plataforma de reclamação da soberania, assim como para reabastecer os navios. Começou a fazê-lo no Porto Santo, na Madeira, nos Açores e por aí fora, e tornou-se uma prática comum.

Grace Anderson e David Higgs, dois professores canadianos, escreveram que, segundo um documento datado de Janeiro de 1568, havia uma referência: *...a ter-se libertado gado na Ilha de Sable ou Ilha Príncipe Eduardo no Canadá...* [O explorador francês] *Breton Marquis de la Roche fez desembarcar colonos que encontraram gado.* [O historiador Marc Lescarbot, afirmou em 1608 que:]*... o gado fora libertado por um nobre do tempo do rei Francis I de França.* [Samuel de Champlain também encontrou gado na ilha durante a sua viagem em 1613] *... e afirmou que fora deixado pelos Portugueses.*[3]

Os registos Portugueses evidenciam que no seu processo colonizador, Portugal chegou na realidade a encorajar as suas gentes a casar e a misturar-se com os nativos, porque simplesmente não tinham uma população suficientemente grande para colonizar o mundo imenso que estavam a descobrir. Assim sendo, contavam com as gerações vindouras para manterem as colónias para Portugal, que foi a última potência colonial a dar-lhes independência. O Doutor William Freitas, professor na Universidade de Stanford, escreveu que: *...a colonização portuguesa era orientada para a família.*[4] Em 1550, o rei promoveu a importação de colonos do Brasil para os Açores, mas preferia casais.[5]

Os Portugueses eram e ainda são conhecidos como um dos povos que se adaptam bem à cultura da sociedade onde vivem.

A sociedade que se desenvolveu nas colónias era, na sua evolução, menos protegida pela consciência da raça, que praticamente: *...não existia nos Portugueses cosmopolitas e de mentes abertas*.[6] Pode ser exagero dizer que não havia discriminação racial, mas é verdade que os Portugueses eram mais liberais a este respeito do que os colonizadores Holandeses, Ingleses ou Franceses.[7]

O resultado é que actualmente existem muitos Portugueses brancos que se intitulam Angolanos, moçambicanos, indianos, chineses e outras nacionalidades. Esses disseram ao autor que estarão dispostos a regressar a África assim que as guerras terminarem e a situação política estabilizar. Eles podem ser brancos, mas possuem um forte sentimento de nacionalidade relativamente à nação africana onde nasceram. Há alguns anos atrás, numa visita a Macau, ao largo do território chinês, o autor falou com algumas pessoas nascidas em Macau e com aparência asiática. Quando lhes falaram sobre Portugal, responderam que lamentavam não falarem o português ou não o falarem bem, mas era evidente a estima relativa à cidadania portuguesa que possuem no local do seu nascimento, embora nunca tenham estado em Portugal.

Naturalmente e, devido à miscigenação, é possível encontrar um Português fora de Portugal com uma aparência e uma cor de pele diferentes.

A Marinha Mercante e o Tráfego Marítimo – Séc. XVI

No início do século XVI, já existiam proprietários abastados de frotas pesqueiras e em 1518-19, o comércio ultramarino representava 68% do rendimento da coroa.[8] Os Cristãos novos, nome dado às pessoas forçadas a converter-se, principalmente do Judaísmo, formavam na sua maioria uma classe média de mercadores e capitalistas. Assim sendo, tinham acesso aos navios e às expedições comerciais financiadas por eles próprios ou pela coroa portuguesa. Ao estudarmos os padrões de emigração dos Portugueses, não nos esqueçamos que, durante o início do século XVI, pairava no ar uma possibilidade iminente da união das coroas de Portugal e Espanha, da mesma forma que Castela se tinha unido a Aragão no século anterior. Uma união assim fora o sonho de reis tanto de Portugal como de Castela desde o século XIII. No sentido de isso acontecer, fizeram-se vários casamentos. Em primeiro lugar, o rei D. Manuel I casou com D. Isabel, depois com D. Maria, também de Castela e o seu terceiro casamento foi com D. Leonor, sobrinha desta última, todas elas princesas espanholas. Depois, o rei espanhol Carlos I casou com a princesa portuguesa D. Isabel e desse casamento nasceu o príncipe Filipe, que viria eventualmente a herdar a coroa portuguesa e a tornar-se Filipe I de Portugal e Filipe II de Espanha.

Todos estes casamentos preocupavam o povo, já que significavam que, eventualmente, Portugal seria governado por um rei espanhol, no caso de o rei português não ter um herdeiro para o trono. Esse medo nacionalista, associado ao risco de se ser perseguido pela recém-instalada Inquisição, poderia ser uma outra razão para procurar refúgio noutro lugar, mesmo correndo grande perigo. D. João II e, após a sua morte, seu filho, D. Sebastião deram grande apoio a esta nova organização religiosa.

A perspectiva de uma união ibérica levou a várias leis de acordo entre Portugal e Espanha em 1568, com as quais o povo da província do Algarve não concordava.

Em 1563, havia rotas comerciais marítimas regulares entre as Américas, a Índia, Portugal e Espanha e algumas dessas expedições de transporte de mercadorias usavam barcos Portugueses não registados, tanto em Lisboa como no Algarve. Quantos navios terão sido contratados por negociantes sem escrúpulos e com destino desconhecido?

Sabe-se, por exemplo, que uma caravela portuguesa partiu de Sevilha e, quando regressava do Peru com 100.000 ducados em ouro e prata, foi tomada pelos Franceses. Os mercadores capitalistas controlavam parte do tráfego marítimo português e realizavam actos relevantes nas expedições portuguesas desenvolvidas pela coroa.

Entre 1497 e 1692, um total de 806 navios partiram de Portugal para a Índia. Só 425 regressaram e este número diz respeito apenas ao tráfego oficial.[9]

A Fundação de Espanha – Séc. XVI

Qualquer Português na América é confrontado com a confusão constante de muita gente de que Portugal faz parte de Espanha. Fletcher expressa essa ideia ainda melhor: *A Espanha, enquanto termo que designa todo o território peninsular entre os Pirinéus e o Estreito de Gibraltar, encontra oposição que irá sugerir o estado moderno da Espanha e, por conseguinte, excluir a área ocupada pelo Portugal moderno... Castela...era um condado modesto no ano 1000 do reino de Leão...*[10] tal como Portugal no ano de 1096.

A monarquia espanhola só foi fundada no início do século XVI, como a nação que conhecemos hoje. A união de Castela e Aragão, originada pelo casamento de Fernando e Isabel, representou apenas uma simples união dinástica e não uma verdadeira união nacional. Os territórios tinham os mesmos reis. Cada um tinha as suas próprias instituições, moeda, usos e costumes, tal qual um território independente. Só em 1556 é que o rei Filipe II conseguiu reinar sobre a Espanha, depois do seu breve casamento com Mary Tudor, rainha de Inglaterra.[11]

Os Portugueses no Canadá – Terra Nova e Corte Real – Maine

Há cinquenta anos atrás, o Almirante Samuel E. Morison (1187-1976) escreveu que durante o primeiro quartel do século XVI: *...a Terra Nova foi, de facto, uma província transatlântica remota do grande e crescente império português.*[12] Outro historiador descreveu a descoberta inicial da Flórida: *Alberto Cantino, um agente italiano, informou do regresso dos navios Corte Real a Lisboa (1501).*[13]

Tem havido uma disputa considerável sobre a questão das travessias iniciais dos Portugueses para a América. Um autor Português tem defendido que a honra do primeiro desembarque na América do Norte depois dos Normandos deveria ser dos Portugueses.[14] Tem-se afirmado que, em 1452, sob as ordens de D. Henrique, Diogo de Teive partiu de Lisboa com um piloto espanhol para explorar o Atlântico e zonas mais afastadas. Cristóvão Colombo e um membro da família Pinzón tiveram conhecimento dos resultados desta expedição.

Bartolomé de las Casas, um historiador do século XVI, afirmou que os Portugueses já faziam viagens até à linha costeira da América 40 anos antes de Colombo.

Entretanto, Diogo de Teive, em 1452, João Vaz Corte Real em 1471 e Álvaro Martins Homem em 1473 já tinham feito viagens para ocidente, tentando em vão descobrir um caminho marítimo para a Índia. Devido ao sigilo imposto pelo rei Português sobre assuntos de navegação, muito pouco se registou – também devido ao facto de muito raramente haver algo interessante e digno de registo, já que na maioria das vezes só encontravam icebergues e terras estéreis e geladas. Pode ver-se a melhor prova da viagem ao Canadá, que terá iniciado na Noruega ou Dinamarca e provavelmente teve lugar em 1472, num globo feito em 1492 por Martin Behaim – conhecido em Portugal como Martinho da Boémia – um geógrafo Judaico-Alemão.

Nos primeiros anos da década de 1470, João Vaz Corte Real e alguns dinamarqueses visitaram a Gronelândia e talvez Lavrador. Anderson & Higgs, no seu livro *Future to Inherit*, cita Oleson: *Bem vistas as coisas, existem poucas dúvidas de que os dois Portugueses visitaram a Gronelândia, Lavrador e a Baía de Hudson.*[15] Por este feito, recebeu uma capitania nos Açores como recompensa de ter viajado até à Terra Nova – Terra do Bacalhau – e o jovem Corte Real explorou a costa de Lavrador.

O historiador Samuel Eliot Morison repudia a viagem de Corte Real porque a alegada descoberta baseou-se numa afirmação de Gaspar Frutuoso (nascido em 1522) em *Saudades da Terra* [que Morison traduz incorrectamente como *Souvenirs of the Land*] *porque era um colecionador de bisbilhotices notoriamente digno de pouca confiança.*[16] As viagens experimentais no Atlântico continuaram com Fernão Teles de Meneses e Fernão Dulmo a partir dos Açores, assim como Afonso do Estreito a partir da Madeira.

Em apoio ao argumento que defende uma exploração inicial das margens norte-americanas, podem apontar-se os grandes números de nomes portugueses que sobreviveram na costa atlântica em forma anglicizada.[17] O filho de João, Gaspar Corte Real, também se aventurou pelo Atlântico e, numa das suas viagens, partiu em direcção ao sul até à Flórida, tendo recebido inúmeros benefícios do rei D. Manuel I. Este navegador Português fez o primeiro desembarque europeu autenticado no continente a norte do hemisfério ocidental em 1500-1501. Numa segunda expedição e, enquanto procurava uma passagem para o oceano Pacífico, descobriram um rio e muito desapontados, exclamaram: *Cá nada*, ou seja, não há nada. Os nativos sentiram-se atraídos pelas palavras e lembravam-se delas e repetiam-nas, sempre que viam outros europeus, tal como Jacques Cartier em 1534.[18] Esta história pode não ser verdadeira; no entanto, era uma tradição popular entre os pescadores de antigamente e o autor ouviu-a ser contada muitas vezes desde criança.

Em 1890, Patterson escreveu: ...*isto parece indicar que os Portugueses entraram no rio São Lourenço antes de Cartier e frequentaram, pelo menos, a sua foz, pois tais lugares haviam-se tornado bastante conhecidos e os seus nomes haviam-se firmado.*[19] *E aqui podemos dizer que existe uma razão forte para crermos que o próprio nome Canadá derivou dos Portugueses.* ...*Segundo a teoria usual, é uma modificação da palavra índia Kanata, ou seja, uma aldeia ou aglomerado de habitações; os Franceses terão percebido mal os nativos, que apontavam para a sua aldeia, e supuseram tratar-se do país. Não consideramos isto provável e, para além do mais, partindo do seu vocabulário de palavras índias, sabemos que Cartier não errou o significado desta. Mas a palavra, que se pronuncia Canada, é puramente portuguesa.*[20] A palavra em português significava no século XV o mesmo que significa hoje – uma paliçada dupla num rio para indicar uma passagem; também um caminho estreito no meio dos campos ou uma estrada orlada por muros antigos: *Tendo subido o rio São Lourenço, os Portugueses convenceram-se que era um canal... Cartier soube, na sua segunda viagem, pelos nativos de uma tribo rio acima, que ali começava o grande rio... o caminho para o Canadá... quanto mais se avançava, mais estreito ele se tornava e... lá, no Canadá... começava a água fresca.*[21]

Em 1865, Parkman escreve que o nome Canadá tem sido alvo de discussão.O mesmo vem incluído no diário da segunda viagem de Cartier como o nome de uma cidade ou vila. Lescarbot afirma que a palavra Canadá é um simples nome próprio índio, para o qual não faz sentido procurar um significado. Bem, é possível que assim seja, mas acontece também que a maioria dos nomes índios tinham um significado, ao contrário de Canadá, o que significa que continuará: ...*alvo de discussão.*[22] Para mais informações, veja-se o relatório do Dr. John E. Manahan da Universidade da Virgínia com o título *Peter Francisco, o Gigante da Revolução da Virgínia,* onde ele descreve detalhadamente a origem do nome Canadá e do rio São Lourenço.[23]

A última expedição dos irmãos Corte Real aconteceu em 1500-1501. Gaspar não regressou. O mesmo aconteceu ao seu irmão Miguel. Patterson escreveu: *Kohl diz que ao compararmos este mapa (de Cantino) com o mapa actual da Terra Nova, "devemos concluir que Corte Real entrou e explorou praticamente todas as baías e golfos da costa leste da Terra Nova.*[24] Poderemos supor que, estando no nordeste, ele tenha ido para sul até ao Maine e à Nova Inglaterra? Algumas investigações sugerem que Miguel esteve na Nova Inglaterra, tal como as inscrições encontradas numa pedra perto de Dighton, no Massachusetts, e que têm originado alguma controvérsia.

O Dr. Luciano da Silva estudou estas inscrições, juntamente com outros cientistas, e concluiu que o nome Miguel Corte Real e a data 1511 foram inscritas na pedra. O Professor Edmund Burke Delabarre da Universidade Brown fez um estudo exaustivo da dita "Pedra de Dighton" e conseguiu detectar inscrições europeias reconhecíveis na sua superfície, tal como a data 1511. Joseph Damasco Fragoso, um professor de línguas da Universidade de Nova Iorque, acabou por reconhecer em 1951 a existência de quatro cruzes da ordem de Cristo na pedra. O Dr. L. Silva também salientou que os oito arcos da Torre de Newport apresentam uma semelhança extraordinária com o Castelo de Tomar em Portugal, construído pela Ordem dos Templários, que mais tarde se tornou na Ordem de Cristo.

David Biggs e Grace Anderson, no seu livro *A Future to Inherit*, publicado em 1976, mencionam que provavelmente é seguro pôr de lado a teoria apresentada por Delabarre. Também é possível que estes dois escritores não tenham lido o livro do Dr. Luciano da Silva, publicado em 1974, o qual entra em detalhe sobre as teorias de Delabarre e acrescenta novas descobertas.

O pesquisador escandinavo Jorgen D. Simeonson afirmou que a Torre de Newport poderia ter sido construída pelos Franceses, italianos, espanhóis, Portugueses ou Holandeses e concluiu que foi provavelmente construída entre 1492 e 1620, o que indica que a data de 1511 de Corte Real é o sítio certo na altura certa.

Existe ainda outro mistério sobre o Forte Ninigret. William B. Goodwin concluiu em 1932 que tinha origem holandesa, devido sobretudo a cerâmica azul com inscrições da letra *R*. Ele supunha tratar-se da inicial de Isaac de Rasier, secretário das Índias Ocidentais. Todavia, os peritos disseram-lhe que a cerâmica era de origem espanhola.

De novo, o Dr. Luciano Silva salienta o facto de muitos acharem que Portugal é uma parte de Espanha e desconhecerem que Portugal tem uma longa tradição de cerâmica azul e branca. As cores da bandeira real eram o azul e branco, e o Dr. Silva aponta para o *R*, como sendo parte do nome de Miguel Corte Real. Como se mencionou antes, todas as descobertas foram protegidas pelo secretismo, o que dificulta encontrarem-se mais documentos. Os poucos existentes foram destruídos por incêndios e terramotos ou apossados pelos espanhóis durante os 60 anos do seu domínio e, mais tarde, durante as invasões napoleónicas, pelas forças de Napoleão. Todos os diários, livros, cartas e mapas com rotas foram destruídos. Como se isso não fosse suficiente, a Inquisição queimou muitos, suspeitando que muitos deles fossem material subversivo contra a Igreja. O terramoto de 1755 em Lisboa, o mais violento dos tempos modernos, sentido por toda a Europa ocidental, é um exemplo perfeito do que acontecimentos catastróficos podem fazer a documentos, livros, etc. Este tremor de terra matou mais de 50.000 pessoas em Lisboa e 10.000 em Marrocos. Perdeu-se por completo a biblioteca do palácio do rei, com 70.000 exemplares, entre os quais se incluía uma enorme colecção de livros raros escritos à mão antes da invenção do prelo. Foram destruídos mais de 200 quadros de valor inestimável, incluindo obras de Ruben, Corregio e Ticiano. Desapareceram para sempre mapas e cartas náuticas do mundo, feitas por marinheiros Portugueses durante séculos de explorações. Durante décadas, escritores de Voltaire a Holmes lamentaram a perda de Lisboa.

Outro problema surgiu numa carta de D. Afonso V, datada de 22 de Outubro de 1443. O rei queixava-se de os registos dos navegadores serem casuais e pouco precisos, segundo Borstin: ...*as anotações nas cartas náuticas não eram precisas... excepto quando aprazia aos homens que as faziam.*[25] Não admira que os historiadores tenham tido dificuldades em escrever quem fez o quê e quando. Por essa razão, Samuel Eliot Morison conclui que existe falta de provas para uma descoberta portuguesa da América. Por outro lado, o mesmo escritor dá crédito a navegadores de outras nacionalidades pelos seus feitos, sem apresentar provas claras. Os Portugueses foram os primeiros colonos? O. Louis Mazzatenta da *National Geographic Society* escreveu sobre uma torre perto de Cape Cod em comemoração do primeiro desembarque dos puritanos em 1620 e uma conversa com um marinheiro Luso-Americano: *Contou-me um marinheiro português! Quando os puritanos chegaram, tínhamos o porto de abrigo todo cheio de bóias para eles.*[26]

Bacalhau na Terra Nova

Leo Pap escreve sobre os Portugueses no Canadá e os marcos deixados pelos pescadores: *A 28 de Maio de 1891, ao dirigir-se à Real Sociedade do Canadá, o Reverendo George Patterson salientou que cada um destes grupos rivais (bascos, bretães, Ingleses e galegos) procurava encontrar os melhores lugares para pescar, contribuindo assim para o conhecimento geral da costa. Não obstante, uma actividade comercial tão extensiva em direcção a terra feita por outras nacionalidades nunca desafiou as pretensões territoriais de Portugal e causou pouco impacto na nomenclatura da costa leste da Terra Nova, a qual permanecia portuguesa em cada acontecimento histórico significativo.*[27]

Sabe-se pouco dos colonos Portugueses – distintos dos exploradores – no século XVI e no primeiro terço do século XVII, nos territórios que constituem actualmente os Estados Unidos e o Canadá. No entanto e, segundo Leo Pap, durante esse período, os Portugueses mantiveram um contacto estreito com: *...o canto nordeste da América do Norte através de expedições pesqueiras.*[28] Excepto no início das pescarias de bacalhau na Terra Nova em 1502, onde muitas nações europeias seguiram os Ingleses, aquelas deixaram muita da exploração da parte sul da América do Norte para os espanhóis.[29]

A palavra *bacalhau* tem em português um som completamente diferente da palavra espanhola *bacallao*. Assim a pronuncia quem não é português, pois não conseguem substituir o som das letras **lh** e substituem-nas por **ll**. A maioria dos espanhóis fá-lo. Alguns historiadores apontam os bascos como os originadores possíveis da palavra *bacallao*.[30] Durante uma viagem à Noruega, o autor perguntou a um pescador num mercado ao ar livre o nome dado ao bacalhau ["cod fish" no original]. O pescador respondeu: *Bacallao e exportamos muito para Portugal.* Ele não sabia que o autor era natural de Portugal.

Durante séculos, o bacalhau era o alimento principal da dieta portuguesa. Salgado e seco, era facilmente transportável e servia como uma fonte importante de proteínas. Também se conhece o seu valor nutritivo. Pode perguntar-se a um português quantas maneiras existem de cozinhar bacalhau e a resposta será 365, uma para cada dia do mês.

Colónias Portuguesas no Canadá

João Álvares Fagundes, um nobre de Viana do Castelo, levou a cabo explorações extensivas a sul e a oeste do Cabo Raso, na Terra Nova, por volta de 1520.[31]

Segundo o *Tratado das Ilhas Novas*, escrito por Francisco de Sousa em 1570, uma companhia formada em 1521 em Viana do Castelo (terra natal de Fagundes) recebeu uma concessão do rei e enviou duas embarcações às águas da Terra Nova com o objectivo de colonizar o território frequentado pelos pescadores. O relato deste escritor diz: ...*os Portugueses vinham de Viana do Castelo (no norte de Portugal) e dos Açores para povoar a Nova Terra do Bacalhau, há cerca de 60 anos... os nativos eram simpáticos... tendo perdido os navios, os Portugueses ficaram lá.*[32]

Os colonos povoaram primeiro o que é hoje Ingonish, uma pequena aldeia na costa da ilha de Cape Breton. Mas depois de lá passarem um inverno, mudaram-se para outra localidade desconhecida e construíram uma vila com cerca de 80 lares.[33] Pap afirma: ...*até 400 navios portugueses, ingleses e de outras nações europeias afluíam à Terra Nova todos os anos.*[34] Por volta de 1550, a cidade de Aveiro, em Portugal, enviava 150 barcos de pesca para os grandes Bancos da Terra Nova.

Para aumentar a presença e a influência dos Portugueses na América do Norte no século XVI, existem lugares no Canadá chamados Fagundes, como se pode ver em 54 mapas diferentes datados entre o início do século XVI e 1600.[35]

Os locais supracitados podem ser parte de outra possível colónia na Nova Escócia, edificada pelos pescadores Portugueses que fundaram a colónia de S. Pedro, a qual não sobreviveu. Anthony Parkhurst, um mercador Inglês, comprava sal aos Portugueses e registava as suas actividades. Em 1578, ele registou 50 barcos portugueses e também encontrou Portugueses quando explorava a costa de Cape Breton. Mais tarde, em 1668, Marie l'Incarnacion do Quebeque escreveu ao filho em França sobre um barco recém-chegado com *Portugueses*, Alemães e Holandeses. Também havia mulheres mouras, *portuguesas* e francesas.[36]

Encontraram-se canhões do século XVI por perto, que têm sido assunto de controvérsia. Os arqueólogos continuam a investigar.

Existem registos que mostram iniciativas da família Barcelos na ilha de Sable e noutros locais durante 1562 e 1568. No jornal de Praia da Vitória, o *Arquivo Público de Angra*, na ilha Terceira, nos Açores, existe uma petição e depoimentos a favor de Manoel de Barcelos, relativos a expedições enviadas para a ilha de Barcelona de São Bardão, a qual tem sido identificada com a ilha de Sable, embora exista a possibilidade de Barcelos também ter realizado expedições para Cape Breton.

Estes documentos foram encontrados por Manuel C. Baptista de Lima e publicados por ele num artigo intitulado: *A Ilha Terceira e a colonização do Nordeste do Continente Americano no Século XVI*. Também foram publicados no *Boletim do Instituto Histórico da Ilha Terceira, XVIII (1963), 5'37, ap. I- xiii* [e noutro artigo valioso] *Uma tentativa açoriana de colonização da ilha denominada 'Barcellona' no século XVI*, no *Congresso Internacional da História dos Descobrimentos, Actas (6 Vols., Lisboa, 1960-1961),V, p. I, 161-7.*[37]

De novo, a 2 de Março de 1567, houve um relato de um plano português com uma proposta de uma viagem ao Canadá. As indicações de actividade portuguesa, no que diz respeito à região nordeste da América do Norte, incluem uma sugestão de que uma frota estava pronta a partir para o Canadá, pela rota dos Açores, para encontrar uma rota terrestre para o Pacífico. Contudo, o ataque recente do francês Pierre de Monluc à Madeira tinha distraído a sua atenção e a viagem foi adiada.

John e Sebastian Cabot—1480-97 e 1539-40

Os Ingleses podem ter avistado a Terra Nova já na década de 1480 e John Cabot pode ter delineado claramente a costa leste da Terra Nova, que ele pensava ser a Ásia, em 1497. A tentativa de Sebastian Cabot em 1508-09 de a contornar por uma rota de noroeste para alcançar a Ásia também falhou.[38]

Alguns historiadores têm afirmado que a tripulação de Cabot era maioritariamente portuguesa, o que não é difícil de crer, tendo em consideração que, nessa época,

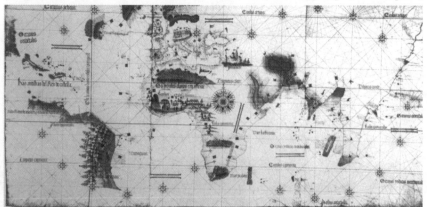

Fig. 58 – Planisfério "Cantino" (1502), Biblioteca Nacional, Portugal.
A costa leste dos EUA, nomeadamente a Flórida, vê-se à esquerda, em cima.
A Terra Nova vê-se à direita, em cima, propositadamente colocada demasiado
para leste para cair no lado português do Tratado de Tordesilhas.

Portugal tinha um número excedente de marinheiros. O Dr. Manoel da Silveira Cardozo, professor na Universidade Católica em Washington, D.C., escreveu em 1958: *Nas primeiras expedições para o Novo Mundo, os pilotos eram Portugueses, já durante o reinado de Henrique VII de Inglaterra.*[39]

Da mesma forma que a primeira viagem de Corte Real para a Terra Nova em 1474 é questionada pelos historiadores, também o deverá ser a pretensão de Cabot para a Inglaterra.

Ao estudar as hipotéticas descobertas da América, um escritor francês fez uma pretensão ambiciosa: que a América foi descoberta por um francês em 1488. Aparentemente, Cousin, um navegador de Dieppe, estando no mar ao largo da costa africana, foi forçado para oeste – diz-se – pelos ventos e correntes até avistar uma costa desconhecida. A bordo estava Martin Alonso Pinzón que, mais tarde, foi para Espanha, conheceu Colombo, contou-lhe da descoberta e juntou-se à viagem de 1492.[40]

Embora John Cabot – originalmente Giovanno Caboto, nascido em Génova com cidadania veneziana – seja mencionado pelos Ingleses como tendo estado na Terra Nova antes do século XVI, nada se registou até 24 de Junho de 1540, quando ele chegou a Lavrador e à Nova Escócia, regressando a Lisboa, em Portugal, a 6 de

Agosto. Na sua viagem, ele salienta vastos bancos de bacalhau ao largo da Terra Nova. Tinha-se anteriormente instalado em Inglaterra, onde o rei Henry VII lhe concedera uma patente para descobrir terras novas, já que a Inglaterra não reconhecia o Tratado de Tordesilhas entre a Espanha e Portugal.

No seu livro, *Sixteenth Century America* (A América do século XVI), Carl Ortwin Sauer escreveu: *O mapa de Cantino é a representação conhecida mais antiga onde consta a Flórida e o Estreito da Flórida.*[41] Durante o curto período entre 1492 e 1504, houve 81 expedições ultramarinas, das quais 17 eram portuguesas, duas francesas e nove inglesas, todas elas ao longo da costa leste americana, de Lavrador até à Flórida e daí em diante.[42]

O Mapa de Alberto Cantino – 1502

Qualquer pessoa que estude cartografia sabe da existência de um mapa português datado de 1502, o chamado Mapa de Cantino – uma carta mundial que mostra as descobertas portuguesas – devido a Alberto Cantino, um agente secreto ao serviço de Ercole d'Este em Lisboa. Ercole era o herdeiro do duque Borso d'Este de Ferrara na península Itálica.[43]

Ele pode tê-lo mandado comprar em Lisboa e depois enviado para Ferrara, de acordo com a seguinte história: *...foi enviado por Cantino... com uma nota datada de 19 de Novembro de 1502, evidenciando que deveria ter sido feito imediatamente após o regresso das embarcações da segunda viagem de Gaspar. Dá uma representação da costa dos Estados Unidos, desde a Flórida e em direcção a norte.*[44] Cantino também afirma que o seu relatório e mapa reflectem o que um capitão disse ao rei D. Manuel I, segundo o livro *Estudos da História Americana* de Fidelino de Figueiredo.

Este livro mostra a península da Flórida e a costa leste dos Estados Unidos. Todavia, o mesmo escritor afirma que, no final do século XV, não existiam mapas portugueses portulanos típicos a mostrar o meridiano graduado, ou quaisquer outras indicações de navegação astronómica, tal como o equador e os dois trópicos.[45]

Por outro lado, os historiadores dizem que a Flórida foi descoberta pelo explorador espanhol Juan Ponce de Leon, que procurava a fonte da juventude em 1513.

Os Portugueses sabiam onde se situava a Flórida antes de os espanhóis a descobrirem. Existe, portanto, a possibilidade de os Portugueses terem chegado à Flórida segundo o mapa de Cantino, antes da descoberta oficial de Ponce de Leon em 1513.[46] Este mapa pode ser considerado como o mais importante da história da cartografia, porque fornece a primeira perspectiva do mundo, como o conhecemos hoje. Igualmente importante foi a publicação no século XV de uma tradução latina de *Guide to Geography* (Guia de Geografia) de Ptolomeu, que estivera esquecido durante a maior parte da Idade Média. Reimpresso em 1475, chegou à sétima edição em 1490.

Reapareceu em 1507, e a 11ª edição, publicada em Estrasburgo em 1513, incluía mapas novos. A partir do mapa de Cantino, fez-se um modelo do planisfério.[47] Baseado nestes aspectos, este mapa certamente credita os Portugueses com o conhecimento da existência de terras a ocidente.

Os mapas de Cantino e de Reinel dão indicações claras de que os Portugueses eram os primeiros exploradores naquela região. Nas palavras de Herrera, Pedro Reinel era um piloto Português de muita fama,[48] e o

Fig. 59 – Assinatura de Fernão de Magalhães.[49]

mapa com o seu nome está preservado na Biblioteca Real de Munique. Seguem-se nomes dados pelos Portugueses a lugares evidenciados nestes mapas datados de 1502 e 1505:

Ilha da Fortuna, Ilha da Tormenta, Cabo do Marco, Cabo São João, São Pedro, Ilha das Aves, Cabo das Gamas, Cabo da Boaventura, Ilha do Frey Luís, Baía de Santa Ciria, Baía da Conceição, Cabo da Espera, Rio São Francisco, Cabo Raso, Baixos do Medo, Enseada de Portugal, Ilha do Batel, Baía Funda, Porto do Refúgio, Rio dos Jardins, Porto Formoso (Port Joli – francês).

Fernão de Magalhães – 1519-21

Fernão de Magalhães nasceu em Sabrosa, distrito de Vila Real, em Trás-os-Montes. Depois de servir o rei Português D. Manuel I, primeiro em África e mais tarde na Índia, Magalhães foi ao rei pedir alguma forma de reconhecimento, ameaçando ir a Espanha oferecer os seus serviços. O rei respondeu-lhe que não lhe fazia diferença o que ele fazia, embora não de um modo tão delicado. Enquanto esteve em Espanha, Fernão de Magalhães casou com a filha de um Português influente, que controlava as viagens espanholas para as Índias Ocidentais.[50] Tal como com Colombo, a história repetir-se-ia: Magalhães vai para Espanha e começa a primeira viagem de circum-navegação, embora não a tenha

BRAZÃO DE FERNÃO DE MAGALHÃES
Fig. 60 – Brasão da família de Fernão de Magalhães.[51]

terminado. Foi morto nas Filipinas, e o espanhol Sebastian del Cano terminou a viagem.

Com a frota de Magalhães, havia na época 30 Portugueses ao serviço de Castela. Com ele estava o navegador Português Estevão Gomes, que mais tarde explorou a costa leste da América do Norte – e o seu cunhado Duarte Barbosa, além de João Lopes de Carvalho, piloto da embarcação *Concepción*, Estevão Dias, e outros.[52]

Cinco das embarcações espanholas tinham pilotos Portugueses.[53] Fernão de Magalhães não só deu o seu nome a um estreito na América do Sul, como também denominou o oceano Pacífico, devido às águas calmas e serenas, nas quais

Fig. 61 – A Torre de Newport com os seus oito arcos.

conseguiram navegar 12.000 milhas.[54]

A 6 de Março de 1521, Magalhães ancorou em Guam para conseguir bebidas e mantimentos. Aí foram recebidos por nativos afáveis mas gananciosos, que enxamearam por completo os três navios, retirando de imediato tudo o que podiam transportar. Magalhães baptizou o local como a Ilha dos Ladrões, actualmente conhecida como ilhas Marianas.[55]

Verrazano na Madeira – 1524

Giovanni di Verrazzano de Florença, contratado por França, partiu a 17 de Janeiro de 1524 da ilha da Madeira com 50 homens. Quinn afirmou que alguns devem ter sido Portugueses.[56] Verrazano foi o primeiro europeu a avistar Nova Iorque e a Baía de Narragansett.

Antes de os europeus chegarem, os índios Delaware (ou Lenni Lenape) há muito que ocupavam a região.

Passou quase um século antes de a colonização começar, com a chegada em 1609 do navegador Inglês Henry Hudson, que enviou um grupo para explorar a Baía de Sandy Hook. A primeira colónia europeia permanente foi Bergen (hoje a cidade de Jersey) em 1660.

Enquanto a França olhava para o Novo Mundo e tentava estabelecer as suas colónias, estava ao mesmo tempo envolvida em actividades de pirataria e corso contra Portugal. Estima-se que em 1540 cerca de 10.000 Portugueses foram vítimas da pirataria francesa, tendo tido grandes perdas.

Como termo de comparação, o imperador espanhol, Carlos V, recebeu um pouco mais do que o valor equivalente em ouro da América no período de 1526 a 1530.[57]

A Nova Inglaterra e os Portugueses

A presença dos Portugueses no continente norte-americano pode ser notada de muitas formas.

A existência de uma torre construída em pedra em Rhode Island, a que se dá o nome de Torre de Newport, é um facto estranho. Crê-se ter sido construída por navegadores Portugueses no século XVI. A data foi recentemente confirmada por cientistas dinamarqueses.

Archaeological Anomalies (Anomalias Arqueológicas) é o nome de um livro publicado em 1994 e escrito por W. David Crocket. Como o nome implica, em sentido arqueológico, algo está fora de tempo e de lugar. Este livro suscita alguns pontos interessantes e contesta teorias há muito estabelecidas.

Os parágrafos seguintes são algumas das anomalias mencionadas pelo autor. A Torre de Newport ou:... *o Velho Moinho de Pedra em Rhode Island foi provavelmente construído cerca de 1600 pelo primeiro governador do estado, Benedict Arnold* [assim diz o letreiro. Também refere lendas que] *...atribuem a sua construção aos Normandos durante a sua suposta visita por volta do ano 1000. O governador Arnold poderia perfeitamente ter adaptado uma estrutura já existente para este efeito [moinho de vento]. ...Seria necessário construir uma parte de cima giratória de qualquer espécie de maneira a que o mecanismo pudesse tirar proveito das direcções do vento... A Torre de Newport não é perfeitamente circular... Além de colunas caiadas, existe uma lareira na estrutura com a característica interessante de ter uma chaminé dupla interna. Nenhum moleiro, no seu juízo perfeito, permitiria uma lareira no seu moinho.*

Em Janeiro de 1993, uma equipa de pesquisadores escandinavos liderada pelo empresário dinamarquês Jorgen D. Siemonson visitou Newport com o objectivo de descobrir, através da datação por carbono 14, a idade da argamassa da Torre de Newport... [e em Setembro do mesmo ano] *...o grupo anunciou que a torre poderia ter sido construída algures entre 1450 e 1700, mas provavelmente antes de Newport ter sido colonizada pelos Ingleses* [e depois de tirar as medidas precisas usadas na sua construção] *...anunciaram que a unidade de medição usada não foi o pé inglês, mas antes a vara, uma medida da Europa central e do sul.* [Crocket coloca a questão] *Será que isto elimina a possibilidade de ter sido obra dos Vikings?*[58]

O Dr. Manuel Luciano da Silva, também de Rhode Island (Bristol), afirmou numa entrevista ao repórter James A. Merolla que as datas das amostras tiradas pelos cientistas escandinavos situavam-se entre 1500 e 1650, com uma oscilação possível de 50 anos, o que as colocaria algures entre 1450 e 1700, como afirma Mr. Crocket.

Estas datas coincidiriam com a teoria muito documentada do Dr. L. Silva de que a torre foi construída no início do século XVI, o século do auge da exploração portuguesa pelo mundo.[59]

Pap também escreveu: *Dirigindo-se para sul, os primeiros Europeus a pisar a Nova Inglaterra foram Portugueses.*[60] No entanto, só surgiram colónias maiores no século XIX, quando a indústria pesqueira de baleias atraiu muitos pescadores Portugueses dos Açores e das ilhas de Cabo Verde.

Na realidade, a maior parte das 200.000 pessoas que emigraram para os Estados Unidos no final do século XIX instalaram-se na região sul da Nova Inglaterra, onde vivem até à data e formam uma parte importante desta área dos Estados Unidos.

Em 1699, Isaac da Costa, um huguenote (luterano) de ascendência portuguesa chegou a Boston vindo de Inglaterra. Benjamin Franklin da Costa, padre e escritor nascido em 1831, foi um dos seus descendentes.

O Navegador Português Estevão Gomes – 1525

Depois temos Estevão Gomes, um piloto que, em 1519, navegava sob o comando de Fernão de Magalhães – já mencionado – e já havia estado nas Índias Orientais. Estevão Gomes foi nomeado pelo imperador Carlos V para encontrar uma passagem para a Índia, mas falhou a sua missão. Não obstante, fez explorações importantes.[61]

Partiu de La Coruña no final de 1524 ou início de 1525 e rumou em direcção à Terra Nova; depois partiu para a Nova Escócia e desceu a costa norte-americana, talvez até ao Cabo May ou mesmo para lá da Baía de Chesapeake.

Mais tarde, a pesquisa feita por Louis André Vigneras provou que Estevão Gomes viajou da Flórida até à Terra Nova, o que faz sentido, já que esse era o caminho por onde se fazia a maior parte da navegação, para tirar proveito dos ventos e das correntes. Alguns meses antes, Verrazano, ao serviço da França, também fez a viagem com direcção sul-norte.[62]

Na sua viagem, Estevão Gomes registou em mapa a linha costeira do Maine, Massachusetts, Connecticut, Nova Iorque, Manhattan (Rio Hudson), Nova Jersey e Delaware. Henry Hudson tem o crédito da descoberta do Rio Hudson em 1609. Os cartógrafos Portugueses Diogo Ribeiro e Chaves desenharam a carta de navegação oficial.[63]

Existe um mapa espanhol feito em 1529 que mostra a área conhecida por *Tiera de Estevã Gomez* (Terra de Estevão Gomes), o qual inclui uma breve descrição dos feitos do navegador. Para nordeste, o mapa também mostra a *Tiera Nova de Corte Real* e a *Tierra del Labrador*, referindo-se às viagens feitas pelos navegadores e exploradores Portugueses. Muitos historiadores presumem que Gomes chegou mesmo à Flórida – ou partiu da Flórida e percorreu o caminho até à Nova Inglaterra – desenhando toda a costa leste. Podemos concluir e, sem margem de dúvida, que os Portugueses conheciam a costa leste, incluindo o estado da Virgínia. Recentemente foi erguido um monumento em Bangor no local, à beira do rio, onde Estevão Gomes esteve. Uma inciativa de Edmund Diniz de New Bedford.

A expedição de Cabeza de Vaca para o Sudeste e para a Califórnia – 1527-42

Os Portugueses também faziam parte desta expedição. Na narrativa original de Alvar Nuñez Cabeza de Vaca, Cabeza aparece escrito em português, Cabeça com um *ç* em vez de um *z*. A ilha de Malhado[64] – provavelmente a ilha de Galveston ou Vellasco – também se escreve com o ***lh*** português em vez do ***ll***, como seria escrito em espanhol. Oralmente, a semelhança é menos evidente do que na forma escrita.[65] Malhado, quando se pronuncia como "mal

daria cargo de gēte. E foram Del
ues Andre de Vasconcelos e fernã
Pegado. Antonio Martinez Segu
rado. Mem Roys Pereyra. Joam
Cordeiro. Esteuã Pegado. Bento
fernandez e Aluaro fernãdez. E de

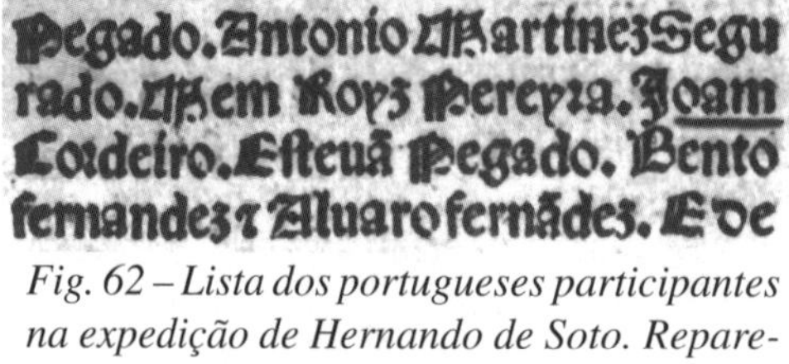

Fig. 62 – Lista dos portugueses participantes na expedição de Hernando de Soto. Repare-se no nome Joam (em português).

*Fig. 63 – Placa em Hiwassee,
Carolina do Norte, marcando a
região explorada por
Hernando de Soto.*

olhado", tem quase o mesmo som e refere-se a uma maldição supersticiosa de alguém num lugar ou numa pessoa, mas também azar ou um destino cruel.

Na mesma narrativa, ele menciona: *Estes homens eram excelentes nadadores. Um deles era Álvaro Fernandes, um marinheiro e carpinteiro Português...*[66] Este mesmo nome é mencionado de novo na expedição de Hernando de Soto como possível autor da narrativa do Fidalgo de Elvas. Seriam a mesma pessoa? Também é interessante o facto de que, quando Cabeza de Vaca se encontrou com os nativos, estes disseram-lhe por gestos que havia homens como eles por perto. Aparentemente, era a tripulação de uma expedição anterior em Novembro de 1528, cujo barco havia naufragado.

Fazia parte desta expedição um Negro Árabe chamado Estevanico, natural de Azamor, uma vila marroquina conquistada pelos Portugueses em 1513 e mais tarde abandonada por D. João III em 1541. O autor também cita Fernão Alves de Castanheda como a fonte de alguma da informação publicada no seu livro.[67] Depois da sua aventura no sudeste, Cabeça de Vaca regressou a Espanha, partindo de Havana com um galeão espanhol carregado de ouro e prata. Já perto da ilha do Corvo, nos Açores, foi atacado pelos Franceses, que já se haviam apoderado de uma caravela com uma carga de escravos. Uma frota portuguesa com nove embarcações, sob o comando de Diogo da Silveira, de regresso da Índia carregado de especiarias, conseguiu socorrê-lo e ao barco, chegando a Lisboa em 1537.

*Fig. 64 – Placa em Highlands,
Carolina do Norte, em honra de
Hernando de Soto.*

Soldados Portugueses na Expedição de Hernando de Soto – 1539-41

A última biografia de Hernando de Soto foi escrita por David Ewing Duncan, que se refere ao explorador como Hernando de Soto ou Soto e não a versão anglicizada *de Soto*.[68] O nome do meio do autor é Sousa, mas está ligado ao primeiro nome por *de*; se fosse o caso, o último nome de Manuel de Sousa seria Sousa e não de Sousa. Em muitos dos seus documentos pessoais, acontece frequentemente, o nome do meio ser trocado para DeSousa em vez de Sousa, o que não está correcto. O autor referir-se-á a Soto ou Hernando de Soto, em vez de *de Soto*. O conquistador Espanhol Hernando de Soto foi provavelmente o primeiro europeu a entrar na região sul dos Montes Apalaches em 1539-40. Pelo menos 100 dos 600 homens que desembarcaram com ele em 1539 eram Portugueses. O navio, comandado por André de Vasconcellos, um dos maiores a transportar a força expedicionária, estava totalmente cheio de Portugueses.[69]

O escritor Miguel Albornoz descreve Hernando de Soto como um homem que explorou a área de dez estados da união: Flórida, Geórgia, Alabama, Carolina do Sul, Carolina do Norte, Tennessee, Mississippi, Arkansas, Louisiana e Texas. Esta área era propriedade de tribos índias, magníficas e guerreiras, que se mostravam hostis para com os homens brancos mesmo já no século XIX. Albornoz escreveu que: *...era precisa a coragem de exércitos modernos totalmente equipados para vencer decisivamente a resistência de tribos que, três séculos antes, um homem havia tentado subjugar com apenas um milhar de soldados Portugueses e Espanhóis corajosos montados em 350 cavalos.*[70] O livro do Fidalgo de Elvas afirma que: *No templo de Cofitachequi, Hernando de Soto... também encontrou uma variedade de artigos europeus incluindo um canivete ou punhal, contas de vidro, terços e*

Fig. 65 – Primeira página do livro do Fidalgo de Elvas.

martelos da Biscaia.[71] Todos os membros da expedição concordaram que estes materiais devem ter tido origem na expedição de Ayllon em 1526.[72] Isto também aponta para uma presença europeia de bascos e, possivelmente, Portugueses, perto das montanhas da Carolina do Norte.

A informação sobre Hernando de Soto, reunida pela Comissão Swanton, nomeada por Roosevelt em 1938, baseia-se num livro intitulado *The narrative of a Gentleman of Elvas* (A Narrativa do Fidalgo de Elvas). Álvaro Fernandes foi provavelmente o escritor deste primeiro registo de descoberta e navegação do rio Mississippi.[73] O historiador Theodore H. Lewis, membro honorário da Sociedade Histórica do Mississippi, escreveu sobre este livro: *Não obstante, quando a narrativa é considerada como um todo, é decisivamente o melhor relato completo que chegou às nossas mãos.*[74] O nome do livro tem o titulo:

Hardships suffered by Governor Fernando de Soto and certain Portuguese gentlemen during the discovery of the Province of Florida. Now newly set forth by a Gentleman of Elvas.[75] O nome em português: *Relação verdadeira dos trabalhos que o Governador D. Fernando de Soto e certos fidalgos Portugueses passaram no descobrimento da província da Flórida.* James Alexander Robertson traduziu este livro do original português em 1933. Apenas existem dois originais, um em Londres e outro em Lisboa. Este livro foi usado extensivamente pela Comissão Swanton de Pesquisa sobre Hernando de Soto, e deveria ser sujeito a um estudo mais aprofundado por um erudito português que conseguisse relacionar os textos com os Melungos ou outros grupos. O livro *Spanish Explorers* descreve em várias páginas a presença de homens Portugueses no principio da expedição: *...De Elvas foram André de Vasconcellos, Fernan Pegado* [e outros] *...foram para a residencia do Governador.*[76] Note-se a diferença: *...os Portugueses apresentaram-se com armas e escudos bem polidos, e os Castelhanos vestidos com luxo...* [de Soto não achou proprio e deu ordens para outra apresentação] *...os Portugueses vieram primeiro... e os Castelhanos em muita má condição com armaduras ferrugentas...*[77]

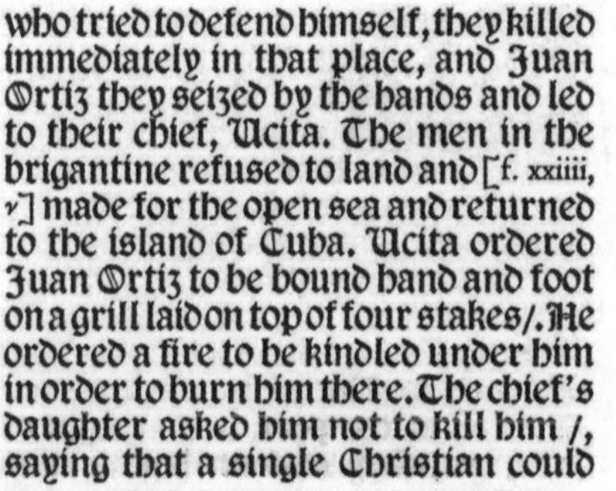

who tried to defend himself, they killed immediately in that place, and Juan Ortiz they seized by the hands and led to their chief, Ucita. The men in the brigantine refused to land and [f. xxiiii, v] made for the open sea and returned to the island of Cuba. Ucita ordered Juan Ortiz to be bound hand and foot on a grill laid on top of four stakes/. He ordered a fire to be kindled under him in order to burn him there. The chief's daughter asked him not to kill him /, saying that a single Christian could

Fig. 66 – Tradução de uma história semelhante à de Pocahontas escrita em 1540 pelo Fidalgo de Elvas.

Muitos dos antigos companheiros de armas de Hernando de Soto foram com ele, vários de Sevilha e um número de Portugueses liderados por André de Vasconcelos. *O Fidalgo de Elvas* apresenta uma imagem animada desta reunião de almas aventureiras para a nova expedição. Ele conta-nos que os Portugueses, entre os quais ele se encontrava, partiram da cidade de Elvas a 15 de Janeiro: *Juntaram-se mais dois Portugueses...*[78] *...Na enumeração acima incluem-se pelo menos 19 Portugueses, provavelmente mais, que entraram principalmente através da província de Badajoz... Um dos Berberes também ficou para trás à medida que percorriam os Montes Apalaches e é talvez aquele que o Fidalgo diz ter casado com a Senhora de Cofitachequi, embora ele afirme que este homem era um escravo de André de Vasconcellos,... o líder do contingente português.*[79] *...Álvaro Afonso, João Álvares de Valverde, Abião Lopes, Gavião Lopes, Manuel de Torres, Simão Rodrigues do Marão, Mem Roiz Pereira, Domingo Sardinha, Fernão Pegado, Estevão Pegado, António Martins Segurado, etc., faziam parte da lista.*[80,81] O acima citado prova de novo que havia bastantes Portugueses e alguns Mouros e Berberes na costa leste do continente norte-americano. Calcula-se que pelo menos 100 soldados Portugueses ocupavam um dos maiores dos seis navios.[82] Para além da narrativa do Fidalgo de Elvas, existe outra narrativa escrita por Ranjel, secretário de Hernando de Soto. A. *Oviedo, Historia General,* publicado pela primeira vez em 1981, inclui a narrativa de Rodrigo fizeram ao largo τ ſe tornará pera a rlba de Cuba. IƐo Ɛcita mãdou atar a Joam ortiz de pes τ mãos ſobre quatro eſtacas enctma obũa barra,τ debaixo lbe mandou acen der fogo pera que alli ſe queimaſſe τ bũa ſua filba lbe rogou que bo nã mataſſe,ɋ bum ſoo cbriſtão nã lbe

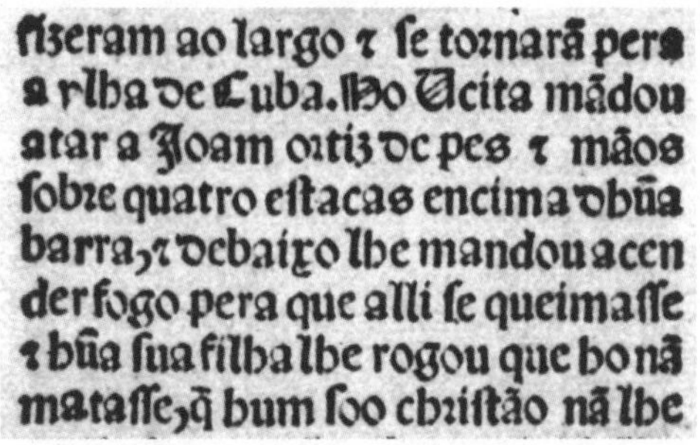

Fig. 67 – A história de Pocahontas no original português escrito em 1540.

Ranjel, com relatos diários das actividades realizadas. Não se sabe se o documento original de Ranjel terá sobrevivido, *e desconhece-se até que ponto Oviedo terá modificado o texto.*[83] Devemos notar que o Fidalgo de Elvas, ao contrário de Ranjel, não se evidencia e foi modesto ao ponto de só se referir a si próprio, uma única vez – durante uma caminhada através da Flórida, na ocasião das mortes de alguns parentes em Aminoya. A tradução de Ranjel segue de perto o livro original e ainda existente, escrito pelo Fidalgo de Elvas, um homem português.

Outro livro sobre a Flórida foi publicado em Lisboa em 1605, com o título *La Florida del Inca*, tendo mais tarde sido traduzido e anotado por Sylvia Hilton e publicado em 1982 e 1986.[84]

Pocahontas, John Smith e o Fidalgo de Elvas

Enquanto pesquisava para este livro, o autor obteve uma cópia, a n.º 354 do livro original, traduzida e transcrita por James Robertson em 1933. O Fidalgo de Elvas, ou Álvaro Fernandes, era um nobre português, que se juntou à expedição de Hernando de Soto juntamente com 30 outros Portugueses.

Durante a travessia do sudeste, ele escreveu um livro a descrever a viagem. Quando regressou a Portugal, sendo um dos poucos sobreviventes, o seu livro foi impresso e uma cópia chegou aos arquivos espanhóis em 1544.

Mais tarde, em 1557, este livro foi publicado na cidade de Évora e outra cópia foi para Londres, mas foi publicado com um nome diferente.

Esse preciso livro foi usado pelos primeiros colonos Ingleses como guia e também para conhecerem as diferentes nações índias no Novo Mundo. Fizeram-se treze edições do original e deram uma cópia aos primeiros colonos Ingleses quando vieram para a América. Também se fizeram traduções francesas e holandesas. O livro narra uma história interessante sobre uma rapariga índia chamada Ulele, que salvou um capitão Espanhol chamado Ortiz de ser morto. A história aconteceu mais de 60 anos antes de John Smith pisar o solo americano

Todas as tentativas feitas pelos Ingleses para colonizar a Virgínia falharam. Por outro lado, em meados do século XVI, bem antes de Roanoke, os Portugueses já estavam bem instalados em diversas partes do mundo e exportavam açúcar, especiarias, etc. para a Europa – particularmente para a Inglaterra.

John Smith nasceu em Willoughde, Lincolnshire, na Inglaterra em 1580 e morreu em Londres em Junho de 1631. Era um explorador Inglês e o fundador principal da primeira colónia permanente na América do Norte, em Jamestown, na Virgínia, em

Fig. 68 – A descoberta do Mississippi por Hernando de Soto, 1541, romantizada numa tela grande (144" x 216") por William H. Powell, 1853. Está pendurada na rotunda do Capitólio. Cortesia do arquitecto do Capitólio.

1607. Aos 20 anos, o seu espírito aventureiro descobriu uma forma de escape na guerra contra os Turcoss, travada na Hungria. Numa das suas narrativas, ele descreve como estava prestes a ser morto e depois foi salvo quando Pocahontas, a filha de treze anos do chefe, se atirou entre ele e os seus carrascos.

Os textos de John Smith incluem *The General History of Virginia, New England, and the Summer Isles* (História geral da Virgínia, Nova Inglaterra e das Ilhas Summer) *(1624); The True Travels, Adventures and Observations of Captain John Smith in Europe, Asia, Africa and America* (As Verdadeiras Viagens, Aventuras e Observações do Capitão John Smith na Europa, Ásia, África e América) *(1630).* Segue-se uma história original contada pelo Fidalgo de Elvas de uma escaramuça na Flórida, muito semelhante à contada por John Smith, 60 anos depois. Foi traduzida por James Alexander Robertson em 1933: *...vieram muitos Índios ... agarraram-nos a todos... Mataram o homem que se tentou defender... Prenderam Juan Ortiz pelas mãos e levaram-no ao seu chefe Ucita... Ucita ordenou que Juan Ortiz fosse amarrado de pés e mãos a uma grelha colocada em cima de quatro estacas. Ordenou que acendessem uma fogueira debaixo dele para que ardesse ali. A filha do chefe pediu-lhe que não o matasse, dizendo que um único Cristão não lhe poderia fazer mal nenhum e que seria melhor para a sua honra mantê-lo prisioneiro. Ucita satisfez-lhe o pedido e mandou que tratassem dele. Assim que ele estava bom, Ucita incumbiu-o de guardar o templo, pois à noite os lobos vinham roubar os corpos... Uma noite, os lobos roubaram-lhe o corpo de uma criança, o filho de um dos índios principais. Foi atrás do lobo e atirou uma moca que lhe acertou. O* *lobo, vendo-se ferido, abandonou o corpo e foi morrer nas imediações. Não sabendo o que tinha feito, já que era de noite, o homem regressou ao templo. Ao romper do dia, o corpo da criança continuava desaparecido e o homem estava muito triste. Ao tomar conhecimento da situação, Ucita ordenou que o matassem. Mas ele percorreu a trilha, por onde dizia que os lobos tinham ido, e encontrou o cadáver do rapaz e, mais à frente, o lobo morto. Por essa razão, Ucita ficou muito satisfeito com o Cristão e também pela vigia que ele mantivera no templo e, a partir daí, deu-lhe grandes honras. ...outro chefe ... Mocoço ... veio e queimou a vila... Juan Ortiz soube através da rapariga que o pai dela tinha determinado sacrificá-lo no dia seguinte; e ela disse-lhe que ele devia ir ter com Mocoço,... À noite, como ele não conhecia o caminho, a mulher índia percorreu meia légua desde a aldeia para o colocar no trilho certo.*[85] Juan Ortiz, depois de muitos anos e tribulações, conheceu finalmente o Governador Hernando de Soto.

A 10 de Julho de 1995, a Associated Press divulgou uma história, divulgada igualmente pelos principais jornais da América, onde dizia que John Smith lera o livro do Fidalgo de Elvas e inventou a história. Não creio que o director da Disney do filme Pocahontas tenha lido o livro. O jornal português Luso-Americano de Nova Jersey publicou um artigo do autor também sobre este livro. Infelizmente, muito pouca gente tem conhecimento dele, incluindo os Portugueses, e esse livro, se lido cuidadosamente, deve dar-nos mais pistas sobre os Portugueses no sudeste americano.

D. Juan Oñate Tinha Soldados Portugueses

Os primeiros colonos Espanhóis e Portugueses do Novo Mundo eram uma mistura étnica variada, não só no sudeste, mas por todo o lado. Por exemplo, o próprio D. Juan Oñate era Basco e muitos dos seus soldados eram Portugueses. [86]

A indústria pesqueira de baleias basca era famosa no final da década de 1560, segundo um artigo escrito por James A. Tuck e publicado na Revista *National Geographic* em Julho de 1985. A presença inicial dos bascos no Novo Mundo fora reconhecida por alguns estudiosos. Para a geógrafa histórica Selma Huxley Barkham faltava revelar o âmbito da sua operação.[87]

A descoberta de um galeão basco ao largo da costa de Lavrador forneceu todas as provas necessárias. A tripulação incluía, muito provavelmente muitos baleeiros Portugueses. Séculos mais tarde, os Portugueses tornaram-se parte da indústria pesqueira de baleias americana. Só os bascos não tinham evidenciado qualquer vontade de expansão [88,89] e, portanto, a sua presença pode estar limitada à indústria pesqueira e a alguns incidentes isolados, excepto pela sua presença na Terra Nova como baleeiros.[90]

Os Portugueses no Peru e no México

É perfeitamente sabido que os Portugueses foram os primeiros europeus no oceano Pacífico. Aleixo Garcia foi o primeiro português a contactar com o império Inca, entre 1521 e 1525. Ele naufragou durante uma das expedições espanholas à Argentina, com alguns dos seus compatriotas. Vindo de Santa Catarina, no Brasil, subiu aos Andes na Bolívia, liderando um exército de índios *Chiriguanos* e foi o primeiro europeu a saber da existência do império dos Incas – anos antes de Francisco Pizarro. A omissão de Aleixo Garcia dos livros de História tem sido uma injustiça, segundo o Americano Charles E. Nowell.

Até o descobridor Espanhol Alvar Nuñez Cabeza de Vaca, que explorou o Paraguai e a parte sul dos Estados Unidos, escreveu anos mais tarde: *...os mais velhos diziam que Garcia, o português, travou batalhas naquelas terras com os índios e tendo consigo apenas cinco Cristãos.* Outro *conquistador*, e um dos primeiros, foi Lope Martin Pereira, acompanhado por Frei Pedro Português ou Frei Pedro dos Algarves, o fundador da igreja de S. Francisco em Cuzco em 1534. Nesta mesma cidade, aparece Ximon Português na lista de fundadores.

João Fernandes é outro possível almirante Português da frota de Pedro Alvarado, mencionado por este como um dos dois pilotos Portugueses que chegou em 1532, quando ele escreveu ao imperador Carlos V. Genes de Mafra foi nomeado piloto mestre por Alvarado.[91] O outro piloto provável era Gonçalo da Costa. Gaspar Rico é o nome de outro piloto mestre Português que acompanhava a frota espanhola, sob o comando de Rui Lopes de Villalobos.[92]

Muitos Judeus Portugueses foram para o Brasil e para outros países sul-americanos; juntamente com eles iam Portugueses católicos e não-católicos que fugiam à Inquisição, e, mais provavelmente, por razões económicas. Milhares de Portugueses chegaram ao Peru vindos de Portugal ou do Brasil e, gradualmente instalaram-se no México, no Peru e em La Plata.

Os mercadores e o capital português assumiram uma importância relevante que não podia ser ignorada, contribuindo anualmente com 35% de prata para o tesouro espanhol em 1635. No entanto, por volta do primeiro quartel do século XVII, os colonizadores Espanhóis e a Inquisição, usando o Judaísmo e outras desculpas, começaram a persegui-los. Gonçalo de Reparaz, um historiador famoso, descreve a presença portuguesa no Peru: *...as ruas de Lima estavam cheias deles...* [Os Portugueses não só preferiam as minas, o comércio e a navegação, mas também não desdenhavam] *...da agricultura ...Em 1571 encontrámos cinco lusitanos nos Andes, perto de Lima.* [James Lockhard também disse:] *...eram inúmeros a tratar de quintas e de hortas... predominavam de forma fantástica nesta função... Os marinheiros Portugueses ocupavam lugares proeminentes na navegação no Pacífico.* [Os Portugueses dominavam o comércio de tal forma que os castelhanos julgavam que, para terem sucesso, precisavam de associar-se aos Portugueses.] *As pessoas ricas confiavam neles e emprestavam dinheiro, eles eram os Senhores da Terra, eram honestos e pagavam os juros pontualmente.*[93]

Tudo o que se escreveu acima pode ser confirmado através da leitura do índice de 68 documentos legais nos arquivos de Lima, no Peru, nos quais se mencionam vários Portugueses.[94]

Se os Portugueses estavam no Peru durante os séculos XVI e XVII, e em números tão elevados, participando activamente na construção daquela nação, por que custa a tantos historiadores acreditar que os Portugueses também estavam na América do Norte, um local muito mais perto de Portugal do que o Peru?

Quem diria que os Portugueses tinham algo a ver com o México? Bem, Cortês, o fundador do México, tinha Portugueses na sua expedição. Bernal Diaz del Castilho reparou que o nome Castillo Blanco foi dado pelos Portugueses, devido ao facto de os locais lhes lembrarem Castelo Branco em Portugal. Depois da conquista do México, vieram outros Portugueses, um dos quais foi o arquitecto responsável pelos únicos vestígios do estilo *manuelino* na Nova Espanha.[95]

Os Portugueses no Sudoeste – Califórnia – 1541/1543

Um grupo de uma expedição espanhola liderada por Francisco Vasquez de Coronado avançou para o Arizona e descobriu o Grand Canyon em Setembro de 1540. Em Abril de 1541, Coronado liderou o seu exército através da região norte do Texas para o Oklahoma e para o Arkansas e, daí, com um grupo mais pequeno, continuou para o Kansas, ficando muito perto da fronteira do Nebraska em Julho.

A partir dos registos das listas de revista, parece que havia cinco Portugueses entre os homens de Coronado. Um deles, o soldado André do Campo, estava com o frade Juan de Padilla, quando este foi morto por índios hostis em Quivira; mas André escapou, chegando à Nova Espanha vindo de Panuco.[96] Mais tarde, em 1542-1543, outro navegador Português, uma vez mais ao serviço da Espanha, chegou pela primeira vez à Califórnia, que ele explorou cuidadosamente até à Baía de S. Francisco. O seu nome era João Rodrigues Cabrilho. Antonio Herrera y Tordesillas, chefe das Índias e cronista da coroa de Castela em 1612 descreve-o como: *...Português, uma pessoa muito especializada nas questões do mar...* Ver Herrera na bibliografia. Cabrillo ou Cabrilho nasceu no norte de Portugal, num lugar chamado Lapela, Cabril, perto da vila de Montalegre, na província de Trás-os-Montes. O seu nome é bem conhecido pelos Portugueses residentes nos Estados Unidos, que fazem um festival anual em sua honra na Califórnia. O "feriado estadual de Cabrillo" celebra-se a 28 de Setembro. Recentemente, os Correios Americanos homenagearam Cabrillo – como é conhecido nos Estados Unidos – com a emissão de um selo comemorativo. Segundo alguns estudiosos, ainda não se determinou definitivamente o local de nascimento de Cabrilho. Em baixo:

Fig. 69 – D. João II, rei de Portugal: o seu nome foi escrito Juan em Tordesilhas

Navegador Português e Drake – 1555

A 15 de Novembro de 1555, a frota partiu de Plymouth. O piloto Português, Nuno da Silva, com 15 anos de experiência em navegação, reparou com um olho experiente: *O navio de Drake é muito robusto e forte.* [Neville Williams escreveu que:] *Mais importante do que a captura da embarcação Mary, era a aquisição do seu piloto, Nuno da Silva, que Drake pressionou para ficar ao seu serviço. Era um navegador muito experiente e o capitão Inglês ficou fascinado com a sua colecção de mapas e instrumentos náuticos. Nuno deveria ficar a bordo do Pelican, onde seria tratado honrosamente, comendo inclusive à mesa do capitão durante cerca de 15 meses. Por esta altura, já Drake divulgara aos seus oficiais a sua intenção*

Fig. 69 – D. João II, rei de Portugal: o seu nome foi escrito Juan emTordesilhas

de navegar no Pacífico e o piloto Português atraiu o espírito aventureiro do seu captor para viajar nas recém-descobertas regiões do mundo.[97]

A experiência de Nuno no Atlântico sul era considerável e, uma vez chegados à costa sul-americana, ele evidenciou um conhecimento detalhado.

Menciona-se um outro Português ao serviço de Drake. Pedro Sanchez fez o seguinte depoimento em Havana depois de Drake ter

Fig. 70 – Nome do rei D. João II, conforme foi escrito no Tratado de Tordesilhas (1494).

saqueado San Domingo e Cartagena em 1585: *O seu almirante é um Português chamado D. Francisco Dragon; todos os pilotos são Portugueses e genoveses e todos os mestres dos navios também, todos muito conhecedores desta rota e dos portos das Índias.*[98]

Se os Ingleses tinham Portugueses e outros estrangeiros ao seu serviço, é razoável supor que alguns ou a maior parte dos primeiros imigrantes, tal como os colonos da colónia perdida de Roanoke e colónias posteriores, fossem Portugueses ou de outras nacionalidades.

Piloto Português na Virgínia – 1560

Fig. 71 – Assinatura de Juan Pardo. Repare-se no símbolo à esquerda sobre a terceira letra.

Quinn escreveu: *Simão Fernandes – um piloto Português – guiara-os com perícia ao seu destino, onde aparentemente estivera antes numa expedição espanhola na década de 1560.*[99]

John Lawson, o primeiro historiador da Carolina, escreveu em 1700: *Os Índios eram os habitantes da América quando os Espanhóis e outros europeus descobriram as diversas partes do país.*[100] Os únicos outros europeus no início do século XVI que visitaram a costa leste dos Estados Unidos foram os Portugueses. Os Franceses vieram na segunda metade do século, assim como os Ingleses.

Era Pardo um Explorador Português? – 1565

No Primeiro Capítulo, Kennedy mencionou a possibilidade de *Juan Pardo* ser um Português ao serviço da Espanha, segundo informações que recebeu do historiador e pesquisador Eloy Gallegos. O autor decidiu fazer a sua própria investigação e determinar se ele era ou não Português. Uma vez que *Pardo* não é um apelido português comum – só existiam dois Pardos na Lista Telefónica de

Lisboa em 1996 – uma visita ao Arquivo Nacional da *Torre do Tombo*, com a ajuda de Pedro Penteado, um dos arquivistas, produziu alguns resultados. Conseguiu-se então descobrir que, durante o reinado de D. João III (1521-1557), se menciona várias vezes um Pardo nas *Chancelarias de D. João III* (documentos oficiais do rei), em registos de candidatura a licenças oficiais e/ou permissões. Estes registos são dez anos anteriores à presença de Pardo no sudeste (1565-1570). Justifica-se referir uma coincidência. Este Pardo nasceu na cidade de Aveiro, um local tradicional de marinheiros, exploradores e navegadores Portugueses. O nome de Pardo e as datas podem ser vistas nos documentos originais do século XVI. Ver não é o mesmo que ler, porque é muito difícil ler muito mais além do nome. Só um leitor especializado em Paleografia seria capaz de o fazer adequadamente.

As ilustrações mostram o nome do rei D. João II escrito em Espanhol [Juan] no famoso Tratado de Tordesilhas, e no mesmo documento escrito mais tarde por Portugueses. O Pardo de Aveiro escrevia o nome Joam Pardo, e não Juan como em Espanhol. Não foi possível encontrar o documento assinado por Pardo quando ele explorou o sudeste em 1565-69 ao serviço da Espanha, ao procurar nos arquivos da Carolina do Norte em Raleigh.

No entanto, existe uma transcrição do original em espanhol escrito por Charles Hudson, escritor de *The Pardo Relation,* escrita e assinada por Pardo.[101]

Neste documento, existem várias palavras escritas em português. Em alguns sítios, uma palavra está escrita em espanhol e a mesma palavra está escrita noutras partes do texto em português. Chamamos a atenção do leitor para a possibilidade de uma mistura da língua galega. Mas mesmo assim, a língua galega era muito mais próxima dos Portugueses depois do século XV.[102] O mesmo não acontece com os documentos escritos por Juan la Bandera (Vandera), o notário que escreveu a narração durante a maior parte da expedição.

O documento original, *Bandera Relacion,* datado de 1 de Abril de 1569, afirma que ele é natural de *quenca "natural de la ciudad de quenca...rreyno de España."*[103] Muito provavelmente o nome *quenca* aplica-se à moderna cidade de Cuenca em Espanha. O nome *Juan* em Portugal durante os séculos XV e XVI escrevia-se *Yoam, Yoao, Joa'o* ou *Joam*, mas nunca *Juan*. Infelizmente, o que foi dito não ajuda a teoria portuguesa, embora possa mostrar laços estreitos com Portugal. Outro documento afirma que Pardo era um residente de Sevilha.[104]

Depois de investigar no *Archivo General de Indias* em Sevilha com a ajuda de um dos arquivistas, o autor conseguiu obter uma cópia da assinatura de Pardo, igual à usada num dos documentos de Bandera.

O autor achou interessante o facto de o nome assinado não parecer Juan e apresentar o que parece ser o caracter ~ sobre a vogal *a* como em português *ã*.[105] Ver Fig.71.

O Doutor David Henige publicou recentemente o seu ponto de vista sobre o livro de Brent Kennedy, *The Melungeons, The Resurrection of a Proud People,* como uma análise crítica.

O Doutor Henige é bastante injusto na sua opinião em relação ao Dr. Kennedy e faz-lhe críticas severas. O autor reconhece que não tem habilitações académicas para analisar ou criticar quer a obra de Henige, quer a de Kennedy, mas com toda a justiça, alguns pontos mencionados por Henige devem ser apresentados ao leitor.

1. *...a facilidade com que se usa uma língua e se põe a outra de parte...*[106] Uma análise mais profunda das diferenças étnicas das comunidades imigrantes provará exactamente que eles abandonam as suas línguas maternas em favor do inglês, que passa a ser a sua língua principal por uma questão de sobrevivência.

2. *...afirmam que Pardo assinava o nome como "João" em vez de Juan.*[107] Ainda não se provou a nacionalidade de Pardo; todavia, uma pesquisa extensiva mostrou que se está longe de se provar se ele era Português ou Espanhol e se ele escrevia o seu nome de uma maneira ou de outra. No entanto, aponta para o facto de o nome Juan ser assinado de ambas as formas, portuguesa e espanhola. Não nos esqueçamos que muitos consideram os Portugueses como sendo Espanhóis.

3. *... de uma lista com quase 80 homens, não há nenhum... nascido numa localidade portuguesa.*[108] Ora, há pelo menos um; o seu nome é António Pereira, filho de Blas Pereira e Ana Carneira, natural do Porto, uma cidade no norte de Portugal. Podemos prová-lo nos documentos datados de 1566, 1A-A12-5-4/12,3-4 1566. Uma vez mais, é necessária mais pesquisa.

Espanhol Confirma Portugueses Instalados na Terra Nova

Pedro Menéndez de Aviles – o fundador de St. Augustine na Flórida – que, em 1556, ordenou uma expedição às Carolinas, tinha António Pereira, natural do Porto, incluído nas listas como um dos membros Portugueses das forças.[109] Aviles, em 1568, considerava que os Portugueses tinham colonizado a Terra Nova dois ou três anos antes.

Pedro Menéndez de Aviles apresentou as suas provas perante o inquisidor Juan de Ovando durante o decorrer dos inquéritos realizados em Fuenterrabia. Seguem-se alguns excertos dos inquéritos transcritos por Quinn: [Avilez afirmou que nas costas da Flórida e da Terra Nova, agora a seu cargo] *...os Portugueses fortificaram na Terra Nova e na Flórida... e essa descoberta foi feita... dois anos antes (1566)... Os Portugueses instalaram-se depois de ele ter tomado posse daquela terra em nome de Sua Majestade e lutado contra os huguenotes [luteranos]. E diz-se que fortificaram mais do que duzentas léguas para o interior desde a conquista dessa descoberta.* [De novo e segundo Quinn] *Estas determinadas pessoas, habitantes de Fuenterrabia, que estavam com eles, falaram na presença de D. Juan de Acuña.* [Aviles disse:] *... que os Franceses lhe haviam dito lá em San Sebastian que havia colónias de Portugueses na Flórida, cada aldeia de Índios muito grandes, e a sua companhia havia entrado através da Terra Nova, por aquilo que ele entendeu ser um braço de mar entre o território da Flórida. E isto ele fornecera ao Real Conselho das Índias. Parece que a menos que sejam expulsos de lá... é certo que se fortifiquem ali, para poderem partir mais tarde dali, especialmente tendo em conta a facilidade com que podem ser abastecidos a partir dos Açores (que pertencem ao rei de*

Portugal) e de onde o tempo de viagem com bom tempo é de doze ou quinze dias.[110] Existe também uma história sobre um biscainho, viajante num navio pirata francês que estava naufragado, e o biscainho foi socorrido por uma embarcação portuguesa.[111] Outro incidente isolado também confirma uma antiga presença portuguesa no Canadá, quando Tomás André foi levado ao juiz de Aveiro (uma cidade piscatória no norte de Portugal) por possuir um passaporte inglês datado de 17 de Agosto de 1583 e estar relacionado com a pesca na Terra Nova.

O supracitado indica, em resumo, que os Portugueses conheciam bem a costa nordeste do continente norte-americano desde o final do século XV.

Portugueses Ajudaram os Espanhóis na Flórida – Corte Real – 1567-1574

Durante a primeira metade do século XVI, a actividade de corso francesa fez-se sentir perto da costa portuguesa. Segue-se uma amostra de correspondência, onde se menciona a presença de Portugueses na América. Um francês, M. de Fourquevaux, escreveu uma carta à rainha Catarina de Médicis. Esta carta fazia parte de documentos entre ele e o rei de França, Charles IX.

Estou certo, Senhora, que eles não estarão no dito país [Portugal] tão entusiastas nem tão ardentes a ponto de colocar o seu exército contra os tais piratas (argelinos), já que estiveram recentemente contra o falecido Capitão Monluc – Pierre de Monluc que atacara a Madeira como vingança pelos Portugueses terem ajudado os Espanhóis na Flórida –; tenho conhecimento que, se não fosse pelo alarme na Madeira há pouco tempo atrás em todas as ilhas súbditas do rei de Portugal, uma frota que partiu para os Açores teria ido para a Terra Nova, para tomar posse da terra e da gente na Grande Baía do Canadá (Estreito de Belle Isle).[112]

Kennedy, numa carta à CNN(Cable News Network) também fornece uma boa indicação da presença portuguesa: *...seguindo os exemplos já revelados nos arquivos pelos Drs. Lyon e DePratter: o marinheiro Português Juan Fernández de Cea (João Fernandes de Ceia) recebeu permissão dos Espanhóis para viajar para a Flórida e procurar tesouros (26 de Janeiro de 1568). 50 agricultores dos Açores acompanharam Pedro Menéndez de Aviles até à Flórida (26 de Janeiro de 1573) e 100 agricultores Portugueses acompanharam Menéndez do porto de Baiona até à Flórida (13 de Julho de 1573).*[113]

Domingos Fernandes, Português, pilotou um navio espanhol através de uma abertura nos Bancos Exteriores. Natural da ilha Terceira, nos Açores, poderia ser ele mesmo ou um parente de Simão Fernandes.

Em 1582, quando Portugal estava sob o domínio espanhol, Richard Hakluyt estava a terminar o seu livro sobre a descoberta da América. Recebeu de António Castillo, o Espanhol representante de Portugal na corte inglesa, algumas informações vagas sobre uma viagem pela costa de Lavrador acima feita por Vasques Eanes Corte Real. Em 1574 dizia-se que ele chegara a uma latitude norte de cerca de 58°. Vasques também recebeu confirmação do Cardeal D. Henrique da carta régia concedida a Manoel Corte Real em 12 de Julho de 1574, pelo rei D. Sebastião, que morrera em 1578. Tudo isso se revestiu de forma legal, quando se recebeu uma permissão real a 4 de Maio de 1567 para nomear um governador com qualificações legais para administrar a suposta (ou real?) colónia portuguesa.[114] Também em 1574, Eanes Corte Real, que estava numa viagem em direcção a Lavrador, fez uma tentativa para encontrar uma passagem por noroeste para a ilha Terceira nos Açores.[115]

Derrota em Alcácer-Quibir (Ksar el Kebir) e a União – 1578-80

A 4 de Agosto de 1578, o rei Português D. Sebastião foi derrotado pelos Mouros na batalha de Alcácer-Quibir. Nesta batalha, os Mouros receberam pela primeira vez a ajuda dos Turcoss (império otomano).

O rei Português morreu nessa batalha, juntamente com muitos nobres Portugueses e dois outros reis Mouros.

Esta derrota marcou o início da queda do curto império português e da sua supremacia no mundo, o que levou a uma união de 60 anos dos reinos de Portugal e Espanha na pessoa de Filipe II de Espanha, tio do rei Português.

Em 1580, Filipe II de Espanha tornou-se Filipe I de Portugal. Era filho da princesa D. Isabel de Portugal e neto de D. Manuel I. Muitos historiadores escrevem erradamente que o rei de Espanha conquistou Portugal em 1580. De acordo com as leis da monarquia estabelecidas e com acordos feitos previamente entre os monarcas de Portugal e Espanha, se um dos reinos não tivesse um descendente directo, quem quer que sobrevivesse reinaria nos dois territórios. Devido a laços familiares, Filipe era o herdeiro natural à coroa portuguesa. Filipe II de Espanha era também filho do imperador Carlos V da Alemanha e Áustria.

Durante séculos, foi sonho de ambos os reis Português e Espanhol unir os dois reinos. Muitas vezes o rei de Portugal teve a oportunidade de se tornar rei de Espanha. Se isso tivesse acontecido, Portugal e Espanha ter-se-iam ironicamente tornado num só país. Mas Castela esperou demasiado tempo e o espírito de nacionalidade formou-se em Portugal depois do século XIII.

Durante o período da união Espanhola e portuguesa, muitos navegadores Portugueses estavam na América do Norte sob a bandeira Espanhola. Um deles era Vicente Gonçalves, um piloto enviado por Pedro Menéndez de Aviles para reconhecer a Baía de Chesapeake em Maio de 1588.[116] Mais tarde, em 1593, chegou a San Juan, Porto Rico, um grande contingente de soldados Portugueses. Filipe I deu-lhes ordens para partirem de Lisboa. Muitos dos homens trouxeram as mulheres e outros casaram-se na ilha. Destes homens descendem muitas famílias porto-riquenhas.

Portugueses no Novo México – 1596

Havia soldados Portugueses entre o grupo de colonos de D. Juan Onate prontos a colonizar o Novo México. Infelizmente, a vida não foi meiga com dois deles. Dois irmãos Espanhóis, Juan e Matias Rodriguez, convenceram João Gonçalves e Manuel Português – dois Portugueses, insatisfeitos com Onate – a abandonar o

Novo México. Eles assim fizeram, levando consigo os cavalos e alguma comida. Foram mais tarde apanhados e executados, depois de terem sido agarrados através de trapaças, já que os seus captores haviam anteriormente prometido que as suas vidas seriam poupadas. Todavia, aperceberam-se mais tarde que iriam ser executados e imploraram ser confessados por um padre.

Negaram-lhes esse último pedido. Foram decapitados e cortaram-lhes as mãos. Permitiram aos irmãos Espanhóis escaparem, já que eram amigos de um dos captores.[117] Depois da guerra com o México, Benevides Memorial, um frade Português da ilha de S. Miguel, nos Açores, escreveu uma das primeiras crónicas da região no século XVII.[118] Um dos apelidos distintos no Novo México é Chaves. Manuel António Chaves, filho de Julian Chaves e Maria Luz Garcia, nasceu a 18 de Outubro de 1818. Tornou-se famoso pelas batalhas travadas com os hostis Índios Navajos, Utes e Apaches, conquistando o nome de *El Leoncito* ou o Leãozito. Há uma indicação de que possuía ascendência portuguesa.[119]

O nome remonta à cidade portuguesa de Chaves em Portugal. Em português, termina em *s* e em espanhol termina em *z*. Também existe uma pequena cidade neste Estado com o nome de Chaves. Manuel Brazil é outro Português descoberto no novo México durante os anos de 1870 1880 como dono de um rancho de gado. Era também comissário no Condado de Roberts, mas é mais lembrado como o homem responsável pela captura de Billy the Kid, um famoso fora-da-lei da fronteira ocidental.[120] Brazil nasceu em Rosais, ilha de S. Jorge, nos Açores em 1850 com o nome de Manuel Silvestre Brazil e poderá ter chegado aos Estados Unidos ainda adolescente.[121]

Navegadores, Soldados e Exploradores Portugueses da Costa Leste Norte-Americana Antes de Sir Walter Raleigh – 1587

A tabela seguinte mostra apenas alguns daqueles que exploraram a costa da América do Norte antes da primeira tentativa em fundar uma colónia inglesa. É preciso acrescentar muitos mais à medida que a pesquisa continua.

1470-02	João Vaz Corte Real, Terra Nova
1492-05	João Fernandes Labrador e Pedro Barcelos na Terra Nova e Lavrador
1500-01	Gaspar Corte Real, Gronelândia e costa canadiana
1519-21	João Álvaro Fagundes, Gronelândia e costa canadiana
1525	Estevão Gomes, costa leste, da Terra Nova à Baía de Chesapeake e possivelmente a Florida.
1540	André de Vasconcelos e pelo menos 30 soldados Portugueses participaram na expedição de Hernando de Soto ao sudeste.
1555	Nuno da Silva, foi capturado por Drake e mais tarde trabalhou como piloto na sua expedição sul-americana
1568	João Fernandes de Ceia para a Flórida
1578	Manuel e Vasques Corte Real para Lavrador e Terra Nova
1585	D. Francisco Dragon, um almirante com Drake

O Valor do Diário de Bordo Português

Charles Boxer, que escreveu *Roteiros* (diários de bordo, 1500-1700), menciona os diários mantidos por João de Castro em 1538: ...*porque a agulha da bússola variava a bordo*... [quando se movia de um lado para o outro, ele concluiu que isto se devia ao facto de ter sido colocada perto de um canhão e que o ferro atraía a agulha para si e fazia-a mover. Isso foi] ...*notado 128 anos antes de Denis de Dieppe o ter sugerido vagamente.*[122]

Raleigh pagou £60 (libras inglesas) – um preço colossal naqueles tempos – por um *Roteiro* original escrito pelo navegador Português João de Castro sobre o mar Vermelho, mostrando que apreciava e valorizava os talentos de João de Castro.[123]

Governantes de Portugal até 1580 *

Tabela das Dinastias Portuguesas

Dinastia de Borgonha

Afonso Henriques	1128-1185	Sancho I	1185-1211
Afonso II	1211-1223	Sancho II	1223-1248
Afonso III (a)	1248-1279	Dinis	1279-1325
Afonso IV	1325-1357	Pedro I	1357-1367
Fernando	1367-1383	Leonor Teles (c)	1383-1385

Dinastia de Avis

João I	1385-1343	Duarte	1433-1438
Afonso V (b)	1438-1481	João II	1481-1495
Manuel I	1495-1521	João III	1521-1557
Sebastião	1557-1578	Henrique	1578-1580

(a) Regente até 1248 (b) Príncipe D. Pedro, Regente até 1448 (c) Regente

*Ver Página 358 com os Reis de Portugal de 1580 até 1910
e Página 382 com os Presidentes da República desde 1910 até 2001

Notas

[1] The Portuguese in N. America, de Rev. George Patterson, DD, p. 127. Secção II,   1890
[2] Christians and Spices, de John Correia Afonso, p. 33.
[3] A Future to Inherit, de David Biggs, p. 9, e
   Portuguese in N.America, de Patterson, p. 166
[4] Portuguese Heritage, Dezembro de 1993, p. 22.
[5] História da Língua Portuguesa, de Serafim da Silva Neto, p. 421.
[6] The Masters and the Slaves, de Gilberto Freyre, p. 3.
[7] Christians and Spices, de John Correia Afonso, p. 34.
[8] Infante D. Henrique, de Mário Domingues, p. 8.
[9] Portugal nos Mares, de Oliveira Martins, p. 37.
[10] Moorish Spain, de Richard Fletcher, p. 9.
[11] Historia de España, de Joseph Perez, 1986, p. 479, 480.
[12] João Álvares Fagundes, de Richard Goertz, p. 116.
   Can. Ethnic Studies, 33. No. 2, 1991.
[13] Sixteenth Century America, de Carl Ortwin Sauer, p. 25.
[14] A Future to Inherit, de David Higgs, p.4, Jaime Cortesão,
   Viagem de Diogo Teive, 1933
[15] Ibid (Early voyages and Northern Approaches de Trggvi Oleson,   p. 119, Tor. 1963).
[16] The European Discovery of America, de Samuel Eliot Morison, p. 93.
[17] A Future to Inherit, de David Higgs, p. 5.
[18] The Portuguese in America, de Manoel da Silveira Cardozo, p. 4.
[19] Portuguese in America, de Rev. George Patterson, p. 137.
[20] Ibid., p. 138.
[21] Ibid., p. 139 (Descoberta do Maine).
[22] Pioneers of France in the New World, de Francis Parkman, p. 205.
[23] Peter Francisco, de William Arthur Moon, p. 52.
[24] Portuguese in America, de Rev. George Patterson, p. 138.
[25] The Discoveries, de Daniel J. Borstin, p. 162.
[26] Little Portugal, de O. Louis Mazzatenta, p. 90-107.
   (Revista National Geographic, Janeiro de 1975).
[27] João Álvares Fagundes, de Richard Goertz, p. 118.
   Canadian Ethnic Studies, 33. No. 2, 1991.
[28] The Portuguese Americans, de Leo Pap, p. 8.
[29] Set Fair for Roanoke, de David Quinn, p. 13.
[30] Pioneers of France in the New World de Francis Parkman, p. 192.
[31] The Portuguese-Americans, de Leo Pap, p. 5.
[32] A Future to Inherit, de David Higgs, p. 8 (T. Novas Ilhas de Francisco de Sousa).
[33] The Portuguese-Americans, de Leo Pap, p. 9.
[34] Ibid., p. 8.
[35] João Álvares Fagundes, de Richard Goertz, p. 127-128.
[36] A Future to Inherit, de David Higgs, p. 8.
[37] Newfoundland, from Fisheries to Colony de David Beers Quinn, p. 183.
[38] Set Fair for Roanoke, de David Quinn, p. 12.
[39] Bol. Instituto Histórico. Presença de Portugal...EU.
   Manoel da Silveira Cardozo, p. 9.
[40] Pioneers of France in the New World de Francis Parkman, pp. 189-190.
[41] Sixteenth Century America de Carl Ortwin Sauer, p. 25.
[42] O nome de América, Cartografia, de João Vidago, p. 9 (Harrise pp. 662-700).
[43] Maps, de R. A. Skelton, pp. 39-40.
[44] The Portuguese in America, de Rev. George Patterson, p. 136.

Notas (Cont.)

[45] Portugal and the Discovery of the Atlantic, de Alfredo Pinheiro Marques, p. 77.

[46] História de Portugal, de Joaquim Veríssimo Serrão, Vol. III, p. 110.

[47] Pioneers of Ocean Exploration, de Luís de Albuquerque, p. 13.

[48] Portuguese in America, de Rev. George Patterson, p. 140.

[49] Historia de España, de Joseph Perez, 1986, p. 479, 480.

[50] The Discoverers, de Daniel J. Boorstin, p. 260.

[51] História de Portugal, de Damião Peres, Vol. III, p. 601.

[52] História de Portugal, Vol. III, de Joaquim Veríssimo Serrão, p. 30.

[53] Os Pioneiros Portugueses, de Dr. Luciano da Silva, p. 55.

[54] História de Portugal, de Damião Peres, Vol. III, p. 600.

[55] The Discoverers, de Daniel J. Boorstin, p. 265.

[56] North American Discoveries, de David Quinn, p. 59.

[57] O Essencial sobre o corso e pirataria, de Ana Maria Pereira Ferreira, p. 35.

[58] Anomalies in Archaeology, de W. David Crocket, pp. 1, 4, 5, 10

[59] The East Bay Window, de James A. Merolla, Secção B, 22 de Dezembro de 1993.

[60] The Portuguese-Americans, de Leo Pap, p. 5.

[61] Ibid., p. 5.

[62] The Voyage of Esteban Gómez… Vigneras, pp. 25-28
(Terrae Incognitae, 1976 Vol.II).

[63] Sixteenth Century America, de Carl Ortwin Sauer, p. 64.

[64] Spanish Explorers in the Southern States, de Frederick W. Hodge, pp. 12, 57.

[65] The Spanish, Portuguese Languages, de William J. Entwistle, p. 282.

[66] Spanish Explorers in the Southern States, de Frederick W. Hodge, p. 49.

[67] Ibid., p. 126.

[68] Hernando de Soto, de David Ewing Duncan, p. xx.

[69] The Portuguese-Americans, de Leo Pap, p. 241, Jaime Cortesão, p. 43-44.

[70] Knight of the Americas, de Miguel Albornoz, p. 351, também
Relatório Final Swanton.

[71] O Fidalgo de Elvas, p. 65.

[72] The Forgotten Centuries, de Charles Hudson, p. 100.

[73] The Portuguese-Americans, de Leo Pap, p. 6.

[74] Spanish Explorers in the Southern States, de Theodore H. Lewis, p. 130.

[75] Final Report of the United States de Soto Commission, de Swanton, p. 4.

[76] Spanish Explorers in the Southern States, de Theodore H. Lewis, pp. 137-138

[77] Ibid, p. 139.

[78] Final Report of the United States de Soto Commission, de Swanton, p. 82.

[79] Ibid., pp. 82, 83, 85.

[80] Spanish Explorers of the Southwest States, de J. F. Jameson, p. 138.

[81] Relatório Final da Comissão Americana sobre de Soto, de
John R. Swanton, p. 350.

[82] Os Portugueses no Descobrimento dos E. Unidos, de Jaime Cortesão, p. 48.

[83] The Forgotten Centuries, de Charles Hudson, p. 100.

[84] Ibid.

[85] The True Relation of the Fidalgo of Elvas, pp. 39-46 Chapter IX.

[86] The Melungeons, de N. Brent Kennedy, p.107;
The Last Conquistador, de Marc Simmons.

[87] Revista National Geographic, Julho de 1985, p. 41.

[88] Ibid., pp. 41-71.

[89] The Spanish, Portuguese Languages de William J. Entwistle, p. 5.

Notas (Cont.)

[90] National Geographic Society, Julho de 1985, pp. 41-71.

[91] Os Portugueses no Vice-Reinado do Peru, de Gonçalo de Reparaz, pp. 9-11.

[92] Os Portugueses no Descobrimento dos Estados Unidos, de Jaime Cortesão, p. 64.

[93] História de Portugal, de A.H. de Oliveira Marques, Vol. II, pp. 171-172.

[94] Os Portugueses no Vice-Reinado do Peru, de Gonçalo de Reparaz, p. 41.

[95] Boletim Instituto Historica, Presença de Portugal,E. U., Manoel da Silveira Cardozo, p. 10.

[96] Spanish Explorers in the Southern States, de J. F. Jameson, p. 385.

[97] Great Lives, Sir Francis Drake, de Neville Williams, p. 88.

[98] Further English Voyages to Spanish America, 1583-1594 de Irene A. Wright, p. 212. Cf. Documento No. 35. Encl. No. 2.

[99] North American Discovery, de David Quinn, p. 200.

[100] A New Voyage to Carolina, de John Lawson (Hugh Lefler), p. 172.

[101] The Juan Pardo Explorations, de Charles Hudson, pp. 305-310.

[102] Gran Enciclopedia Gallega, de Silverio Canada, Vol. 18, pp. 104-105.

[103] Archivo General de Indias em Sevilha, assinatura de Santo Domingo, p. 224.

[104] Catholic Historical Review, Vol. LI, 3, Out. 1965 de Michael V. Gannon, p. 340.

[105] Archivo General de Indias, Patronato 19, ramo 22, ano 1566.

[106] The Melungeons became a race de David Henige. Appalachian Journal, Primavera de 1998, p. 273.

[107] Ibid., pp. 274. [108] Ibid., pp. 275.

[109] A Spanish Discovery of North Carolina, de L. A. Vigneras, p. 410.

[110] Newfoundland, from Fishery to Colony, de David Beers Quinn, p. 186.

[111] The Spanish Jesuit Mission in Virginia, de Lewis and Albert Loomie, p. 20.

[112] Newfoundland, from Fishery to Colony, de David Beers Quinn, p. 185.

[113] N. Brent Kennedy letter to Victor Marques of CNN (March 2, 1995).

[114] Newfoundland, from Fisheries to Colony, de David Beers Quinn, p. 185.

[115] Ibid., p. 187.

[116] North American Discovery, de David Beers Quinn, p. 178.

[117] The Last Conquistador, de Marc Simmons (1991), p. 119-21.

[118] Boletim Instituto Historica... Presença de Portugal, E. U., Manoel da Silveira Cardozo, p. 10

[119] The Little Lion of the Southwest, de Marc Simmons, pp. 1-11.

[120] Luso-Americano, Jan.13, 1993—Manuel Brazil, de Geoffrey Gomes, p. 2.

[121] Ibid., 6 de Abril de 1994—Manuel Brazil, de Geoffrey Gomes.

[122] Portuguese Roteiros de C. R. Boxer, pp. 174/5 (Mariner's Mirror, Abril 1974).

[123] Ibid

Capítulo VIII

A Presença Portuguesa na América do Norte depois do Século XVI

Se estás na margem de um rio a olhar para a outra margem, temos de pensar que ali existiu uma jangada ou uma ponte por onde o exército dos conquistadores pudesse passar. A lógica e a imaginação do historiador permitem-lhe pôr a ponte ou a jangada nas suas crónicas.[1]

Emigrar, o Destino dos Portugueses
Poema ao Emigrante, Português ou Outro Qualquer[2]

Ao deixar a minha terra
Eu pensei que navegar
Era só partir para longe
E um dia regressar

Ao chegar à nova terra
Quis fazer dali meu lar
Estrangeiro eu fui para sempre
Nunca tive o meu lugar

Quem somos nós
Em frente ao mar
Com sonhos loucos
De navegar

Quem somos nós
Em frente ao cais
Com sonhos loucos
Voltar atrás

Um Natal que eu não esqueço
Regressei ao meu país
Cada amigo que eu conheço
Me abraça e me diz

Que eu deixei de ser quem era
E que estranho o meu falar
Emigrante eu fui p'ra sempre
Já não tenho mais um lar [3]

Este capítulo retrata as conhecidas emigrações portuguesas para a América do Norte de uma forma ampla. Este capítulo não vem substituir outros livros que estudam em detalhe este assunto.

De qualquer forma, poderá revelar uma possível migração dos Melungos ou de outros grupos, de ou para áreas, onde se sabia estarem estabelecidas grandes comunidades de Portugueses.

Imigrantes de Portugal

O Juiz Shepherd, na sua oratória eloquente sobre o célebre caso dos Melungos, declarou que a fonte imediata da origem dos Melungos estava num grupo de imigrantes Portugueses.[4]

Adalino Cabral escreveu um parágrafo sobre o impacto global dos Portugueses: *Nenhum povo Europeu esteve tanto ou mais tempo no Novo Mundo do que os Portugueses. Provavelmente teria de ser assim. Afinal de contas, os Portugueses forneceram proporcionalmente mais emigrantes ao mundo ocidental do que qualquer nação da Europa (com a possível excepção da Inglaterra).*

Tendo estabelecido o primeiro império moderno, em praticamente todos os continentes do mundo, esta raça errante, insatisfeita com a grandiosidade do seu espaço geográfico, emigrou também para terras controladas por outras soberanias.

Emigraram para nações anglófonas (Estados Unidos da América, Canadá, Inglaterra, Austrália, África do Sul...) e, em cada um deles, foram afectados pela língua dominante, não tendo outra alternativa senão empregar uma mistura de fenómenos linguísticos de empréstimo, ou seja, o chamado portinglês.[5]

Geoffrey Gomes, da Universidade Estadual da Califórnia, em Hayward, escreveu sobre um imigrante Português, que ninguém conhecia, e disse: *...os imigrantes Portugueses estão mais integrados na experiência americana do que se pensava anteriormente. Na, realidade, a presença portuguesa encontra-se para além dos pontos geográficos focais tradicionais... De qualquer forma, podemos questionarmo-nos quantos iguais a ele estarão por descobrir e por salvar da obscuridade a que foram relegados.*[6]

A informação turística de Ellis Island refere que os processos de 120.725 imigrantes Portugueses passaram pelo respectivo centro de estrangeiros antes de este ter sido fechado. Este número excede o de dinamarqueses, Espanhóis, Belgas e Franceses.

A Emigração Portuguesa dos Açores e do Norte de Portugal

Um estudo feito no século XIX apontava o Minho, a Beira Alta e os Açores como as áreas de origem da maioria dos emigrantes para os Estados Unidos. Entre 1860 e 1888, um total de 113.280 pessoas vieram do Minho, 70.890 da Beira Alta, 60.088 do arquipélago dos Açores e 23.202 do arquipélago da Madeira, enquanto que do resto de Portugal só emigraram 23.134 indivíduos.

As Mulheres Portuguesas Imigradas no Século XVII

Os Holandeses, ao fundarem Nova Amsterdão (Nova Iorque), puseram uma cunha colonial entre as colónias inglesas e a Nova Inglaterra. Os primeiros colonos vieram em 1623 e, em 1643, chegou o Padre Isaac Jogues, missionário francês jesuíta. Em 1646, o Padre Jogues escreveu uma carta onde descrevia a colónia: *...pois na colónia, além de calvinistas, existem católicos, Ingleses puritanos... foi perto deste rio que encontraram uma mina de ouro...*[7]

Leo Pap escreveu: *...aconteceu que a sua hospedeira... era uma mulher católica portuguesa... Os antigos registos de casamentos da igreja holandesa indicam que havia, na altura, um ou mais Portugueses a residir em Nova Iorque.*[8]

Segundo Freitas, muito antes, as mulheres portuguesas: *...suportavam o calor, as doenças, as cobras, os jaguares, os corsários cruéis, os ataques índios e as invasões francesas e holandesas.*[9]

Judeus Portugueses na América – 1621

Devido ao facto de os Judeus serem, no século XV e XVI, um dos povos mais deslocados, há indicações de terem viajado para várias partes do mundo por todos os meios disponíveis. É facto assente que, muitos deles, disfarçados de Cristãos, obtiveram passagem, muitas vezes roubada, em caravelas com destino à Índia e ao Brasil, por forma a escaparem à Inquisição. A sua presença foi notada na América do Sul, no princípio do século XVI e, depois, na América do Norte, no início do século XVII. É, portanto, possível que alguns Judeus Portugueses tenham chegado à costa leste dos Estados Unidos durante os primeiros anos do século XVI e mais tarde viajado para norte.

É muito provável que outros *Cristãos novos* se tenham juntado a eles, formando o seu próprio grupo, quer com base nos laços familiares quer na raça, sem contudo terem seguido os Judeus. É importante conhecer o padrão de migração dos Judeus para se estabelecer uma ligação aos Melungos.

A primeira presença de Judeus na América registou-se na Virgínia, em 1621, com um Elias Legardo, um provável Judeu Português. Antes disso, sabe-se que, em Maio de 1549, um navio cheio de fugitivos vindos de Portugal chegou a Ragusa (Dubrovnik, Croácia) e à Síria, assim como à Turquia europeia. Estas regiões recebiam diariamente famílias portuguesas que procuravam liberdade religiosa, como escreveu Herculano: *...foi-lhes dada uma aparente liberdade religiosa por tolerância dos islâmicos.*[10] Num grupo de Judeus refugiados encontravam-se João Miguéis e o irmão, assim como a sua tia Beatriz Mendes, uma judia portuguesa mais tarde conhecida como Gracia Nasi, nasceu em Lisboa a 1510 e faleceu a 1569, tendo-se tornado uma das mulheres mais influentes do Império Otomano.

Aqueles navios estavam cheios de *fugitivos*. Terão ido todos para a Europa, ou terão alguns ido para o Novo Mundo, como os peregrinos fundadores?

Os Judeus Portugueses desempenharam um papel importante no desenvolvimento dos países descobertos por Portugal. Gilberto Freyre, conhecido escritor brasileiro e antropólogo social, conta-nos, no seu livro clássico *Casa Grande & Senzala*: *Quanto ao Judeu, há provas de que ele era um dos agentes mais activos a conquistar um mercado para os produtores de açúcar do Brasil.*[11] Em 1636, chegavam Judeus não só de Portugal e de Espanha, como também de Itália, Turquia, norte de África e Holanda.[12]

Em 1507, Portugal decretou uma lei, permitindo aos Judeus sair de Portugal e vender ou comprar propriedades em qualquer lugar do mundo. Então, foram para o Império Otomano, para o Brasil, para a Holanda e para as colónias holandesas. Os descendentes destes Judeus vieram a fixar-se nas colónias americanas.[13] Desconhece-se a data da primeira chegada, mas têm havido Judeus Portugueses nas colónias desde, pelo menos, 1621, como já referimos. A seguinte data conhecida é 1634, pela presença de Mathias de Sousa no Maryland.

A visão nova e moderna é a de que o Judaísmo americano começou em Maio de 1654 com a chegada dos primeiros Judeus Portugueses do Recife, no Brasil. Da mesma maneira que se aceita que a história americana começou em Jamestown e que esta experiência veio estabelecer a estrutura da futura história americana, também pode ser demonstrado que os Judeus Portugueses e os seus imigrantes sucessores durante o período colonial estabeleceram a estrutura para uma nova história judaica.[14] Actualmente considera-se que a era dos Judeus sefardins na América situa-se em 1621 e 1776.[15]

Francis Salvador foi um patriota proeminente na Guerra Revolucionária, na Carolina do Sul, e surge na história já em 1732. Francis relacionava-se com uma família abastada de Judeus Portugueses em Inglaterra, e era primo da Sra. Mendes da Costa. Enquanto viveu na Carolina do Sul, era estimado de tal forma que o elegeram para a Assembleia Geral do Estado. Veio a morrer a 1 de Agosto de 1776, aquando de uma expedição contra os Ingleses e os Índios. Outros nomes, como David Nunes Cardozo e Isaac N. Cardoso, também lutaram numa companhia de milícias de Charleston, na Carolina do Sul.[16]

Colectivamente, os Judeus Americanos formam um dos grupos mais notáveis do mundo. Uma sociedade de 6 milhões de Judeus atingiu os mais altos níveis económicos, sociais e educativos na história dos Judeus, e gozou de um grau de liberdade nunca alcançado pelos Judeus em qualquer outro país, ou qualquer outra civilização, ou qualquer outra era, como diz Dimont: *...incluindo os reinos de Judá e Israel na antiguidade, e o estado actual de Israel.*[17]

Todos os Judeus sefardins provêm de Portugal e de Espanha, ou são descendentes de Portugueses e de Espanhóis. Depois de Nova Amsterdão ter sido tomada pela Inglaterra e o seu nome ser alterado para Nova Iorque, em 1664, os britânicos chamavam *Portugals* aos Judeus e consideravam-nos enigmáticos. Os Judeus Portugueses, depois de chegarem à América, mantiveram sempre os seus nomes Portugueses. Foram perseguidos pela Inquisição, mas não mudaram de nome, enquanto outros que não eram perseguidos mudaram de nome rapidamente.[18]

Mantiveram tanto os nomes Portugueses como a língua. No Suriname, onde muitos Judeus Portugueses se fixaram antes de irem para a América, os seus escravos adoptaram a língua portuguesa e continuaram a falar português incorrecto.[19] Em

Newport, Rhode Island, os Judeus contribuíram para a prosperidade comercial da cidade, no século XVIII, quando o comércio floresceu entre Portugal, as Índias Ocidentais e Newport. Entre eles, havia muitos Portugueses. O terrível terramoto de 1755 trouxe mais colonos Judeus.[20]

Fundação da Colónia da Virgínia e os Portugueses – 1621-49

Esta colónia foi fundada por membros respeitáveis da Igreja Anglicana. Muitos dos primeiros colonos da Virgínia eram mercadores Ingleses ricos, cujo desejo era ter um título nobiliárquico em Inglaterra. Isto era muito difícil de atingir em Inglaterra e, por isso, a Virgínia tornou-se na sua *Pequena Inglaterra* e, apesar dos Judeus não serem autorizados a fixar-se nesta colónia, os Judeus Portugueses entraram por meios clandestinos, em 1621, segundo algumas fontes. Os Judeus de origem sefardínica casaram com algumas mulheres das famílias da mais fina classe média transplantada para a Virgínia.[21] Em 1649, a Virgínia já tinha 15.000 Ingleses na sua população, além dos escravos Negros.[22] Além disso, em 1645, o vinho da Madeira já era comercializado em Boston.

Em Richmond, na Virgínia, a sinagoga Beth Abrabah foi fundada por Judeus sefardins Portugueses e Espanhóis, de acordo com o Rabi Lawrence A. Schlesinger.

Maryland e Rhode Island - 1654-58

Há registos da chegada de uma colónia de Judeus Portugueses e Espanhóis do Recife, no Brasil. Os Judeus Portugueses eram chamados a Nação Portuguesa.[23]

Entre a mistura variada de colonos naquela colónia encontrava-se o Dr. Jacob Lumbrozo, que chegou de Portugal em 1656. Havia Judeus Portugueses em Newport, pelo menos, desde1658. As pedras tumulares do primeiro cemitério Judeu de Newport ainda estão intactas; a mais antiga data de 1677.

A Sinagoga Touro foi construída em 1763, e ainda existe. Segundo Humberto Carreiro de Bristol, o nome correcto é Yeshuat Israel, mas foi alterado para Touro em 1820 devido às enorme contribuições feitas por Abraham Touro. Em 1947, o presidente Harry Truman tornou esta sinagoga como monumento histórico devido ao facto de nunca ter sido remodelada. Uma das famílias da comunidade judia de Newport era a família Aaron Lopes, que chegou de Portugal em 1752.[24] Em 1655, os Judeus Portugueses foram excluídos do serviço militar, quando Peter Stuyvesant se preparava para uma expedição militar contra a Nova Suécia. Não só foram excluídos de participarem, como tiveram de pagar um imposto especial.[25]

Nova Iorque – 1655-1730

A primeira sinagoga judia oficial (não necessariamente a mais velha), Shearith Israel, foi construída em Wall Street, e o rabi era David Mendes Machado, natural de Lisboa. Ainda existente, esta congregação, fundada em 1728, localiza-se agora em West Central Park. As primeiras minutas e relatórios de contas da Congregação

Shearith Israel - agora Sinagoga Hispano-Portuguesa de West Central Park, Nova Iorque - foram escritos em português.[26] Em 1655, esta mesma congregação fez uma petição, segundo os registos, às autoridades locais pelo direito de estabelecer um cemitério judio na cidade.

Uma pequena parte desse cemitério, localizado perto de Chatham Square de Nova Iorque, ainda existe. Podem ser encontrados nomes Portugueses nos testamentos arquivados entre 1665 e 1796 no gabinete do Juiz de Paz delegado do Condado de Nova Iorque – nomes como Marques, Pinheiro, Nunes, Fernandes, Machado, Pacheco da Silva, e outros.[27]

Isaac Mendes Seixas, um Judeu Português, chegou a Nova Iorque, vindo de Portugal, em 1730.

O seu filho, Benjamim Mendes Seixas, de Nova Iorque e Newport, foi um dos fundadores da Bolsa de Valores de Nova Iorque.

Carlos Seixas, instrumentista Português de cravo barroco, pode ter sido um familiar de Isaac Mendes Seixas.

Benjamim Nathan Cardozo, nascido em 1870 em Nova Iorque, descendente de Portugueses, foi nomeado juiz do Supremo Tribunal dos Estados Unidos.

O Primeiro Carteiro era Português – 1693

Nomes Portugueses aparecem nos registos legais franco-canadianos em 1698 e os arquivos judiciais de Montreal, de 1693, mostram que Pedro da Silva, de Lisboa, recebeu 20 soldos pelo transporte de um maço de cartas de Montreal para a cidade do Québec. Este foi o primeiro serviço de correio conhecido entre as duas cidades.

Aos 33 anos, Pedro da Silva casou com uma franco-canadiana de 17 anos e teve, pelo menos, duas filhas e sete filhos. Os seus filhos tiveram famílias numerosas e só três deles tiveram 45 filhos. Jean teve 17, Dominique 15 e Nicolas 13.

O nome Silva, Sylva ou Dasilva encontra-se na América do Norte nos séculos XIX e XX.[28] A cidade Sylva, na Carolina do Norte, localiza-se numa área onde, pelo que se sabe, se fixaram Melungos.

Fig. 72 – Sinagoga em Savannah, na Geórgia.

Geórgia – Savannah – 1733

O médico Diogo Ribeiro Nunes, nasceu em 1668 na Beira Alta. Praticou medicina em Lisboa até que, em 1703, foi preso e as suas propriedades foram expropriadas pela Inquisição, por ter falado em favor do Judaísmo. Em 1726, ele e a família fugiram para Inglaterra, onde mudou o nome para o nome hebraico Samuel. Em 1732, veio para a Geórgia com um grupo de Judeus. Quando chegou, em 1733, encontrou gente a morrer de uma epidemia. Nunes assumiu o comando e conseguiu controlar a epidemia. Este acto pode ter salvo o que é hoje o Estado da Georgia – ainda na sua infancia – de uma séria epidemia. Oglethorpe deu a Nunes e a outros Judeus lotes de terra. No entanto, estes foram mais tarde abandonados, devido à Guerra de Jenkin, que ameaçava a Geórgia com uma possível invasão por parte da Flórida.[29]

Os Judeus sefardins ainda recordavam vivamente as inquisições portuguesa e espanhola; por isso, partiram para Nova Iorque. Nunes voltou mais tarde com os filhos, e sabe-se que estes viveram em Savannah.

Há uma sinagoga em Savannah onde os Judeus Portugueses eram participantes activos em 1733, muito antes da Guerra da Revolução. É a terceira mais antiga dos Estados Unidos e foi construída em estilo gótico, pouco usual para uma sinagoga. Os primeiros Judeus Portugueses professaram o catolicismo para escapar à fogueira, mas retomaram a fé judaica assim que chegaram aos Estados Unidos. A história desta sinagoga mostra que os primeiros Judeus eram sefardins Portugueses.

Abraham de Lyon, um negociante de vinhos em Portugal, começou a cultivar vinhas na Geórgia em 1737.

Nova Inglaterra – 1740-1900

A Nova Inglaterra tem sido o lugar de eleição dos imigrantes Portugueses desde os primeiros tempos da colonização. Infelizmente, há poucos registos, feitos por outros que não os Ingleses, disponíveis para documentar a presença de Portugueses nesta área da América do Norte. De qualquer forma, se fizermos uma pesquisa séria muito mais pode ser encontrado, e as áreas a serem investigadas estão na Holanda, na Bélgica e na França. Existem ainda uma profusão de documentos à espera de serem descobertos. Naturalmente, será necessário ser-se fluente numa das três línguas, flamengo, holandês ou francês, e ter conhecimentos de paleografia do século XVI. Não é impossível e pode ser feito.

Aaron Lopes, baptizado pela Igreja Católica, fugiu de Portugal no início da década de 1740. Fixou-se em Newport, Rhode Island, onde professou abertamente o judaísmo. Tornou-se um dos mercadores e expedidores navais mais ricos da sua época, tendo desenvolvido a indústria pesqueira de baleias e possuído, a certa altura, cerca de 30 embarcações. Aaron Lopes foi um dos fundadores da sinagoga Touro e Newport.

José Dias, um Português que se fixou em Martha´s Vineyard, serviu na guerra da

Revolução Americana. Foi capturado pelos britânicos e morreu sob a custódia destes, em 1781. Moses Seixas, que morreu em 1809, foi o grã-mestre da Ordem Maçónica de Rhode Island, e caixa do Bank of Rhode Island. Também em Rhode Island, por volta de 1769, James Lucena começou a produzir o sabão Castelhano, um tipo de sabão primitivo fino que ainda se usou neste século.

Antone S. Sylvia, natural dos Açores, chegou a New Bedford, no Massachussetts, em 1855, com 15 anos de idade. Começou como amanuense na Joseph Frazer Whaling Outfitting Co. em New Bedford e, em 1862, tornou-se o único proprietário da empresa e milionário.

A presença de marinheiros Portugueses tornou-se notória, desde o início do século XIX até ao século seguinte. Nomes como George A. M. Brier (Silva), George M. Chase, Henry Clay, Francis J. Sylvia, Manuel King Sylvia e muitos outros são desse tempo. Um livro intitulado *They Ploughed the Seas* de Pat Amaral dá-nos informações preciosas acerca da presença portuguesa na Nova Inglaterra durante o início do século XIX. Deve saber-se que a maioria dos Portugueses aí residentes eram naturais dos Açores, e muitos deles tornaram-se armadores, mestres do mar e mestres baleeiros, como John E. Simmons, nascido no Faial.[30]

Na segunda metade do século XIX, um industrial de nome William Madison Wood tornou-se famoso na indústria têxtil. Tanto as suas mansões como as fábricas eram frequentemente objecto de artigos da imprensa e de livros.[31]

A Revolução Americana e o Primeiro Censo – 1779-90

Depois da Declaração de Independência, a tripulação de um dos primeiros navios de guerra americanos, *Bonhomme Richard*, sob o comando de John Paul Jones, um dos fundadores da marinha americana, era constituída principalmente por Portugueses. Por volta do século XVIII, os navios americanos viajavam regularmente entre a Nova Inglaterra, Portugal e as Caraíbas. Estes navios traziam para a América o vinho da Madeira tão apreciado por George Washington.[32] O vinho da Madeira era o vinho preferido durante a América colonial. Era importado directamente da Madeira e não era tributado. Um facto pouco conhecido é que a revolta da famosa *Boston Tea Party* [ataque a três barcos ingleses como protesto contra os impostos aplicados sobre o chá] começou devido a um carregamento de 100 barris de vinho da Madeira encomendado por John Hancock. Os primeiros três presidentes dos Estados Unidos, George Washington, John Adams e Thomas Jefferson, apreciavam o vinho da Madeira. Era a bebida favorita de George Washington e de Benjamim Franklin, que bebiam meio litro por dia. A Declaração de Independência foi brindada com vinho da Madeira em 1776, assim como quando Washington tomou posse. Durante o seu primeiro ano de presidência, Thomas Jefferson comprou aproximadamente 2000 litros para oferecer aos seus convidados na Casa Branca.[33]

Salvador Fidalgo, navegador Português, descobriu uma faixa da costa do Pacífico, a sul do Alasca.[34] Explorou igualmente as costas do Alasca e da Colúmbia Britânica, assim como a de Puget Sound na década de 1790.

Há registos datados do período colonial que apontam já para uma população portuguesa bastante numerosa nos Estados Unidos. O estudo levado a cabo em 1920 baseava-se nos apelidos existentes em 1790, quando foi feito o primeiro censo. Naquela altura, mostrou-se que a população de origem portuguesa rondava os 24.000 habitantes.[35]

Pensilvânia, Portugueses de Lisboa, 1769-1805

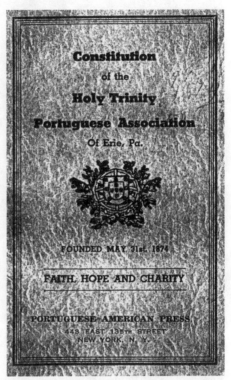

Enquanto se procuravam possíveis raízes portuguesas dos Melungos, descobriram-se outros grupos de Portugueses, que podem estar ou não relacionados com os Melungos. As páginas seguintes descrevem um grupo particularmente interessante que foi, até há muito recentemente, alvo de discriminação.

Leo Pap menciona a possibilidade de eles terem vindo da Pensilvânia. No entanto, isto é duvidoso. Há registos de um grupo, que veio de Lisboa para a Pensilvânia, mas que não está relacionado com o grupo ou grupos discutidos neste livro.

No século XVIII, as comunicações e os transportes eram muito mais fáceis, quando comparados com os dos séculos XVI e XVII.

De 1794 a 1799, Portugal já tinha uma missão diplomática encabeçada por Cipriano Ferreira.[36] Mais tarde, o Abade José Correia da Serra seria o diplomata Português (1816-1820) nos Estados Unidos, representando

Fig. 73 – Livro dos Estatutos da Associação. Cortesia de António Matinho.

Portugal durante a administração de Thomas Jefferson (1801-1820). Isto foi antes do reconhecimento da independência americana por parte do governo português. Portugal, sendo um antigo aliado da Inglaterra, estava pressionado a não reconhecer. No entanto, Portugal seria uma das primeiras três nações, com a França e a Holanda, a fazê-lo a 15 de Fevereiro de 1783. Durante as celebrações do 4 de Julho de 1999 em Lisboa, o Embaixador dos Estados Unidos em Portugal referiu no seu discurso que, além dos 223 anos de independência dos Estados Unidos, ... Portugal foi o primeiro país neutro a reconhecer a independência dos Estados Unidos.

Quando começou a revolução americana, Portugal era governado por um dos seus ditadores mais ferozes, o primeiro-ministro Marquês de Pombal, cujo governo de punho de ferro em tempo de crise beneficiou o povo e a nação.

Fig. 74 – Retrato de Peter Francisco em 1828. Cortesia da Biblioteca Estadual da Virgínia.

No entanto, aliou-se à Grã-Bretanha nalgumas das medidas tomadas. A 10 de Setembro de 1813, uma grande vitória naval americana teve lugar na guerra de 1812, assegurando aos Estados Unidos o controle sobre o Lago Erie. A armada do Comandante Oliver Perry, composta por nove navios, atacou os seis navios de guerra britânicos. Foram encontrados nomes Portugueses entre os marinheiros, e uma vez que, na altura, Perry vivia em Newport, em Rhode Island, é natural que ele escolhesse colonos e marinheiros Portugueses que aí viviam. Posteriormente, no século XIX, encontramos sinais de uma comunidade portuguesa muito bem organizada em Erie, na Pensilvânia. Uma organização de nome Holy Trinity Portuguese Association foi fundada em 1874. O nome indica que era uma associação religiosa; no entanto, os Portugueses formam, habitualmente, organizações simultaneamente sociais e religiosas. Jacob Mendez da Costa, médico descendente de Portugueses e Espanhóis, estudou no Jefferson Medical College em 1849, onde em 1872 viria a ser professor. Foi um elemento activo na criação da Pathological Society em 1857, na função de primeiro secretário. Costa também escreveu vários textos médicos.[37]

Peter Francisco, o Patriota Português – 1765

Fig. 75 – O quarto do Abade José Correia da Serra.

Peter Francisco, nascido com o nome de Pedro Francisco nos Açores, foi raptado, presumivelmente por piratas Mouros, da sua casa, na ilha Terceira, e abandonado numa doca da Virgínia em 1765 com aproximadamente 5 anos de idade.

Cresceu e tornou-se num homem de grande estatura física e que serviu na Revolução americana com um orgulho feroz, levando a cabo feitos extraordinários de força e heroísmo.[38] Para melhor apreciar a sua enorme contribuição para a revolução, repare-se nas palavras do General George Washington: *Sem ele teríamos perdido duas batalhas, talvez a guerra, e, com ela, a nossa liberdade. Ele era verdadeiramente um homem-exército.*[39] O Dr. John Manahan fez um relato escrito para a Universidade da Virgínia, com o título *Peter Francisco, Virginia Giant of the Revolution* (O Gigante da Revolução da Virgínia) – um longo documento onde se encontra a seguinte citação: *Ele (Peter Francisco) tinha pele morena e olhos pretos...*[40] De novo, esta descrição cromática era semelhante à atribuída aos Melungos. Francisco era conhecido por ter lutado em várias batalhas a norte e por ter morto 11 britânicos numa batalha e apreendido um canhão de 500 quilos, virando-o contra o inimigo.

O "Abade" José Correia da Serra e o Monticello de Thomas Jefferson

O terceiro presidente dos Estados Unidos, Thomas Jefferson, demorou 25 anos a construir a sua casa de sonho, Monticello. O quarto usado pelo *abade* José Francisco Correia da Serra (1750-1823) foi recentemente remodelado. Foi inaugurado a 18 de Junho de 1995, depois de um projecto de restauração financiado pela Fundação para o Desenvolvimento Luso-Americano (FLAD).

Correia da Serra era conhecido pela família do presidente Americano como *abade* – "abbot" em inglês – devido ao seu título religioso original. Sabe-se que o presidente Jefferson convidou Correia da Serra para opinar sobre os artigos e o regulamento interno da Universidade de Filadélfia.[41] Foi também cientista, botânico, poliglota e fundador da Academia Portuguesa de Ciências.

O trabalho meticuloso feito para restaurar o quarto é digno de admiração. O artigo de maior realce é um tapete de Arraiolos do século XVIII doado pela FLAD e previamente restaurado no Museu de Arte Antiga em Lisboa. Correia da Serra foi professor universitário nos Estados Unidos e, depois de ter sido apresentado ao círculo de indivíduos iluminados, com os quais o presidente Jefferson gostava de passar o tempo, Correia da Serra ganhou o respeito e a amizade do presidente.

Viveu nos Estados Unidos até 1820, ano em que regressou a Portugal, onde viria a passar os três últimos anos da sua

Fig. 76 – Abade José Correia da Serra, pintura da Academia de Ciências de Lisboa.

vida. Por essa altura, já tinha sido convidado de Jefferson em Monticello em diversas ocasiões, aceitando o convite repetido do presidente: ...*entre e sinta-se à vontade.*[42]

O Dr. Manuel Luciano da Silva, historiador e pesquisador sobre os Portugueses na América, recebeu a medalha de Peter Francisco a 4 de Novembro de 1995. Durante este acontecimento, mencionou-se que Humberto Carreiro descobriu que Monticello, a famosa casa do presidente Jefferson na Virgínia, fora propriedade de uma família portuguesa judia, Machado Philips Levy, que salvou Monticello da destruição.

Os Açoreanos em Trinidad & Tobago - 1834

O nosso departamento de pesquisa sobre os Portugueses na América e a sua participação na formação das Américas deparou-se com o drama de um grupo de Açoreanos que abandonaram a pátria à procura de uma vida melhor em Trinidad e Tobago. Alguns deles pagaram um preço supremo, a própria vida.

Seguem-se transcrições dos documentos encontrados: Sir George Hill, governador de Trinidad para o Honorável Thomas Spring Rice. Trinidad, 20 de Julho de 1834 (um resumo): *O Governador Hill informa que, a 15 de Julho, a escuna britânica "Watchful" chegou a Trinidad vinda do Faial com "44 naturais da ilha devido a acordo prévio," para trabalhar como contratados nos campos, ou "de qualquer outra forma vantajosa para o patrão durante um período de 3 anos, em troca do que receberão 6 dólares de salário mensal, um pedaço de terra para seu cultivo pessoal e serão abastecidos de provisões... até que as terras comecem a produzir." Metade dos seus ordenados ficará retida até a passagem dos trabalhadores estar paga, sendo a quantia total por pessoa de 60 dólares. O relatório indica que os trabalhadores haviam sido, "devido a acordo prévio, considerados aprendizes por alguns fazendeiros." Também indica que "estas pessoas estavam acostumadas ao trabalho do campo sob o clima do seu país e seriam capazes de suportar o calor daqui - são considerados como uma aquisição muito valiosa para uma ilha como esta" e espera-se que tais trabalhadores tornem a ilha "numa das mais valiosas das colónias de Sua Majestade nas Índias Ocidentais." Devido à reputação dos Açoreanos em serem bons trabalhadores, os fazendeiros estavam ansiosos por contratá-los em larga escala.*

Petição ao Governador de Trinidad em 1835: *Os abaixo-assinados súbditos da Coroa de Portugal vêm respeitosamente mostrar juntamente com muitos outros concidadãos, que foram induzidos por certas pessoas de má índole, sob falsos pretextos, a abandonar a sua terra, a ilha do Faial, para se tornaram trabalhadores rurais nesta colónia. Do número total assim enganado, um terço ainda vive. Os restantes foram vítimas da insalubridade do clima ou das crueldades do sistema escravagista, ao qual têm sido submetidos, da mesma forma que os ditosos Negros. Pois não podemos permitir que os especuladores de sangue humano neguem, como certamente o farão, que a terrível calamidade que se abateu sobre os nossos compatriotas, num período tão curto como são dez meses, não tenha resultado de uma ou da outra destas causas fatais, ou das duas combinadas.*

Homens, mulheres e crianças têm suportado a maior das misérias e opressões nas diversas propriedades onde têm sido forçados a trabalhar para lá das suas forças, sob coacção do chicote, sem alojamento adequado para passarem a noite e sem comida suficiente durante o dia. O consolo da religião têm-lhes sido negado nas horas de doença e morte; enquanto os corpos das vítimas miseráveis da avareza têm sido atirados para buracos ou valas sem um enterro cristão.

O choro dos órfãos e das viúvas ouve-se bem alto pela terra, mas não houve nenhuma resposta caridosa e cristã que lhes aliviasse a dor, nem nenhum braço justo que os libertasse das mãos dos opressores. Poucos são aqueles que chegam a contar a sua história de infortúnio. Vossa Excelência tem sido frequentemente informada destas verdades, mas os nossos sofrimentos passam despercebidos. Fomos informados que um apelo ao Governador Geral para dar conhecimento ao governo britânico de Sua Majestade seria atendido, mas esperamos que Vossa Excelência obvie a necessidade de tal apelo ao aceder misericordiosamente ao pedido dos vossos humildes peticionários; Que Vossa Excelência tenha agrado em recolher os poucos trabalhadores Portugueses ainda existentes nesta colónia; Que humanamente os liberte das suas necessidades imediatas e prementes, especialmente os órfãos pobres e desamparados; Que os faça serem levados de regresso ao seu país natal. Rosa Constância (que perdeu o marido e três filhos). Felícia Perpétua de Castro (que perdeu o marido e um filho). Maria Constância (que perdeu dois filhos). Mariana Francisca (que perdeu quatro filhos). Josef Francisco Macieda (que perdeu a esposa e quatro filhos). António Francisco Dabla (que perdeu dois filhos). Anna Perpétua (mãe de sete filhos). Francisco de Utro Perreira (cuja mulher e quatro filhos estão no Faial) e outras 28 pessoas.

Petição de Josef da Costa, Português, ao Governador Tenente de Trinidad em 1835: *Josef da Costa, Português livre por nascimento, mas agora um trabalhador aprendizado, afirma por meio desta humilde petição que veio para Trinidad em certas condições e partiu do Faial a 31 de Outubro de 1834. Ele e mais 27 desembarcaram clandestinamente na costa norte e, 15 dias depois da chegada, foram transportados para a propriedade de Mr. Graham em Chaguanas. Aí permaneceram dois meses, trabalhando com os Negros nos campos. Como consequência, todos adoeceram e muitos morreram. O peticionário e a esposa, graças à caridade de Mr. Graham, foram transportados para a cidade e deixados*

no Hospital Marie Ursula, onde infelizmente a sua mulher morreu. Depois disso, os seus serviços foram comprados por um tal Mr. Lock e foi enviado para a costa, onde foi maltratado e, quando se

Fig. 77 – Sinal perto de Richmond, na Virgínia, de Linda Aguiar.

Fig. 78 – John Philip Sousa.

mostrava incapaz de trabalhar ao ritmo dos Negros, era cruelmente espancado. Para escapar a esta miséria, ele deixou a propriedade no dia 18 deste mês e jaz actualmente na cidade nas últimas fases da miséria e da fome; Implora humildemente que o seu caso seja investigado; Josef da Costa. Testemunha: A. Shaw.[43]

Portugueses na Virgínia e em Washington, D.C.

Um dos Americanos mais famosos nasceu em Washington, D.C. a 6 de Novembro de 1854 e o seu nome era John Philip Sousa, filho do Português João António Sousa e da austríaca Maria Elizabeth Trinkaus.[44] Foi o compositor da famosa marcha *Stars and Stripes Forever*.

Em 1987, o presidente Ronald Reagan aprovou uma lei proposta de Tony Coelho, Congressista da California, tornando *Stars and Stripes Forever* na marcha oficial dos Estados Unidos.

Na Virgínia, é interessante encontrar a existência de uma grande via pública chamada "Portugee Road", a pouca distância do aeroporto de Richmond.

Durante uma entrevista com Isabel Paul da biblioteca do condado de Enrico, ela afirmou que o nome Portugee remonta ao início do século XIX; no entanto, em 1887 chamava-se White Oak Swampy Road e, antes disso, chamava-se New Road, nome dado a qualquer estrada, cuja denominação apresentasse problemas.

Isabel não sabia dizer o autor nem a data exacta em que a estrada recebeu finalmente o nome Portugee. A publicação de *Enrico County Historical* em 1978, página 44, apresenta mais informações quanto à denominação das ruas.

Depois de mais alguma pesquisa, o autor conheceu o Dr. Lewis Manarin – membro da Enrico Historical Society –, que entrevistou.

O autor ficou a saber de uma lenda que remonta ao fim do século XVIII ou início do século XIX, de que existia nas redondezas uma colónia portuguesa e a estrada, hoje denominada Portugee Road, levava a essa povoação.

Posteriormente, a povoação foi abandonada e o nome desapareceu, para voltar a aparecer 50 anos mais tarde.

O Dr. Lewis Manarin também mencionou Jim Walthal, com quem o autor teve oportunidade de falar mais tarde, e o resultado foi uma história surpreendente.

O Sr. James B. Walthal foi suficientemente atencioso a ponto de fornecer ao autor informações relacionadas com os seus parentes.

O seu bisavô, José Vieira Ramos, veio para este país na década de 1830 em condições espantosas. Mas antes de continuarmos com a história, revejamos a situação de Portugal no início do século XIX. Napoleão acabara de fazer um pacto com a Rússia em 1807, o qual lhe deu a possibilidade de se virar contra a Grã-Bretanha, a Suécia e Portugal.

A Espanha fora aliada de Napoleão desde 1796. Então, ele intimou Portugal a fechar todos os portos aos Ingleses e a declarar guerra à Grã-Bretanha.

Um exército francês de 30.000 homens atravessou a Espanha e invadiu Portugal, enquanto a família real portuguesa fugia para o Brasil, o que mais tarde veio a provar-se ser o início do processo de independência do maior país da América do Sul, na época uma colónia portuguesa.

Enquanto estiveram em Portugal, as forças napoleónicas ocuparam a cidade do Porto, no norte do país, e outras localidades.

A guerra com a França durou até 1814 e, durante esse período, o avô de Jim, ainda um jovem, lutou aparentemente contra o exército de Napoleão durante a ocupação e, depois, durante a retirada, já sobre pressão do exército aliado dos Portugueses e Ingleses. As guerras napoleónicas travadas em Portugal e em Espanha contribuíram consideravelmente para a queda eventual de Napoleão.

Depois disso, José Vieira Ramos regressou aos Açores, onde se envolveu nalgum tipo de rebelião contra o governo. Os detalhes são algo incompletos.

Ele e os outros participantes na rebelião foram postos a bordo de uma embarcação e deportados para outra ilha, provavelmente a ilha do Tarrafal, em Cabo Verde, o lugar predilecto do governo português para os prisioneiros políticos.

Ele sabia o que estava reservado para si e para os seus companheiros e, todos juntos, amotinaram-se e tomaram o controle do barco, levando-o para oeste, em direcção à costa leste dos Estados Unidos e desembarcando no sudeste da Virgínia.

O governo Americano considerou-os refugiados e deu-lhes alguma terra para se instalarem perto da actual Portugee Road, nos subúrbios de Richmond, na Virgínia.

Alguns ficaram por ali durante uns tempos e outros mudaram-se para a cidade, incluindo o bisavô de Jim, que entretanto conheceu uma senhora da Virgínia, casou e teve filhos, a quem encorajou a aprender música.

Um dos seus filhos era Manly Burrows Ramos; o pai deu-lhe o nome de um dos ministros baptistas, por quem tinha grande estima. Manly era o avô de Jim e o pai de Alice Ramos, a mãe de Jim.

Um dos filhos tornou-se farmacêutico, outro professor e, por aí em diante.

José Ramos Vieira naturalizou-se cidadão Americano em 1836, tendo sido um dos primeiros, e juntou-se à Igreja Baptista, onde era muito respeitado por todos.

Quando morreu em 1895, era o membro mais idoso da Igreja Baptista.

Fig. 79 – Emma Lazarus, uma poetisa portuguesa e judia Sefardim; sobrinha de Benjamim Cardozo do Supremo Tribunal de Justiça, também um judeu Sefardim.

Emma Lazarus - 1849-1887

Reader's Digest publicou um artigo sobre a *Estátua da Liberdade*. Nele, os antepassados da poetisa Emma Lazarus - autora do poema *The New Colossus* - foram descritos como tendo emigrado de Portugal em 1649, contando-se entre os primeiros Judeus a fixarem-se na região que constitui hoje a cidade de Nova Iorque.[45] Emma nasceu em Nova Iorque a 22 de Julho de 1849 e faleceu a 19 de Novembro de 1887. Segue-se o poema *The New Colossus* (O Novo Colosso):

Fig. 80 – Retrato do Presidente Lincoln, tirado a 3 de Junho de 1880 em Springfield, pelo fotógrafo Alexander Hesler, de Chicago. Uma das poucas fotografias que mostra Lincoln sem barba.[46]

Distinta do gigante
de bronze da Grécia;
De braços conquistadores abertos
abarca toda a terra;

Aqui nas nossas portas, banhadas
pelo mar e pôr-do-sol;
Erguer-se-á uma mulher poderosa
com uma tocha;

Cuja chama é o relâmpago
aprisionado;
E o seu nome é Mãe dos Exilados.
Da sua mão luminosa;
Dá as boas-vindas ao mundo;

Os olhos meigos comandam;
O porto debruado a pontes que
cidades gémeas emolduram;
Mantenham, terras antigas,
o vosso fausto contado!

De lábios silenciosos.
Dêem-me as vossas massas
Cansadas, pobres e amontoadas,
ansiando liberdade,

O lixo miserável na vossa costa
produzido;
Enviem-mos, os desalojados, os
massacrados pelas tempestades,

Erguerei a minha luz à sua
passagem pela porta dourada!

Os Portugueses no Illinois e o Presidente Lincoln - 1846

O estado do Illinois recebeu um grupo de Portugueses em 1846 em condições únicas. Robert Reid Kalley, médico e missionário protestante Inglês a caminho do Oriente, fez uma paragem na Madeira e, devido à doença da esposa, teve de ficar por lá. Durante essa estadia, conseguiu converter alguns Madeirenses.

Depois de algum tempo, o clero católico tornou-se hostil. Alguns anos mais tarde, este grupo abandonou a ilha da Madeira, partindo para as Índias ocidentais britânicas e para Trinidad para trabalhar numa plantação. Devido às condições climatéricas e de trabalho, não se adaptaram bem e o primeiro grupo de 130 pessoas chegou eventualmente a Springfield, no Illinois, depois de ultrapassarem diversas dificuldades. O número de Portugueses que deixou a Madeira calcula-se em mais de 2.000. Embora tenham encontrado condições de trabalho insuportáveis em Trinidad,[47] eram bons trabalhadores, o que se reflecte num relatório favorável sobre eles feito pelo governador que deu origem ao início da emigração de muitos Portugueses para as Bermudas.

Outros grupos também foram para Jacksonville, no Illinois e, durante os anos seguintes, juntaram-se-lhes muitos mais do grupo original. Muitas das tradições já não existem, excepto um local ainda chamado a Colina Portuguesa e alguns apelidos típicos Portugueses. Abraham Lincoln, que veio a tornar-se presidente, também residiu em Springfield e um dos membros dos empregados em sua casa era Frances Affonsa, de um grupo de refugiados Portugueses da Madeira. Manuel de Fraita (Freitas), outro Português de quem Frances gostava, vinha visitá-la a casa de Lincoln e jantavam juntos. Crê-se que tenham casado.

O Presidente Abraham Lincoln, Descendente dos Melungos?

Qualquer pessoa que leia a biografia do presidente Abraham Lincoln conseguirá ver boas indicações de que a sua mãe, Nancy Hanks, terá descendido dos Melungos.

O décimo sexto presidente dos Estados Unidos nasceu a 12 de Fevereiro de 1809 numa cabana de madeira, numa quinta remota do Kentucky, perto de uma localidade chamada Hodgenville, pertencente ao actual condado de Lauren. Samuel Lincoln, antepassado do presidente, emigrou para o Massachusetts em 1638.

Posteriormente, o seu neto Abraham Lincoln atravessou as montanhas da Virgínia e fixou-se no Kentucky. O filho deste, Thomas Lincoln aprendeu o ofício da carpintaria com Joseph Hanks e casou eventualmente com a sobrinha deste, Nancy, que deu à luz Abraham Lincoln. 50 anos depois, ele seria nomeado para presidente.

Não se sabe muito da sua mãe, excepto o facto de ser filha ilegítima de um fazendeiro da Virgínia e de uma mulher chamada Lucy Hanks.[48] Abraham Lincoln disse a respeito da mãe: *"Devo-lhe tudo o que sou"*, explicando que herdara dela:... *as qualidades mentais que o distinguiam da família Lincoln.*[49]

Do supracitado e também das características físicas de Lucy, é possível supor que seja descendente dos Melungos. Também está escrito que o seu nome é Nancy

Sparrows Hank e que a sua mãe se chamava Lucy. Estudar a genealogia de Lincoln do lado materno é uma tarefa monumental, já que surgem continuamente muitas dúvidas. Os historiadores não conseguiram chegar a nenhuma decisão clara ou, pelo menos, a sua opinião não é unânime.[50] Aliás, a descrição de Nancy Hanks acrescenta outro factor comum: *A pele escura, o cabelo castanho escuro, os olhos cinzentos pequenos e perspicazes, a testa saliente...*[51] A descrição do pai, Tom Lincoln, é bastante semelhante à do filho, Abraham, segundo Carl Sandburg: *Quando Tom Lincoln atingiu o crescimento total, tinha cerca de 1,75m de altura,... olhos escuros cor de avelã... e cabelo escuro e crespo.*[52]

Portugueses e Mouros - Segundo Abraham Lincoln

Uma pesquisa mais detalhada sobre a vida do presidente Lincoln revela uma ligação às gentes de tez morena e aos Portugueses. Enquanto trabalhava como advogado em Springfield, ele aceitou um caso de um Português chamado Dungey. O nome escrito em português, *Dungue*, não é muito comum e poderá indicar que, na década de 1850, as gerações passadas de Dungey já estavam firmadas. O nome pode ter tido a sua origem em *Godinho*, um apelido português.

O caso de Dungey começou quando o cunhado, de nome Spencer, lhe chamou *Negro*. Na altura, e de acordo com as leis do estado do Illinois, era crime um branco casar com um *Negro*; portanto, as palavras eram caluniosas e Dungey instaurou um processo de difamação contra Spencer, durante o qual este afirmou que: *Black Bill* [Dungey] *é um Negro e prova-se facilmente, se for necessário.*

[Lincoln, ao dirigir-se ao júri, acusou Spencer de ter chamado *preto* a Dungey e argumentou:] *Senhores jurados, o meu cliente não é Negro, embora não seja crime ser-se Negro - não é crime nascer-se com a pele negra. Mas o meu cliente não é Negro. A pele dele pode não ser tão branca quanto a nossa, mas digo-vos que ele não é Negro, embora possa ser mouro. Spencer tinha chamado Negro a Dungey, mas tinha acrescentado que era um Negro casado com uma mulher branca.*[53] O júri deu um veredicto de 600 dólares a favor do Português.

Durante a leitura do livro *Alex Stewart, Portrait of a Pioneer* (Retrato de um Pioneiro) escrito por John Rice Irwin, fundador e director do Museu de Appalachia em Norris, no Tennessee, é interessante reparar no que ele escreveu: *...inscrevi-me na Universidade Lincoln Memorial em Harrogate, no Tennessee, uma pequena faculdade com uma vista deslumbrante para Cumberland Gap. Abraham Lincoln sugerira que a faculdade fosse construída para educar as pessoas da montanha, a maioria das quais permanecera leal à causa do Norte (União) durante a Guerra Civil.*[54] Existem indicações de que figuras bem conhecidas sejam descendentes dos Melungos. Desde que o livro de Kennedy foi publicado, várias personalidades deram a cara e mostraram-se interessadas pela genealogia dos Melungos.

Tribunal Decreta Mudança de Negros Africanos para Portugueses Brancos

As mudanças no estatuto racial eram alegadamente comuns no século XIX nos

Fig. 81 – Lusitana Street (Rua Lusitana), em Honolulu, no Havaí.

Estados Unidos, principalmente no sul. Geralmente, aceitava-se que se uma pessoa não era branco puro, poderia ser considerada negra. Devido a este facto, vários grupos foram afectados; em particular, os Melungos e os Portugueses. Esta questão foi a causa de muitas preocupações sociais. O dilema principal era que o indivíduo em questão não fosse aceite na sua comunidade como uma pessoa branca, negra ou Índia. O assunto exigiu eventualmente acção legal. De vários casos julgados em tribunal, dois tornaram-se famosos - um defendido pelo futuro presidente Abraham Lincoln em 1850 (Dungey vs. Spencer) acabado de mencionar, e outro defendido por Lewis Shepherd que, em 1872, se tornou juiz (Bolton vs. Williams & Divine). Veja-se o Apêndice F. Como as pessoas de tez morena eram consideradas negras, infelizmente os seus direitos humanos eram consideravelmente reduzidos. Houve outro caso de um homem chamado John Griffin, cujo estatuto racial mudou de Negro de ascendência africana para branco de ascendência portuguesa. Os registos mostram que: *John Griffin deixou de ser colocado na lista dos Negros e, daqui em diante, será considerado um homem branco, tendo o tribunal ficado satisfeito com as provas apresentadas da sua ascendência portuguesa e não africana.*[55] Embora Griffin tenha uma ortografia facilmente aceite, o mesmo nome aparece também com as formas de Griffith e Griffie. Estas variações do nome também são usadas pelos Melungos.

Portugueses no Hawaií

De mais de um milhão de pessoas que moram no Havaí, 20 por cento têm sangue português.[56] Não é difícil imaginar que um Português possa ter sido o seu descobridor. Os historiadores Ingleses apresentam o capitão James Cook como o descobridor das ilhas em 1778; todavia, outros historiadores referem-se a Juan Gaetano (João Caetano), um navegador Português ao serviço da Espanha, como o descobridor em 1555. As tradições havaianas contam da chegada de estrangeiros misteriosos que lá permaneceram e aí casaram.[57] Felix e Senecal escreveram que: *Em 1527, Fernando Cortez, o conquistador do México, enviou uma frota de três embarcações para as ilhas Molucas via Guam e Filipinas... e dois navios desapareceram,*[58] o que reforça as tradições orais havaianas de um naufrágio por volta da mesma época. Em 1542, os Espanhóis enviaram uma outra frota com João Caetano como navegador chefe.

Jean de la Perouse, o famoso navegador que seguiu o capitão Cook ao Havaí na década de 1780, estava convencido que Caetano descobrira o Havaí e escreveu sobre a viagem: *Parece um dado adquirido que estas ilhas foram descobertas pela primeira vez por Caetano em 1542.*[59]

Depois da viagem de Caetano, os Espanhóis fizeram um número considerável de mapas indicando um grupo de várias ilhas grandes, que eles conheciam como *Isla de Mesa*. Depois de alguma discussão, supôs-se ser o mesmo grupo avistado por Caetano. O Professor A. Mouritz, de Honolulu, também concluiu que existia uma relação com a descoberta de Caetano.

O capitão Cook, o descobridor oficial, perguntou então se os Espanhóis sabiam a localização do Havaí, por que razão não usaram as ilhas como ponto de abastecimento dos seus barcos? Uma vez mais a resposta é o sigilo, também apresentada pelos Portugueses para justificar a falta de informação pormenorizada

Fig. 82 – Mausoléu – Membros orgulhosos da Associação New Lusitanos Benevolent inspeccionam o novo túmulo da associação no cemitério de Girod Street no dia da sua consagração em Outubro de 1859. O túmulo foi decorado com painéis de veludo preto debruados a prata. Túmulo desenhado por N. J. de Pouilly. Cortesia de Leonard V.

sobre as suas descobertas. Sabemos que, no final do século XVI, os Espanhóis estavam em guerra com os Ingleses, que também navegavam no Pacífico. É natural supor que os Espanhóis não quisessem que o inimigo soubesse da localização de ilhas no Pacífico e tivessem sido dado ordens estritas para evitar qualquer referência ao grupo de *Isla de Mesa*.

Eventualmente, os mapas caíram em mãos inglesas, possivelmente na década de 1740, 30 anos antes do capitão Cook ter chegado ao Havaí em Janeiro de 1778.[60]

É difícil acreditar que, com tantos Portugueses e Espanhóis a percorrer o Pacífico desde o início do século XVI, as ilhas ficassem a aguardar serem descobertas mais de duzentos anos. Magalhães e muitos outros navegavam no Pacífico no início do século XVI. Os Portugueses já habitavam as ilhas desde 1794; no entanto, o primeiro visitante Português foi John Elliot de Castro, cujas informações se encontram disponíveis. Ele chegou lá em 1814 [61] e tornou-se mais tarde Secretário dos Negócios Estrangeiros do rei Kamehamea (1790-1818). A emigração portuguesa em grandes números só ocorreu no final do século XIX.

Entre 1878 e 1899, aproximadamente 11.937 imigrantes Portugueses desembarcaram no Havaí, a maior parte dos quais depois de uma longa viagem de mais de três meses.[62]

Fig. 83 – Mausoléu de uma família portuguesa em Nova Orleães. Fotografia cedida por Ilídio Pereira.

Depois do derrube da monarquia, três dos 18 delegados da convenção constitucional eram Portugueses e dois de seis do distrito de Oahu eram igualmente Portugueses. Entre 1909 e 1929, nada menos do que 31 membros da legislatura territorial eram de etnia portuguesa.

Jacinto Pereira, conhecido por Jason Perry, nasceu na ilha do Faial, nos Açores, em 1826. Um dos mais distintos entre os primeiros Portugueses no Havaí, trabalhou como agente consular e foi instrumental em conseguir que as autoridades havaianas recrutassem trabalhadores da Madeira. Estima-se que, por volta de 1913, só das ilhas dos Açores, cerca de 10.000 estivessem instalados no Havaí, oficialmente conhecidas como ...*as ilhas irmãs dos Açores*.[63] Manuel Pico foi descrito num jornal havaiano como sendo das ilhas portuguesas e não tendo pele tão clara como os Ingleses ou os Americanos, semelhante à forma como os Melungos foram descritos no século XIX.

Fernando dos Santos, editor do jornal *Luso-Americano*, escreveu um livro intitulado *The Portuguese in Hawaii* baseando-se nas muitas entrevistas com descendentes Portugueses no Havaí, fornecendo uma imagem dos Portugueses na formação do mais jovem estado americano.

O ukelele, com quatro cordas, que a maioria das pessoas pensa ter origem no

Havaí, tem origem portuguesa. Foi trazido por imigrantes Portugueses quando uma grande percentagem de Madeirenses emigraram para o Havaí no século XIX. Actualmente, é um símbolo da música havaiana. Em Portugal continental, chama-se *cavaquinho* ou *braguinha*, sendo possível ter tido origem na cidade de Braga. Este instrumento musical é muito popular no norte de Portugal e no arquipélago da Madeira. O nome ukelele significa *pulga saltitante* em havaiano.O rei Kalakaua afeiçoou-se à *braguinha* original e assim começou a moda. Três imigrantes Madeirenses, Augusto Dias, José do Espirito Santo e Manuel Nunes, montaram uma pequena indústria para fabricar o instrumento em Honolulu. Foi produzido no Havaí entre 1877 e 1878 por um Português e Arthur Godfrey tornou-o popular através da televisão.[64] Numa entrevista, Mariano Rego, um músico Açoreano, disse que a braguinha fora trazida para o Havaí por um imigrante Madeirense de nome Barbosa. Também no Havaí, a viola havaiana evoluiu da guitarra portuguesa ou viola quando um rapaz havaiano teve a ideia de usar o canivete para conseguir um efeito sonoro especial.

Portugueses na Louisiana

No cemitério de Nova Orleães, a lápide da família Delaney, descendente da família Pereira, tem diversos nomes Portugueses. Os primeiros são D.N. Manuel Pereira, datado de 1837; Teodoso Pereira, 1841; Maria Joaquina Pereira em 1849; e outros com datas mais recentes.

Em Agosto de 1853, a Portuguese Beneficence Society (Sociedade Portuguesa de Beneficência) celebrou o seu quinto aniversário com 430 membros. Os Portugueses tinham um dos melhores salões em Nova Orleães e, em 1891, 1892 e 1893, os Cavaleiros da Marcha da Alegria, assim como a Passagem do Ano foram lá festejados.[65]

Formaram-se várias associações, tal como a Portuguese Benevolent Society em 1857, a Portuguese Society em 1855, a Portuguese Benevolent Association em 1870, a Lusitano Benevolent Society em 1848 e, mais tarde, a New Lusitanos Benevolent Association. Em Delacroix Island, na Louisiana, vivia um grupo de pessoas chamados *Islenos* que, na década de 1970, continuavam a falar o espanhol do século XVIII trazido para a Louisiana pelos seus antepassados, segundo afirma John R. Kemp: *Estudos linguísticos descobriram a presença de Portugueses, Franceses e Ingleses...*[66]

Isto também poderá indicar a presença dos Portugueses num período anterior.

Os Portugueses no Nevada e no Oeste

Sabe-se que, durante a última metade do século XVIII, um grupo de emigrantes vindos da Madeira como parte de um êxodo que começou por volta de 1840 no Funchal instalou-se eventualmente na fronteira dos estados do centro oeste.

Milhares de Açoreanos, Madeirenses e cabo-verdianos chegaram primeiro à Califórnia, na altura da corrida ao ouro no início de 1849, mas acabaram por chegar ao Havaí. Nas décadas de 1850 e 1860, esta população inquieta desceu ao Nevada, ao Oregon, a Washington, ao Idaho e aos Black Hills do Dakota do Sul, encontrando-se agora em Sierra Nevada, na Califórnia.

Reconheceram-se no Estado da Nevada em 1853 alguns apelidos Portugueses. Salomão Nunes de Carvalho, Judeu Sefardim, David Nunes e Sara d'Azevedo, uma judia. A maior parte da população da cidade da Virgínia nasceu no estrangeiro e, entre esses, encontram-se vários Portugueses. O censo de 1875 do condado de Surrey identifica 109 homens nascidos em Portugal. Setenta e cinco por cento eram mineiros, incluindo uma mulher, o que era extremamente raro. Os mesmos dados indicam que muitos Portugueses parecem ter preferido gerir pequenos negócios como mercearias, restaurantes e outros.[67] Donald Warrin e Geoffrey Gomes têm feito estudos extensivos nesta área. São autores de um livro sobre os Portugueses no velho Oeste a ser publicado em 2001 pela editora Arthur C. Clark.

Os Portugueses na Califórnia, Arizona e Oregon

A presença de Portugueses na Califórnia remonta ao século XVI, com os exploradores e navegadores já mencionados. Mais tarde, no século XVIII, José Manuel Machado recebeu o comando do presídio na missão de San Diego em 1769. No século XIX, António José Rocha, também conhecido por D. António Rocha, fixou-se em Los Angeles em 1815.

Rocha nasceu no Minho, em Portugal, a 18 de Janeiro de 1790 e morreu em 1837. O seu passado camponês, assim como as trágicas consequências das guerras napoleónicas, uniram-se para esconder pequenas informações. No entanto, supõe-se que ele tenha embarcado na Madeira a bordo da escuna canadiana *Columbia*, com destino a Monterey, na Califórnia, onde chegou em Novembro de 1814. Posteriormente, casou-se com Maria Josefa, de quem teve vários filhos.[68] O seu filho, António José Rocha, trabalhou como juiz distrital de Balboa entre 1868 e 1873. Havia também um Português no exército espanhol estacionado no presídio de Santa Bárbara (1798-99). O seu nome era José António de Azevedo e era natural de Lisboa.[69] É interessante notar que, por volta da mesma época, chegam outros Portugueses à Virgínia, também como consequência das guerras napoleónicas já mencionadas. Rocha construiu a sua casa, a qual veio mais tarde a ser vendida ao município e a tornar-se o primeiro edifício de Câmara Municipal no condado de Los Angeles. Há ainda um outro: Carlos Pedro Diogo Andrade também chegou à Califórnia pouco depois de 1825 e mudou-se para Sacramento em 1846.

Estes não são os únicos. Francisco José da Silva e João Soito Freitas, ambos dos Açores, são apenas alguns dos Portugueses que foram para a Califórnia no início do século XIX. Outros afastaram-se para norte, para o Oregon ou para os territórios das Montanhas Rochosas.[70]

O capitão António Mendes, supostamente a primeira pessoa a navegar no rio Sacramento, chegou a S. Francisco em 1853. Nasceu na ilha Terceira, nos Açores e juntou-se à tripulação de uma expedição de caça à baleia com destino ao mar da China. Tentou a sua sorte nas minas, depois comprou alguns barcos e posteriormente cultivou terras no condado de Sutter. O Professor Eduardo Mayone Dias tem desenvolvido um estudo intensivo sobre a presença portuguesa na Califórnia. John A. Pereira foi o primeiro Português como Presidente da Camara de uma cidade dos Estados Unidos em John Day, Oregon. Joseph King teimou em permancer no seu rancho no sul do Arizona durante as investidas dos Apaches.

O Estado do Arizona, tem dois Clubes portugueses, um na cidade de Yuma e outro na cidade de Tucson. Ambos foram fundados por Carmelina Rio-Borroz que tambmèm fundou o primeiro Clube português na cidade de Vancouver no Estado de Washington.

Os Portugueses no Wyoming

John *Portugee* Philips nasceu em 1832 com o nome de Manuel Filipe Cardoso no Pico, Açores. Leo Pap, no seu bem fundamentado livro *The Portuguese-Americans* (Os Luso-Americanos), descreve uma parte interessante da vida desde homem, quando ele se tornou companheiro de Paul Revere no Oeste. Enquanto trabalhava no Forte Kearney, situado na trilha Bozeman no Wyoming, Philips ofereceu-se para furar as linhas do cerco, com o objectivo de pedir ajuda no forte seguinte, onde chegou a 25 de Dezembro de 1866. Isso significava percorrer 240 milhas a cavalo através de território hostil, da neve e de temperaturas negativas, o que lhe valeu um louvor especial no Congresso. Essa tarefa praticamente impossível foi considerada um feito muito maior do que a famosa cavalgada de Paul Revere.[71] Morreu em Cheyenne aos 51 anos. Há alguns anos atrás, um filme de John Wayne contou a sua história sem dar ao cavaleiro o crédito de ser Português.

António Monteiro era outro Português instalado nas Montanhas Rochosas na década de 1830. Trabalhava para a Companhia de Peles Americanas John Jacob Astor, no negócio do comércio de peles com Espanhóis e Franceses. Nascido na cidade do Porto, era filho de José Soares Monteiro e Ana Maria Manuel Monteiro.

Monteiro comandou uma expedição de 50 homens ao território dos Índios Crow e foi nesta expedição que ele fez a sua maior contribuição para a história da fronteira ocidental ao estabelecer um entreposto comercial em Powder River, o qual consistia de um aglomerado de cabanas que vieram a ser conhecidas como casas portuguesas.[72]

Os Portugueses no Idaho

O ouro também atraiu os Portugueses a este estado e existem registos de 1862 de haver Portugueses nas minas de ouro de Idaho e de participaram na corrida para Boise. Bancroft afirmou na sua obra: *...No final do Verão de 1862, os velhos mineiros achavam que encontrariam um depósito valioso... pois consideravam aquela área muito rica num raio de vinte quilómetros...Quando estavam acampados ... foram alvejados por um grupo de Índios Shoshones, que há vários dias seguiam o seu rasto. Grimes, Wilson, Splawn e os Portugueses perseguiram o grupo atacante... Grimes morreu com um tiro... os onze restantes regressaram a Walla Walla ... trazendo consigo ... entre 4.000 e 5.000 dólares em ouro em pó...*[73] Desconhecem-se os nomes dos mineiros Portugueses assim como o de um Inglês que constava do grupo. Thomé foi o primeiro draturgo deste Estado e dono de grandes terras. Como em todos estados existe também uma comunidade portuguese im Buhl, Idaho.

Os Portugueses no Missouri

Os Portugueses deverão ter chegado ao Missouri em 1803, quando um Judeu Português de seu nome Salomão Barbosa acompanhou as famosas explorações Lewis e Clark ao oeste como cartógrafo. Além disso, um padre chamado Padre Himalaia foi contratado como cientista pelas Forças Armadas americanas e algumas invenções devem-se a ele. Mais tarde, em 1904, quando se realizou a exposição mundial em St. Louis, Portugal tinha lá um pavilhão.

O neto do director nomeado para a exibição portuguesa ainda reside em St. Louis e é dono de uma galeria de arte chamada Gomes Gallery. Manuel Luís da Ponte, apresentador de um *talk show* semanal na rádio em St. Louis quando o autor visitou a cidade enquanto fazia pesquisa para este livro, forneceu a anterior informação.[74]

António Monteiro, um comerciante de peles, também veio para o Missouri e regressou para o Wyoming em 1839-40, mas depois mudou-se para a região norte do Novo México, onde casou e teve dois filhos. Teve uma presença marcante neste estado até 1845.

Os Portugueses nas Bermudas

É bastante difícil falar sobre os navegadores Portugueses e Espanhóis sem mencionar as ilhas Bermudas. Afinal, estão a cerca de 570 milhas (900km) a leste do Cabo Hatteras (Carolina do Norte), no oceano Atlântico, uma área onde a prática da navegação ocorria desde o início do século XVI.

O navegador Espanhol Fernandéz de Oviedo navegou perto das ilhas em 1515 e atribuiu a sua descoberta ao seu compatriota Juan de Bermúdez, provavelmente entre 1503 e 1511. Em 1612, as Bermudas foram incluídas no terceiro mapa da Companhia da Virgínia e foram enviados 60 colonos Ingleses para se instalaram na ilha. Escravos Índios e Africanos foram transportados para as Bermudas a partir de 1616 e depressa a população escrava excedeu o número de colonos brancos.

Existe uma inscrição numa pedra que marca uma das intrusões feita pelos navegadores Portugueses nos domínios ultramarinos de Castela.

A história relaciona-se com um navio mercante Português que partiu de Santo Domingo com os seus homens e naufragou ao largo das Bermudas em 1543, mas todos os homens conseguiram salvar-se.[75]

Ficaram lá durante 60 dias e deixaram uma marca com a Cruz de Cristo portuguesa, as letras *JR* e a data 1543.

Cerca de três quintos da população descendem de escravos Africanos trazidos para as Bermudas antes de a Grã-Bretanha banir o comércio de escravos em 1807. Os brancos incluem os britânicos e os descendentes de trabalhadores Portugueses da Madeira e dos Açores que foram para as Bermudas em meados do século XIX. O inglês é a língua oficial e a principal, mas fala-se algum Português. Crê-se que entre 15 e 20 por cento da população tenha ascendência portuguesa. Estima-se a população portuguesa entre 3.000 e 5.000 habitantes.

Os Portugueses participam activamente na vida social e política das ilhas. Trevor Monis é membro do Parlamento das Bermudas (1996) e é um dos quatro já pertencentes à Assembleia Nacional. Os outros são Ernest DeCouto, Harry Soares,

Clarence Terceira.[76] Existe na cidade de Hamilton um Clube português (Vasco da Gama) que é bastante activo.

Fig. 85 – Estas crianças "portuguesas" estão satisfeitas consigo próprias, como todas as crianças. Mas o que será do seu futuro, enquanto estudantes fugitivos e cidadãos distantes?

The Virginian-Pilot
and
The Portsmouth Star

FEATUI

SEC.

Century-Old Stigma Remains

'Portuguese' Youngsters Segregated in Carolina

Fig. 84 – Título de um artigo sobre os portugueses em 1958.

Carolina do Norte – À Procura de Raízes no Século XX - 1958 Gaston Condado de Northampton, C. do N., perto da Fronteira com a Virgínia

A próxima ilustração é o título de um artigo – não tão remoto assim – que ocupou por completo a página central de um jornal da Virgínia, *The Virginian Pilot*, a 26 de Janeiro de 1958. O artigo foi escrito por Luther J. Carter.

A acompanhar o artigo, estavam três fotografias

Fig. 86 – O edifício, onde as crianças portuguesas segregadas frequentavam as aulas da Escola Portuguesa em 1958, ainda continua de pé. Na foto também se vê Mr. Tom Willey.

grandes representando a escola e um grupo de crianças portuguesas a brincar.

Segue-se uma transcrição do artigo na sua totalidade, para que o leitor possa fazer um juízo de valor adequado das circunstâncias vividas por estas pessoas *portuguesas*, tal como eram classificadas.

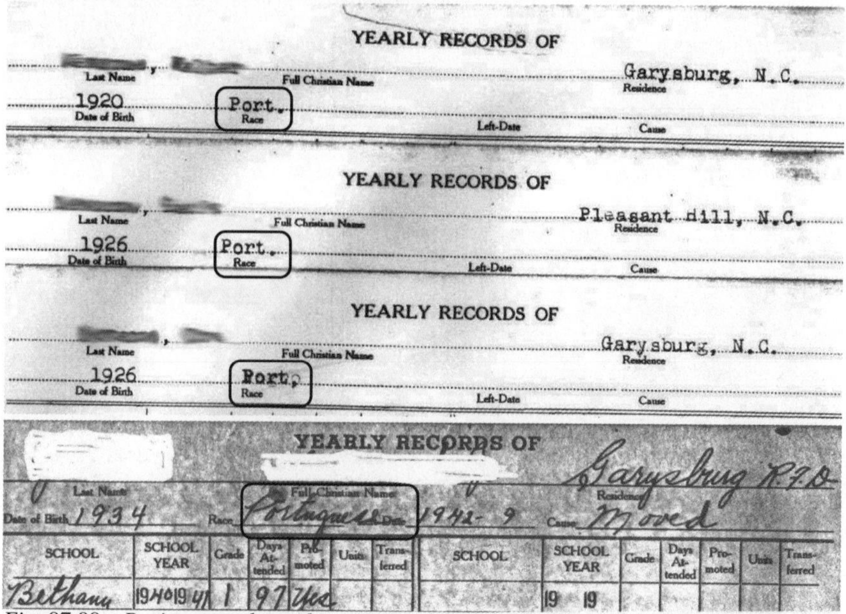

Fig. 87,88 – Registos escolares de crianças classificadas como sendo de raça portuguesa na década de 1920. Repare-se no círculo à volta da palavra "Port.". Os nomes foram tapados por razões de privacidade.

Fig. 89 – Actualmente, o sinal significa exactamente o que diz.Benvindos a Gaston

JACKSON, N.C.[Carolina do Norte] *– Um grupo minúsculo de crianças "portuguesas" ocupa uma pequena e esquecida zona central do sistema escolar segregado do condado de Northampton.*

Dezoito alunos, com idades compreendidas entre os 6 e os 16, frequentam a escola de Bethany e uma única sala de aula num edifício de blocos cinzentos construído no meio de um pinhal no canto noroeste do condado, mesmo abaixo de Emporia, na Virgínia.

As crianças, pobremente vestidas, provêm de lares muito afastados da localidade de Gaston, chegando algumas delas a percorrer seis milhas [9 kms] para chegar à escola.

Estes inocentes carregam um estigma implantado desde há um século. As aproximadamente dezasseis famílias "portuguesas" residentes actualmente no condado estão mais isoladas dos seus vizinhos brancos e Negros devido a um acto legislativo com 35 anos de idade, que lhes criou uma escola separada.

Porquê? Pela simples razão de os residentes brancos do condado acreditarem piamente numa crença de que estas gentes são descendentes de pessoas do norte, casadas com cinco Negros, em tempos anteriores à Guerra Civil.

A origem destas pessoas e como passaram a ser conhecidos como Portugueses é obscura. Aparentemente analfabetos, como muitos ainda são hoje, deixaram poucos ou nenhuns registos relacionados com a sua história. Restam apenas histórias contadas, especulação e teorias sem fundamento.

Estranha Mistura – A escola de Bethany é uma estranha mistura do moderno e do antiquado. Construída há vários anos atrás para substituir um edifício mais antigo que ardera, a fachada é feita essencialmente de vidro

Fig. 90 – Camara Municipal de Northampton em 1995.

e de uma armação em aço; lá dentro, a instalação eléctrica moderna e circular está suspensa sobre as filas de secretárias.

Encostado à parede das traseiras, está um bojudo fogão a carvão. Atrás do edifício, vê-se uma bomba de água manual e uma latrina.

A professora, Miss Osceola T. Crew, uma solteirona magra e de cabelo branco, que há 17 anos voltou à escola depois do superintendente lhe ter perguntado se ela gostaria de fazer "trabalho missionário", ocupa um papel que ainda não desapareceu da educação americana.

Os anos de escolaridade variam do primeiro ao oitavo e ela ensina-os todos. Em quase todos os anos, a idade dos alunos oscila entre um e três anos, e a maioria tem mais idade do que deveria para o ano que frequenta. A um aluno da terceira classe, com quinze anos de idade, os médicos retiraram recentemente um tumor cerebral e Miss Crew descreve-o quase "como um caso de deficiência mental".

Progresso Lento *– As outras crianças, diz ela, têm capacidades médias, tendo alguns uma capacidade acima da média. O seu progresso é lento devido à pouca assiduidade.*

A Lei estadual determina que o ano escolar tem 180 dias. Miss Crew estima que, em média, os seus alunos frequentam a escola 100 dias por ano.

Apresenta várias razões para este facto. Diz que a maioria das crianças faz parte de famílias rurais, cuja "condição económica é terrível". Na Primavera e no Outono, os pais querem que os filhos os ajudem com as colheitas.

Normalmente, a assiduidade é melhor a meio do Inverno, mas quando um repórter visitou recentemente a escola, um terço dos alunos estava ausente. "Matança do porco", explicou Miss Crew...

[Matança do porco. Algo típico em Portugal; uma época muito especial nas comunidades rurais do continente e para os habitantes das ilhas de antigamente, quando famílias completas, vizinhos e amigos se reuniam para celebrar, às vezes, dias seguidos de festa. Ainda é actualmente um acontecimento importante entre o povo Português.]

O facto de o condado não fornecer autocarro escolar para estas crianças contribui para a pouca frequência, especialmente em dias de mau tempo. Miss Crew apanha alguns a caminho da escola, mas outros têm de vir a pé.

Outra explicação, que parece ser especialmente importante quando se trata dos alunos mais velhos, é a indiferença. Alguns dos alunos consideram a escola de Bethany como um beco académico sem saída. O condado não concede educação secundária para os Portugueses. Não lhes permitem frequentar as escolas de brancos e eles não desejam frequentar as escolas de Negros.

Como aconteceu *– Como é que isto surgiu? O Juiz W. H. S. Burgwyn de Woodland, e mais tarde Deputado e Senador na Câmara dos Representantes e no Senado, fez com que a Assembleia Geral aprovasse em 1923 uma lei que afirmava que "as pessoas conhecidas como "Portugueses" deveriam ter uma escola distinta das escolas de brancos e das de Negros... ."*

Dois anos mais tarde, a Assembleia decretou uma lei permitindo que essas mesmas pessoas se registassem como "Portugueses" nos cadernos eleitorais.

DIGNIDADE HUMANA

e respeito pelo nome alheio

Fig. 91 – Cópia do artigo publicado no jornal português Diário de Notícias.

Burgwyn relembrou com alguma confusão a lei de 1923 sobre as escolas, mas quando lhe perguntaram inicialmente sobre a lei do registo, teve um lapso de memória. Lembrava-se que ele introduzira a lei das escolas a pedido dos próprios Portugueses. Os oficiais escolares do condado estavam de acordo com a proposta, mas não lhe deram origem.

"Não sei por que se intitulam Portugueses," diz Burgwyn, indicando em seguida que ele apresentou a proposta de lei sobretudo por uma questão de simpatia.

Um Grupo Esquecido – *"Eu acreditava piamente que não eram Negros",* explica ele. *"Pensei apenas que fossem um grupo esquecido de pessoas. Não eram aceites pelas pessoas brancas e não se queriam associar aos Negros."*

Muitos tinham *"olhos azuis e cabelos cor de areia,"* recorda ele e carregavam apelidos, cuja origem não era inglesa. (Todavia, os alunos que frequentam actualmente a escola de Bethany têm nomes como Bass, Scott, Peters, Turner, and Hobbs.)

Antes da aprovação da lei de uma escola especial, aparentemente os Portugueses não enviavam os filhos à escola ou enviavam-nos para escolas privadas.

Miss Crew ouviu dizer que a Igreja da Missão de Bethany (agora a Igreja Metodista de Bethany, onde os Portugueses ainda vão) e uma escola privada se organizaram durante as décadas seguintes à viragem do século.

Não Tem Ilusões – N. L. Turner, um homem agradável e de fácil trato, tem sido

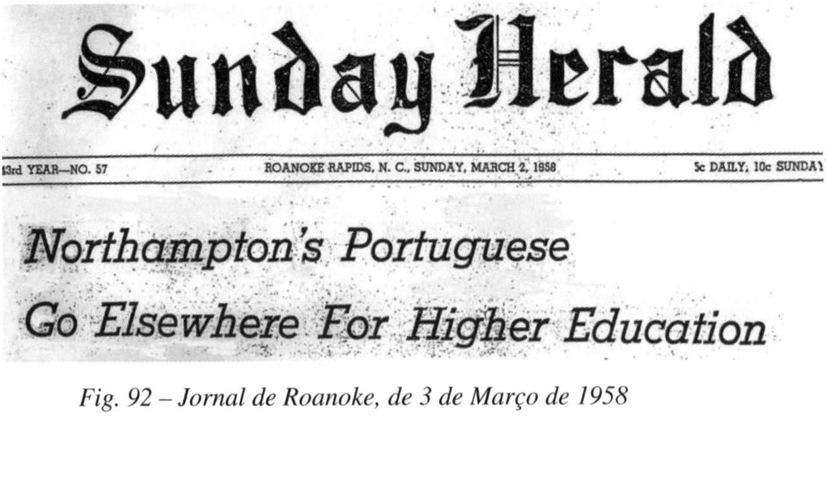

Sunday Herald

| 43rd YEAR—NO. 57 | ROANOKE RAPIDS, N. C., SUNDAY, MARCH 2, 1958 | 5c DAILY, 10c SUNDAY |

Northampton's Portuguese Go Elsewhere For Higher Education

Fig. 92 – Jornal de Roanoke, de 3 de Março de 1958

desde há 19 anos superintendente escolar do condado. Não tem ilusões sobre a qualidade da educação prestada aos Portugueses, mas não vê outra forma de lhes dar algo melhor. Ele acha que consolidar a escola de Bethany com as escolas de brancos não iria resultar. "As pessoas brancas nunca os aceitaram aqui," comenta ele. Um passo em direcção à consolidação seria admitir os alunos finalistas de Bethany na escola de brancos em Gaston.

Mas não há muito tempo rejeitaram a candidatura de uma aluna que queria frequentar esta escola.

Para um aluno assim, o condado oferecer-se-á para pagar apenas 25 dólares por mês para alojamento e alimentação, se ele quiser frequentar uma escola secundária noutra comunidade.

Alguns alunos fizeram-no e foram rapidamente aceites em escolas de brancos.
Raramente há um rejeitado. Quando lhe perguntaram sobre a falta do serviço de autocarro escolar, Turner responde: "Eles também nunca pediram esse serviço. Mas a questão é que eles estão tão espalhados que seria impossível ir buscá-los a todos."
A deficiente assiduidade dos alunos, aliada ao

Fig. 93 – Glenn Scott, ladeando a placa que descreve o histórico canal de Roanoke, em honra dos imigrantes portugueses que o construíram.

facto de não haver escolas secundárias para eles, levanta a questão do cumprimento da lei de frequência obrigatória. "A lei não é cumprida", diz Turner sem hesitações.

"Não é cumprida em localidade nenhuma deste país, nem noutro lugar qualquer." Ele crê que a frequência regular dos alunos é praticamente impossível sem a cooperação dos pais e sugere que muitas vezes falta a cooperação das famílias de Bethany.

Mas e o futuro? O que será dos Portugueses?

Com o ar de quem prefere que a história tenha um curso livre, Turner responde: "O assunto resolver-se-á por si só. Já só são metade do que eram quando eu para cá vim. Eventualmente irão embora. Alguns casarão com Negros, outros com brancos." Entretanto, Miss Crew trabalha pacientemente com os seus alunos.

Ensina-lhes factos sobre Vasco da Gama, Fernão de Magalhães e todos os outros grandes exploradores Portugueses. "Tento incutir-lhes um sentimento de orgulho," diz ela.

Entretanto em Portugal

Dignidade Humana e Respeito pelo Nome de Alguém

Este era o título do artigo publicado no maior jornal português, o *Diário de Notícias*, em Lisboa, a 11 de Março de 1958. Aparentemente referia-se ao artigo anterior publicado pelo *The Virginian Pilot*. O Diário de Notícias era considerado a voz oficial do governo português, na altura uma ditadura liderada por Salazar e, neste artigo, exigia que o governo americano – ou o da Carolina do Norte – deixasse de chamar Portugueses àquelas pessoas. Acaba por repetir muito do que é dito no artigo do *The Virginian Pilot*, traduzido em português.

Um oficial da Embaixada de Portugal em Washington, chamado Bernardo Teixeira, adido cultural e de imprensa, visitou a região em Março de 1958 e relatou que as famílias em questão:... *"eram completamente brancas, relacionadas umas com outras e possuíam nomes Ingleses; esta gente afirmava estar no condado de Northampton desde a construção do canal de Roanoke Rapids, cerca de 1820, quando os seus alegados antepassados Portugueses vieram da Pensilvânia ou de Portugal para trabalhar no canal; têm sido localmente descritos como "Portygee", nunca como Croatan ou Melungos, remontando há pelo menos 100 anos."*

Sabe-se, segundo os registos da colónia da Pensilvânia desde 1727 até à revolução, que havia alguns Portugueses.

Listas espalhadas de imigrantes que desembarcavam em Filadélfia, vindos de Lisboa ou Amsterdão entre 1669 e 1805, incluem um número de nomes Portugueses, alguns dos quais pertencem indubitavelmente a pessoas de descendência judaica.[77]

Fig. 94 – Carta da Embaixada Portuguesa.

O jornal português termina o artigo com uma ameaça velada, afirmando que a apenas alguns quilómetros de distância, em Norfolk, se situava o quartel-general da Organização do Tratado do Atlântico Norte (NATO), da qual Portugal era e ainda é membro e, se não se fizesse nada sobre o assunto, a voz portuguesa seria ouvida em protesto.

Roanoke Rapids – 2 de Março de 1958

Os Portugueses de Gaston estavam de novo nas notícias. Desta vez, figurava uma história na primeira página do *Sunday Herald* de Roanoke Rapids com o título *Os Portugueses de Northampton Vão Para Outros Sítios à Procura de Educação Secundária*. Dick Kern escreveu a história que descreve o problema educacional na *comunidade portuguesa* no condado de Northampton. Os seus comentários são interessantes:

Muitos oficiais públicos veteranos admitem que é uma das situações mais peculiares do estado, se não da nação. Estas pessoas estão registadas nos cadernos eleitorais como sendo portuguesas, mas ainda não são aceites pelo que são por muitas pessoas que frequentemente lhes chamam nomes ofensivos.[78]

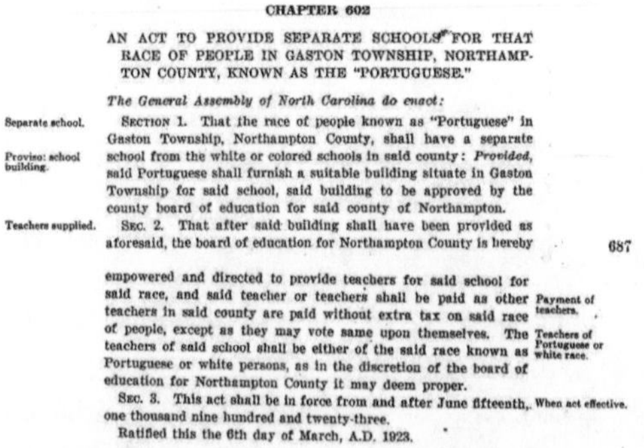

CHAPTER 602

AN ACT TO PROVIDE SEPARATE SCHOOLS FOR THAT RACE OF PEOPLE IN GASTON TOWNSHIP, NORTHAMPTON COUNTY, KNOWN AS THE "PORTUGUESE."

The General Assembly of North Carolina do enact:

Separate school. SECTION 1. That the race of people known as "Portuguese" in Gaston Township, Northampton County, shall have a separate school from the white or colored schools in said county: *Provided*, said Portuguese shall furnish a suitable building situate in Gaston Township for said school, said building to be approved by the county board of education for said county of Northampton. (Proviso: school building.)

Teachers supplied. SEC. 2. That after said building shall have been provided as aforesaid, the board of education for Northampton County is hereby

687

empowered and directed to provide teachers for said school for said race, and said teacher or teachers shall be paid as other teachers in said county are paid without extra tax on said race of people, except as they may vote same upon themselves. (Payment of teachers.) The teachers of said school shall be either of the said race known as Portuguese or white persons, as in the discretion of the board of education for Northampton County it may deem proper. (Teachers of Portuguese or white race.)

SEC. 3. This act shall be in force from and after June fifteenth, one thousand nine hundred and twenty-three. (When act effective.)

Ratified this the 6th day of March, A.D. 1923.

Fig. 95 – Acta ratificada a 6 de Março de 1923..

Gaston, Carolina do Norte

O autor visitou a região de Gaston, na Carolina do Norte e, enquanto procurava alguém que o pudesse ajudar, conheceu o reverendo Simpson da Igreja Metodista Unida, que lhe indicou Mr. Willey. Nessa altura, descobriu que ainda existem algumas famílias a viver na região, que se pensam ser os últimos descendentes dos Portugueses de um grupo muito maior.

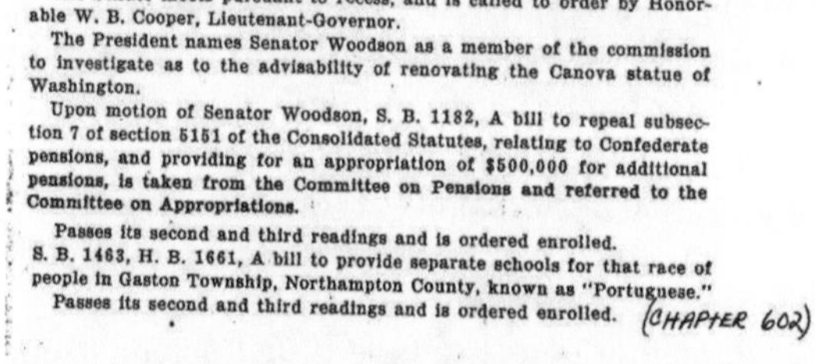

AFTERNOON SESSION

SENATE CHAMBER,
MONDAY, March 5, 1923.

The Senate meets pursuant to recess, and is called to order by Honorable W. B. Cooper, Lieutenant-Governor.

The President names Senator Woodson as a member of the commission to investigate as to the advisability of renovating the Canova statue of Washington.

Upon motion of Senator Woodson, S. B. 1182, A bill to repeal subsection 7 of section 5151 of the Consolidated Statutes, relating to Confederate pensions, and providing for an appropriation of $500,000 for additional pensions, is taken from the Committee on Pensions and referred to the Committee on Appropriations.

Passes its second and third readings and is ordered enrolled.

S. B. 1463, H. B. 1661, A bill to provide separate schools for that race of people in Gaston Township, Northampton County, known as "Portuguese."

Passes its second and third readings and is ordered enrolled. (CHAPTER 602)

Fig. 96 – Acta aprovada a 5 de Março de 1923.

Estas pessoas não querem falar devido à discriminação sofrida e que só terminou muito recentemente.

Mesmo durante a segunda Guerra Mundial, rejeitaram-nos nas forças armadas e tiveram de mudar-se para outro condado.

Tal como os Melungos, eles não falam português nem mantêm tradições portuguesas e, aliás, têm nomes ingleses como Turner, Bass, Scott e Hobbs. Estavam ali no início do século XIX e trabalharam no canal do rio Roanoke, depois de abandonarem as montanhas.

Ao pesquisar a biblioteca local e os poucos registos históricos disponíveis, o autor descobriu que o canal de Roanoke foi construído por diversos grupos de mão-de-obra.

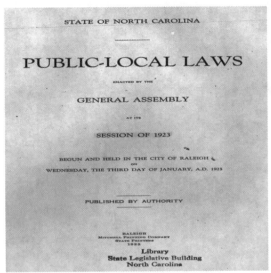

Contudo, a descrição termina com: *...e outros*, provavelmente referindo-se a pessoas que os historiadores não quiseram denominar como um grupo.

As Crianças Portuguesas Nascidas em Gaston em 1958 já Adultas

Fig. 97 – Livro de Registos de Leis de 1923 do Parlamento da Carolina do Norte

Mais tarde, o autor regressou a Gaston e falou com Glenn Scott, um dos descendentes das famílias portuguesas residentes na região há quase duzentos anos. Depois das primeiras palavras de apresentação, o autor disse-lhe que era Português. Isso parece ter causado algum impacto, já que, a partir daquele momento, ele se mostrou muito mais amistoso e comunicativo.

Alguém lhe disse que os seus antepassados poderiam ter vindo do Brasil, da Pensilvânia ou das montanhas à procura de trabalho, e fixaram-se na região depois de a construção do canal de Roanoke ter terminado. Scott ofereceu-se para fazer uma visita guiada pela região ao autor. O local onde o canal foi construído é um percurso bonito para visitar e apreciar. Não é muito provável que este grupo tenha tido origem no Brasil ou na Pensilvânia, a menos que pertencesse a um dos grupos residentes nas montanhas da Pensilvânia.

Se os Portugueses de Gaston vieram da Pensilvânia, é difícil acreditar que perdessem todos os vestígios da cultura portuguesa, incluindo todos os apelidos, desde o início do século XIX, uma época em que as comunicações e as viagens regulares entre Portugal e os EUA eram frequentes. Um oficial diplomata Português já ocupava o seu lugar. Além disso, enquanto pesquisava para este livro, o autor falou com descendentes de imigrantes Portugueses chegados em 1830 e que ainda se recordam da sua ascendência e dos apelidos das famílias.

Baldomiro Soares, uma dos muitos colaboradores nesta pesquisa, forneceu ao autor cópia de uma carta - agora um documento histórico - endereçada ao Consulado Português em Filadélfia e remetida pela Embaixada Portuguesa em Washington, testemunhando a veracidade deste incidente com a seguinte mensagem:

Uma das secções do Aqueduto construido por
Portugueses no princípio do Século XIX

Fig. 98 – Glenn Scott e o aqueduto construído pelos
seus antepassados portugueses.

Exmo. Sr. Vice-Cônsul de Portugal em Filadélfia.
Para conhecimento desse posto, comunico a V. Exa. que de acordo com instruções
do Ministério dos Negócios Estrangeiros, fui recebido pelo Secretário de Estado
Assistente dos Negócios Europeus, junto do qual protestei pelo facto de a legislação
do estado da Carolina do Norte designar por "Portugueses" um grupo de pessoas,
de vaga origem portuguesa, segregadas, e portanto consideradas como cidadãos
de 2ª classe, residentes na cidade de Gaston. Instei por que fosse posto termo a
tão lamentável abuso que não podemos tolerar, e tão ofensivo é do brio nacional
português. Junto remeto a V. Exa. uma fotocópia do artigo de fundo que o Diário
de Noticias, de Lisboa, de 11 de Março último publicou sobre o assunto.
A Bem da Nação,[79]
(assinatura ilegível).
A carta da Embaixada e outros documentos fazem agora parte da história dos
Portugueses na formação da América. Ver Fig. 94

O canal de Roanoke construído por Imigrantes Portugueses

O canal de Roanoke é o exemplo mais impressionante e melhor preservado da
nação do tipo de construção de canais do início do século XIX. Começado antes de
1819 e terminado em 1823, o canal de Roanoke foi construído como o segmento
da Carolina do Norte do ambicioso sistema de navegação de Roanoke, desenhado
para ligar as montanhas de Blue Ridge da Virgínia a Norfolk, numa distância superior
a 640 quilómetros.

O canal foi construído manualmente e tem um aqueduto feito em granito local que dista 9 metros num único arco. É um das realizações de engenharia mais espantosas da região. Segundo a tradição local, foi construído por imigrantes locais, muitos dos quais permaneceram nessa área. É interessante reparar que esta obra foi construída para ligar as montanhas Blue Ridge à costa por meio da água. As montanhas Blue Ridge albergam muitos Melungos. Actualmente, parte do aqueduto restante localiza-se perto de Gaston, onde ainda habitam muitas famílias conhecidas como sendo portuguesas. Existe uma placa que, de uma maneira simples, honra os Portugueses. A pesquisa feita nos arquivos de Raleigh, na Carolina do Norte, produziu uma cópia das leis aprovadas em 1923 na Assembleia Geral, conforme se mostra nas Figuras 79 e 80. Eles estavam lá no início do século XIX e trabalharam no canal do rio Roanoke, tendo-se mudado das montanhas.

Luther J. Carter foi o jornalista que escreveu a história dos Portugueses de Gaston e, agora, quase 38 anos volvidos, recorda ainda distintamente esse artigo. Não pode acrescentar mais nada do que foi publicado. Todavia, disse que o governo português enviou efectivamente uma nota de protesto ao Departamento de Estado.

O governador da Carolina do Norte, no sentido de apaziguar o governo português, telefonou ao embaixador Português em Washington e enviou-lhe um presente com o emblema da Carolina do Norte – Tar Heel (calcanhar de alcatrão), uma alcunha que teve origem na guerra civil norte-americana.

Robert Mason, na altura o editor do *The Virginian Pilot*, também seguiu a história. O autor contactou Mason. Ele recorda-se do artigo, da reunião com Bernardo Teixeira e do facto de ele ter começado a enfurecer-se e a criticar os Americanos e a Carolina do Norte - enquanto tomavam café num restaurante - pelas condições que haviam forçado as pessoas portuguesas a suportar. Naquela altura, Mason ameaçou-o: *Se não se calar, chamo o empregado e digo-lhe que você é Português e, de certeza, que ele o põe fora do restaurante.* Mason também recorda que ele se interessou mais pelas jovens raparigas portuguesas. *"Bem, posso acrescentar que elas eram bem bonitas,"* disse Mason. O diplomata Português também mencionou que estas pessoas lhe faziam lembrar o povo Açoreano. Mais tarde, Teixeira ficou muito aborrecido por ter recebido uma multa de trânsito da polícia local. Numa entrevista posterior, Mason acrescentou acreditar que estas pessoas portuguesas estão relacionadas com os Melungos e com os possíveis naufrágios ao largo da costa da Carolina do Norte.

No próximo capítulo, veremos como os Portugueses poderão ter sido responsáveis por trazer uma tal variedade de gente a muitas partes do mundo.

Portugueses em todos os Estados

Há Portugueses em todos os 50 Estados, o número menor (segundo o recenseamento de 1980) encontrava-se em North dakota, de acordo com Adalino Cabral, Ph.D. Ver o ultimo volume da sua dissertação de 1985.

Notas

[1] La España del siglo X, Fray Justo Perez del Urbel, p. 12.
[2] Roberto Leal e Márcia Lúcia, CD.
[3] Este poema foi traduzido para Inglês por Melissa Mira Knippel.
[4] Memoirs of Judge Lewis Shepherd, 1915, p. 87-88.
[5] Portinglês, Vol. 4, p. 1348, de Adalino Cabral.
[6] UPEC, Verão 1988, António Monteiro de Geoffrey L. Gomes, p. 7.
[7] Makers of America, de Wayne Moquin, p. 85.
[8] The Portuguese-Americans, de Leo Pap, p. 9.
[9] Portuguese Settlement, de William Freitas, Ph.D.,
   Portuguese Heritage, 12/1993, p. 22.
[10] História da Inquisição em Portugal, de Alexandre Herculano, pp. 98-99.
[11] The Master and the Slaves, de Gilberto Freyre, p. xii.
[12] Farewell España, de Howard M. Sachar, p. 352.
[13] The Jews in America, de Max I. Dimont, p. 28.
[14] Ibid., p. 11-12.
[15] The Jews in America in Colonial and Revolutionary times, de
   Leon Huhner, pp. 16-31.
[16] The Jews of South Carolina, de Leon Huhner, p. 50-51.
[17] The Jews in America, de Max I. Dimont, p. 240.
[18] Boletim do Inst. Histórica, Presença de Portugal, de Manoel da Silveira
   Cardozo, p. 11.
[19] História da Língua Portuguesa, de Serafim da Silva Neto, p. 528.
[21] The Jews of Newport, de Hugh Huhner, pp. 4-6.
[22] Ibid., p. 49.
[23] Makers of America, de Wayne Moquin, p. 85.
[24] Ibid., p. 91.
[25] The Portuguese-Americans, de Leo Pap, p. 44, 1752 quanto à carta de 3/10/2000
   de Humberto S. Carreiro.
[26] The Makers of America, de Wayne Moquin, p. 127.
[27] The Portuguese-Americans, de Leo Pap, pp. 10-11; [27] Ibid.
[28] A Future to Inherit, de David Gibbs, p. 19.
[29] Dictionary of Georgia Biography editado por Kenneth Coleman & Charles
   Stephen Gurr, Vol. II, pp. 754, 755.
[30] They Ploughed the Seas, de Pat Amaral, pp. 132-133.
[31] Mills, Mansions and Mergers in 1858, de Edward G. Roddy.
[32] Boletim do Instituto Histórica, Presença de Portugal…, de Manoel da Silveira
   Cardozo, p. 12.
[33] Relações entre Portugal e os Estados Unidos, p. 69, FLAD, Lisboa, 1997.
[34] The Portuguese in America Chronology, de Manoel da Silveira Cardozo, p. 20
   (Geoffrey Gomes da Universidade da Califórnia em Hayward afirma no
   entanto que poderia ter sido Espanhol segundo um e-mail recebido pelo autor).
[35] The Portuguese-Americans, de Leo Pap, pp.15-20.
[36] Luso-Americano, 22 de Novembro de 1996, p. 14.
[37] Dictionary of American Biography, de Allen Johnson, Vol. V, p. 24.
[38] Peter Francisco, de William Arthur Moon, retrato da capa.
[39] America's Great Soldier (Revista Esquire, Março de 1942), de Robert Buckner.
[40] Peter Francisco, de William Arthur Moon, p. 52.

Notas (Cont.)

[41] Dicionário de História de Portugal, Vol. V, p. 540.

[42] FLAD Newsletter, Agosto de 1993, p. 8.

[43] Truths from the West Indies, de Captain Studholme Hodgson (19° Regimento de Infantaria), 1838. Sociedade Histórica de Trinidad e Tobago. Publicações n° 796 e 797. Agradecemos a Augusta Elmwood pela ajuda atenciosa ao fornecer a informação.

[44] Enciclopédia Britannica, Vol. 20, p. 953 (edição de1967).

[45] Our Fair Lady: The Statue of Liberty, Reader's Digest, Julho de 1986, pp. 191-197.

[46] Abraham Lincoln, de Carl Sandburg, p. 159.

[47] The Portuguese Immigrants, de Leo Pap, pp. 23-24.

[48] In the Footsteps of the Lincolns, de Ida M. Tarbell, p. 82.

[49] Abraham Lincoln, de Lord Charnwood, p. 6.

[50] In the Footsteps of the Lincolns, de Ida M. Tarbel, p. 84.

[51] The Prairie Years, de Carl Sandburg, Vol. II, p. 52.

[52] Ibid., Vol. I, p. 13.

[53] Ibid., Vol. I, p. 6-7.

[54] Alex Stewart Portrait of a Pioneer, de John Rice Irwin, p. 12.

[55] Registos do condado de Clay (Arquivos de Kentucky St., Frankfort) p. 35, Livro de Ordem, Volume I (4/24, 1855-1/30, 1869).

[59] The Portuguese in Hawaii, de Fernando dos Santos, p. 5.

[69] The Portuguese Immigrants, de Carlos Almeida, UPEC, p. 14.

[61] The Portuguese in Hawaii, de John Henry Felix e Peter F. Senecal, p. 150.

[62] Ibid., p. 151; [60] Ibid., pp. 153-154.

[63] The Portuguese-Americans, de Leo Pap, p 31; [62] Ibid., pp. 14, 15.

[64] Azores Islands a History, de James H. Guill, Vol. 5, p. 651; [64] Ibid., p. 18.

[65] Documentos da Biblioteca Pública de Nova Orleães.

[66] New Orleans Times Picayune, 5 de Julho, de John R. Kemp.

[67] Portuguese Immigrants in Nevada, de Donald Warrin, UPEC Life, 1989.

[68] California History, 9/1987, El Portuguese de Eduardo M. Dias & David E. Bertão, p. 188.

[69] Geoffrey Gomes, Universidade Estadual da Califórnia em Hayward.

[70] The Portuguese Americans, de Leo Pap, p. 30.

[71] Ibid.

[72] UPEC, Verão de 1988, António Monteiro... de Geoffrey L. Gomes, p. 6-8.

[73] The Works of Hubert Howe Bancroft, Vol. XXXI, p. 259.

[74] Entrevista com Manuel da Ponte em Abril de 1996.

[75] Eprigrafia Portuguesa, de João Vidago, p. 174 (Oviedo Y Valdés p. 577).

[76] Luso-Americano, 4/10/96, p. 6-7.

[77] Portuguese-Americans, de Leo Pap, p. 242-243.

[78] Northampton's Portuguese..., de Dick Kern (Sunday Herald, 2 de Março de 1958, 1ª página).

[79] Carta da Embaixada de Portugal datada de 1958.

Capítulo IX

Portugal Abre Caminho para Novos Mundos
Os animais não deixam nada, as pessoas deixam história

Antes de chegarmos ao capítulo final e à conclusão, devemos esclarecer como um país tão pequeno foi capaz de levar pessoas tão diferentes a tantas partes do mundo numa época em que a navegação global dava apenas os primeiros passos. Portugal é a única nação moderna a atingir o seu tamanho actual no século XIII e a primeira a liderar o caminho numa tentativa de chegar ao Extremo Oriente por via marítima. A sua localização excelente e os seus marinheiros, treinados na escola criada pelo Infante D. Henrique, o Navegador (1394-1460), foram condições ideais. A pobreza do seu povo – incapaz de comprar artigos de preços elevados – e o desejo de expandir-se territorialmente, assim como uma dose de espírito expedicionário, foram as principais razões para o seu espírito empreendedor. A rota desejada implicava dar a volta ao extremo sul da África, feito esse realizado finalmente com sucesso quando Vasco da Gama chegou à Índia em 1498.[1] Esse único acontecimento iria afectar o mundo de uma forma imprevisível.

Portugal iniciou a sua expansão ultramarina em 1415, fundando colónias no século XVI na Índia (Goa, Damão e Diu) e noutras partes do mundo.[2]

Tem havido alguma controvérsia por parte de historiadores e estudiosos quando à existência de uma escola de navegação em Sagres no século XV. Eles duvidam dessa possibilidade. Bem, talvez estejam certos, se se referirem à escola de Sagres do mesmo modo como às modernas instituições de ensino naval que conhecemos hoje. Muito provavelmente, não tinha edifícios elaborados nem uma faculdade –a primeira escola conhecida eram apenas bancos de jardim num parque.

A Rota Marítima Portuguesa para a Índia

A descoberta da América e de uma passagem para a Índia através do Cabo da Boa Esperança são dois dos maiores e mais importantes acontecimentos registados na história da Humanidade.[3] O leitor estará provavelmente a pensar: Mas o que tem a Índia a ver com os Melungos ou com os Portugueses na América do Norte? Como veremos, terá sido a explicação mais lógica para a origem e data de chegada das pessoas – que mais tarde formariam os Melungos e outros grupos – no continente norte-americano. Como vimos no capítulo anterior, em 1488, Bartolomeu Dias deu a volta ao extremo sul de África, a que ele chamou *Cabo das Tormentas*, mas também *Cabo da Boa Esperança*. Realizou esse feito quase cinco anos antes de Colombo ter desembarcado pela primeira vez nas Caraíbas, naquilo que ele pensava ser a Índia. Dez anos mais tarde, Vasco da Gama, seguindo a rota de Bartolomeu Dias, descobriu o caminho marítimo para a Índia. Viria a morrer nessa mesma zona, quando participou numa expedição de Cabral à Índia. Os Portugueses descobriram o que Colombo procurava: a imaginada Índia. Também desenharam novas rotas marítimas por todo o globo e até ao Japão.[4] Os portugueses, com as suas descobertas, estenderam, não só os limites do mundo conhecido na Europa, mas contribuíram também para a sua representação mais precisa.

No final do século XV, deu-se a introdução de uma escala de latitudes e, em 1502, o mapa de Cantino já evidenciava a descoberta portuguesa da Índia.[5] Também representadas nesse mapa estão as Caraíbas e a Flórida.

À Procura da Índia por Terra – 1487

Pêro da Covilhã e Afonso Paiva, de origem Luso-Judaica, viajaram para a Índia por terra. No caminho, separaram-se. Pêro da Covilhã chegou à Índia e, no caminho de regresso, encontrou-se com emissários do rei Português, que lhe ordenava que voltasse a Índia e recolhesse mais informação. Não se sabe se a carta de Pêro da Covilhã alguma vez chegou a Portugal, mas se chegou, o rei teria ficado então a saber que o caminho marítimo mais curto para a Índia era seguir a costa africana para sul e depois virar para nordeste.

Esta informação foi mantida em sigilo e pode ter sido a base da rejeição da proposta de Colombo por parte do rei D. João II.

É lamentável que este facto tenha sido ignorado quando Anthony Weller escreveu um artigo sobre um Homem Viajante, Thomas Coryat (1577-1617), o qual afirmara erradamente que fora o primeiro europeu a chegar à Índia desde Alexandre, o Grande. Uma vez mais, os Portugueses foram esquecidos.[6]

Os Portugueses na Índia – 1498

O comércio, e não a conquista, atraía os portugueses para a Índia, e o século XVI introduziu dois povos importantíssimos na história indiana: os Mongóis, que vieram por terra, e os Portugueses que vieram por mar. *Estes dois povos levaram a Índia para uma nova era.*[7]

Vasco da Gama, o navegador Português, descobriu o caminho marítimo para a Índia em 1498 e, a partir dessa data, Portugal transformou-se drasticamente durante uma época de ouro com uma duração de apenas cinquenta anos. Durante esse período, o comércio, as viagens e a emigração foram muito intensas para o Extremo Oriente. Mais tarde, em 1540, o filho de Vasco da Gama, acompanhado de uma força armada, manteve os Turcos em alerta durante um período superior a 15 anos.[8]

Logo desde o início, o governo português envolveu-se no apadrinhamento de casamentos mistos entre portugueses e indianos. Segundo os planos régios, os casamentos mistos oficiais começaram em Goa por volta de 1509. Cada casal recebia um subsídio substancial ou um dote monetário, o que aumentou rapidamente o número de casamentos.

No espaço de três ou quatro anos, realizaram-se mais de 500 casamentos, principalmente em Goa, mas também alguns em Cananor e em Cochim.[9] Duarte Pacheco Pereira tornou-se famoso pela defesa da Passagem de Cambalaan contra o rajá de Calcutá durante o início da colónia portuguesa em Canará (a moderna Karnataka).[10] Os casamentos entre portugueses e os nativos eram comuns por todo o Extremo Oriente, assim como em África e no Brasil.

Na Índia, estes casamentos significavam uma melhoria do estado social das mulheres Muçulmanas, e os descendentes destes casamentos pululam ainda hoje por todo o oriente, com nomes portugueses e palavras portuguesas incluídas no seu vocabulário.[11]

De um destes casamentos mistos resultou Manuel Godinho de Herédia, que já não era um Português puro. O seu pai, João de Herédia, casou com Helena Vassiva, filha do rei de Supa, João Tubinanga.

Manuel era, portanto, uma mistura de malaio e português e tornou-se famoso por ter-se afirmado o descobridor da Ilha do Ouro em 1601, posteriormente chamada

Austrália. O navio holandês *Het Duifken* só em 1606 chegou a este continente, reclamando a sua descoberta.[12]

Malaca e Malásia – 1509

Os Portugueses chegaram à Malásia em 1509, ocuparam-na durante dois anos e controlaram-na durante 130. Os Holandeses derrotaram os Portugueses em 1641; no entanto, não conseguiram apagar todos os vestígios da presença portuguesa. Ainda existe actualmente um dialecto derivado do português e da religião Católica. Os *Portugis*, como são chamados em Malaca, ainda têm danças folclóricas predominantemente portuguesas, como é o caso do *vira* e do *corridinho*.[13]

O mar das Molucas e as ilhas Molucas, actualmente parte da Indonésia, foram originalmente chamadas pelos portugueses *Ilhas Malucas* em 1511 e eram também conhecidas pelas ilhas das Especiarias. Um documentário, apresentado pela PBS-TV e intitulado *Ring of Fire* (Círculo de Fogo), demonstra vivamente a presença portuguesa nestas ilhas remotas, durante um festival nas ilhas Aru e Garuda. Os Portugueses foram os primeiros ocidentais a serem vistos pelos nativos. Vêem-se ecos do passado no capacete de um soldado Português do século XVI, usado como um símbolo, e no facto de se ouvir ao longe um fado português cantado por Amália Rodrigues.[14]

Carolina do Norte, Cemitério do Atlântico

David Stick escreveu um livro sobre os naufrágios nos Baixios Exteriores da Carolina do Norte. Embora não tivesse conseguido encontrar nenhuns registos dos primeiros naufrágios, ele apresenta-nos uma história impressionante dos muitos barcos perdidos nessa área. Exemplo disso é o bergantim espanhol, parte da frota comandada por Lucas Vasquez de Ayllon em 1526, quando se dirigia para o Cabo do Medo, na colónia espanhola de Chicora.[15] Para que o leitor perceba melhor essa parte da Carolina do Norte, será proveitoso ler o que David Stick escreveu: *Se estivermos no Cabo Point em Hatteras num dia de tempestade, veremos dois oceanos reunirem-se numa exibição extraordinária de fúria selvagem... A corrente de Golfo com direcção a norte e as correntes frias que descem do Árctico chocam furiosamente umas com as outras... Os marinheiros chamam-lhe o Cemitério do Atlântico.*[16] É importante reparar que nem só barcos destinados às Índias ocidentais ou à costa americana encontravam o seu destino final neste cemitério. Stick ainda refere: *...barcos de muitas nacionalidades, de quase todas as formas e tamanhos, destinados ou vindos dos portos da Europa, da África e até da Ásia.*[17] [A razão para tantos barcos perdidos deve-se ao facto de esta secção da costa da Carolina do Norte se estender pelo mar dentro desde a costa da Carolina do Sul até ao Cabo Hatteras] *...a história passada e a vida diária actual de toda a costa da Carolina do Norte estão intimamente ligadas aos naufrágios.*[18] *...existem aldeias inteiras, cujos habitantes são descendentes de marinheiros naufragados.*[19]

Verrazano informou o rei de França que explorara os Baixios Exteriores (Carolina do Norte) e desembarcara na costa em 1524 a uma latitude de 34° – aproximadamente a mesma do arquipélago da Madeira – logo acima do Cabo do Medo.[20] Nesta mesma área houve, pelo menos, dois naufrágios conhecidos, em 1559 e em 1564.[21]

Caravelas Portuguesas Naufragadas

O livro de registo do comércio com o Extremo Oriente, escrito por Luís de Figueiredo Falcão, mostra que entre 1497 e 1692 partiram de Portugal um total de 806 embarcações com destino à Índia e só 425 regressaram. Dos 381 navios que não voltaram, 285 ficaram na Índia, 20 encalharam, 6 arderam, 4 foram capturados por forças inimigas ou piratas e 66 perderam-se ou naufragaram. A ligação marítima entre Lisboa e o Extremo Oriente entre 1487 e 1580 era de 620 navios com uma média de seis ou sete navios por ano. Contudo, em 1505, a frota era constituída por 28 caravelas e, durante o início do século XVI, cada frota possuía 14 ou 15 navios.[22]

De 1495 a 1578, perderam-se 100 barcos por acidente, naufrágio ou pirataria. As maiores perdas ocorreram no início do século XVI nas viagens de regresso, já que eram mais perigosas. O tamanho de cada navio oscilava entre 500 e 600 toneladas e uma tripulação de 123 pessoas ou uma média de 175, incluindo passageiros.[23]

Nessa mesma nota, em 1591, dos 22 navios que partiram para a Índia, só dois regressaram a Portugal.[24] Pedro Álvares Cabral, o descobridor oficial do Brasil, partiu de Lisboa a 15 de Março de 1500 com destino a Calcutá, na Índia. Cabral comandava uma frota de 13 navios em 1500 e menos de metade chegou à Índia. O primeiro a desaparecer, sem se saber como, foi o navio comandado por Vasco de Atayde quando se encontrava ao largo das ilhas de Cabo Verde, a sul das ilhas Canárias e na mesma latitude do mar das Caraíbas, assim sujeito às correntes equatoriais, as quais poderiam levar os navios erradamente para a costa leste norte-americana e não para a América do Sul, o destino original. Veja-se o mapa, Fig. 100 neste capítulo.

Depois de passar as ilhas Canárias e Cabo Verde, dirigindo-se para oeste, o navio separou-se da frota e nunca foi encontrado.[25] Para onde terá ido este navio?

Carlos de Passos escreveu que houve 27 naufrágios devido a tempestades e 12 devido a outras causas num período de 122 anos. Mas ocorreram muitos mais sem ninguém ter tido conhecimento. Só depois de 1527 é que as narrativas começaram a aparecer e, antes disso, ignorava-se por completo o sucedido, embora os naufrágios tenham efectivamente acontecido.[26]

Bernardo Gomes de Brito, autor do livro *The Tragic History of the Sea* (A História Trágica do Mar), publicada no século XVIII, descreve a perda de navios portugueses na viagem de ou para a Índia, durante o período em que a costa oeste da Índia esteve sob o domínio de Portugal.[27]

Estes são factos muito interessantes. Para onde terão ido os navios ou onde terão naufragado? A caminho da Índia ou a caminho de Portugal?

Independentemente do destino, é muito fácil ser-se empurrado para oeste, pelas correntes ou pelo vento, em direcção ao continente norte-americano.

Será que algum destes navios terá chegado à costa leste americana, quer intencionalmente ou forçado pelas forças da natureza, antes ou depois de dobrar o Cabo da Boa Esperança em África? As frotas para a Índia partiam de Lisboa sempre em Março para uma viagem de ida e volta com a duração de 18 meses. Se partissem mais tarde, poderiam não beneficiar dos ventos de sudeste que os fariam chegar à Índia em Setembro. Na viagem de regresso da Índia, a frota partia em Janeiro ou o mais tardar a 15 de Fevereiro.

Durante as muitas viagens regulares, se um dos barcos com direcção a sul fosse forçado para oeste pelos ventos e correntes depois de passar as ilhas Canárias, ou se na viagem de regresso da Índia, ao aproximar-se do equador, o mesmo lhe acontecesse, chegaria à costa leste americana no fim da Primavera – mesmo depois de naufrágios, motins, ataques de

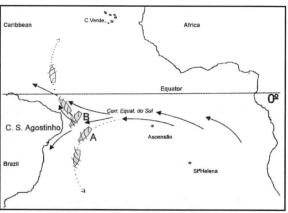

Fig. 99 – Mapa do Oceano Atlântico, com ventos e correntes.[28]

pirataria ou simplesmente à procura de terras, que se sabiam existir para o oeste. Essa época de chegada dava aos colonos tempo suficiente para se prepararem para o Inverno, garantindo assim a sua sobrevivência, o que os Ingleses só foram capazes de fazer quase um século depois.

A ilustração da Fig. 99 acima mostra como os ventos e as correntes afectavam as caravelas. Também mostra que, assim que uma embarcação dobra o Cabo da Boa Esperança, ela será empurrada por esses mesmos ventos e correntes. O vento é um factor importante e, neste caso, são os ventos alísios de sudeste que prevaleceriam, empurrando os barcos para oeste, para o norte do Brasil e para o equador. Ao aproximarem-se do equador, as correntes oceânicas a sul do equador também lhes darão um empurrão, de novo para noroeste.

Uma vez passado o equador, as correntes a norte do equador farão o resto do trabalho para levar os navios até à corrente do Golfo, em direcção à costa leste dos Estados Unidos e ao Cabo Hatteras – o ponto mais a leste antes de a corrente do Golfo os empurrar novamente para leste na direcção dos ponteiros do relógio. A mesma situação ocorre para sul depois de passarem as ilhas Canárias, quando os barcos são naturalmente empurrados para oeste, para as Caraíbas. Se o seu destino fosse a Índia ou o Brasil, então as embarcações devem transpor a parte mais difícil da viagem antes de chegarem ao equador, segundo o Comandante Malhão Pereira do Navio Escola *Sagres*. Ver Fig. 100 relativamente a detalhes sobre a Conferência de 1996 neste capítulo.

Podemos concluir, sem margem para dúvidas, que é muito fácil uma caravela ir parar às praias da costa leste dos Estados Unidos, quer vá para a Índia ou para o Brasil, ou na viagem de regresso.

Estes ventos e correntes alísios trouxeram Colombo para a América, assim como todos os navegadores posteriores. Uma questão do autor: Seria possível os barcos portugueses irem parar à costa leste dos Estados Unidos? Não nos esqueçamos que a maioria das perdas e naufrágios ocorreu na viagem de regresso. Ou poderiam os passageiros ter exigido que os levassem à América, de que ouviam falar? Além disso, a Índia poderia não ser a terra maravilhosa que os Portugueses esperavam.

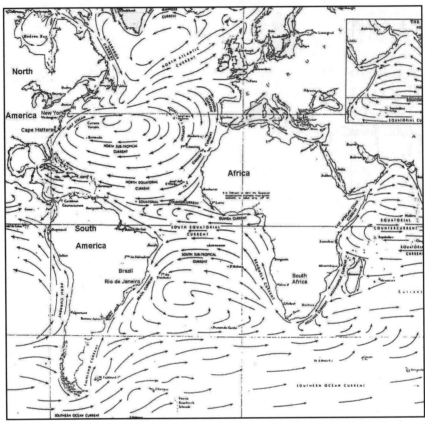

Fig. 100 – Circulação geral das correntes de superfície no Atlântico sul.

Naturalmente, se fosse esse o caso, então eles e todos a bordo tornar-se-iam imediatamente proscritos e evitariam quaisquer contactos, refugiando-se na primeira oportunidade.

Mostramos na página anterior como uma embarcação poderia ir ter à costa leste do continente norte-americano. A ilustração acima mostra com mais detalhe os ventos e correntes do Atlântico sul.

No IV Simpósio da Academia Naval Portuguesa, realizado em Novembro de 1996, o Comandante Malhão Pereira deu uma conferência sobre Vasco da Gama e navegação à vela. Nesta conferência, mostrou com muita clareza como uma caravela, se não fosse convenientemente navegada, poderia ir parar às Caraíbas ou à costa leste norte-americana.

Esta é a explicação mais lógica: que alguns dos muitos barcos portugueses perdidos ou naufragados pudessem ter levado Portugueses e respectivas famílias para a América ou Canadá, quer partindo de Portugal ou do Extremo Oriente e incluindo naturais dessas regiões.

José Manuel Malhão Pereira é um navegador de alto mar muito experiente e é "Comandante de Mar e Guerra" da Marinha Portuguesa. É também autor de um livro sobre navegação à vela intitulado *Manobrar é Preciso*, publicado em Portugal. O título significa "manobrar é uma ciência precisa" e foi atribuído a um general romano (antes de Cristo), o qual escreveu em latim: *nauigare necessi uiuere non necessi.*

O Comandante Malhão Pereira participou na *Regata* de 1992, comandando o Navio Escola *Sagres*, juntamente com grandes nações e as suas imponentes embarcações.

Naufrágio com Mulheres e Crianças

Uma das mais trágicas histórias passadas no mar é o naufrágio do

Fig. 101 – Mapa da Índia ocidental, vendo-se um rapaz natural de Goa.[33].

galeão *S. João* em 1552, ao largo da costa leste africana. Manuel de Sousa Sepúlveda, o capitão, a mulher e os filhos, morreram todos, juntamente com muitos escravos e criados, em circunstâncias muito trágicas.[29] Outra história trágica é o naufrágio do *Garça*, descrito numa das obras da Hakluyt Society: *Francisco Barreto, o capitão do navio, e todos os outros oficiais, vendo o estado da embarcação e que não havia mais nada a fazer senão abandoná-la, concordaram em fazer transbordar para o Águia todas as mulheres e crianças, assim como outras bocas de somenos importância em primeiro lugar. ...decidiram fazer uma lista de todos a bordo do navio, de modo a se organizarem e acomodarem da melhor maneira; e descobriu que montavam a 1037 almas, entre nobres, soldados, marinheiros, escravos, mulheres e crianças.*[30]

Em 1537, Duarte Tristão, capitão e proprietário da embarcação *São Miguel*, partiu de Moçambique para regressar a Portugal carregado de riquezas e desapareceu sem deixar rasto.[31] Estes acontecimentos apontam para o facto de famílias inteiras viajarem juntas naquela época. Os nobres Portugueses levavam consigo as famílias, assim como um número enorme de pessoas a bordo de um só barco.

Ver no Apêndice E uma tabela dos naufrágios portugueses conhecidos.

Corsários Ingleses e Franceses

Não só os naufrágios impediam muitos navios de chegar em segurança a Portugal; os corsários e piratas também aguardavam os galeões portugueses e Espanhóis carregados de riquezas no seu regresso a casa.

Durante a primeira metade do século XVI, os corsários Franceses estiveram muito activos a atacar navios portugueses ao largo da costa de Portugal e das ilhas.

O terceiro quartel do século XVI viu muita da acção realizada pelos corsários Ingleses, sendo Drake o mais famoso deles.

Dos cinco navios que partiram de Goa, na Índia, a 10 de Janeiro de 1592, só um regressou em segurança a Lisboa a 17 de Julho de 1592. O segundo, *Bom Jesus*, tinha por capitão Manuel de Sousa Coutinho. Este, juntamente com a mulher, muitos nobres, soldados, marinheiros e escravos naufragaram ao largo da costa leste de África, não tendo havido sobreviventes.

O terceiro, *São Bernardo*, desapareceu sem deixar rasto. O quarto foi encalhado e queimado pela tripulação na ilha das Flores, para evitar a captura por parte dos Ingleses. Os Ingleses ainda conseguiram salvar parte da carga.

O quinto, *Madre de Deus*, comandado por Fernão Mendonça Furtado, foi atacado por uma grande frota inglesa de corsários e capturado depois de uma violenta batalha. Tinha a bordo quase 600 pessoas, incluindo mulheres, crianças e escravos.[32]

John Burrough, comandante da esquadra, deu ordens para que o *Madre de Deus* prosseguisse para Dartmouth, onde foi alvo de grande admiração.

Russell Miller descreveu-o: *Ficou tudo num pandemónio no porto de Dartmouth... quando o Madre de Deus ... ancorou. ...Era o maior navio que alguém jamais havia visto em Inglaterra. Tinha cinquenta metros de comprimento e uma viga de catorze metros e um peso de quase 1600 toneladas – quase três vezes mais a capacidade dos maiores navios ingleses. Os sete convés ... estavam guarnecidos com 32 peças de artilharia de bronze... Os baús vinham apinhados de moedas de ouro e de prata, pérolas imaculadas, âmbar, conjuntos de jóias com grandes diamantes e frascos pequenos de almíscar precioso... 425 toneladas de pimenta, 45 toneladas de cravo-da-índia, 35 toneladas de canela...*[33] e muito mais, incluindo cochonilha, flores de noz-moscada, noz-moscada, benjamim (uma substância aromática) e ébano.

Este é um exemplo das muitas batalhas travadas no alto mar pelos Portugueses, causando a perda eventual de muitas vidas e a captura de muitos nobres Portugueses e Índios pelo inimigo para pedidos de resgate.

Será que os Ingleses os capturavam e levavam alguns para Inglaterra?

Terão vindo posteriormente para a América, como parte da colónia de Jamestown, e ter-se-ão aí fixado em 1607?

A Emigração Portuguesa de e para a Índia

As famílias emigrantes de Portugal para a Índia e outras, que regressavam a casa com parentes – alguns dos quais de casamentos mistos, como o governo português encorajava – eram boas candidatas para chegar à América do Norte em vez do destino previsto. Afonso de Albuquerque pensava que era necessário criar, num lugar tão

Fig. 102 - Mapa da Índia ocidental, mostrando Karnataka, antiga Canará.

longe de Portugal, um núcleo forte e sólido de raízes e, para o conseguir, promoveu o casamento de boas mulheres e homens limpos. Aos que casaram com nativos das terras, concedeu favores, dando-lhes uma casa, terra, gado e um cavalo para começarem a vida. Mais tarde, em 1529, já existiam em Goa mais de mil crianças, filhos e filhas de Portugueses. Chamaram-lhes mais tarde goenses, nome que ainda se dá aos naturais de Goa.

Isso não aconteceu só na Índia, mas também na Abissínia (actual Etiópia) quando, em 1646, Pedro Barreto de Resende escreveu a contar que encontrara 1000 pessoas, filhos e netos de 400 Portugueses, deixados quando Cristóvão da Gama passou na região acompanhado da mulher, dos filhos e dos primeiros netos mais de 100 anos antes.[34]

A lista de 54 casamentos mostra que 25 mulheres eram Muçulmanas da Índia – possivelmente Turcas – cinco eram de Canará e as restantes de Malabar, Java, da actual Birmânia e terras vizinhas.[35] Na Índia, depois dos casamentos, havia duas classes de pessoas entre a população europeia, os casados e os soldados.

Segundo os historiadores do século XVI, a Índia absorvia cerca de 8.000 pessoas por ano e é possível que a população portuguesa tenha sido assim reduzida a menos de metade do século XVI para o século seguinte.[36]

Fidelino de Figueiredo escreveu que cada barco com destino à Índia transportava uma média de 250 pessoas. Entre 1497 e 1527, os primeiros 30 anos do império português no Extremo Oriente, partiram para a Índia 320 embarcações transportando 80.000 pessoas, incluindo soldados e passageiros.[37]

Por volta de 1570, havia 16.000 Portugueses na Índia.[38] Em 1589, Paulo de Lima – um capitão português – partiu de Goa na Índia com uma caravela carregada de especiarias e escravos. Levava consigo a mulher e alguns criados. *Estavam igualmente a bordo muitos passageiros, soldados que regressavam... e mulheres.*[39] É também um facto que mais de 10.000 homens desapareceram ou morreram no mar. Para o confirmar, Boxer escreve que: *...durante o século XVI, aproximadamente 2.400 pessoas deixavam Portugal anualmente, sendo a maioria deles homens capazes, jovens e solteiros, com destino à dourada cidade de Goa e... poucos deles regressaram.*[40]

Boxer descreve, segundo Lucena, como era a vida a bordo dos navios que iam para a Índia: *...mas que coisa é uma nau da Índia lançada ao mar para velejar com 600, 800 e, às vezes, mais de 1000 pessoas a bordo? Homens, mulheres, rapazinhos, gente livre, escravos, nobres, gente do povo, mercadores, soldados e marinheiros. Quem a comparou a uma aldeia grande não estava a exagerar.*[41]

Existe outro facto que não deve ser ignorado: os Judeus Portugueses também conseguiam lugares em muitos navios com destino à Índia, secretamente, para evitar a Inquisição: *Durante o século XVII, a diáspora dos Judeus Portugueses estendeu-se rapidamente do império otomano até Goa, no subcontinente indiano, da Dinamarca e do norte da Alemanha até ao outro lado do oceano, ao Brasil e às ilhas das Caraíbas. Embora estivessem tão espalhados, mantiveram a sua identidade enquanto Judeus Portugueses, vendo-se como cidadãos de uma nação unicamente heróica e tragicamente passada.*[42] Teriam alguma vantagem ao identificarem-se como sendo Portugueses, se não o fossem? Por que não espanhóis ou qualquer outra nacionalidade?

Os principais movimentos migratórios dos Açores registaram-se por volta do século XVI, em direcção à África e à Índia.[43] A partir da informação anterior,

*Fig. 103 – Fotografia de uma criança e de um jovem melungos tirada por
Doris Ulmann na década de 1920. Usada com permissão especial de
Berea College e da Fundação Doris Ulmann.*

sabemos que famílias inteiras viajaram de Portugal para a Índia, o que significa
que se podiam instalar e sobreviver onde quer que fossem. Além disso, uma grande
parte da população portuguesa andava em viagem. Muitas embarcações não
chegavam ao destino e desapareciam sem deixar rasto. A prática estabelecida há
muito continuou durante o século XVIII, quando se registou que muitas raparigas
órfãs iam para a Índia.[44] De qualquer forma, os Portugueses foram os primeiros
europeus a fixar-se na Índia e os últimos a partir: *Quatro séculos e meio iriam
decorrer entre a conquista de Goa e o arriar da bandeira portuguesa naquele
território em 1961.*[45]

Rejeitados na Índia

Kennedy chama a nossa atenção para a possibilidade de um facto poder ajudar a estabelecer a ligação quando escreveu: *Mouros fugitivos ou exilados partiram para o estrangeiro em catadupa e os registos históricos descrevem inclusive um grupo desta gente infeliz, que procurava refúgio na Índia, afirmar vaidosamente serem "Portugueses tisnados", num esforço para explicar as suas tezes coradas. Todavia, o frei Católico em Bombaim, ao ouvir a sua súplica, não teve dúvidas e negou-lhes a entrada.*[46]

Um estudo mais profundo da sua fonte diz-nos que, em 1589, a ordem religiosa dos Franciscanos ainda admitia mestiços como noviços em Goa (Índia), embora lhes tivesse sido ordenado que não o fizessem pelos seus superiores em Portugal. Só 50 anos mais tarde é que os frades franciscanos de Goa, nascidos na Europa, fizeram uma tentativa determinada para impedir os crioulos de fazerem os votos. Os crioulos derrotaram posteriormente esta ordem e o Frade Miguel da Purificação, nascido perto de Bombaim, defendia que os muitos Portugueses de pele escura que foram para a Índia eram na realidade Mulatos, contaminados com sangue negro: *embora aleguem que o sol os queimou durante a viagem.*[47] Assim, devemos assumir duas coisas: primeiro, foram efectivamente aceites na Índia, e segundo, o problema resumia-se apenas ao facto de estes Portugueses morenos não poderem exercer funções no interior da Igreja Católica, e ele referia-se apenas aos frades. Além do mais, isto ocorreu no início do século XVII, muitos anos depois do famoso salvamento de Drake feito em Roanoke e da maciça expulsão dos Judeus de Espanha, o que aconteceu no final do século XV e início do século XVI.

Se acrescentarmos a isto o facto de uma viagem do Mediterrâneo para a Índia ser bastante dispendiosa, relativamente a comida e água apenas, é difícil crer que este navio tivesse chegado à Índia sem o conhecimento e a autorização dos Portugueses. Este facto pode não ser importante, mas pode apontar para muitos missionários na África Oriental que procuravam posições na Índia. Estes missionários eram na verdade uma mistura de Africanos, Portugueses e indianos, explicando-se assim a tez morena, que se encontra actualmente em muitos Portugueses residentes em Portugal e noutros locais, os quais descendem de famílias indianas.

Homens e Mulheres Portugueses Nascidos na Índia

Do exposto acima, podemos também ter deixado de lado um outro aspecto, que é a possibilidade de os indianos, residentes em algumas das colónias Portugueses na Índia, e tendo já casado com pessoas locais, terem produzido uma nova geração de luso-indianos.

Fernão Vaz Dourado foi um cartógrafo famoso nascido no início do século XVI na Índia de mãe indiana. Fez muitos atlas frequentemente chamados do tipo de Vaz Dourado.[48] A classificação de mouro dada (a todos os Muçulmanos) pelos Portugueses pode ter trazido o mesmo nome para a costa leste do Estados Unidos e Canadá, sendo esse atribuído a qualquer pessoa vinda das áreas controladas pelo império otomano.[49]

Aprofundemos um pouco mais esta possibilidade e leiamos o que William H. Gilbert, Jr., um antropólogo famoso, escreveu no seu livro *Peoples of India* (Povos da Índia) sobre os tipos raciais daquela nação: *Os tipos físicos das gentes da Índia*

mostram uma variedade diversificada respeitante a todas as feições características, desde a cor da pele, forma do nariz e da cabeça, cabelo, estatura... A cor da pele varia entre um preto retinto ...à pele cor de marfim das belezas de Caxemira e à cor trigueira das castas principais do norte da Índia. ...Um terceiro elemento na tipologia racial da Índia é uma linhagem semelhante à dos povos mediterrânicos do sul da Europa.[50]

Este facto pode fornecer-nos uma ligação, mas também pode aumentar a confusão no enigma já de si confuso, como Gilbert acrescenta no parágrafo

Fig. 104 – Fotografia de um jovem melungo tirada por Doris Ulmann nos Apalaches cerca de 1930. Usada com permissão especial de Berea College e da Fundação Doris Ulmann.

seguinte:

Um quarto tipo racial é uma reminiscência geral do tipo nórdico da Europa, excepto a tez que é mais morena. Os seus traços incluem cabeça longa, estatura alta, rosto longo, nariz estreito e proeminente, normalmente cabelo liso, sendo o cabelo e a penugem corporal farta e, ocasionalmente, olhos ou cabelo claros. Entre os Kaffirs e os Pathans, a cor da pele deste tipo é uma tonalidade rosa-claro e um número considerável possui olhos azul-acinzentados e cabelo acastanhado.[51]

Esta descrição fortalece uma possível ligação aos Melungos, se recordarmos os primeiros encontros dos Ingleses com os Índios em 1584 e de John Lawson com os Hatteras em 1700.

James Adair escreveu na sua tese: *Sem dúvida, a ideia de que os naturais da Carolina eram primos afastados das pessoas de Bombaim e Calcutá influenciou, até certo ponto, muitas das antigas descrições das suas vestimentas e ornamentos.*[52] O paralelo estabelecido por este autor com os indianos é bastante interessante. Descobrimos outra ligação aos indianos em 1635 numa concessão de terra atribuída a George Menifye, na qual ele recebe uma compensação por ter pago o transporte de pelo menos um indiano, de seu nome Tony ou Anthony.[53] Muito provavelmente, os Portugueses traziam estes indianos para a Europa e, depois, eles tratavam de se fazer chegar a Inglaterra.

Ver no Apêndice D uma tabela com os casamentos entre homens Portugueses e mulheres indianas.

Fig. 105 – Cas Goins, a filha Gladys Goins, a mulher Ritter Jane Sergen e o filho Homer Goins, uma família melunga do início do século XX. Fotografias cedidas por cortesia de Pat Rice, Shepperdsville, Kentucky.

O Nome Melungo Canará

O nome Canará pode ajudar a juntar as peças do puzzle. Como foi mencionado no Capítulo IV, Kennedy revelou-nos no seu livro que o seu tio-avô se chamava Canara Nash e este nome era comum entre as primeiras famílias melungas.

Em 1509, várias batalhas tiveram lugar, envolvendo muitas nacionalidades, incluindo Muçulmanos e Portugueses, e entre eles encontrava-se uma população muito confusa com os seus juncos – um tipo de barco usado no Extremo Oriente – de Diu no Gujerât e de Calcutá (Kalikodu) no Canará.[54]

Kennedy, descendente dos Melungos, também possui olhos azuis e um tom de pele mais escuro, assim como uma aparência mediterrânica ou indiana. Ele próprio disse que foi frequentemente tomado por Turco quando visitou a Turquia pela primeira vez. Não nos esqueçamos que os Turcos (Império Otomano) estiveram muito activos na Índia durante o século XVI. Além disso, o nome Canara é mencionado novamente em circunstâncias semelhantes por Charles R. Boxer.[55]

Verificamos outra coincidência ao olharmos para um mapa antigo da Índia e observarmos que existe uma grande área no noroeste da Índia a que os Portugueses deram o nome de Canará e que mais tarde foi denominada Karnataka. Esta área localiza-se perto de Goa, território que os Portugueses visitavam frequentemente, desde que Vasco da Gama descobriu o caminho marítimo para a Índia, e mantiveram até 1961. Karnataka ou Canará (Cannara em inglês) é bastante grande e encontra-se dividida em duas regiões, norte e sul, cada uma com a sua própria língua, chamada Canarês ou Canarim; Goa também tinha a sua própria língua, chamada Konkani; – desde 1979, a Índia tem aproximadamente 1650 dialectos. Continua a ser conhecida como a terra dos marinheiros. O nome Canarim foi erradamente atribuído pelos Portugueses aos habitantes de Goa.[56] A Figura 102 mostra a área de Karnataka e, para o norte, situam-se as cidades onde os Portugueses construíram o seu império das Índias (Goa, Damão e Diu). Bombaim também fez parte do império português, mas a cidade foi dada ao rei Charles II de Inglaterra como parte do dote da princesa D. Catarina de Bragança. Repare-se também na concepção do artista de um típico rapaz Cristão, natural de Goa. O seu rosto denota uma aparência mediterrânica e ele sentir-se-ia em casa em qualquer aldeia portuguesa. O acima mencionado descreve a ligação portuguesa entre o nome Canará (Karnataka), os Ingleses e as gentes da Índia. Não esqueçamos que as famílias portuguesas, tanto de casamentos mistos como não, viajavam regularmente entre Portugal e a Índia. Se vieram dar à costa leste dos Estados Unidos e Canadá, isso explicaria a variedade entre os grupos Melungos e outros que se podem ter separado e formado outras comunidades mistas com os Índios locais, como por exemplo, os Lumbees.

Também a capa da revista National Geographic de Junho de 1985 dá outro exemplo de um rosto do Extremo Oriente, com uma tez vermelho-acastanhada e uns espantosos olhos azul-esverdeados, de uma rapariga refugiada do Afeganistão, não muito longe da costa oeste da Índia. Uma vez que procuramos coincidências estranhas, o nome Kannada (uma distorção do nome Karnataka) é o nome dado a uma grande região da Índia e que soa mesmo como Canadá. Os Portugueses foram os primeiros exploradores e colonos em ambos os lugares.

Portugueses na Austrália

O escritor W. A. Richardson afirmou que: *Há muito que se sabe que os Holandeses terão chegado à Austrália em 1606 e os Ingleses em 1770. No entanto, tem-se debatido durante mais de dois séculos se outros europeus não os terão precedido.*[57] Noel Grove escreveu: *Viagens feitas por Portugueses, Espanhóis e Franceses nos oceanos Pacífico e Índico podem ter trazido os exploradores perto da Austrália no início do século XVI.*[58] Sim, os Portugueses estiveram lá por volta dessa altura, mas os Franceses e os Espanhóis vieram muito mais tarde.

Entre 1500 e 1550, não houve exploradores Espanhóis ou Franceses nos oceanos Pacífico e Índico, excepto o navegador português Fernão de Magalhães que, em 1520, trabalhava para a coroa espanhola. Examinemos agora alguns factos:

O mapa Dauphin ou Harleian mostra inscrições sobre o continente visível da Austrália (Java-la-Grande), a sul da Indonésia, o qual deriva de fontes portuguesas. Presumia-se, então, que alguns marinheiros Portugueses tivessem sido os primeiros europeus a alcançar a Austrália. Imensos escritores têm defendido e escrito muito sobre esta teoria. Aparentemente, o caso de uma possível descoberta portuguesa da Austrália depende inteiramente da semelhança imaginada entre o continente de Java-la-Grande e a Austrália no mapa de Dieppe. Segundo Richardson, apesar desta semelhança, não apresenta quaisquer provas de uma descoberta portuguesa. Ele justifica-o ao explicar com grande detalhe a forma como as palavras eram escritas e pronunciadas no século XVI, dando o exemplo da palavra inglesa *Queenborough,* que tem um som extremamente parecido com o da palavra portuguesa *Coimbra.*

O único argumento que nos sobra é usar a lógica. Os Portugueses estiveram na Indonésia e em Sumatra – conhecida no século XVI como *Taprobana,* um nome

Fig. 106 – Cas Goins, um melungo, cerca de 1945. Fotografias cedidas por cortesia de Pat Rice, Shepperdsville, Kentucky.

tornado famoso pelo poeta nacional, Luís de Camões – que fica perto da Austrália, e usavam pilotos nativos sempre que possível. Este facto é confirmado por Richardson, que discorda de Kenneth McIntire e Ian McKiggan – os dois defensores mais acérrimos da descoberta portuguesa – quando ele afirma que: *Os Espanhóis, Franceses, Holandeses e Ingleses faziam o possível para se apoderarem dos mapas feitos pelos Portugueses, usando subornos, subversão ou mesmo a captura.*[59] É compreensível, já que o mapa de Cantino, feito em Portugal em 1502, incluía toda a informação cartográfica do mundo disponível na altura.

Os Portugueses conquistaram Malaca e estiveram nas Molucas no século XVI. Estas ilhas distam apenas algumas centenas de quilómetros, tanto para a costa norte como para a costa oeste da Austrália. Timor, que fica muito próximo da Austrália, foi visitado pelos Portugueses em 1514 e tornou-se uma colónia activa no terceiro quartel do século XVI com a presença de missionários.

Timor fez parte de Portugal até 1975, quando foi anexado pela Indonésia. O povo não aceitou a anexação e tem vindo a rebelar-se nos últimos 20 anos. Os seus líderes, José Ramos Horta e o bispo Carlos Filipe Ximenes Belo, receberam recentemente o Prémio Nobel da Paz pelas actividades desenvolvidas.

Em 1999, teve lugar em Timor um referendo com uma maioria extraordinária de votos a favor da independência total em relação à Indonésia. A ele seguiram-se muitas mortes e a quase destruição total de Timor. As Nações Unidas e o clamor internacional forçaram a eventual retirada das forças armadas indonésias.

A Austrália, ali tão perto, teve um papel preponderante na manutenção dos esforços de paz; Portugal e muitas outras nações seguiram-se-lhe com ajuda e começaram a tarefa árdua de reconstruir uma pequena nação.

Será possível que os Portugueses e os pilotos naturais da região não soubessem da existência da Austrália? Sabiam muito provavelmente, mas como não existia nenhum valor comercial imediato, foi ignorada. Manuel Godinho de Herédia – meio malaio – reclamou a descoberta da Ilha do Ouro, mais tarde chamada Austrália, em 1601. Recordemos que Portugal e Espanha tinham anteriormente assinado o

Tratado de Tordesilhas, o que permitiria à Espanha reclamar o domínio da Austrália. Então, para quê dar a conhecer terras novas que Portugal não podia reclamar face a esse tratado? Recentemente (1996), descobriu-se uma moeda de prata portuguesa do século XVI numa praia perto de Melbourne, na Austrália. O Australian State Museum em Victoria confirmou o país de origem da moeda e a sua data; todavia, peritos em Numismática discordam. Descobriu-se ainda outra moeda do século XV, a qual aguarda confirmação dos peritos em Portugal. Alguns historiadores Portugueses, incluindo o Almirante Gago Coutinho, acreditam que Gomes de Sequeira descobriu a Península de York na Austrália e passou lá alguns meses, vivendo em paz com os nativos. Esta conclusão tem por base o mapa de Gastaldi publicado em 1554.[60]

Gomes de Sequeira esteve longe da sua base durante oito meses e põe-se a questão: onde terá passado o Inverno de 1525? Visitou a Nova Guiné, situada aproximadamente a 100 milhas do Cabo York na Austrália.

Ele também registou a descoberta de uma grande ilha habitada por nativos do Pacífico. Devemos lembrar que se discutia sobre o direito de propriedade das chamadas Ilhas das Especiarias (Molucas) – a Portugal ou a Espanha? A questão resolveu-se quando Portugal as comprou. Posteriormente, descobriu-se que se encontravam no lado português do Tratado de Tordesilhas. Portanto, Portugal pagou por algo que já era seu.

Para obter mais informações sobre a Austrália, consultem-se os seguintes livros: *Chance Discovery of Australia and New Zealand by Portuguese and Spanish Navigators between 1521 and 1528,* Palmerston North, 1983 de Roger Hervé; *Secret Discovery of Australia* de K. G. McIntyre, Londres, 1977; *The Portuguese Expedition to Bass Strait in AD 1522,* Journal of Australian Studies, Junho de 1977.

Aparência Asiática e Oriental

O Dr. Edward T. Price, na sua dissertação de doutoramento sobre grupos de sangue misto, publicada em 1951, escreveu: *Ocasionalmente atribui-se-lhes* [aos Melungos] *uma aparência oriental, mas pensa-se que descendem pelo menos parcialmente dos Portugueses.*[61] Louise Davis do jornal Nashville *Tennessean* descreve Mrs. Bell, uma senhora melunga, depois de uma entrevista: *...a sua pele tinha o tom castanho-avermelhado de um asiático.*[62] Será coincidência? Nas montanhas do Tennessee? De novo, ela diz que a *Encyclopedia Americana* afirma: *Sabia-se que marinheiros chineses tinham chegado a Portugal e casado com portuguesas, e a linhagem ligeiramente oriental é uma das pistas para alguns dos olhos rasgados e pele sedosa de alguns dos Melungos.*[63] Arthur Estabrook escreveu em 1926: *...no condado de Ad, na Virgínia, existe um grupo de "pessoas de pele vermelha" que se consideram brancos.*[64] A aparência asiática, com os seus vários matizes, é possível e fácil de explicar, se introduzirmos o elemento português e o facto de estarem na costa arábica e em toda a Ásia durante o início do século XVI, com a consequente miscigenação bem documentada e registada. Em 1952, North Callahan escreveu: *...encontrou-se uma colónia de pessoas estranhas com pele escura, de um matiz castanho-avermelhado, nas regiões superiores das Smoky Mountains* [cordilheira dos Montes Apalaches].[65]

Bonniel Ball, uma professora que ensinou os filhos dos Melungos, escreveu sobre a sua experiência e conhecimento profissionais: *A sua pele era escura e oleosa, com uma cor de cobre mais marcada do que etíopes ou membros da raça branca e com pele mais escura.*[66] *...Eles* [Melungos] *têm uma cor avermelhada notável e constante em toda a família...*[67] De novo: *Ela* [uma estudante melunga] *era muito morena, tinha olhos escuros e pálpebras descaídas; no entanto, o nariz e a boca eram mais orientais do que caucasianos ou etíopes.*[68] Ainda sobre a sua possível ascendência, Jean Patterson Bible também escreveu: *A tradição mais provável da linhagem asiática ou europeia na herança dos Melungos, de acordo com uma maioria de Melungos, e uma partilhada por vários dos primeiros e dos mais recentes historiadores do Tennessee, é serem Espanhóis e/ou Portugueses cruzados com Índios...*[69] Uma aparência oriental não é comum nos Portugueses, mas ainda se conseguem encontrar rostos que se assemelham aos orientais. Isto explica a discriminação suportada pelos Melungos devido à cor da pele, mas tudo aponta também para uma origem.

Henry Price, um advogado de Rogersville, no Tennessee, escreveu também sobre os Melungos em 1971 no papel de alguém que vivera entre os Melungos e os estudara durante 25 anos: *Regra geral, os rapazes novos são bastante atraentes e as raparigas são extremamente bonitas. A aparência destas últimas... sugere uma ascendência euro-asiática ou polinésia.*[70]

Ainda sobre a aparência asiática, o etnólogo Mooney citou uma referência feita por Barton em 1797 relacionando-a com pessoas brancas com fobia à luz, devido a inflamações contínuas nos olhos. Este facto é bastante interessante e não deve ser ignorado. *Existe uma tradição vaga mas persistente de uma estranha raça branca anterior aos Cherokee... O Cheerake* [ortografia antiga, também CHALAQUE, palavra escrita pela primeira vez pelo Fidalgo de Elvas, posteriormente escrita pelos Franceses como CHARAQUI] *contou-nos que, quando chegaram pela primeira vez à região onde vieram a habitar, encontraram-na possuída por certas pessoas que tinham fobia à luz, pois não conseguiam ver bem com a luz do dia... Ele* [Barton em 1797] *parece considerá-los uma raça albina. Haywood, vinte e seis anos depois, diz que os invasores Cherokee encontraram "gente branca" perto da nascente do* [rio] *Little Tennessee.*[71]

Podemos concluir que ainda será preciso percorrer um longo caminho antes de a história inicial da América ser totalmente conhecida.

Portugueses no Japão e na China – Língua Portuguesa no Extremo Oriente

Os Portugueses chegaram à costa sudeste da China em 1513, não sendo considerados uma ameaça. Depois de um período de hostilidades e comércio ilícito, o governador da província de Cantão assinou um tratado em 1550. Eventualmente, permitiram aos Portugueses instalarem-se em Macau, onde permaneceram até ao final de 1999, altura em que o território foi pacificamente cedido à China, sendo Portugal a potência colonial mais duradoura no Extremo Oriente. Em 1543, os Portugueses António Peixoto, António da Mota e Francisco Zeimoto foram os primeiros europeus a chegar ao Japão. O principal porto da Europa no Japão, a cidade de Nagasaki, foi fundado em 1570 pelos Portugueses que procuravam um ancoradouro para os seus navios.[72] No século seguinte (1660), os navegadores Portugueses viajaram do Japão até Lisboa através do Árctico.

Em 1544, a caminho do Japão, o explorador português Fernão Mendes Pinto descobriu a ilha de Taiwan, ao largo do território chinês e denominou-a Formosa[73]

– por ser bonita – assim como os Estreitos da Formosa. A origem do nome chinês Taiwan não é conhecida. Algumas das ilhas menores (as ilhas de Penghu) são também conhecidas como as *ilhas dos Pescadores*, nome dado pelos Portugueses. O mesmo aconteceu na Indonésia, com o nome da ilha *Flores*.

Ainda no século XVI, os Portugueses estiveram na Tailândia, Camboja e no Vietname, onde junto ao Rio Mekong naufragou Luís Vaz de Camões quando regressava da China.

A língua portuguesa é a quinta língua mais falada no mundo, imediatamente após o mandarim, o inglês, o hindi e o espanhol. É também a terceira língua europeia, estando à frente do alemão e do italiano, sendo igualmente uma das mais antigas na Europa e possuindo uma rica tradição literária. É a língua oficial em sete países independentes e é falada por 200 milhões de pessoas. O inglês é, no entanto, a língua mais falada no mundo e considerada actualmente como a *língua franca*.

A propagação da língua portuguesa começou em 1430 nas ilhas dos Açores e da Madeira, 100 anos antes da primeira tentativa de povoar o Brasil. Em 1551, o Inglês Winham visitou a Guiné e o rei do Benim falou português com os Ingleses, uma língua que aprendera na infância. A importância dada à língua portuguesa não é surpreendente, se tivermos em consideração o facto de Portugal ser o único país na Europa onde se falava uma só língua, como afirma David Hawke: ...*uma unidade linguística inexistente em qualquer outro país da Europa.*[74]

Isto serve apenas para mostrar a expansão da língua portuguesa no mundo e, segundo diz Barreto, é: ...*um facto que o português de hoje tem mais palavras de origem asiática, africana e ameríndia do que qualquer outra língua europeia...*[75] É um dos resultados de um diálogo abrangente entre civilizações, no qual os Portugueses foram pioneiros.[76] Entre os séculos XVI e XVIII, a língua portuguesa foi usada em versões crioulas como a língua internacional no Oriente e ao longo da costa africana. Em 1658, o governador Holandês, Van Goens, decretou uma proibição de os escravos falarem português entre si, com os Holandeses ou com estrangeiros.[77] Tentou em vão impedir o seu uso no Ceilão (actual Sri Lanka) e em Java. Até os missionários Dinamarqueses e Ingleses pregaram em português quase até ao início do século XIX. Com o objectivo de serem compreendidos, os padres Franceses tinham um intérprete que repetia o sermão em português em voz alta. Na África do Sul, o português foi a segunda língua durante os séculos XVII e XVIII e não nos surpreende encontrar palavras de origem portuguesa nas línguas holandesa, francesa e inglesa.

Ver no Apêndice F um glossário de palavras com origem portuguesa usadas no Japão.

Notas

[1] Colonial America, de Oscar Theodore Barck, Jr., p. 3.
[2] The Melungeons, de Bonnie Ball, p. 29.
[3] The Conquest of Paradise de Kirkpatrick Sale, p. 3 (Adam Smith).
[4] Revista National Geographic, de Merle Severy, p. 57, Novembro de 1992.
[5] Christian and Spices, de John Correia Afonso, p. 33.
[6] Travelin' Man de Anthony Weller, Revista Sky, Abril de 1999, p. 15.
[7] History of India, de Romila Thapar, 1974, p. 336.
[8] The Ottoman Centuries, de Lord Kinross, 1977, New York Morrow Quill, p. 246.
[9] History of Portugal, de Oliveira Marques, p. 249-250.
[10] Portugal nos Mares, de Oliveira Martins, p. 270.
[11] Revista National Geographic, de Merle Severy, p. 79 (Novembro de 1992).
[12] Portugal nos Mares, de Oliveira Martins, p. 151-153.
[13] Agência de Notícias Lusa de Brian Oneil, Luso-Americano, 25 de Abril de 1995.
[14] Ring of Fire, de Lorne e Lawrence Blair (PBS TV), cassete VHS.
[15] Graveyard of the Atlantic, de David Stick, p. 5.
[16] Ibid., p. 1.
[17] Ibid., p. 2.
[18] Ibid., p. 3.
[19] Ibid., p. 4.
[20] The Outer Banks of North Carolina de David Stick, p. 13.
[21] Ibid., pp. 13, 14.
[22] História de Portugal, de Joaquim Veríssimo Serrão, Vol. III, pp. 159-162.
[23] História de Portugal, de Oliveira Martins, p. 299.
[24] Os Navios de Vasco da Gama, de João Brás de Oliveira, p. 14.
[25] História de Portugal, de Joaquim Veríssimo Serrão, Vol. III, p. 102.
[26] Navegação Portuguesa dos Séculos XV e XVII, de Carlos de Passos, pp. 10-11.
[27] Portuguese Voyages, de Charles David Ley, p. xviii.
[28] Mapa do Comandante Malhão Pereira, apresentado na Academia da Marinha.
[29] História Trágico-Marítima, de Bernardino Gomes de Brito (Damião Peres), pp. 23-39.
[30] The Tragic History of the Sea, de Padre Manoel Barradas (C. R. Boxer), pp. 40-43.
[31] Peregrinação, de Fernão Mendes Pinto, p. 22.
[32] Batalhas e Combates da Marinha Portuguesa, de Saturnino Monteiro, pp. 269-272.
[33] The East Indiamen, de Russell Miller, p. 8.
[34] História da Língua Portuguesa, de Serafim da Silva Neto, p. 518.
[35] Ibid., pp. 534-535.
[36] Fomento Rural e Emigração, de Oliveira Martins, p. 32.
[37] Estudos de História Americana, de Fidelino de Figueiredo, p. 21.
[38] Fomento Rural e Emigração, de Oliveira Martins, p. 32.
[39] Ibid., p. 291.
[40] The Portuguese Seaborne Empire, de Charles R. Boxer, p. 52.

Notas (Cont.)

[41] História da Vida do Padre Francisco Xavier, de João de Lucena, Vol. 1, p. 44.

[42] The Jews of Spain, de Jane S. Gerber, pp. 188-189.

[43] Portuguese Immigrants, de Carlos Almeida, UPEC, p. 4.

[44] História da Língua Portuguesa, de Serafim da Silva Neto, p. 533.

[45] Christians and Spices, de John Correia Afonso, p. 34.

[46] The Melungeons, de Brent Kennedy, p. 103.

[47] The Portuguese Seaborne Empire, de Charles R. Boxer, p. 253.

[48] Japan in Early Portuguese Maps, de Alfredo Pinheiro Marques, p. 15.

[49] The Portuguese Seaborne Empire, de Charles R. Boxer, p. 44.

[50] Peoples of India, de William H. Gilbert, Jr., p. 17.

[51] Ibid., pp. 17-18.

[52] The Red Carolinians, de Chapman J. Milling, pp. 7-8.

[53] Cavaliers and Pioneers, de Nell Marion Nugent, pp. 24, 54.

[54] História de Portugal, de Oliveira Martins, p. 231, 286, 288.

[55] The Portuguese Seaborne Empire, de Charles R. Boxer, p. 41.

[56] Glossário Luso-Asiático, de Sebastião Rudolfo Delgado, pp. 196-197.

[57] The Portuguese Discovery of Australia de W. A. Richardson, p. 5.

[58] Atlas of World History de Noel Grove, p. 173, National Geographic Society.

[59] The Portuguese Discovery of Australia, de W. A. Richardson, p. 12.

[60] Onde Teria Invernado Gomes, de Sequeira em 1525 de Gago Coutinho, p. 1525.

[61] The Melungeons, de Bonnie Ball, p. 8, Edward Price,
Geographical Review, Vol. 41.

[62] Mystery of the Melungeons, de Louise Davis, p. 11
(Nashville Tennesseean 29/9/1963).

[63] Ibid.

[64] Mongrel Virginias, de Arthur H. Estabrook, 182.

[65] Smoky Mountain Country, de North Callahan, p. 162.

[66] The Melungeons, de Bonnie Ball, p. v.

[67] Ibid, p. 56.

[68] Ibid, p. 89.

[69] The Melungeons, de Jean Patterson Bible, p. 93.

[70] Melungeons: The Vanishing Colony of Newman's Ridge, de Henry R. Price, p. 1

[71] History, Myths, and Sacred Formulas of the Cherokees, de James Mooney, p. 22

[72] Revista National Geographic de Merle Severy, p. 90 (Novembro de 1992).

[73] Portugal nos Mares, de Oliveira Marques, p. 316.

[74] The Colonial Experience, de David Hawke, p. 8.

[75] The Dawn of a New Age, de Luís Filipe Barreto p. 7 (The Courier, Unesco, 1989/4)

[76] História da Língua Portuguesa, de Serafim da Silva Neto, pp. 421, 514-518.

[77] Ibid.

Capítulo X
Conclusão

Raízes e Ligações entre os Portugueses, os Melungos e/ou Outros Grupos

De hipótese em hipótese, a verdade será eventualmente descoberta [1]

O autor explorou certas áreas usando a lógica e os factos, mas foi graças à intuição que se chegou a algumas conclusões. Seguem-se três linhas mestras estabelecidas por forma a formularem-se hipóteses e a chegar-se a uma conclusão lógica:

Primeiro, estabeleceu-se o espaço de tempo entre 1500 e 1600 para a chegada de um grupo de gente que, mais tarde, seriam conhecidos por Melungos, portugueses ou qualquer outro nome. Eliminaram-se datas de chegada anteriores ou posteriores. Se eles chegaram antes de Cristóvão Colombo, teria de se considerar um conjunto totalmente diferente de circunstâncias, e seria muito mais especulativo – quase tão complexo como tentar encontrar a origem dos Índios nativos americanos. Se vieram depois de 1600, teriam tido contactos com os muitos colonos que chegaram depois de Jamestown. Os Ingleses ou outros exploradores não pareciam ter encontrado quaisquer chegadas recentes. Os grupos até aí encontrados já estavam fixados.

Para o espaço tempo considerado, as primeiras viagens espanholas ao sudeste da América ocorreram no período de 1521-1526. As actividades coloniais francesas e espanholas só se materializaram na década de 1560. O francês Jean Ribault soube de histórias sobre o sudeste que Lucas Vásquez de Ayllón espalhara em 1523.[2] Durante aquele período, não houve muito movimento por parte dos europeus, além de portugueses ou de Espanhóis. Os Ingleses, os Franceses e os Holandeses tornaram-se activos em viagens ao subcontinente norte-americano durante o final do século XVI e posteriormente.

Os Espanhóis falharam na sua tentativa inicial de se fixarem na Carolina do Sul, os Ingleses falharam na colónia de Roanoke, na Carolina do Norte, e mais tarde em Jamestown. Só os peregrinos vindos da Inglaterra, em 1620 a bordo do Mayflower – depois de estarem na Holanda durante algum tempo – tiveram sucesso. Por essa altura, os Portugueses já exportavam açúcar e outros produtos das colónias para a Europa há mais de 100 anos.

Um factor importante para a possível sobrevivência de um grupo português no início do século XVI é o facto de se terem cruzado com diferentes raças, mesmo no próprio país, devido às invasões descritas no Capítulo V. De acordo com Freyre e com os estudos climáticos de Beringer, verificou-se que os Portugueses adaptam-se em várias regiões do mundo melhor: *...do que quase todas as outras raças europeias,*[3] e a raça portuguesa parece estar dotada de um temperamento que lhes permite adaptar-se muito mais facilmente do que as outras raças aos climas que são: *...diferentes dos do país de origem.*[4]

Segundo, a sua nacionalidade ou lugares de origem deviam ter sido determinados, assim como os meios de transporte, e não necessariamente a sua raça. Assim, se eram Mouros, berberes, Judeus ou outros vindos de Espanha, e tendo lá estado durante várias gerações, seriam considerados Espanhóis. O mesmo princípio aplicar-se-ia aos de nacionalidade portuguesa. Se estes parâmetros não estavam estabelecidos, seria muito difícil alcançar respostas razoáveis. Como se poderia considerar alguém cartaginês, fenício, grego, romano, Mouro ou berbere, se todos eles vinham do continente europeu, excepto os escravos Negros que chegaram mais tarde? Estabeleceu-se que não eram pretos nem índios americanos, quando foram encontrados inicialmente pelos Ingleses ou possivelmente pelos Franceses.

A Península Ibérica foi invadida por povos de diferentes raças, e o povo Português reflecte naturalmente um pouco de todos os que viveram em Portugal durante um longo período.

Como foi dito, os Melungos ou qualquer outro grupo que afirme ser descendente de Portugueses, eram o resultado de mais do que um componente, mas tiveram origem num componente maioritário que pode ter sido responsável pela sua presença na América. Melungos, Europeus e Africanos puros ou qualquer raça pura é coisa que não existe; todos os Americanos têm origem em várias raças, não necessariamente uma mistura de culturas, mas um mosaico de culturas. Temos de excluir os Ingleses, os Franceses ou outros países do norte da Europa, assim como as pequenas repúblicas italianas da altura. Quanto a serem Espanhóis, evidenciou-se no Capítulo III que é improvável.

Terceiro, presumiu-se que, para um grupo sobreviver durante um tão longo período de tempo e, mesmo assim, manter a sua própria identidade e aparência física, homens e mulheres teriam de fazer parte da equação da mesma maneira que os Negros de África. Se só se tivessem trazido homens Negros, então não teríamos hoje a bela pele negra dos descendentes dos escravos. Assim, foram excluídos homens escravos ou soldados, apesar de, se eles estavam nos E.U., muito provavelmente teriam casado com mulheres nativas índias, negras ou quaisquer outras. Naturalmente, neste caso, a sua descendência traria os seus genes até ao presente.

Cálculos preliminares supuseram que os Melungos podiam ter começado com apenas 200 pessoas. Se fosse esse o caso, o grupo poderia sobreviver durante mais de 14 gerações, com muitos milhares ainda vivos actualmente na opinião de Kennedy.

Até que Ponto Era Importante Ser Branco?

Na época isabelina, a necessidade de ser branco era tal que até a Rainha Isabel cobria generosamente a face de um pó branco feito de chumbo. Uma vez que todos queriam ter um rosto branco, muitas vezes arriscavam as próprias vidas, devido à acção corrosiva do chumbo ao penetrar na pele.[5]

Naquela época, a cor da pele era importante, e ainda hoje desempenha um papel importante nalguns segmentos da sociedade. Colleen McCullough, autora do famoso e muito conhecido livro, *The Thorn Birds,* (Pássaros Feridos) escreveu:

Bem escondida na última fila das carteiras, Meggie ousou olhar de lado a garotinha sentada ao seu lado. O seu olhar fixo e amedrontado encontrou um riso desdentado, uns olhos pretos enormes claramente espantados salientavam-se de um rosto escuro e ligeiramente brilhante. Meggie ficou fascinada, habituada que estava a sardas e a peles claras, pois até o Frank tinha pele branca, apesar dos olhos e do cabelo escuros. Meggie acabou por considerar a sua colega de carteira como a criatura mais bonita que já tinha visto... [Mais tarde, os pais de Meggie comentaram:] *'Penso que não seja boa ideia estar muito próximo dos Dagos', murmuraram, revelando a instintiva falta de confiança da comunidade britânica em relação a qualquer povo mediterrânico ou de pele escura. 'Os Dagos são porcos, Meggie, e não se lavam muito', explicou ele sem conhecimento de causa, desfalecendo sob o olhar magoado e reprovador que Meggie lhe lançava.* [6]

Esta é uma história de ficção do princípio do século XX, mas o mesmo acontecia na vida real.

Por que razão emigravam os Portugueses no século XVI?

Emigrariam os Portugueses voluntariamente para a América do Norte como colonos? Possivelmente, porque as condições agravaram-se gradualmente, a partir de 1540, e muitas famílias foram à procura de melhores condições de vida, ou apenas de sobrevivência. No século XVI, muitos emigraram para África, o Brasil e a Índia. Por que não para o continente norte-americano? Afinal, era muito mais perto. A razão básica da emigração era, provavelmente e sempre, de ordem económica, em primeiro lugar e só depois religiosa ou política.

Após os primeiros anos dourados do século XVI, a situação económica era terrível. A criação da Inquisição não ajudou em nada. Durante esse tempo, Lisboa foi fustigada por pragas e tremores de terra, mas estes acabaram por se tornar mais fáceis de enfrentar do que o custo de 50 anos de glória. Literalmente, metade da população emigrara para as novas colónias em busca de riqueza .

O Rei D. Sebastião chegou ao poder em 1566 e, no mesmo ano, a moeda de cobre desvalorizou para 1/3 do seu valor, uma medida cruel mas necessária, pois os Ingleses tinham levado todo o ouro e prata. Os negociantes, que haviam aumentado consideravelmente em número devido às descobertas, souberam antecipadamente da desvalorização e pagaram todas as dívidas. Os mais pobres viram-se, de repente, com menos 2/3 do seu dinheiro. Muitos enforcaram-se e, como se não bastasse, a peste bubónica chegou em grande força.

Durante os meses em que a peste esteve no seu auge (Julho e Agosto de 1569), só em Lisboa morriam 700 pessoas diariamente. Não havia sítio para enterrar os mortos. Cavavam-se valas comuns enormes para onde os corpos eram atirados, 50 de cada vez. Era uma doença rápida e fatal. Mais de um terço da população de Lisboa sucumbiu à praga – aproximadamente 40 000 pessoas.

Depois houve o desastre de Alcácer Quibir (1578), no norte de África, mais a consequente união ibérica das duas coroas em 1580. A vida piorou bastante quando Filipe II de Espanha se tornou Filipe I de Portugal. Era filho da Princesa Isabel de Portugal e neto de D. Manuel I, assim como filho do Imperador Carlos V. A Inglaterra, antes uma aliada, tornou-se uma inimiga portentosa.

O alto nível de emigração registado no século XVI coincidiu com um período de catástrofes suportadas pelos Portugueses,[7] assim como com a perspectiva de uma união ibérica que propunha várias leis de concordata entre Portugal e Espanha. Estas leis receberam forte oposição, em 1568, especialmente por parte das gentes do Algarve. Antes disso, em 1563, já havia rotas marítimas comerciais regulares entre as Américas, a Índia e Portugal e Espanha. Para confundir ainda mais os investigadores e os historiadores, algumas das empresas de navegação utilizavam navios portugueses não registados, tanto em Lisboa como no Algarve, sem que nunca se tenha feito registo algum das suas actividades.

Esta união [Portugal e Espanha] foi aceite pela maioria dos homens de negócios e dos grandes proprietários Portugueses. Agora, podiam exportar e importar para Espanha sem se sujeitarem às taxas. Para tornar as coisas mais apetecíveis, o Rei Espanhol prometeu uma autonomia completa, com língua e poder próprio, como parte de um reino unido a Espanha. Com o passar do tempo, os subsequentes reis Espanhóis não cumpriram a palavra de Filipe, o que levou à revolta portuguesa em 1640 e à restauração da independência.

Desde que Portugal expulsou os Mouros, no século XIII, do que é o seu actual território, não tinha mais por onde se expandir, tendo, consequentemente e desde sempre, olhado para o mar como a sua nova fronteira. Primeiro conquistou algumas cidades de Marrocos, o que se verificou pouco proveitoso. O custo da manutenção destas cidades era muito maior do que os benefícios económicos. A existência do continente norte-americano já era conhecida desde o início do século XVI, e o povo sonhava com terras férteis do outro lado do Atlântico. As grandes quantidades de prata, ouro e diamantes que chegavam a Portugal, acabavam, de facto, por empobrecer o povo.[8] A Marinha Mercante, que era monopólio da coroa, estava nas mãos de negociantes sem escrúpulos. A anarquia era, frequentemente, o poder dominante. Não se sabe ao certo se os Portugueses partiam mesmo do continente ou das ilhas, tendo a América como destino conhecido. De qualquer maneira, eles saíram certamente aos milhares para África, Brasil e Índia.

O Regresso dos Navegadores

A primeira coisa que Colombo fez quando regressou da sua viagem à América foi visitar D. João II. Tanto Colombo como a tripulação falaram de muitas maravilhas. O mesmo aconteceu quando outros navegadores regressaram de África, logo iniciando uma onda de emigração para os novos lugares recentemente descobertos.

Depois de Colombo, os navegadores Portugueses regressaram da Índia, do Brasil e de outros locais. Mais tarde, os exploradores e navegadores Portugueses viram-se contratados por outras nações. Foi o caso da Espanha, usando navegadores como Fernão de Magalhães, Estevão Gomes, João Rodrigues Cabrilho e muitos outros.

Durante a primeira metade do século XVI, as condições económicas deterioraram-se ao ponto de a emigração ser a única opção para o que restou da classe média. Portugal verificou uma contradição típica da sua história: Um país com falta de mão de obra especializada fornecia a outros países o seu melhor recurso, o seu povo. Essas eram as condições que prevaleciam na época, o que causou a emigração.

As novidades eram tentadoras, não só em África, no Brasil, na América Central e do Sul, mas também mais tarde na costa leste da América do Norte, da Terra Nova à Florida.

Pardo pode ter recrutado soldados Portugueses e respectivas famílias para fundar a colónia espanhola de Santa Elena. Ele já tinha soldados Portugueses ao seu serviço. Teria sido possível a famílias inteiras emigrar sem deixar qualquer registo da sua partida? Pode ser possível, porque muitos dos registos, livros e notas foram destruídas por incêndios e tremores de terra, queimados pela Inquisição, guardados pelos Espanhóis durante a sua ocupação, ou mais tarde destruídos pelo exército invasor de Napoleão. Há ainda outra possibilidade, que ainda é evidente actualmente: emigrar ilegalmente e encher caravelas com famílias que deram todas as suas poupanças a negociantes desonestos sedentos de lucro fácil. Os emigrantes, chegando a solo americano, não tinham de pagar impostos à coroa nem estar sujeito a quaisquer leis portuguesas, se tinham partido ilegalmente.

Entretanto, Filipe II de Espanha aproveitou-se da forte armada portuguesa que sobrou do período das descobertas e decidiu invadir Inglaterra com a *Armada Invencível*. Esse acto resultou numa enorme derrota para Espanha e ainda mais para Portugal. Os Portugueses já haviam pago muito pela loucura do seu rei, dez anos antes em Alcácer Quibir.

Antes do século XVII, Caravelas com Colonos para a Costa Leste

Podemos assumir que o povo Português – outrora Mouros, berberes, etc. – possuía muita informação sobre o Novo Mundo, e com todas as dores económicas, perseguições religiosas e epidemias, por que não emigrar para a América? Afinal, todos os que procuravam uma vida melhor emigravam para a África e para o Brasil, de onde tinham notícias de um clima pouco hospitaleiro, com febres e mortes. Sabendo da malária e das febres que atacavam nas costas africanas e na Ásia, é possível que eles tenham tentado a emigração para a América do Norte.

A informação que chegava a Portugal era que a região da Virgínia e da Carolina do Norte tinha um clima temperado e solo fértil, portanto, por que não tentar? Bem... é uma teoria possível, mas nada está provado. Uma das preocupações para muitos antes de partirem era saber como voltar. Isso não parecia constituir um problema.

Os supostos colonos tinham conhecimento das rotas regulares entre África, o Brasil, a América Central e a América do Sul, pois falavam com muitos que regressavam dessa parte do mundo. Sabiam das tentativas espanholas para colonizar a costa leste, durante o princípio do século XVI, e mais tarde da colónia de Santa Elena. Se estes colonos estavam em Santa Elena quando esta foi destruída, tê-la-iam abandonado e ido para S. Agostinho? Talvez não, uma vez que se sabia da invasão de Portugal pelo exército do Rei de Castela e, não sendo Espanhóis, podiam ter procurado áreas seguras e produtivas. Junte-se o facto de, na altura, se falar de ouro e jóias nas montanhas.

Os ataques ingleses e Índios podem também ter contribuído para o movimento em direcção às terras altas, longe da costa. Há ainda o facto de alguns Melungos e outros grupos iniciais de colonos não parecerem necessariamente mediterrânicos nem Portugueses. Se é assim, como e quando teriam chegado à América? Uma explicação possível pode ser a descrição de A.J.R. Russel-Wood sobre a vida a bordo de um navio na *Carreira das Índias*: *À medida que a viagem avançava, a tripulação tornou-se em Nações Unidas flutuantes sem raça ou religião: escravos e Negros livres do Brasil e os chamados cafres do leste de África, cuja presença era, por vezes, essencial à continuação da viagem: chineses, javaneses e indianos recrutados à força nos portos do Oceano Índico.*[9]

Pode muito bem ser possível, a algum destes navios, ter chegado à América ou ao Canadá nos primeiros anos.

João Lucena, padre jesuíta e cronista do século XVI, escreveu sobre a vida de S. Francisco Xavier. S. Francisco nasceu em Pamplona, Navarra – um nome muito familiar entre os Melungos – em Espanha, em 1497, com o nome de Francisco Jasso Xavier e morreu na China, a 2 de Dezembro de 1552. Serviu o Rei D. João III como evangelista de 1541 até à sua morte. Pelo seu trabalho, a Igreja Católica canonizou-o posteriormente. Lucena descreve como era a vida a bordo dos navios para a Índia: ... *que coisa é uma nau da Índia à vela lançada ao mar com 600, 800 e algumas vezes mais de 1000 dentro dela, homens, mulheres, rapazes, gente livre, escravos, nobres, gente comum, mercadores, soldados e gente do mar. Quem a comparou a uma aldeia grande não exagerou.*[10] Lucena descreve igualmente uma viagem para a Índia em 1531 de uma forma similar. Pode muito bem ter sido possível a um destes navios chegar à América num momento inicial.

A história dos Jesuítas a bordo dos navios da Rota da Índia entre 1541 e 1598 esclarece-nos, segundo Lucena, sobre os pontos principais das viagens: ... *vida religiosa, distracções, lutas, calor, doenças, acidentes e a presença de mulheres.*[11]

A Ligação aos Açores

A população açoreana era originalmente parcialmente constituída por pessoas da Flandres. Os Açoreanos não só têm nomes ingleses e flamengos comuns, como também existe uma área chamada Bretanha, situada em São Miguel, a maior das nove ilhas do arquipélago. No norte da França há uma província com o mesmo nome: Bretanha. Os apelidos estrangeiros são vulgares nos Açores, tal como os Morrisons, os LaBescat, os Bettencourt, etc. Na ilha do Faial existe igualmente uma zona chamada Flamengos, que teve origem com os flamengos da Flandres. A Holanda, a Bélgica e a França partilham o território anteriormente conhecido por Flandres.

As relações de Portugal com a Flandres datam do início da monarquia portuguesa. D. Teresa, filha de D. Afonso Henriques, casou com o conde flamengo, Filipe I e mais tarde adoptou o nome Matilde no seu país de acolhimento.[12] Estas relações foram reforçadas por uma aliança com a Flandres nos séculos XIV e XV, devido ao casamento da princesa portuguesa, D. Isabel de Portugal, com o Rei da Flandres, Filipe, o Bom. D. Isabel era irmã do Infante D. Henrique. Devido à Flandres estar atravessar um período de dificuldades causadas pela guerra e outros flagelos, tais como a morte, a destruição, a fome e as doenças que aumentaram desenfreadamente, D. Isabel pediu ao irmão que instalasse os flamengos desalojados nas ilhas das suas aventuras, como por exemplo nas recém-descobertas ilhas dos Açores. Isto ocorreu em meados do século XV; porém, segundo Guill: ...*não era fácil uma viagem de Portugal até á Flandres para conseguir colonos. ...as frotas portuguesa e flamenga combinadas que levaram D. Isabel à Flandres em 1429, partiram de Cascais a 17 de Outubro e chegaram a Sluis no dia de Natal.*[13]

Os Açores foram redescobertos a 14/15 de Agosto de 1432 quando os Portugueses chegaram a uma ilha, que vieram depois a chamar ilha de Santa Maria, porque era dia de Santa Maria. Naquela época, D. Henrique ordenou que soltassem ovelhas e cabras na ilha para servirem de alimento em expedições posteriores. Mais tarde, os prisioneiros Mouros capturados nas guerras mouriscas foram usados como mão-de-obra, tanto lá como no arquipélago da Madeira. Além disso, os colonos da Flandres, de Artois e da Picardia, enviados por Filipe, o Bom, assim como pessoas flamengas, iniciavam as suas funções ao serviço de D. Henrique. Devemos lembrar que é comum encontrar olhos azuis e cabelo claro entre os açoreanos. A *União Portuguesa do Estado da Califórnia*, publicou um livro intitulado *Portuguese Immigrants* (Imigrantes Portugueses), o qual refere que: *...a popular festa de S. Marcos, "Festa dos Cornos", celebrada anualmente a 25 de Abril no Faial e noutras ilhas, é outro dos poucos testemunhos da presença flamenga, já para não mencionar os olhos azuis e o cabelo loiro que adorna os Açoreanos.*[14]

O Dr. James H. Guill, autor do livro *A History of the Azores Islands* (História das Ilhas dos Açores), sabe da existência dos Melungos e, nos últimos 45 anos, investigou todos os aspectos possíveis do povo açoreano. Ele afirma veementemente que existe um registo de um certo capitão que partiu dos Açores em direcção ao continente buscar colonos, mas uma ou duas viagens nunca terminaram. Ele é de opinião que alguns dos Melungos são descendentes de pessoas que vieram dos Açores. No seu livro, afirma que: *...numa dessas viagens da Flandres para os Açores, poderão não ter virado para norte em direcção às ilhas no momento certo para as alcançar. Numa outra viagem poderão ter-se aproximado da costa leste da América do Norte, virado para norte e encontrado o que é hoje a costa da Carolina do Norte. Quando se iniciou a colonização desta região cerca de dois séculos mais tarde, os colonos encontraram um grupo europeu que se intitulava Melungos e se identificava com os Portugueses.*[15]

As ilhas dos Açores distam apenas 1900 quilómetros da Terra Nova e menos do dobro de Nova Iorque. Portugal tem o ponto europeu mais próximo dos Estados Unidos e Canadá. As ilhas do Corvo e das Flores situam-se a 36° 55' de latitude norte – a mesma de Nova Iorque – e a 24° 46' de longitude oeste, enquanto que o ponto mais próximo no Reino Unido ou na Irlanda se situa a 52° de latitude norte e 10° de longitude oeste. A Terra Nova localiza-se a 48° de latitude norte e 53° de longitude oeste. Não é muito difícil imaginar Açoreanos determinados a chegar à América do Norte, com pouca dificuldade, quer devido a planos voluntários e/ou pelas forças da natureza.

Para que fique registado, sabe-se que Pedro Menéndez de Aviles contratou 50 agricultores Portugueses dos Açores para a Flórida a 26 de Janeiro de 1573. A 13 de Julho de 1573, outros 100 agricultores Portugueses seguiram-se-lhes.[16]

Dos Açores para a América numa barcaça

Há algum tempo atrás, em 1951, Victor Caetano, casado e morador na ilha de São Miguel, falava com um homem seu amigo, solteiro, prestes a casar-se, tendo-lhe perguntado: *Queres ir para a América?*

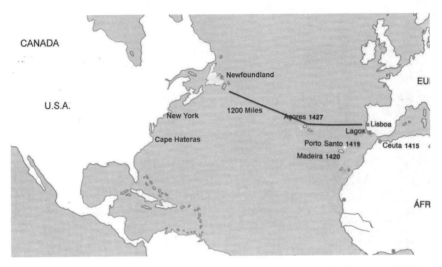

Fig. 107 – Mapa do Atlântico norte, mostrando Portugal a leste e os EUA
e Canadá a oeste. Repare-se na distância das ilhas dos Açores.

O outro respondeu-lhe: *Quando? Hoje à noite? Como?*
Não! – respondeu Victor – *num barco que havemos de construir.* E assim fizeram, fugindo às autoridades e à família, dizendo que estavam a construir o barco para alguém, que os remunerava pelo trabalho.

O barco era feito de madeira barata e media aproximadamente 4,5m. Quando a "embarcação" estava pronta, os dois homens juntaram algumas provisões e uma cana de pesca e meteram-se ao mar por volta da uma da manhã. Na manhã seguinte, a mulher e a família foram à polícia, que, por sua vez, iniciou uma busca intensiva em direcção a oeste – na direcção da costa americana. Depois de muitas horas de buscas, descobriram alguns destroços de um barco e supuseram que os homens se tinham afogado. Entretanto, os aventureiros, em vez de irem para oeste, foram para norte, evitando assim a polícia.

Mais tarde, viraram para oeste e, ao cabo de duas semanas a remar ou levados ao sabor do vento e da maré, foram avistados por um navio de mercadorias grego que se ofereceu para os salvar. Eles recusaram a ajuda, dizendo: *Nós vamos para a América.* O capitão do navio informou as autoridades de Portugal e deixou-os no meio do oceano. Alguns dias depois, foram atingidos por uma tempestade, que estragou a pequena vela e o mastro. Por essa altura, já morriam de fome e sofriam com a exposição ao sol. Mas não desistiram e continuaram, comendo peixe cru. Já perto da costa leste da Nova Inglaterra, nos Estados Unidos, foram avistados pela Guarda Costeira, que os salvou. O homem solteiro encontrou uma prima e casou com ela, obtendo estatuto legal.

O homem casado foi para Washington, D.C., e fez uma petição para permanecer nos EUA. Recusaram-lhe a permissão e disseram-lhe que iria ser deportado. Ele disse: *Podem deportar-me, mas quando eu chegar aos Açores, construo um barco maior e volto para cá.*[17] Depois de muito interesse público, concederam-lhe finalmente estatuto legal. A partir da história fez-se eventualmente uma curta metragem, que está disponível em vídeo por intermédio da Henda Records.

Segue-se o título e uma pequena descrição: *O Barco e o Sonho, a partir do conto homónimo de Manuel Ferreira e do depoimento de Victor Caetano. O relato ficcionado das aventuras vividas por dois Açorianos que na década de 50 rumaram num barco à vela em direcção dos Estados Unidos.*

A natureza já provou que qualquer coisa lançada ao Atlântico norte irá eventualmente viajar no sentido dos ponteiros do relógio. Para comprovar esse facto, a revista Life relatou recentemente que uma garrafa percorreu uma distância de 3.657 quilómetros entre o Massachusetts e a ilha Terceira nos Açores.

Estes factos são apresentados como prova apenas para mostrar que não era difícil para qualquer português vir dos Açores para a América, mesmo no século XV. Os ventos e as correntes favoráveis levá-los-iam com muito pouco esforço da sua parte, contrariamente à conclusão do Almirante Morison de que, num tal período inicial de navegação, seria improvável que pequenos barcos vindos dos Açores alcançassem a Terra Nova.[18]

Coincidências? Hipóteses?

No início, apresentaram-se algumas questões relacionadas com os Melungos. Não se encontraram respostas para todas. Todavia, algumas das coincidências apresentadas são difíceis de ignorar. Resta-lhe a si, leitor, tirar as suas próprias conclusões depois de avaliar as provas apresentadas. Eis alguns factos que apontam para a resposta de ascendência portuguesa:

1. A origem do nome Melungo é portuguesa.
2. Os Portugueses sabiam da existência da América e a sua localização.
3. Os Melungos afirmaram sempre ser Portugueses.
4. Os Melungos tinham características físicas semelhantes às dos Portugueses.
5. Os Ingleses consideravam-nos Portugueses.
6. O censo registou os Melungos como sendo Portugueses.
7. Declarações feitas pelos seus antepassados apontavam para uma origem portuguesa.
8. Os tribunais e a legislação consideravam-nos Portugueses.
9. Alguns dos nomes originais apontam para uma origem portuguesa.
10. Uma vez que os Portugueses emigravam para África, para o Brasil e Índia, também teriam vindo para a América do Norte.
11. Havia meios de transporte regulares entre Portugal, Espanha e o Novo Mundo.
12. Os Melungos, assim como os Portugueses, eram artífices de metais preciosos.
13. O nome português sobreviveu entre os Melungos até aos nossos dias.
14. Em 1573, Pedro Menéndez e outros trouxeram agricultores Portugueses.
15. Que outra língua moderna tem nomes ainda em uso tão semelhantes a Melungo, Mulango, Malange? Só a língua portuguesa apresenta estas palavras no seu vocabulário.

Pretensões de Ascendência Portuguesa

1. *Os Melungos mais velhos afirmaram sempre peremptoriamente serem Portugueses.*[19]

2. *Independentemente da distância entre as povoações, eles afirmavam invariavelmente serem Portugueses.[20] Parti do princípio que os Melungos diziam a verdade, ou seja, que eram mesmo Portugueses.*[21]

3. *Intitulavam-se Portugueses e encontravam-se nas regiões mencionadas pelos nossos primeiros pioneiros de colonização lá. Devem ser provenientes de alguma colónia provinda de Portugal.*[22]

4. *Os Melungos actuais afirmam possuir ascendência portuguesa.*[23]

5. *A teoria mais plausível parece ser aquela que sustenta que os Melungos são de origem portuguesa. Os próprios Melungos verificam esta teoria, pois desde muito cedo afirmaram ser Portugueses.*[24]

6. *Burnett (1889) ...considerava-os de origem portuguesa.*[25]

7. *Possivelmente... eles descendiam de Portugueses ou Espanhóis...*[26]

8. *[M]as quando todas as teorias étnicas e raciais falharam, o povo [os Melungos] continuavam a afirmar serem Portugueses.*[27]

Isto são apenas alguns exemplos de muitas pretensões de ascendência portuguesa. Existem muitos mais. Na altura em que este livro está a ser escrito, uma equipa de arqueólogos faz escavações num local onde se pensa que Pardo terá construído um dos seus fortes, podendo em breve haver novas descobertas.

Os arqueólogos e os antropólogos podem fornecer muitas respostas, pois elas estão enterradas. O tempo o dirá, desde que as escavações continuem.

Para já, este livro pode não fornecer provas sólidas de que o principal componente do povo Melungo seja português. No entanto, tudo indica que os Portugueses foram dos primeiros colonos europeus, senão mesmo os primeiros. Embora muitos dos Melungos tenham nascido fora de Portugal, eles eram Portugueses de nacionalidade. Os Melungos podem ter vindo de Portugal continental, dos Açores, da Madeira ou de outras ilhas atlânticas, de África, do Brasil ou do Extremo Oriente. Todos estes territórios, ou parte deles, foram territórios Portugueses e estiveram sob a bandeira portuguesa.

Antes de concluir, é muito adequado que o leitor veja um e-mail recebido pelo autor de Francisco António Doria, um historiador, pesquisador e genealogista nascido no Brasil e residente no Rio de Janeiro: *Somos todos mestiços, tanto em Portugal como no Brasil. Uma mistura enorme de raças. Por essa razão, temos o privilégio de sermos aparentados com o profeta Maomé (já que todos em Portugal descendem de Abunazar Lovesendes, senhor da Maya no século X); de sermos parentes próximos de Santo António (através de Paio Soares Romeu, no século XII) e de muitos, mesmo muitos Judeus que moraram em Portugal desde tempos imemoráveis. E claro, temos imenso sangue negro, misturado com uma linhagem berbere... Eu pareço um ameríndio; a minha filha e o meu filho mais novo são loiros. A vantagem de se ser mestiço é que nunca se pode prever a cor de cabelo de um filho. A minha sogra, do Porto, tem olhos azuis e pele muito branca; o meu pai costumava arreliá-la, chamando-lhe Frau Bertha, o que ela não compreendia, por só falar português.*

Esta é a única explicação lógica para o facto de os Melungos terem uma aparência tão diversa.

Talvez o DNA [**d** (eoxyribo) **n** (ucleic) **a** (cido)] nos aproxime da verdade.

Desenvolve-se actualmente uma pesquisa contínua sobre o cromossoma "Y" que passa exclusivamente de pai para filho. A população de uma aldeia da África do Sul, que afirma uma ascendência judaica antiga, foi recentemente testada. Dez por cento dos homens testados podem descender de um único cromossoma "Y" de há 3000 anos atrás, o que, segundo a Bíblia, pode coincidir com o período em que o profeta Abraão viveu.[28]

Historiadores Portugueses

O professor e autor José Hermano Saraiva é um historiador famoso e um grande comunicador, com muitos livros para o acreditar. Tem também um programa semanal sobre a história de Portugal num dos canais da televisão portuguesa, a RTP. Durante uma entrevista com o autor e, depois de ler vários excertos do livro de Kennedy, José Hermano Saraiva pediu uma cópia do livro, a qual Kennedy enviou. O seu comentário final foi, *é muito importante que o assunto seja estudado.*

Ele está fortemente inclinado para a teoria dos Açores e afirmou que diversos navios partiram das ilhas ou do continente, dos quais nunca se obteve quaisquer notícias. Mencionou também que nos Açores, mais precisamente na Baía de Cré, na ilha de Santa Maria, a 150 metros da Capela dos Anjos, estão enterrados alguns canhões do século XVI, possivelmente para marcar o local onde Colombo desembarcou em 1493, quando regressava da sua primeira viagem.

É igualmente interessante que a *História Concisa de Portugal,* um livro escrito pelo Professor José Hermano Saraiva, tenha sido traduzido para chinês. Ele também disse ao autor que nenhum escritor ousara escrever a história da vida de Colombo anteriormente à sua chegada a Portugal, ou mesmo enquanto ele esteve em Portugal. Isso deveria ser feito para se saber mais sobre os seus feitos, assim como sobre possíveis navegações anteriores.

O Professor e autor Artur Teodoro de Matos, presidente (1996) do Instituto Damião de Gois, na Torre do Tombo em Lisboa, afirmou numa entrevista estar também interessado no assunto e recomendou que se fizesse um estudo aprofundado.

O Professor Artur Matos viveu no Extremo Oriente durante vários anos.

Fig. 108 – O Professor Dr. José Hermano Saraiva e o autor.

Notas

[1] História da Civilização Ibérica, de Oliveira Martins, p. 41.

[2] New Andalucia, de Paul E. Hoffman, p. ix.

[3] The Masters and the Slaves, de Gilberto Freyre, p. 9.

[4] Ibid, Studies de Emile Béringer of the Climate...Pernambuco.

[5] Correio da Manhã, 2 de Julho de 1995, p. 27.

[6] Thorn Birds, de Colleen McCullough, pp. 27, 32
(também em filme – "Pássaros Feridos).

[7] Fomento Rural e Emigração, de Oliveira Martins, p. 172.

[8] História da Civilização Ibérica, Oliveira Martins, p. 270.

[9] Men Under Stress: The Social Environment...the Carreira da India, de
A.J.R. Russell-Wood, p. 23.

[10] História da vida do Padre Francisco de Xavier, de Padre João de Lucena, p. 44.

[11] As Relações de Viagens dos Jesuítas na Carreira das Naus da Índia
de José Wicki, p. 8.

[12] História de Portugal, de Damião Peres, p. 641.

[13] Azores Islands, A History de James H. Guill, Vol. 5, p. 141.

[14] Portuguese Immigrants, de Carlos Almeida, UPEC, p. 1.

[15] Azores Islands, A History de James H. Guill, Vol. 5, p. 141.

[16] Carta de N. Brent Kennedy para Victor Marques da CNN.

[17] Entrevista com Mariano Rego de Toronto.

[18] A Future to Inherit de Anderson and Higgs, p. 7.

[19] The Melungeons, de Bonnie Ball, p. vi.

[20] The Melungeons, de N. Brent Kennedy, pp. 11-12.

[21] Ibid., p. 93.

[22] History of Tennessee, de Hale and Merrit, pp. 180, 181.

[23] Smoky Mountain Country, de North Callahan, p. 162.

[24] The Treatment of the Melungeon, de Jacqueline Daniel Burks, p. 23.

[25] Genetics in the Melungeons..., de Pollitzer and Brown, p. 388
(Human Biology, Set. 1969).

[26] The Melungeons, de Jean P. Bible, p. 2
(Martha Collins, Gerente do Banco de Sneedville).

[27] Atlantis, Dwelling Place of the Gods de Henriette Mertz, p. 58.

[28] 60 Minutes, CBS TV - programa de 18 de Abril de 2000.

Apêndice A
Apelidos, Lugares e Palavras de Portinglês[1] Comuns
(Evidência de possíveis ligações aos Melungos e a outros grupos)
Nomes usados nos Montes Apalaches e por toda a América do Norte

Segue-se uma lista de apelidos usados por pessoas com ascendência portuguesa, incluindo os Melungos e outros grupos de pessoas que podem estar relacionados com os Portugueses. Tudo isto pode ser apenas uma grande coincidência, mas vale a pena tê-los em consideração. Alguns deles pertencem ao grupo de colonos de Santa Elena.[2] Outros são o resultado da pesquisa literária e entrevistas pessoais.

Inglês/Melungo	Português	Inglês/Melungo	Português
A		Barber	Barbosa
Abreau	Abreu	Barbera	Barbeiro
Acevedo	Azevedo, Azevada	Barbour	Barbeiro
Adams	Adão	Barcelles	Barcelos
Adkins		Barcels	Barcelos
Agatha	Agata, Agueda	Barker	Barqueiro
Aguir	Aguiar	Barnes	
Alberta	Alberta	Barrett	Barreto
Alexander	Alexandre	Barrios	Barros
Allen	Alem	Barry	Barrios
Allmond	Nogueira	Bass	
Almeda, Alameda	Almeida	Battle Island	Batel
Alvas	Alves	Bean	Feijão
Alvernez	Alvernaz	Beckler	
Amadas	Amada, Almada	Bedgood	
Amador	Amador	Bell	Bela
Ambrose	Ambrózio	Benavidez	Benevides
Andrada	Andrade	Benevedes	Benevides
Andrew(s)	Andrade, André	Benito	Bonito
Antone (1)	Antonio	Bennet	Bernardo
Aprizio	Aparicio	Bennet	Bonito
Aquina	Joaquina	Bennitt	Bonito
Aragon	Aragão	Berberia	Bebereia
Arauz, Aravio	Araujo	Bernal	Bernardo
Arez, Ares	Aires	Bernard	Bernardo
Arlee, Arleen	Arline	Berne	Bernardo
Armitta, Arminda	Arminda	Berry	Morango
Arude	Arruda	Bertain	Bertão
Ascucena	Acucena	Bettencourt	Bethencourt
Ashworth		Beverly	
Athayede	Ataide	Biana	Viana
August	Augusto	Biggs	
Augustina	Agostinho	Blacksmith	Ferreiro
Ayres	Aires	Bodge	Borges
B		Bollen, Bolin, Bolton	Volta
Bacalieu (Canada)	Bacalhau	Bolling, Boulden	
Badby		Boone	
Bairos	Barros	Bordges	Borges
Baldwin	Ballduino	Borge	Borges
Barber	Barbeiro	Borling, Bowlen	

Inglês/Melungo	Português	Inglês/Melungo	Português
Boteilho	Botelho	Carrico, Carico	Carriço
Botela	Botelho	Carrier	Carreiro
Bothelo	Botelho	Carriere, Carrieiro	Carreiro
Bowling, Bowlin		Casar	Casar
Bowman		Casemero	Casimiro
Brabosam	Barbosa	Casteel, Steel	Castilho
Bradby		Catania	Caetano
Bragans	Bragança	Caton	Caetano
Brager	Braga	Caton	
Bragg	Braga	Catrina	Catarina
Brandon	Brandão	Catrino	Catarino
Branham		Catten	Caetano
Brass	Brás	Caudill	Caudilho
Braveboy	Bravo	Cayton	Caetano
Braze	Brás	Celia	Celia
Breyner	Breyner	Chambers	Camara
Brier	Silva	Chapman	
Brewington	Census (Portuguese)	Chavis, Chavers	Chaves
Brigman		Chula (Georgia)	Chula
Brogan	Bragança	Cintron	Sintra
Brooks	Ribeiro	Clark	
Brown	Browne, Abrão	Clay	Barros
Brown	Brum	Clement	Clemente
Brun	Brum	Clementine	Clementina
Bruym	Brum	Cloud	
Bulcan	Bulcão	Coal, Cole, Coles	Calero
Bullion	Bulhão	Codeglio	Cordeiro
Bulscamp	Bulcão	Codina	Codinha
Bunch		Coffey	Café
Buran	Beirão	Coit, Couto	
Burgess	Borges	Coite, Couto	
Burrows	Barros	Coleman	
Burton		Colings	
Bush	Bucho	Colley	
Butler, Buttler, Butters		Collier, Colyer	
Buxton		Collingsworth	
Byrd		Collins	Colina
C		Concealor	
Caldero	Caldeira(o)	Conception (Canada)	Conceição
Calloe	Calhau	Consalues	
Cambra	Camara	Conselah	
Camello	Camilo	Constant	Constantino
Cameron	Camara	Conti	Conde
Camp	Campos	Cook, Cooke	
Campbell		Coone	Cunha
Canara	Canará	Cooper	
Canara	Caneiro(a)	Corea, Corey	Correia
Canary	Canário	Corria, Corry	Correia
Cantal	Quental	Cory, Corey	Correia
Carder, Carter	Carda	Costello	Castelo
Cardoza	Cardoso	Costmore	
Carero	Carreiro	Cotman	
Carmel	Carmo	Counsellor	

Inglês/Melungo	Português	Inglês/Melungo	Português
Counts	Condes	Doyle	
Covarelli	Carvalho	Driggers	Drummond
Cox, Coxe	Cocho, Coxo	Driggus, Driggues	Rodrigues
Cravalho	Carvalho	Duart	Duarte
Crémaillière (Canada)	Caramelo	Dungey	Dungue
Crews, Cruz		Dye	
Criel, Creeley	Criela	**E**	
Cross	Cruz	Eanos, Eanes, Eannes	Enos, Eanes
Croston		Edna	Edna
Crow	Corvo	Efreginia	Virginia
Cubans	Cubano	Elvis	Elvas
Cumba	Macumba	Ely	Elias
Cumbo		Emery	Amaral
Cumbow		Emmerich	Americo
Curry	Correia	Enes, Ennes, Ennis	Eanes, Enos, Ennes
Custalow	Castelo	Enos	Inácio
D		Epps	
Dalton		Escubar	Escobar
Dambrosio	de Ambrósio	Espindola	Espinola
Damera	de Amaral	Espindula	Espinola
Damin	Damião	Espingula	Espinola
Damos	Dámaso	Estevo	Esteves
Daniels	Daniel	Eulalia	Eulalia
Dare		Evans	Ivo
Daveiro	de Aveiro	**F**	
Davilla	de Avila, D'Avila	Fabian	Fabião, Fabiano
Davis	David	Fabritius	Fabricio
Day(s)	Dias	Facha	Focha
Deas	Dias	Fanal, Fanais, Fenais	Fire, beaches
Debrum	de Brum	Fantes	Fontes
Decost	da Costa	Farilham, Canada	Farelhão
Dews, deDews	Deus, de Deus	Farres, Farris	Ferro
DeFrates	de Frades	Felis, Feliso	Félix
DeFreytas	de Freitas	Felix	Seles
Delima	de Lima	Fellow	Fialho
Delp		Fellows	Félix
Deluz	da Luz	Fereria	Ferreira
Demello	de Meio	Fermeuse, Canada	Formoso
Demings	Domingues	Ferris, Ferry	Ferreira, Faria
Denham, Denhan	Dinho, Godinho	Fields, Fielder	Campos
Dennis	Deniz	Fields	Fialho
Dennis	Dinis	Figeroid	Figueiredo
DeRoos	da Rosa, Rose	Figueredo	Figueiredo
Dial, Dial, Dick	Dalia	Fisher	Ficher
Diaz	Dias	Fletcher	
Dimenco	Domingues	Flora	Florinda
Domings	Domingues	Florest	Flores
Dominico	Domingos	Fontz	Fontes
Dondrado	da Andrade	Foster	Faustino
Doodes		Frager, Frega	Fraga
Doolin	do Lino	Forger	Fraga
Dorinda	Dorinda	Fragouzo	Fragoso
Dorton		Francis	Francisco

Inglês/Melungo	Português	Inglês/Melungo	Português
Frates, Fratis	Freitas	Gracia	Garcia
Fratus, Freates	Freitas	Graham	
Frazer	Freitas (5)	Grants	
Freels (Canada)	Frey Luis	Greaves	Graves
Freeman		Green, Greene	Verde
French	Francês	Griffin, Griffie, Griffith	
Fretard	Freitas	Groom	
Fundy (Canada)	Funda	Grawl, Graul, Growall	
G		Guyn, Gwin, Gwinn	
Gallagher	Galego	**H**	
Gallant	Galante	Haires	Aires
Games	Gomes	Hale	
Gann		Hall	Sales
Garland		Hambricks	
Garrett	Garret	Hammond	
Gaspari	Gaspar	Hanks	
Gasper	Gaspar	Harmon	
Gawen, Gawne		Harris	
Gawin		Harvey, Harvie	
George	Jorge	Hatcher	
Geravazo	Gerevásio	Hawkes	
Gerevas	Gerevásio	Head	
Gerie, Gerry, Jerry	Geraldo, Geraldina	Helen	Helena
Gibbens		Henas	Ignacio
Gibbs		Hendrick	Henriques
Gibson, Gipson		Henry	Henriques
Gier	Aguiar	Herma (3)	Herminia
Gill	Gil	Hill Monte	
Goain, Goane	Goeses	Hillman	Ilma
Goains, Goen, Goene	Gois	Hines	Enos
Goan		Hogge	
Goens, Goine, Going	Goes	Hoimes	Homem
Goff		Holloway	
Goings, Goune	Goios	Holmes, Hoimes	Homem, Homen
Goins, Goin, Goines	Góis, Goiás	Homen	Homem
Gonsaloo	Gonçalo	Hope	Esperança
Gonsalos	Gonçalves	Hopkins	
Gonsela, Gonsolve	Gonçalo	Howe	
Goodman		Hunt	
Gormes, Gormus	Gomes	Hyatt	
Gorven(s)		**I**	
Gouen		Ingles	Inglês
Gouvea	Gouveia	**J**	
Govea	Gouveia	Jacinth(o)	Jacinto
Gowain, Gowans		Jacintho	Jacinto
Gowan, Gowane		Jacquin	Joaquim
Gowen, Gowene		James	Joackin
Gowin(s), Gowine		James	Jaime
Gowing, Gown		Janes	Yanes (old Port.)
Gowne, Gowyn		Jaques	Joaquim
Gowyne, Goyen		Jardine	Jardim
Goyne, Goyenne		Jarvis	Gerevásio
Grace	Graça	Jason	Jacinto

Inglês/Melungo	Português	Inglês/Melungo	Português
Javier	Xavier	Lula	Lula
Jerome	Jerônimo	Lunardi	Leonardo
Jess	Jacinto, José	Lyon	Leão
Joackin	Joaquim	**M**	
Joanes	Annes, Eanes	Maddox	Matos
Joe King	Joaquim	Madruegh	Madruga
Johnson		Mae	Mãe
Jones		Mageilan	Magalhães
Jordan	Jordão	Maggard	Magro
Joyce		Major	Major
Juditha	Judite	Male, Mayle	Mala
Judy	Juvenalia	Maloney	Malhou
K		Manhan	Manhã
Kardoza	Cardoso	Maral	Amaral
Katen, Katon, Katten	Caetano	Marcial	Maciel, Marcia
Keith, Keyes, Keys	Chaves	Marciel	Marcelo
Kennedy	Canadei	Maciei	Macieira
King	Reis	Markes	Marques
Kiser		Marks	Marques
Korie	Correia	Marreis	Marisco
Kuite	Couto, Coito	Marshall, Marsh	Machado
L		Martin	Martins
Labrador (Canada)	Lavrador	Mateas	Matias
Laborde	Labuto a	Mathias	Matias
Lamb	Cordeiro	Mathews	Mateus
Langston		Matoza	Moitoso
Lasie		Matteri	Medeiros
Lavada	Levada	Mattes	Matos, Mattos
Lawrence	Lourenço	Mayle	Melo
Lawson		McCiel	Maciel
Lazarus	Lazaro	Meadows	Medeiros
Le Blanc		Mederios	Medeiros
Lela	Lila	Medero	Medeiros
Lema	Lima	Medrows	Medeiros
Lenard	Leonardo	Megre	Magro
Levada	de Oliveira	Meilow	Meio
Levin	Levinho	Mell	Mel
Leviner		Melli	Amelia
Lewis	Luiz	Mellow, Mellon	Melo
Light	Luz	Mendoes	Mendes
Limas	Lima	Meniz	Moniz, Menezes
Limon	Lima	Menze	Mendes
Linn	Lino	Meyers	Maio
Lisbon	Lisboa	Mihil	Miguel
Locklear	LaBescat	Milee	Miles
Lonzo	Alonso	Milier	Meio
Lopes	Lopes	Miller	Melo
Lorentz	Lourenço	Millhouse	Meio
Louis	Luis	Millhouse	Azinheira
Lowry	Louro	Minalda	Miralda
Lucas, Lucus	Lucas	Minard	Minar
Lucido	Lucindo	Miner	Mineiro
Lucinda	Lucinda	Miner	Minervina

Inglês/Melungo	Português	Inglês/Melungo	Português
Minor	Menor	Oliver	Oliveira
Moitoz	Moitoso	Ormond(e)	Ormonde
Moluccas (Indon.)	Maluco	Orr	
Molungo	Melungo	Osborn	Osverno
Molyns	Molino(a)	Oxendine	
Monez	Moniz	**P**	
Monice	Moniz	Pachao	Paixão
Monize	Moniz	Pacincia	Paciencia
Montero	Monteiro	Page	
Moones	Moniz	Paine	Pena
Moore	Moreno	Paiz	Pais
Moore	Moura	Palacioz	Palacio
Morley		Pareira	Pereira
Morris	Morais	Pariera	Pereira
Morrison	Morrison	Pashotte	Peixoto
Morton	Martinho	Passus	Passos
Motoza	Moitoso	Patrick	Patricio
Mowra	Moura	Patterson	Patrão
Mozingo	Mouzinho	Pavon	Pavão
Mull	Moules	Peacock	Pavão
Mullins	Molino(a)	Peary	Pereira
Munice	Moniz	Perkins	
Munice	Moniz	Perlrins	Pery
Muniz, Moniz	Moniz	Perreira	Pereira
Mure	Moura	Perry	Pereira
Mursh		Perry	Peres, Pires
Myer, Mayer	Maia	Peters	Pita
N		Peters	Pedro
Nash (Nasi for Jews)	Nasce	Pettingalle	Portugal
Navarrah	Navarro(e)	Phelps	Filipe
Nelson	Nelson	Philips	Filipe
Nettie	Neto	Phipps	Filipe
Nevas	Neves	Pidgeon	Pombo
Nevis	Neves	Pimental	Pimentel
Newman		Pinder	Prinder
Niccans	Nicas	Pine	Pinheiro
Nicholas, Nichols	Nicola	Piver	Paiva
Nobriga	Nóbrega	Polly	Paulo
Noel	Noel	Portees, Portes	Portas
Nora	Nora	Portz	Portes, Sasportes
Norager	Nóbrega	Powell	Paulo
Norberg	Nóbrega	Powers	
Norris		Prairie, Prara	Pereira
Noyer	Noia	Prince	Principe
Nursmith	Nascimento	Pritchard	
O		Pruitt	
Oak	Carvalho	**Q**	
Oakes	Carvalho	Qates	Aveia
Oaktree	Carvalho	Quail	Coelho
Oberia	Iberia	**R**	
Odell	Odelia	Race (Canada)	Raso
Olive	Oliveira	Rames	Ramos
Oliveaira	Oliveira	Ramey	

Inglês/Melungo	Português	Inglês/Melungo	Português
Rangel	Rangeis	Shephered	Pastor
Raphael	Rafael	Schire	Xira
Rapoza	Raposo	Shavis	Chaves
Rasnick		Short, Shortt	Curto
Raymund	Raimundo	Silvay	Silveira
Raymus	Ramos	Silver	Silva
Reaves, Reece, Reese	Rios	Sílveria	Silveira
Reposa	Raposo	Silvey	Silva
Revels, Reeves		Silvia	Silva
Reyes, Reies	Reis	Silvia, Sylvia	Silveira
Richardene (4)	Ricarda	Simmons	Simões, Semião
Richards	Ricardo	Simon	Simão
Richardson		Simons	Simas
Ries, Rivers	Reis, Rivas	Sims	Simas
Rivers	Ribeiro	Sizemore	
Roach, Roark	Rocha	Smith	Ferreiro(a)
Robertson, Robinson	Roberto	Smith	Semedo
Roby	Rubim	Snow	Neves
Roche, Roca	Rocha, Roça	Soiza, Souza, Suza	Sousa, Dasouza
Roderick, Roderigo	Rodrigues	Soeza, Soza, Suizer	Sousa, deSousa
Roderick, Rodiriguez	Rodrigues	Solomone	Salomão
Rodgers	Rogério	Spair, Spear (Canada)	Espera
Rodrick	Rodrigues	Spencer	
Rogers	Rodrigues	Springs	Fontes
Rogers	Rogério	St. John Harbor	São João
Rose, Rouze	Rosa	Stallard	
Ross	Roça	Stanley	
Russell, Rossie	Rossa, Russa	Stanton	Eustacio
S		Star	Estrela
Sales	Sales	Statua	Eustacio
Salvadore	Salvador	Steel	Aço, Ferro
Salvo (NC)	Salvo	Stevens	Esteves
Sammons	Simão	Stewart	
Sampson	Sansão	Stitt	
Sands	Areias	Stone	Pedreira, Pedras
Sappers	Serpa	Strother	
Sawyer		Stuve	Esteves
Scares	Sequeira	Sudeley	Sodré
Schmidt	Ferreiro(a)	Suares	Soares
Scott	Chicote	Sumar (Su(o)mer)	Sumares, Somares
Seamas	Simas	Supriano	Cipriano
Sears	Soares	Swartz	Soares
Sears	Soares	Swartz, Sowa	Soares
Secara	Sequeira	Swayze	Soares
Sedalia (NC)	Cidalia	Swears	Soares
Seles	Félix	Sweat, Sweats, Swett	
Semas	Simas	Swindall	
Semerteen	São Martinho	Sylva	Silva, Sylva
Senram	Serrão	Sylvester	Silvestre
Sequira	Sequeira	Sylvia	Silva
Sexton	Sacristão	**T**	
Shavis	Chaves	Tacheira	Teixeira
Shephard, Shepherd	Pastor	Tacherra	Teixeira

Inglês/Melungo	Português	Inglês/Melungo	Português
Tally		Ware	
Tarves, Tarvis	Tavares	Washburn	
Tash	Teixeira	Watts	
Tavare	Tavares	Weaver	Uiva
Taveres	Tavares	Wedge	Cunha
Tavis	Tavares	White	Alves
Taylor		White	Branco
Teichera	Teixeira	Whited	
Terry	Terra	Wilkins	
Teewen	Teves	William(s)	Guilherme
Texeira, Texieira	Teixeira	Williamson	
Thieal	Faial	Willis	
Thomas (2)	Tomaz	Wisby	
Thompson		Wise	
Tobias	Tobias	Wolf	Lobo
Tolliver		Wood(s)	Matos, Madeira
Tormentine (Canada)	Tormentinha	Wright	
Tosta, Tosti	Toste	Wyatt	
Towers	Torres	Wynn	
Travers	Tavares	**X**	
Travis	Tavares	Xaviel	Xavier
Trigeiro	Trigueiro	**Y**	
Trinidad	Trindade	Young, Novo	
Tuppance		**Z**	
Turley		Zachery	Zacarias
Turner		Zina	Zina, Zizina
U		Zorro	Raposa
Ulveira, Dulveira	Oliveira, de Oliveira	Zulema	Zulmira
V			
Valadon	Valadão	(1) Anntoin, Antin, Antoine, Anton, Antone,	
Valentine	Valentim	Antonello, Antoney, Antoni, Antonin, Antonino,	
Valine	Valim	Antonius, Antons, Antony, Antuwan, Antwahn,	
Van de Olm	Dulmo	Antwohn, Antwon, Antwuan, Toney, Toni, Tony.	
Vanover			
Vardy, Verry	Vieira	(2) Tam, Tamas, Tamhas, Thom, Toma, Thomason,	
Vargen	Vargas	Thomson, Thompson, Tom, Tomaso, Tomasso,	
Varum	Varum	Tomasz, Tome, Tomek, Tomey, Tomie, Tomislaw,	
Vass	Vaz	Tomkin, Tomlin, Tommaso, Tommey, Tommie,	
Vera, Viera, Vierra	Vieira	Tommy.	
Veriato	Viriato		
Verstraeten	Estrada	(3) Herminia, Hermione, Erma, Hermia, Hermina,	
Vey	Veigas	Hermine.	
Viator	Vieira		
Vicars, Viccars, Vicker	Vigario	(4) Ricarda, Richanda, Richarda, Richardella,	
Vidalia	Vidalia, Vitalia	Richardene, Richardette, Richardina, Richardyne,	
Videll	Vidal	Richel, Richela, Richele, Richella, Richelle,	
Viery	Vieira	Richenda, Richenza, Richette, Rchia, Richilene,	
Vincent	Vicente	Richina, Richmal, Richmalle.	
Viola (TN)	Viola		
W		(5) de Freitas, deFreitas, Fraites, Fratas, Fratus,	
Wager (Wedge)	Cunha	Fraytas, Fraytus,Freites, Freitaz, Freytas, Freytes,	
Walter	Valtério	Freytez, Freytus.	

Tabela de Tradução de Nomes usados Neste Livro
Tabela de Nomes Estrangeiros

Português	Inglês	Espanhol	Outras
Abade	Abbot		
Afonso		Alfonso	Affonso
Alcacer, Quibir	Alcazarquibir		Ksar el Kibir
Álvares		Alvarez	
Bragança		Braganza	
Cabrilho		Cabrillo	
Canara	Karnatka		Kannara
Castanheda		Castañeda	
Colombo	Columbus	Colon	
Coração	Curaçao		
Diogo		Diego	
Estevão		Esteban	
Fernandes		Fernandez	
Fernando	Fernando	Hernando	Fernão, Ferdinand
Filipe	Phillip	Felipe	
Góis	Goins	Goys	Goes
Gomes		Gomez	
Gonçalves		Gonzalves	
Henrique	Henry	Enrique	Anrique
João, Joa'o	John	Juan	Joam, Yoao
Lisboa	Lisbon	Lisboa	Olissipo
Lopes		Lopez	
Macau	Macao		
Magalhães	Magellan		
Mendes		Menendez	Mendez
Mendonça		Mendonza	
Nunes		Nunez	
Pedro	Peter	Pedro	
Porto	Oporto		
Rodrigues		Rodriguez	
Salsaparrilha	Sarsaparilla	Zarzaparrilla	
Sebastião	Sebastian	Sebastian	
Simão	Simon		
Tejo	Tagus		
Viriato	Viriatus		

Gois, Goios, Goes, Gowens, Goins, Gomes, Goans, Goa

Góis

Fig.109 – Brasão da família Gois.

DAMIANVS A GOES.

Fig. 110—Damião de Gois

A família Gois era uma família de nobres na corte real Portuguesa. O condado de Gois localiza-se a cerca de 200 quilómetros a norte de Lisboa e D. Anian Estrada, um senhor das Astúrias, fundou-o e povoou-o no século XI. Estrada era amigo do Conde D. Henrique de Borgonha, pai do primeiro Rei de Portugal. As Astúrias foram o último reino cristão a subsistir à invasão árabe da Península Ibérica.

Gonçalo Gois foi um cavaleiro do século XII, que lutou a favor do primeiro rei Português, D. Afonso Henriques. Brites de Gois foi avó de Filipa Perestrelo, esposa de Cristóvão Colombo. Os laços familiares entre as famílias Gois e Colombo existiram durante muitas gerações.

Jorge de Portugal, neto de Rodrigo Afonso de Melo e Isabel de Meneses, casou com Isabel Colon de Toledo, neta de Columbo.[39]

Outro Gois famoso foi Damião de Gois, cujo nome se escrevia *Damianvs A Goes* no século XVI. Nasceu em Alenquer em 1502 e morreu em 1574. Foi historiador real, humanista e um escritor famoso, tendo em 1538 casado com uma dama holandesa, Joana Van Hargen; no seu tempo, foi um dos grandes amigos de Santo Inácio de Loiola e de Martinho Lutero – uma combinação muito pouco usual. Gois também foi perseguido pela Inquisição devido ao seu livro, o qual foi publicado em 1541 e banido pela Inquisição. Posteriormente foi nomeado *guarda-mor* da Torre do Tombo.[40] Veja-se uma gravura contemporânea de 1546 de Gois nesta página. (Biblioteca Nacional, Lisboa, Portugal.)

Bento de Gois foi um missionário famoso no século XVI. Goiás ou Goyaz é uma área do Brasil explorada em 1592, devido principalmente à existência de ouro. Actualmente, Brasília, a capital do Brasil e o *Distrito Federal* localizam-se nesta região. A capital do estado brasileiro de Goiás chama-se Goiânia. Algumas das variações do nome Goins foram enviadas pela Fundação Gowens, estando o autor muito agradecido. Segundo Edward Price, o nome Goins: *...parece ser um marcador peculiar de... sangues mistos... Além disso, Goins é um nome fora do vulgar; embora muitos brancos tenham o nome Goins, este aparecia com muito maior frequência entre as pessoas de cor livres em 1830... (2.8 por milhar) do que entre a população geral em 1790... O nome Goins chegou à Virgínia com a forma de Gowen, tendo* *um "Tho:Gowen" sido incluído na lista de passageiros no Globe em 1635.*[41]

Price afirma ainda que: *...um fenómeno como o da família Goins deve ter uma história bem definida por trás de si, mas conseguiu essa chegar aos registos?* Para quem estiver interessado em descobrir a origem de certos nomes com uma ligação possível aos Açores, o autor recomenda o livro de James H. Guill, *Azores Islands, A History.* Possui cerca de 2000 nomes com as respectivas derivações e origens familiares.

O **Portinglês** é a língua de pessoas lusófonas em comunidades anglófonas seleccionadas. Para conseguir um glossário mais extensivo do portinglês ou de palavras inglesas como são faladas pelos Portugueses na América, veja-se *Portinglês* de Adalino Cabral, quatro volumes, publicados em 1985 pela University Microfilms International, 300 N. Zebb Road, Ann Arbor, MI 48106. Este trabalho representa uma dissertação feita no âmbito da concretização parcial dos requisitos de um grau de doutoramento.

Veja-se também *Portuguese American Speech* de Leo Pap, publicado em 1949 pela Columbia University, Nova Iorque e a Portuguese Continental Union, Boston, MA.

Os Sons Portugueses e um Nome Muito Importante

Como se afirmou no início deste capítulo, as coincidências são tão espantosas que não devem ser ignoradas. Para alguns, elas podem parecer um tanto rebuscadas, mas para muitos que viveram e ainda vivem no sudeste, estas coincidências fazem sentido.

De um ponto de vista académico, elas poderão não ser aceites, mas as muitas pessoas entrevistadas gostariam de as ver por escrito. Diz-se que alguns nomes terão uma origem celta, irlandesa ou inglesa.

Pode ser perfeitamente possível, se tivermos em consideração que o povo celta controlou grande parte da Europa em determinado momento. No entanto, os nomes ou coincidências estão muito vivos hoje em dia em Portugal e têm estado durante centenas de anos, assim como em muitas partes do continente norte-americano.

A palavra MAE é muito intrigante, já que tem significado "mãe" em português desde há muitos séculos. A palavra em espanhol é *"madre"* e nenhuma outra língua usa esta palavra. A ortografia em português é "mãe", ou seja, *mae* com o til. Uma coincidência interessante está relacionada com este nome. Muitas famílias no sudeste usam Mae como nome do meio, como por exemplo, Billy Mae, Lillie Mae, Effie Mae, Ollie Mae, Dollie Mae, Lucy Mae, Mae West, Pearl Bailey Mae, Rita Mae, etc. Também é interessante notar que estes nomes pertencem a famílias que afirmavam ascendência portuguesa e que vivem na Carolina do Norte, estando ou não relacionadas com os Melungos. Mae Jamison é o nome da primeira americana de ascendência africana e nascida no sudeste a viajar no espaço. Outro nome com um parente famoso é Minnie Mae Presley, a avó de Elvis Presley.

O autor pesquisou as origens do nome Mãe e os resultados são muito pouco usuais. Encontrou-se a palavra nos seguintes livros: *Crónica D. João III, Cap. 51-*

f400, de Francisco D'Andrade, 1786, página introdutória 363-364; *Os Lusíadas, Canto IV - 26; Primeiro Cerco de Diu, Francisco de Andrade, Vol. XI, F 89; Crónica do Imperador Clarimundo, Vol. III, Cap. 2-f25. Irmão da Imperatriz sua Mãy.* Ver a evolução da palavra segundo Adriano Capelli in *Dizionario de abbreviature latin ed italiane, Milano 1912.* Ver também: *Dicionário Etimológico da Língua Portuguesa* de José Pedro Machado, Vol. 4, M-P, 3·°. Ed. Livros Horizonte, p. 18.

Existe também a teoria de que a palavra MAE teria tido origem na Irlanda. O autor descobriu que não existia nenhum apelido Mae nas listas telefónicas de toda a Irlanda. No Reino Unido, encontraram-se dois nomes: Andrew Mae, residente em Spring Groke 32, Thomhill, Cardiff, Reino Unido e C. Mae, morador em Throston Gnge. Lane 250, Hartlepool, Cleveland, Reino Unido. Na Irlanda, usou-se como fonte a lista telefónica Enterprise Ireland.

Só um pensamento final: qual é a palavra que se aprende em primeiro lugar e se esquece em último? A resposta é mãezinha, mamã ou mãe.

Existem muitos sons na língua portuguesa que, em certas combinações de palavras, podem produzir o mesmo som de uma palavra ou nome ingleses. Uma senhora idosa Portuguesa, já nos seus noventa anos e na plena posse das suas faculdades mentais, fá-lo de uma maneira especial, uma vez que nunca aprendeu nem sabe falar o inglês. Há só um problema, às vezes encontram-se problemas humorísticos na tradução; por exemplo, Kentucky. Ela acha mais fácil lembrar-se da palavra se disser em português *quente aqui;* Cherokee, *cheira aqui;* Cincinnati, *se ensina a ti;* e por aí adiante.

Encontrou-se outra coincidência nos sons portugueses num artigo de Dromgoole. Esta escritora, que viveu com os Melungos durante um curto período para os estudar, refere-se ao comportamento deles e à recusa de algumas pessoas em contratá-los como empregados: ...*a sua ignorância não ia ao encontro da diferença entre* **meum** *e* **tuum**... *achavam que era tudo da comunidade; esperavam ser remunerados por qualquer serviço prestado, por mínimo que fosse, pois não faziam favores a ninguém...*[42]

Estas palavras latinas (a negrito) significam meu e teu. Têm uma ortografia muito semelhante às palavras portuguesas e para conseguir o som nasal no final da palavra, acrescentou-se a letra m. Qualquer pessoa anglófona pronunciaria desta forma estas duas palavras portuguesas. Em espanhol, as mesmas palavras escrevem-se *mio* e *tuyo,* evidenciando diferenças.

Por que razão terá Dromgoole usado palavras latinas? Depreende-se que a escritora se refere a uma possível atitude de egoísmo: não fazem distinção entre o que lhes pertence e o que pertence aos outros, o que em certas condições pode não ser justificável, mas pode ser explicável. Estas palavras e sons podem ser irrelevantes, mas outras semelhanças menos prováveis têm sido usadas para estabelecer relações com outros grupos.

Apelidos Ingleses e o
Jogo da Mudança de Nomes

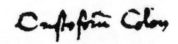

Uma das primeiras coisas que muitos imigrantes enfrentam ao chegar à América é uma provável mudança de nome. Colombo é a mudança de nome mais famosa do mundo. Nos livros escritos sobre os Melungos,

Fig. 111 – O nome de Cristóvão Colombo escrito pelo Papa.[11]

menciona-se que muitos tinham apelidos ingleses, o que não é surpreendente quando se sabe que o nome verdadeiro de Colombo era, e ainda é no mundo de língua espanhola, *Colón*. Mas muito poucos o conhecem por esse nome na América do Norte. Tanto em português como em italiano, o nome Colombo significa pombo, e custa um pouco a crer que ele se chamasse assim. A mudança de nome acontece e perpetua-se, tal como no caso de Colombo. Terá o nome tido origem em Génova?

Se Génova foi de facto o local de nascimento de Colombo, não o marcou minimamente. Ele nunca referiu a casa onde nasceu nem a forma como passou sequer um único momento da sua infância. Kirkpatrick Sale escreveu: *Além disso, ele nunca usou uma palavra ou frase digna de nota em qualquer dos dialectos italianos, incluindo o genovês.*[43] Na verdade, mesmo supondo um nascimento em Génova, é difícil ver como alguém poderia imaginar Colombo sendo italiano, já que até é complicado falar de uma coisa chamada Itália no século XV. A língua que ele usava para escrever cartas, diários, etc., era o espanhol,[44] e não o genovês, o italiano ou o latim. Nunca se encontrou nenhum documento em italiano, nem sequer os que ele escreveu a *pessoas italianas* ou nos seus papéis pessoais, tal como despesas ou outros itens.[45] Alguns escritores menos informados culpam o facto de Génova não possuir uma língua escrita e esta ser, na sua maioria, um dialecto, ou o facto de Colombo não saber ler nem escrever esta língua nativa na altura em que partiu de Génova, aos 24 anos. Dificilmente podemos crer em tal coisa, já que Génova era uma das mais importantes repúblicas do Mediterrâneo. E como se teria Colombo tornado no homem culto que a História retrata? Mas isso é outro assunto. Quando chegou a Espanha, Colombo foi considerado cidadão Português e, posteriormente, os Espanhóis tornaram-no

Fig. 112 – O nome de Cristóvão Colombo escrito pelo Papa.[31]

cidadão espanhol – informalmente – ficando o seu nome assim eternamente ligado a Portugal e a Espanha.

O Dr. Luciano da Silva, médico e pesquisador da história Portuguesa, descobriu algumas informações muito interessantes em Roma: um documento escrito pelo Papa Alexandre VI a 3 ou 4 de Maio de 1493, sendo evidente o nome de Colombo (Columbus em inglês) escrito Colon e não Colombo, conforme nos foi mostrado e fornecido pelo Dr. Luciano Silva, a quem devemos muito pela descoberta. Columbus significa Colombo em latim. Por que escreveria o Papa Colon quando a língua principal da Igreja Católica era o latim? E por que lhe chamariam os Espanhóis

Colon, se, no século XVI, o latim ainda era a língua ensinada nos colégios e muito comum? Alguns podem argumentar com o facto de o Papa ter nascido em Jativa, em Espanha em 1431, mas então porquê apenas Colon? E o seu primeiro nome? Por que estava escrito em latim?

Rui de Pina, um escritor Português contemporâneo de Colombo, chama-lhe uma vez *Christovam Colombo*[46] nas suas crónicas e é aí que a maioria dos historiadores Portugueses explica ou justifica o seu nome. No entanto, também se sabe que Pina escrevia o que o Rei gostava de ler e Pina não gostava de Colombo. Ter-lhe-á mudado o nome deliberadamente? O nome Colombo, ou Pombo, poderia ser considerado derrogatório, o que não seria adequado. A única razão pela qual o nome Colombo é mencionado aqui é para mostrar a facilidade com que se muda um nome e não provar se Colombo era ou não Português. De acordo com os estudiosos, não existem provas disponíveis suficientes relativamente ao seu local de nascimento.

Será possível que os nomes dos Melungos tenham sido rapidamente mudados pelos primeiros oficiais ingleses, devido à língua, ao modo de falar, à incapacidade em soletrar, ao analfabetismo? Ou devido ao desejo de esconder uma origem não inglesa, como ainda acontece neste século com os Portugueses e outros imigrantes? As alcunhas eram e ainda são muito comuns. Frequentemente, as famílias analfabetas eram registadas pelas alcunhas de família.[47] Outra forma habitual, ainda em prática, de denominar as pessoas é pelo local de nascimento, origem ou duração da estadia. O nome Portugal ou Brasil é usado como apelido em muitas regiões portuguesas, assim como no Brasil. O apelido *Mira*, se pretendermos dar-lhe uma origem gloriosa, provém de *Mira Ceti*, a primeira estrela variável, que, no século XVII, adquiriu o nome latino de "a Maravilhosa da Baleia". No entanto, pode não ser essa a origem. A maior parte das pessoas com o apelido Mira reconstituem as suas origens até uma vila chamada Mira, de onde a maioria fugiu depois de uma das invasões napoleónicas. Em espanhol, a palavra significa *olha* e não é habitualmente usada como apelido em Espanha.

Existe igualmente uma ideia comum e errada entre alguns estudiosos de que todas as famílias latinas dão aos filhos nomes de santos, o que nem sempre é o caso. Anglicizaram-se os nomes não só por razões de segurança, mas também para sobreviver numa sociedade culturalmente diferente, onde se cada um faz o que for necessário. Como diz o provérbio: Em Roma, sê romano.

Fig.113 – A aldeia de Caneiro em Portugal.

Lisboa, a Capital de Portugal o Nome nos EUA

Existem, pelo menos, 37 comunidades nos Estados Unidos que sustentam alguma forma do nome Lisboa, o centro cultural de Portugal. Estes locais situam-se em 26 estados do sul. Nova Iorque ou Lisboa? Em 1672, ao piratear uma

imagem de Lisboa do século XVI, um editor Francês simplesmente modificou os nomes das ruas e dos pontos de referência, tornando-a numa representação fiel de Nova Amsterdão, mais tarde chamada Nova Iorque. C. L.Jollain, 1672,Vol. 20,3.

Nomes Portugueses que podem indicar ligações com os Melungos – Canara –

Fig.114 – O castelo de Ourém, perto de Caneiro,

Antigamente, muitas pessoas tomavam o nome da vila como o seu segundo nome. Quando o historiador da cidade de Ourém foi entrevistado, confirmou que a pequena aldeia de Caneiro mantinha uma tradição de pessoas que emigravam para a América, desde o século XVII. Muitas pessoas tinham por apelido esse nome e alguns deles foram entrevistados.

Esta pequena aldeia localiza-se perto do Castelo de Ourém, originalmente construído pelos Mouros e conquistado pelos cristãos em 1136. Também ali perto fica uma outra aldeia chamada Canhardo. Esse nome pode facilmente soar como Canara em inglês.

Os nomes Caneiro e Caneira são comuns em Portugal. Existem, pelo menos, 20 outras aldeias em Portugal com esse nome, assim como outras em Espanha, mas não tantas. Podem não ter nada a ver com os Melungos, mas já que eles possuem uma tradição de ascendência moura e Portugal está repleto de histórias e lendas sobre os Mouros, julga-se apropriado referir uma delas.

Numa vila pouco distante de Ourém, chamada Figueiró dos Vinhos, sabe-se que pelo final do século VIII, Guesto Ansures salvou seis donzelas nobres de serem levadas pelos Mouros para Abderrhamen, Rei de Córdova.

Todos os anos, 100 raparigas eram enviadas para enriquecer o seu harém, segundo um tributo acordado com Maregato, o oitavo Rei de Leão.

Fig.115 – Sylva na Carolina do Norte.

O feito de Guesto Ansures

Fig.116 – Sinal típico, a publicitar a venda de presunto caseiro, numa estrada secundária da Carolina do Norte.

conseguiu terminar tal pacto infame para sempre. Além disso, uma das histórias mais populares ainda hoje contada em Portugal é sobre a *Princesa Moura Encantada*, que levaria consigo um homem para o paraíso.

Vilas do Sudeste e Nomes Portugueses

As localidades de Vidalia – famosa pelas suas cebolas doces; Vitalia, Lula, Alto, Mendes perto de Glenville, a sul de Claxton; Portal, perto de Statesboro; situam-se todas na Geórgia e são também nomes portugueses bem conhecidos. Dona é outro nome dado anteriormente à actual aldeia de Blackwater, no condado de Lee, na Virgínia. Nesta área houve um povoado de Melungos e crê-se ter a ver com uma grande porção de terra que era dada a um herdeiro (mulher).[48] O nome *dona* em português significa *possuidora*. Também se usa como um título ao dirigirmo-nos a uma mulher mais velha, normalmente uma senhora casada ou viúva. Tem origem na palavra latina Domina, o que significa "a senhora da casa". A palavra também se usa em espanhol como um título, mas não tão habitualmente, e escreve-se *doña*. A palavra equivalente a possuidora em espanhol escreve-se *dueña*.

Outra coincidência estranha é o nome de uma localidade situada nas montanhas, na área oeste da Carolina do Norte, por onde os Portugueses passaram enquanto parte das expedições de Hernando de Soto em 1540 e de Juan Pardo em 1567. É uma área onde os Melungos costumavam viver e uma região tradicional dos Cherokee. Uma pesquisa aprofundada sobre a história do nome da localidade mostrou que teve origem num Dinamarquês itinerante que passou pela região no início do século XIX. Bem, pode ser que assim seja, mas o nome Sylva não é um nome dinamarquês, facto esse que foi confirmado pela Embaixada Dinamarquesa em Washington através de Arcindo dos Santos, um Português casado com uma Dinamarquesa. Informou-nos igualmente que não existe um único Sylva na lista telefónica de Copenhaga, a capital Dinamarquesa. Existem, no entanto, alguns Silvas, mas esses são famílias Portuguesas residentes na Dinamarca. *Silva* ou *silvado* é o nome português que se dá a um arbusto frutífero e espinhoso que produz bagas silvestres, também chamado de *rosa multifloro*, e se encontra abundantemente nessa mesma região. Encontra-se em regiões temperadas a norte tanto do Velho como do Novo Mundo. Os agricultores aproveitavam o facto de elas crescerem rapidamente e usavam-nas como vedações para prender o gado e afastar as pessoas.

Segundo o relatório da *Comissão Hernando de Soto* na questão da rota mais provável seguida pelo explorador espanhol em 1540, verificou-se que a expedição visitou uma localidade de considerável importância denominada Cale, a qual se encontra na área da actual cidade de Ocala na Flórida. O nome original de Portugal era Portus Cale.[49] Além disso, um dos grupos originais relacionados com os

Timucuan chamava-se Cale ou Ocale; todavia, alguns destes nomes podem ter sido originados pelos Espanhóis ou Portugueses.

Disso é exemplo o grupo Agua Dulce, ou seja, Água Doce em português.[50]

A bem da verdade, os nomes de localidades e os apelidos podem ser enganadores e é preciso ter cuidado ao tentar estabelecer ligações precisas.

Comidas no Sudeste que podem indicar Origem Portuguesa

Durante muitos anos, o autor reparou na semelhança entre as comidas usadas na Carolina do Norte e as da sua própria cultura em Portugal, como é o caso das nabiças, da couve galega ou portuguesa, do presunto caseiro, etc. Foi inclusive a esposa que lhe chamou a atenção para o facto. Isso instigou-o a perguntar às gentes locais se sabiam de onde viera aquele tipo de comida. A resposta foi: ...*veio com os escravos*. Segundo fontes que descrevem a origem das comidas, tal como a Enciclopédia Britannica e outras, estas comidas são classificadas como tendo origem mediterrânica e não existem em climas tropicais ou muito quentes, de onde sabemos que provêm os escravos.

É possível que os Espanhóis tenham trazido algumas, mas o seu impacto no sudeste ocorreu sobretudo na Flórida e este tipo de comida não é comum lá. A forma como o presunto é feito é muito semelhante à forma como os Portugueses e os Espanhóis ainda o preparam. Uma vez que se fala de carne de porco, não esqueçamos que os Muçulmanos não a comem e é inclusive muito difícil de encontrar na Turquia, segundo nos informou um industrial Português que mantém relações comerciais regulares com a Turquia. Além disso, os seus clientes Turcos não comem carne de porco nem seus derivados quando visitam Portugal.

Também é muito interessante reparar que é possível encontrar apenas no sudeste dos Estados Unidos uma cadeia de restaurantes que serve nabiças com presunto e salada de feijão frade. Os restaurantes chamam-se *Cracker Barrel* e *Black-Eyed Pea*, e há igualmente outros menos conhecidos. Algumas das comidas mais populares no sudeste fazem igualmente parte dos hábitos alimentares dos Portugueses, mais nas áreas rurais do que nas cidades. São essencialmente legumes, que crescem facilmente e que dão pouco trabalho. O modo como os nabos e outros vegetais são cultivados e a época do ano – são plantados habitualmente no fim do Verão – permite-lhes sobreviver às primeiras geadas, constituindo um bom alimento de Inverno.

Outra coincidência mencionada por Lawson, o primeiro historiador da Carolina do Norte: *Não sou perito nos diferentes tipos de marmelo... O castanheiro da Carolina... O fruto é mais pequeno do que em Portugal, mas mais doce.*[51] Lawson menciona dois frutos tipicamente Portugueses. Um é o marmelo: a palavra deriva do latim melimelus e nasce numa árvore pequena. É originário da Ásia oriental e foi trazido para o Mediterrâneo há cerca de 4000 anos atrás. Os Gregos atribuem um significado mitológico à flor do marmeleiro. É o símbolo sagrado de Afrodite, a deusa do amor. Posteriormente, os Romanos chamaram Vénus à deusa. Em

Portugal, o fruto é usado principalmente para fazer marmelada, daí o nome *marmalade* em inglês. Põe-se a seguinte questão: se o marmelo veio da Ásia oriental via mediterrâneo, como teria chegado à América tão cedo? Ambos os frutos crescem em climas mais temperados, necessitando de pouca atenção, e são vitais à sobrevivência dos pioneiros. Se os Portugueses chegaram aqui numa data tão primordial, terão encontrado frutos, como o marmelo e a castanha, muito semelhantes aos que havia em Portugal. Estes frutos não são usados exclusivamente pelos Portugueses – são também usados por outros povos – mas é um facto digno de nota.

A Ligação à Comida Portuguesa

Tanto os Ingleses como os Japoneses apreciam bastante o peixe frito e o peixe panado ou envolto numa massa de farinha, leite e ovos. Peixe, batatas fritas e marisco ou legumes envoltos nessa massa e fritos (tempura: à moda japonesa) é uma iguaria sem igual. Ambos os povos conseguiram a receita através de visitantes Portugueses nos séculos XVI e XVII. Os comerciantes Portugueses introduziram os legumes envoltos em massa no Japão devido ao seu hábito de comer peixe frito durante os feriados religiosos que exigiam abstinência de carne. A fritura dos alimentos tem sido uma prática de muitos séculos e aparece nos livros do século XIII. Os Judeus Portugueses, que fugiam à Inquisição, introduziram o peixe frito e envolto em massa em Inglaterra. O peixe frito judeu servia-se originalmente frio. Em Portugal, actualmente, ainda se come frio o peixe pequeno frito, tal como as sardinhas, tanto de manhã como durante todo o dia como um petisco. O presidente Thomas Jefferson tornou-se igualmente um grande apreciador. Em 1860, os imigrantes Irlandeses introduziram a batata frita em Londres.

Inglês	Português
Mustard greens, sprouts, broccoli rabe	Grelos
Turnip greens	Nabiças
Galician cabbage, collard greens, kale	Couve Galega ou Portuguesa, Couve Lombarda
Cured, salted country ham	Presunto
Black-eyed pea ou cowpea	Feijão Frade
Green peas usadas em Inglaterra desde 1514	Ervilhas
Chick peas	Grão de bico
Corn meal, grits	Papas de milho
Rabbit	Coelho
Sarsaparilla	Salsaparrilha

Couve Galega ou Portuguesa, Couve Lombarda – A couve galega ou portuguesa e a couve lombarda são vegetais com folhas e rebentos que se comem cozidos e são uma fonte excelente de minerais e das vitaminas A e C. Sendo um dos vegetais cultivados há mais tempo, a couve galega assemelha-se de perto com a couve selvagem e pode ser a antepassada de todas as couves comuns. Resiste ao tempo frio – aliás, o seu sabor melhora depois de ter estado exposta à geada. Cultiva-se a couve lombarda no sul dos Estados Unidos em todas as estações, excepto no Verão, e no norte, como culturas de Primavera e Outono. Mencionam-se a couve galega e a couve lombarda pelo facto de os Portugueses as usarem em grande quantidade. Além disso, a couve galega usa-se naquela que é considerada a sopa nacional, ou seja, no caldo verde. Esta sopa é feita com batatas, couve cortada, cebola, azeite e uma rodela de chouriço. Segundo o Dr. Luciano da Silva, esta sopa previne o cancro do cólon devido ao seu conteúdo em fibras.

Uma história relacionada com a couve lombarda e a couve galega é suficientemente interessante para ser repetida e deixaremos ao leitor retirar quaisquer conclusões. Durante um festival multicultural na Flórida, um grupo Português – a Sociedade Cultural Luso-Americana – servia o seu próprio estilo de comida. No entanto, as senhoras encarregues de vender a comida não conseguiam vender a sopa portuguesa, a que tinham dado o nome de sopa de couve galega. Então, uma das senhoras Portuguesas mudou o letreiro, tendo escrito sopa de couve lombarda e, surpreendentemente, a sopa começou a vender-se e foi um sucesso. Porquê?

Salsaparrilha[52] é uma das raízes usadas pelos Melungos como tónico. Também a colhiam e vendiam. Era usada como um agente aromático para mascarar o sabor de certos remédios, em bebidas de pouco teor alcoólico e noutras bebidas carbonatadas. Esta raiz é bem conhecida em Portugal e Espanha e é frequentemente usada em chá. A ortografia em português é salsaparrilha e em espanhol, Zarzaparrilla.

Nabiças – Os nabos tiveram origem na Ásia oriental e central e, devido ao cultivo, espalharam-se por toda a região temperada. A folhagem do nabo não produz uma raiz grande, mas apenas uma profusão de folhas que são usadas como hortaliça. Uma variedade chamada "Seven Top" é fortemente cultivada no sul dos Estados Unidos. O cultivo começou em Inglaterra em 1724, com o objectivo principal de alimentar o gado. Era possível guardar nabos em grandes quantidades para alimentação no Inverno.[53] Henry R. Price escreveu o seguinte: *Durante o Verão, os Melungos cultivam vários tipos de tubérculos: os nabos e as batatas estavam entre os seus preferidos.*[54] Bartram escreveu que, em 1775, o Dr. B. S. Barton, vice-presidente da American Philosophical Society, lhe falou sobre a dieta dos Cherokee e dos Creek: *Nabos, cherivias, saladas... não fazem ideia do que seja.*[55]

Da hortaliça cultivada, as couves galegas são provavelmente as mais nutritivas, embora as nabiças sejam mais populares na região. A couve lombarda e os grelos também é preferida por muitos; as preferências variam consoante a região, sendo os nabos uma planta resistente bianual cultivada quer pelas suas raízes carnudas quer pelas suas folhas tenras. Os nabos mais jovens comem-se crus em saladas ou em entradas, e as jovens folhas podem ser cozinhadas e servidas. Os nabos maiores cozem-se e servem-se inteiros ou em puré para acompanhar estufados. Os Portugueses usam muito também os grelos, uma planta relacionada com os nabos, cultivada pelos seus rebentos folhudos e pungentes. O cálcio abunda na natureza, sobretudo em vegetais verdes e folhudos, tais como as nabiças e as couves galegas e em cerca de 50 espécies do Velho Mundo, incluindo a couve portuguesa.[56]

Os Nabos em Inglaterra – Depois das duas facções Whig se terem reconciliado em 1720, Townshend tornou-se presidente do Conselho Privado do Rei e (em 1721) secretário de Estado. Townshend recebeu a alcunha de Townshend Nabo pela sua contribuição no desenvolvimento do uso dos nabos na rotação de colheitas. As técnicas agrícolas dos Gregos e dos Romanos são conhecidos hoje através de livros da época que sobreviveram e alguns dos métodos eram ditados pelo clima mediterrânico e pelos contornos da região. A maioria das colheitas cultivadas hoje na costa mediterrânica eram conhecidas na altura em Inglaterra, mas algumas não eram muito populares.

Cultivava-se a oliveira, a vinha e as árvores de fruto da mesma forma que os nabos e os rabanetes. Os Árabes tinham introduzido o açúcar de cana e o arroz em algumas partes do sul da Europa. Os viajantes à América do Norte tinham regressado com milho, tabaco e com perus. A América do Sul forneceu a batata, o cacau, o quinino e algumas drogas vegetais enquanto o café, o chá e o anil vinham do Oriente.

A história dos legumes é imprecisa, embora se saiba que certos grupos familiares, incluindo o rabanete, o nabo e a cebola, são cultivados desde os primórdios.[57]

Milho, Farinha de Milho, Papas de Milho, Semolina – O milho, uma planta cultivada no México desde o ano 5000 a.C., apareceu primeiro no sudeste dos Estados Unidos cerca de 200 d.C., mas durante centenas de anos foi uma parte insignificante da dieta local.[58] Os Portugueses podem ter sido os primeiros europeus a reconhecer o seu valor e começaram a plantá-lo em Portugal assim como noutras partes do globo no início do século XVI. Foram os primeiros a trazer o milho para a Europa e está registado o facto de ser plantado em Portugal em 1500 e de ser levado para a China nos primeiros anos do século XVI. É portanto possível que a farinha de milho tenha sido trazida pelos primeiros colonos europeus, já que a semolina teve origem na Europa.

O feijão frade é uma planta anual leguminosa. Noutros países, o feijão frade é usualmente conhecido por feijão da China ou feijão de olho preto. Crê-se que a planta é originária da Índia e do Médio Oriente, mas em tempos antigos foi muito cultivado na China. No sul dos Estados Unidos, o feijão frade é cultivado extensivamente.[59] Em Portugal, recebeu o seu nome devido aos frades jesuítas que o trouxe do Extremo Oriente, segundo reza a tradição.

As Colchas Portuguesas – Mantas

As mantas de retalhos são usadas como cobertura para as camas. O autor recorda-se delas mais como uma necessidade do que uma arte ou uma escolha, como são actualmente conhecidas no sudeste. As pessoas da terra do autor pediam frequentemente à sua tia, modista de profissão, os pequenos pedaços de tecido que sobravam. A sua avó passava os fins da tarde a fazer mantas a partir desses retalhos,

Fig.117 – Grupo folclórico português, de Faro, no Algarve.

e de noite à luz de um candeeiro de querosene. Depois, seriam colocadas nas camas e mantiam todos quentes durante as frias noites de Inverno.

A realização destas mantas é uma tradição muito antiga e usar uma manta como coberta é um costume extremamente antigo, referido por exemplo numa das primeiras fontes escritas, a Bíblia. Crê-se ter tido origem no Médio Oriente. No seu livro, Kennedy menciona uma possível ligação entre os Melungos e a tradição turca de fazer mantas com motivos muito elaborados.

Pode não significar nada, mas nunca é demais mencionar este facto quando o autor procurava pequenos hábitos e costumes antigos que sobreviveram ao longo dos anos.

Música e Dança Folclórica no Sudeste – Dança do Quadrado Baile Mandado

No sul de Portugal e, apenas aí, continua a dançar-se o Baile Mandado. Na América do Norte, é uma variação de uma dança do quadrado comandada por um cantor. Esta dança e as suas variações são muito populares, principalmente nos Montes Apalaches e na cordilheira Blue Ridge. A semelhança deve-se ao facto de os passos de ambas as danças serem ditados por um homem, normalmente o director do grupo. Os chamamentos feitos pelo cantor dão instruções aos pares para realizarem uma variedade de movimentos, os quais se baseiam num modo de andar calmo em que se arrastam os pés. Até agora, o autor ainda não encontrou nenhuma outra dança no mundo executada desta forma.

Eis como a dança do quadrado começou. Nos tempos coloniais, as danças europeias eram ensinadas nas cidades com figuras ou movimentos chamados espontaneamente à medida que a dança progredia.

Embora os dançarinos tivessem de aprender as figuras a realizar antes da dança se iniciar – ensinadas pelo cantor – estas podiam ser agrupadas pelo cantor sem qualquer sequência naquele momento.

Este método de dança permite uma competição ou um desafio interessante e espontâneo entre o cantor e os dançarinos, com o cantor a tentar enganá-los – já que estes estariam distraídos ou a namoriscar – enquanto mantinham a dança a fluir. Os dançarinos tentavam executar as ordens sem quebrar a passada ou o movimento rítmico.[60,61] Diz se que a dança do quadrado deriva da quadrilha europeia – uma dança quadrada com quatro pares – e parece ter muito em comum durante o início do século XVIII[62] nos Montes Apalaches. Em Portugal, teve as suas origens no Algarve. Segundo o director do grupo de Faro, também se chama Quadrilha Montanheira e é uma das mais antigas danças tradicionais.

Em Portugal, o cantor tem o nome de mandador e os dançarinos estão sujeitos às suas ordens. A quadrilha esteve muito na moda no final do século XVIII e século XIX e era dançada por aristocratas Ingleses em 1815 e nos salões de baile da elite parisiense.[63] A cidade de Waynesville, situada nas montanhas a oeste na Carolina do Norte, é a capital americana da dança folclórica. Todos os anos em Julho realiza-se um festival de folclore – chamado Folkmoot – com a participação de cerca de 12 países de todo o mundo. Em 1994, um grupo folclórico de Faro participou com grande sucesso e, também em 1996, actuou outro grupo folclórico, desta vez do norte de Portugal – o Grupo Folclórico de Santa Marta de Portuzelo.

Nem o autor ou sua esposa foram criados nos Estados Unidos. Todavia, desde sempre que gostaram de quase todos os tipos de música regional (country). Portugal tem uma canção nacional ou um estilo de música nacional chamado Fado, ou seja, destino.

As canções contam uma história – triste, na maioria dos casos – e pensa-se que tenha derivado dos Mouros, outra reminiscência das muitas coisas que Portugal herdou enquanto esteve ocupado pelos Árabes durante quatro séculos.

As canções de música *country* também contam uma história e, mais uma vez, uma história triste. Crê-se que a música *country* tenha tido origem na Irlanda. Se assim é, só vem reforçar o facto de que os povos Português e Irlandês podem ter raízes comuns, já que ambos têm os Celtas como antepassados comuns.

Uma Despedida com Flores

Durante esta pesquisa e enquanto se entrevistavam muitos descendentes de Melungos, eles afirmaram que os Melungos têm um costume antigo relacionado com flores que Jess Stuart menciona: *...Era um costume antigo oferecer flores a um hóspede na hora da despedida.*[64] Esta é também uma tradição entre os Portugueses que vai lentamente desaparecendo. Naturalmente, pode dizer-se que também é comum com outras nacionalidades, mas outras nacionalidades podem não ter tantas outras coincidências partilhadas.

O Cão d'água Português

Sem o cão d'água como seu antepassado, não existiriam os actuais Poodle, Irish Water Spaniel, Kerry Blue Terrier, Labrador Retriever, Curly Coated Retriever nem o Terra-Nova...e talvez nem o Puli. O cão do pescador deixou a sua marca em todas estas raças de formas variadas.[65]

É uma afirmação muito poderosa a respeito do cão d'água Português. O leitor deverá perguntar-se: o que tem isto a ver com os Portugueses na Formação da América? Existem pelo menos duas razões. A maior parte das pessoas residentes nos Montes Apalaches sabe que as pessoas da montanha são caçadores. A caça faz parte da sua cultura e quando é época de caça, só isso importa – tudo o resto é insignificante.

Os cães são muito valiosos para o caçador e sabe-se que eles pagam vários milhares de dólares por um único cão quando ele se torna a ajuda mais importante com que um caçador pode contar. Sabe-se também que os caçadores dos Apalaches, incluindo os melungos, usam especialmente o cão d'água Português, isto é, se puderem dar-se ao luxo de possuir um. Segue-se uma explicação para as razões que levam a usar um cão d'água nas montanhas onde há rios e lagos.

Existem muitas teorias sobre a ancestralidade destes cães pastores. Uma teoria é que estes cães d'água de pêlo comprido cresceram com as civilizações pré-históricas que comiam mariscos em Portugal e Espanha, conhecidas como Iberos. É certo que esta raça existia nas aldeias piscatórias por toda a costa de Portugal.

O cão aprendia a arrebanhar peixe para uma rede. Recuperava redes e apetrechos perdidos. Também agia como um intermediário entre os barcos. Os nossos antepassados foram grandes pescadores. Por volta de meados do século XIV, já pescavam ao largo da Islândia e da Terra Nova. Estes cães acompanhavam os pescadores. No nevoeiro destes climas frios, o cão seguia na proa do barco para alertar outros barcos da sua posição. Estes cães ajudavam os pescadores de todas as maneiras possíveis.

Normalmente, o cão sentava-se na proa do barco para que pudesse ver tudo. Quando avistava um cardume de peixe, ladrava. Se um peixe escapava à rede, ele saltava para a água para o apanhar. Se houvesse tubarões nas proximidades, ele recusava-se a saltar. O pescador aprendera a não forçá-lo a ir para a água. E surpreendentemente, o cão sabia como se socorrer das cordas que estavam suspensas do lado do barco, suportando-se sobre três pernas ou ficando de cócoras. Não há muito tempo, a extinção do cão d'água Português esteve iminente. O seu uso tradicional desapareceu e muitos dos apoiantes mais leais na sua terra morreram ou deixaram de usar cães.

O seu regresso é uma história de sucesso inspiradora – um sucesso que surgiu porque muitos apreciadores de cães determinados preocuparam-se em preservar uma raça que é por si fascinante e é também a antepassada de um espantoso número das nossas raças puras favoritas. O cão assemelha-se a um poodle grande.

Os cães são pretos e têm uma cabeça redonda. Alguns têm patas brancas e muito poucos têm o peito branco, mas a maior parte destes cães com *pedigree* é preta. Alguns têm pêlo ondulado, outros pêlo encaracolado. Durante muitos séculos, pareciam cães de caça, excepto pelo facto de trabalharem todos os dias. Estes cães acompanhavam os donos em barcos muito frágeis e certamente tinham uma grande dose de coragem. O cão tinha de ter o instinto para perseguir e recuperar peixe que o pescador perdera. Tinha de reconhecer o perigo – sobretudo a presença de tubarões.

Os pescadores sabiam que, quando o cão ia para a parte de trás do barco com o rabo entre as pernas, havia tubarões por perto. E quando o cão regressava ao seu local de trabalho, era um sinal de que os tubarões tinham desaparecido. Como sabiam os cães da presença dos tubarões? Tinham uma visão extremamente apurada e provavelmente eram capazes de farejar os tubarões. Fosse como que fosse, os cães sabiam quando havia tubarões por perto.

Os cães recebiam uma porção diária de peixe e eram geralmente bem tratados. Se um pescador tratasse mal o cão, o cão era dado a outra pessoa. Em embarcações maiores, um pescador podia ver o salário confiscado por algum tempo por maltratar um cão. Os cães mais velhos eram treinados como cães líderes e, a bordo dos barcos, eles próprios treinavam os cães mais jovens. O cão era bem remunerado com um bom jantar de peixe.

Tinha um bom lugar para dormir. Os pescadores acabavam por se afeiçoar muito aos cães e estes tornavam-se parte da tripulação. Além de todas as coisas que os cães faziam, podiam ainda puxar as redes de pesca se estivessem aparelhados e podiam transportar correio em bolsas à prova de água entre barcos.

Guardavam a pescaria enquanto era descarregada. Quando os barcos estavam fora de água, a maioria dos cães ficava a bordo para os guardar. Enquanto os pescadores remendavam as redes, os cães iam às casas na aldeia buscar o almoço numa cesta. No princípio do século XX, o trabalho do cão começou a diminuir assim como o número de cães. Posteriormente, só se encontravam estes cães na província do Algarve. Que cão extraordinário! Alguns de nós tivemos antepassados que pescavam nas águas ao largo da costa portuguesa – pescavam com estes cães corajosos.

Outro facto interessante sobre estes cães é que têm patas com membranas. Ao longo dos anos, desenvolveram uma pele entre os dedos das patas, que os ajuda a nadar. Estes cães de água estavam a extinguir até que Vasco Bensaude se interessou pelo assunto. Vivia em Benfica (Lisboa) e já estava a criar Irish Wolfhounds, Cocker Spaniels e Clumber Spaniels.

Tinha canis e empregava um encarregado e treinadores. Entretanto, contaram a Bensaude de um cão fabuloso, cujo dono era um pescador reformado do Algarve. Este cão chamava-se *Leão* e existem várias histórias sobre como Bensaude conseguiu comprar o cão. Com o tempo conseguiu adquirir o *Leão* e assim começou o renascimento do cão d'água Português. O *Leão* depressa se adaptou à sua nova casa e gostava muito de passear de carro.

De vez em quando, o *Leão* fugia e encontravam-no na casa do seu antigo dono. Com o tempo tornou-se famoso.

Notava-se-lhe a inteligência, a boa vontade e a natureza temperamental, quase caprichosa. Algumas das pessoas, que o conheciam, diziam que devia ter nascido humano. Diziam que o único problema era ele ter quatro patas e não saber falar.

Era capaz de partir gelo com os dentes. Mergulhava mesmo de Inverno, à procura de tijolos. No entanto, o seu brinquedo preferido era uma bola de borracha dura.

O *Leão* e um Cocker Spaniel viviam juntos na casa de Vasco Bensaude em Lisboa. Se alguém deixasse a porta do quarto de banho aberta, o *Leão* entrava, abria a torneira da banheira e metia-se na água. A norma para os Cães d'água Portugueses baseou-se no *Leão*.

Nasceu em 1931 e morreu em 1942. Tinha o título de C. B. – Dual (Campeão do Espectáculo de Trabalho Experimental).

Foi enterrado debaixo de uma magnólia em Soeiros. Creio que esta é a única raça de cães que possui patas com membrana. Contudo, segundo Joanne de Oliveira Schechter, os German Shorthair Pointers também têm patas com membrana. Via Internet, Eloise Cadinha deu-nos o seu contributo com a história anterior.

Convida-se também o leitor a visitar os seguintes websites para obter mais informações: www.pwdca.org e www.cpc.pt.

Dinheiro no Passado e seu Valor

Muitos investigadores têm pedido informação acerca da designação do dinheiro e seu valor em épocas passadas. A seguir damos uma pequena amostra do que o dinheiro era e valia.

Antes do presente escudo, a unidade era designada como real (plural réis ou reais) e o cifrão $ era usado para separar os milhares. Um real seria escrito $001 e mil reis 1$000.

Também existiu o cruzado e seu valor era de $400 (quatrocentos réis). Depois veio o tostão que valia $100 (cem réis). Para quantias grandes usava-se e ainda se usa o "conto" que queria dizer "um milhão" ou "um conto de reis" seria 1.000$000 (um milhão de réis). Corôa era 5 "tostões" = 1/2 escudo = 500 réis

Depois da implantação da república (1910) o real foi abolido sendo substituido pelo escudo. Um escudo equivalia a 1$000 (um mil reis) e esta é a razão porque se usa o cifrão para separar os escudos dos centavos devido ao escudo ser dividido em cem centavos. Um tostão era 10 centavos e era escrito como $10.

O primeiro escudo foi feito em prata e era mil réis. Vinte réis era um vintem. "Pataca" ainda é a moeda usada em Macau e foi também no Brasil onde existia uma moeda de prata com o valor de 320 réis. Existe uma expressão popular ainda usada "meia pataca" que quere dizer, qualquer coisa de pouco ou sem valor.

Money values in 1498: Arroba de Açucar 350 reais.

Salarios na Madeira (1518-1520):

1. Alcaide do mar in Funchal 12$000;
2. Corregedor: 100$000;
3. Escrivão de quartos na Calheta: 24$000;
4. Juiz de fora no Funchal: 40$000;
5. Vigário no Funchal: 31$100 + 2 arrobas of açúcar;
6. Vigário na Ribeira Brava: 7$800;
7. Sacristão da Sé: 5$000;
8. Tesoureiro da Igreja da Calheta: 2$000;
9. Escrivão da Alfândega: 2$000.

Em 2002 o escudo será substituido pelo Euro, a unidade monetária Europeia. Presentemente no Brasil a moeda é o Real, mas já foi chamado Cruzeiro e Cruzado.

Notas

[1] Portinglês Dictionary of Words spoken by Portuguese de Adalino Cabral.

[2] The Melungeons de N. Brent Kennedy, p. 122.

[3] Nomes encontrados na primeira enumeração das famílias Melungas.

[4] Capitão Philip Amadas, viagem de 1584, The Roanoke Voyages de David B. Quinn, Vol. 1, p. 91.

[5] Encontrado nos Açores.

[6] Comum nas ilhas dos Açores e encontrado na lista telefónica de Sneedville, onde muitos Melungos vivem ou viveram.

[7] Ibid.

[8] Ibid.

[9] Ibid.

[10] Ibid.

[11] Ibid.

[12] Nomes encontrados na primeira enumeração das famílias Melungas; [13] Ibid.

[14] Encontrado nos Açores; [15] Ibid.

[16] A família de Elvis Presley tinha raízes na Carolina do Norte no início do século XIX.

[17] Elvas Hall era o nome de um Melungo. Elvas é o nome de uma grande cidade no sul de Portugal, assim como o local onde nasceu o Fidalgo de Elvas, o escritor do primeiro livro sobre o Sudeste.

[18] Nomes encontrados na primeira enumeração das famílias Melungas.

[19] Caneiro é o nome de uma aldeia perto de Ourém, assim como o nome de 20 outras aldeias em Portugal e um apelido comum. O nome do tio-bisavô de Brent Kennedy era Canara, o qual tem um som semelhante ao português quando se pronuncia em inglês.

[20] Encontrado nos Açores.

[21] Ibid.

[22] Nomes encontrados na primeira enumeração das famílias Melungas.

Notas (Cont.)

[23] Encontrado nos Açores.

[24] Nomes encontrados na primeira enumeração das famílias Melungas.

[25] Ver secção sob o título de Gois.

[26] Encontrado nos Açores.

[27] Nome de uma vila na Geórgia.

[28] Nomes encontrados na primeira enumeração das famílias Melungas.

[29] Encontrado nos Açores.

[30] Ibid.

[31] Ibid.

[32] Ibid.

[33] Ibid.

[34] Ibid.

[35] Ibid.

[36] Silva ou Sylva é um nome muito comum em Portugal e entre os Portugueses em todas as comunidades luso-americanas. Tem-se encontrado no continente norte-americano pelo menos desde o século XVII.

[37] Gonçalo Silvestre foi soldado e comandante – também um nobre da expedição de Hernando de Soto ao sudeste, incluindo à Carolina do Norte.

[38] Vidalia é uma vila na Geórgia famosa pelas suas cebolas doces.

[39] Azores Islands A History de James H. Guill, Vol. 5, p. 163.

[40] Um Humanista Português, Damião de Gois de Aubrey F. G. Bell, pp. 15-27.

[41] Racial Mixtures in Eastern United States de Edward T. Price, p. 150, Los Angeles S. College

[42] The Malungeons de Will Allen Dromgoole, p. 474 (Arena, 1891).

[43] The Conquest of Paradise de Kirkpatrick Sale, p. 53.

[44] História da Civilização Ibérica de Oliveira Martins, p. 247.

[45] Cartografia e Cartógrafos Portugueses dos séculos 15 e 16 de Armando Cortesão, p. 199.

[46] Crónicas d'el Rey D. João II de Rui de Pina, p. 1016.

[47] The Portuguese-Americans de Leo Pap, pp. 206-207.

[48] N. Brent Kennedy, carta ao autor.

[49] Atlantis Dwelling place of the Gods de Henriette Mertz, pp. 35-56.

[50] The Forgotten Centuries de Charles Hudson & Carmen Chaves Tesser, p. 28.

[51] A New Voyage to Carolina de John Lawson (Hugh Lefler), p. 107.

[52] The Melungeons de Edward T. Price, p. 4 (Geographical Review, Abril de 1951).

[53] Enciclopédia Britannica, Livro 22, p. 414.

[54] Melungeon Treatment... de Jacqueline Daniel Burks, p. 39.

[55] The Indians of the Southeastern U.S. de John R. Swanton. 1946, p. 286.

[56] Southern Cooking de Bill Neal, p. 79.

[57] Enciclopédia Britannica, edição de 1994.

[58] The Forgotten Centuries de Charles Hudson, p. 7.

[59] Enciclopédia Britannica, edição de1994.

[60] Southern Appalachian Square Dance de Frank X. Bonner, p. 29.

[61] The Discovery of the Dance de A. S. Barnes, p. 117.

[62] Dicionário Random House, 1983.

[63] Enciclopédia Britannica, 1993.

[64] Daughter of the Legend de Jesse Stuart, p. 226.

[65] The Complete Portuguese Water Dog de Kathryn Braund and Dayanne.

Primeira Parte

No Capítulo V, existe um resumo sobre os primórdios de Portugal e a formação do povo Português a partir dos primeiros invasores até ao século XII. A Primeira Parte deste apêndice apresenta uma descrição mais detalhada e salienta os acontecimentos mais importantes que afectaram Portugal e os Portugueses.

A Segunda Parte fornece uma cronologia de acontecimentos e informação disponível relacionados com os Melungos depois do século XV, assim como com os Portugueses e outros grupos que poderão ou não estar relacionados.

Os Calendários dos Mundos Antigo e Moderno

Antes de ler a seguinte cronologia, será apropriado referir algo acerca das datas e dos calendários usados.

As datas apresentadas, as quais podem não estar necessariamente correctas, baseiam-se no calendário ocidental. Aparentemente, o Papa João Paulo I pediu ao frade *Dionísio Pequeno* ou *Dinosio Exíguo*, um especialista em Matemática e Astronomia, para calcular a data da Páscoa, com o objectivo de pôr fim à data irregular de tal celebração. Durante esse estudo, ele chegou à conclusão que Jesus Cristo teria nascido no ano 753 do calendário Romano, que foi posteriormente utilizado para determinar a Era Cristã. Segundo a Bíblia, Cristo nasceu quando Herodes reinava na Judeia, e calcula-se que a morte de Herodes tenha ocorrido no ano 750 do calendário romano.

Não nos esqueçamos que o calendário Cristão também se chama calendário gregoriano devido à reforma feita no século XVI (1572) pelo Papa Gregório XII, igualmente famoso pelo Massacre de S. Bartolomeu contra os protestantes.

Este calendário foi adoptado por todos os países Católicos da Europa e, posteriormente, por todos os países de influência ocidental. A Igreja Ortodoxa não aceitou a mudança e ainda mantém o calendário juliano para calcular a data da Páscoa. Só em 1752 é que a Inglaterra e os Estados Unidos fizeram a alteração; portanto, todas as datas de acontecimentos anteriores nos Estados Unidos baseiam-se no calendário juliano, o que significa que a data de nascimento de George Washington, que se realizava a 11 de Fevereiro de 1732, segundo o estilo antigo, passou a ser a 22 de Fevereiro de 1732, segundo o estilo moderno.[1]

A revolução chinesa de 1911 originou uma reforma que introduziu o calendário do Ocidente juntamente com o calendário tradicional chinês. Em 1929, a União Soviética, no intuito de dissolver o ano cristão, substituiu o calendário gregoriano por um calendário revolucionário. A semana passaria a ter 5 dias, 4 para trabalhar e o quinto seria de descanso e cada mês consistiria de seis semanas. Os dias extra necessários para complementar os 365 ou 366 anuais seriam feriados. Por volta de 1940, a União Soviética já utilizava novamente o familiar calendário gregoriano.

A questão dos anos complica-se quando se levam outras civilizações em consideração. Por exemplo, segundo o calendário judaico, ao ano cristão de 2001 corresponde o ano de 5761, passando para 5762 a 18 de Setembro. Com todos os avanços científicos, as pessoas Judias sabem que isto é arbitrário, uma vez que foi instituído entre os anos 200 e 600 d.C., e pensava-se corresponder à criação do mundo, conforme era descrita na Bíblia aproximadamente 4000 anos antes.

O ano cristão de 2000 corresponde ao ano islâmico de 1420 (Era Muçulmana), começando o ano novo em Maio. O Ano Novo tem por base as fases novas da lua e começou quando Maomé, o fundador da religião islâmica, fugiu de Meca para Medina, na actual Arábia Saudita, o que aconteceu no ano 622 da era cristã.

(Um ano islâmico só tem 354 ou 355 dias, comparado com o ano gregoriano que tem 365 ou 366 dias.)

Enquanto na maior parte do mundo se vive o ano 2000, os chineses vivem no ano de 4697 sob o desígnio do Dragão Dourado e passarão para o ano 4698 entre 21 de Janeiro e 21 de Fevereiro. Celebra-se o ano novo chinês durante a segunda lua nova e este não se encontra associado a nenhum acontecimento cultural especial. É apenas uma indicação do número de anos desde que decidiram manter um registo oficial da passagem dos anos. O ano lunar chinês está dividido em 12 meses de 29 ou 30 dias e ajusta-se ao ano solar com a introdução de mais seis meses ciclicamente.[2]

A semana de sete dias remonta aos tempos romanos e permanece uma testemunha férrea do poder primordial da Astrologia. Os dias receberam os nomes dos planetas, como eram conhecidos em Roma há 2000 anos atrás. Em inglês e italiano: Domingo (Sol, Sunday, Domenica); Segunda-feira (Lua, Monday, Lunedi); Terça-feira (Marte, Tuesday, Martedi); Quarta-feira (Mercúrio, Wednesday, Mercolodi); Quinta-feira (Júpiter, Thursday, Giovedi); Sexta-feira (Vénus, Friday, Venerdi) e Sábado (Saturno, Saturday, Sabato).

Quando se tentou extinguir a idolatria antiga, substituíram-se os nomes planetários por simples números. Assim, os Quakers (congregação religiosa) chamaram aos seus dias Primeiro Dia, Segundo Dia, etc., até ao Sétimo Dia. Também no moderno estado de Israel, os dias receberam o nome de números ordinais e o único país Europeu a usar um método semelhante é Portugal, com a excepção de Sábado e Domingo, que se mantiveram a partir das formas originais de Sabbath e Domenica.

As abreviaturas de datas mais comuns e mais usadas são: a.C. para antes de Cristo e d.C. para depois de Cristo, podendo utilizar-se também a expressão Anno Domini (Ano do Senhor). No entanto, os povos não-cristãos usam EC para Era Comum e AEC para Antes da Era Comum.

Resumo de Factos Relacionados com a História Portuguesa Antes da Era Cristã [3] por ordem cronológica

40 000 *Homo Sapiens* emerge do Homem de Neandertal.[4]

27 000 Esqueleto de uma criança é encontrado em Leiria.

18 000 Fazem-se pinturas e gravuras nas rochas ao estilo rupestre em Foz Côa. Veja-se o livro de António Faustino de Carvalho, Côa Valley, Rock Art.

15 000 Culturas paleolíticas na zona ocidental de Portugal.

4 000 Os Iberos, nome dado a um povo que habitava a Península Ibérica, é um nome de origem grega, que juntamente com Algarve (arábico) e Sefardínico (judaico) significa *terra do Oeste*.

3 200 Primeiro tipo de escrita: os Sumérios mantêm registos através de símbolos cuneiformes em tabuleiros de barro.

2750 A cidade de Tiro é fundada por marinheiros na costa leste do Mediterrâneo e inicia a sua ascensão como uma grande potência marítima fenícia. O historiador grego Heródoto diria em 450 a.C. que Tiro foi fundada 2300 anos antes.

1424 O Rei Egípcio Tutmés IV estabelece alianças com a Babilónia e lidera expedições militares pela Fenícia.

1000 Fenícios, Gregos, Cartagineses.

814 Colonos Fenícios refugiados fundam Cartago no norte de África.

776 Primeiros Jogos Olímpicos gregos conhecidos.

700 Colonos Fenícios plantam oliveiras na Península Ibérica. Começam as migrações celtas.

698 Colonização grega do Mediterrâneo. Nos dois séculos seguintes, serão primariamente motivados pela necessidade de encontrar novas fontes de comida à medida que a população da Grécia aumenta.

600 O povo Celta instala-se na Península Ibérica e forma os Celtiberos. Há pouco tempo atrás, podia encontrar-se sinais semelhantes da cultura Celta tanto em aldeias piscatórias portuguesas como Irlandesas.

562 A cidade fenícia de Tiro é tomada por Nabucodonosor depois de um cerco de 16 meses.

520 A cidade-ilha fenícia de Tiro tem 25.000 habitantes; a antiga Tiro no continente é ainda maior.

418 As forças atenienses esmagam Cartago.

408 *Orestes* de Eurípides continua o tema da tragédia de 413 a.C., *Electra de Sófocles*; Eurípides morre dois anos mais tarde na Macedónia com 77 anos de idade.

300 Cartago no norte de África ascende economicamente no Mediterrâneo através do comércio de escravos e de prata na Península Ibérica. Os Celtiberos habitam a região em redor do rio Tejo. Actualmente, a cidade de Lisboa, capital de Portugal, localiza-se na foz deste rio.

280 O Rei da Síria perde o controlo sobre a Fenícia em favor de Ptolomeu II da Macedónia.

195   Os Celtiberos submetem-se aos Romanos; submissão total em 133 a.c. No entanto, Viriato e o seu sucessor, Sertório, os primeiros heróis portugueses, travam duras batalhas contra vários generais Romanos.

161   A Lusitânia, uma província romana, incluía aproximadamente a área que constitui hoje Portugal. O Romano Galba, vexado pela coragem dos Lusitanos – naturais de Portugal – ordenou o massacre de 30.000 pessoas. Um dos sobreviventes, Viriato, lidera uma revolta contra Roma e derrota cinco generais Romanos sucessivos, forçando o último a assinar um tratado de paz. Alguns historiadores afirmam que a guerra entre os Lusitanos e os Romanos durou de 153 a.c. até 80 a.c., sendo Viriato seguido por Sertório, que a certa altura se refugiou na Mauritânia.

Anno Domini ou Era Cristã

146   Depois de um longo bloqueio, Cartago cai sob o poder das legiões romanas lideradas por Cipião Emiliano em seis dias e noites de lutas contínuas. Cerca de 900 desertores Romanos incendeiam o Templo de Esculápio e preferem a morte pelo fogo do que a execução. Asdrúbal ordena a rendição à sua guarnição militar e a mulher desdenhosamente atira-se juntamente com os filhos para as chamas do templo. As cinzas da cidade dão lugar à província romana de África e assim termina a Terceira Guerra Púnica.

409   Os Suevos instalam-se no norte de Portugal e formam um Reino, sendo a cidade portuguesa de Braga a sua capital. Os Alãos invadem a Península Ibérica e fixam-se no centro de Portugal. Os Vândalos também invadem e instalam-se no norte de Portugal e no sul de Espanha. Mais tarde, os Suevos ocupam o centro de Portugal, formando com os Visigodos os dois Reinos independentes da península, até ao ano 585 em que os Visigodos dominam a península por completo.

416   Mais Visigodos invadem a Península Ibérica e um grupo fixa-se no centro de Espanha.

439   29 de Outubro – Cartago cai nas mãos dos Vândalos, liderados por Genseric. Ele faz de Cartago a sua capital.

448   O Rei Suevo Rechiar sobe ao trono como Rei Católico.

456   Os Suevos atacam os Romanos em Tarraconensis mas são derrotados pelos Visigodos, sob o comando de Teodorico II, segundo a descrição do Bispo Idácio de Chaves. Foi o fim do Reino Suevo.

A Era Islâmica - Portugal do século VI ao século XVI

622   Maomé vai de Meca para Medina, na actual Arábia Saudita, depois de receber revelações posteriormente registadas no Alcorão. Para norte: o Reino Suevo; para sul e para leste: o Reino Gótico ocidental. De 622 até 700, este mesmo Reino governou a área onde Portugal se situa hoje, assim como parte de Espanha.

697   Cartago é destruída pelos Árabes, terminando o domínio bizantino no norte de África para sempre.

711   Os Árabes do norte de África, Mouros e Berberes, invadem a Península Ibérica.

739   Começa a reconquista da Península Ibérica devido à expansão do Reino das Astúrias e à sua união com o Reino da Cantábria

755   Constituição política do condado de Leão; independência dos Árabes; independência de Navarra.

757   O Reino das Astúrias liderado por Afonso I inicia o processo de reconquista de Península Ibérica aos Árabes.

863   Separação e independência do condado da Galiza.

885   A Galiza submete-se de novo a Leão.

967   Forma-se o condado independente de Castela.

1073   Afonso VI de Castela conquista Leão.

1099   Morte de El Cid. Rodrigo Diaz de Bivar, ou Rui Dias de Bivar, casou com Jimena Dias de Las Asturias. A família dela adoptou mais tarde o nome de Meneses, como se de uma família Açoreana se tratasse.

1109   Forma-se o Condado Portucalense e é oferecido a Henrique de Bolonha. No mesmo ano o Reino de Aragão absorve os Reinos de Leão e Castela.

1143   Constituição da monarquia portuguesa e fundação do Reino de Portugal.

1147   As cidades de Santarém e Lisboa são reconquistadas aos Mouros pelos Portugueses.
23 de Maio – navios portugueses partem para a Bretanha para as Cruzadas.

1180   Primeira batalha naval ganha pelos Portugueses contra os Berberes.

1250   Portugal expulsa a última colónia de Árabes de Portugal.

1254   Plantação do pinhal de Leiria a mando de D. Dinis. Começava a planear-se a construção de barcos e a olhar-se em direcção ao mar. Posteriormente, este pinhal forneceu a madeira para construir as caravelas dos Descobrimentos. Mais tarde, D. Dinis autorizou os mercadores a criar um seguro devido ao desenvolvimento marítimo em Portugal.

1276   O frade Português Pedro Julião é eleito papa com o nome de João XXI.

1291   Os irmãos Vivaldi, de origem genovense, tentam alcançar as riquezas da Índia através de uma travessia do Atlântico. A tentativa falha e os dois irmãos morrem no mar.

1308   Tratado comercial entre Portugal e a Inglaterra.

1311   Extinção da Ordem dos Templários e criação da Ordem de Cristo. Este facto teria um efeito enorme nas descobertas Portuguesas, já que D. Henrique viria a receber posteriormente essa ordem e toda a sua riqueza.

1314   D. Dinis nomeia Nuno Fernandes Cogominho para Almirante-chefe. Na hora da morte, D. Dinis chama o Genovês Emanuel Pezagno para organizar e comandar a frota real. Ele fica em Portugal e a sua família – os Peçanhas – detêm o título de Almirante de Portugal durante gerações.

1325   Morre D. Dinis e D. Afonso IV torna-se Rei de Portugal.

1336   Expedição às Ilhas Canárias ordenada pelo Rei Português. As Ilhas aparecem no mapa desenhado por Angelino Dalorto, Dulcorot ou Dulcert. Estas Ilhas provaram ser de extrema importância para a navegação posterior, incluindo a primeira viagem de Colombo para a América. Numa carta, D. Afonso IV reclama o direito de Portugal sobre as Canárias.

1346   O Catalão Jaume Ferrer tenta realizar uma viagem ao longo da costa africana e falha no regresso, outro exemplo das dificuldades encontradas pelos marinheiros mediterrânicos em navegar no Atlântico.

1357   D. Afonso IV morre e D. Pedro I é coroado Rei de Portugal.

1367   D. Pedro I morre e sucede-lhe D. Fernando.

1372   Tratado entre o Rei de Portugal e o duque de Lencastre. No ano seguinte, este tratado seria confirmado pelos Reis de Portugal e Inglaterra como o Tratado de Westminster.

1383   Os Portugueses ganham uma vitória decisiva contra Castela na famosa Batalha de Aljubarrota, em que 5000 portugueses derrotam os 30.000 s oldados do exército Castelhano e afirmam a sua identidade nacional.

1386 Aliança entre Inglaterra e Portugal. Portugal tem a mais antiga aliança do mundo com a Inglaterra, que remonta a 9 de Maio de 1386 e é conhecida como Tratado de Windsor. No ano seguinte, D. João I casa com D. Filipa, filha do duque de Lencastre.

1394 O Infante D. Henrique nasce a 4 de Março na cidade do Porto
.

Portugal e o Mundo nos Séculos XV e XVI - Conquistas e Descobertas

1415 21 de Agosto – os Portugueses conquistam Ceuta em Marrocos e, pela primeira vez, usa-se um novo tipo de barco chamado barinel
.

1417 As Ilhas do arquipélago da Madeira, ao largo da costa atlântica do norte de África podem ter sido visitadas pelos Árabes e outros povos. Em 1419, os navegadores portugueses João Gonçalves Zarco, Tristão Vaz Teixeira e Bartolomeu Teixeira desembarcam lá.

1419 O príncipe D. Pedro embarca no que parece ser uma viagem de turismo; era, no entanto, uma missão secreta com o objectivo de obter informações para seu irmão, D. Henrique, as quais ele usará mais tarde nas suas viagens de descoberta.

1422 Termina a era de César e começa a Era Cristã.

1425 Portugal tira à força as Ilhas Canárias de Castela. Começa o povoamento das Ilhas da Madeira. Planta-se cana de açúcar da Sicília e vinhas de Chipre.

1427 Data da possível primeira descoberta dos Açores por Diogo de Silves.

1432 As Ilhas dos Açores são re-descobertas a 14 de Agosto de 1432 por Gonçalo Velho Cabral.

1433 D. João I morre e sucede-lhe seu filho, D. Duarte. O navegador Português Gil Eanes dobra o Cabo Bojador em África, a sul das Ilhas Canárias.

1437 Os Portugueses são derrotados pelos Mouros quando tentavam conquistar Tânger em Marrocos. O príncipe D. Fernando é feito prisioneiro e morre lá enquanto se aguardava o resgate exigido por Sala-ben-Sala.

1438 Morre o Rei D. Duarte e o seu herdeiro, o príncipe D. Afonso, ainda é uma criança. O príncipe D. Pedro assume a regência do Reino até 1446, altura em que D. Afonso V assume o controle de Portugal. Casa com a filha do príncipe D. Pedro em 1447.

1443 São introduzidos escravos Africanos em Portugal, vendidos aos exploradores portugueses em troca de bens, por outros *Negros*. Os comerciantes de escravos *Negros* tornam-se os mais importantes do ramo.

1444 O explorador Português Nuno Tristão chega ao Senegal.

1445 O explorador Português Diniz Dias passa pelas Ilhas de Cabo Verde e, por ano, 25 caravelas fazem o comércio entre África e Portugal.

1448 Possível dada de nascimento de Cristóbal Colón (Cristóvão Colombo).

1449 O príncipe D. Pedro, irmão do Infante D. Henrique, é vitima das intrigas e das ambições da casa ducal de Bragança. Enquanto viajava pela Europa, recolheu informações valiosas, que posteriormente entregou a D. Henrique.

1450 O nobre flamengo Josué Van den Berg, ao serviço de D. Henrique, começa a colonizar a Ilha Terceira, nos Açores.[7]

1452 Diogo de Teive terá visitado a Terra Nova, segundo a descrição escrita em 1571 por Fernando Colombo, filho de Cristóvão Colombo, em Veneza.

1453 Os Turcos (Império Otomano) conquistam Constantinopla (actual Istambul). Este acontecimento marca o fim do Império Bizantino e das Cruzadas europeias contra o Islão. Os Turcos introduzem também o café.

1456 Diogo Gomes chega à Guiné Bissau, na costa leste africana e o açúcar da Madeira chega a Bristol, permitindo a muitos Ingleses experimentar pela primeira vez esse sabor doce.

1458 Os Portugueses conquistam Alcácer Ceguer.

1460 O Infante D. Henrique, morre em Sagres a 13 de Novembro.

1462 Os Portugueses iniciam o povoamento da Ilha de Santiago, em Cabo Verde, com *Negro*s da Guiné e Mouros de Marrocos.

1471 Tânger e Arzila no noroeste de África caem na esfera de domínio dos Portugueses, que tomam pouco antes Casablanca. Tânger é dado à Inglaterra no século XVII como parte do dote da princesa D. Catarina de Bragança, quando esta se casa com o Rei Inglês Carlos II.

1472 O navegador Português Fernão Pó descobre as Ilhas de S. Tomé, Príncipe e os Camarões ao largo da costa ocidental africana.

1475-6 Colombo chega a Portugal[10] com uma idade aproximada de 24 ou 25 anos, cinquenta anos depois de os Portugueses iniciarem a conquista do Atlântico. Para compreender a sua aventura isolada, é importante estar-se consciente das descobertas feitas pelos Portugueses entre 1419 e 1542, desde as ilhas do Atlântico até ao Japão. O açúcar da Madeira é exportado para a Europa em grandes quantidades à medida que as notícias chegam de França neste e em anos seguintes.

1479   Colombo casa com a dama Portuguesa D. Filipa Moniz de Perestrelo, filha do navegador Bartolomeu Perestrelo.[11] Vive dez anos em Portugal. A sogra dá-lhe mapas e outros documentos pertencentes ao falecido marido. Ele segue as rotas Portuguesas para a Guiné e para o Atlântico ocidental, recolhendo informação sobre as descobertas Portuguesas. Nascimento de Diogo Colón, filho de Colombo, na Madeira.

1480   Convenção entre Castela e Portugal sobre a forma de tratamento a dar aos Mouros e Berberes.

1481   Morre D. Afonso V e D. João II é proclamado Rei.

1482-3 Os Portugueses em Malange, África. A expedição de Diogo Cão, ordenada por D. João II, descobre a maior parte de Angola, incluindo a área de Malange.[12]

1483   Nasce Martinho Lutero a 10 de Novembro. Posteriormente viria a inspirar a reforma do Cristianismo no século XVI contra a Igreja Católica.

1484   O explorador Português Diogo Cão descobre o rio Congo na África ocidental. Estabelece-se a Inquisição em Castela.

1484-6 Colombo parte de Portugal para ir a Espanha oferecer os seus serviços aos monarcas Espanhóis, depois de D. João II ter recusado a sua proposta. Quando chega a Castela, é considerado Português. Fica registado que ele era mais fluente no Português do que no Castelhano. Em 1486, os Portugueses ocupam Azamor em Marrocos.

1487   O navegador Português Bartolomeu Dias dobra o cabo no extremo sul de África, mais tarde chamado Cabo da Boa Esperança.

1488   Nasce Fernando Colón, filho de Colombo e de uma mulher espanhola, em Córdova. D. João II envia uma carta enigmática a Colombo em Espanha, prometendo-lhe que seria bem-vindo e os seus serviços seriam reconhecidos.

1489   O Rei Português renova a aliança com os Ingleses, confirmando mais uma vez o Tratado de Windsor.

1490   Os exploradores Portugueses convertem o Império do Congo ao Cristianismo.

1492	Os Reis Católicos completam a unificação de Espanha ao conquistarem Granada, o último Reino islâmico na Península Ibérica. Os Judeus são expulsos de Espanha. German Behaim, um residente um Portugal, constrói o seu famoso globo, no qual regista o progresso das descobertas Portuguesas.

1495	Morre D. João II e D. Manuel, duque de Beja, é coroado Rei de Portugal.

1496	Expulsão de Espanha de todos os Mouros e judeus que recusam o baptismo.

1497	Depois de dez anos de inactividade, os Portugueses recomeçam as suas viagens de exploração. Este período é usado para estudar pormenorizadamente todo o conhecimento obtido até então sobre ventos e correntes. Nos anos seguintes, as viagens seriam cuidadosamente planeadas e tinham destinos pré-determinados. Em Julho, Vasco da Gama parte de Lisboa a caminho da Índia.

1498	O explorador e cientista Português Duarte Pacheco Pereira é enviado numa expedição secreta e toca na costa sul-americana. Esta informação é posteriormente usada pelos Portugueses para enviar Pedro Álvares Cabral e oficialmente descobrir o Brasil em 1500. O navegador Português Vasco da Gama descobre o caminho marítimo para a Índia, estabelecendo uma rota de comércio entre a Europa e a Índia e iludindo os intermediários Venezianos.

1499	Os navegadores Espanhóis Alonso de Ojeda, Diego de Lepe e Vicente Yanes Pinzón, com Américo Vespúcio, percorrem toda a costa norte da América do Sul ao serviço de Espanha. Já em território brasileiro, encontram uma cruz, provavelmente deixada lá por Duarte Pacheco Pereira.

1500	Re-descoberta do Brasil pelo navegador Português Pedro Álvares Gouveia, depois conhecido como Cabral. A data da primeira descoberta foi mantida secreta devido aos tratados negociados com a Espanha.

1501	Portugal envia uma frota para ajudar Veneza contra os Turcos,[14] e em 1502 planta-se milho pela primeira vez em Portugal.

1503	Fernando de Noronha descobre as Ilhas que mais tarde receberam o seu nome.

1505	O Português Lourenço d'Almeida descobre o Ceilão (actual Sri Lanka) ao largo da costa da Índia.

1506	Tristão da Cunha, navegador Português, descobre ilhas no Atlântico sul, as quais terão posteriormente o seu nome.

1507 Os Portugueses colonizam Moçambique na África oriental, onde a palavra *Melungo* parece ter tido origem. Os Portugueses capturam Zafi em Marrocos e iniciam o comércio de Mouros, Berberes e judeus cativos. Muitos eram mulheres; todos são chamados escravos Brancos. Almeida da Cunha descobre Madagáscar.

1509 O explorador Português Diogo Álvares Correia estabelece o primeiro povoamento Europeu no Brasil, perto de Porto Seguro.

1511 Primeira expedição Portuguesa ao Pacífico e a Malaca.

1512 Uma caravela Portuguesa chega a Guangzhou (Cantão). O primeiro barco Europeu desembarca na China. Diogo Garcia descobre o *Rio da Prata*.

1514 As ervilhas são introduzidas em Inglaterra.

1516 Duarte Coelho descobre a Cochinchina, na China (actual Vietname) e Fernão Peres de Andrade chega à China.

1517 Fernão Andrade e Tomé Pires desembarcam na China e os Portugueses plantam milho lá.

1518 O Rei Português D. Manuel I solicita ao papa que eleve o príncipe D. Henrique do Congo a Bispo de Utica. Ele torna-se o primeiro Bispo cristão *Negro*.

1521 O Rei D. Manuel I morre e sucede-lhe D. João III. A princesa D. Isabel de Portugal casa com Carlos V de Espanha.

1522 Os barcos e as tripulações de Magalhães regressam a Sevilha depois de conseguirem realizar a primeira viagem de circum-navegação do mundo.

1524 Data de nascimento provável do poeta Português, Luís Vaz de Camões, escritor do poema épico, *Os Lusíadas*. Vasco da Gama morre e é enterrado em Cochim, na Índia. O primeiro livro publicado na Índia é publicado em Cochim em 1577, enquanto se encontrava sob o domínio Português.

1526 Os primeiros navios Ingleses exploram a costa africana da Guiné.

1529 A laranja, de origem chinesa, é introduzida na Europa pelos Portugueses.

1530 Os Portugueses planeiam colonizar o Brasil.

1531 Terramoto em Lisboa. Pedido papal para estabelecer a Inquisição em Portugal.

1536 Pedro Nunes (1502-1578), um matemático Português, inventa o nónio para a graduação de instrumentos. Foi usado por Pierre Vernier em 1631 e por William Oughtred em 1630 para a régua de cálculo, um análogo computador primitivo. O tratado de navegação dos oceanos é assinado entre Portugal e França. A Inquisição começa a funcionar em Portugal, mais de três séculos depois de ter sido instituída em França, Aragão e no norte da Itália.[18] O primeiro *Auto de Fé* ocorre em 1540.

1542-43 Lourenço Marques descobre uma baía e um rio na África oriental que vieram a receber o seu nome. Esse nome foi mudado para Maputo depois da independência de Moçambique.

1543 Os Portugueses António Peixoto, António da Mota e Francisco Zeimoto são os primeiros Europeus a chegar ao Japão. A princesa Maria de Portugal casa com o príncipe Felipe, futuro Rei Felipe I de Espanha.

1544 Fernão Mendes Pinto descobre e denomina a Formosa (Taiwan).

1547 É aprovada uma lei em Portugal que obriga ao registo de todos os barcos com destino ao Brasil.

1549 Povoamento de São Salvador, Baía, Brasil.

1550 (década de) Emigração em massa da Ilha de São Tomé para o Brasil.

1553 Os Turcos cercam Ormuz, um território Português na Índia.

1556 Fundação de povoações Portuguesas no Japão.[19]

1557 Morre D. João III e sucede-lhe seu neto, D. Sebastião. A península de Macau, ao largo da costa chinesa, perto de Hong Kong, é cedida pela China e posteriormente povoada pelos Portugueses.

1558 Uma caravela Portuguesa parte de Sevilha e é capturada no mesmo ano pelos Franceses quando regressava do Peru com 100.000 ducados de ouro e prata.

1559 Têm lugar em Sevilha as primeiras execuções num *auto de fé*.

1564 Nasce William Shakespeare. Posteriormente ficará associado ao termo "língua isabelina".

1566 Uma grande peste afecta muitas cidades Portuguesas e causa milhares de mortes.[20]

1567 Portugal aprova uma lei que proíbe os cristãos novos de partir para territórios ou colónias ultramarinos.

1568 O embaixador Português em Londres apresenta uma queixa contra a navegação clandestina inglesa nos territórios ultramarinos.

1570 É fundada a cidade de Nagasaki no Japão pelos Portugueses, que procuravam um porto para os seus navios.

1571 7 de Outubro – A Batalha de LePanto, no Golfo de LePanto, perto de Corinto, termina numa derrota para uma frota Otomana de 240 galés.

1572 É publicado o poema épico *Os Lusíadas* de Luís de Camões.
Massacre dos Protestantes em Paris no dia de S. Bartolomeu.
O papa Gregório XIII pediu ao jesuíta Cristóvão Clávio para examinar as propostas de calendários. Em Fevereiro de 1582, escreveu a bula papal para o calendário gregoriano, que introduziu pequenas mudanças relativamente ao calendário juliano.

1576 Piratas Franceses atacam a Ilha de Santa Maria nos Açores.
A população do Brasil atinge os 57.000 habitantes.

1577 É renovada a lei que proíbe os Otomanas novos – recentemente convertidos ao Catolicismo – de partirem para as colónias.

1578-9 4 de Agosto – O Rei de Portugal, D. Sebastião, é morto e o seu exército é aniquilado em Alcácer Quibir, no noroeste de África. Luís Vaz de Camões, o maior poeta Português, morre no dia 10 de Junho.

1580 União das coroas Portuguesa e espanhola. Filipe II de Espanha torna-se Filipe I de Portugal. É filho da princesa Isabel de Portugal e neto do Rei D. Manuel I. Filipe II de Espanha é também filho do Imperador Carlos V da Áustria e Alemanha.

1582 A Europa Catolica adopta o calendário gregoriano, que estava dez dias atrasado em relação ao calendário juliano.

1583 Francis Drake ataca o Brasil.

1587 Francis Drake ataca a província Portuguesa do Algarve (a sul), saqueia e incendeia Sagres. A 8 de Fevereiro é executada a rainha Maria Stuart da Escócia.

* * *

1588   27 de Maio – Filipe II, Rei de Castela, invade a Inglaterra para terminar com o reinado de Isabel I.[21] A frota de 200 navios e 20.000 soldados parte de Lisboa. Muitos soldados e navios portugueses são forçados a participar, já que Portugal era governado na época pelo Rei de Espanha. O povo Português paga um preço muito elevado por esta derrota, uma vez que os seus soldados e navios estavam em número muito desproporcionado nesta Armada. A 30 de Julho, a Invencível Armada espanhola é derrotada, marcando um ponto de viragem na Inglaterra isabelina. Os corsários Ingleses atacam portos brasileiros.

1589   Drake ataca Lisboa e falha. A Inglaterra tenta libertar Portugal da Espanha. João da Gama parte de Macau, na China, através do Pacífico, fazendo a primeira viagem de que há registo numa embarcação Portuguesa.

1594-5   O Inglês Francis Drake ataca e saqueia a cidade brasileira de Recife.

1598   Morre o Rei Filipe II de Espanha e sucede-lhe Filipe III.

1601   Manuel Godinho de Herédia, nascido na Índia Portuguesa, de pai Português e mãe Indiana, afirma ter descoberto a Austrália.

1617   Os Mouros atacam Porto Santo, uma das Ilhas da Madeira, e capturam quase toda a população.

1622   Os Turcos (Persas) unem-se aos Ingleses contra os Portugueses e capturam a cidade de Ormuz. Mouros e Turcos atacam a costa do Algarve.

1640   1 de Dezembro – Portugal recupera a independência total face a Espanha.

1646   William Shakespeare morre a 23 de Abril.

1654   Portugal recupera o território brasileiro na posse dos Holandeses.

1660   Navegadores Portugueses viajam do Japão até Lisboa através do Árctico.

1662   31 de Maio – Catarina de Bragança, filha de D. João IV, casa-se com Carlos II de Inglaterra.

1697   18 de Julho – o missionário Português António Vieira morre aos 88 anos de idade.

1717   A frota Portuguesa, a pedido do papa Clemente XI, defende Veneza e Corfu de uma armada turca, derrotando-a, evitando assim que se tornasse parte do Império Otomano.

1752   A Grã-Bretanha adopta o novo calendário gregoriano; a Suécia adopta-o em 1753.

1755 Um terramoto em Lisboa destrói a cidade e mata milhares.

1807 Novembro – Napoleão invade Portugal. A família real Portuguesa foge para o Brasil.

1814 As forças armadas de Napoleão são expulsas de Portugal.

1822 7 de Setembro – O Brasil declara a independência de Portugal por intermédio do príncipe D. Pedro, mais tarde chamado Imperador Pedro I. A independência é alcançada quase pacificamente, como resultado do seu pai, o príncipe João, que viria a ser D. João IV de Portugal, ter-se mudado para o Brasil quando Portugal foi invadido pelo exército de Napoleão. Quando o príncipe D. João chega, cria o Reino unido de Portugal e do Brasil.

Segunda Parte

Colonos Europeus, Melungos e outros Grupos

Cronologia na América do Norte – Primeiras Explorações da América do Norte

A história do continente norte-americano ainda está sob estudo. As revelações feitas por dois arqueólogos numa conferência em 1999 em Santa Fé, no México, derramaram alguma luz sobre quem teriam sido os primeiros colonos na América do Norte. Antes de prosseguir com a cronologia da presença portuguesa na América do Norte, talvez valha a pena considerar a seguinte contribuição recebida em 1999 através de Lionel Holmes, um autor da Califórnia: Segundo um relatório feito pela Associated Press, os primeiros habitantes deste continente poderão ter atravessado o oceano Atlântico há mais de 18.000 anos vindos da Península Ibérica. Este facto vem contrariar a noção há muito estabelecida de que os primeiros colonos do continente atravessaram uma ponte de terra que ligava a Ásia ao Alasca há 13.500 anos atrás. Uma vez que é um ponto de partida muito radical em relação àquilo que é conhecido, terá algum valor ao ser apresentado aqui, acompanhado de uma explicação bastante detalhada.

Dois arqueólogos proeminentes, Dennis Stanford e Bruce Bradley, dizem que os primeiros habitantes da América do Norte poderão ter atravessado o gelado oceano Atlântico há cerca de 18.000 anos, vindos da Península Ibérica (actuais Portugal, Espanha e sudoeste da França). Pertencentes a um grupo conhecido como Solutrenses, os pesquisadores crêem que estes exploradores pré-modernos ter-se-ão instalado originariamente no litoral a leste. Durante os seis milénios seguintes, a sua cultura nómada e recolectora poderá ter-se espalhado aos desertos americanos e à tundra canadiana e talvez até à América do Sul.

Segundo nos diz Joseph B. Verrengia da Associated Press, esta nova teoria vem ensombrar a teoria da ponte de terra Asiática. Os arqueólogos afirmam que alguns nómadas chegaram certamente ao Alasca e encontraram uma passagem sem gelo através dessa ponte de terra que os levava ao continente há cerca de 13.500 anos. Chamou-se-lhes Clovis devido às armas muito características que têm sido encontradas em escavações por toda a nação. As pontas Clovis estão entre as mais antigas ferramentas descobertas na América do Norte e têm sido frequentemente encontradas entre os fósseis dos animais da Idade do Gelo. O povo Clovis ligava estas pontas a lanças e lancetas e provavelmente caçava animais em grupo.

Stanford e Bradley aceitam que os Solutrenses possam não ter sido os únicos exploradores do Paleolítico a chegar ao hemisfério ocidental. Mas julgando pelo seu estilo distinto de pontas projectáveis e outras pistas nos registos arqueológicos, podem ter sido os primeiros colonos que trouxeram para a América do Norte aquilo, que até agora tem sido considerada a cultura Clovis. "Existe muito pouco da cultura Clovis – na verdade, quase nada – que não seja encontrado em Solutré," disse Stanford, que é conservador do museu de Arqueologia do Instituto Smithsonian. "As suas espadas são virtualmente indistinguíveis." Stanford e Bradley, um pesquisador independente de Cortez, no Colorado, apresentaram a sua espantosa re-interpretação da teoria standard de povoamento na conferência sobre Arqueologia em Santa Fé. A reunião tinha como objectivo fazer um novo exame à pesquisa sobre o grupo Clovis sete décadas depois de ter sido aceite como leito de rocha histórico.

Outros cientistas dizem que a alternativa solutrense é um ponto de partida de tal maneira radical que poderá levar muitos anos até ser avaliada adequadamente. A nova explicação de Stanford e Bradley, notaram eles, baseia-se principalmente nas comparações entre pontas projectáveis e outros artefactos já descobertos em ambos os lados do Atlântico. Nunca se encontraram vestígios de povoações solutrenses inequívocos, dizem eles. Os pesquisadores, que crêem que Clovis e a teoria da ponte de terra no mar de Bering está ultrapassada, apontam para locais como Monte Verde, no Chile, ou a Pensilvânia, a Virgínia e a Carolina do Sul que foram povoados entre 12.500 e 16.000 a.C.. Mas os defensores de Clovis afirmam que muitos artefactos dessas escavações são tão toscos e grosseiros que podiam ser simplesmente rochas partidas naturalmente em vez de verdadeiras ferramentas de pedra moldadas por mãos pré-históricas.

Mesmo assim, dizem os observadores que as mais antigas pontas projectáveis solutrenses da Europa e as mais recentes pontas Clovis das Américas assemelham-se muito. É esse facto que torna a nova teoria "Vindos da Ibéria" tão atormentadora. "Não há qualquer dúvida," afirma o arqueólogo Kenneth Tankersley da Universidade Estadual de Kent. "Existem apenas dois lugares no mundo e dois momentos em que esta tecnologia aparece – os Solutrenses e os Clovis." Desconhece-se totalmente como poderiam os Solutrenses marinheiros ter chegado à América do Norte. Baseando-se no seu conhecimento sobre culturas nativas modernas acima do Círculo Árctico, Stanford diz que não é assim rebuscado imaginar os Solutrenses a viajar para o Novo Mundo em barcos feitos de pele. Ele calcula que, com uma corrente forte e tempo favorável, a viagem poderia demorar apenas três semanas. Segundo ele, por volta desta época na pré-história, os habitantes das ilhas do Pacífico sul já viajavam no mar alto há pelo menos 20.000 anos.

Adicionalmente, ainda ninguém conseguiu provar que os monges Brendan Irlandeses do século VIII não tenham feito uma série de viagens em barcos cobertos com peles de boi para a "terra prometida". Ou que os seus antigos documentos de navegação escritos em Latim fossem apenas uma lenda. Em 1976, o perito em explorações irlandês Tim Severin pesquisou e repetiu a viagem com o apoio da National Geographic. Como ficou documentado no livro de 1976 "The Brendan Voyage" de Tim Severin, eles provaram que os barcos Brendan poderiam ter feito uma série de tais viagens, desembarcando eventualmente nas praias da América do Norte. Pedimos a estudiosos para terem em consideração a possibilidade de os irlandeses ou "quaisquer outros" terem cá chegado (à América) por volta dos séculos XV e XVI.

1000 Calusa, uma tribo de 20.000 caçadores Índios, construtores de túmulos na Flórida, é a terceira mais numerosa depois dos Timucuans e Appalachees. O nome Miami tive origem na palavra Calusa "Mayaimi".

1424 Mapa de Zuanne Pizzigano. Existem provas cartográficas de que os Portugueses estiveram na Terra Nova antes de 22 de Agosto de 1424, segundo este cartógrafo veneziano e o seu mapa náutico.[6] Este mapa faz parte de uma colecção de 60.000 manuscritos antigos e raros pertencentes a Sir Thomas Phillips de Londres.

1448/81 Expedições Luso-dinamarquesas. O Rei Português D. Afonso V e o Rei Cristiano I da Dinamarca e Noruega acordam fazer expedições conjuntas ao Ocidente entre 1448 e 1481.

1467 Colon (Colombo) vê a América com 16 anos de idade. O famoso historiador e marinheiro Norueguês Thor Heyerdhal afirma que Colombo chegou pela primeira vez à América em 1467 e não em 1492, enquanto viajava numa expedição Luso-dinamarquesa para a Gronelândia como membro da tripulação.[8] Ver 1448.

1470/2 João Vaz Corte Real, presença possível na Terra Nova.[9]

1473 Álvaro Martins Homem, presença possível na Terra Nova.

1474 João Vaz Corte Real faz uma viagem à "Terra do Bacalhau" e o mais jovem Corte Real explora a costa de Labrador.

1484 Possível viagem de Colon (Colombo) para as Antilhas ao serviço de Portugal. Morte da esposa de Colombo, Filipa Moniz Perestrelo.

1492 Em Outubro, Colon (Colombo) chega à Ilha de Watling – S. Salvador – nas Antilhas, descobrindo assim a América. Pedro de Barcelos e João Fernandes Labrador, partindo dos Açores, descobrem uma península na costa nordeste da América do Norte, a que deram o nome de Labrador. Exploraram também a costa leste do Canadá na mesma área.

1493 13 de Fevereiro – Colombo pára nas Ilhas dos Açores no regresso a Espanha vindo da América e depois foi para Lisboa a 4 de Março. Os Portugueses foram os primeiros a saber da sua descoberta.
4 de Maio – O papa Alexandre VI estabelece uma linha de demarcação entre Portugal e Espanha relativa ao domínio sobre as terras descobertas. O que estiver a oeste da linha pertence à Espanha, o que estiver a leste pertence a Portugal.

1494   O Tratado de Tordesilhas, assinado a 4 de Junho, divide o globo entre
            Espanha e Portugal, conforme foi estabelecido no ano anterior pelo papa
            Alexandre VI, dando a Portugal mais 1000 milhas para oeste.

1494   Até 1500, Gaspar Corte Real vai à Terra Nova procurar o pai que
            desapareceu numa viagem anterior. Numa destas viagens, Gaspar contorna
            a costa da Flórida.

1496   Colon (Colombo) regressa a Espanha sem ter conseguido encontrar a Índia.
            Esgotou os seus recursos materiais e humanos. Começam a surgir dúvidas
            sobre ele e sobre os seus planos

1497   Entre os anos de 1497 e 1692, partiram de Portugal um total de 806 navios
            e destes, só 425 regressaram. Estes números dizem respeito à actividades
            registada.[13]

            24 de Junho – John Cabot, nascido Giovanno Caboto em Génova e tendo
            cidadania veneziana, chega a Labrador e à Nova Escócia, regressando a
            Lisboa a 6 de Agosto. Não existem registos destas viagens.

1498   John Cabot e o filho Sebastian navegam ao longo da costa da Terra Nova
            e da Nova Escócia; não há registos. Viagens possíveis de João Fernandes
            Lavrador, um Português dos Açores, para a Gronelândia e para o Atlântico
            norte.

1500/25 Embarcações Portuguesas a caminho da Índia ou do Brasil ou na viagem
            de regresso naufragam ou desaparecem em locais desconhecidos. Pelo
            menos 11 estão registadas. Algumas das caravelas transportam famílias
            inteiras.

1500   Colon (Colombo) é preso e enviado para Espanha. Ainda consegue fazer
            outra viagem à sua custa em 1502-04. Gaspar Corte Real, um navegador
            Português, faz o primeiro desembarque Europeu autenticado no continente
            norte do hemisfério ocidental.

1502   Miguel Corte Real vai à costa nordeste da América do Norte procurar o
            irmão Gaspar. Não regressa, mas deixa uma inscrição na Pedra de
            Dighton.[15] Ver 1511. Além disso, o Cabo Raso, na Terra Nova, aparece
            num mapa Português. O mapa de Alberto Cantino mostra claramente a
            Gronelândia e a América do Norte, assim como a península da Flórida.

1507   Morre Cristóvão Colon (Colombo).

1510   Os exploradores Europeus pesquisam a costa leste da América do Norte
            até a um ponto a norte de Savannah.

1511   Miguel Corte Real poderá ter deixado uma mensagem na Pedra de Dighton, com esta data e o brasão Português, segundo declarações feitas em 1926 pelo Professor Delabarre da Universidade Brown.

1512   Os bancos de bacalhau da Terra Nova fornecem peixe aos navios Portugueses, Ingleses, Franceses e Holandeses, que mesmo ali secam a pescaria antes de ser levada para a Europa.

1513   Ponce de Leon re-descobre a Flórida enquanto procura a Fonte da Juventude.

1519   O dólar tem a sua origem no táler cunhado na Boémia. Fernão de Magalhães, que realizou muitas expedições para o Rei Português D. Manuel I, tanto em África como no Oriente, deixa Portugal para ir oferecer os seus serviços à Espanha.

1520   Fernão de Magalhães, um navegador Português ao serviço da Espanha, contorna os estreitos do extremo sul da América do Sul e pára em Guam, nas Ilhas Marianas. Álvaro Fernandes, outro Português, participa na expedição de Párfilo de Narvaéz à costa do México.

1521   Aleixo Garcia atravessa o continente sul-americano do Atlântico ao Paraguai antes de muitos exploradores famosos. É morto pelos Índios em 1525. Pescadores Portugueses e João Fagundes de Viana fundam a colónia de St. Peters na Nova Escócia. Oito Portugueses fazem parte das forças Espanholas quando Hernan Cortez conquista a capital dos Astecas, a futura Cidade do México.

1524/5 O imperador Carlos V incumbe Estêvão Gomes, um navegador Português que participou na expedição de Fernão de Magalhães, de encontrar uma passagem noroeste para a Índia, mas ele falha. Todavia, consegue explorar toda a costa leste da América do Norte, desde a Flórida à Terra Nova, incluindo a Baía de Chesapeake. Existem mapas nos Arquivos de Sevilha mostrando por completo a costa leste dos Estados Unidos com aquela data e o nome dele. Também descobriu Manhattan, Nova Iorque e o rio Hudson. Henry Hudson recebeu o crédito por esta descoberta em 1609.

1526   Julho – a frota Ayllon parte de Espanha com seis navios transportando cerca de 500 pessoas: homens, mulheres, crianças, soldados, padres e os primeiros escravos *Negro*s a chegar às praias americanas. Perdem-se muitos navios e só 150 pessoas regressam.[22] Lucas Vásquez de Ayllón lidera a primeira tentativa de povoamento na costa da Carolina do Sul.

1527   Um navio inglês cabota ao longo da costa desde Labrador até à Flórida e às Índias Ocidentais, mas daí nada resulta.[16] Navios Franceses navegam em águas moçambicanas e da África oriental, onde o nome Melungo é usado pelos *Negro*s para se referirem aos Brancos.

1528   Pánfilo de Narvaéz desembarca na Baía de Tampa com 400 homens.[23]

1533   Piratas Franceses no Brasil. O piloto Português Martim da Costa, ao serviço da frota Espanhola de Fernando de Grialva, descobre a Baixa Califórnia.[17]

1539/40 Hernando de Soto, o *conquistador* Espanhol, desembarca na Baía de Tampa com 600 homens – muitos deles Portugueses – em 10 navios. Foi provavelmente o primeiro Europeu a entrar na região sul dos Montes Apalaches. Morre Fernando Colón, filho de Colon (Colombo). Muitos historiadores referir-se-ão posteriormente às narrativas escritas por Fernando sobre o pai.

1540   O Fidalgo de Elvas escreve um livro sobre o sudeste. O livro *Fidalgo de Elvas*, bem conhecido e citado, foi escrito por Álvaro Fernandes, um nobre Português que participou na expedição de Hernando de Soto juntamente com 30 outros Portugueses.

1541   21 de Maio – Hernando de Soto morre e é enterrado no Mississipi. Os sobreviventes chegam ao México, incluindo alguns Portugueses.

1542/3 28 de Setembro – O navegador Português João Rodrigues Cabrilho, ao serviço da Espanha, descobre a Califórnia. António Correa, outro Português, é o capitão do navio de Cabrilho.[24] João Caetano, navegador Português ao serviço da Espanha, poderá ter descoberto algumas das Ilhas do Havaí.

1544   Chega a Espanha uma cópia do livro escrito pelo Fidalgo de Elvas, o primeiro livro sobre o sudeste americano.

1545   Primeira exportação confirmada de açúcar do Brasil. Luís de Gois é o primeiro a levar folhas de tabaco para a Europa. Jean Nicot, o embaixador Francês em Lisboa, leva algumas folhas para França. A palavra *nicotina* deriva do apelido do embaixador.

1550   Nesta década, contaram ao Ingleses em 1584 que um navio Espanhol tinha, de facto, naufragado nos Baixios Exteriores e alguns dos homens foram socorridos pelos Índios Secotian. Os sobreviventes juntam dois barcos que restaram do naufrágio e rumam para sul, mas pouco depois os destroços dos barcos são encontrados espalhados ao longo da linha costeira e supõe- se que todos tinham morrido afogados.[25]

1555   Possível descoberta das Ilhas havaianas por João Caetano, um Português ao serviço da Espanha. A História aponta o Capitão John Cook como o seu descobridor em 1778.

1557   O livro do Fidalgo de Elvas é publicado na cidade de Évora. Nesse ano ou mesmo antes, chegaram cópias a Londres e a Espanha.[26]

1558   Henrique Garcês, natural do Porto, descobre o mercúrio no peru, aumentando em larga escala a produção da prata.

1559   Colonos Espanhóis chegam à Carolina do Sul e tentam povoá-la. Dois anos mais tarde são forçados a partir.

1560   Simão Fernandes, um piloto Português, navega pela costa leste, Virgínia e Carolinas como parte de uma expedição Espanhola.

1562   Protestantes Franceses chamados Huguenotes desembarcam perto de Jacksonville, na Flórida.

1563   Estabelecem-se rotas marítimas regulares entre a América e as Índias, com muitos navios portugueses sem registo de Lisboa e do Algarve.

1565   Os Espanhóis fundam St. Augustine na Flórida.
Menendéz recebe permissão para trazer 500 escravos *Negro*s para a Flórida.

1566   Logo no início do ano, Menendéz constrói um forte em Parris Island, o primeiro de quatro erigidos no local e a primeira estrutura de Santa Elena. Em Julho, chega de Espanha um grupo de 250 homens comandados por Juan Pardo.[27]

1567   Juan Pardo chega ao vale do Tennessee. O sargento Hernando Moyano de Morales escreve uma carta para Santa Elena.

1568   2 de Março – Pardo regressa a Santa Elena, trazendo sacos cheios de milho muito desejado e uma descrição da região interior como sendo boa para cultivar cereais e vinhas e para todos os tipos de gado. Essa esperança traz colonos para Santa Elena.
26 de Janeiro – os Espanhóis permitem que o Português João Fernandes de Ceia parta para a Flórida à procura de tesouros.

1569   Duas caravelas fazem desembarcar 193 imigrantes, agricultores e as suas famílias. Por volta de Outubro, a pequena capital – Santa Elena – conta com 327 pessoas.

1570   Uma missão Espanhola para a Baía de Chesapeake termina quando um converso Índio lidera um ataque.

1578/9   Simão Fernandes, um piloto experiente, é capitão do *Falcon* sob as ordens de Raleigh.[28]

1581 O Rei Filipe II de Espanha envia escravos *Negros* para a sua colónia em St. Augustine. São os primeiros *Negros* a desembarcar na América do Norte.

1584 Julho – Simão Fernandes, um navegador Português, lidera uma expedição para a América do Norte sob o comando de Philip Amadas e Arthur Barlowe. São os primeiros colonizadores a chegar a Roanoke, na Virgínia.[29] Esta colónia recebe o nome de Virgínia devido à rainha virgem dos Ingleses.

1585 Raleigh envia uma nova expedição à Virgínia sob o comando de seu primo, Sir Richard Grenville. O coronel Ralph Lane lidera a expedição, tendo John White e Thomas Harriot responsabilidades especiais. Simão Fernandes é piloto chefe e capitão do navio que deixa ficar 107 homens na colónia.[30] A armada de Drake parte de Plymouth a 12 de Setembro com 25 navios e 2300 soldados e marinheiros. Ataca Vigo em Espanha e a Ilha de Santiago em Cabo Verde.

1586 28 de Maio – Drake saqueia e incendeia St. Augustine. Drake chega a Roanoke e poderá aí ter deixado escravos previamente libertados de Cartagena e Santo Domingo: Turcos, *Negros*, etc. Alguns dias mais tarde, parte com os colonos.

1587 John White desembarca com 150 colonos, incluindo 17 mulheres, na colónia da Virgínia - no que viria a ser chamada a Colónia Perdida de Roanoke. *Todo o contacto com os colonos perdidos ... desvanece entre 1587 até pelo menos 1603* (15 anos).[31]

1607 14 de Maio – Jamestown, na Virgínia, é fundada por colonizadores Ingleses sob o comando do capitão John Smith. Três anos depois, dos 900 homens só 150 sobreviveram. A história americana refere-se a Jamestown como a primeira colónia de colonos Europeus. Supõe-se que os colonos plantaram tabaco e possuíram os primeiros escravos da América do Norte, o que só aconteceu de facto depois de 1619.[32] A colónia foi quase totalmente destruída por um incêndio e posteriormente, teve que ser abandonada. O último censo populacional de 1624 mostrava 183 pessoas.

1609 Tradução do livro do Fidalgo de Elvas, escrito pelo Português Álvaro Fernandes. O livro é publicado em Londres com um título diferente, como um incentivo às descobertas inglesas e uma ajuda *aos nossos empreendimentos*, nomeadamente a colónia da Virgínia. Dois anos mais tarde, é reeditado.

1611 É publicada uma versão autorizada da Bíblia (Rei Jaime I). Na zona dos Montes Apalaches, ainda se fala actualmente o inglês original usado (inglês isabelino).

1619 Chegam os primeiros 20 escravos *Negros* à colónia da Virgínia, trazidos por um corsário Holandês para venda, *os quais estão agora extraordinariamente bem representados pela prole*.[33]

1620 11/21 de Novembro – depois de uma viagem de 65 dias, o *Mayflower* chega a Cape Cod e ancora em Provincetown com mais de 100 passageiros. São puritanos Ingleses, peregrinos vindos da Holanda, para onde tinham ido em 1607. Fundaram a primeira colónia permanente na Nova Inglaterra na Baía de Plymouth, a 60 km (37 milhas) a sudeste de Boston.

1625 Segunda tradução para inglês do livro sobre as viagens de Hernando de Soto pelo sudeste, escrito pelo Fidalgo de Elvas.

1626 Manhanttan é comprada aos Índios por 60 florins (24 dólares americanos).

1642 Os Judeus partem da Holanda em direcção ao Brasil.

1643 Isaac Jogues, um missionário jesuíta Francês de visita a Nova Amsterdão, diz que ouviu 18 línguas serem faladas naquela cidade costeira, onde estariam provavelmente incluídos o hebreu, dialectos mediterrânicos e norte-africanos. Havia aí também uma pequena colónia de judeus Sefardins.

1649 O número de trabalhadores *Negro*s na colónia da Virgínia ainda ronda os 300.

1654 Primeiros encontros com os Melungos. Os exploradores Ingleses e Franceses na região sul dos Montes Apalaches relatam encontros com pessoas morenas, de olhos azuis ou castanhos e de feições europeias.

1663 Descoberta do que viria a ser chamado o estado da Carolina do Norte. O Rei Carlos II de Inglaterra faz publicar uma carta patente que determina a Carolina como sendo uma colónia proprietária.[34] A parte norte da colónia da Carolina é conhecida como Albemarle até 1691, quando recebe o novo nome de Carolina do Norte. Partes deste estado formarão posteriormente o estado do Tennessee, o que depois da Revolução Americana causou sérios problemas ao estado da Carolina do Sul.

1664 300 soldados Ingleses tomam a cidade de Nova Amsterdão aos Holandeses a qual se torna mais tarde Nova Iorque.

1669 John Lederer lidera uma expedição através do planalto de Piedmont para ascender às Montanhas Blue Ridge, seguindo-se-lhe outros em 1670. Numa dessas expedições, faz um relato de uma cidade de homens com barba.

1671 Um pequeno grupo de Ingleses penetra na bacia hidrográfica do rio Ohio para lá das Montanhas Blue Ridge. Um homem chamado Portugal trabalha para Thomas Wood. A população *Negra* na Virgínia é inferior a 5%. Por volta de 1715, rondará os 24%.

1673 De Abril de 1673 a 22 de Agosto de 1674 – James Needham e Gabriel Arthur descobrem gente branca e cabeluda, que usa roupas e realiza um ritual religioso Católico.[35]

1683   Um naufrágio inglês ao largo da costa de África contribuirá para a exploração da região. Encontra-se um sobrevivente Português de um naufrágio ocorrido 42 anos antes. Estava casado com uma mulher Amapondo.

1685   Tradução e impressão do livro do Fidalgo de Elvas para o francês; nova tradução para o inglês em 1686 e reedições em 1687 e 1699.[36]

1700   Boston envia 50.000 quintais (200.000 arrobas) de bacalhau seco para ser comercializado, especialmente em Bilbao, Porto e Lisboa.

1701   A Louisiana torna-se uma província de Espanha.

1705   Uma lei da Virgínia estabelece *quem não poderá ter funções oficiais nesta região*, nem *Negro*s, Mulatos ou Índios.[37]

1709/45 John Lawson encontra um povo a que chama os Índios Hatteras – posteriormente chamados Lumbees, que são diferentes dos outros Índios. Lawson ouve contar lendas sobre os seus antepassados, residentes na costa da Carolina. Entre as famílias ele descobre que muitos deles têm origem *portuguesa*, segundo rezam as lendas.

1712   Uma divisão na colónia da Carolina, fundada em 1663, dá origem à Carolina do Norte e à Carolina do Sul.

1716   Uma companhia de colonos da Virgínia atravessa as Montanhas Blue Ridge sob o comando de Alexander Spotswood.

1718   Começa a imigração maciça de Irlandeses e Escoceses para a América.

1733   Savannah, Geórgia – judeus Sefardim Portugueses e outros constróem uma sinagoga, a terceira mais antiga nos Estados Unidos, usando na sua arquitectura um estilo gótico.

1740/   Pico do comércio de escravos: 60.000 Africanos por ano são escravizados
1810   e enviados para as Américas.

1745   26 de Abril – *John Robinson* consegue uma concessão de 100.000 acres de terra...[38] *...Eram ricos, morenos e diziam ser Portugueses.*[39]

1750   5/6 de Março – o Dr. Thomas Walker parte com companheiros numa viagem de pesquisa pela região e descobre uma rota possivelmente usada pelos Melungos para chegar às montanhas do Tennessee oriental, o desfiladeiro de Cumberland. (Cumberland Gap).

1751   Benjamin Franklin descobre a natureza eléctrica do relâmpago.

1763 A Espanha troca a Flórida por Cuba com a Inglaterra. Os Ingleses dividem La Florida nas colónias da Flórida Leste e Flórida Oeste.

1767 Daniel Boone está a caminho do Kentucky, passando por Cumberland Gap.

1769 Os colonos de Virgínia desafiam o decreto do Rei George III da Inglaterra e fundam a primeira colónia pioneira em Watauga, na região superior leste do Tennessee.[41]

1773 Dezembro – Boston Tea Party (Revolta devido aos impostos sobre o chá). Os colonos exigem a independência.

1776 A 4 de Julho assina-se a Declaração da Independência e segue-se-lhe a Revolução Americana.

1782 As forças Espanholas completam a conquista da Flórida aos Ingleses.

1783 A Inglaterra devolve a Flórida à Espanha, conforme estabelecido pelo Tratado de Versalhes. Portugal reconhece a independência dos Estados Unidos e assina um tratado de amizade.

1784 John Sevier organiza o estado de Franklin e descobre um povo de pele morena, de um tom vermelho-acastanhado, supostamente descendente de Mouros, que não são *Negros* nem Índios; têm feições europeias finas e afirmam ser Portugueses.[42]

1789 George Washington é eleito como primeiro presidente dos Estados Unidos e irá governar até 1797. A Carolina do Norte cede territórios a um estado que virá posteriormente a chamar-se Tennessee.

1790 O guia para os recenseadores diz: *Identifiquem-se todos os Brancos livres com mais de 16 anos e os escravos*. Poderá ter tido aqui origem o termo PLC - Pessoas Livres de Cor. Eles tentam identificar pessoas como os Melungos.[43]

1794 Fundação da cidade de Ontário, no Canadá. Os Portugueses terão tomado parte.

1795 A Espanha cria as fronteiras actuais da Flórida. O censo nacional mostra que existem 973 pessoas livres que não são Brancos, Índios nem *Negros*.

1796 Funda-se o estado do Tennessee a partir do estado falhado de Franklin. O povo Melungo já se encontra aí fixado.
Tradução para holandês do livro do Fidalgo de Elvas.

1797 Tradição de uma estranha raça branca precede os Cherokee no Tennessee.[44]

1803   Os Estados Unidos compram o território da Louisiana a Napoleão.

1807   Melungos com nomes como Lucas, Osborne e Moore poderão ter vindo para o sudoeste da Virgínia.

1809/12 Nova edição do livro do Fidalgo de Elvas.

1810   Jacob Mooney chega ao condado de Baxter, no Arkansas, acompanhado de quatro homens morenos que o ajudam. Esses homens não podem ser categorizados como *Negros* Índios ou Brancos. São simplesmente *Lungeons*.[45]

1814   João Elliot d'Castro torna-se secretário do Rei do Havaí.

1819   A Espanha vende a Flórida aos Estados Unidos por intermédio do Tratado Transcontinental.

1820   Construção do aqueduto do Canal de Roanoke por um grupo de Portugueses.

1834   Direitos de Cidadania – a constituição do Tennessee afirma que só os homens Brancos livres com mais de 21 anos podem votar e ter armas. Isto poderia facilmente excluir os Melungos e outros grupos não considerados Brancos num determinado momento e local.[46] John A. McKinney, de condado de Hawkins, é presidente do Comité da Convenção Constitucional e declara que uma *pessoa de cor livre*, se isso quer dizer alguma coisa, quer dizer Melungo.[47]

1835   Direitos de Cidadania – uma emenda feita à constituição da Carolina do Norte relativamente à de 1776, afirma que: *nenhum Negro livre, Mulato livre ou pessoa livre de sangue misto descendente de antepassados Negros até à 4ª geração poderá votar para o Senado ou para a Câmara dos Comuns.*

1835   Até 1842, a segunda guerra Seminole na Flórida.

1840   7 de Outubro – O *"The Whig"*, jornal do Tennessee, menciona os Melungos.

1845   A Flórida é admitida na União como 27.º estado.

1846/50 Nova edição do livro do Fidalgo de Elvas.

1848   6 de Setembro – Um artigo no *Knoxville Register* menciona os Melungos.

1849   31 de Março – A revista "Living Age" de Littell reedita o mesmo artigo.

1859   Os esforços do coronel John Netherland restauram a cidadania do povo Melungo e ele candidata-se a governador.

1860 Jupiter Lighthouse (um farol), o marco mais antigo do condado de Palm Beach, na Flórida.

1861 Abraham Lincoln é eleito presidente e a guerra civil começa em Abril. No ano de 1865, a guerra civil devasta a Flórida: de 15.000 soldados, um terço morre.

1872 O célebre caso dos Melungos – Fenícios, Cartagineses e Portugueses. O juiz Lewis Shepherd escreve nas suas memórias que os Melungos descendiam dos Fenícios, Cartagineses e Portugueses, ou de seus descendentes da costa sul de Portugal.

1877 Cria-se a Sociedade Benevolente Portuguesa de S. António no Havaí.

1884 Nova edição do livro do Fidalgo de Elvas, e de novo em 1890.[48]

1885 Lei Discriminatória – Se um homem Branco quiser casar com uma rapariga de pele escura, pode pedir uma licença, mas um homem de pele escura não pode pedir essa licença para casar com uma mulher branca. Isso é muito mais difícil.

1886 Nova edição do livro do Fidalgo de Elvas em Nova Iorque pela editora Buckingham Smith.[49]

1887 *History of East Tennessee* – Este livro refere-se à cordilheira de Newman e ao povo que lá habitava.

1888 O etnólogo James Mooney escreve sobre uma estranha raça branca antecessora dos Cherokee na região do Tennessee. Mooney corresponde-se com McDonald Furman da Carolina do Sul sobre os Redbones e o seu interesse na cultura deles.[51]

1889 Swan M. Burnett escreve *Notes on the Melungeons.*[52] 13 de Abril ou 13 de Junho – artigo no *Boston Traveler* sobre os Melungos.

1891 Will Allen Dromgoole escreve sobre *The Malungeons* (Os Melungos). Este relato derrogatório deixa um legado que os Melungos tiveram que suportar nos muitos anos seguintes.[53]

1897 25 de Maio – The Melungeons de McDonald Furman. Colecção Furman, Biblioteca da Carolina do Sul.

1899 A revista *American Anthropologist*, vol. 2, publica *A note on the Melungeons.*

1904/5 Nova edição do livro do Fidalgo de Elvas em Nova Iorque e em Londres.

1912 12 de Janeiro – *Arkansas Gazette*, artigo da Sra. Eliza N. Heiskell, de Memphis sobre os Melungos. 12 de Outubro – *Nashville Banner,* artigo sobre os Melungos. Dezembro - *The Melungeons* de Paul Converse, *Southern Collegian*. O coronel W. A. Henderson, presidente da Tennessee Historical Society e membro do Tribunal do Tennessee, faz uma descrição dos Melungos.

1913 É publicado a *History of Tennessee and Tennesseans* de W. T. Hale e Dixon L. Merritt, descrevendo os Melungos.

1915 O juiz Lewis publica as suas memórias.[54] O célebre caso dos Melungos, ocorrido em 1872, causou um amplo interesse público, especialmente depois do juiz Shepherd ter publicado a sua autobiografia, na qual descrevia o seu envolvimento num processo judicial relacionado com o caso romântico de uma família melunga e seus descendentes.
O Supremo Tribunal da Carolina do Norte realizou audiências sobre o caso Escola dos Índios Croatan em Pembroke, C.N. vs. Três Famílias Goins, a respeito das qualificações índias para a admissão na escola. Os nomes dos Melungos, dos Índios Croatan e Redbones, que poderiam desejar frequentar esta escola, aparecem para estes cidadãos da Carolina do Norte e do Sul no final do século XIX.[55]

1922 Nova edição em Nova Iorque do livro do Fidalgo de Elvas.

1923 Câmara dos Representantes e Senado da Carolina do Norte: Uma sessáo Parlamentar Assembleia Geral aprova uma lei onde se afirma "... que as pessoas conhecidas como Portuguesas terão uma escola distinta das escolas de Brancos e de *Negros*..."
29 de Julho – O *The Knoxville Journal and Tribune* publica um artigo sobre os Melungos intitulado: *Melungeons, Mystery Race...after South Carolina Hegira.* (Melungos, uma Raça Misteriosa ... depois da Hégira da Carolina do Sul.)

1924 3 de Agosto – No *Nashville Banner,* artigo sobre os Melungos de Douglas Anderson. O estado da Virgínia aprova a lei da integridade racial, conhecida como a lei da gota de sangue.

1925 O Parlamento do estado da Carolina do Norte aprova uma lei permitindo às pessoas ditas Portuguesas registar-se como sendo tal nos livros de eleitores.

1929 A Luso-índia Mary Killen Hollyfield, descendente de Betsy Reeves, lembra-se que em 1929 constava que os Reeves tinham vindo de Portugal.

1933 Nova tradução inglesa do livro do Fidalgo de Elvas realizada por James Robertson.

1936   21 de Junho – *Chattanooga Sunday Times-Magazine*, artigo sobre os Melungos. O Congresso cria uma comissão com sete membros para estudar as expedições de Hernando de Soto. *O Relatório Final da Comissão Swanton* de John R. Swanton do Smithsonian Anthropology baseou-se em larga escala no livro intitulado *A Narrativa de Um Fidalgo de Elvas*.

1937   22 de Agosto – O Nashville Banner publica "Lost Tribes of Tennessee Mountain" de James Aswell.

1939   N. L. Turner é nomeado superintendente das escolas do condado de Northhampton, na Carolina do Norte, incluindo da escola de Bethany em Gaston, uma escola distinta para Portugueses. *Tennessee Guide*, NY – *The Melungeons in Oakdale*, p. 362.

1940   Legado do Dr. W. A. Plecker. Havia apenas dois tipos de pessoas: as pessoas brancas (norte-europeus) e as pessoas "de cor" (aquelas com 1/16 ou mais de herança *Negra*, Índia, Asiática ou sul-europeia). 1 de Dezembro – No *Louisville Courier*, artigo sobre os Melungos de Woodson Knight.

1941   Miss Osceola T. Crew, professora, é nomeada pelo superintendente das escolas de Northhampton para o seu "trabalho missionário" de ensinar da primeira à oitava classe na escola Portuguesa em Gaston. James Aswell publica o livro *God Bless the Devil*, histórias sobre Melungos.

1942   Mrs. John Trotwod Moore, bibliotecária e arquivista da Biblioteca Estadual da Virgínia, escreve uma carta ao Dr. W. A. Plecker, a qual se refere aos primeiros colonos da Carolina do Sul que emigraram de Portugal por volta da época da revolução americana e posteriormente mudaram-se para o Tennessee.[56]

1944   Maio – *America's Mysterious Race* de Bonnie Ball.

1945   29 de Julho – O *Baltimore Sun* publica artigo de L.F. Addington, "Mountain Melungeons." Abril – O *Southern Literary Messenger* publica *Who are the Melungeons*. O *American Journal of Sociology* inclui o artigo "Goins and Melungeons," Vol. 51.

1947   18 de Outubro – *Saturday Evening Post*, "Sons of the Legend."

1949   Março – A *Association of American Geographer Annals* of East Tennessee Melungeons, publica "Mixed Blood Strain."

1951   Abril – A dissertação de doutoramento de Edward Price sobre grupos de sangue misto salienta que se atribuía aos Melungos uma aparência oriental, mas na realidade ele crê que os Melungos tinham ascendência Portuguesa ou, pelo menos, parcialmente Portuguesa.[57] Geographical Review XLI-2.

1958   26 de Janeiro – "Century-Old Stigma Remains – Portuguese Youngsters Segregated in Carolina," (Continua o Estigma de Séculos – Jovens Portugueses Segregados na Carolina): um artigo com uma página inteira escrito por Luther J. Carter é publicado no *The Virginian Pilot – The Portsmouth Star*. Domingo, 2 de Março - *Sunday Herald* de Roanoke Rapids apresenta uma história sobre os Portugueses do condado de Northhampton (Gaston). 10 de Outubro – artigo no *Knoxville Sentinel*, "East Tennessee Melungeons have a past clouded in myth."(Os Melungos do Leste do Tennessee têm um Passado Envolto em Mito).
1957 Eugenics Quarterly, "American Tri-Racial Isolates."

1959   Agosto – *Tennessee Conservationist* – "Mystery People of Tennessee."

1960   Bonnie Ball escreve para o jornal da Ross County Historical Society com sede em Chillicothe, no Ohio. Também escreve diversos artigos na década de 60.

1963   22-29 de Setembro – *Nashville Tennessean*, "The Mystery of the Melungeons" de Louise Davis.[58]
21 de Junho – *Chattanooga Sunday Times*, "Romance of the Melungeons."

1964   26 de Novembro – O *Knoxville News-Sentinel* publica artigo sobre os Melungos.

1965   Agosto – Tese de Graduação sobre os Melungos de Phillis Barr, Universidade Estadual do Tennessee Oriental, Departamento de Inglês.

1965/6   Dr. William S. Politzer e Dr. William Brown, Universidade da Carolina do Norte: Pesquisa à saúde dos Melungos do condado de Hancock.

1966   30 de Outubro – *Baltimore Sun*, artigo de Mary Conelly.
10 de Março – *Knoxville News-Sentinel*, "Strolling" e Melungos.
12 de Junho – *Knoxville News*, artigo "Olive Skinned Hancock Countians."

1967   Agosto – *Tennessee Conservationist*, artigo sobre os Melungos.

1968   Mildred Haun escreve "Melungeon Colored." 1 de Dezembro – *Knoxville News* apresenta "New outdoor drama on Melungeons" de Willard Yarbrough.

1969   A primeira exibição do drama Melungo "Walk towards the Sunset" de Kermit Hunter é encenada ao ar livre em Sneedville, no Tennessee, e fica em cena até 1976. Primeira edição de *The Melungeons* de Bonnie Ball.
26 de Junho – na *Revista Life,* John Futterman escreve "The Mystery of the Newman's Ridge."[59] 30 de Março – editorial no *Louisville Courier Journal and Times Magazine* sobre "The Melungeons."
The Melungeons, their Origin and Kin de Bonnie Ball.
Human Biology de Pollitzer & Brown, A Genética e os Melungos.

1970   11 de Novembro – *Chicago Tribune*: "Melungeons, Tennessee Mystery."
19 de Outubro – *Knoxville Journal*: artigo sobre os Melungos.
Julho – *Tennessee Conservationist*: artigo sobre os Melungos.
30 de Novembro – *Chattanooga Times*: artigo de Mouzon Peters.

1971   Janeiro – *Argosy Magazine*, "Melungeons came from Jewish origin."
27 de Junho – "Drama of the Melungeons," *Grit*, Secção da Família.
10 de Agosto – *New York Times*, "Mysterious Hill Folk Vanishing."
5 de Setembro – "The Last of the Melungeons," *Kingsport Times-News*.
7 de Novembro – *Johnson City Chronicle*, "Melungeons" de Johnnie Neal Smith.

1972   Edição da Primavera de *Tennessee Valley Historical Review*: Reedição dos artigos de Louise Davis.
19 de Abril – *Knoxville News*, "Melungeon Drama."

1973   Novembro – *American History Illustrated*: Deron Stinson escreve sobre os Melungos.[60]

1975   Jean Patterson Bible publica um livro intitulado, *The Melungeons Yesterday and Today*. Abril – A dissertação de doutoramento de Saundra Keyes Ivey "Oral, Printed, and Popular Traditions" apresentada na Universidade de Indiana está relacionada com os Melungos do condado de Hancock, no Tennessee.
25 de Setembro – *Knoxville Journal*, "Melungeons" de Juanita Glenn.

1981   Leo Pap da Universidade Estadual de Nova Iorque publica o seu livro *The Portuguese Americans*, mencionando os Melungos nas páginas 13-14 e 241-2.

1983   Da cordilheira de Newman, no Tennessee, até às terras altas do sudeste do Kentucky, trilha de clãs Luso-ingleses mistos.[61]

1988   Março – a Revista *National Geographic* publica um artigo sobre a Ilha de Santa Elena escrito por Joseph Judge. Possível origem dos Melungos.

1989   A TV satélite de Shepperd transmite programa sobre os Melungos.

1990   A edição da Primavera, Vol. XV, p. 1, de *Tennessee Anthropologist* inclui um artigo do Dr. James Guthrie sobre os Melungos: "Comparison of Gene Frequency."

1991   Julho/Agosto – Revista *Blue Ridge*, artigo sobre os Melungos: "Who Are These Mysterious People?"

1992   Julho/Agosto – Revista *Blue Ridge*: "The Melungeon Mystery Solved."
6 de Dezembro – *Kingsport Times*: Os Melungos são objecto de estudo de Barbara Watson.

1993   O Dr. James H. Guill publica *History of the Azores* e menciona os Melungos na página 141. 7 de Julho – *Atlanta Constitution*: Artigo de Chris Wohlwend, "Mystery of the Melungeons."
12 de Julho – *The News & Observer* de Raleigh, Carolina do Norte: "The Mystery of Virginia's Melungeons" de Chris Wohlwend, Cox News Service. 15 de Agosto – *The Charlotte Observer* "Melungeons in the New World" de Bruce Anderson. Primeira apresentação do livro-documento, *Melungeons and other Mestee Groups* de Mike Nassau (McGlothlen) 1 de Novembro – *Tuscaloosa News Alabama*: História sobre "Melungeon Ancestry."

1994   Junho – Revista *The State*: Artigo de Billy Arthur, "The Melungeons." Fevereiro – Kennedy publica o seu livro *The Resurrection of a Proud People. A RTP TV* transmite um programa sobre o povo Melungo. O canal de televisão da Virgínia transmite um programa sobre os Melungos com Greg Wallace da WCYB-TV, de Bristol, na Virgínia. O canal de televisão da *Nova Inglaterra* transmite um programa Melungo com o Dr. Manuel Luciano da Silva, da série "Portuguese Around Us."

1995   O *Luso-Americano* de Newark, Nova Jérsia, o maior jornal em língua portuguesa fora de Portugal, publica uma série de sete artigos sobre os Melungos, escritos pelo autor. A *RTP* transmite um segundo programa sobre o povo Melungo, com mais entrevistas extensivas.
Maio e Dezembro – Kennedy visita a Turquia como convidado do Governo Turco para proceder a uma pesquisa mais profunda sobre o povo Melungo. 7 de Dezembro – Artigo sobre os Melungos de Bryon Crawford no jornal *Transylvania Times* de Brevard, Carolina do Norte.

1996   Neste ano foram iniciadas as primeiras actividades da Fundação LAPH.

1996   Produção da peça *Peter Pan* exibindo um elenco inter-racial, no qual os piratas são representados como sendo Melungos.
28 de Maio – *Kingsport Times-News* "Melungeon Museum," e a 26 de Outubro, "Melungeons and Turks, A Key to Mystery" de Brad Lifford. Setembro – A Gowen Research Foundation, em Lubbock, no Texas, publica artigos relacionados com a pesquisa da origem dos Melungos e histórias familiares dos Gowen, Goin, Goyne e outras ortografias, evidenciando uma clara origem Portuguesa.

1997   14 de Abril – *The Wall Street Journal*: "Appalachian Clan and Web Sites." 27 de Julho – *Richmond Times* "(People) Blurring Boundaries" de Rex Bowman sobre a primeira União Melunga.

1998   14 de Junho – *Toronto Star (Canadá):* Artigo "Appalachia's Genetic Mystery."

1999   Junho – *The Tennessean*: "More people tracing roots to Melungeons."

2000 18 de Maio – Terceira União dos Melungos em Wise, na Virgínia.
30 de Maio – "Beneath Myth, Melungeons Find Root of Oppression,"
Washington Post, Página A01. 24/31 de Julho – *U.S. News & World
Report*, "Maybe DNA will do" de Nancy Shute.

História Breve da Escravatura

Este livro não estaria completo, se não se mencionasse o tema da escravatura.
Muito provavelmente, alguns dos primeiros colonos, Melungos e outros, casaram
e viveram com escravos, ajudando-os muitas vezes a obter a sua liberdade. Será
então natural que vejamos muito brevemente a sua história.

Desde o início, a verdade, ou o que se sabe dela, tem sido dita quer seja
politicamente correcta ou não. Portanto, a questão da escravatura tem de ser
abordada, embora muitos tentem evitá-la.

O Professor John T. Strunk de Harriman, no Tennessee, informou o autor que um
dos seus alunos, chamado Bret Wright, acreditava ser descendente dos Melungos e
vinha do condado de Hancock. Bret Wright contou ao Professor Strunk que se
lembrava das histórias que o avô lhe contara e que inclusive houvera uma disputa
sobre um escravo ou sobre a questão da escravatura. Por essa razão, a sua família
saíra do condado. Segundo o professor Strunk, a maioria dos Melungos e seus
descendentes que vieram para Bazeltown, perto de Harriman, casaram com *Negros*
e os que se fixaram no condado de Rhea, perto de Dayton, casaram com Brancos.
Ele afirmou também que grande parte dos Melungos que vieram para Harriman se
chamavam Goins. Embora se tenham casado com indivíduos de raça *Negra*, muitos
mantiveram uma aparência mediterrânica, com olhos acinzentados, uma tez morena,
cabelo castanho claro ou louro escuro e sardas.

O supracitado ilustra o facto de os Melungos terem vivido e interagido com
Negros. Também vai ao encontro das tradições enraizadas apresentadas neste livro.

Então e os Portugueses e os escravos? O famoso historiador e sociólogo brasileiro
Gilberto Freyre, escritor do livro fortemente aclamado pela crítica *The Masters
and the Slaves* (*Casa Grande & Senzala*), aprofundou com um detalhe arrepiante a
história da escravatura no Brasil. Ele afirmou: *Embora os Portugueses tenham
sido retratados como o mal ou como os inventores dos escravos Negros da África
para as Américas, eles foram os únicos a tratar os escravos em pé de igualdade
com os Brancos.* No Brasil, o uso do escravo *Negro* deveu-se à incapacidade do
Índio brasileiro em trabalhar como um escravo. Além disso, no início do século
XVI, os Espanhóis tentaram sem sucesso subjugar e escravizar as populações nativas
das Índias Ocidentais, mas em vão.

De facto, os Portugueses foram um dos povos Europeus a começar o tráfico de
escravos e, mesmo visto à luz da época, não era justificável o tipo de tratamento
dado aos escravos. Mas os Portugueses não estavam sozinhos e não eram
necessariamente os ofensores piores. Charles R. Boxer, historiador famoso,
escreveu: *O Império Português podia estar moribundo, decadente e ser corrupto,
mas pelo menos estava longe de possuir preconceitos raciais.*[62] Noutro estudo
feito sobre os Judeus em Cabo Verde, Richard Lobban escreveu: *É essencial
compreender que os Portugueses eram apenas os corretores dentro do sistema ...
Além disso, para aqueles interessados em apontar o dedo ... não devemos esquecer
a participação africana ... Os famosos e antigos Impérios do Gana, do Mali ...
foram todos construídos com base no negócio da exportação de escravos tanto
quanto as plantações do sul dos Estados Unidos.* [Também havia muçulmanos e
Judeus envolvidos como corretores.] *Para aqueles que apontam apenas para os
Judeus neste triste tráfico de humanos, devemos recordar que os muçulmanos*

Africanos estiveram no negócio desde o início através do deserto do Saara, ao longo do Nilo e pela costa do oceano Índico; é nestas regiões da África muçulmana que este comércio cruel ainda continua a ocorrer até hoje.[63] Devemos também reparar que os escravos Africanos contribuíram para a construção do Brasil. *Os pequenos agricultores e artesãos conseguiam alcançar uma posição mais privilegiada na sociedade brasileira do que conseguiam a norte e a sul dos Estados Unidos. ...os Mulatos tinham mais possibilidade de instruir-se no Brasil do que em qualquer outro lugar.*[64]

A maior parte da população *Negra* da América do Norte encontra-se nos Estados Unidos, já que os censos de 1990 contaram 29.986.060 *Negros*; os *Negros* do Canadá constituem menos de um por cento da população (170.340). Quase todas estas pessoas são descendentes de Africanos trazidos para o Novo Mundo na condição de escravos entre 1501, altura em que a Espanha permitiu a escravatura de Africanos nas suas colónias, e 1808, quando os Estados Unidos baniram a importação de novos escravos.[65]

Numa sequência cronológica, os parágrafos seguintes salientam alguns dos acontecimentos mais importantes relativos à escravatura, culminando na sua abolição.

A Escravatura nas Ilhas Britânicas nos primórdios: *...quando a história começou a registar os acontecimentos na Grã-Bretanha, a escravatura já existia nessa Ilha. Aí foi encontrada num estado e condição atribuídos às mesmas causas, pelas quais a sua existência se perpetua actualmente em África.*[66] Embora fosse aí uma prática abundante e se tivesse espalhado no antigo mundo mediterrânico, estava praticamente extinta na Europa medieval. Foi reavivada pelos Portugueses no tempo de D. Henrique, começando com o encarceramento dos Berberes em 1442.

*   **1433**   *

Para surpresa das gentes que aguardavam a chegada das caravelas em 1433, Gil Eanes, um navegador Português, trouxe os primeiros escravos capturados nas Ilhas Canárias.[67]

Em 1441, Antão Gonçalves capturou dez Berberes no leste do Saara e, destes, um parecia ser um nobre. O seu nome era Adahu. Falava árabe e parecia ser um homem viajado e com muito conhecimento.

Foram levados para Portugal e, depois de lhes fazer um interrogatório, D. Henrique conseguiu informações valiosas. Mas só em 1443 é que os primeiros escravos Africanos chegaram a Lagos, no Algarve, trazidos também por Antão Gonçalves.

Alguns podiam ser considerados Brancos e bonitos, outros morenos e outros ainda bastante escuros,[68] escreveu Gomes Eanes de Zurara, um cronista contemporâneo e testemunha do primeiro episódio Europeu do tráfico de escravos Africanos. No entanto, Gomes Eanes de Zurara insistiu que eram tratados com amabilidade, sem se criarem diferenças entre eles e os servos livres dePortugal.[69]

Havia comércio marítimo regular entre Veneza e Marrocos no século XV, para transportar e lidar com bens comerciais e escravos.[70]

Durante a década de 1450, entrava na Europa uma média de 700 a 800 escravos por ano, através do Algarve e de Lisboa. A costa da Guiné provou ser um mercado de escravos melhor do que qualquer outra terra visitada pelos Portugueses.

Enquanto alguns cativos surgiram como resultado de incursões directas dos Portugueses nos territórios, a maioria era regularmente comprada por comerciantes *Negros* e pelos próprios *Negros*.

Os escravos podiam ser trocados por tecido ou outra mercadoria que os Portugueses adquiriam frequentemente em Marrocos através do comércio legal.

A partir de Portugal, um grande número, talvez até a maioria, era vendido com lucro a Castela, Aragão e outros países Europeus, sendo apenas uma pequena parte usada nas plantações de açúcar (ou noutras tarefas agrícolas ou domésticas) na Madeira.[71]

Os escritores dos séculos XV e XVI exageraram no número de escravos existente em Portugal. O número em Lisboa nunca excedeu os 5.000.[72]

Os Portugueses conseguiam obter escravos na costa marroquina, mas era perigoso. Os Mouros eram lutadores fantásticos e tinham uma eficiente organização militar que impedia as tentativas de escravatura. Seria necessário que os Portugueses controlassem grandes porções do interior, o que eles nunca conseguiram fazer.[73]

1471   **A Conquista de Arzila e os Escravos Judeus** – No século XV, havia aproximadamente 30.000 Judeus em Portugal, número esse que duplicou quando os Reis Católicos os expulsaram de Espanha. Naturalmente, eles procuraram refúgio em Portugal, noutras regiões da Europa e no norte de África. Muitos não tinham possibilidades para pagar uma passagem e eram feitos escravos.[74] Isaac Abrabanel, um líder judaico bem conhecido, trabalhava com o pai para D. Afonso V e, em 1471, quando os Portugueses conquistaram Arzila, foram capturados e feitos escravos 250 Judeus Marroquinos. Abrabanel viajou para a região rural para redimir estes Judeus norte-africanos.[75] O seu pai era o tesoureiro do príncipe D. Fernando, que morreu em Fez, também ele prisioneiro dos Mouros.

1492   **Os *Negros* nas Américas** – A imigração africana para as Américas poderá ter começado antes da exploração europeia da região. Os *Negros* acompanharam Colon (Colombo) inclusive na sua primeira viagem em 1492 e os primeiros exploradores Espanhóis e Portugueses eram igualmente acompanhados por *Negros* – Africanos nascidos e criados na Ibéria. Nos quatro séculos seguintes, milhões de imigrantes oriundos do interior de África foram trazidos para o Novo Mundo na condição de escravos.

A maior parte dos primeiros imigrantes *Negros* nas Américas eram oriundos de Portugal e Espanha, homens como Pedro Alonso Niño, um navegador que acompanhou Colon (Colombo) na sua primeira viagem, e os colonos *Negros* que ajudaram Nicolás de Ovando a formar a primeira colónia Espanhola em Hispaniola ou Española (Haiti) em 1502.

1498   Quando os Portugueses chegaram à Índia, a escravidão existia por todo o lado, mas predominava no norte islâmico. A escravatura teve origens diversas: nascimento, insolvência, falta de pagamento de dívidas, captura em guerras, alguns vendiam-se a si próprios e às famílias em casos de extrema necessidade, etc.[76]

1501   A Espanha introduziu os escravos Africanos em Hispaniola ou Española (Haiti). Foi a primeira importação de *Negros* para o Novo Mundo.

1505   O Rei D. Manuel I, em resposta a um pedido feito pelas gentes da Madeira, ordenou que todos os escravos das Canárias fossem expulsos, excepto aqueles especializados na indústria do açúcar, que declinou pouco depois dessa data.[77]

1518   Por volta de 1518, a procura de escravos no Novo Mundo Espanhol
           era tão grande que o Rei Carlos I de Espanha sancionou o transporte directo
           de escravos de África para as colónias americanas. O comércio de escravos
           era controlado pela Coroa, que vendia o direito de importar escravos
           (*asiento*) a empresários.
           Os escravos *Negros* em Espanha (cerca de 50.000) eram considerados um
           estatuto de luxo pelas famílias abastadas e muito poucos trabalhavam nos
           campos ou nas manufacturas. A sua condição não era das piores. Eles
           realizavam principalmente tarefas domésticas. Os escravos Mouros em
           Espanha, depois da conversão ao Catolicismo, trabalhavam nos campos,
           constituindo uma mão de obra barata e competente, mas eram odiados
           pelos velhos Otomanas, que suspeitavam de cumplicidade com os
           Berberes.[78] Como exemplo de práticas não discriminatórias contra os
           Negros, em 1518, o Rei D. Manuel I solicitou ao papa a elevação do príncipe
           D. Henrique do Congo a Bispo de Utica. Este tornou-se o primeiro Bispo
           Negro Cristão.

1562   Sir John Hawkins foi considerado o pai do comércio negreiro inglês.
           Ele tinha estado na costa da Guiné, onde comprara e raptara uma carga de
           escravos.[79] Em 1562-63, a primeira viagem de tráfico de *Negros* de John
           Hawkins a favor de um sindicato de mercadores de Londres foi tão lucrativa
           que um grupo mais prestigiado, incluindo a rainha Isabel I, forneceram
           dinheiro para uma segunda expedição. Em breve Drake juntou-se aos seus
           camaradas, os pilhadores de Plymouth, armadores e marinheiros. No final
           da década de 1560, Drake acompanhou John Hawkins numa viagem ao
           longo da costa ocidental africana recolhendo escravos para levar para o
           outro lado do Atlântico.[80] O almirante Inglês John Hawkins liderou viagens
           comerciais que começavam frequentemente com uma paragem na costa
           da Guiné (África ocidental) para capturar escravos *Negros*. Hawkins
           embarcou na sua segunda viagem para as Índias ocidentais em 1564. Depois
           de trocar a sua carga de escravos pelo rico produto das Ilhas, foi explorar
           a costa da Flórida.[81]

1565   Pedro Menendéz de Aviles conseguiu o direito de importar 500 escravos
           Negros para a Flórida.

1606   Foi aprovada uma lei na Índia que proibia a importação de escravas ou
           outras mulheres com menos de 16 anos de idade. Além disso, dizia-se
           que os Mouros da Índia eram muito inteligentes e com olhos muito vivos.

1619/20 Os conselheiros convocaram uma assembleia de deputados municipais,
           os quais sendo eleitos pelo povo, travaram conhecimento com o governador
           e o conselho em Jamestown e afirmaram: ...*Por volta desta altura, os
           Holandeses trouxeram alguns escravos Negros para venda, os quais estão
           agora bem representados; para além das cargas constantes importadas
           anualmente.*[82]

1663 A colónia permanente da Virgínia teve o seu início em meados do século XVII e, por volta de 1663, é possível que alguns habitantes da Virgínia tenham trazido escravos consigo. Entretanto, os acontecimentos em Inglaterra asseguravam que a Carolina do Norte se tornasse uma colónia de escravos.[83]

1761 Foi aprovada uma lei em Portugal, considerando livres todos os Índios do Brasil. Veio abolir a escravatura em Portugal continental e concedia direitos iguais para as pessoas da Índia.

1788 A 17 de Junho de 1788, o parlamento aprovou uma lei desenvolvida para restringir o número de escravos transportados por cada navio, tendo por base a tonelagem do navio.

1792 A Dinamarca aboliu o comércio de escravos.

1808 Finalmente, em 1807, o Parlamento Britânico aprovou um decreto-lei proibindo os súbditos Britânicos de se envolverem no comércio negreiro depois de 1 de Março de 1808.

1811 O comércio de escravos foi considerado um crime punível com a deportação para uma colónia penal de todos e quaisquer súbdito Britânicos ou estrangeiros apanhados a traficar nas possessões britânicas. A Grã-Bretanha assumiu nessa altura a maior parte da responsabilidade em abolir o tráfico de escravos transatlântico, em parte para proteger as suas colónias de açúcar.

1815 O Tratado de Viena entre Portugal e a Inglaterra aboliu a escravatura a norte do equador e Portugal restringiu o tráfico de escravos no Brasil.

1817 A Espanha abandonou o comércio com Cuba, Porto Rico e Santo Domingo.

1818 A Holanda e a França aboliram o tráfico.

1831 O Brasil concordou em abolir a escravatura, mas o tráfico continuou até 1851.

1836 Em Portugal foi aprovada uma lei a 10 de Dezembro de 1836 para abolir a escravatura a sul do equador.

1848 Os Franceses emanciparam os seus escravos.

1861 Abraham Lincoln foi eleito presidente e a Guerra Civil americana começou em Abril. Travou-se em parte devido à questão da escravatura. Causou quase 900.000 mortes e o sofrimento de muitos mais. Eventualmente, em 1863, Lincoln declarou livres os escravos da Confederação.

1864   O imperador brasileiro D. Pedro II emancipou os escravos que formaram parte do dote de sua filha e encarregou o governo de acabar com a escravidão.

1865   A escravatura foi constitucionalmente abolida nos Estados Unidos com a aprovação da 13ª Emenda.

1888   No Brasil, a 13 de Maio de 1888, D. Isabel, filha do imperador brasileiro D. Pedro II, assinou uma lei para abolir a escravatura. Quando o fez, disseram-lhe que redimira uma raça, mas que perdera o trono.

Reis de Portugal de 1580 até 1910 *

Dynastia dos Habsburgs, União das Corôas de Portugal e Espanha

Filipe I	1580-1598
Filipe II	1598-1621
Filipe III	1621-1640

Dinastia de Bragança

João IV	1640-1656
Afonso VI	1656-1683
Pedro II	1683-1706
João V	1706-1750
José I	1750-1777
Maria I and Pedro III	1777-1786
Maria I	1786-1792
João VI (Regente)	1792-1807
João VI (Brasil)	1807-1821
João VI (Portugal)	1821-1826
Pedro IV (Imperador do Brasil)	1822-1831
Pedro IV (Portugal)	1826-1826
Maria II	1826-1853
Isabel Maria (Regente)	1826-1828
Miguel I	1828-1834
Fernando II (Regente)	1853-1855
Pedro V	1853-1861
Luis I	1861-1889
Carlos I	1889-1908
Manuel II	1908-1910
Fim da Monarquia	October 5th., 1910

* Ver página 221, Reis de Portugal até 1580 e página 382 para a lista de Presidentes da República desde 1910 até 2001

Notas

[1] The Discoverers de Daniel J. Boorstin, p. 9.
[2] Luso-Americano, Fevereiro de 1996.
[3] Excepto onde é assinalado, foi usada Peoples Chronologies de James Trager, Dicionário de Portugal, Vol. I-VI, História de Portugal em Datas de António Simões Rodrigues, The Portuguese in America de Manoel da Silveira Cardozo, assim como outros.
[4] História de Portugal de Oliveira Marques, Vol. I, p. 15.
[5] Azores Islands, A History de James H. Guill, Vol. 5, p. 93.
[6] The True Antilles de Dr. Manuel Luciano da Silva, p. 5.
[7] Atlantic Islanders de Francis M. Rogers, 1979.
[8] The Palm Beach Post, 24/Junho/1995, p. 2A; Luso-Americano, 26/Julho/1995.
[9] The True Antilles de Dr. Manuel Luciano da Silva, p. 11.
[10] Colombo em Portugal, Marinha Portuguesa, p. 7.
[11] Ibid., p. 14.
[12] História de Portugal de Oliveira Marques, p. 5, Vol. II.
[13] Portugal nos Mares de Oliveira Martins, p. 37.
[14] História da Civilização Ibérica de Oliveira Martins, p. 83.
[15] The True Antilles de Dr. Manuel Luciano da Silva, p. 11.
[16] Set Fair for Roanoke de David Quinn.
[17] Portugal nos Mares de Oliveira Martins, p. 317.
[18] Columbus de Mascarenhas Barreto, p. 28.
[19] Portugal nos Mares de Oliveira Martins, p. 316.
[20] História de Portugal de Oliveira Martins, pp. 340-341.
[21] Dicionário da História de Portugal de Joel Serrão, Vol. I, p. 184.
[22] Revista National Geographic, Joseph Judge, Março de 1988.
[23] Ibid., Março de 1988.
[24] The Portuguese-Americans de Leo Pap, p. 7.
[25] Set Fair for Roanoke de David Quinn, p. 12.
[26] Comissão Hernando de Soto de John R. Swanson, p. 4.
[27] Revista National Geographic, Joseph Judge, Março de 1988.
[28] Set Fair for Roanoke de David Quinn, p. 22.
[29] Ibid., p. 28.
[30] Harvard Classics, Vol. 33, p. 237.
[31] Set Fair for Roanoke de David Quinn, p. 350.
[32] Present State of Virginia de Hugh Jones, p. 67.
[33] The Present State of Virginia de Hugh Jones, p. 64.
[34] Enciclopédia Britannica.
[35] Early Travels in the Tennessee Country de Samuel Cole Williams, pp. 28-29.
[36] Comissão de Soto de John R. Swanson, p. 4.
[37] Carta de Evelyn Orr do Comité de Pesquisa sobre os Melungos.
[38] Ruth Woods Dayton, Greenbriar Pioneers, Charleston, WV Publ. 1942, p. 16.
[39] Pioneer Recollections of SW Virginia de Elihu Jasper Sutherland, pp. 167-169.
[40] The Melungeons de Jean Patterson Bible, p. 24.
[41] Ibid., p. 25.
[42] Ibid.
[43] Carta de Evelyn Orr do Comité de Pesquisa sobre os Melungos.

Notas (Cont.)

[44] History, Myths, and Sacred Formulas of the Cherokees de James Mooney, p. 22.

[45] The History of Baxter County, Arkansas, (Mountain Home AR, 1972), pp. 5-6.

[46] Carta de Evelyn Orr do Comité de Pesquisa sobre os Melungos.

[47] History of Tennessee and the Tennesseans de Hale & Merritt, p. 182.

[48] The History of Baxter County, Arkansas, (Mountain Home AR, 1972), pp. 5-6.

[49] Ibid.

[50] The Melungeons de Jean Bible, History of East Tennessee, p. 871.

[51] History, Myths, and Sacred Formulas of the Cherokees de James Mooney, p. 22.

[52] Notes on the Melungeons de Swan M. Burnett, Vol. II, p. 347, American Anthropologist.

[53] The Arena, Vol. 3, Março, pp. 470-479.

[54] The Melungeons de Jean Patterson Bible, p. 16.

[55] Carta de Evelyn Orr do Comité de Pesquisa sobre os Melungos.

[56] Ibid.

[57] The Melungeons de Jean Patterson Bible, p. 12.

[58] The Mystery of the Melungeons de Louise Davis, p. 11 (Nashville Tennesseean 29/9/1963).

[59] Revista Life, 26/Junho/1970, p. 23.

[60] Stinson, Deron, The Melungeons, American History Illustrated, Nov. 1973.

[61] De Norm Isaac for Tennessee Historical Society, Prinit Press, Box 65, Dublin IN 47335 (E. Orr).

[62] The Portuguese Seaborne Empire de Charles R. Boxer, p. xxv.

[63] Jews in Cape Verde and Guinea Coast de Richard Lobban, p. 6.

[64] King Zumbi…de T.B. Irving, p. 408 (Amer. J. Islamic S. Sciences, 9:3 Outono de 1992).

[65] Contributed de Franklin W. Knight, Clayborne Carson.

[66] Studies in Slavery de Jackson Warner, p. 67.

[67] Infante D. Henrique e sua época, Mário Domingues, p. 201.

[68] Ibid., pp. 266-267.

[69] The Discoverers de Daniel J. Boorstin, p. 167.

[70] Infante D. Henrique e sua época de Mário Domingues, p. 134.

[71] História de Portugal de Oliveira Marques, Vol. I, pp. 158-159.

[72] Ibid., Vol. I, p. 289.

[73] História de Portugal de Oliveira Marques, Vol. I, p. 274.

[74] História da Origem e… Inquisição de Alexandre Herculano, pp. 67-69.

[75] The Jews of Spain de Jane Gerber, p. xxi.

[76] Economia Mundial de Vitorino Magalhães Godinho, p. 547.

[77] Dicionário da História de Portugal de Joel Serrão, Vol. II, p. 421.

[78] Historia de España, Historia 16, p. 502.

[79] Pioneers of France in the New World de Francis Parkman, p. 90.

[80] Revista National Geographic, Drake de Allan Villiers, p. 224.

[81] Annals of America de Clements R. Markham, Vol. 1, p. 6.

[82] The Present State of Virginia de Hugh Jones, pp. 63-64.

[83] History of African Americans in North Carolina de J. Crow, P. Escott, F. Hatley, p. I.

Apêndice C

Navegadores, Exploradores e Missionários Portugueses Indirectamente Relacionados com a América do Norte nos Séculos XV, XVI e XVII

Por ordem alfabética do apelido.

Nome	Apelido	Data	Actividade
Antonio de	Abreu	1611	Sumatra with Francisco Serrão
Lopo	Abreu	1504	India
André	Afonso	1526	Captain, Sierra Leoa
Diogo	Afonso	1461	Cape Verde Islands
Mestre Martins	Afonso	1565	Far East voyage by land and sea
Estevão	Afonso	1445	Madeira, East Africa
João	Afonso	1550	Pilot, Cape Verde
Jorge de	Aguiar	1508	India, Tristão da Cunha
Pedro Afonso de	Aguiar	1524	Brazil
Lopo Soares de	Albergaria	1515	India
Fernão Soares de	Albergaria	1552	Navigator to India
Francisco de	Albuquerque	1503	India
Afonso de	Albuquerque	1505	Africa, Brazil to India, and Viceroy
Pero d'	Alenquer	1470	West Africa and Guinea
Francisco de	Almeida	1509	India
Fernão Martins de	Almeida	1503	India
Lourenço de	Almeida	1502	Maldives Islands, India
Francisco	Álvares	1540	Abyssinia
Jorge	Álvares	1513	Southern China
Gonçalo	Álvares	1505	India
Diogo	Álvares	1511	Brazil and Caramuru
Padre. José	Anchieta	1560	Brazil
Pedro de	Andaia	1505	West Africa
Simão Peres de	Andrade	1500	Brazil
Anselmo de	Andrade	1560	First European to enter Tibet
Fernão Peres de	Andrade	1517	China, Canton
Martins	André	1539	Explorer, New Mexico
Pero	Anes	1470	West Africa, Diogo Cão Pilot
Pero de	Astuniga	1486	West Africa
Luis de	Ataíde	1569	India
Pero de	Ataide	1500	Brazil, India
Vasco de	Ataide	1500	Brazil, also with Bartolomeu Dias
João Afonso de	Aveiro	1486	East Africa
Diogo de	Azambuja	1451	East Africa
Simão de	Azevedo	1500	India
Fernando Roiz	Badacas	1502	India
Afonso Gonçalves	Baldaia	1436	North East Africa
Duarte	Barbosa	1500	Commercial Guide, Orient, 1500's
Diogo	Barbosa	1501	Santa Helena Island
Francisco	Barreto	1570	East Africa
Manuel de Campos	Bicudo	1600	Brazil
Simão Afonso	Bisagudo	1521	Far East
Pero Vaz	Bisagudo	1488	West Africa
Gaspar	Bocarro	1606	West Africa
Jorge	Botelho	1515	Malaca

Nome	Apelido	Data	Actividade
Diogo	Botelho	1535	India
Rui de	Brito	1513	Malaca
Manuel Teles de	Brito	1504	India
Pedro Álvares (Gouveia)	Cabral	1500	Official discoverer of Brazil.
Gonçalo Velho	Cabral	1432	Azores
Fernando Álvares	Cabral	1432	Tangier, grandfather of Pedro Álvares Cabral
Luis Alvise	Cadamosto	1445	Genovese, northeast Africa for Portugal
João	Caetano	1555	Possible discoverer of Hawaii
Vasco Rodrigues	Caldas	1561	Brazil
Rui Gonçalves da	Câmara	1474	Azores
Pero Vaz de	Caminha	1500	Brazil
Afonso de	Campos	1601	Northwest Africa
Antonio do	Campo	1502	India
Diogo	Cão	1482	West Africa
Tomás de	Carmona	1502	India
Joao	Carvalho	1519	Pilot with Estevão Gomes
Fernão Alves de	Castanheda	1528	India, historian
Álvaro de	Castro	1547	India
Fernando de	Castro	1424	The Canaries and West Africa
Filipe de	Castro	1504	India
João de	Castro	1546	India, noticed compass magnetic deviation
Nufro de	Chaves	1560	Brazil
Gaspar	Colaço	1550	Merchant in Bolivia
Gonçalo	Coelho	1504	Brazil
Nicolau	Coelho	1500	Brazil, also with Vasco da Gama
Duarte	Coelho	1535	Brazil
João de	Coimbra	1498	With the Vasco da Gama fleet to India
Frei Henrique de	Coimbra	1500	Brazil
Gaspar	Colaço	1550	Bolivia
Aires	Correia	1500	Also with Vasco da Gama to India
Diogo Fernandes	Correia	1550	India
Gonçalo da	Costa	1541	Paraguay, South America with Cabeza de Vaca
Afonso Lopes da	Costa	1504	India
Soeiro da	Costa	1478	East Africa
Vasco	Coutinho	1540	Brazil
Leonel	Coutinho	1504	India
Pero da	Covilhã	1487	West Africa, India by land in 1488
Gaspar de	Cruz	1556	Missionary in China, Hormuz
Brás	Cubas	1550	Brazil
Tristão da	Cunha	1506	S. Atlantic Island that bears his name
Nuno Leitão da	Cunha	1500	India
Francisco	Cunha	1502	India
Rui Nunes da	Cunha	1511	Far East
Bartolomeu	Dias	1488	Round Cape of Good Hope, S. Africa
João	Dias	1520	Magellan's pilot
Dinis	Dias	1439	Northeast Africa, Cape Verde
Diogo	Dias	1506	Madagascar, São Lourenço Island, Brazil
Diogo	Dias	1525	First hospital in Mexico City
Lopo	Dias	1502	India
Pedro	Dias	1500	East Africa, Red Sea
Fernão Vaz	Dourado	1560	Cartographer born in India
Gil	Eanes	1434	Northeast Africa

Nome	Apelido	Data	Actividade
Heliodoro	Eboanos	1568	Brazil
João	Escobar	1500	Brazil
Pedro	Escobar	1470	West Africa, also with Vasco da Gama
Martim	Esteves	1470	West Africa
Antonio de	Faria	1550	India
Gil	Fernandes	1500	India
João	Fernandes	1445	Northeast Africa
Simão	Fernandes	1580	North America
Álvaro	Fernandes	1446	Northwest Africa
Diniz	Fernandes	1450	Northwest Africa
Duarte	Fernandes	1511	Far East
Antonio	Fernandes	1514	East Africa
Gonçalo	Ferreira	1460	Guinea, West Africa
Manuel Pereira	Forjaz	1590	Tried Angola-Mozambique by land
Álvaro de	Freitas	1448	West Africa
Antonio	Galvão	1536	Captain and governor in the Moluccas
Cristovão da	Gama	1541	Somalia, son of Vasco da Gama
Paulo da	Gama	1500	India, brother of Vasco da Gama
Estevão da	Gama	1524	India, son of Vasco da Gama
Vasco da	Gama	1498	Discovered sea route to India
João da	Gama	1589	Sailed across the Pacific
Paulo da	Gama	1498	With Vasco da Gama fleet (Captain) India
Henrique	Garcês	1558	Discovers mercury in Peru
Diogo	Garcia	1506	Indian Ocean island, bears his name
Aleixo	Garcia	1521	Explores South America continent
Álvaro	Gaspar	1540	Explorer, New Mexico
Diogo	Gil	1447	Sea land to Arabia
Frei Bento de	Goes	1603	Mongolia
Pero de	Gois	1536	Brazil
Diogo	Gomes	1447	West Africa
Fernão	Gomes	1455	Guinea, West Africa
Estevão	Gomes	1524	From Newfoundland to Virginia
João	Gomes	1510	North West Africa
Amador	Gonçalves	1543	Bermudas
André	Gonçalves	1502	Brazil with Americo Vespucci
Antão	Gonçalves	1441	Northeast Africa
Gaspar	Gonçalves	1585	India, pilot
Lopo	Gonçalves	1472	East Africa
Jorge	Gonçalves	1448	East Africa
Manuel	Gonçalves	1585	India, master
Diogo	Homem	1500	Cartographer, worked for England, 1500's
Manuel Godinho de	Heredia	1596	Claim discovery of Australia in 1600
Manuel Rodrigues	Homem	1572	East Africa
Álvaro Martins	Homem	1474	Azores
Garcia	Homem	1445	Navigator, East Africa
Lopo	Homem	1500	Cartographer, worked for France, 1500's
Joao	Infante	1487	West Africa
Lançarote de	Lagos	1448	West Africa
Rui de	Lasteneda	1502	India
Jerónimo	Leitão	1585	Brazil
Gaspar de	Lemos	1488	Cape of Good Hope, with Dias
João de	Lisboa	1512	Brazil

Nome	Apelido	Data	Actividade
Paulo de	Lima	1587	Malacca
Pero	Lobo	1532	Brazil
Padre. Jerónimo	Lobo	1625	East Africa, Abyssinia (Ethiopia)
Duarte	Lopes	1578	Angola, West Africa
Frei Fernando	Lopes	1487	Voyage to the land of Prestes João
João	Machado	1500	India
Fernão de	Magalhães	1519	Traveled with Vasco da Gama
Nuno	Manuel	1514	Explored Rio de La Plata in South America
Padre. Luis	Mariano	1624	Discovered Nile waterfalls, Marchinson
Sebastião	Marinho	1582	Brazil
Lourenço	Marques	1542	East Africa, Mozambique
João	Martins	1585	Possible north passage to India
André S.	Martins	1520	Pilot with Magellan
Jorge	Mascarenhas	1517	Discovered the Liew Islands
João de	Mascarenhas	1546	Diu, India
Pedro de	Mascarenhas	1528	India
Gil	Matoso	1502	India
David	Melgueiro	1660	North passage to India for the Dutch
Duarte de	Melo	1518	India
Fernão de	Melo	1499	S. Tomé Island off West Africa
Manuel Afonso de	Melo	1526	India
Fernão de	Mendonça	1585	Admiral, India
Cristovão de	Mendonça	1524	Possible early voyage to Australia
Pero de	Mendonça	1503	India
Duarte de	Meneses	1522	India
Pedro de	Meneses	1415	Ceuta, Morocco
Henrique de	Meneses	1524	India
Jorge de	Meneses	1525	Far East
Álvaro de	Mesquita	1519	Pilots with Estevão Gomes
Antonio de	Miranda	1517	Ambassador to Sião
Antonio	Moniz	1560	India
Belchior Dias	Moreira	1591	Brazil
Antonio de	Mota	1542	Discovers Japan
Luis de	Moura	1500	India
Bernardo	Nasci	1551	Navigator to India
Father Manuel da	Nobrega	1560	Brazil
Antonio de	Noli (Nola)	1456	Cape Verde
Antão de	Noronha	1552	India
Garcia de	Noronha	1511	Brazil
Fernando de (Fernão)	Noronha	1502	Discovered island that bears his name
João da	Nova	1501	Discovered Ascension Island
Francisco de	Novais	1501	India
Paulo Dias	Novais	1575	Kingdom of Angola
Gonçalo	Nunes	1498	With Vasco da Gama fleet to India
João	Nunes	1498	Portuguese Jew, first to set foot in India
Manuel	Nuno	1514	Explored Rio de la Plata
João	Ornelas	1446	Canary Islands
Nicolau	Orta	1507	India to Portugal by land
Padre Pero	Paes, Paez	1617	Discovered Nile river source
Afonso	Paiva	1495	Northwest Africa
Antonio	Peixoto	1506	Far East and Japan
Diogo	Pereira	1541	Far East with Saint Francis Xavier

Nome	Apelido	Data	Actividade
Duarte Pacheco	Pereira	1498	North coast of Brazil
Name	**Surname**	**Date**	**Activity**
Diogo	Pereira	1535	Voyage on an 11 feet Boat, India-Portugal
Bartolomeu	Perestrelo	1423	Madeira Islands
João Lopes	Perestrelo	1502	India
Lançarote	Pessanha	1490	Far East
Luis de	Pina	1500	India
Simão de	Pina	1488	Cape of Good Hope, South Africa, with Dias
Fernão Mendes	Pinto	1534	Far East
Tomé	Pires	1517	China, apothecary
Diogo	Pires	1502	India
Bernardo	Pires	1524	Brazil
Gomes	Pires	1448	East Africa, Sahara region
Luis	Pires	1500	Brazil
Fernando	Pó	1472	East Africa
Francisco	Proença	1596	Brazil
Pedro Fernandes de	Queiroz	1596	New Guinea, Far East, New Hebrides, 1774
Pero	Rafael	1502	India
João	Ramalho	1522	Brazil
Rodrigues	Ravasco	1504	India
Rodrigo	Rebelo	1486	West Africa
Pero, Pedro	Reinel	1486	West Africa
Jorge	Reinel	1500	Cartographer, worked for Spain
Diogo	Ribeiro	1500	Cartographer, worked for Spain
Afonso	Ribeiro	1512	Brazil
Master	Rodrigo	1480	Physicist, astrolabe, worked royal court
Mem	Rodrigues	1486	West Africa
Fernão	Rodrigues	1503	India
Francisco	Rodrigues	1524	Navigator to Moluccas
Jeronimo Barreto	Rolim	1565	Navigator, India
Salvador Correia de	Sá	1514	Governor Rio de Janeiro, lived 101 years
Mem de	Sá	1560	Brazil
Afonso	Saldanha	1599	Brazil
Antonio	Saldanha	1540	India
Lopo Vaz de	Sampaio	1528	India
João de	Santarem	1470	East Africa
Pêro Fernão de	Sardinha	1547	India
Pantaleão de Sá	Sepulveda	1542	East Africa
Manuel de Sousa	Sepulveda	1560	India and West Africa, captain
Diogo Lopes de	Sequeira	1505	Far East, Malacca
Gomes de	Sequeira	1523	Far East
Rui de	Sequeira	1474	West Africa
João	Serrão	1520	Part of Magellan's crew
Francisco	Serrão	1511	Sumatra with Antonio de Abreu
Aires Gomes da	Silva	1500	Cape of Good Hope
Gonçalo da	Silveira	1500	Southeast Africa
João de	Silveira	1516	Far East
Antonio da	Silveira	1538	India, Diu
Diogo de	Silves	1420	Possible sighting of the Azores Islands
Gonçalo de	Sintra	1444	East Africa
Pero de (Pedro)	Sintra	1461	Northeast Africa
Fernão	Soares	1551	Navigator to India

Nome	Apelido	Data	Actividade
Brás	Sodré	1502	India
Vicente	Sodré	1502	West Africa with Estevão Gomes
Bras Dias de	Solis	1512	Brazil
Diogo Lopes de	Sousa	1551	Navigator to India
Gonçalo de	Sousa	1490	West Africa
Gabriel Soares de	Sousa	1587	Indians of the Brazilian coast
Pedro Lopes de	Sousa	1532	Brazil
Tomé de	Sousa	1549	Brazil
Martins Afonso de	Sousa	1541	India
João Coelho de	Sousa	1580	Brazil
Francisco de	Sousa	1580	Brazil
Belchior de Sousa	Tavares	1529	Explored Euphrates, Tigris Rivers
Diogo de	Teive	1455	West Africa
Pedro	Teixeira	1600	Far East, via Central America
Tristão Vaz	Teixeira	1423	Madeira Islands
Aires	Tinoco	1446	West Africa
João Vaz de	Torres	1606	Far East
Sancho de	Tovar	1501	West Africa, Brazil
Nuno	Tristão	1443	Northeast Africa
Luis Mendes de	Vasconcelos	1502	India
Álvaro	Vasques	1446	Northeast Africa
André	Vaz	1550	India
Pero Vaz da	Veiga	1503	India
Bartolomeu	Velho	1561	Cartographer, worked for France
Gonçalo	Velho	1500	Brazil
Diogo	Veloso	1593	Cambodian ambassador to Philippines
Americo	Vespucci	1502	Genovese, coast of Brazil for Portugal
Padre Antonio	Vieira	1640	Brazil
Master José	Vizinho	1485	Physicist, astrolabe, pupil of Zacuto
Saint Francis	Xavier	1540	Born in Navarra, Spain, Lisbon and India
Abraham Ben Samuel	Zacuto	1480	Astronomer, solar tables used by Columbus
João Coutinho	Zamiro	1502	India
João Gonçalo	Zarco	1423	Madeira Islands
Francisco	Zeimoto	1542	Japan

Lista dos Casamentos entre Homens Portugueses e Mulheres Nativas em 1529 [1]

Mulher Nativa	Homem Português	Origem da Mulher
Caterina Álvares	AfonsoÁlvares	Guzerate
Felipa Fernandes	Afonso Galego	Malabar
Luzia Fernandes	Afonso de Morales	Moor
Biatriz Nunes	Afonso de Motta	Moor
Caterina Tonso	Afonso Fernandes	Moor
Biatriz Vaz	Afonso Paes	Malabar
Felipa Morena	Afonso Rodrigues	Canarim
Caterina Afonso	Álvaro Pirez	?
Antonia Lopes	Antonio do Rego	Moor
Maria Morena	Antonio Folgado	Moor
Inês Gomes	Bastiam Gomes	Moor
Lucrecia Borges	Bras Gonçalves	Canarim
Lianor Arganosa	Bras Lopes	Malabar
Izabel da Silva	Diogo Correia	Malabar
Cristina Fernandes	Diogo de Laniz	Moor
Maria Lopes	Diogo Lopes	Moor
Margarida Vaz	Domingos Gonçalves	Burma
Vyolante Vaz	Estevão Chaves	Java
Caterina Gonçalves	Fernão Lopes	Moor
Lianor Nunes	Fernão Nunes	Malabar
Cristina de Saa	Francisco de Saa	Moor
Johana Gonçalves	Francisco Fernandes	Jaoa
Isabel Fernandes	Francisco Fernandes	Moor
Isabel Morena	Francisco Tinoco	Canarim
Biatriz Morena	Gonçalo Moreno	Nayra
Felipa Fernandes	Gregorio Fernandes	Moor
Cristina Fernandes	João Carvalho	Malabar
Justa Fernandes	João Fernandes	Moor
Caterina Fernandes	Joham Alvarez	Moor
Joana Diaz	Joham Diaz	Canarim
Maria Fernandes	Joham Gonçalves	Nayra
Branca Gonçalves	Joham Gonçalves	Socotorina
Biatriz Fernandes	Joham Gonçalves	Nayra
Biatriz Lopes	Joham Lopes	Malabar
Izabel Marques	Joham Marquez	Malabar
Maria Fernandes	Joham Nunes	Moor
Caterina Vaz	Joham Nunes Trombeta	Socotorina

[1] Historia da Lingua Portuguesa by Serafim da Silva Neto, p. 534-536

Mulher Nativa	Homem Português	Origem da Mulher
Antonia Fernandes	Joham Vaz	Moor
Lianor Rodrigues	Jorge de Sezimbra	Moor
Caterina de Alboquerque	Jorge Nunes	Moor
Beatriz Fereyra	Lopo Afonso	Moor
Caterina Fernandes	Lourenço Saldanha	Moor
Antonia d'Albuquerque	Manuel Gonçalves	Malabar
Maria da Sylva	Manuel Gonçalves	Moor
Joana de Araujo	Nemo Vaz	Malabar
Marta Diaz	Pero d'Evora	Canarim
Inês de França	Pero de França	Moor
Izabel Fernandes	Pero Fernandes	Malabar
Isabel da Costa	Pero Mendes	Burma
Caterina Vaz	Pero Petro	Moor
Felipa Fernandes	Richarte	Moor
Guiomar Gonçalves	Rodrigo Esturiano	Moor
Filipa Fernandes	Salvador Afonso	Malabar
Briola Vaz	Simão Vaz	Nayra

Lista dos Casamentos de Mulheres do
Extremo Oriente com Homens Portugueses.

A classificação de mouro é genérica. Aplica-se maioritariamente aos muçulmanos, excepto os turcos, aos quais os portugueses chamavam "rumes".

Faziam o mesmo com a maioria dos nativos da Índia, das Molucas e da Indonésia, etc.

Lista das Caravelas Portuguesas Naufragadas até 1550

M	D	Ano	Capitão/Piloto	Barco	Área do Naufrágio
7	8	1497	Gonçalo Nunes	Supply ship	Cape of Good Hope
7	8	1497	Paulo da Gama (2)	S. Rafael (1)	Off East Africa
3	9	1500	Aires Gomes da Silva		Cape of Good Hope
3	9	1500	Bartolomeu Dias		Cape of Good Hope
3	9	1500	Pêro de Ataíde		Near Mozambique
3	9	1500	Pêro Dias		Red Sea
3	9	1500	Sancho de Tovar	Rei	All survived
3	9	1500	Simão de Pina		Site unknown
3	9	1500	Vasco de Ataíde		Site unknown
2	10	1502	Antonio do Campo		Angediva *
2	10	1502	Antonio Fernandes		Sofala
2	10	1502	Brás Sodré	Leitoa a Velha	Curia Maria
2	10	1502	Diogo Fernandes Correia	Borreco	Angediva *
2	10	1502	Pêro de Ataíde		East Africa
2	10	1502	Vicente Sodré	Esmeralda	Curia Maria
4	14	1503	Francisco de Albuquerque	Rainha	Site unknown
4	14	1503	Nicolau Coelho	Faial	Site unknown
4	14	1503	Pero de Ataide	Bate Cabelo ?	Banks of S. Lazaro ?
4	14	1503	Pêro Vaz da Veiga		Cape of Good Hope
4	22	1504	Pero de Mendonça		Near S. Brás
3	21	1505	Lopo Sanches	Nau	Site unknown
3	21	1505	Pêro de Ataíde	Caravel	Outside Lisbon
3	21	1505	Pêro Ferreira Fogaça	Bela	Mozambique
5	18	1505	Francisco de Anaia	S. João	Site unknown
5	18	1505	Pêro Barreto Magalhães	Galega	Bay of Quiloa
3	6	1506	Job Queimado	Job	French captured
3	6	1506	Leonel Coutinho	Leitoa a Velha	Mozambique
3	6	1506	Rui Pereira Coutinho	S. Vicente	Natal
4	13	1507	Fernão Soares	S. Antonio	Site unknown
4	20	1507	João Chanoca	Caravela	Rio Sanagá
4	15	1507	Jorge de Castro	Rumesa	Nazareth
4	13	1507	Rui Cunha	S. João	Site unknown
4	20	1507	Vasco Gomes de Abreu	S. Romão	Santiago
4	11	1508	Jeronimo Teixeira	S. Clara	Polvoreira
4	9	1508	Jorge de Aguiar	S. João	Tristão da Cunha
		1508	Gonçalo de Sousa		Site unknown
3	12	1509	Francisco Sá	S. Vicente	Cananor
3	12	1509	Sebastião de Sousa Elvas	S. Jorge	Cananor
3	16	1510	Manuel da Cunha	S. Roque	Mozambique

M	D	Ano	Capitão/Piloto	Barco	Área do Naufrágio
3	25	1512	Francisco Nogueira	S. Julião	Angoche
3	14	1513	Francisco Correia	S. Antonio	S. Lázaro Island
3	22	1516	Antonio de Lima	S. Simão	Banks of S. Lazaro
3	22	1516	Francisco Sousa Mancias	N. Sra. da Luz	Banks of S. Lazaro
4	23	1519	Francisco Cunha	S. Antonio	Quiloa
4	23	1519	Luis Gusmão, Castelhano		Brazil
4	23	1519	Manuel de Sousa	S. Antonio	Quiloa
4	5	1521	Duarte de Meneses	S. Jorge	Ilha Terceira
4	23	1522	Pedro de Castelo Branco	Nazaré	Bay of Goa
4	6	1523	Aires da Cunha	S. Miguel	Mozambique
4	9	1524	Cristovão Rosado	Caravela Rosa	Site unknown
4	9	1524	Fernando Monroy	S. Jorge	Melinde Banks
4	9	1524	Francisco Brito	Barbosa	East Africa
4	9	1524	G. Pereira Macherquim	Garça	Site unknown
4	15	1525	Diogo de Melo	Paraiso	Cachopos
4	15	1525	Filipe de Castro	Corpo Santo	Cape Rosalgate
4	8	1526	Francisco de Anaia	N. S. Victoria	Near Lisbon
4	8	1526	Vicente Gil	S. Leão	Returned to port
3	26	1527	Aleixo de Abreu	Bastiana	East Africa
3	26	1527	Manuel de Larcerda	Conceição	East Africa
4	18	1528	Afonso Vaz Zambujo	Ship	Near Mozambique
4	18	1528	Bernardim da Silveira	Galeão	Sofala, East Africa
4	18	1528	João de Freitas	Nau	Canary Islands
4	18	1528	Nuno da Cunha	Rosa	Near Mozambique
		1529	João de Freitas		Cape Verde
4	20	1531	Manuel Macedo	Esperança	Calicut
		1532	Felipe de Castro	Corpo Santo	Cachopo, Barra
		1532	João de Melo e Silva	Conceição	Site unknown
3	4	1533	Francisco de Noronha	S. João	Cape of Good Hope
3	25	1536	Duarte Barreto	S. Miguel	Site unknown
4	6	1538	Bernadim Silveira	Galega	Site unknown
3	24	1539	Pero Lopes de Sousa	S. Cruz	Site unknown
4	7	1541	Martim Afonso Sousa	S. Tiago	Baçaim, R. Cabras
4	7	1541	Martim Afonso Sousa	S. Tiago	Baçaim, R. Cabras
4	4	1542	Baltasar George	Grifo	Terceira, Azores
4	4	1542	Vicente Gil	N. S. da Graça	Melinde
4	19	1544	Simão de Melo	N. S. da Graça	Near Mozambique
3	28	1547	Pedro da Silva	S. Tomé	Angoche
3	3	1549	João Figueira	Burgalesa	Site unknown
5	3	1550	Álvaro de Ataide	S. João	Cape of Good Hope
5	3	1550	Diogo de Noronha	Frol de la Mar	Mazagão
3	20	1551	Jorge de Meneses	Barrileira	Site unknown

M	D	Ano	Capitão/Piloto	Barco	Área do Naufrágio
3	10	1551	Lopo de Sousa	Biscainha	Site unknown
3	24	1552	Antonio Dias Figueiredo	S. Tiago	Islands unknown
3	24	1552	Antonio Moniz Barreto	Zambuco	Near Goa
3	24	1553	Fernão Álvares Cabral	S. Bento	East Africa, Natal
4	2	1554	Belchior de Sousa	S. Cruz	Site unknown
4	2	1554	Francisco de Gouveia	S. Francisco	Terceira, Azores
4	2	1554	Pedro de Mascarenhas	S. Boaventura	Goa coast
		1555	Francisco Nobre	Algaravia Nova	Pêro de Banhos
		1555	Jacome de Melo	Algaravia Velha	Terceira, Azores
4	30	1557	João Rodrigues Carvalho	Aguia	Mombaça
4	20	1557	Luis Fernandes	S. Maria Barca	East Africa
3	28	1559	D. Constantino	Garça	Site unknown
		1592		Madre de Deus	English Captured

Lista de Naufrágios Portugueses

O quadro acima foi compilado a partir de várias fontes. O Comandante Encarnação Gomes da Marinha Portuguesa tem sido notável na obtenção da maior parte da informação existente, a qual tem conseguido ao longo de muitos anos para *Subsídios para o Estudo da Carreira das Índias* dos *Anais do Clube Militar de Lisboa*.

Outras fontes consultadas foram: *Arquivos Nacionais da Torre do Tombo, Livro da Fazenda de Luís Figueiredo Falcão, Livro das Armadas, Biblioteca Nacional* e outros.

Devido à variedade de fontes, podem ocorrer algumas incorrecções e, por vezes, contradições. É necessária mais investigação para concluir o quadro; a investigação deveria ser feita por forma a cobrir, pelo menos, todo o século XVI e, não só a rota da Índia como também a rota do Brasil e da África.

Esta parte da história portuguesa está por completar e existe muita informação disponível.

A Influência da Língua Portuguesa no Japão e no Mundo

Monsenhor Sebastião Rodolfo Delgado compilou uma lista de 47 línguas orientais que contêm palavras de origem portuguesa: concanim, 815; malaio, 78; japonês, 78, só para referir algumas.[1] Muito antes, em 1514, Afonso de Albuquerque, o Vice-rei, escreveu a D. Manuel I que em Cochim 29 estudantes matricularam-se numa escola para aprender a língua portuguesa.[2] Entre 500 e 1000 palavras portuguesas passaram para culturas orientais,[3] e o oposto também, e.g., *Chá* em português é o mesmo que em chinês e é pronunciado como Shah como era usado na Pérsia. Só um pequeno exemplo, em malaio as seguintes palavras têm raízes portuguesas, na ordem apresentada: inglês, português, malaio: Coast - Costa - Kósta; Potatoes - Batata - Battatas; Wheat - Trigo - Trigu; Lizard - Lagarto - Lagarti; Head - Cabeça - Kembesa; Father - Pai - Pay; Mother - Mãe - Mai; Jeweler - Ourives - Orivis.[4] Infelizmente, não têm sido facilitados recursos suficientes para um estudo profundo da língua portuguesa. Quando isso acontecer, serão descobertas muitas semelhanças, não só no uso corrente como também nos nativos de há muitos anos atrás. Como facto interessante, a língua portuguesa também teve uma influência na língua japonesa. O que se segue são apenas algumas das palavras compiladas por Armando Martins Janeira no seu livro *O Impacto Português sobre a Civilização Japonesa*.

Japonês	Português	Inglês
Amendo	Amendoa	Almond
Amen	Amen	Amen
Anjo	Anjo	Angel
Barsan	Bálsamo	Balm
Baputesuma	Baptismo	Baptism
Kontasu	Contas	Beads of Rosary
Banku	Banco	Bench
Bisukoto	Biscoito	Biscuit
Pan	Pão	Bread
Iruman	Irmão	Brother
Manteka	Manteiga	Butter
Butan	Botão	Button
Kompra	Compra	Buy
Boru	Bolo	Cake
Kappa	Capa	Cape
Katoritu	Católico	Catholic
Karisu	Cálix	Chalice
Kirishtan	Cristão	Christian
Ekirinji	Igreja	Church
Koreijo	Colégio	College

Japonês	Português	Inglês
Kapitan	Capitão	Captain
Kataru	Catarro	Catarrh
Katana	Catana	Catan
Confeto	Confeito	Comfit
Kompasu	Compasso	Compass
Kohismo	Confissão	Confession
Kirismo	Crisma	Confirmation
Karusu	Cruz	Cross
Koppu	Copo	Cup (glass)
Jejun	Jejum	Fasting
Furasuko	Frasco	Flask
Zenerasu	General	General
Jiban	Gibão	Gerkin (short jacket)
Biirodo	Vidro	Glass
Uru	Ouro	Gold
Gomu	Goma	Gum
Abito	Habito	Habit
Inferno	Inferno	Hell
Osuhitari	Hospital	Hospital
Ostiya	Hóstia	Host (religion)
Jaketsu	Jaqueta	Jacket
Zesusu (Zesu)	Jesus	Jesus
Rabirinto	Labirinto	Labyrinth
Reguwa	Légua	League
Karuta	Carta	Letter
Manto	Manto	Mantle
Maruchiru	Mártir	Martyr
Sinnyoro	Senhor	Mister
Banzai	Banzé	Noise
Kurusan	Calção	Pants (gibão)
Paraizo	Paraíso	Paradise
Pisturu	Pistola	Pistol
Pappu	Papa	Pope (pap)
Byôbu	Biombo	Portable partition
Orashyo	Oração	Prayer
Bateren	Padre	Priest
Rõsa	Rosa	Rose
Seito	Santo	Saint
Tentasan	Tentação	Temptation
Arigato	Obrigado	Thank you
Tabako	Tabaco	Tobacco
Taifu	Tufão	Typhoon

Japonês	Português	Inglês
Birodo	Veludo	Velvet
Saya	Saya	Skirt
Shabon	Sabão	Soap
Ranbiki	Alambique	Still

Palavras Portuguesas e Japonesas.

Existem muitas mais. Naturalmente, algumas das palavras são comuns a outras línguas europeias. Mas, uma vez que os Portugueses foram os primeiros europeus a chegar, trouxeram a sua língua para o Japão e para o Oriente.[5] Trouxeram também outras palavras usadas em todo o mundo, como por exemplo Guiné, Guinea; pagode, pagoda; moeda de ouro, moidore; varanda, verandah; cobra, etc.

A Influência da Língua Japonesa em Portugal

A língua portuguesa também foi influenciada pelo japonês e por outras línguas asiáticas. Seguem-se apenas alguns exemplos de palavras japonesas.

Japonês	Português	Inglês
Banzai	Banzé	Noise
Byôbu	Biombo	Portable partition
Katana	Catan	Catan

A Influência da Língua Portuguesa no Inglês e nos E.U.A.

Há, pelo menos, 38 palavras inglesas derivadas da língua portuguesa; as seguintes são apenas algumas delas: [6, 7, 8]

Inglês	Português	Inglês	Português	Inglês	Português
Albatross	Albatroz	Firm	Firma	Picaninny[9]	Pequenino
Albino	Albino	Flamingo	Flamengo		
Apricot	Albricoque	Lingo	Lingua	Stagnant	Estagnado
Bagasse	Bagaço[10]	Madeira	Vinho	Tank	Tanque
Caste	Casta	Marmalade	Marmelada	Typhoon	Tufão
Corvette	Corveta	Molasses	Melaço	Yam	Inhame
Fetish	Fetiche	Parasol	Para-sol		

* * *

O Português e as Línguas do Mundo

A língua portuguesa evoluiu, no ano 218 a.C., a partir do latim falado. Foi fortemente influenciada pelo alemão e pelo árabe durante o primeiro milénio e, posteriormente, pelo galego, uma língua ainda hoje falada numa província espanhola a norte de Portugal. O francês e o inglês também exerceram alguma influência. Entre os séculos XIV e XVI, a língua portuguesa espalhou-se pela Ásia, África e pelas Américas. O português entrou na sua fase moderna no século XVI, tendo a gramática definido a sua morfologia e a sintaxe.

Em 1986, tornou-se uma língua oficial na União Europeia. Em 1996 formou-se a Comunidade dos Países de Língua Portuguesa (CPLP).

Línguas mais faladas em todo o mundo:

1. Mandarim
2. Inglês
3. Espanhol
4. Bengali
5. Hindu
6. Português

Se se combinar o bengali e o hindu, falados na Índia e noutros locais, então o português é a quinta língua mais falada do mundo.

É, no entanto, a terceira língua europeia mais falada no mundo.

Notas

[1] A Língua Portuguesa no Mundo, de Jorge Morais Barbosa, pp. 148-155.
[2] História da Língua Portuguesa, de Serafim da Silva Neto, p.542.
[3] Luso-Americano, 4-24-1996.
[4] Língua Portuguesa no Mundo, de Jorge Morais e Silva, p. 151.
[5] O Impacto Português sobre a Civilização Japonesa, de Pero Canavarro.
[6] Encyclopedia of English de Arthur Zeiger, p. 435, Arco (1959).
[7] Michaelis, Dicionário Ilustrado, 27ª Edição, (1981).
[8] Língua Portuguesa no Mundo, de Jorge Morais Barbosa, p.161.
[9] Criança pequena em havaiano.
[10] Polpa da cana-de-açúcar e das uvas.

O Famoso Caso dos Melungos de 1872 do Juiz Shepherd

* * *

Segue-se uma reimpressão do artigo por Jean Petterson Bible, *The Melungeons, Yesterday and Today* (Os Melungos, Ontem e Hoje), baseado nas "Memoirs" do Juiz Shepherd. Agradecemos à autora por nos autorizar o uso desta fonte. Uma vez que apoia algumas das teorias sobre os Melungos, torna-se apropriado apresentá-lo aos leitores.

* * *

Em 1872, um advogado novato de Chattanooga, no Tennessee, argumentou o seu caso e ganhou um processo, tendo por base a teoria até hoje quase desconhecida de que os Melungos tinham origem Cartaginesa ou Fenícia.

A partir deste ponto de partida auspicioso, o jovem advogado Lewis Shepherd prosseguiu a sua vida, tornando-se juiz e um membro proeminente do tribunal de Chattanooga.

Em 1915, o juiz Shepherd publicou uma colecção de reminiscências sobre as suas experiências legais, intitulada *Memoirs of Judge Lewis Shepherd*, que incluía o "Relato Romântico do Famoso Caso dos Melungos".

Nele, conta muitos dos detalhes do desenvolvimento, julgamento e decisão do caso que tem sido, por vezes, alcunhado de "A História de Chattanooga" por aqueles que simpatizavam com a difícil situação dos Melungos.

Durante a época em que decorreu, o caso foi provavelmente um dos mais publicitados do seu género, no qual a decisão favoreceu um grupo minoritário e contrariando um acusador branco.

O resultado, a atribuição de uma herança a uma filha de mãe Melunga e pai branco, teve por base a brilhante defesa de Shepherd ao determinar que o seu cliente não tinha sangue Negro, mas era descendente dos antigos cartagineses.

De acordo com a lei vigente na época, a lei da miscigenação do Tennessee, (o juiz Shepherd definiu-a como a união de uma pessoa branca com outra de sangue Negro em sexto grau), se tivesse sido provado que ela tinha sangue Negro, o casamento entre os seus pais teria sido considerado ilegal, impossibilitando-a de reclamar os bens do pai.

O pano de fundo da verdadeira e estranha história, que mais parece uma novela romântica, retrocede à primeira colonização da área de Chattanooga.

Um homem abastado da Virgínia comprou um extenso lote de terreno em Moccasin Bend, onde agora o rio Tennessee serpenteia em redor de Chattanooga, e mudou-se para aí com a família e os escravos.

A terra fértil perto do rio depressa tornou a enorme quinta numa fazenda rica e produtiva, e quando morreu ele conseguiu deixar a cada um dos três filhos 1/3 da quinta. Dois dos irmãos nunca casaram e, na morte deles, o outro herdou todos os bens.

Este ultimo acabou por arrendar a terra, ceder os escravos a outros proprietários, e foi para Chattanooga onde se tornou num homem de negócios.

Entretanto, a mãe viúva voltou a casar e teve três filhas do segundo marido.

Alguns anos mais tarde, o irmão sobrevivente foi atacado por uma doença mental que o deixou temporariamente incapacitado. Contudo, em 1848, conseguiu voltar à sua actividade normal, nomeadamente à gestão das suas grandes propriedades. Um dos locatários era um velho Melungo de nome Bolton que servira na guerra de 1812, juntando-se ao exército da Carolina do Sul, onde vivia nesse tempo. Bolton tinha uma filha, "famosa pela sua beleza, modos graciosos e modéstia.

Era morena e tinha uma cabeleira negra cobiçada por todas as raparigas que a conheciam. Era baixa, mas tão roliça e bem desenvolvida que era considerada uma jovem irresistível e atraente. Tinha uma face muito bela e uns olhos negros brilhantes, em cuja profundidade os raios solares pareciam depositar-se. Quando soltava os cabelos aos cachos, eles caíam

Fig. 118 – Rapariga da Índia, fotografia de 1999.

atingindo quase o chão e brilhavam à luz do sol ou tremiam brilhando como a lua cheia lança a água plácida..."

O jovem enamorou-se dela, e a atracção foi mútua. Planearam casar-se, mas quando a mãe dele e as meias irmãs souberam da novidade opuseram-se à união, pois sabiam que, uma vez consumado o casamento, elas perderiam todas as hipóteses de se tornarem herdeiras dos bens que ele herdara.

Notificaram o escrevente afirmando que se ele desse licença de casamento aos dois, elas processá-lo-iam, não só por o jovem ser mentalmente incompetente, mas também por ela ter sangue Negro. O escrevente alarmado ficou tão impressionado pelas ameaças que recusou atribuir licença ao noivo quando, alguns dias depois, este a solicitou.

Sem se deixar defraudar, o jovem persuadiu dois amigos, Ab Carroll e John Cummings, a acompanhar os noivos ao condado de Dade, na Geórgia, do outro lado do rio, para serem testemunhas. A licença de casamento foi adquirida em Trenton, no tribunal do condado de Dade, e devidamente registada. A cerimónia realizou-se a 14 de Junho de 1856 pelo juiz de paz local, na sua casa do condado de Dade.

O casal regressou à plantação do noivo e aí fixou residência. O primeiro filho morreu ainda pequeno e o segundo, uma filha, nasceu em finais de 1858. Quando a mãe morreu de parto, oito dias mais tarde, o marido desolado entrou num estado de choque tal, que nunca mais conseguiu recuperar completamente. O seu estado mental agravou-se de tal forma que foi necessário nomear um tutor para tomar conta dele e dos negócios.

Entretanto, a mãe dele e as meias irmãs não ficaram paradas. Ou obrigaram ou subornaram a "tia Betsy", a tia materna da criança, para a levar para longe e nunca mais regressar. Pouco tempo depois, a tia levou a criança, juntamente com a Bíblia da família, onde estavam guardados os registos de casamento e nascimento, para uma pequena localidade no estado do Ilinóis, a 75 milhas de Cairo. À medida que o tempo passava, o público quase esquecera a triste história.

O tutor do jovem demente continuou a gerir as suas várias propriedades até juntar um fundo de muitos milhares de dólares para a propriedade. Mas uma pessoa não se olvidara. Um amigo, Samuel Williams, continuava próximo da criança, desde o princípio, com a anuência da tia Betsy para manter-se informado quanto ao seu bem estar.

O caso histórico foi instituído em 1872, quando as duas meias irmãs e os filhos da terceira meia irmã, já falecida, levaram o caso a tribunal, numa tentativa de falsificar o estabelecido na tutela do Sr. Froust. Este foi acusado de má administração dos bens, desperdício de verbas, empréstimo de grandes quantias de dinheiro a pobres e de descurar a segurança desses bens. Além disto, procuraram acusá-lo de possuir indevidamente determinados bens.

Outro aspecto do processo seria o facto de o protegido do Sr. Froust ser um lunático incurável e de as queixosas serem herdeiras legítimas dos bens em causa. Estas pediram que a tutela fosse revogada e que o irmão e os bens lhes fossem entregues, com a promessa de cuidarem da segurança e das necessidades dele. Finalmente, solicitaram um decreto que as comprovasse como legítimas herdeiras. E, como medida preventiva, processaram o Sr. Williams e o Coronel John Divine, fiadores do contrato do Sr. Foust como tutor, de forma a facilitar o esperado decreto.

Agora, chegara o momento de o Sr. Williams apresentar a verdadeira herdeira dos bens e garantir os seus direitos. Quando procurava um advogado competente e digno de confiança, reparou que todos os advogados experientes já estavam envolvidos no processo aconselhando ora uma ora a outra parte. Seguiu, então, o conselho de um amigo e procurou Lewis Shepherd, um jovem advogado em início de carreira. Shepherd aceitou pegar no caso, agindo o Sr. Williams na qualidade de melhor amigo da menina.

O processo instituído em favor da criança foi como uma pedrada no charco. Pediram que ela fosse considerada a herdeira legítima do pai demente e que fosse educada e sustentada pelos bens em questão. As opositoras transtornadas logo rotularam o processo como "uma teia de falsidades e calúnias... uma invenção do velho Williams, e que a criança era uma impostora.

Até negaram a identidade dela como filha do homem enlouquecido, e negaram também o facto de ele ter sido casado, acrescentando que, se ele tivesse ido em frente com a ideia do casamento, este seria ilegítimo."

Naquele momento, o jovem Shepherd usou o trunfo, a filha em pessoa, com quase 15 anos de idade. Tinha, previamente, enviado o Sr. Williams a Ilinóis para ir buscar a rapariga e trazê-la para Chattanooga com a Bíblia de família contendo os certificados de nascimento e de matrimónio.

A prova do casamento não foi difícil de obter, uma vez que o oficial que realizou a cerimónia e as duas testemunhas ainda estavam vivos. Quando questionado sobre como se lembrava tão bem da data exacta, uma das testemunhas revelou que a data lhe ficara gravada na memória pelo facto de a mulher ter dado à luz uma menina nessa mesma noite. Além disso, o nome e a data estavam na Bíblia de família.

Os registos levados na Bíblia para o Ilinóis pela Tia Betsy confirmaram o nascimento e a data. Quanto à sanidade do pai, o juiz decretou que um casamento só era anulável se fosse posto em causa por uma das partes. Por essa razão, não poderia ser motivo de acusação colateral.

Mas a questão em que a verdadeira batalha se centrava era a alegação de que o casamento era nulo, porque a mãe tinha sangue negro suficiente para a cerimónia não se poder realizar legalmente, devido à então lei vigente no Tennessee contra a miscigenação.

A oposição apresentou alguns velhos Negros como testemunhas. Sob juramento, estes afirmaram que os Boltons eram Negros de carapinha, que "todos eles tinham cabelo encaracolado", tal qual Mulatos. Juraram também que a tia Betsy e a mãe da criança tinham carapinha, sem saber que a rapariga estava naquele momento em Chattanooga.

A questão da "carapinha" ficou esclarecida, de uma vez por todas, quando a jovem depôs em casa do Sr. Williams. Quando lhe pediram para cortar um pouco de cabelo e afixá-lo como prova, "ela pegou no topete e retirou o gancho antiquado com que o prendia. Uma massa enorme de cabelo preto, liso como a cauda de um cavalo, caiu pelo chão.

Tinha metro e meio de comprimento e não tinha nem um único cabelo encaracolado. Com aquela prova, ela exibiu uma amostra generosa do seu magnífico cabelo, o que veio destruir por completo os depoimentos dos velhos Negros."

Como prova adicional, Shepherd recuou à tradição Melunga dos antepassados cartagineses, num discurso extraordinariamente eloquente, numa época de discursos antiquados. Nas suas memórias, ao explicar como desenvolveu a sua defesa baseando-se na teoria dos descendentes cartagineses, Shepherd diz que ficou estabelecido de forma satisfatória que a família daquela mulher não estava, de forma alguma, ligada à raça Negra; que não havia características nela ou nos seus antepassados semelhantes às características distintas de um Negro, excepto o facto de terem pele escura, mais ou menos a cor de um Mulato.

Tinham testas altas; cabelo preto liso e comprido, os ossos do queixo levantados, lábios finos, pés pequenos com os peitos dos pés altos e narizes proeminentes como os romanos, enquanto que as feições dos Negros e Mulatos eram exactamente as contrárias.

Em boa verdade, estas pessoas pertenciam a uma raça peculiar, que se instalou no leste do Tennessee em tempos remotos e, em vernáculo local, eram conhecidos como "Melungos", e não eram sequer longínquos parentes dos Negros. Ficou provado pela tradição dos Melungos que eram descendentes dos ancestrais cartagineses; eram fenícios que, depois de os romanos conquistarem Cartago e a tornarem numa província romana, emigraram pelo estreito de Gibraltar e colonizaram Portugal e daí surgiu o distinto General Otelo, de origem veneziana, que Shakespeare tornou imortal na sua famosa peça "O Mouro de Veneza".

Foram os mesmo que lutaram tão corajosamente contra os romanos nas Guerras Púnicas. As suas mulheres sacrificaram os longos cabelos negros para serem trançados e enrolados em cabos que serviriam para amarrar os navios de guerra e as galeras à costa.

Por altura da Guerra da Revolução Americana, um número considerável destes indivíduos atravessou o Atlântico e colonizou a costa da Carolina do Sul, perto da fronteira com a Carolina do Norte, e viveram junto das populações da Carolina durante um grande período de tempo.

De tempos a tempos, o povo da Carolina suspeitava que eles fossem Negros ou Mulatos e negava-lhes os privilégios normalmente dados aos brancos. Recusavam-se a lidar com eles de igual para igual e não permitiam que as crianças frequentassem escolas de brancos, além de só permitirem que eles ocupassem o espaço das igrejas destinado aos Negros.

A Carolina da Sul tinha uma lei que obrigava os Negros livres a pagar impostos elevados e fizeram-se grandes esforços para cobrar esse imposto. Mas, neste julgamento, ficou provado que eles recusavam-se com sucesso a pagar o imposto, para provar que não eram Negros.

Devido à forma como eram tratados, cedo deixaram a Carolina do Sul e vaguearam pelas montanhas até ao condado de Hancock, na região leste do Tennessee.

Algumas famílias desviaram-se de Hancock indo até outros condados nessa área e, uma vez por outra, até à secção montanhosa do interior do Tennessee.

Como prova de que Bolton fora desde sempre considerado branco, desde a sua chegada ao condado de Hamilton, referiu-se que o velho homem pudera votar em todas as eleições, mesmo quando os Negros não podiam; também podia ser testemunha em tribunal quando os Negros não podiam, por serem considerados incompetentes para o fazer.

Além disso, Shepherd acrescentou que, desde que o avô recebia uma pensão por ter servido na guerra de 1812, era legalmente considerado branco, porque no tempo em que se alistou, nem Negros nem Mulatos podiam ser soldados, mas apenas carroceiros ou cozinheiros.

Outra prova incluída era o relato de um incidente na vida do avô, quando um homem branco matou um dos seus netos. Bolton processou-o, mas a defesa contestou a acusação dizendo que, como Bolton era Negro, não tinha o direito de processar ninguém. O júri achou que isso não era verdade e que Bolton não era Negro. O acusado foi condenado e mandado para a penitenciária.

O chanceler concedeu bastante tempo e espaço de manobra às duas partes para que pudessem argumentar, mas, quando o veredicto foi entregue, era a favor da rapariga. O tribunal declarou que ela era a legítima herdeira de seu pai, permitindo-lhe, portanto, ser educada e criada com o dinheiro dos bens daquele e a herdá-los após a morte do pai. O seu tutor foi ordenado a pagar os seus estudos e tratar do seu bem estar e a pagar ao jovem advogado 5000 dólares pelos seus serviços (naquele tempo, uma quantia generosa, especialmente para um advogado em início de carreira).

A verdadeira história da jovem rapariga Melunga não só teve um livro publicado como um fim "e viveu feliz para sempre". Quando o Sr. Williams trouxe a rapariga para Chattanooga prometeu à tia Betsy que a traria de volta para Chattanooga, assim que pudesse dispor dos seus bens, uma promessa que cumpriu. Nas suas memórias, o juiz Shepherd resume os eventos que se seguiram ao julgamento.

Quando o Sr. Williams voltou para Chattanooga, a rapariga tinha perto de 15 anos. Não sabia nada sobre o mundo, ignorava totalmente a forma de vestir que estava na moda; não sabia o que era um espartilho nem como era usado, se por cima ou por baixo do vestido.

Tinha passado quase toda a vida nas florestas, ao longo das margens do Mississipi, onde ganhava a vida com a tia Betsy a cultivar um pedaço de terra e a cortar lenha para vender aos barcos de vapor, que necessitavam dela como combustível ao subir e descer o rio.

Não sabia nada acerca das roupas que estavam na moda e de como se tornar atraente, usando rendas – era simplesmente uma rapariga de natureza tosca, sem modos sofisticados e sem maquilhagem; no fundo, uma moça do interior; por outro lado, era uma rapariga possuidora de uma face admiravelmente bela e de uma figura que, vestida apropriadamente, poderia ser moldada por forma a agradar aos mais fastidiosos.

Era muito parecida com a mãe e tinha todo o seu charme e graça, os quais precisavam de ser desenvolvidos.

O Sr. Williams levou-a a uma modista, que providenciou um guarda-roupa adequado ao meio onde agora vivia. Depressa se adaptou à nova vida e ao novo ambiente, mesmo no centro da civilização. Ficou em casa do Sr. Williams e frequentou a escola durante dois anos.

A jovem teve de começar do início, mas, como ambicionava saber mais, estudou muito e aprendeu rapidamente e, em pouco tempo, recebeu uma boa e prática educação.

Viria a casar com o seu professor, um homem jovem que se tornou numa personalidade preponderante na comunidade e que geriu com sucesso os negócios da mulher, aumentando consideravelmente a sua fortuna.

Quando morreu, 20 anos mais tarde, era um proeminente funcionário público no condado. Os ecos do resultado dos "Famoso Caso dos Melungos" repercutiram-se pela maioria das colónias de Melungos do sudeste. Esse desfecho viria, indubitavelmente e durante muitos anos, a ser uma referência legal que afectaria as decisões relacionadas com os Melungos.[1]

---

[1] *"The Melungeons Yesterday and Today by Jean Patterson Bible"*, p. 61

Quadro dos Presidentes da República a partir de 1910*

I República (De 1910 a 1926)

1911 - Manuel José Arriaga Bruno da Silveira
1915 - Bernardino Luís Machado Guimarães
1917 - Sidónio Bernardino Cardoso da Silva Pais
1918 - João do Canto e Castro Silva Antunes
1919 - António José de Almeida
1923 - Manuel Teixeira Gomes
1925 - Bernardino Luís Machado Guimarães

II República, (Também conhecida por "Estado Novo". De 1926 a 1974)

1928 - António Óscar Fragoso Carmona
1951 - Francisco Higino Craveiro Lopes
1958 - Américo de Deus Rodrigues Tomás

III República (Depois de 1974)

1974 - António Sebastião Ribeiro de Spínola
1974 - Francisco da Costa Gomes
1976 - António dos Santos Ramalho Eanes
1986 - Mário Alberto Nobre Lopes Soares
1996 - Jorge Fernando Branco de Sampaio
2001 - Jorge Fernando Branco de Sampaio, reelected

Depois da revolução de 5 Outubro 1910, Portugal foi dirigido por um governo provisório chefiado por Teófilo Braga. Os presidentes da República só surgiram depois de ratificada a nova constituição e o primeiro presidente foi Manuel José de Arriaga Brum da Silveira, conhecido apenas por Manuel de Arriaga.

De facto, o primeiro presidente da República foi Manuel de Arriaga que exerceu o cargo até 1915, tendo derrotado Bernardino Machado.

Deve no entanto ter-se em conta que até à eleição de Arriaga, o cargo era exercido pelo presidente do governo provisório que era Teófilo Braga.

Por isso é normal que se considere, algo impropriamente que o primeiro presidente foi Teófilo Braga.

*Ver Página 221 com os Reis de Portugal até 1580 e
Página 358 desde os ano 1580 até 1910.

Portugueses que contribuíram de uma forma ou de outra para a Formação da América, antes do século XX.

***

Estes são alguns dos portugueses esquecidos,
por ordem alfabética do último nome, actividades e outros detalhes:

* * *

Frances Affonsa; Cook; 1858; President Lincoln's cook.

Isaac Abrabanel; Jewish Leader; 1471; worked with his father for the Portuguese King Afonso V, redeemed 250 Moroccan Jews.

Carlos Pedro Diogo Andrade; Pioneer; 1825; Amador County, East Sacramento, California.

Laurinda C. Andrade; teacher; 1889; Born in Terceira.

João Areias; Sailor; 1492; member of Columbus' crew on first trip, native of Tavira, Algarve.

Mary Astor; Actress; 1890; Born in Illinois of Madeiran Immigrants.

Duarte Barbosa; Navigator; 1519; Member of Magellan (Magalhães) crew.

Pedro Barcelos; Navigator; 1494; Rediscovered Newfoundland, Greenland.

Bernard Baruch; Politician; U.S. Presidential advisor.

Francisco L. Borges; politician; Connecticut State treasurer.

Family Bettencourt; Soldiers; 1835; fought for freedom of Texas.

Catherine of Braganza; Queen of England; 1640; Borough of Queens, N.Y., married Charles II of England.

Manuel Silveira Brazil; settled in New Mexico 1871, County Commission; Texas, 1908-1914, involved with Billy the Kid.

João Rodrigues (Cabrillo) Cabrilho; Navigator; 1500; discover of California, born in Pamela, "Freguesia de" Cabril, Montalegre, Trás-os-Montes.

André do Campo; Soldier; 1541; Coronado's expedition into Grand Canyon, Texas, Arkansas, Oklahoma, Kansas.

Aaron Nunes Cardozo Amsterdam; 1752; married daughter of Moses Mendes Seixas; parents of Benjamin Cardozo.

Benjamin N. Cardozo; Judge; 1870; U.S. Supreme Court Justice.

Solomon Nunes Carvalho; artist and photographer, worked with Colonel John C. Freemont in the exploration of the west.

Luis de Carvalhal; Explorer; 1579; Texas, married Guiomar Alvares de Rivera, a Jewess native of Lisbon.

João Lopes de Carvalho; Navigator; 1519; Member of Magellan's (Magalhães) crew.

João Elliot de Castro; Pioneer; 1814; early arrival in Mimai, personal physician of King Kamehamea I.

Family Chaves; Soldiers; 1835; fought for freedom of Texas.

João Coelho; Navigator; 1475; possible voyage to West Indies with Frois.

João Cordeiro; Explorer; 1540; with the Hernando de Soto expedition.

Antonio Correia; Shipmaster; 1500; Member of the Cabrilho expedition in California.

João Vaz Corte Real; Navigator; 1474; Possible arrival in North America.

Corte Real; Navigator; 1500; Dighton, Massachussets, first arrival.

Gaspar Corte Real; Navigator; 1500; Colonies of New England, Carolinas 1501-03, from Terceira, Azores.

Miguel Corte Real; Navigator; 1500; Colonies of New England, Carolinas 1501-03, from Terceira, Azores.

Family Cunha (Wager); Fisherman; 1850; Fall River, from Azores.

Estevão Dias; Navigator; 1519; Member of Magellan's (Magalhães) crew.

José Dias; Soldier; 1776. Revolutionary War, Martha's Vineyard, died 1781.

João Estaço; Missionary; 1552; Native of Terceira, Azores, was named bishop of Puebla in Mexico.

Fernão Dualmo/Dulmo; Navigator; 1487; May have discovered the Antilles in 1487, British historian A. Davies.

João Afonso Estreito; Navigator; 1486; May have been in Newfoundland with Dulmo.

Brothers Faleiro; Navigator; 1519; Member of Magellan's (Magalhães) crew.

João Alvares Fagundes; Navigator; 1520; Explored Newfoundland and US East Coast in 1520, from Viana do Castelo.

Bento Fernandes; Explorer; 1540; with the Hernando de Soto expedition.

Álvaro Fernandes; Explorer/writer; 1540; Gentleman of Elvas, wrote the first book about the Southeast, traveled with Hernando de Soto.

Simão Fernandes; Navigator; 1560; Explored U.S. east coast and later was the pilot under Sir William Raleigh.

Bartolomeu Ferrelo; Explorer; 1542; Chief pilot with Cabrilho, discoverer of California.

Mathias Figueira; Doctor; 1853; Founder of American College of Surgeons, born in Madeira.

Peter Francisco; Soldier; 1776; Fought in American Revolution with George Washington.

Estevão Frois; Navigator; 1475; Possible voyage to West Indies with Coelho.

Luis de Góis; Jesuit; 1545; First to take tobacco to Europe from America.

Bento de Góis; Soldier—Missionary; 1580; Born in Vila Franca do Campo, São Miguel Island, Azores.

Estevão Gomes; Navigator; 1525; US East Coast, Virginia also previously with Magellan (Magalhães).

Lewis Gomes; Portuguese Jew; 1707; Sloop Flying Horse.

Marcelino Manuel Graça (Grace); Bishop; 1882; Born in Cape Verde, founder of a large Protestant congregation.

Horta; Explorer; 1540; Southwest U.S.

Portuguese Joe Soldier; 1812; Hero captain fought in the successful Battle of Lake Erie.

João Fernandes Lavrador; Navigator; 1474; Discovered Greenland, Labrador; From Terceira, Azores.

Afonso Gonçalves; Pilot; 1519; Member of Magellan's (Magalhães) crew.

Emma Lazarus; Poet; 1800; Statue of Liberty inscription.

Benjamin Levy; Merchant; 1773; Cofounder of the first Portuguese Jewish settlement in Maryland.

Henrique Lopes; Merchant; 1500; Merchant in caravel captured by English privateers, see Irene Wright's book.

Aaron Lopes; Merchant; 1750; Baptized Catholic, fled Portugal 1740's, Newport, RI, founder of Touro Synagogue.

James Lucena; Manufacturer; Begins the manufacture of Castile soap in Rhode Island.

Jacob Lumbrozo; Physician; 1656; Portuguese Jew, settled in Maryland in 1656, died in 1666.

Abraham de Lyon; Vintner; 1737; Began growing grapes in Georgia in 1737.

David Mendes Machado; Rabbi; 1734; Spanish-Portuguese congregation in New York City.

José Manuel Machado; Soldier; 1769; Commander of the Presidio in San Diego, California.

Fernão de Magalhães; Navigator; 1500; Circumnavigation of the world, crossed into the Pacific Ocean from the Atlantic.

Martim de Magalhães; Navigator; 1519; Member of Magellan's crew.

Isaac Marques; Portuguese Jew; 1707; Sloop *Flying Horse*.

Luis R. Medeiros; School Teacher; 1894; Honolulu, Hawaii, Captain National Guard.

Gracia Mendes; Diplomat; 15??; Jewess born in Lisbon, became famous in the Ottoman Empire where she fled after the Inquisition.

Antonio Mendes; Captain, whaler; 1600; Born Terceira, Azores, first to navigate the Sacramento River.

H. Pereira Mendes; Rabbi; 1724; Shearith Israel.

Tom Mix; Cowboy; 1890; Born in Portugal as Antonio Nunes Pinguelo.

Benjamin Nunes; Soldier, Officer; 1770; Washington's staff, served with General Pulaski.

Joseph Nunes; Portuguese Jew; 1707; Sloop *Flying Horse*.

Pedro Nunes; Cosmographer; 1537; Tables and the "Tratado da Esfera."

Samuel Ribeiro Nunes; Physician; Portuguese Jew arrived in Georgia in 1733.

Pedro Fernandes de Queiroz; Navigator; 1596; Central America to India.

Moses Pacheco; Portuguese Jew; 1658; Arrived from Amsterdam, Newport, RI.

Fernão Pais; Explorer; 1540; Southwest U.S.

John dos Passos, Journalist, poet, novelist of USA Trilogy.

Jacinto (Jason) Pereira (Perry); Consul agent; 1826; Faial, Azores, Hawaii.

John Philips; Hero US West; 1800; Manuel Filipe Cardoso, Pico, Azores.

Isaac Pinto; Economist; Far East explorer.

Jacob & Solomon Pinto; Emigrants; Residents of New Haven, CT, in 1724.

Hill Portuguese Ridgmanites; Soldiers; 1776; Revolutionary war, known by the English colonists.

John Freitas Raposo; Merchant, postmaster; 1882; Island of Kauai, Hawaii. Recruited labor in Madeira.

José Vieira Ramos; Settler; 1830; settled in Virginia, one of the first to receive American citizenship.

Diogo Nunes Ribeiro, Physician, see Samuel Ribeiro Nunes, MD.

Gonçalo Rico Navigator; 1545; Chief pilot with Ruy Lopez de Villalobos, sailed from Mexico to New Guinea.

José Antonio Rocha; Settler; 1815; first owner of Los Angeles City Hall, son of a judge in Balboa, California; 1868-1873.

Nicola Rodrigo; Sailor; 1586; Captured by Thomas Cavendish off the coast of Mexico.

Family Rodrigues; Portuguese Jew; 1624; Virginia 1624.

Gonçalo Rodrigues, Blacksmith; 1519; Magellan's (Magalhães) crew.

Francis Salvador; Politician, soldier; 1770; active in South Carolina during the American Revolution.

Afonso Sanches Navigator; 1452; Possible voyage to West Indies.

Antonio Martins Segurado; Explorer; 1539; with the Hernando de Soto expedition.

Isaac Mendes Seixas; Supporter; 1776; American Revolution, married Rachel Levy; Merchant vessels.

Gershom Seixas; Rabbi; 1770; Shearith Israel, for 50 years, supported the cause from the pulpit.

Abraham Seixas; Patriot; 1800; Colonel, Georgia brigade.

Moses Seixas; Cashier; 1809; Bank of Rhode Island, grand master of the Order of RI.

Abade José Correia da Serra; Diplomat; 1801, Represented Portugal after U.S. Independence, Ambassador to President Thomas Jefferson.

Sebastião Rodrigues Seremenho; Navigator; 1595; Surveyed the California coast.

Francisco José da Silva; Whaler; 1826; Pico Azores; settled in San Francisco.

M. A. Silva; Editor; 1884; Madeira; Portuguese newspaper editor in Hilo, Hawaii.

Hattie Bence Silvia; Teacher; 1899; First woman teacher of Portuguese descent in Fall River.

João Dias Sollis; Navigator, Spain; 1500; Possible voyage to Central America and Brazil.

Matias de Sousa; Settler, emigrant; 1634; Arrived in Maryland, possibly of Jewish descent.

Mae de Sousa; Opera Singer; 1800; Daughter of John de Souza, descendant of Jacksonville pioneers.

John Philip de Sousa; Musician; 1800; Musician, *the March King*.

Antone S. Sylvia; Whaler; 1855; Born Azores, arrived in New Bedford, MA at 15, died a millionaire.

Antone Ferreira Tavares; House representative; 1898; Lawyer, politician.

Diogo de Teive; Navigator; 1452; Azores and possible voyage to West Indies.

Pedro Teixeira; Navigator; 1600; West Indies, Central America to India, discovered Tahiti in 1602.

Lucas Thomas; Politician; 1890; Elected to Hawaii territory's legislature.

Luis Vaz de Torres; Navigator; 1605; Discovered Torres Straits between Australia and New Guinea.

André de Vasconcelos; Explorer; 1540; With the Hernando de Soto expedition.

William Madison Wood; Textile industry; 1858; Son of Portuguese immigrants. Mills, Mansions and Mergers.

Portugueses que contribuíram de uma forma ou de outra para o Desenvolvimento da América e Canadá no século XX.

Com o objectivo de incutir na nova geração de Luso-descendentes um sentimento de orgulho pelos seus antepassados e da glória alcançada por estes, a PAHR Fundação iniciou uma base de dados com nomes de Portugueses, (ou cujos antepassados sejam Portugueses) e que tenham obtido reconhecimento público pelas respectivas comunidades desde o principio do Século XX. O nosso "web site" publicou os nomes abaixo indicados, todavia sabemos que este quadro não está completo, ou possivelmente alguns não mereçam a distinção dada.

Convidamos os leitores a enviarem nomes de pessoas notáveis, Portugueses ou que possam ser descendentes de portugueses e que possam ter contribuído, na América ou Canadá, nos campos da Política, Espectáculos, Educação, Ciência e Negócios, tendo obtido o reconhecimento público das respectivas comunidades.

Esta lista é provisória e está sujeita a alterações. Por favor, enviem os vossos comentários detalhados junto com os nomes, informando-nos se a sua inclusão é adequada ou não, inclusivamente em relação aos nomes já citados.

Todas as informações serão submetidas à consideração do nosso Conselho Consultivo. Aos jovens Luso-descendentes dos 8 aos 80, e cujos nomes não estão aqui incluidos a nossa mensagem:

Se os vossos não estão aqui incluidos e estes que estão, conseguiram ter sucesso, porque não tentarem também?

Luso-Descendentes que se distinguiram nos varios campos de actividade. Em ordem alfabetica pelo ultimo nome.

Canadá

Prof.Aida Baptista, PhD.
Tony Dionisio
John Elias
Carlos de Faria, MPP
Christine Ferreira
Prof. Ilda Januario M.Sc.
Manuela Marujo, Ph. D.
Nellie Pedro
Victor M.P. Rosa, Ph. D.
Mario Silva
Prof. Elvino Sousa,Ph.D.
John Sousa
Maria Teresa L. de Sousa
José C.Teixeira, Ph. D.

Ciencia e Medicina

Steve Abrantes
Dr. Roy Almeida
Joseph Amaral, MD,
John Andrews
Angelo Cardoso, Ph. D.
Vitor Cardoso
José Pacheco Correia
Burke Cunha, MD
Gregory Curt, MD
Antonio Damasio, MD
Sebastião Luiz Dias
Carlos Fernandes, MD
David Fernandes, MD
José dos S.Fernandes
Mathias Figueira, MD

Mario Gomes, MD
David Gouveia, M.D.
Abilio da Silva Greaves
Rogerio Lobo, MD
John C. Lobato
Joseph Loureiro, Ph. D.
Ruy V. Lourenço, MD
Ernest J. Moniz, Ph. D.
Paulo Pacheco, MD
David Pereira, MD
Stephen Pereira, MD
Ronald de Pinho, MD
Manuel V. dos Santos
Dr. Angelo T.Silva
Dr. Manuel L. Silva, MD
Milton A. Silveira, Eng.

Rui Soeiro, MD
Caesar Ventura
Dr. Jeffrey Vieira
Gilbert Vincent, Dentist

Comunicação Social

Xana Antunes
Maria João Baptista
Lionel Rocha Holmes
Vasco S. Jardim
Stuart Marques
Antonio Matinho
João Rocha
Meredith Vieira

Desporto

Billy Andrade
Wayne Fontes
Rockne Freitas
Kurt Gouveia
Tony Lema
Davey Lopes
Francisco Marcos
Billy Martin
Al Melo
Jim Mello
John Mota
Ticha Penicheiro
Pedro Pinto
Ephraim (Red) Rocha
Henrique Santos
Jose Luis Soares
Fernando V. Ferreira
Jose Violante
Bernie de Viveiros

Educação Superior

Dr. David Almeida
Onesimo Almeida, Ph.D.
Joe Alves

Laurinda Andrade
Antonio Jose Carvalho
Joaquim F. Coelho
Antonio José Costa
Francis A. Dutra
Antone Felix
José M. Figueiredo, Ed.D.
Maria F. Pereira, Ph.D.
Manuel C. Fontes Ph.D.
Florbela M. F. Gomes
Geoffrey L. Gomes
Larry Hanks
Antonio Ladeira, Ph.D.
Maria Rosa Menocal
David Pimentel, Ph.D.
Julio Ramos
Gregory Rocha, Ph. D.
Linda Rodrigues
Francis M Rogers, Ph.D.
João C.dos Santos, Ph.D.
Jorge de Sena
Catherine Silvia
Frank Sousa, Ph. D.
Mario Vieira, Ph. D
David John Viera, Ph.D.

Espectáculo

Abilio Oliveira Aguas
Joaquim de Almeida
Dennis Alves
Pat Amaral
Mary Astor, Actress
Carlos Avalon
Raul Benevides
Nuno Bettencourt
Brannon Braga
Mario Carvalho
Art Coelho
Steven Correia
Cindy Silva Costner
Edmund Dinis
Louise Fazenda

Richard Fernandes
Mario Gonçalves
Thomas (Tom) Hanks
Don Ho
Bobby Justin
Emeril Legasse
Francis Madeira
Vanessa Marcil
Fausto Mathias
Carlos de Mattos
Glenn Medeiros
Joe Medeiros
Rod de Medicis
John A. Mendes
Sam Mendes
Carmen Miranda
Susan Neves
Silvia Nevjinsky
Elmar Oliveira
Nathan Oliveira
John R. dos Passos
Harold Peary
Diana Pereira
Steve Perry
Artur Pizarro
Joe Raposo
Stephen Rebello
Gerardo Ribeiro
Carmelyn Rio-Borroz
Eugenio M. Rodrigues
Nicole dos Santos
Daniel Silva
Tom Silva
William Posey Silva
Hattie Bence Silvia
John Philip de Sousa
Steven de Sousa
Danielle Steel
George C. de Sylva
Henry da Sylva
Karen Valentine

Forças Armadas

Charles Braga
Lt. Colonel MarioCarmo
Lt.Col. John Constantino
Col. Ronald Cruz
James Francis Dias
Ralph Ellis Dias
Mary Ann Faias
Walter Goulart
Alberto S. Leonardo
Roger Machado
Brothers Moraes
Lt.Col. AntonioH.Rebelo
Americo Sardo
H. C. Hank Stackpole II

Governo

Antone Aguiar
Fred Aguiar
John Almeida,
Joseph S. Almeida
Ed Alves
Rosa Alves
Stephen. Alves
Augusto Amador
Annelle Claire Amaral
John Amaral
Curt Andre
Daniel Andrews
William Andrews
Ron Andrade
John M. Arruda
Mary-Jo-Avellar
Clarence Azevedo
William San Bento
Maria Beirão
William Augusto Borba
Lisa Gomes Boscola
Bruce Botelho
Joseph H. de Bragga
Anthony Brazil

Antonio F.D. Cabral
Steven A. Camara
Ben Vieira K Campbell
Benjamin Cardozo
Dennis Cardoza
Arthur A. Carrelas
Elmer de Carvalho
Romeo Cascaes
Raymond C. Coelho
Tony Coelho
Robert Correia
James Manuel Costa
Jim Costa
Michael Costa
Alberto Coutinho
E.H. Christian
Edward Cruz
Tina Cruz (Lawyer)
Arthur F. Desrocher
Eduardo Dias
Jacinto F. Diniz
John Dutra
W. Enos
Joseph L. Faria
Manuel Faria
Armand Fernandes, J.D.
Maria Fernandes
Mary L. Fonseca
Armando Fontoura
Joseph Fortes
Donald P. Freitas
Joseph Freitas, Jr. **
Brian Gomes
Shirley Gomes
Donald Gonçalves
Jane L. Gonsalves
Manuel R. Grova, Jr.
Tom Jardim
Dennis Lawrence
Helena S. Lawrence
Charlene Lima
Fana Lopes
Maria J. Lopes

Nelson Macedo
Michael John Machado
Valdemir Machado
Helen Mathieu
João G. Mattos, Jr.
James P. DeMattos,
Elio Melo
Henry Mello
John F. Melo
Aristide Soua Mendes
Isidro Meneses
Norman Mranda
Tony Monteiro
Paulo E. Moura
Joaquim Nobrega
John B. Nunes **
Manuel Caetano Pacheco
Marc R. Pacheco
Thomas Pacheco
M. Teresa Paiva
Anthony Perry
Victor Pinheiro
Antonio J. Pires
Richard Pombo
Daniel da Ponte
Philip Rivard-Raposo
Maria Reis
Julio F. Rocha
Michael Rodrigues
Antonio A. Rogers
Everett Rogers
George Rogers
Henry Rose
Lehua Fernandes Salling
Alberto Santos
Agostinho Saraiva
Anthony Silva
Manuel Vitorino da Silva
Custodio Silva, Jr.
Fernando Silva
Mario Silva
Milton Silva
William Silva

Frank M. Silvia
Anthony Soares
Robert Sousa
Joseph Sylvia
Cyrus Nils Tavares
Paul J. Tavares
Augusto C. Taveira
Nancy Teixeira
Joseph Theriaga
Patrick Andrade Toomey
Ernest C. Torres
Manuel Valerio
Joe Vas
John Vasconcellos
Adriano S. Veiga, MD
Jennifer Veiga
William Vieira
Carlton Viveiros

Literatura

José Brites
Adalino Cabral, Ph.D.
Eduardo M. Dias, Ph. D.
Katherine Vaz, P.h. D.

Negócios

Patrick M. de Barros
Mariano S. Bishop
Micahel Botelho
Bernardino Coutinho
Victor do Couto
Evaristo Cruz Sr.
John Henry Felix
Joseph Fernandes
Antonio Frias
Augusto Gomes
Manny Gomes
Teresa S.Ferreira Heinz
Maria Monet
Miguel Monteiro
Robert J. Morgado

William L. Pereira
Joseph Perry, Jr.
Manuel L. Ponte
Maria Isilda Ribeiro
Alfredo dos Santos
Antonio Leal da Silva
Maria Hortencia Silveira
Luis Tormenta
Manuel Viegas
Fred Vierra
William Madison Wood

Religião

Stephen Peter Alencastre
M.Rev.Tod David Brown
Mons. José Cacella
Marcelino Manuel Graça
Rev. William J. Levada
Humberto Medeiros

Universidades dos EUA

David Almeida, Ph. D.
Maria José Bolina Alves
Maria Laura Areias
Antonio José S.Carvalho
Nelson F. de Carvalho
Joaquim F. Coelho
Maria Duarte
José Manuel Faria
Manuel C.Fontes, Ph. D.
Florbela M.R. Gomes
Geoffrey L. Gomes
Antonio José C. Ladeira
Maria Rosa Menocal
Maria T. Machado Neves
Rita D. Marinho Ph. D
Maria F. Pereira, Ph.D.
Julio Ramos
Linda Rodrigues, Ph. D.
Ferreira Salgado
Carlos A.Veloso da Silva

João Camilo dos Santos
Ana C.C.Oliveira Sousa
Ronald Sousa

Este quadro é um projecto que ainda decorre e, por isso, não está completo. De qualquer forma, o leitor já pode ver o quadro em desenvolvimento com os nomes de pessoas notáveis descendentes de portugueses no site:
www. PortugueseFoundation.org.

E-mail os seus comentãrios para: portugal@dnet.net.

Esta Biografia é dividida em duas Secções

A primeira secção contém os nomes de livros publicados em ordem alfabética dos apelidos dos autores, seguida pelo nome do livro e outra informação da editora.

A segunda secção contém é dedicada a Jornais, Revistas e outros veículos de comunicação social. Está em ordem alfabética pelo nome dos Jornais, seguida pelo nome do autor e data da publicação.

* * *

Adams, James Truslow. *Dictionary of American History*. Vol. 3. Scribners, NY (ICGP 1141), 1940.

Afonso, John Correia. *Christian and Spices, The Portuguese in India*. Unesco Courier, Paris, France, April issue, 1989.

Aguiar, João. *A Voz dos Deuses (Memorias de Viriato)*. Perspectivas e Realidades, Lisboa, 1984.

Albornoz, Michael. *De Soto, Knight of the Americas*. Franklin Watts, NY, 1986.

Albuquerque, Luis de. *Alguns casos da India Portuguesa, D. João de Castro*. Alfa, Lisboa, 1989.

Albuquerque, Luis de. *The Courier and the Portuguese Voyages of Discovery*. Unesco, Paris, France, April issue, 1989.

Albuquerque, Luis de. *Dicionario de Historia dos Descobrimentos Portugueses*. Circulo de Leitores, Lisboa, 1994.

Albuquerque, Luis de. *Rutters of India of D. João de Castro*. Inapa, Lisboa, 1988.

Allen, W. C. *History of Halifax County*. Cornhill Co., Boston, 1918.

Almeida, Carlos de. *The Portuguese Immigrants*. União Portuguesa do Estado da California, 1992.

Amaral, Pat. *They Ploughed the Seas*. Valkyrie Press, Inc., 1978.

Anderson-Biggs, Grace M. David. *The Future we Inherit*. McClelland & Stewart, Secretary State of Canada, 1976.

Andrade, Francisco de. *Cronica do Imperador Clarimundo*. Vol. XI, F 89, Vol. III, Ch. 2- f25.

Armstrong, Zella. *Who Discovered America?* Lookout Publishing, Chattanooga, TN, 1950.

Aswell, James & others. *God Bless the Devil, Melungeon Tales*. UNC, Chapel Hill, 1944.

Baganha, Maria Ioannis Benis. *Portuguese Emigration to the United States (1820-1930)*. Garland Publishing, New York, 1990.

Baião, Antonio Blanco. *Historia da Expansão Portuguesa no Mundo, Vol. II*. Atica, Lisboa, 1939.

Bailey, Philip A. *Golden Mirages, Ramona Antonio Joseph, California Prospect*. Acoma, 1971.

Baird, Charles W. DD. *History of the Huguenot Emigration to America*. Dodd, Mead & Co. NY, 1907.

Ball, Bonnie Sage. *America's Mysterious Race*. Vol. XVI, May 64-67. Pick of the Month, 1944.

Ball, Bonnie Sage. *The Melungeons*. Historical Sketches by Historical Society of Southwest Virginia, No. 2, 1966.

Ball, Bonnie Sage. *The Melungeons*. The Overmountain Press, Johnson City, TN, 1969.

Ball, Bonnie Sage. *The Melungeons*. 5th edition 1975.

Ball, Bonnie Sage. *The Melungeons, Origin & Kin*. Author, 1969.

Ball, Bonnie Sage. *Mystery Men of the Mountains*. Negro Digest, 3, Jan 1945, 39-41.

Ball, Bonnie Sage. *Virginia's Mystery Race*. Virginia State Highway Bulletin 2, No. 6, Apr 1945, 2-3.

Ball, Bonnie Sage. *Who are the Melungeons?* Southern Literary Messenger, 3, No. 2 (June 1945), 5-7.

Bancroft, Hubert Howe. *The works of Hubert of...1882-1890, Vols. 18-21*. History Co., San Francisco. 1882.

Barbosa, Jorge Morais. *Lingua Portuguesa no Mundo*. Sociedade Geografia de Lisboa. 1968.

Barck, Oscar Theodore, Jr. *Colonial America*. MacMillan, NY. 1958.

Barr, Phyllis Cox. *The Melungeons of Newman's Ridge*. East Tennessee State University, 1965.

Barreira, Anibal. *Historia de Portugal*. Edições ASA, 1978.

Barreto, Luis Filipe. *Camões & the Portuguese Voyages*. The Courier, Unesco, Paris, France, April issue, 1989.

Barreto, Mascarenhas. *O Português Cristovão Columbo*. Edições Referendo, Lisboa, Portugal, 1988.

Barreto, Mascarenhas. *The Portuguese Columbus*. MacMillan Press London, England, 1992.

Bell, Aubrey F.G. *Damião de Gois, Um Humanista*. Imperio, Lisboa, 1942.

Bensaude. Joaquim. *Roteiro de Flandres e D. João II*. Sociedade Astoria, Lisboa, 1945.

Berkow, Robert. *The (Diagnosis and Therapy)*, Merck Manual, Merck Sharp, Rahway, NJ, 1982.

Berry, Brewton. *Almost White*. MacMillan, NY, 1963.

Bible, Jean Patterson. *The Melungeons Yesterday and Today*. Mountain Press, Signal Mountain, TN, 1975.

Biggs, Captain Walter. *Voyages and Travels, Vol. 33*. Drake's Voyages, Harvard Classics, 1910.

Blackmun, Ora. W. *North Carolina, Its Mountains, Its People to 1880*. Appalachian Consortium Press, Boone, NC, 1977.

Blue, Karen I. *The Lumbee Problem*. Cambridge U.P., NY, 1980.

Boland, Charles Michael. *They all discovered America*. Doubleday, NY, 1961.

Bolton, Herbert E. *The Colonization of North America*. Hafner Publishing Co., NY, 1971.

Bolton, Herbert E. *Spain's Title to Georgia*. Univ. of California Press, Berkeley, 1925.

Boorstin, Daniel J. *The Discoverers*. Vintage, Random House, N.Y., 1985.

Bourne, Edward Gaylord. *Narratives Hernando de Soto*. Rodrigo Rangel, Biedma, Allerton Book Co., NY, 1922.

Bourne, Edward Gaylord. *The Northmen, Columbus and Cabot*. Barnes & Noble, 1959.

Boxer, Charles Ralph. *From Lisbon to Goa*. Variourum Reprints, London, 1984.

Boxer, Charles Ralph. *The Portuguese Seaborne Empire*. Alfred A Knopf, NY, 1969.

Boxer, Charles Ralph. *The Tragic History of the Sea*. The Hakluyt Society, 1967.

Braswell, Peggy Jo Cobb. *The Roanoke Canal*. Halifax County, 1958.

Braudel, Fernand. *The Mediterranean World...*. Harper & Row, NY, 1972.

Braudel, Fernand. *The Structures of Everyday Life*. Harper & Row, NY, 1975.

Brazão, Eduardo. *Descobrimentos Portugueses nas Historias do Canada*. Agencia Geral do Ultramar, Lisboa, 1969.

Brazão, Eduardo. *Os Cortes Reais e o Novo Mundo*. Agencia Geral do Ultramar, Lisboa, 1965.

Brebner, John B. *Explorers of North America 1492/1806*. MacMillan New York, 1933.

Brickell, M.D., John. *The Natural History of North Carolina*. Johnson Publishing Co., Murfreesboro, NC.

Brito, Bernardo Gomes & Peres, Damião. *Historia Tragico-Maritima, Vol. I*. Editora do Minho, Barcelos, Portugal, 1942.

Bromwell, William J. *History of Immigration to the U.S.* Arno, NY, 1969.

Brown, Alexander. *Genesis of the United States, Vol. I, p. 337*. Russel & Russel, NY, 1964.

Burks, Jacqueline Daniel, *Treatment of the Melungeons in Gen. Literature...*. Tennessee Tech, Masters Thesis, 1972.

Burns, Edward McNall. *World Civilizations*. W. W. Norton & Co., 1955.

Cabral Ph.D., Adalino. *Portinglês*. 4 volumes, Univ. Microfilms Internat'l, Ann Arbor, MI, 1985.

Callahan, North. *Melungeons in Smoky Mountain Country*. Little Brown & Co. Boston, 1952.

Cambiaire Ph.D., Celestine Pierre. *W.V. Mountain Ballads, Last American Pioneer Stand*, London, Mitre Press, 1935.

Camões, Luis Vaz de. *Os Lusiadas*. Imprensa Nacional, Lisboa, 1970.

Canfield, Jack. *Chicken Soup for the Soul* (Mark Victor Hansen), Health Communications, Inc., 1995.

Canto, Ernesto do. *Centenario da Descoberta da America*. Tipografia Ponta Delgada, Açores, 1892.

Capelli, Adriano. *Dizionario de abbreviature latin ed italiane*. Milano 1912.

Cardozo, Manuel da Silveira. *Portuguese in America 590 BC–1974 Chronology*. Oceana Publications, Dobbs Ferry, NY, 1976.

Carvalho, Agostinho de. *Portugueses na India.* Tipografia Rangel, India Portuguesa, 1943.

Carvalho, Antonio Faustino de. *Côa Valley, Rock Art and Prehistory.* Ministerio da Cultura, Lisboa, 1996.

Castanheda, Fernão Lopes de. *Historia Descobrimento Conquista India.* (M.L. Almeida), Lello & Irmão, Porto, 2 Vols. (1979), 1551.

Chagas, Manuel Pinheiro. *Portugueses em Africa, Asia, America e Oceania.* Liv. A.M. Pereira, Lisboa, 1879.

Charnwood, Lord. *Abraham Lincoln.* Pocket Books, Cardinal, 1954.

Christovich, Mary Louise. *New Orleans Architecture.* Pelican Publishing Co., LA, 1989.

Clough & Others, Sheppard B. & Others. *Ancient Times to 1715, A History of the Western World.* D.C. Heath and Company, Boston, 1964.

Cohen, Martin A. *Sephardim in the Americas* (Abraham J. Peck). University of Alabama Press, 1993.

Colaço, Dr. J. A. *St. Francisco Xavier—his life and times.* Internet: jcolaco@bahamas.net. 1996.

Coleman, Kenneth. *Founding a Colony—Colonial Georgia: A History.* University of Georgia Press, Athens, GA.

Coleman, Kenneth & Burr, Charles Stephen. *Dictionary of Georgia Biography.* UNC, Chapel Hill, 1928.

Cool, Linda E. *Lá Muito Longe Para Alem do Mar.* Angra do Heroismo, Açores, 1994.

Coppee, Henry, *History of the Conquest of Spain by...Moors.* Little Brown & Co., Vol. 2, 1881.

Cortesão, Armando. *Cartografia e Cartografos Portugueses, Vol. I.* Seara Nova, Lisboa, 1935.

Cortesão, Armando. *Historia da Cartografia Portuguesa, Vol. I, II.* Junta de Investigações do Ultramar, Lisboa, 1969.

Cortesão, Armando & Mota, Avelino. *Portugaliae Monumenta Cartographica.* Seara Nova, Lisboa, 1960.

Cortesão, Jaime. *Os Descobrimentos Portugueses (2 Vol.).* Arcadia, Portugal, 1958.

Cortesão, Jaime. *Os Portugueses no Descobrimento dos E.U.* Seara Nova, Lisboa, 1949.

Cortesão, Jaime. *Viagem de Diogo de Teive e Pero Vasquez....* Imprensa da Armada, Lisboa, 1933.

Coutinho, Almirante Gago. *Onde teria invernado Gomes de Sequeira em 1525.* Sociedade de Geografia, Seie 58-1/2, Lisboa, 1940.

Crocket, W. David. *Archaeological Anomalies.* Crocket, 1994, Anudsen Publishing Company, Decorah, IA, 1994.

Crow, Escott, Jeffrey J. (Hatley). *African Americans in North Carolina.* N.C. Dept. of Cultural Resources, 1992.

Cumming, William P. *The Discoveries of John Lederer.* U of Virginia Press, Charlottesville, VA, 1958.

Cunha, MªCristina & Fonseca, Luis Adão. *Tratado de Tordesilhas, Diplomacia Luso-Castelhana.* Inapa, Lisboa, 1991.

Dalgado, Sebastião Rodolfo. *Glossario Luso-Asiatico.* Imprensa da Universidade, Coimbra, 1919.

D'Andrada, Francisco. *Cronica D. João III, Cap. 51-f400,* 1786.

Dayton, Ruth Woods. *Greenbriar Pioneers and their homes.* West Virginia Publishing, 1942.

Denton, Gilian, *History of the World.* Dorling Kindersley, 1994.

Dias, Eduardo Mayone. *Coisas da Lusalandia.* Instituo Português Ensino, 1981.

Diez, Mª del Carmen Galbis. *Catalogo de Passageros a Indias.* Archivo General de Indias, Sevilla, 1986.

Dimont, Max I. *The Jews in America.* Simon & Schuster, NY, 1980.

Domingues, Mario. *Camões a sua vida e a sua época.* Romano Torres, 1980.

Domingues, Mario. *Cardeal D. Henrique, o homem, o monarca.* Romano Torres, 1964.

Domingues, Mario. *Infante D. Henrique e sua época.* Romano Torres, 2ª edição, 1957.

Domingues, Mario. *João III, D. e sua época*. Romano Torres, 1960.
Domingues, Mario. *Manuel I, D. e a Epopeia dos Descobrimentos*. Romano Torres,1971.
Donald, David Herbert. *Abraham Lincoln*. Simon & Schuster, 1995.
Dor-Ner, Zvi. *Columbus and the age of discovery*. William Morrow and Co., NY, 1991.
Duncan, David Ewing. *Hernando de Soto*. Crown Publishers, NY, 1995.
Durant, John & Alice. *Presidents of the United States (Andrew Johnson)*. Gaché Publishing, NY, 1970.
Dutra, Ramiro Carvalho. *Tecnologia de Alimentos no ano 2000*. Inst. Univ. de Trás-os-Montes, 1979.
Dyson, John. *Columbus, for Gold, God and Glory*. Simon & Schuster, NY, 1991.
Elder, Pat Spurlock. *The Melungeons: Examining*. Continuity Press, Tennessee, 1999.
Entwistle, W. J. *The Spanish, Portuguese, Catalan and Basque Language*. Faber and Faber, London England, 1951.
Estabrook, Arthur Howard & Ivan E./McDougle. *Mongrel Virginians*. Williams and Williams, Baltimore, 1926.
Ewen, Charles R. *The Archaeology of Spanish Colonialism in SE United States....* Society for Historical Archaeology, 1990.
Falcão, Luis de Figueiredo. *Livro de toda a Fazenda dos Reinos de Portugal*. Imprensa Nacional (Original 1607), 1859.
Felix, John Henry. *The Portuguese in Hawaii*. Peter F. Senecal, Honolulu, Author's edition, 1978.
Fell, Barry. *America B. C., Ancient Settlers*. Demeter Press Book, 1977.
Fernandes, Alvaro. *Gentleman of Elvas, Hernando de Soto Travels*. Florida Historical Society, 1933.
Ferreira, Ana Maria Pereira. *Essencial sobre o Corso e a Pirataria*. Universidade Nova, Lisbon, 1986.
Ferreira, Ana Maria Pereira. *Importação e o Comercio Têxtil...1385-1481*. Universidade Nova, Lisbon, 1986.
Ferreira, Ana Maria Pereira. *Problemas Maritimos entre Portugal e França, Sec. XVI*. Imprensa Nacional, Lisboa, 1983.
Ferreira, Seomara da Veiga. *Cronica esquecida d'el Rei d. João II*. Imp. Universitaria, Edit. Estampa, 1984.
Figueiredo, Fidelino de Sousa. *A Épica Portuguesa no Século XVI*. Imprensa Nacional, Lisboa (1987), 1950.
Figueiredo, Fidelino de Sousa. *Estudos de Historia Americana*. Melhoramentos de S. Paulo, S. Paulo, Brasil, 1927.
Figueiredo, José de. *Época dos Descobrimentos*. Exposição Cultural em Sevilha, Catalogo, 1929.
Fletcher, Richard. *Moorish Spain*. Henry Holt, NY, 1992.
Flores, Joaquim/José. *Ourem, Três Contributos para a sua Historia*. Câmara Municipal de Ourem, 1994.
Flores, Maria da Conceição. *Portugueses e o Sião, seculo XVI*. Universidade Nova, Lisbon, 1991.
Fonseca, Isabel. *Bury Me Standing, The Gypsies and Their Journey*. Random, Vintage, 1996.
Fonseca, Luis Adão. *Tratado de Tordesilhas*. Inapa, Lisboa, 1991.
Fontes, Manuel da Costa. *Anti-Christian Jewish Ballad*. University of California Press, 1994.
Fontes, Manuel da Costa. *Sacrificio de Isaac, Portuguese Oral Tradition*. Journal of Folklore Research, Vol. 31-1-3, 1994.
Fontes, Manuel da Costa. *Study of the Ballad*. Folklore Institute, Indiana University, 1994.
Forsyth, William B. *The Wolf from Scotland*. Anchor Press, Essex, UK 1998.
Frazier, Charles. *Cold Mountain*. Atlantic Monthly Press, NY, 1997.
Freijeiro, Antonio Blanco. *Historia de España*. Historia 16, Informacion, 1986.

French, Laurence & Hornbuckle, Jim. *The Cherokee Perspective*. Appalachian C. Press, Boone, NC, 1981.

Freyre, Gilberto & Putnam, Samuel. *The Master and the Slaves*, (Translation). University of California Press, 1986.

Frutuoso, Gaspar. *Saudades da Terra (Livro 4, Vol. 1, Livro 2)*. Inst. Cultural Ponta Delgada, Azores, 1991.

Frutuoso, Gaspar & Azevedo, Alvaro Rodrigues. *Saudades da Terra, Historia das Ilhas*.... Typ. Funchalense, Funchal, Madeira, 1873.

Funk & Wagnalls. *New Standard Dictionary of the English Language*. Dr. Isaac K. Funk, NY, 1913.

Fuson, Robert H. *The log of Christopher Columbus*. International Marine, Camden, 1992.

Gerber, Jane S. *Jews of Spain, The Sephardic experience*. Free Press, NY, 1992.

Gilbert Jr., William Harlen. *Eastern Cherokees*. AMS, NY, 1978.

Gilbert Jr., William Harlen. *Peoples of India*. Smithsonian, Washington DC, 1944.

Gildemeister, Henrique Eugene. *Local Complexities of Race in the Rural South Carolina*. State University of New York College at Purchase, 1977.

Godinho, Vitorino Magalhães. *Os Descobrimentos e a Economia Mundial Vol. II*. Arcadia, Lx, 1965.

Goertz, Richard. *João Alvares Fagundes, Capitão de Terra Nova, 1521*. Canadian Ethnic Studies Vol. XXXIII, No. 2, 1991.

Goins, Jack. *Melungeons: And other Pioneer Families*. Author jgoins@usit.net, 2000.

Gonçalves, Julio. *Portugueses e o mar das Indias*. Livraria Luso-Espanhola, 1947.

Gowan, Walter. *New Orleans, Yesterday and Today*. LA Univ. Press, 1983.

Graham, Gerald S. *The British Empire*. Thames and Hudson, 1972.

Gregorie, Anne King. *History of Sumter County, SC*. Library Board, 1954.

Griffiths, Arthur. *In Spanish Prisons: Persecution and Punishment*. Dorset Press, NY, 1991.

Grohse, William Paul papers. (Microfilm #501), Tennessee State Library and Archives. *Melungeon family data collected prior to 1989.*

Grove, Noel. *Atlas of the World History by National Geographic Society.* 1997.

Guill Ph.D., James H. *Azores Islands, A History*. Golden Shield Inc., 1993.

Hale, William T. & Merritt, Dixon L. *History of Tennessee and Tennesseans Vol. 1*. Lewis Publishing Co. Chicago, NY, 1913.

Haun, Mildred. *The Hawk's Done Gone, The (Melungeon Colored)*. Vanderbilt Univ. Press, 1968.

Hawke, David. *Colonial Experience*. Bobs Merrill, NY, 1966.

Herculano, Alexandre. *Historia Origem, Estabelecimento Inquisição, Portugal*. Circulo de Leitores, Lisboa, 1982.

Herrera y Tordesillas, Antonio. *Historia General de los Hechos de los Castellanos en las Islas y Tierra Firme del Mar Oceano*. (Madrid 1615), Decada 7, libro 5, capitulo 3.

Higgs, David & Anderson, Grace M. *The Future we Inherit*. McClelland & Stewart, Secretary State of Canada, 1976.

Hodge, Frederick Webb. *Handbook of the American Indian*. 2 Vol., Greenwood Press, 1971.

Hoffman, Paul E. *A New Andalucia and way to the Orient*. Louisiana State Univ. Baton Rouge, 1990.

Hoffman, Paul E. *Spain and Roanoke Voyages*. NC Cultural Dept., Raleigh, 1987.

Hollingsworth, Jess Gentry. *History of Surry County, NC*. W. H. Fisher Co. (Private Printing), 1935.

Hourani, Albert. *History of the Arab people*. Warner Books, 1992.

Hroch/Skybova, Miroslav/Anna. *Ecclesia Militans: The Inquisition*. Dorset Press, NY, 1991.

Hudson, Charles. *The Forgotten Centuries*. Georgia University Press, 1994.

Hudson, Charles M. *The Juan Pardo Expeditions, 1566-1568*. Smithsonian Press, 1990.

Huhner, Leon. *Jews in America in Colonial...Revolutionary....* Gertzs Brothers, 1959.
Huhner, Leon. *The Jews of Newport.* Gertzs Brothers, 1959.
Huhner, Leon. *The Jews of South Carolina.* Gertzs Brothers, 1959.
Huyghe, Patrick. *Columbus was last.* Hyperion, New York, 1992.
Irwin, John Rice. *Portrait of a Pioneer, Alex Stewart.* Schiffer Publishing, West Chester, PA, 1985.
Ivey, Saundra Keyes. *Oral, Printed...Popular Culture, Tradition of the Melungeons.* University Micro Films, Michigan 48106, 1976.
Iyas, Ibn (Mamluk, Egypt). *Rivalry in the Red Sea, Portugal's impact.* Unesco, Courier, Paris, April 1989.
Jackson, Harvey H. & Spalding, Phinizy. *Forty Years of Diversity Essays on Colonial Georgia.* University of Georgia Press, Athens, GA.
Janeira, Armando Martins. *Portugueses no Japão.* Publicações Dom Quixote, Lisboa, 1988.
Johnson, Charles A. *Wise County VA.* Overmountain Press, 1938.
Johnson, Allen & Malone, Dumas. *Dictionary of American Biography.* Vol. 3, 190-191, 396-397; Vol. 5, pp. 24-25; Vol. 17, pp. 407-408, Scribners, 1959.
Johnson, Ruth. *My Melungeon Heritage.* The Overmountain Press, Johnson City, TN 1997.
Jones, Hugh. *The Present State of Virginia.* VA Historical Society, UNC Press, Chapel Hill, 1975.
Jordan, Vern. *The Melungeons Peoples, (Cherokee Country).* Moccasin telegraph Network, 1996.
Kayserling, Meyer. *Historia dos Judeus em Portugal* (Trad. G. B. C. Silva). Livraria Pioneira, São Paulo, Brazil (1971), 1867.
Kegley, F. B. *Virginia Frontier.* SW Virginia Historical Society, Roanoke VA, 1938.
Kennedy, N. Brent. *The Melungeons, The Resurrection of a Proud People.* Mercer Univ. Press, 1994.
Kinross, Lord Patrick Balfour. *The Ottoman Centuries, Rise and Fall.* Morrow Quill Paperbacks, NY, 1977.
Langdon, Barbara Tracy. *The Melungeons, Bibliography.* Dogwood Press, 1998.
Lawson, John & Lefler, Hugh Talmage. *A New Voyage to Carolina, or History of Carolina.* University of NC Press, 1984.
Levenson, Jay A. *Circa 1492.* National Gallery of Art, Yale U. Press, 1991.
Levinger, Ph.D., Rabbi Lee J. *History of the Jews in the United States.* Union of American Hebrew Congregations, 1961.
Lewis, Charles Lee. *David Glasgow Farragut, Vol. I, II.* United States Naval Institute, 1943.
Lewis, Clifford M. & Loomis, Albert. *Spanish Jesuit Mission in Virginia.* U. of NC Press, 1953.
Lewis, Theodore & Hodge, Frederick. *Spanish Explorers of the Southern United States, 1528-1543.* Barnes & Noble, NY, 1959.
Ley, Charles David. *Portuguese Voyages.* J. M. Dent & Sons Ltd. London, 1953.
Lobban, Richard. *Jews in Cape Verde and on the Guinea Coast.* University of Massachusetts, Dartmouth, 1996.
Lopez, Juan Perez. *El Cid, El distierro.* Burgos, Spain, 1979.
Lourenço, Eduardo. *From National Epic to Universal Myth.* Unesco, Courier, Paris, April, 1989.
Lucena, João de. *Historia da Vida do Padre Francisco de Xavier.* Alfa, Lisboa, 1989.
Lyon, Eugene. *The Enterprise of Florida.* University of Florida, Gainesville, 1976.
Machado, José Pedro. *Grande Dicionario da Lingua Portuguesa.* Amigos do Livro Editores, Portugal, 1981.
Machado, José Pedro, *Dicionario Etimologico da Lingua Portuguesa*, Vol. 4, M-P, 3rd. Ed. Livros Horizonte, p. 18.
Mahan, Alfred Thayer. *Admiral Farragut.* Haskell House, NY, 1968.
Manucy, Albert C. *Calendar of the N. C. Spanish Records, 1566-1570.* N. C. State Archives, 1946.

Marcus, Jacob Rader. *The Colonial American Jew, 1492-1776*. Wayne State University, 1970.
Marcus, Jacob Rader. *Early American Jewry, The Jews of NY.* Lopes-Rivera. Jewish Publications Soc. Phil., 2 Vols., 1951.
Markham, Clements R. *The Annals of America (1878 pp. 8-64).* Encyclopaedia Britannica, Vol. 1, 1976.
Marques, A. H. de Oliveira. *Historia de Portugal, Vol. I, II, & III.* Palas Editores, Lisboa, 1982.
Marques, A. H. de Oliveira. *History of Portugal, Vol. I & II.* Columbia University Press, 1972.
Marques, Alfredo Pinheiro. *Guia da Historia dos Descobrimentos.* Bib. Nacional de Lisboa, 1988.
Marques, Alfredo Pinheiro. *Japan in early Portuguese maps.* Unesco, Paris, France, April, 1989.
Marques, Alfredo Pinheiro. *Portugal and the Discovery of the Atlantic.* Imprensa Nacional, 1990.
Martins, Oliveira. *Fomento Rural e Emigração,* 3rd edition. Guimarães Editores, 1994.
Martins, Oliveira. *Historia da Civilização Iberica,* 11th edition. Guimarães Editores, 1994.
Martins, Oliveira. *Historia de Portugal,* 15th edition. Guimarães Editores, 1968.
Martins, Oliveira. *Portugal nos Mares,* Vol. I, 3rd edition; Vol. II, 2nd ed. Guimarães Editores, 1994.
Mason, A. E. W. *The Life of Francis Drake.* Hodge and Stoughton Ltd., 1950.
Matar, Matar. *Turks—Moors & Englishman.* Columbia University, 1999.
Mathews, Warren. *Abraham Was Their Father.* Mercer University Press, 1981.
Matos, Artur Teodoro de. *Na Rota das Indias.* Missão de Macau, 1994.
Mattoso, José. *Historia de Portugal,* 8 Vols. Editorial Estampa, Portugal, 1994.
Maxwell, Hu. *History of Barvour County, West VA Guineas.* McClain Printing Co. Parson, WV, 1968.
Mayer, Henrietta Mello. *Silva Descendants: Portuguese Genealogy.* Stonington, CT, 1978.
McCary, Ben. *Indians of the 17th century Virginia.* University of VA Press, Charlottesville, 1990.
McEvedy, Colin. *Atlas Historico-Geografico.* Difel, Lisboa, 1984.
McGlothlen, Mike. *Melungeons and other Mestee groups.* Author, Gainesville, Florida, 1994.
McLeRoy, Sherrie/William R. *Strangers in their midst, Free Blacks of Amherst Cty.,* VA. Heritage Books, MD 20716, 1993.
McRae, Barbara. *Know Your County.* Franklin Press, NC, 1985.
Mehdi, Beverlee Turner. *Arabs in America.* Oceana Publications, NY, 1978.
Melvin, Richard. *New Thoughts on the DeSoto Expedition in Georgia.* Author, 1978.
Mertz, Henriette. *Atlantis, Dwelling Place of the Gods.* Henriette Mertz, Chicago, 1976.
Messick, Mary Ann. *History of Baxter County.* Mountain Home C. C., 1973.
Midelfort, H. C. Erik. *Witch Hunting in Southwestern Germany, 1562-1684.* Stanford Un. Press, 1972.
Miers, Earl Schenk. *American Story.* Channel Press, Great Neck, NY, 1956.
Miller, Russel. *The East Indiamen.* Time-Life Books, Alexandria, Virginia, 1980.
Milling, Chapman, J. *Red Carolinians.* UNC, Chapel Hill, 1940.
Mira, Manuel. *Melungeons and the Forgottten Portuguese.* PAHRF, Inc., 1995.
Monteiro, Saturnino. *Batalhas e Combates da Marinha Portuguesa.* Vol. 1/5. Sá da Costa, Lx, 1990.
Monumenta Henricina, Vol. XI, pp. 235, 236 and Vol. IX, p. 145. Coimbra, 1970.
Moon, William Arthur. *Peter Francisco, The Portuguese Patriot.* Colonial Publishers, 1980.
Mooney, James (George Ellison). *History, Myths and Sacred Formulas of the Cherokees.* Bright Mountain Books, Asheville NC, 1992.

Moquin, Wayne. *Makers of America: The First comers, 1536-1800*. Ed Wayne Moquin, 1971.

Moreira, Antonio Joaquim. *Sentenças da Inquisição em Lisboa, Evora e Coimbra*. Imprensa Nacional, Lisboa, 1980.

Moreira, Rafael de Faria D. *Portuguese Art in the Maritime Era*. Unesco, Courier, Paris, April 1989.

Morison, Samuel Eliot. *Admiral of the Ocean Sea*. Little, Brown and Company, 1942.

Morison, Samuel Eliot. *European Discovery of North America*. Oxford Univ. Press, NY, 1971.

Morison, Samuel Eliot. *Journals & other documents, Columbus*. Heritage, NY, 1963.

Morison, Samuel Eliot. *The Oxford History of the American People*. Oxford Univ. Press, NY, 1965.

Morison, Samuel Eliot. *Portuguese Voyages to America, 15th Century*. Octagon Books, NY, 1965.

Morris, Richard B. *Encyclopedia of American History*. Harper & Row, NY, 1961.

Moura, Vasco da Graça. *Luis de Camões, the eventual life and times*. Unesco. The Courier, Japan in early Portuguese maps, April 1989.

Natella, Jr., Arthur A. *The Spanish America 1513-1974 Chronology*. Oceana Publications, NY, 1975.

Neto, Serafim da Silva. *Historia da Lingua Portuguesa*. Presença, Rio de Janeiro, 1979.

Nichols, Philip. *Sir Francis Drake Revived*. Harvard Classics, Vol. 33, 1910.

Nugent, Nell Marion. *Cavaliers and Pioneers*. Genealogical Publishing Co., Baltimore, 1983.

Nunes, E. Borges. *Abreviaturas Paleograficas Portuguesas*. Faculdade de Letras de Lisboa, 1981.

Nunes, E. Borges. *Paleografia Portuguesa, Album*. Faculdade de Letras de Lisboa, 1981.

Nunn, Louise. *Thesis-Comparison of two Indian Groups in North Carolina*. Columbia University, 1933.

Offutt, Chris. *Melungeons from Story*. Suffolk, Ma, 1996.

Oliveira, João Brás de. *Os Navios de Vasco da Gama*. Agencia Geral do Ultramar, Imp. Nac., 1971.

Oliveira, Jorge de. *Paisagens Arqueologicas de Évora*. Camara Municipal de Évora, 1997.

Pap, Leo. *Portuguese Americans*. Portuguese Continental Union, 1981.

Pap, Leo. *The Portuguese in the United States: A Bibliography*. Center for Migration Studies, 1976.

Pardo, João. *Index da Chancelaria de D. João III*. Proprios. L 51, F 82v, 132, 132v—L3, F74v—L12, F74, 1523.

Pardo, Juan. *Archivos General de Indias, Juan La Bandera*. NC State Archives NC 2-31 AI148-2-8, T. 17, 1567.

Paredes, James Anthony. *Indians of the Southeast late 20th Century*. University of Alabama Press, 1992.

Paredes, James Anthony. *Social and Cultural Identity, Eastern Creek....* Southern Anthropological Society, UGA, 1974.

Parkman, Francis. *Pioneers of France in the New World*. S. J. Parkhill & Co., Boston, 1865.

Passos, Carlos de. *Navegação Portuguesa dos Séculos XV e XVI*. Imprensa da Univ., Coimbra, 1917.

Patterson, Rev. George. *Portuguese in North America*. Montreal, 1891.

Perdue, Theda. *Native Carolinians, The Indians of North Carolina*. NC Dept. of Cultural Resources, 1985.

Pereira, A. B. de Bragança. *Portugueses em Diu*. Bastora, India, Tip. Rangel, 1938.

Pereira, Duarte Pacheco. *Esmeraldo de situ orbis, livro I, Capitulo II*. Academia Portuguesa da Historia, Lisboa, 1988.

Peres, Damião. *Historia dos Descobrimentos Portugueses*. Vertente, Porto, 1981.

Peres, Damião. *Historia de Portugal, Vol. III*. Portucalense Editora, 1931.

Pericão, Maria da Graça. *O Descobrimento da Florida*. Alfa, Lisboa, 1989.

Phillips, William D. *The Worlds of Christopher Columbus.* Cambridge Univ. Press, NY, 1992.
Pidal, Ramon Menendez. *Historia de España, Tomo XVIII.* España: Calpe, Madrid, 1966.
Pina, Rui de. *Chronica d'El Rey D. João II* (M. Lopes de Almeida). Lello & Irmão, Porto (1977), 1497.
Pinto, Fernão Mendes. *Peregrinação, Vol. 1.* Imprensa Nacional, Lisboa (1988), 1614.
Pinto, Fernão Mendes & Águas, Neves. *Peregrinação, Vol. 1.* Europa-America, 1989.
Pinto, João Rocha. *Houve Diarios de Bordo...séculos XV e XVI.* Inst. Invest. Cientifica Tropical, Lisboa, 1988.
Powell, William S. *The North Carolina Gazetteer.* University of NC, Chapel Hill, 1968.
Prestage, Edgar. *Descobridores Portugueses.* Edições Gama, Portugal, 1943.
Prestage, Edgar. *Viagens Portuguesas de Descobrimento.* Livraria Portugalia, 1940.
Pretty, Francis. *Sir Francis Drake's Famous Voyage Round the World.* Harvard Classics, Vol. 33, 1910.
Price, Jr., Edward Thomas. *Geographic Analysis of White-Negro-Indian Racial Mix....* Los Angeles State College, 1953.
Price, Jr., Edward Thomas. *Melungeons, Mix Blood Strain of the S. Appalachians.* Doctoral dissertation at University of California, 1950.
Price, Henry R. *Melungeons, The Vanishing Colony of Newman's Ridge.* Hancock County Drama Association, 1971.
Quinn, David Beers. *The First Colonists, Doc. the First English Settlements.* NC Dept. of Cultural Resources, 1982.
Quinn, David Beers. *Newfoundland from Fishery to Colony.* Arno Press, NY, 1979.
Quinn, David Beers. *North America Discovery, 1000-1612.* Univ. of South Carolina Press, 1971.
Quinn, David Beers. *The Roanoke Voyages* (2 Volumes). Dover Publications, New York, 1991.
Quinn, David Beers. *Set Fair for Roanoke.* UNC Press, Chapel Hill and London, 1985.
Ramsey, J. G. M. *Annals of Tennessee, end 18th century.* Walker and James, Charleston, 1853.
Rangel, Rodrigo. *Hernando de Soto, narratives by B. Smith, E. Bourne.* Allerton Books, NY, 1936.
Read, Jan. *The Moors in Spain and Portugal.* Rowman & Littlefield, Totowa NJ, 1974.
Reparaz, Gonçalo de. *Portugueses no Vice-reinado do Peru, XVI/XVII.* Inst. Alta Cultura, 1976.
Ribeiro, Antonio Silva. *Colombo em Portugal.* Marinha Portuguesa, Lisboa, 1992.
Rice, Horace Richard. *The Buffalo Ridge Cherokee.* Bowie, MD, 1995.
Richardson, W. A. R. *Portuguese Discovery of Australia.* National Library of Australia, Albury, NSW, 1989.
Rights, Douglas L. *American Indian in NC.* John F. Blair, 1957.
Ritchie, Jean. *Singing Family of the Cumberlands.* University of Kentucky Press, 1988.
Roberts, J. M. *The Pelican History of the World.* Penguin Books, NY, 1987.
Roddy, Edward G. *Mills, Mansions and Mergers, William M. Wood, 1858.* Merrimack Valley Textile Museum, 1982.
Rodrigues, Antonio Simões. *Historia de Portugal em Datas.* Circulo de Leitores, 1994.
Rogers, F. M. *Portuguese Americans, Harvard Encyclopedia of Ethnic Groups.* Cambridge, MA, 1980.
Rogers, Francis Millet. *Americans of Portuguese Descent.* Sage Pub. Beverly Hills, CA, 1974.
Roth, Cecil A. *History of the Marranos.* Hermon Press, NY, 1974.
Rountree, Helen C. *Pocahontas people, Powatans Indians of Virginia.* University of Oklahoma Press, 1990.
Rountree, Helen C. *Young Pocahontas in the Indian World.* University of Oklahoma Press, 1995.
Russell, Peter. *The English Intervention in Spain and Portugal.* Oxford at the Clarendon Press, 1955.

Russel-Wood, A. J. R. *Men under stress,social environment carreira da India.* Inst. Investigação Cientifica, Lisboa, 1985.
Russel-Wood, A. J. R. *World on the Move, the Portuguese in Africa.* Carcanet Press Ltd., 1992.
Sachar, Howard. *Farewell España.* Knopf, NY, 1994.
Sale, Kirkpatrick. *Columbus, Conquest of Paradise.* Random House, 1990.
Salley, Jr. Alexander S. *Narratives of Early Carolina.* Charles Scribner's sons, 1911.
Sams, Conway Whittle. *Conquest of Virginia, First attempt (1584 Exped.).* Keyser-Doherty Norfolk, VA, 1924.
Sandburg, Carl. *Abraham Lincoln, the Prairie Years, Vols. I & II.* Harcourt Brace Jovanovich, Inc, 1970.
Sandburg, Carl. *Abraham Lincoln, the Prairie Years and the War Years.* Harcourt Brace Jovanovich, Inc, 1970.
Sandoval, John S. *Mt. Eden cradle Salt Industry in California.* Mt. Eden Historical Publishers, 1988.
Santos, Fernando dos. *The Portuguese in Hawaii.* Luso-Americano Newspaper, Newark, N. J. 07105, 1996.
Santos, José de Almeida. *As Berlengas e os Piratas.* Academia de Marinha, 1994.
Santos, Robert L. *Azoreans to California.* Alley Cass Publications, Denair CA, 1966.
Saraiva, Antonio José. *Inquisição e Cristãos-Novos,* 5ª edição. Lisbon, Estampa, 1985.
Saraiva, José Hermano. *Historia Concisa de Portugal.* Publicações Europa-America, 1981.
Sauer, Carl Ortwin. *Sixteenth Century North-America.* Univ. of California Press, LA, CA, 1971.
Serjeant, Robert Bertram. *The Portuguese off the South Arabian Coast.* Oxford at the Clarndon Press, 1963.
Serrão, Joaquim Verissimo. *Historia de Portugal, Vol. III .* Verbo, 1978.
Serrão, Joel. *Cronologia geral da Historia de Portugal.* Horizonte, 1973.
Shillington, V. M. (A. B. W. Chapman). *The Commercial Relations of England and Portugal.* Burt Franklin, NY (A. B. Wallis Chapman), 1976.
Silva, Antonio de Morais e. *Grande Dicionario da Lingua Portuguesa, Vol. VI.* Confluência Editora, Portugal, 1954.
Silva, Dr. Manuel Luciano da. *Christopher Columbus name and the Pope.* Author, 1994.
Silva, Dr. Manuel Luciano da. *Columbus was 100% Portuguese.* Author, 1989.
Silva, Dr. Manuel Luciano da. *Os Pioneiros Portugueses e a Pedra de Dighton.* Brasilia Edit., 1974.
Silva, Dr. Manuel Luciano da. *Portuguese Pilgrims and Dighton Rock.* Nelson D. Martins, Bristol, RI, USA, 1971.
Silva, Dr. Manuel Luciano da. *The True Antilles and Rock of Dighton.* Author, 1987.
Simmons, Marc. *Last Conquistador, Juan de Oñate.* University of Oklahoma Press, 1991.
Simmons, Marc. *The Little Lyon of the SW—a life of.* Ohio U. Press, 1983.
Skelton, Raleigh Ashlin. *Maps, Historical Survey.* Hermon Dunlap, Chicago, 1995.
Smith, James Morton. *Seventeenth Century America.* University of North Carolina Press, 1959.
Smith, Captain John. *General History of Virginia (1624).* London, England.
Smith, Captain John & Sparks, Michael. *History of Virginia or True Relations.* Michael Sparkes, 1624.
Smith, M. Estellie. *Portuguese Enclaves: The Invisible Minority.* Southern Anthropological Society, UGA, 1974.
Sousa, Francisco de. *Tratado das Ilhas Novas.* Typ. Archivo Açores, Ponta Delgada, 1884.
Sousa, Frei Luiz de. *Os Anais de D. João III.* Sá da Costa, Lisboa, 1938.
Sousa, Manuel Andrade e. *Catherine of Braganza.* Edições INAPA, 1994.
South, Stanley. *Discovery of Sta. Elena, Parris Island.* Univ. of SC, Nat. Geographic Society, 1980.
Stapleton, Michael. *Greek and Roman Mythology.* Peter Bedrick Books, Inc. New York, 1986.

Stick, David. *Graveyard of the Atlantic (Shipwrecks of NC)*. University of NC, Chapel Hill, 1968.
Stick, David. *The Outer Banks of North Carolina*. University of NC, Chapel Hill, 1958.
Stick, David. *Roanoke Island, the Beginnings of America*. University of NC, Chapel Hill, 1983.
Stokely, Jim & Cavender, Anthony P. *Encyclopedia of East Tennessee*. Jim Stockley, Jeff D. Johnson Oak Ridge, 1981.
Stuart, Jess. *Daughter of the Legend*. New York, McGraw Hill, 1965.
Summers, Lewis Preston. *Annals of Southwest Virginia*. Summers, Abingdon, Virginia, 1929.
Summers, Lewis Preston. *History of Southwest Virginia*. Overmountain Press, 1989.
Sutherland, Elihu. *Pioneer recollections of Southwest VA*. Mullins Printing, Rt 2, Box 307, 1984.
Sutton, Jessie, *The Heritage of Macon County*. Historical Society, 1987.
Swanton, John R. *De Soto Expedition Commission Final Report*. Smithsonian Institutional Press, 1985.
Tarbel, Ida Minerva. *In the Foot Steps of Lincoln*. Harper Brother, NY, 1924.
Tavares, Maria José Pimenta F. *Os Judeus em Portugal no Século XV*. Universidade Nova, Lisbon, 1982.
Taviani, Paolo Emilio. *Columbus,The Grand Design*. Orbis, London, 1985.
Teague, Michael. *Rota dos Navegadores Portugueses*. Quetzal Editores, Lisboa, Portugal, 1988.
TePaske, John. *Report on the Spanish Records of the NC State Archives*. Duke University, Ellen Z. McGrew, 1980.
Thapar, Romila. *History of India*. Penguin Books, 1966.
Thompson, George Malcom. *Sir Francis Drake*. William Morrow and Co., NY, 1972.
Tindall, George Brown. *America, a Narrative History*. W. W. Norton & Co., 1984.
Trager, James. *Peoples Chronology*. Henry Holt, NY, 1994.
Treen, Maria de Freitas. *The Admiral and his Lady*. Robert Speller, NY, 1989.
Trindade, Maria José Lagos. *Portuguese Emigrations to the US*. 19th century. SHBAI, 1976.
Ulmann, Doris. *Appalachian Photographs*. Jargon Society, KY, 1971.
Urbel, Fray Justo Perez. *La España del Siglo X*. Ediciones Alonso, Madrid, 1983.
Van Sertima, Ivan. *They came before Columbus*. Random House, NY, 1976.
Velho, Alvaro. *Roteiro da 1ª viagem de Vasco da Gama*. A. Geral do Ultramar, Imprensa Nac., 1969.
Vidago, João. *Epigrafia Portuguesa nas Ilhas Bermudas, 1543*. Associação dos Arqueologos Portugueses, 1964.
Vidago, João. *O Nome da América e a Cartografia Portuguesa de 1500*. Revista Ocidente, Volume LXXV, 1968.
Viegas, Valentino. *Cronologia da Revolução de 1383-1385*. Imprensa Universitaria, 1984.
Vieira, Alberto. *Escravos no Arquipelago da Madeira, Sec. XV a XVII*. Centro Est. Hist. do Atlantico, 3 Vols., 1991.
Viera, David J. *Bibliography History of Portuguese Language, Pedagogy*. David J. Viera, 1992.
Vigneras, Louis Andre. *La Busqueda del Paraiso y las Legendarias Islas....* Museo de Colon, Univ. Valladolid, 1976.
Vivente, Antonio Luis. *Portugueses nos E.U.A., Poliitica e Comunidades*. F.L.A.D., Lisboa, 1998.
Wairaven, O. N. *The Melungeons of Oakdale*. Manuscript G. 08 from VVTA Federal Writers' Guide, in McClung Historical Collection, Lawson McGhee Library, Knoxville, TN.
Warner, Jackson. *Studies in Slavery*. Mnemosyne Publishing, Miami, FL, 1851.
Weber, David J. *Spanish Frontier in North America*. Yale University Press, 1992.
Wheeler, Douglas L. *History Dictionary of Portugal*. The Scarecrow Press, Inc. New Jersey & London, 1993.

Wicki, Joseph. *Relação das Viagens dos Jesuitas, 1541-1598.* Inst. Inv. Cient. Trop. Lisboa, 1985.
Williams, Max R. *History of Jackson County.* Jackson County Historical Association, 1987.
Williams, Neville. *Great Lives Francis Drake.* Weidenfeld and Nicholson, London, 1974.
Williams, Neville. *The Sea Dogs.* MacMillan Publishing Co., Inc., NY, 1975.
Williams, Samuel Cole. *Dawn of the Tennessee Valley and TN History.* Watauga Press, Johnson City, TN, 1937.
Williams, Samuel Cole. *Early Travels in the Tennessee County.* Watauga Press, Johnson City, TN, 1928.
Williamson, Joel, *The New People: Miscegenation and Mulattoes in the United States.* New York: Free Press, 1980.
Wirth, Fremont P. *The Development of America.* American Book Co., 1938.
Wise, Jr., W. Harvey. *Andrew Jackson, Biographical Sketch.* Burt Franklin, NY, 1935.
Witt, E. Carl. *Foot Prints in Northampton.* Northampton County, 1976.
Wolff, Christopher, Brinton. *Civilization in the West.* Prentice-Hall, Inc., NJ, 2nd edition, 1969.
Wolforth, Sandra Knight. *The Portuguese in America.* Florida Atlantic University, 1976.
Wright, Irene A. *Further English Voyages to Spanish America.* Kraus Reprint, Liechtenstein, 1967.
Wright, Louis Booker. *The Atlantic Frontier.* Cornell University Press, 1966.
Wright, Louis Booker. *The Elizabethan's Americans.* Stratford/Avon, 1965.
Wright, Louis Booker. *History & Present St. of VA ed. Robert Beverley of 1705.* University of North Carolina, 1947.
Xavier, Pde. Manuel. *Relações da Carreira da India.* Alfa, Lisboa, 1985.
Zachary, Thomas. *The Melungeons.* Undergraduate thesis, Department of Education, University of Tennessee.
Zielonka, David M. *The Eager Immigrants.* Stipes Publishing Co. Champaign, IL, 1972.
Zuber, Leo, *The Melungeons.* Typewritten Manuscript #G.08, WPA Federal Writers' Guide, McClung Historical Collection, Knoxville, TN.
Zurara, Gomes Eanes da. *Crónica da Guiné (José de Bragança).* Biblioteca Historica—Serie Ultramarina, 1973.
Zweig, Stephan. *Magellan, Conquerer of the seas.* MacMillan Co. of America, 1938.

Jornais, Revistas e outros veículos de comunicação social

American Anthropologist, A note on the Melungeons, Swan M. Burnett & W. H. Holmes, Oct. 1889.
American Anthropologist, The Physical Anthropology and Genetics…, William Pollitzer, Vol. 74, 1972.
American Heritage, First Photograph of Lincoln, Harold Holzer, Feb./Mar. 1994.
American Heritage, Nation of Immigrants, In the News, Bernard A. Weisberger, Feb./Mar. 1994.
American Heritage, Was America Discovered by Columbus? Alvin M. Josephy, Jr., 1955.
American History Guidebook, Chronology, Bobley Publishing, 1975.
American History Illustrated, The Lost Roanoke Colony, Walter Spearman, May 1993.
American History Illustrated, The Melungeons, Byron Stinson, Vol. 8, No. 7, Nov. 1973.
American Journal of Islamic Social Sciences, King Zumbi and the Malé Movement in Brazil, T. B. Irving, 1992.
Annais do Clube Militar, No. 1 to 11, Subsidios para o Estudo da Carreira das Indias, 1989. Cte. Carlos Alberto Encarnação Gomes, 1996.
Appalachian Journal, The Melungeons became a race, David Henige, 25: 3, pp. 270-298.
Appalachian Journal, Origin Traditions of American Racial Isolate, David Henige, 11: 3, pp. 201-213.
Arena, The Malungeons, Will Allen Dromgoole, Vol. 3, March 1891.
Arena, The Malungeons Tree and its Four Branches, Will Allen Dromgoole, Vol. 3, May 1891.

Arkansas Gazette, Fleeing Jews Discovered America Before Columbus, Cyrus Gordon, Oct. 19, 1970.
Arkansas Gazette, Strange people of East Tennessee, Eliza N. Heiskell, Little Rock, AR, Jan. 14, 1914.
Atlanta Constitution, Mystery of the Melungeons, Chris Wohlwend, July 6, 1993.
Atlanta Journal, Native Africans' bones…, Bill Hendrick, p. C7, May 11, 1997.
Baltimore Sunday Sun Magazine, A People With an Unknown Past, Jean P. Bible, June 13, 1971.
Blue Ridge Country, The Melungeons, N. Brent Kennedy, July/Aug. 1992.
Blue Ridge Country, The Melungeons, Joan V. Schroeder, July/Aug. 1991.
Boletim do Instituto, Historia da Ilha Terceira, Presença de Portugal nos E. U. A., Manoel da Silveira Cardozo, Açores, Vol. XVI, 1958.
California History, Don Antonio José Rocha, El Portugues, Eduardo Mayone Dias and David Bertão, Vol. LXVI, No. 3, Sept. 1987.
The Catholic Historical Review, Sebastian Montero: Pioneer American Missionary, Michael V. Gannon Vol. LI, No. 3, Oct. 1965.
Charlotte Observer, Unlocking Melungeon Ancestry, Bruce Henderson, Aug. 15, 1993.
Chattanooga Times, Jews Were First to find America, Assoc. Press, NY, Oct. 19, 1970.
Chattanooga Times Sunday Magazine, A Romance of the Melungeons, T. A. Rogers, June 21, 1936.
Chesopiean Archaeology, The Melungeons of Eastern Tennessee, Thurston L. Willis, Vol. 9, 1971.
Chicago Record, They are Copper Colored, Furman Collection, SC Library, 1900.
Chicago Tribune, Melungeon Colony Fading Away, NY Times News Service, Aug. 19, 1971.
Chicago Tribune, Melungeons: a Tennessee Mystery, Editorial, Nov. 11, 1970.
Cidade de Tomar, A Coroa dos Tabuleiros de Tomar, p. 15, May 14, 1999.
Citizen Tribune, Morristown, TN, Melungeons, Editorial, June 8, 1968.
Coalfield Progress, Melungeon connection to Turkey, Jeff Lester, June 6, 1995.
Correio da Manhã, Relações Luso-Americanas nos anos da Independencia, white skin, Victor Luis Eleuterio, Lisboa, Portugal, 1995.
Diario de Noticias, Lisboa, Dignidade e Respeito, Portugal, Editorial, Mar 11, 1958.
Dictionary of Georgia Biography, ed. by Kenneth Coleman & Charles Stephen Gurr, Vol. II, pp. 754-755.
East Bay Window, Local Historian says Portuguese built Newport Tower, James A. Merolla, Dr. Luciano da Silva, Dec. 22, 1993.
East Tennessee Historical Society Bulletin, The Melungeons, John Fetterman, No. 32, 1960; Louisville Courier-Journal Magazine, March 30, 1969.
Enciclopedia Gallega, Grande, Silverio Cañada, España, Vol. 18, 1974.
Encyclopædia Britannica, Hard Cover Edition and CD 2.0, Chicago, 1993.
Encyclopædia Britannica, Turnips in the Southeast & England, Chicago, Book 22, 1963.
Encyclopædia Britannica, Year Book 2000, Anthropology, Chicago, IL, 2000.
Encyclopedia Judaica, Iberian Downgrade, Suffolk, MA, 1972.
Encyclopedia Judaica, Portugal and the Sephardim, Suffolk, MA, 1972.
Eugenics, Quarterly, American Triracial Isolates, Calvin L. Beale, Vol. 4-4, Dec. 1957.
Figueiró dos Vinhos, Municipal Tourism Office Edition, Turismo Local, 1979.
Fundação Luso-Americana para o Desenvolvimento, Relações entre Portugal e os Estados Unidos, Lisboa, p. 69, 1997.
Geographic Journal, Andrea Bianco Map by Jaime Batalha Reis, Feb. 1887.
Geographical Review, The Melungeons, Edward T. Price, No. 2, April 1951.
Gowen Research Foundation Newsletter, Articles by Evelyn McKinley Orr and M. Ruth Johnson, 1989 to 1996.
Halifax County, Centennial Year Book, County Commissioners, 1958.
Halifax Heritage, Historical Sketches, Weldon High School, 1958.
Hammond Historical Atlas, C. S. Hammond & Co., 1957.
Hancock County Post, Hancock County Land of Mystery (10 page transcript), William P. Groshe, McClung Historical Coll., July 4, 1968.

Hancock County Post, The Land of Mystery, William Grohse, July 2, 1970.
Human Biology, Survey of Demography, Genetics, Melungeons, William Pollitzer & William H. Brown, Vol. 41, p. 3, Sept. 1969.
O Jornal, New Providence, Melungeons and their claim of Portuguese, Manuel Mira, 1995.
Journal and Tribune, Melungeons: Mystery Race, Associated Press, July 29, 1923.
Journal of Medicine, Genetic, Hereditary anaemias in Portugal, epidemiology…, Martins, Olim, Melo, Magalhães, Rodrigues, 30:235-239, 1993.
Journal Washington, Academy Sciences, Mixed Bloods of the upper Monongahela Valley, WV, William Harlen Gilbert Jr., Vol. 36-1, Jan. 15, 1946.
Journal of Science, Mixed Blood Racial Strain of Carmel, Ohio, Magoffin, KY. Ohio, Edward Thomas Price Jr., Vol. 50, 1950.
Kingsport Times News, The Last of the Melungeons, Editorial, Focus, Sept. 5, 1971.
Kingsport Times News, Melungeon and Turks, A Key to a Mystery, Brad Lifford, Oct. 6, 1996.
Kingsport Times News, Melungeon Line Almost Extinct, John Gamble (UPI), Nov. 26, 1964.
Kingsport Times News, Melungeon Museum, Christopher Schnaars, May 28, 1996.
Kingsport Times News, Melungeons Subject of Study, Barbara Watson, Dec. 6, 1992.
Knoxville News Sentinel, East Tennessee Melungeons Have Past Clouded in Myth, Bill Rawlins, Oct. 10, 1958.
Knoxville News Sentinel, Maligned Mountain Folk, Willard Yarbrough, Jan. 8, 1968.
Knoxville News Sentinel, Mediterranean Scholar's Theory, Associated Press, Oct. 10, 1970.
Knoxville News Sentinel, Melungeon ways are passing, Willard Yarbrough, April 26, 1972.
Knoxville News Sentinel, Mysterious E-T Mountain Clan, John Gamble, Nov. 26, 1964.
Knoxville News Sentinel, Olive-Skinned Hancock Countians, Willard Yarbrough, Jun 10, 1966.
Knoxville Register, Melungeon Drama goes on despite money problems, Editorial, April 19, 1972.
Littel's Living Age, The Melungens, Cornell U. MOA, N° 254, pp. 618-619, March 1849.
Luso Americano, Abade José Correia da Serra, Henrique Mano, Nov. 22, 1996.
Luso Americano, Bermuda Portuguese and Politician Interview, Newark, NJ, 1996.
Luso Americano, The First New York Portuguese, Newark, NJ, April 3, 1996.
Luso Americano, Garrafa com mensagem de NJ Portugal, Franklin Cruz, April 17-19, 1996.
Luso Americano, Livro sobre o Sudeste dos E. U., Manuel Mira, May 31, 1995.
Luso Americano, Melungos, Chamam-se, Manuel Mira, April 15, 1995.
Luso Americano, Menino de Leiria, p. 30, July 28, 1999.
Luso Americano, Manuel Brazil, pioneiro Português no NM e TX, Geoffrey L. Gomes, April 6, 1994.
Luso Americano, Manuel Brazil, um pioneiro Português no NM, Geoffrey L. Gomes, Jan. 13, 1993.
Luso Americano, Presença Portuguesa na India, Fernando G. Rosa, April 24, 1996.
Luso Americano, Sinagoga de Tomar, Magazine, Dec. 1, 1995.
Luso Americano, Various Articles in Portuguese about Columbus, Dr. Luciano da Silva, July 8, 1992.
Macon County, Archaeological report, Industrial Park, Cherokee Village, Susan M. Collins, Dave Moore, Ruth Y. Wetmore, 1977.
Macon County Heritage, The Macon Co. Historical Society, Inc., Delmar Printing, 2nd prt, 1993.
Mare Liberum, Instrumentos de Navegação, José Manuel Malhão Pereira, N° 7, Mar. 1994.
Mare Liberum, Movimento da Carreira da India, Lopes-Frutoso-Guinote, Secs. 16-18, Dec. 1992.
The Mariner's Mirror, Portuguese Roteiros by Charles Ralph Boxer, Society for Nautical Research, London, April 1934.
McClung Historical Society, The Melungeons, Historical Collection, 1968.
McClung Historical Society, The Melungeons at Oakdale, Otho N. Walraven, 1968.
Melungeon Bibliography, University of Tennessee, Knoxville, Reference Library, 1992.
Mountaineer Times, The Melungeon Mystique, Maryann Herberman, Vol. 9 No. 2, Early Fall 1994.

Mundo Português, Various Issues, Henrique Mano, 1996.
Nashville Banner, What do you know about Malungeons, Douglas Anderson, Aug. 3, 1924.
Nashville Tennesseean, Melungeon Mystery, Louise Davis; also the Magazine, Louise Davis, Sept. 22/29, 1963.
National Genealogical Society Quarterly, Looking at Legends—Lumbee and Melungeon, Virginia Easley DeMarce, Vol. 1, #I, Mar. 1993.
National Genealogical Society Quarterly, The Melungeons, Essay Review, Virginia Easley DeMarce, Ph.D., Vol. 84, p. 2, June 1996.
National Genealogical Society Quarterly, Tri-Racial Isolate Families of the Upper South—A Genealogical Study, Virginia Easley DeMarce, Vol. 80, # I, Mar. 1992.
National Geographic Magazine, Along Afghanistan's Border, June 1985.
National Geographic Magazine, Basque Whaling in America, XVI century, July 1985.
National Geographic Magazine, Celts, Europe's Founders, May 1977.
National Geographic Magazine, Elizabethans in America, Blanch Nettleton Epler, M.D., Dec. 1933.
National Geographic Magazine, Exploring Forgotten Centuries, Joseph Judge, March 1988.
National Geographic Magazine, Fair of the Berber Brides, Carla Hunt, Jan. 1980.
National Geographic Magazine, Long slow death of a Jewish Language, Nov. 1993.
National Geographic Magazine, Moors Ruled Spain, July 1988.
National Geographic Magazine, New England's Little Portugal, O. Louis Mazzatenta, Jan. 1975.
National Geographic Magazine, Portugal at Cross Roads, Oct. 1965.
National Geographic Magazine, Portuguese Sea Route to India, Nov. 1992.
National Geographic Magazine, Sir Francis Drake and John Hawkins, Feb. 1975.
National Geographic Magazine, Turkish portrait of the World in 1513, March 1994.
New England Journal of Medicine, Vol. 326, No. 17, pp. 1130-1136, April 23, 1992.
New Orleans, Portuguese and Associations, Public Library, 1850.
New York Evening Post, People of East Tennessee, Furman Collection, SC Library, 1902.
New York Evening Post, A Strange Tennessee People, Furman Collection, SC Library, 1897.
New York Times, Indians resist integration plan in NC county, Ben Franklin, Sept. 13, 1970.
New York Times, Mysterious Hill Folk Vanishing, Jon Nordheimer, Aug. 10, 1971.
News & Observer (Raleigh, NC), Melungeons, Author finds clues to mysterious origin, Associated Press, Nov. 15, 1995.
News & Observer (Raleigh, NC), The Mystery of Virginia's Melungeons, Chris Wohlwend, Jul. 12, 1993.
News & Observer (Raleigh, NC), Turkish TV and University Study Melungeons, Editor, Nov. 15, 1995.
North Carolina Historical Review, The Acculturation of the Eastern Cherokees, Leonard Bloom, Vol. 19, 1942.
North Carolina Historical Review, The Catawba Nation and its neighbors, Frank G. Speck, Vol. 16, 1939.
North Carolina Historical Review, Spanish Discovery of North Carolina in 1566, L. A. Vigneras, Vol. 46, 1969.
The North Carolina State Magazine, The Melungeons, Arthur Billy, 1994.
The North Carolinian, Orange County Tax List, NC of 1755, William Perry Johnson, Editor, Vol. 1-4, Dec. 1955.
Palm Beach Community College, Center for Multicultural Affairs, West Palm Beach, FL, 1989.
Palm Beach Post, Pocahontas tale, plagiarism, West Palm Beach, FL, July 10, 1995.
PBS TV, Spice Islands, Ring of Fire, by Lorne and Lawrence Blair, VHS Cassette, 1988.
Portuguese Around Us, Melungeons TV Program with Dr. Luciano da Silva, VHS Cassette, 1995.
Portuguese Heritage, Portuguese settlement was family oriented, William Freitas, Ph.D., 1993.
Portuguese Historical/Cultural Society, Portuguese Pioneers in Sacramento, Lionel Holmes, Joseph D'Alessandro, 1977.
Portuguese Post, Greek Presence in Tavira, Newark, NJ, May 14, 1996.

Portuguese Studies Review (ICGP), Portuguese in the US, A Bibliography, David Wheeler, David Viera, Geoffrey Gomes, 1995.

RTP TV Portugal, Melungeons TV Program, Mario Crespo, VHS Cassette, 1994.

RTP TV Portugal, Melungeons TV Program, 2nd. program, VHS Cassette, 1995.

Ramsey Privateer Township, The Melungeons, McDonald Furman, SC Library Furman Collection, May 25, 1897.

Reader's Digest, Our Fair Lady: The Statue of Liberty, Special Feature, pp. 191-197, July 1986.

Revista de Portugal, Lusismos na União da Africa do Sul, Antonio Barradas, Vol. 6, Nº 29, Fev. 1945.

Roanoke Rapids Sunday Herald, Northampton's Portuguese go Elsewhere... Front Page, Dick Kern, Mar. 2, 1958.

Roanoke (Virginia) Times, First African in Virginia, Mark St. John Erickson, April 24, 1999.

Saturday Evening Post, Sons of the Legend, Terry P. Wilson, William L. Worden, Oct. 18, 1947.

Savannah Synagogue, History of the First Savannah Synagogue, City Tourism Office, 1992.

Shepperds TV Channel, Melungeons, VHS Cassette, 1989.

Sky Magazine, Travelin' Man, Anthony Weller, pp. 13-15.

Smithsonian Institute, Synoptic data, Survival of Indian. Part-Indian Blood E. U. S., William Harlen Gilbert, Jr., 1947.

Sol Português, Portuguese Sun, Toronto, Ontario, Canada, Dec. 12, 1997.

Southern Collegian, The Melungeons, Paul Converse, Dec. 1912.

Southern Cultures, Mixing in the Mountains, John Shelton Reed, Vol. 3, No. 4.

Tennessee Anthropological Association, Bibliography of Tennessee Anthropology, Donald Bruce Ball, 1976.

Tennessee Anthropologist Association, Melungeons, Comparisons of Gene Distribution, James L. Guthrie, 15/1, Spring 1990.

Tennessee Conservationist, The Mystery People of Tennessee, Swan Burnett & W. H. Holmes, Aug. 1959.

Tennessee Historical Quarterly, Andrew Jackson, Citizen of Spain, Robert V. Remini, Spring 1995.

Tennessee Valley Historical Review, The Mystery of the Melungeons, Louise Davis, Spring 1972.

Terrae Incognitae (Journal), Motives of Portuguese Expansion...Indonesia...16th century, John Parker, Vol. 14. pp. 23-39, 1982.

Terrae Incognitae (Journal), Original Sources...Revisionism...Historiography of Discovery, John Parker, Vol. 13. pp. 31-34, 1981.

Terrae Incognitae (Journal), Turks, Moors, Blacks and Others in Drake's..., David B. Quinn, Vol. XIV, 1986.

Terrae Incognitae (Journal), The Voyage of Esteban Gomez from Florida to the Baccalaos, Louis Andre Vigneras, Vol. II, pp. 25-28, 1976.

The Times Picayune Islenos, The fight for survival of a culture, John R. Kemp, 1979.

Transylvania Times, Mysterious Culture winds through Kentucky, Bryon Crawford, p. 8B, Dec. 7, 1995.

Tuscaloosa (Alabama) News, Historic ancestry explored, solving a folklore mystery, Dana Beyerle, Nov. 1, 1993.

UPEC Life, Portuguese Immigrants in Nevada, Donald Warrin, Spring 1989.

UPEC Life, Portuguese...on the Western frontier, Antonio Monteiro, Geoffrey L. Gomes, Summer 1988.

US News & World Report, Mysteries of History: DNA, Nancy Shute, July 24, 2000.

Virginian Pilot, Segregated Portuguese Children, Luther J. Carter, Jan. 26, 1958.

Wall Street Journal, Appalachian Clan Mines Web sites for Ancestral Clues, Fred R. Bleakley, pp. B1-B5, April 14, 1997.

Washington Post, Beneath Myth, Melungeons Find Roots and Oppression, Carol Morello, p. A01, May 30, 2000.

William and Mary Quarterly, articles by Engel Sluiter and John Thornton, April 1997 and July 1998.